EUROPAVERLAG

Raymond Unger

VOM VERLUST DER FREIHEIT

Klimakrise, Migrationskrise, Coronakrise

EUROPAVERLAG

2. Auflage 2021

Umschlaggestaltung: Hauptmann & Kompanie Werbeagentur, Zürich
Redaktion: Franz Leipold
Layout & Satz: Danai Afrati, München
Druck und Bindung: Pustet, Regensburg
ISBN 978-3-95890-343-2

www.europa-verlag.com

Inhalt

»Denn das Schlimme am Totalitarismus ist ja nicht, dass Böse Böses vorhaben, sondern dass das Gutgemeinte maßlos ausgedehnt wird, bis es schließlich alles andere in der Gesellschaft verschlingt. Der oder die ›total Gute‹ ist auch deswegen so gefährlich, weil die total Guten bis zum letzten Moment glauben, sie seien auf der richtigen Seite. Sie sind völlig blind für die Einsicht, dass man sich selbst begrenzen oder von anderen begrenzen lassen muss – gerade in seinen besten Absichten.«

REBECCA NIAZI-SHAHABI

Vorwort

In meinen bisherigen Büchern geht es um die Frage, welche Mechanismen die authentische Selbstwerdung begünstigen oder verhindern. Obgleich ich mittlerweile als politischer Autor wahrgenommen werde, gilt mein Hauptaugenmerk nach wie vor den Bereichen Psychologie, Kreativität, Spiritualität und Philosophie. In den letzten Jahren habe ich allerdings erkannt, dass alle individualpsychologischen Prozesse auch eine kollektive und damit politische Bedeutung haben. Menschen sind soziale Wesen, sie beeinflussen ihr soziales Umfeld und vice versa. Therapeuten wie Hans-Joachim Maaz weisen zu Recht darauf hin, dass es zwei Arten von Freiheit gibt: eine formal politische, die in einer offenen Gesellschaft wie der unseren eigentlich garantiert sein sollte, und eine innerpsychische. Das Problem ist: Die eine Freiheit bedingt die andere. Verunsicherte, unreife Individuen können nichts zur Sicherung und Ausgestaltung freier Gesellschaften beitragen.

Ausgehend von meiner Arbeit an kreativen und psychologischen Prozessen, war es nur ein kleiner und folgerichtiger Schritt, die Gesellschaft als Ganzes in den Blick zu nehmen. Als Künstler und Therapeut interessieren mich gesellschaftliche Bedingungen, die ein authentisches und freies Leben ermöglichen. Wie kann man den diversen Fremdbestimmungen, einem Leben aus dem sogenannten »Über-Ich«, entgehen? Um die vielen Fremdbestimmungen und Zugzwänge erkennen und ablegen zu können, muss man zunächst einmal lernen, *wirklich erwachsen* zu werden, was bekanntlich nichts mit Älterwerden zu tun hat. C. G. Jung würde zudem davon sprechen, dass man lernen müsse, auf die Stimme des »Selbst«

zu hören. Andere Therapeuten würden ergänzen, man müsse das »wahre Selbst« erst einmal kennenlernen, es gleichsam freilegen. Ein Leben im »falschen Selbst« bedeutet, dass man als Kind nie die Chance hatte zu lernen, was man wirklich fühlt, braucht oder ablehnt. Was ist echt, eigen und authentisch? Und was wird vorgegeben, befohlen und verordnet? Wer sein wahres Selbst nicht kennenlernen konnte, ist sich seiner nicht bewusst. Einfacher gesagt, er ist nicht *selbstbewusst.* Menschen ohne Selbstbewusstsein sind zum Konformismus verdammt. Und Menschen ohne Selbstbewusstsein haben Probleme mit dem Eigenen, das nicht erkannt, geschweige denn geliebt und geschützt werden kann. Da Menschen mit diesem Psychogramm keine echte, innerpsychische Freiheit kennengelernt haben, sind sie auch kaum in der Lage, gesellschaftlichen Freiheitsverlust wahrzunehmen. Mehr noch: Normierende, autoritäre Strukturen werden sogar als entlastend erlebt. Viele Menschen, die mit diesem Psychogramm in der Kindheit beschämt wurden, fühlen sich auf eigentümliche Weise einsam und schuldig, ohne ergründen zu können, woran dies liegt. Allerdings finden viele Betroffene schnell heraus, dass sich Scham-, Schuld- und Minderwertigkeitsgefühle erfolgreich ableiten lassen, indem man Macht über andere erlangt. Wer eine gesellschaftliche Position erringen kann, in der er andere beschämen, maßregeln und belehren kann, vorzugsweise mithilfe zeitgenössischer Moralen, kann seinen innerpsychischen Schmerz erfolgreich lindern. Derartige Machtpositionen finden sich naturgemäß in den Bereichen Ausbildung und Lehre, Politik, Medien und Kultur.

In Wirklichkeit können narzisstische Persönlichkeiten jedoch weder in der eigenen Familie noch in einer Liebesbeziehung noch im gesellschaftspolitischen Raum frei, innovativ und wahrhaftig interagieren. Im Gegenteil: Zu echter Bindung unfähig, sind diese Charaktere auf ständigen Zuspruch von außen angewiesen; dies bringt Mitläufertum und Opportunismus mit sich. Die Ursachen, eine narzisstische Persönlichkeitsstörung zu entwickeln, sind vielfältig. Immer mehr Fachautoren stellen jedoch erschrocken fest, dass sich das Phänomen des kollektiven Narzissmus häuft. Gerade Deutschlands Besonderheit im »gut sein« legt die Vermutung nahe, dass hier sehr wirkmächtige, kollektive Faktoren greifen. In meinen vorangegangenen Büchern habe ich als Erklärungsansatz den Mechanismus des »transgenerationalen Kriegstraumas« beschrieben, in *Die Heimat der Wölfe* als erzählende, literarische Familienchronik, in *Die Wiedergutmacher* als politisches Sachbuch.

Für die erschreckende Polarisierung der Gesellschaft machen die Medien allgemein einen »Rechtsruck« verantwortlich – ohne dabei den eigenen »Linksruck« wahrzunehmen. Bei genauerer Betrachtung findet die Polarisierung der Gesellschaft jedoch weniger zwischen den Antipoden »rechts« und »links« statt. Die tatsächlichen Grenzlinien verlaufen zwischen narzisstisch und gesund, zwischen totalitär und freiheitlich, zwischen infantil und erwachsen, zwischen Gesinnung und Verantwortung und zwischen Mitläufern und Freidenkern. Narzissmus und Infantilität gehören zusammen. Das vielleicht wichtigste Merkmal des Erwachsenwerdens ist es, sich die inhärente Unverfügbarkeit des Lebens bewusst zu machen und sie anzuerkennen. Ein erwachsenes Bewusstsein erkennt, dass der Mensch ein Stück weit in sein Schicksal gestellt ist und dass der Mensch nicht Gott ist. Erwachsene Menschen halten Zielkonflikte und Widersprüche aus; sie wissen, dass alles seinen Preis hat und vor allem – dass das Leben endlich ist. Kinder wissen dies nicht. Kinder halten sich oder ihre Eltern für allmächtig. Kontakt zur Realität und damit zu Begrenztheit, Ungerechtigkeit und Endlichkeit macht Kinder unendlich wütend. Diese Wut agieren sie aus, indem sie Schuldige suchen, die sie für das natürliche Ungleichgewicht des Lebens verantwortlich machen können. Wehe einer Gesellschaft, in der Herbert Grönemeyers Vision Wirklichkeit geworden ist. »Kinder an der Macht« bedeutet infantile Hybris der Allmächtigkeit, umgesetzt in einer totalen, technokratischen, alternativlosen Politik. In den globalen Narrativen der Neuzeit und in den Credos der

Regierung finden wir genau dies: Lockdown, Maskenzwang und Massenimpfungen sind alternativlos. WHO-, UN- und EU-Vorgaben sind alternativlos. Nullzinspolitik und Bargeldabschaffung sind alternativlos. Kampf gegen CO_2 und Energiewende sind alternativlos. Migrationspolitik und Multikulturalismus sind alternativlos. Globalisierung und humanistischer Universalismus sind alternativlos. Feminisierung und Gender-Mainstreaming sind alternativlos. Doch eine Gesellschaft ohne Alternativen wird ihre Freiheit, ihren sozialen Frieden, ihren Wohlstand und schließlich auch ihre Demokratie verlieren.

KAPITEL 1

Psychologischer Hintergrund

Top-down Journalismus

Ursprünglich war die Konzeption für dieses Buch bereits im März 2020 abgeschlossen. Aufgrund der regen Resonanz auf *Die Wiedergutmacher* erschien mir ein Anschlussbuch wünschenswert. Im vorangegangenen Werk skizzierte ich den psychologischen Mechanismus von Transtrauma, den Fokus der politischen Folgen legte ich auf eine unverantwortliche Migrationspolitik. Tatsächlich zeigen sich die gesinnungsethischen und realitätsfernen Politikansätze Deutschlands insbesondere auf zwei weiteren Politikfeldern: *Gender-Studies* und *Klimapolitik*. Mein Folgebuch sollte daher alle Politikfelder umfassen, auf denen sich die Übersteuerung einer transtraumageschädigten Politiker- und Journalisten-Generation am verheerendsten auswirkt: *Klima-, Gender- und Migrationspolitik*. Dann kam Corona.

In ungeahnter Weise und wie unter einem Brennglas verdichtete sich das Transtrauma-Psychogramm vieler Babyboomer im Zuge der Coronakrise. Freiheitsbedrohende und ethisch wie juristisch äußerst fragwürdige Konzepte wie Lockdown, Maskenpflicht, Social Distancing, Tracking-Apps und Massenimpfungen wurden selbst im Sommer 2020 kaum hinterfragt, obwohl die Pandemie auf dem Tiefpunkt war und neue Erkenntnisse zur tatsächlichen Gefährlichkeit von Corona vorlagen.

Noch kontrastreicher als auf den von mir anvisierten Politikfeldern deckte die Coronakrise Konformitätsdruck, Servilität und strukturelle Infantilität vieler Babyboomer auf: Je rigider und paternalistischer die politische Ansprache bei den sogenannten »Corona-Schutzmaßnahmen« war, desto höher stieg das Ranking der Politiker. Eine auf dem Weg zur Zwergenpartei befindliche CDU konnte ihre Prozentzahl in nur wenigen Wochen verdoppeln – zum Leidwesen der Grünen und der AfD. Der Sprachduktus der Bundeskanzlerin, ähnlich einer fürsorglichen, aber strengen Mutter, wurde im Angstraum Corona noch stärker goutiert als zuvor. Überfällige und längst notwendige Corona-Debatten verbat sich die Kanzlerin und bezeichnete sie als »Öffnungsdiskussionsorgien«. Schwarzpädagogische Sprachfloskeln, wie »Zügel anziehen« und »brachial durchgreifen«, kamen bei den deutschen Bürgern bestens an. Ministerpräsidentinnen und Ministerpräsidenten, die eigentlich souverän für ihre Länder verantwortlich sind, wurden in wöchentlichen Telefonkonferenzen mit dem Kanzleramt zum Rapport bestellt. Eigentlich hatten die Alliierten 1949 einer derartigen Machtkonzentration vorbeugen wollen, indem sie souveräne Bundesländer etablierten. Nie wieder sollte Berlin (oder damals Bonn) allein die Geschicke Westdeutschlands bestimmen können. Aus gutem Grund ist eine Runde der Ministerpräsidenten, unter dem Vorsitz der Kanzlerin, kein vom Grundgesetz vorgesehenes Entscheidungsinstrument. Im Zuge der Coronakrise hat es einen enormen Machtzuwachs für die Kanzlerin gegeben, denn letztendlich nehmen gestandene Landespräsidenten Weisungen aus Berlin entgegen. Dieser bemerkenswerte Vorgang wird seitens der Presse jedoch keineswegs moniert. Schließlich hatte es wenige Wochen vor Corona weitaus drastischere Übergriffe der Kanzlerin gegeben. Noch aus dem fernen Afrika verfügte sie, die Wahl des FDP-Politikers Thomas Kemmerich zum thüringischen Ministerpräsidenten sei unverzeihlich und müsse umgehend korrigiert werden.

Nach meiner Einschätzung ist die Freiheit seit 1945 nicht mehr so konkret bedroht gewesen wie im Zuge der Coronakrise. Ein kleines Virus, das real existiert und unter besonderen Umständen auch real krank macht, trifft im Internetzeitalter auf eine entwurzelte, wertelose, globale Gesellschaft, in der kollektive Angst-Meme in ungeahnter Heftigkeit zünden. Politische Konzepte, um diese teils realen, teils halluzinierten Ängste zu befrieden, bergen ungeheure Versuchungen zum Machtmissbrauch. Gemäßigte und alle Folgen abwägende Politikansätze setzen sich kaum gegen freiheitsbedrohende, totalitäre Maßnahmen durch, da viele Bürger glauben, dass nur letztere Schutz versprechen. Wenn ich dem Corona-Kapitel in diesem Buch einen besonderen Raum im Reigen der globalen freiheitsbedrohenden Politikansätze zugestehe, so hat dies gute Gründe. Hinzu kommt, dass mir ein Beitrag zur Erweiterung der Perspektive aufgrund meiner ganzheitlich-medizinischen Vorbildung eine Herzensangelegenheit ist (siehe auch Nachtrag).

Eine Beschäftigung mit Corona lohnt sich jedoch nicht nur, um anhand der Krise spezifisch deutsche Muster der Willfährigkeit abzubilden, die im Zusammenhang mit dem Transtrauma stehen. Die weltweite Gleichschaltung von Narrativen, insbesondere in der Klima- und Coronakrise, sowie die kritiklose Bereitschaft, den Agenden supranationaler Organisationen zu folgen, gehen weit über deutsche Befindlichkeiten hinaus. Die Politik der Regierung folgt letztlich globalen Agenden, die seitens WEF, UN, WHO, IPCC und IWF vorgegeben werden. Dass diese Organisationen weder demokratisch legitimiert sind noch altruistische Ideale zum Wohle der Menschheit verfolgen, wird am Ende dieses Buches deutlich werden. Merkels national-skeptische und global-freundliche Politik wird seit 2015 von einer regierungsfreundlichen Presse flankiert. Auch die Corona-Politik macht da keine Ausnahme. Dank der besonnenen Führung einer umsichtigen und wohl informierten Kanzlerin habe Deutschland die Coronakrise einigermaßen glimpflich überstehen können. Selbst der nachhaltige Freiheitsverlust über die Novellierung des Infektionsschutzgesetzes, mit der potenziellen Möglichkeit dauerhafter Beschneidungen der Grundrechte, stieß auf breite mediale Zustimmung. Wie bereits bei den supranational geforderten Agenden zur Migrations-,

Klima- und Gender-Politik tat eine regierungsfreundliche Presse alles, um kognitive Dissonanzen und offenkundige Ungereimtheiten zu leugnen. Mahner und Kritiker der Corona-Regierungspolitik, selbst wenn diese einen hohen wissenschaftlichen Rang vorweisen konnten, wurden als Querulanten, Verschwörungstheoretiker und Rechtspopulisten verortet.

Mit seinem Buch *Wie wirklich ist die Wirklichkeit – Wahn, Täuschung, Verstehen* legt der renommierte Psychotherapeut Paul Watzlawick einen Klassiker der Kommunikationsforschung vor. Watzlawick führt auf unterhaltsame Weise aus, dass die Erfassung der sogenannten »Wirklichkeit« von diversen Konditionierungen, Ängsten und persönlichen Befindlichkeiten abhängig ist. Doch abgesehen von der innerpsychischen Lage, ist die Entwicklung einer ausgewogenen Medienkompetenz heutzutage wichtiger denn je. Du bist, was du isst – dies gilt auch für die geistige Nahrung. Um sich ein Bild von der Wirklichkeit machen zu können, sind wir auf seriöse, realitätsnahe Informationen angewiesen. Wir müssen dem System vertrauen können, das uns mit diesen Informationen versorgt. Westdeutschland hatte über viele Jahrzehnte eine relativ ausgewogene Medienlandschaft. Es war durchaus möglich, sich über die öffentlich-rechtlichen Sender und die großen Blätter, allen voran der *Spiegel,* ein einigermaßen realistisches Bild von der politischen und sozialen Wirklichkeit Deutschlands zu machen. Diese Ära ist spätestens seit 2015 vorbei. Dass sich im Zuge der sogenannten Flüchtlingskrise seriöse Medien wie Tagesschau und heutejournal für einen vermeintlich nötigen Erziehungsauftrag der Bürger entschieden haben, habe ich als persönlichen Schock empfunden. Letztlich war das Geschehen der Anlass für mein vorangegangenes Buch. Viele Menschen haben den Wandel der meisten deutschen Leitmedien – gegen Neutralität und für eine regierungsnahe Gesinnung – noch immer nicht mitbekommen. Ausgewogen informiert zu werden ist heutzutage ungleich aufwendiger als früher. Man könnte auch sagen, es ist ein zweiter Job. Trifft man Menschen auf der Straße oder im Alltag, lässt sich schon beim Smalltalk erkennen, ob das Gegenüber bereit war, diesen Job zu machen. Wenn Trumps Amtszeit keinen einzigen guten Aspekt hatte, wir unbedingt unseren CO_2-Fußabdruck verringern müssen, der Islam friedliebend genannt werden muss und unsere Regierung die Deutschen vorausschauend und weise durch eine gefährliche Gesundheitskrise geführt hat, können wir getrost davon ausgehen, dass dieser Job *nicht* gemacht wurde. Medienkompetente Menschen merken Mainstream-informierten Menschen recht schnell an, ob sie das Framing der Leitmedien lediglich zurückspielen. Alle in diesem Buch beschriebenen Agenden dienen globalen oligarchischen Interessen, höhlen nationale demokratische Grundprinzipien aus und führen über kurz oder lang in die technokratische Totalität. Das einzige Antidot gegen diesen Prozess ist wahrhaftiger, neutraler Journalismus. Demokratie ohne freie, objektive, investigative Presse ist keine Demokratie. Selbst wenn es noch so gut gemeint ist – Journalisten, die das Neutralitätsgebot verletzen, indem sie den Bürger über »Nudging«, »Wording« und »Framing« in die richtige Richtung lenken wollen, ebnen damit den Weg in die Totalität.

Der Journalist Milosz Matuschek beschreibt, was guter Journalismus *eigentlich* sein sollte:

»Der italienische Publizist Paolo Flores d'Arcais schreibt in seinem Buch »Die Demokratie beim Wort nehmen«, dass in der echten Demokratie jeder Bürger ein Fürst ist. Jeder hat deshalb gleichen Zugang zur Wahrheit zu bekommen, um Entscheidungen treffen zu können. Das ist die Aufgabenverteilung in der Demokratie: Der Souverän entscheidet, der Journalist versorgt ihn mit den relevanten Informationen, und zwar so rein und ungefiltert wie möglich. [...] Es geht nicht darum, etwas zu framen, zu erzählen oder jemanden zu überzeugen, sondern darum, den Beweis in Bild, Schrift und Ton für ein Ereignis zu liefern. Denken kann der Bürger selbst. Diese radikale Transparenz kann Verschwörung und Korruption zerschlagen: Niemand wäre mehr sicher vor Entdeckung. [...] Es gibt zwei Arten, Journalismus zu betreiben, so wie es offenbar auch zwei

Arten gibt, Demokratie zu organisieren: von oben nach unten oder von unten nach oben. In der Konstellation des Top-down ist der Journalist ein Wächter, ein Aufseher; letztlich Teil der ›Priesterkaste‹ (Schelsky). [...] 40 Prozent des Inhalts einer Tageszeitung stammen inzwischen aus PR-Agenturen, schrieb mal der Spiegel. *Propagandafiguren wie Rainald Becker (ARD), Olaf Sundermeyer (RBB), Sascha Lobo (Spiegel), Mai Thi Nguyen-Kim (maiLab) sorgen dafür, dass für die Regierung nichts anbrennt. Wenn unten rauskommt, was man oben reingibt, braucht es Journalismus allerdings nicht. Das kann auch der Pressesprecher der Regierung. Mit der zweiten Form des Journalismus, von unten nach oben, produziert man hingegen am ehesten das, was man, wenn schon nicht ›Wahrheit‹, dann zumindest einen ›unverstellten Zugang zur Wirklichkeit‹ nennen kann. Denn hier arbeitet der Journalist direkt für den Bürger und nicht für eine Institution mit eigenen Interessen. [...] Der echte Journalist ist wie ein Minenarbeiter im Stollen, der sich durch Geröllhaufen an unwesentlichen Informationen arbeitet, um ein paar Goldkörner an Wahrheit zu Tage zu fördern. Nur dafür hat er Lohn vom Leser verdient. Niemand bezahlt nämlich freiwillig Geld für Propaganda, also Werbung.«*[1]

Vor gar nicht so langer Zeit bestand in Westdeutschland noch ein recht ausgewogenes Verhältnis zwischen »Top-down«- und »Bottom-up«-Journalismus. Leitfiguren des deutschen Journalismus, wie Anja Reschke oder Georg Restle, behaupten inzwischen aber freiheraus, dass die neue globale Wirklichkeit zu »komplex« sei, um den Bürger mit einer neutralen Berichterstattung »allein zu lassen«. Man bekennt sich offen zu einem lenkenden Journalismus, bei der Sachinformation und Meinung bis zur Unkenntlichkeit vermischt werden. Trotzdem nennt man das Ganze nicht Propaganda, weil man glaubt, zu den Guten zu gehören. Ein Urvater der »Meinungspriester«, der Stimmungen nach Belieben modellieren konnte, war Edward Bernays (1891–1995), ein Neffe Sigmund Freuds. Bereits 1917 sorgte Bernays mit der Kampagne »Make the world safe for democracy« für die Zustimmung der Amerikaner, in den Ersten

Weltkrieg einzutreten. Später steigerte er den Absatz von Zigaretten, indem er Frauen zum Rauchen brachte. Das Framing damals: Zigaretten als Emanzipations-Symbol, »*torches of freedom*« (Fackeln der Freiheit). Auf Bernays eigentliches Geheimnis zur Massenmanipulation, auf das er sozusagen das Copyright hat, komme ich im Klimakapitel zurück. Sofern man einen Nobelpreis für Massenmanipulation ausgelobt hätte – Bernays hätte ihn wohl gewonnen. So behauptete Bernays, der Propaganda-Erfolg von Joseph Goebbels sei auf sein Buch *Crystallizing Public Opinion* zurückzuführen, was durchaus denkbar wäre. Erschreckenderweise beschreibt Bernays exakt jene Prinzipien, die heute tatsächlich umgesetzt werden und die nicht allzu weit von den zeitgenössischen Journalismus-Vorstellungen entfernt sind:

»Die bewusste und intelligente Manipulation der organisierten Gewohnheiten und Meinungen der Massen ist ein wichtiges Element der demokratischen Gesellschaft. Diejenigen, die diesen unsichtbaren Mechanismus der Gesellschaft manipulieren, bilden eine unsichtbare Regierung, die die wahre herrschende Macht unseres Landes ist. Wir werden regiert, unser Geist wird geformt, unser Geschmack geformt, unsere Ideen vorgeschlagen, größtenteils von Männern, von denen wir noch nie gehört haben. Dies ist ein logisches Ergebnis der Art und Weise, wie unsere demokratische Gesellschaft organisiert ist. Sehr viele Menschen müssen auf diese Weise zusammenarbeiten, um als reibungslos funktionierende Gesellschaft zusammenleben zu können. Unsere unsichtbaren Gouverneure sind sich in vielen Fällen der Identität ihrer Kollegen im Innenkabinett nicht bewusst. Sie regieren uns durch ihre natürlichen Führungsqualitäten, ihre Fähigkeit, die benötigten Ideen zu liefern, und durch ihre Schlüsselposition in der sozialen Struktur. Unabhängig von der Haltung, die man gegenüber diesem Zustand einnimmt, bleibt es eine Tatsache, dass wir in fast jedem Akt unseres täglichen Lebens, sei es im Bereich der Politik oder der Wirtschaft, in unserem sozialen Verhalten oder in unserem ethischen Denken, von der relativ kleinen Zahl dominiert werden von Personen – ein kleiner Teil unserer hundertzwanzig Millionen –, die die mentalen Prozesse und

sozialen Muster der Massen verstehen. Sie ziehen an den Drähten, die das öffentliche Bewusstsein kontrollieren, nutzen alte soziale Kräfte und erfinden neue Wege, um die Welt zu binden und zu führen.«[2]

Demokratien, die auf diese Weise »geführt« werden, haben gegenüber totalitären Staaten einen großen Nachteil. In totalitären Regimen mit offenkundig gelenktem Meinungsmanagement wissen die meisten Bürger zumindest, dass sie einen zweiten Job zur Wirklichkeitserfassung leisten müssen. In der DDR las man heimlich den *Spiegel* und schaute Westfernsehen; Karl-Eduard von Schnitzler verkam zu seiner eigenen Karikatur, und viele Bürger haben über ihn gelacht. Über Claus Kleber, Anja Reschke, Georg Restle und Marietta Slomka wird heutzutage weitaus weniger gelacht. Viele Menschen halten den Journalismus der Leitmedien immer noch für objektiv und neutral.

Corona und Medienkompetenz

In der Neuzeit hat es nur wenige Ereignisse gegeben, die sich besser als Lackmustest für Medienkompetenz eignen als die Coronakrise. Zudem wird anhand von Corona überdeutlich, dass selbst *mit* der Entwicklung einer soliden Medienkompetenz erst der halbe Job getan ist, denn unter den Bedingungen einer *innerpsychischen Angstrepräsentanz* wird diese Aufgabe ungleich schwerer. Medienkompetenz hin oder her – wer konkrete Angst um sein Leben und das seiner Liebsten hat, ist nahezu chancenlos, sich ein ausgewogenes Bild von der Wirklichkeit machen zu können. Zu allen Zeiten und an allen Orten der Welt nutzten Demagogen jedweder Couleur diesen Mechanismus: *Wer Angst hat, kann nicht mehr klar denken.* Angsterzeugung ist deshalb der Schlüssel zu Willfährigkeit und Gehorsam, und jeder noch so groteske Freiheitsverlust wird akzeptiert, solange er der Gefahrenabwehr dient. Aus diesem Grund werde ich dem Thema Angst in meinem Abschlusskapitel besondere Aufmerksamkeit widmen.

Die Wucht und Dramatik von Corona, genauer die Bilder aus Wuhan und Italien, haben zu Beginn der Krise nahezu alle Menschen – selbst die wohlinformierten – ins Bockshorn gejagt. Eine Millionenstadt wie Wuhan komplett abzuriegeln und in einer gewaltigen Kraftanstrengung in wenigen Tagen ein komplettes Seuchenkrankenhaus aus dem Boden zu stampfen, das erzeugte weltweites Entsetzen. Als sich wenige Wochen später in Norditalien die Särge in den Kirchen aufreihten und nachts Militärtransporter eingesetzt wurden, um die Toten abzutransportieren, brach in ganz Europa Panik aus. Konnte ein vernunftbegabter Mensch angesichts dieser dramatischen Bilder überhaupt daran zweifeln, dass es sich bei Corona um ein brandgefährliches Killervirus handelt? Bis die einzigartige Melange aus realer und medial halluzinierter Gefahr entwirrt werden konnte, vergingen Wochen. Die Evolution der Erkenntnisse, vom Killervirus zum Scheinriesen, konnte jedoch nur nachvollziehen, wer bereits *vor* Corona über eine gewisse Medienkompetenz verfügte. Wer sich allein über die öffentlich-rechtlichen Medien informierte, blieb mehr oder weniger auf dem Wissensstand vom März 2020 stehen. Hier wurde überwiegend der Eindruck vermittelt, allein die Maßnahmen der Bundesregierung, insbesondere der Lockdown, hätten Schlimmstes verhindert. Tatsächlich veränderte sich die wissenschaftliche Einschätzung bezüglich der Gefahr von Corona vom März bis zum Jahresende 2020 auf dramatische Weise. Sterblichkeitsraten schrumpften von Studie zu Studie, tragische Missverständnisse über Nocebo-Effekte und Fehlbehandlungen klärten sich auf. Dramatisch anmutende Bilder wie diejenigen aus Wuhan, Bergamo oder New York hatten lokale, multiple Ursachen und ließen sich nicht pauschal auf den Rest der Welt übertragen. Die Frage jedoch, ob diese im Prinzip guten Nachrichten adäquat eingeordnet und verarbeitet werden konnten, lag nicht allein an einer gesunden und früh entwickelten Medienkompetenz.

Selbst alternative Medien, wie *Tichys Einblick* oder die *Achse des Guten,* mussten sich über Wochen den Weg zu einer realistischen Einschätzung der Lage erkämpfen.

In besagter Zeit habe ich selbst vier Artikel zur Corona-Lage geschrieben, und obgleich ich über eine solide medizinische Vorbildung verfüge, habe auch ich einige Zeit gebraucht, um mich aus meiner persönlichen Angststarre zu lösen. Erst danach konnte ich eine sachlichere Einschätzung zur COVID-19-Pandemie entwickeln. In meinem ersten Artikel, *Corona: Horror oder Hoax?*[3], nahm ich noch die Rolle eines Mahners ein. Deutsche Experten, wie Dr. Wolfgang Wodarg, Prof. Dr. Karin Mölling, Prof. Dr. Sucharit Bhakdi oder Prof. Dr. Stefan Hockertz, erschienen mir zu Beginn der Krise als unverantwortliche Verharmloser. An der Genese meiner Artikel lässt sich ablesen, wie es vielen freien Autoren erging. Zu Beginn der Krise war es schlichtweg schwer bis unmöglich, sich ein ausgewogenes Bild der Lage zu machen. Dann kamen jedoch immer mehr internationale Studien ans Tageslicht, die den deutschen Kritikern recht gaben. Zur Heinsberg-Studie des Bonner Virologen Prof. Dr. Hendrik Streeck gesellten sich die repräsentativen Ergebnisse einer Quarantäne-Studie der japanischen Behörden, die mit den Passagieren des festgesetzten Kreuzfahrtschiffs »Diamond Princess« durchgeführt wurde. Wenige Zeit später folgten die Studien der Stanford University unter der Leitung des renommierten Professors John Ioannidis. Ergänzt wurden diese Ergebnisse durch die Studien des israelischen Mathematikers Isaac Ben-Israel, der festgestellt hatte, dass Corona in allen Ländern der Welt eine ähnliche Verlaufskurve zeigt – unabhängig von den lokalen Maßnahmen. Schließlich folgten die statistischen Erhebungen von Dr. Dan Erickson aus den USA, der sich darüber gewundert hatte, warum in Kalifornien und anderen Bundesstaaten die Krankenhäuser und Intensivstationen so leer geblieben waren. Das Beeindruckende der unterschiedlichen Studien aus aller Welt war jedoch: Die Ergebnisse lagen eng beieinander und bestätigten sich gegenseitig. Ergebnis:

Corona ist eine reale virale Erkrankung, die man nicht auf die leichte Schulter nehmen sollte. Dennoch liegt die Sterblichkeitsrate zwischen 0,14 und 0,37 Prozent – was so ziemlich einer typischen, mittelschweren Influenza-Sterblichkeitsrate entspricht. Corona erwies sich damit glücklicherweise als weitaus harmloser als befürchtet. (Die Aufbereitung der Fakten erfolgt in Kapitel 3.)

Sofern es Kräfte gibt, die vorsätzlich an der Atomisierung der Gesellschaft bis ins letzte Glied arbeiten – mit Corona hätten sie ganze Arbeit geleistet. Den großen Spaltungsthemen Migration und Klima setzte Corona – Nomen est omen – die Krone auf. Gab es bezüglich der übrigen Politikfelder Gender, Klima und Zuwanderung noch so etwas wie eine homogene Opposition unter den intellektuellen Freidenkern, so war dies spätestens mit Corona vorbei. Auch hier griff jetzt der fatale Angstmechanismus einer vermeintlichen Fremdgefährdung durch Ignoranz. Wer vor Corona reale Angst hat, empfindet Nicht-Maskenträger selbstverständlich als unverantwortliche Hasardeure, denen unbedingt Einhalt geboten werden muss. Diesen panischen Effekt kannte man bislang nur aus der Klimabewegung. Hier will man Fleischesser und SUV-Fahrer ebenfalls aufgrund einer angeblichen Gefährdung für die Allgemeinheit am liebsten zwangstherapieren oder ins Gefängnis stecken. Wer glaubt, eine reale Gefahr werde von den Kontrahenten aus dem vermeintlich feindlichen Lager verursacht oder verharmlost, führt einen unerbittlichen Abwehrkampf.

In diesem Kampf zeigt sich exemplarisch das Psychogramm vieler Babyboomer, das ich in meinem vorangegangenen Buch beschrieben habe. Die Hybris, mit der sich uninformierte, konformistische Bürger als aufgeklärt empfinden und gleichzeitig wohlinformierte Menschen als Idioten diffamieren, geht letztendlich auf eine narzisstische Störung zurück. Dabei beeindruckt mich immer wieder, mit welcher Leichtigkeit Konformisten ein offenkundig gelenktes Framing übernehmen. Ein eindrückliches Beispiel der Installation eines politischen Kampfbegriffes gegen Meinungspluralität ist das

Wort »Verschwörungstheoretiker«. Dies will nun wahrlich keiner sein. In Wirklichkeit zieht der Begriff eine Brandmauer gegen jedwede Kritik am Regierungskurs. Der Ökonom Prof. Max Otte bringt es auf den Punkt:

»Wenn Sie Macht heute kritisch hinterfragen, dann sind Sie Verschwörungstheoretiker. Wenn Sie vor 30 Jahren die Macht kritisch hinterfragt hätten, dann wären Sie kritischer Sozialwissenschaftler gewesen.«[4]

Das Framing suggeriert: Wer Verschwörungen für möglich hält, sei per se wahnhaft, dumm und uninformiert. Derart leichtgläubige Paranoiker und Aluhutträger würden jeden gefährlichen Blödsinn glauben und weiterverbreiten. Dass ein Framing, das Andersdenkende kleinmacht und abqualifiziert, von schamgeprägten Kriegsenkeln goutiert wird, ist kein Zufall. Denn im Umkehrschluss liegt eine enorme Aufwertung der eigenen Position, man fühlt sich psychisch gesünder und klüger. Vermeintliche Realisten glauben, nur sie hätten die Kraft, einer echten Gefahr ins Auge zu sehen, während »Covidioten« das Problem leugnen. Der Mechanismus, mit dem sich Menschen mit wenig Wissen überschätzen und die Leistungen kompetenter Menschen verkennen, nennt sich *Dunning-Kruger-Effekt.*

»Wir richten den Fokus vor allem auf uns selbst, beobachten uns viel genauer als unsere Mitmenschen – allein, weil wir tiefer in uns hineinschauen können als in unser Gegenüber. [...] Weil Halbwissende dazu neigen, sich selbst zu überschätzen, und zugleich die Kompetenz anderer verkennen, sehen sie auch nicht die Notwendigkeit, sich weiterzubilden und damit ihre Kompetenz zu steigern.«[5]

Man selbst weiß natürlich alles Wichtige über Corona, schließlich hat man sich über seriöse Quellen wie Tagesschau und Prof. Christian Drosten informiert. Als ich einen Artikel auf Facebook teile, der sich zustimmend zur Corona-Demo in Berlin positioniert, kommentiert eine Facebook-Freundin: *»Warum bist du für diese mehrheitlich dummen Leute? Ich bin enttäuscht.«*

Vermutlich ist die Facebook-Freundin eine eifrige Leserin des *Spiegel,* dort erklärt Stefan Kuzmany in seinem Artikel »Sollen sie nur pöbeln«:

»Mögen sie noch so laut krakeelen – die Demokratie lässt sich nicht einschüchtern. [...] Und ja, es ist einmal mehr beschämend, dass mitten in der deutschen Hauptstadt Feinde der Demokratie marschieren und mit ihnen viele Menschen, die man wohlwollend frustriert und fehlgeleitet nennen kann, mit weniger Nachsicht aber einfach: leider sehr, sehr dumm.«[6]

Der Dunning-Kruger-Effekt sorgt auch bei Redakteuren des *Spiegel* für die Gewissheit, Andersdenkende seien per se dumm. Niemandem fällt auf, was der Begriff »Verschwörungstheoretiker« im eigentlichen Wortsinn bedeutet. Denn dass es Verschwörungen tatsächlich gibt, wird kein Mensch abstreiten, schließlich sind die Geschichtsbücher voll davon. Die Krux an Verschwörungen ist lediglich, dass sie oftmals erst Jahre später ans Licht kommen. Sofern eine Verschwörung funktioniert, bleibt sie unentdeckt. Theorien zu entwickeln und einer Indizienkette nachzugehen, um Verschwörungen *vorzeitig* aufzudecken, ist das Tagesgeschäft von Kriminalisten, (guten) Journalisten und Historikern. Im Kontext der Polizeiarbeit heißt dieser Vorgang schlichtweg *Ermittlungshypothese,* ohne diese Hypothese könnte man konspirativer Kriminalität gar nicht begegnen. Verständlicherweise liegt es im Interesse von Verschwörern, all jene zu diskreditieren, die derartige Überlegungen anstellen. Dass es Verschwörungen per se gar nicht geben könne und man folglich auch keine Theorien ersinnen müsse, um dahinterzukommen, ist offenkundig lächerlich. Komischerweise geht diesem Gedanken niemand nach, der sich gerade in den Kampfbegriff verliebt hat. Der Autor Paul Schreyer nennt als Gegenstück zum Verschwörungstheoretiker den »Zufallstheoretiker«. Dies wäre dann ein Mensch, der kein Geschehnis für geplant hält, erst recht nicht für konspirativ geplant. Indizienketten, die auf starke Interessengemeinschaften hinweisen, werden als »Zufall« betrachtet, und man muss ihnen nicht weiter nachgehen. In Bezug auf

Corona wimmelt es von Zufallstheoretikern. Der »aufgeklärte« Bürger ist sich sicher: Niemand plant hier irgendetwas und niemand hat einen persönlichen Nutzen. Altruistische Wissenschaftler, Politiker und Pharmafirmen arbeiten fieberhaft daran, eine schicksalhafte Geißel der Menschheit zu bezähmen – das ist die ganze Geschichte. Und damit der Schaden so effektiv und zentral wie möglich gemanagt werden kann, helfen die Weltgesundheitsorganisation und der Internationale Währungsfonds fleißig mit. Die WHO gibt weltweit verbindliche medizinische Leitlinien heraus, und jene Staaten, die sich streng an die Vorgaben halten, bekommen über den IWF Milliarden Hilfsgelder und den Erlass alter Schulden. Was soll daran verschwörerisch sein?

»Die hier skizzierte Haltung ist weit verbreitet, besonders unter Intellektuellen und Meinungsführern. Sie fußt auf einigen Grundannahmen, die selten offen benannt werden:

» *Die herrschende Ordnung ist im Grunde eine gute Ordnung.*
» *Andersdenkende sind oft dümmer.*
» *Menschen bedürfen der Lenkung, besonders bei ihrer Meinungsbildung.*

An diesen Annahmen, die tief in die Verschwörungstheorie-Debatte eingewoben sind – so tief, dass sie vielen Menschen nicht mehr bewusst zu sein scheinen –, fällt vor allem eines auf: ihre autoritäre und obrigkeitsstaatliche Prägung. Liberal, pluralistisch und demokratisch wäre eigentlich die genau entgegengesetzte Haltung:

» *Die herrschende Ordnung ist in Zweifel zu ziehen.*
» *Andersdenkende könnten klüger sein. Sie sind zu respektieren und auf Augenhöhe zu behandeln.*
» *Menschen sollten sich ihres Verstandes ohne fremde Anleitung bedienen.*

Die Debatte über Verschwörungstheorien ist aus diesem Grund immer auch eine Debatte über das eigene Menschenbild und Politikverständnis.«[7]

In Bezug auf Corona gibt es tatsächlich lächerliche und abstruse Verschwörungstheorien. Dies bedeutet aber nicht, dass alle Geschehnisse, insbesondere im global gesteuerten Management der Krise, zufällig sind oder einzig dem Wohle der Menschheit dienen. Vermutlich liegt die Wahrheit irgendwo in der Mitte zwischen »Verschwörungstheoretikern« und »Zufallstheoretikern«. Für mich war es jedenfalls bitter, mit anzusehen, wie sich im Prinzip kluge und ansonsten wohl informierte Autoren der freien Medien in puncto Corona nun auch untereinander zerstritten. Eine befreundete Schriftstellerin schrieb mir in einer privaten E-Mail dazu:

»Es ist zum Heulen. Als noch trostloser empfinde ich es, wenn mir gute Freunde, die sich noch gestern zu den kritischen Geistern gegenüber Mainstream-Vermeldungen rechneten, heute etwas von der ›real existierenden Pandemie‹ erzählen und dabei all die grotesken Regierungsmaßnahmen, die wir erleben müssen, für absolut gerechtfertigt halten – dann wird mir regelrecht flau im Magen ... Ich kann auch dem Gerede von der ›Krise als Chance‹ nichts abgewinnen. Was soll dabei Gutes herauskommen? Die Krise wird von jenen ausgebeutet, die gnadenlos ihre Interessen durchdrücken, seien es Regierungschefs, Pharmakonzerne, Online-Konzerne, Parteiencliquen jeglicher Couleur oder Einzelakteure wie Bill Gates, und nicht zuletzt von jenen, die jetzt freie Fahrt haben, ihre Agenda von der progressistischen Weltangleichung im ganz großen Stil umzusetzen. Widerstand ist aufgrund der drastischen Maßnahmen gar nicht möglich und regt sich aufgrund des eingesetzten Psycho-Terrors in Form von Gruppendruck und totaler Propaganda nur rudimentär. Manchmal überfällt mich eine grenzenlose Resignation. Was ist nur geschehen? Es ist, als seien plötzlich Raumschiffe mit Aliens gelandet und hätten die ganze Welt in ihre Gewalt genommen. Dass es sich dabei um eine Simulation handelt, wird von den meisten ausgeschlossen, da die Auswirkungen haargenau mit denen eines echten Szenarios übereinstimmen, bis hin zu realen Krankheitssymptomen ... Wir haben es hier mit einem gravierenden erkenntnistheoretischen Problem zu tun. Ein Jammer, dass sich ausgerechnet die, die es besser wissen müssten, dieser Erkenntnis verschließen.«

Viele schreibende Kollegen gingen in eine Art inneres Exil. Vor allem, weil ihnen unter Corona endgültig klar wurde, dass Fakten und Aufklärung kaum etwas bedeuten, solange sich Menschen in einem Angstraum bewegen. Man kann sich die Spucke sparen, oder im übertragenen Sinne die Tinte. Warum sollte man überhaupt noch etwas schreiben, wenn überdeutlich wird, dass Abwehr und Angst zu einer völlig selektiven Wahrnehmung führen? Unter diesen Bedingungen werden ohnehin nur noch Informationen durch den Wahrnehmungsfilter gelassen, welche die eigene Weltsicht bestätigen. Hat das Corona-Angst-Mem gezündet, sind einzig Artikel und Informationen relevant, die Warnung sind und Schutz versprechen – alles andere wirkt wie gefährlicher Nonsens. Freie Autoren sind klug genug, die Erfahrungen mit Corona auf ihre sonstigen Themen zu übertagen. Auch hier gilt: *Je größer die Angst, desto selektiver die Wahrnehmung und desto hermetischer die Echokammer.* Persönlich hat mich diese Erkenntnis nach Corona ebenfalls belastet, denn für alles Nachfolgende gilt dieser Mechanismus natürlich auch. Wer an die anthropogene, CO_2-bedingte Klimakrise glaubt und deshalb große Angst vor der Zukunft hat, wird sich kaum auf entlastende Fakten einlassen können.

Konformität

Zum Psychogramm der Kriegsenkel, das ich in meinem vorangegangenen Werk *Die Wiedergutmacher* skizziert habe, gehören ein erhöhtes Anpassungsbedürfnis an den Mainstream sowie auch ein paranoider Aspekt, der dafür sorgt, sich in ständiger Defensive zu wähnen, obwohl man eigentlich längst zur den Diskurs bestimmenden Mehrheit gehört.

»Eine erstarrte und ins Pädagogische abgedriftete Linke, die sich durch ihre Weigerung bestimmt, ›ihr eigenes Machtstreben zu reflektieren, ihren Aufstieg in den akademischen und kulturellen Institutionen‹

(Michael Hampe), ein dergestalt zur Karikatur verkommener Linksliberalismus, der vergessen hat, dass er nicht mehr unter allen Umständen subversiver Underdog ist, sondern sich an Universitäten oder in Social-Media-Kontexten explizite Machtzentren geschaffen hat, bringt einen epochalen Menschenschlag hervor: den digitalen linken Spießer. [...] Der neue linke Spießer betrachtet Gegenwart und Vergangenheit mit puritanischem und polizeilichem Blick und genießt es, unablässig den Wuchs der Diskurshecken zu prüfen, mit der Gartenschere in der Hand. [...] Das Schlimmste an den gegenwärtigen Spießern ist nun aber nicht, dass sie ahistorisch denken, jedes (vermeintlich) verunglückte Wort zur Würde des Skandals erheben, ständig Situationen des Verdachts organisieren (Wer hat was zu wem gesagt?) oder aus den Menschen wieder reumütige Geständnistiere zu machen versuchen. Das alles ist bloß schlimm. Schlimmer als schlimm ist, dass sie sich immer noch widerständig und ›alternativ‹ fühlen, obwohl sie längst einem kulturell tonangebenden Milieu angehören. Eine unerlässliche Voraussetzung von Toleranz – und dieser Satz steht fest – liegt im ehrlichen Selbsteingeständnis von eigener Macht, auch diskursiver Macht (zum Beispiel an den Universitäten). Nur die, die wissen, dass sie über Macht verfügen, können sich überhaupt die Frage stellen, ob sie andere tolerieren, das heißt: aushalten, erdulden möchten – oder eben nicht. Hieraus folgt: Die neopuritanische Linke muss sich darüber ehrlich machen, dass ihre Adepten in vielen politisch-kulturellen Konstellationen mittlerweile zu nichts anderem als Figuren der Macht geworden sind. Bislang versuchen sie, es wortreich zu vermeiden, doch gerade sie hätten es nötig, sich einen Satz von Adorno, einem maßgeblichen Vertreter der lesenden Linken, in Erinnerung zu rufen: ›Wer innerhalb der Demokratie Erziehungsideale verficht, die gegen Mündigkeit, also gegen die selbständige bewußte Entscheidung jedes einzelnen Menschen, gerichtet sind‹ – mahnte dieser nämlich streng – ›ist antidemokratisch, auch wenn er seine Wunschvorstellungen im formalen Rahmen der Demokratie propagiert.‹ [...] Dass heute die AfD bei manchen Wahlen mehr Arbeiter-Stimmen erhält als jede andere Partei, ist in jedem Fall auch ein trauriges Zeugnis für die naserümpfende, spießig gewordene

Linke, die in ihren schlechtesten Momenten zugleich den Eindruck erweckt, einen Klassenkampf ›von oben‹ zu betreiben: eine Rebellion der tadellosen Vier-Zimmer-Altbau-Bourgeoisie gegen das schrecklich vulgäre, unaufgeklärte und politisch unkorrekte Proletariat.«[8]

Die Verwirrung über die gelernten Kategorien »gut«, »böse«, »rechts«, »links« ist auch deshalb so vollständig, weil sich ohne den psychologischen Mechanismus der Abspaltung kaum verstehen lässt, warum die Vertreter einer »*Vier-Zimmer-Altbau-Bourgeoisie*« heutzutage als Verfechter einer neuen Weltordnung auftreten, die ebenso kulturmarxistische wie globalkapitalistische Züge trägt. Im Schlusskapitel wird noch deutlich, dass sich das politische Koordinatensystem des 20. Jahrhunderts komplett ad absurdum führt. Auf globaler Ebene gibt das WEF, die Vertretung der mächtigsten kapitalistischen Konsortien der Welt, sozialistische Leitideale heraus. Höchste supranationale Organisationen wie WHO, IWF und UN werden von ehemaligen Kommunisten geleitet. Werbe- oder Hedgefonds-Manager aus Hamburg Eppendorf oder dem Prenzlauer Berg beklagen sich allabendlich bei einer guten Flasche Primitivo über den globalen Kapitalismus. Auf jeden Fall will man heute zweierlei: gut und solidarisch sein *und* Kohle machen. Die moralische Vertretung für möglichst exotische Minderheiten kollidiert dabei kaum mit dem eigenen Lebensstil. Fair Trade, Mülltrennung, Windstromanbieter, Hybridauto und Bioprodukte als mannigfaltiger Ablasshandel tun ihr Übriges, um kognitive Dissonanzen zu befrieden. Um das ehemalige marxistische Mündel, den einfachen Arbeiter, kümmert man sich hingegen kaum; diese Gruppe wird inzwischen eher von rechts bedient. Der linke Rotweinschwadroneur verweigert die Anerkennung seiner realen politischen Macht allein schon deshalb, weil er damit Zielkonflikten und Verantwortung ausweicht. Anstatt sich den Niederungen einer Realpolitik zu stellen, genießt er den Schutz aller staatlichen und medialen Macht, wenn er sich als Freiheitskämpfer für eine schöne neue Welt geriert.

Um das Bild des »linken Spießers« von Jan Freyn aufzugreifen: Wikipedia bescheinigt Spießbürgern »geistige Unbeweglichkeit und ausgeprägte Konformität mit gesellschaftlichen Normen«. Dies bedeutet, dass aus einem linken Spießer jederzeit ein rechter Spießer werden kann. Den politischen Spin erhält der Spießbürger über die jeweils herrschende Medienhegemonie. Spießer und Spindoctoren bilden in jedem totalitären System eine Einheit: Eine kleine Gruppe ideologischer Vordenker erlangt mediale und politische Macht – die wesentlich größere Gruppe der Konformisten folgt.

»Ich glaube, bei der Betrachtung des Nationalsozialismus und der DDR kommt die individuelle Beteiligung zu kurz. Solche Systeme sind nicht nur denkbar durch eine auffällige, pathologische Elite, sondern nur durch ein stützendes Mitläufersystem. Ich verwende dafür den Begriff der Normopathie und meine, dass etwas Gestörtes für normal gehalten wird, wenn eine Mehrheit diese Meinung vertritt. Das hat etwas mit dem menschlichen Grundbedürfnis zu tun, zu einer Gruppe dazuzugehören. So entsteht die Gefahr, dass man auch einer kollektiv falschen Meinung anhängt. Das kennen wir aus dem Nationalsozialismus und aus dem DDR-Sozialismus. Ich erkenne das auch in dieser aus meiner Sicht narzisstischen Gesellschaft.«[9]

Sofern das System, aus welchem Grund auch immer, seinen Spin ändert, folgen die Spießbürger nach; in diesem Fall nennt man sie Wendehälse. Ein Spießer fällt immer auf die Füße und ist immer auf der Höhe seiner Zeit. Ohne Mühe weiß er, was gerade gut und was böse ist. Sein Bezugspunkt ist die veröffentlichte Meinung; sein Wunsch, dazuzugehören, schließt eine kritische Haltung, die mit einer tieferen Medienkompetenz einhergehen würde, automatisch aus. Dem guten Bürger reichen die Tagesschau und das heute-journal, um zu wissen, was der »Anstand« gebietet. Dem medialen Aufruf, »Haltung« und »Gesicht« zu zeigen, folgt der Spießer gern, was unter Corona natürlich bedeutet, das Selbige zu verhüllen.

Wenn ich bei meinen Lesungen auf den Zusammenhang des deutschen transgenerationalen Kriegstraumas und den Übersteuerungen auf den Politikfeldern *Corona, Gender, Klimaschutz* und *Migration* hinweise, werde ich regelmäßig mit folgender Frage konfrontiert:

»Glauben Sie wirklich, dass ausgerechnet die Weitergabe des Kriegstraumas ursächlich für die aktuellen Verwerfungen ist? Schließlich gibt es viele westliche Nationen, auch jene, die selbst kaum Kriegsschäden erlitten haben, die von politischer Korrektheit und Schuldnarrativen beherrscht werden.«

Manchmal ist es dann etwas mühsam, darauf hinzuweisen, dass mir die Thesen, die den Niedergang westlicher Gesellschaften erklären wollen, durchaus vertraut sind. Tatsächlich halte ich sie sogar für überaus relevant. Natürlich ist das Problem der Selbstablehnung westlicher Gesellschaften universeller und komplexer. Autoren wie Douglas Murray, Matthias Matussek, Alexander Grau, Roger Scruton und andere äußern zu Recht den Verdacht, dass die größten zeitgenössischen Verwerfungen im direkten Zusammenhang mit der Säkularisierung stehen. Der Aufbau einer Ersatzmoral jenseits von Religion, die Dekonstruktion fester Institutionen, Rollen- und Leitbilder und vor allem der Verlust transpersonaler Sinngewissheiten sind wesentliche Faktoren für das Entstehen eines spirituellen Surrogates: die Hypermoral. Und damit auch für die unverhohlene Renaissance neomarxistischer Politikansätze, getarnt als Gender-, Migrations- und Klimaprogramme. Für Deutschlands Besonderheit werden außerdem der Dreißigjährige Krieg, die späte Nationalstaatlichkeit, die europäische Mittellage und die Epoche der deutschen Romantik diskutiert. All dem stimme ich ausdrücklich zu. Die Selbstzerstörung der westlichen Gesellschaften im Allgemeinen und der deutschen Gesellschaft im Besonderen ist multifaktoriell bedingt, und mein Ansatz, das Transtrauma, stellt lediglich *einen* weiteren Debattenbeitrag dar. Dennoch halte ich den Mechanismus für wichtig, weil er die spezifisch deutsche Übersteuerung aus einem weiteren Blickwinkel beleuchtet.

Linke Spießer, Konformisten, Wiedergutmacher, Normopathen, Mitläufer, Puritaner, Narzissten, Jakobiner, Pharisäer, autoritäre

Charaktere … Wie auch immer man die total guten Menschen der Neuzeit nennen möchte – in der politisch-medialen Klasse Deutschlands sind sie tonangebend.

»Mit einer simplen Fünf-vor-zwölf-Rhetorik will die politisch-mediale Elite in allen Lebensbereichen einen radikalen Wandel herbeiführen – mit dem Versprechen, dass man Deutschland bald nicht wiedererkennen wird. Man denke nur an die Energiepolitik ohne Atom und Kohle, die Auflösung der nationalstaatlichen Souveränität in Europa, die grenzenlose Massenmigration und die Kulturrevolution durch ›Gendern‹ und ›Politische Korrektheit‹. Wer hier nicht mitkommt, den nimmt der Staat gerne bei der Hand – von der Wiege bis zur Bahre. Und wer sich weigert, sieht sich von den Gesinnungspolizisten in die rechte Ecke der ewig Gestrigen gestellt. Das Syndrom des politischen Moralismus kann man auf die Formel bringen: je schwächer der gesunde Menschenverstand, desto stärker die Gesinnung. Und wo Gefühle statt Argumente die Debatten bestimmen, kommt es ganz unvermeidlich zur Verteufelung der Andersdenkenden. Der politische Moralist sieht im politischen Gegner einen Unmenschen.«[10]

Der viel beschriebe »autoritäre Charakter« nach Erich Fromm, der sich durch Konformität, Willfährigkeit und Gehorsam auszeichnet, gedeiht immer dann, wenn große Gesellschaftsteile nur mangelhaft zum Erwachsenen ausreifen konnten. Kollektive Traumata, wie der Erste Weltkrieg, führten daher geradewegs in den Faschismus. Transtraumata, die Folgen des Zweiten Weltkrieges, sind jedoch nicht minder geeignet, zeitgenössische, autoritäre Charaktere auszubilden:

»Auch Theodor W. Adorno verengte unter dem Eindruck des Nationalsozialismus das Profil der autoritären Persönlichkeit weiter auf den konservativen, prüden, menschenverachtenden und faschistoiden Kleinbürger. Allerdings zeigen die gesellschaftlichen Entwicklungen der letzten Jahrzehnte, dass auch unter freizügigen Weltbürgern der autoritäre Charakter prächtig gedeiht. Denn gerade der progressive und engagierte Kosmopolit unserer Tage versucht, seine Ängste mittels Dogmatismus,

Unterwürfigkeit und moralischer Orthodoxie zu kompensieren. Dafür klammert er sich panisch an die in seinem Milieu angebeteten Götzen, an Diversität, Offenheit und Multikulturalität. Sein zeitgeistiger Habitus kaschiert dabei nur unzulänglich, dass er sich damit ebenso einer autoritären Ideologie unterwirft wie sein biederer Vorgänger – nur dass diese eben nicht prüde und verklemmt daherkommt, sondern spaßorientiert und scheinbar weltoffen.«[11]

In diesem Buch möchte ich aufzeigen, dass es in Deutschland aufgrund dieses neoautoritären Zwangscharakters kaum resiliente Kräfte gibt, den Bestrebungen supranationaler Organisationen zu widersprechen. Zugunsten einer »großen Transformation«, die das Weltwirtschaftsform »The Great Reset« nennt, nimmt Deutschland eine Vorreiter- und Schlüsselposition ein, da viele deutsche Babyboomer aufgrund ihres Transtraumas noch immer von Schuldkomplexen beherrscht werden und gleichzeitig unter enormem Konformitätsdruck stehen. Die zentralen Narrative und Problemfeder, die im Zusammenhang mit dem globalen Strukturwandel stehen, sind:

» Abbau vieler Grund- und Bürgerrechte im Zuge der »Corona-Schutzmaßnahmen«, Tracking-Apps, Schaffung einer weltweiten digitalen Identität, Lockdown und Reisebeschränkungen, Massenimpfung, Maskenzwang, Social Distancing.

» Instrumentalisierung und Überdehnung des Rassismus-Begriffs, Idealisierung von Fremdkulturen und Multikulturalismus bei gleichzeitiger Verteufelung der eigenen Identität, positive Diskriminierung gegen »alte weiße Männer«.

» Gender-Mainstreaming und Diversity-Management, Feminisierung der Gesellschaft, Dekonstruktion von Geschlecht und Familie, Betonung von Intersektionalität sowie Minderheitenkulte.

» Dekonstruktion religiöser Sinngewissheiten und Postulat einer menschengemachten, CO_2-bedingten Klimakrise als spirituelle Schuld-Sublimierung und neue Welt(untergangs-)Religion.

- Idealisierung eines naiven humanistischen Universalismus sowie von One-World-Ideologien.
- Bargeldabschaffung und zentralistische Finanzpolitik, sozialistische Grundkonzeptionen in der staatlichen Geldwirtschaft, selbstzerstörerische »Euro-Rettung« sowie Geldmengenvermehrung und Nullzinspolitik.
- Negierung der Folgen einer unkontrollierten Migration mit Überlastung der Sozialsysteme, Kriminalitätsanstieg und Islamisierung, Verleugnung der demografischen Fakten und der Realität von Parallelgesellschaften.
- »Kampf gegen rechts« statt Kampf gegen Radikalismus, Abschaffung von Meinungspluralität, Stigmatisierung und Ausgrenzung regierungskritischer Meinungen, Diffamierung klassisch liberal-konservativer Positionen als »rechtsradikal«, Inkaufnahme und Förderung einer polarisierten Gesellschaft, mediale Manipulation durch Framing-, Nudging- und Gaslighting-Techniken.

Transgenerationales Kriegstrauma

Heutige Entscheider in Politik, Medien und Kultur sind Kinder von traumatisierten Kriegskindern des Zweiten Weltkrieges. Kriegstraumatisierte Eltern von Babyboomern schützten sich vor Retraumatisierung, indem sie die Erziehung ihrer eigenen Kinder versachlichten. Viele Kinder der 1960er- und 1970er-Jahre fühlten sich aufgrund der emotionalen Distanz ihrer Eltern und Großeltern ungeliebt, verunsichert und abgelehnt. Insbesondere durch emotional abwesende Väter entwickelten sich Selbst-Infragestellungen, Schuldgefühle und mangelnde emotionale Ausreifung. Narzisstische Persönlichkeitsmuster, die sich in der Folge herausbildeten, räsonieren in besonderer Weise mit globalen zeitgenössischen Schuldnarrativen: Kolonialismus, Industrialisierung und Rassismus eignen sich dazu, den verdrängten Vaterhass einer emotional vernachlässigten Babyboomer-Generation zu sublimieren. Die Selbstwahrnehmung eines prinzipiellen Nicht-okay-Seins würde spirituelle und psychologische Befriedung erfordern. Fehlt beides, kommt es zu Generalisierung und Projektion auf die Welt: Hier wird alles als Missstand wahrgenommen; mannigfaltige Kämpfe um »Verbesserungen«, in der Regel nach feministisch-sozialistischem Muster, sind die Folge. Die Totalität in der Umsetzung der Agenden, zunächst in der »Flüchtlingskrise«, dann in der »Klimakrise« und schließlich in der »Coronakrise«, zeigt die affektive Ladung, mit der innerpsychische Schuldgefühle und Lebensängste projiziert werden. In der Wirklichkeitsblase narzisstischer Persönlichkeiten müssen Fakten und Realität überschrieben werden. Personen, die unangenehme kognitive Dissonanzen auslösen, werden früher oder später aus dem sozialen Umfeld entfernt. So entstehen Echokammern, und schließlich kommt es zur Polarisierung der Gesellschaft. Die Universalisierung humaner Werte gilt als alternativlos. Partikuläre Interessen und Bedürfnisse nach soziokultureller Identität, Wohlstand und Sicherheit werden tabuisiert und mit einem Höchstmaß an Entrüstung eingehegt.

Deutschlands offensichtliche Bemühung, »total gut« zu sein, erfordert besondere Beachtung. Jenseits der Tatsache, dass alle westlichen Gesellschaften von Hypermoral und Schuldnarrativen geleitet werden, gilt bei den Deutschen immer noch das Motto: mehr davon!

Im viel beachteten Lied »Deutschland« der Rockband Rammstein heißt es dazu:

»Man kann dich lieben
Und will dich hassen
Überheblich, überlegen
Übernehmen, übergeben
Überraschen, überfallen
Deutschland, Deutschland über allen«

Zumindest moralisch steht Deutschland erneut über allen. Mit dem besten politischen Führungspersonal, das die Babyboomer-Generation hervorbringen konnte, Heiko Maas, Peter Altmaier, Robert Habeck, Anton Hofreiter, Annegret Kramp-Karrenbauer, Annalena Baerbock, Katrin Göring-Eckardt und Claudia Roth, geriert sich Deutschland als der große Oberlehrer Europas. Deutschland ist der Weltmeister der offenen Außengrenzen, unter Corona aber gleichzeitig Weltmeister der geschlossenen Binnengrenzen, Weltmeister der Windräder und Weltmeister im Diversity-Management. Das wirklich Verrückte ist jedoch: Im Gegensatz zu anderen Nationen, die in obigen Disziplinen vor Kurzem ebenfalls noch Weltmeister sein wollten wie Schweden oder Dänemark, ist Deutschlands Lernresistenz legendär. Wo andere Länder längst aus ihren Fehlern gelernt haben und politische 180-Grad-Wenden vollziehen, fährt Deutschland unbeirrt unter moralischem Volldampf weiter. Ungeachtet der unübersehbaren Fluchtbewegungen aufgrund deutscher Zwangsbeglückungen, man denke nur an den Brexit, die Sperrigkeit der Visegrád-Gruppe und den rasanten Aufstieg rechtskonservativer Protestparteien in ganz Europa, legt das deutsche Führungspersonal sogar noch Kohlen nach und heizt den hypermoralischen Kessel weiter ein. Deutsche linksgrüne Kompromisslosigkeit wird schlussendlich zum Zerfall der Europäischen Union führen, die Schuld dafür werden selbstverständlich konservative Kräfte bekommen.

Wie also kommt es zum deutschen Starrsinn, der ungeachtet von Erfahrungen und Fakten um jeden Preis einen Wiedergutmacherkurs halten will? Welche psychologischen Mechanismen tragen diese narzisstische Grandiosität, gepaart mit infantilem Selbsthass und abgründigem Selbstzerstörungswillen? Bezüglich der Betroffenheit von kriegstraumatisierten Kindern und damit auch der Betroffenheit über die Weitergabe dieses Traumas an die Folgegeneration, hat Deutschland im Vergleich zu anderen *westlichen* Nationen durchaus Sonderstatus. In *Die Wiedergutmacher* schrieb ich dazu:

»Schaut man sich die Entscheider und Protagonisten der aktuellen gesellschaftlichen Entwicklungen in Deutschland näher an, stößt man unweigerlich auf die Generation der Babyboomer. An den Schaltstellen der Macht, politisch, medial und kulturell, sitzen die Geburtenjahrgänge von 1955 bis 1970. Ich gehöre selbst dazu und bin als Autor und bildender Künstler ein Vertreter des kulturellen Flügels. Im ersten Teil dieses Buches möchte ich die Besonderheiten meiner Generation skizzieren, die sich gegenüber Amerikanern, Briten, Franzosen und vielen anderen westlichen Demokratien doch erheblich unterscheidet. Denn nicht nur die viel beschriebene Schuld und Täterschaft der Deutschen während des Zweiten Weltkrieges ist einzigartig, sondern gemessen am Rückbranden des Kriegsgeschehens auf deutschen Boden hat auch die deutsche Bevölkerung im Vergleich zu anderen westlichen Staaten eine ungleich höhere Zahl persönlicher und struktureller Schäden zu beklagen. Während die zivilen Toten der Staaten aus Übersee naturgemäß gegen null gehen, beklagt Deutschland allein 1,2 Millionen tote Zivilisten, darunter viele Frauen und Kinder. Doch zunächst ein Vergleich der absoluten Kriegstoten einiger westlicher Nationen, Zahlen, die betroffen machen: USA: 400 000, Frankreich: 360 000, Großbritannien: 330 000, Kanada: 40 000, Australien: 30 000, Deutschland jedoch: 6,4 Mio. Tote. Hinzu kommt das kollektive Trauma durch den Heimatverlust von 12–14 Mio. Deutschen, die gewaltsam aus den ostdeutschen Gebieten vertrieben wurden. Vor allem Frauen, Kinder und Greise erlebten auf ihrer überstürzten Flucht im Winter 1945 die Hölle. Zu den über 6 Mio. Kriegstoten und den 12 Mio. Vertriebenen kommen noch einmal 2 Mio. deutsche Frauen und junge Mädchen hinzu, die von der systematischen Massenvergewaltigung durch russische Soldaten betroffen waren. […] In den USA, England oder Frankreich gibt es diese nahezu flächendeckende persönliche Betroffenheit durch Täter- oder Opferschaft de facto nicht. Denn rechnet man obige Zahlen der persönlich betroffenen Deutschen hoch, so gibt es in nahezu jeder deutschen Familie wenigstens ein Familienmitglied, das getötet, verwundet oder vergewaltigt wurde. Zudem ist ja völlig klar, dass es innerhalb der betroffenen Generation eine kaum zu bemessende Anzahl geleugneter Täterschaft

gibt, das heißt, eine saubere Trennlinie zwischen ›Opfern‹ und ›Tätern‹ lässt sich in einem Gewaltraum so gut wie niemals ziehen. Deutschland bis 1945 als ebendiesen Gewaltraum zu erkennen, in dem sowohl durch Opferschaft als auch durch Täterschaft eine nahezu flächendeckende Betroffenheit der Bevölkerung gegeben war, ist für das weitere Verständnis dieses Buches unerlässlich. Deutsche Babyboomer sind nicht einfach nette, unbelastete, lebensfrohe Fünfzigjährige wie in anderen westlichen Demokratien auch. Sie sind die Kinder von Eltern, die als Kinder um ihr Leben rannten, auf der Flucht aus dem Osten. Sie sind die Kinder von Eltern, die in Bunkern der Großstädte zitterten oder mit ansehen mussten, wie Eltern, Geschwister oder Freunde verbrannten oder vergewaltigt wurden. Deutsche Babyboomer sind die Kinder von Vätern, die bei den Pimpfen oder der Hitlerjugend lernten, dass deutsche Männer zäh, flink und hart sein müssen. Sie sind die Kinder von Müttern, die beim Jungmädelbund oder Bund Deutscher Mädel (BDM) lernten, dass das Schlachtfeld einer tapferen deutschen Mutter das Kindbett ist. Deutsche Babyboomer sind die Kinder von Eltern, die ohne Väter aufwuchsen oder deren Väter körperlich oder seelisch so verwundet waren, dass sie ihren Kindern niemals nahekommen konnten. Babyboomer sind die Kinder von Kindern, die von kalten, verbitterten Müttern erzogen wurden, die alles verloren hatten, oftmals auch die Liebe zu ihrem eigenen Körper. Und – deutsche Babyboomer sind die Enkel von Großeltern, die einem verbrecherischen Regime zujubelten, die von Stalingrad bis El-Alamein Krieg führten und die Menschen wegen ihrer Abstammung oder persönlicher Merkmale ausgrenzten und töteten.«[11A]

Da nicht jeder Leser mein vorangegangenes Buch kennt, möchte ich zunächst kurz drei psychologische Pathomechanismen auffrischen. Diese Mechanismen sind für das Nicht-erwachsen-Werden vieler Babyboomer, den heutigen Entscheidern in Medien, Politik und Kultur, mitverantwortlich:

Misslungene Triangulierung

»Viele Psychologen, die sich mit der Reife meiner Generation beschäftigen, halten 80 Prozent der deutschen Babyboomer-Männer für ›mangelhaft trianguliert‹. Was nichts anderes bedeutet als ›Kind geblieben‹. [...] Vorab und verkürzt gesagt: Misslungene Triangulierung führt zu einem Mutterkomplex. [...] Die Konflikte in der Ich-Werdung gestalten sich bei Jungen komplexer als bei Mädchen, denn ein Hineinwachsen in die eigene Geschlechterrolle wird als größerer Verrat an der Mutter erlebt. Aufgespannt zwischen Selbstentdeckung und Loyalität zur Mutter entsteht ein großes Aggressionspotenzial, denn die Loslösung von der weiblichen Identifikation zugunsten einer noch fremden Identität wird als große Bedrohung erlebt. Irgendwann versuchen kleine Jungen, diesen Konflikt ödipal zu lösen, indem sie ihre Mutter begehren. Nach Meinung vieler Analytiker lässt sich dieser Konflikt für Jungen jedoch nur dann befriedend lösen, wenn eine ›triangulierende dritte Person‹ hinzutritt – der Vater. Erst das Entdecken des Vaters als neue, männliche Identifikationsfläche, aber auch als Schutz gegen den vermeintlichen Verlust der Mutter erlaubt es kleinen Jungs, ihren symbiotischen Konflikt auf gesunde Weise zu lösen. [...] Wenn kein Vater als Identifikationsfigur verfügbar ist, besteht die Gefahr, dass ein sogenannter ›Puer-aeturnus-Komplex‹ (nach C. G. Jung) ausgebildet wird. Der Komplex beschreibt Männer, die auch in der Lebensmitte die innerpsychische Reife von Teenagern behalten. Der ewige Jüngling ›führt typischerweise ein provisorisches Leben wegen seiner Angst, in einer Situation gefangen zu werden, aus der er nicht mehr entkommen kann. Er begehrt Unabhängigkeit und Freiheit, reibt sich an Grenzen und neigt dazu, jede Einschränkung unerträglich zu finden.‹ Nicht zufällig entspricht die psychologische Beschreibung des Puer-aeturnus-Komplexes ziemlich genau den Beschreibungen des typischen Babyboomer-Mannes in der klassischen Kriegsenkel-Literatur. [...] In den meisten Fällen unreifer Babyboomer-Männer lässt sich tatsächlich ein abwesender oder persönlich schwacher Vater nachweisen, der allenfalls physisch anwesend war, aber dennoch emotional unerreichbar blieb. Viele Väter meiner Generation waren als Kriegskinder traumatisiert worden. Emotionale Nähe zu ihren leiblichen

Kindern löste bei vielen Vätern der Kriegskind-Generation eine Abwehrreaktion aus, denn Emotionalität war ein Trigger zur Rückerinnerung an die eigene Kindheit. [...]

Parentifizierung

Insbesondere in Bezug auf die Rolle kleiner Jungen in Familiensystemen ergibt sich aufgrund der häufig abwesenden Väter ein besonderer Pathomechanismus der Parentifizierung, den ich ›Kronprinzeffekt‹ nenne. Wegen der Infantilität ihrer Männer waren viele Frauen der Kriegskind-Generation in ihrer Mutter- und Elternrolle überfordert. Was eine angemessene Verantwortung für das Familiensystem angeht, so entwickelte sich der emotional abwesende, kindische Mann nicht selten zum Totalausfall. Durch Arbeitssucht, Alkoholismus oder übertriebene Hobbys ihrer Männer fühlten sich viele Frauen enttäuscht und im Stich gelassen. Die Zuwendungen und Bestätigungen holten sich daher viele Kriegskinder-Mütter von ihren Babyboomer-Söhnen, die als ›Ersatzmänner‹ fungierten. Realer sexueller Missbrauch war hierbei sicherlich eher eine Ausnahmeerscheinung, dennoch entwickelten viele Kronprinzen ungesunde Solidarisierungen mit der Mutter gegen den Vater, was die enge Mutterbindung noch weiter zementierte. Töchter solidarisierten sich natürlich ebenso mit ihren Müttern, was jedoch nicht ganz so unnatürlich erschien. Nicht selten entstand eine typische Frontlinie: Mutter und Kinder auf der einen Seite – der einsame Vater auf der anderen Seite, was den Rückzug der Väter natürlich noch weiter vergrößerte. [...] Von Parentifizierung im Familiensystem sind natürlich auch Mädchen betroffen, denn der Prozess beschreibt allgemein eine ungesunde Umkehr in der Eltern-Kind-Rolle. Alle Prozesse, in denen emotional bedürftige, regressive Eltern ihre eigenen Kinder dazu missbrauchen, sich Zuwendung und Support zu holen, führen zur ›Parentifizierung‹. Der Begriff bedeutet ›sich Eltern machen‹, und zwar aus den eigenen Kindern. Dabei fühlen Kinder ganz instinktiv die Schwäche ihrer Eltern und wissen ganz genau, dass sie auf Gedeih und Verderb von ihnen abhängig sind. Deshalb tun Kinder nahezu alles, um ihre Eltern zu stützen. Man muss Kinder kaum aktiv in nicht-kindgerechte Rollen drängen, sie übernehmen wie von selbst eine ›Eltern-Funktion‹ gegenüber einem oder beiden Elternteilen, wenn sie die Familie bedroht sehen. Sie opfern ihr eigenes, kindgerechtes Leben zugunsten des Systems – zu einem schrecklichen Preis. Denn hiermit wird ein unseliger Kreislauf geschlossen, Parentifizierung vererbt sich weiter – in diesem Fall von den Kriegskindern auf die Babyboomer. […]

Doppelbindung

Der Prozess der Parentifizierung ist eng mit der Doppelbindungstheorie verknüpft. Ebenso wie Kinder instinktiv fühlen, dass sie in eine nicht gemäße Erwachsenenrolle schlüpfen, in der sie missbraucht werden, fühlen auch Eltern, dass es nicht okay ist, sich über Gebühr von ihren Kindern stützen zu lassen. Im Familiensystem bauen sich daher kommunikative Tabus auf, damit derartige Rollenumkehrungen nicht offengelegt werden. Hierbei kristallisieren sich typische, äußerst negative Kommunikationsmuster heraus, die man früher als Ursache für Schizophrenie in Betracht gezogen hatte. Obgleich sich diese These nicht bestätigen konnte, üben derartige Kommunikationsformen dennoch eine sehr lähmende Wirkung auf Schutzbefohlene aus. Zentrales Merkmal ist ein Machtgefälle und eine Abhängigkeit zwischen Erziehungsberechtigten und Kindern oder im Äquivalent zwischen Chefs und Angestellten. Kern des Problems sind paradoxe Signale oder Handlungsaufträge, die sich widersprechen, die aber dennoch eine Handlung einfordern, bei der sich der Schutzbefohlene in jedem Fall schuldig macht, die ihn also in ein Dilemma stürzt. Perfiderweise sind die doppelten Botschaften oder Signale nicht sofort erkennbar, da sie sich mitunter auf unterschiedlichen Kommunikationsebenen abspielen. Möglicherweise gibt es einen verbalen Handlungsauftrag, der zugleich jedoch von einem nonverbalen Verbot (über Mimik und Gestik) begleitet wird. Der Sender (Elternteil) leitet damit einen eigenen ungelösten, ambivalenten Konflikt an den Empfänger (Kinder) weiter, zugleich ist der Vorgang natürlich in hohem Maße aggressiv. Für den Empfänger ist die Doppelbindung unauflösbar, weil er keine Wahl hat, den restriktiven Maßnahmen zu entgehen – er macht sich in jedem Fall schuldig. Zudem gibt es ein unausgesprochenes Verbot zur Metakommunikation, das heißt, es ist dem Empfänger strengstens untersagt, den Widersinn der Situation anzusprechen, denn damit würde er alles noch schlimmer machen. Da sich der Empfänger aufgrund seines Abhängigkeitsverhältnisses gezwungen sieht, der Aufforderung nachzukommen, und er die Situation nicht verlassen kann, erlebt er jede Double-Bind-Kommunikation als ohnmächtige Qual.«[12]

Zur Vertiefung dieser Pathomechanismen muss ich auf mein vorangegangenes Buch verweisen. In diesem Folgewerk ist mir eine Ergänzung wichtig, die ich für die Entstehung der großen politischen Narrative der Neuzeit für wesentlich halte: die *internalisierte, toxische Scham* nach John Bradshaw.

Toxische Scham

Der Psychotherapeut und Bestsellerautor John Bradshaw stellt in seinen Standardwerken heraus, dass sich sämtliche der von mir beschriebenen Kriegsenkel-Pathomechanismen auf ein Grundfaktum reduzieren lassen: *das Verlassenwerden.* Alle missbräuchlichen Rollenmuster, in die Kinder von traumatisierten Kriegskinder-Eltern gedrängt werden, laufen schlussendlich auf dasselbe hinaus. Die für eine gesunde Entwicklung unbedingt erforderlichen Ingredienzien, nämlich Schutz, unverbrüchliche Liebe und Spiegelung des Okay-Seins der eigenen Gefühle und Bedürfnisse, aber auch eine notwendige, klare und liebevolle Limitierung eines mitunter ausufernden Kinderwillens bleiben aus. Das auf Gedeih und Verderb abhängige Kind wird von seinen Eltern *emotional verlassen*, was je nach Ausprägung als eine Art innerer Tod erlebt wird:

»Scham wird internalisiert, wenn man verlassen wird. Verlassenheit ist der Begriff, der beschreibt, wie man sein echtes Selbst verliert und seelisch aufhört zu existieren. Kinder können nicht wissen, wer sie sind, wenn sie kein ›Feedback‹ bekommen. Dieses Feedback kommt von den

Bezugspersonen und ist in den ersten fünf Lebensjahren von entscheidender Bedeutung. Verlassenwerden bedeutet gleichzeitig den Verlust des Feedbacks. Eltern, die sich seelisch abkapseln [und das tun alle schamgeprägten bzw. traumatisierten Eltern] können ihren Kindern weder Feedback geben noch deren Gefühle bestätigen. Da wir uns in der frühen Kindheit im präverbalen Bereich bewegt haben, hing alles von gefühlsmäßigen Interaktionen ab. Ohne jemanden zu haben, der unsere Gefühle widerspiegelte, konnten wir nicht wissen, wer wir waren. Dieses Widerspiegeln hat auch für unser späteres Leben eine große Bedeutung. Denken Sie einmal an das frustrierende Erlebnis, das jeder von uns schon einmal gehabt hat, wenn wir mit jemandem sprechen, der uns nicht ansieht. Während Sie reden, beschäftigt er sich mit irgendetwas anderem oder liest. Für unsere Identität ist der andere wichtig, der uns mit seinen Augen ziemlich genau so sieht, wie wir uns selbst sehen. [...] Die Art, wie Gefühle, Bedürfnisse und natürliche, instinkthafte Triebe durch Scham gebunden werden, ist der entscheidende Faktor bei der Umwandlung der gesunden Scham in toxische Scham. Durch Scham gebunden zu sein bedeutet, dass man sich schämt, sobald man ein Gefühl, ein Bedürfnis oder einen Trieb empfindet. Die Dynamik des menschlichen Lebens setzt sich aus unseren Gefühlen, Bedürfnissen und Trieben zusammen. Wenn diese Komponenten durch Scham gebunden sind, empfindet man die Scham bis ins tiefste Innere.«[13]

Bradshaw beschreibt ein Phänomen, das andere Autoren im Kontext der transgenerationalen Weitergabe kriegsbelasteter Kindheiten als Syndrom der »Kühlschrankmutter« bezeichnet haben. Kriegskinder, die Eltern der Babyboomer, waren häufig nicht in der Lage, ihren eigenen Kindern emotionale und körperliche Nähe zu geben. Kindern wahrhaftig und emotional zu begegnen und dabei kindliche Gefühle wie Wut, Angst und Trauer zu spiegeln bedeutet zwangsläufig, Gefühle der eigenen Kindheit zu evozieren. Wenn sich Eltern, deren eigene Kindheit traumatisch war, auf diese wünschenswerte und notwendige Weise ihren Kindern nähern, erleben sie eine Retraumatisierung. Unbewusst und ohne böse Absicht wird die Erziehung der eigenen Kinder daher versachlicht. Die enorm wichtige Spiegelung authentischer Gefühle bleibt aus. Kinder, die auf diese Weise emotional vernachlässigt wurden, sehen die Gründe für die mangelnde Zuwendung jedoch niemals bei ihren Eltern, sondern einzig bei sich selbst. Sie halten sich für schuldig, wenig liebenswert und irgendwie nicht richtig.

»Egozentrisches Denken bedeutet, dass ein Kind alles auf sich bezieht. Selbst wenn ein Elternteil stirbt, kann es sein, dass ein Kind das auf sich bezieht. Es sagt dann möglicherweise: ›Wenn Mami mich wirklich liebgehabt hätte, wäre sie nicht zum lieben Gott gegangen, sondern bei mir geblieben.‹ Denjenigen, die wir lieben, schenken wir Zeit. Der Schock, der dadurch entsteht, dass unsere Eltern uns nichts von ihrer Zeit schenken, erzeugt in uns ein Gefühl der Wertlosigkeit. Das Kind bedeutet den Eltern so wenig, dass sie ihm weder ihre Zeit noch ihre Aufmerksamkeit schenken oder sich seiner Erziehung widmen. Das egozentrische kleine Kind interpretiert Ereignisse egozentrisch. Wenn Mami und Papi nicht da sind, dann ist das meine Schuld. Mit mir stimmt irgendetwas nicht, sonst wären sie gern bei mir. Kinder sind egozentrisch, weil sie noch keine Gelegenheit hatten, ihr Ich abzugrenzen.«[14]

Tragischerweise vererben sich die aus diesem Mechanismus hervorgehenden Folgen, Selbstwertmangel und Selbstzweifel, von Generation zu Generation weiter. Man kann seinen eigenen Kindern keinen Selbstwert vermitteln, wenn man sich insgeheim selbst ablehnt. Obgleich Kinder in diesem systemischen Reigen immer die Opfer sind, sehen sie sich als Täter, wofür sie sich schämen; deshalb suchen sie nach Wegen der Wiedergutmachung, sie werden zu »Wiedergutmachern«. Hauptproblem der internalisierten toxischen Scham ist jedoch, dass jeglicher Versuch der Wiedergutmachung in einem Teufelskreis endet, denn hier zeigt sich auch der Unterschied zwischen Schuld und Scham: Schuldgefühle entstehen im Abgleich eines etwaigen (Fehl-)Verhaltens, im Widerspruch zu inneren Wertvorstellungen. Ein erkanntes falsches Verhalten und nachfolgende Reue sind prinzipiell gesunde Mechanismen zur Reifung und führen idealerweise tatsächlich zur Wiedergutmachung. Sofern aber Scham *internalisiert* wurde, wird sie zu einem *Wesenszug* und ist mit der Identität des Individuums verbunden. Man hat dann nichts Falsches getan, *man ist falsch*. Für diesen Menschen gibt es keine Möglichkeit der Wiedergutmachung. Um psychisch überleben zu können, bleiben nur klassische Abwehrmechanismen, wie Verdrängung, Projektion, Leugnung usw.

Schamgebundene Erwachsene, die ihr wahres Selbst und damit ihren inneren, gegebenen Wert als Mensch nicht kennen, sind gezwungen, über äußere Leistungen und Erfolge Anerkennung zu erreichen. Dieses Muster galt ja bereits während der Parentifizierung in der Kindheit: Emotional verlassene Kinder tun für ihre Eltern alles, um ein wenig Anerkennung zu bekommen. Schlussendlich führt dieser Prozess zu einer narzisstischen Persönlichkeit, die Person wird immer egozentrierter und interessiert sich in Wahrheit nicht mehr wirklich für andere Menschen. Transaktionsanalytisch betrachtet, ist das internalisierte Gefühl von »ich bin nicht okay« irgendwann umgeschlagen in »ich bin besser als du«. Narzissten glauben, dass sie mehr Anerkennung und Wertschätzung verdienen als andere. Von außen gesehen, kann der Wesenszug, mit großer Selbstverständlichkeit Zuspruch zu erwarten, leicht mit Selbstvertrauen verwechselt werden. Doch das Gegenteil ist der Fall. Trotz Umkehr der inneren Selbsteinschätzung vom Verlierer zum Gewinner müssen Narzissten Brüskierung und seelischen Schmerz bekämpfen. In der Regel geschieht dies durch Projektion.

»Projektion ist einer der primitivsten Abwehrmechanismen. Ihre dramatischsten Manifestationen sind die Wahnvorstellungen und Halluzinationen. Wenn wir von Scham geprägt sind, ist die Projektion unvermeidlich. Alle unsere Gefühle, Wünsche, Bedürfnisse und Triebe, die wir verleugnen, suchen dringend nach einer Ausdrucksmöglichkeit, denn sie sind lebenswichtige Teile unseres Selbst. Man kann das Problem lösen, indem man die Gefühle, Wünsche usw. anderen zuschreibt. Wenn ich

meinen eigenen Zorn verleugne, kann ich ihn auf einen anderen Menschen projizieren. Es könnte dann passieren, dass ich Sie frage, warum Sie wütend sind. [...] Projektion wird eingesetzt, wenn die Verdrängung versagt. Sie ist eine der wichtigsten Ursachen für Konflikte und Feindseligkeiten im menschlichen Zusammenleben.«[15]

Als Moralisten mit erhobenem Zeigefinger beginnen toxisch Beschämte, Andersdenkende, die weniger konformistisch und letztlich gesünder sind als sie selbst, auf schamlose Weise zu beschämen. Aufgrund des hohen, aber verleugneten Leidensdruckes entwickeln viele Betroffene dabei ungeahnte Energien und Fähigkeiten. Bereits innerhalb des dysfunktionalen Familiensystems vieler Kriegsenkel war ein Überleben nur deshalb möglich, weil spezielle Fähigkeiten der Anpassung und Manipulation erlernt wurden. Um die eigene Kindheit betrogen, erforderten co-abhängiges Verhalten und Parentifizierung enorme soziale Fähigkeiten, die sich im heutigen Werte-Kanon hervorragend zur sozialen Machtorganisation eignen. John Bradshaw hat, ohne es zu ahnen, in seinem Buch über die toxische Scham den Prototyp vieler deutscher Haltungsjournalisten, Kirchenvertreter und linksgrüner Politiker beschrieben. In seinem Kapitel *»Die persönlichkeitsspezifischen Stile der Schamlosigkeit«* zählt er sämtliche Charaktereigenschaften der zeitgenössischen Hypermoralisten und Normopathen auf:

»Eine dritte Schutzschicht gegen das Gefühl der toxischen Scham besteht daraus, dass man ›schamlos‹ handelt. Das ist ein weitverbreitetes Verhaltensmuster schamgeprägter Eltern, Lehrer, selbstgerechter Menschen und Politiker. Zum schamlosen Handeln gehören verschiedene Verhaltensweisen, die den Zweck haben, das Gefühl der Scham zu verändern und die eigene toxische Scham auf eine andere Person zu übertragen. Die Transaktionstheoretiker nennen diesen Vorgang ›heiße Kartoffel‹. Solche Verhaltensweisen stellen einen Abwehrmechanismus gegen den Schmerz der toxischen Scham dar, führen zu Stimmungsveränderungen und machen süchtig. Zu ihnen zählen Perfektionismus, Streben nach Macht und

Kontrolle, Wut, Arroganz, Kritik und Tadel, Verurteilung anderer, Moralisieren, Verachtung, gönnerhaftes Verhalten, Sich-Kümmern und Helfen, Neid, Nettigkeit und Gefälligkeit. Alle diese Verhaltensweisen sind auf andere Menschen konzentriert und lenken von der eigenen Person ab. [...] Das Streben nach Macht ist ein direkter Versuch, Minderwertigkeitsgefühle zu kompensieren. Wenn man Macht über andere hat, kann man nicht so leicht der Scham ausgesetzt werden. Das Machtstreben wird häufig zu einer Lebensaufgabe, der sich ein Mensch total verschreibt. In seiner neurotischsten Form wird es zu einer absoluten Sucht. Die Menschen widmen dann ihre ganze Kraft der Aufgabe, durch raffinierte Manöver eine Position zu ergattern, von der aus sie die Leiter des Erfolgs weiter nach oben klettern können. [...] Eltern, Lehrer, Doktoren, Rechtsanwälte, Pfarrer, Rabbiner und Politiker spielen Rollen, die etwas mit Macht zu tun haben.

Die Leute, die mit der Macht spielen, versuchen ständig, ihre Macht über andere auszudehnen. Sie suchen sich häufig Berufe aus, die ihnen Macht geben, und sichern ihre Position ab, indem sie andere Leute für sich arbeiten lassen, die schwächer und weniger selbstsicher sind. Solche Menschen sind absolut nicht in der Lage, die Macht mit anderen zu teilen. Eine Teilung der Macht würde Gleichheit bedeuten – und sie können sich nur gut fühlen, wenn sie anderen überlegen sind. Für den Machthungrigen bedeutet Macht ein Mittel, sich gegen weitere Scham abzusichern. Dadurch, dass man Macht über andere hat, kann man die Rolle umkehren, die man in der frühen Kindheit gespielt hat. Zu den Strategien der Macht gehört oft auch, dass man versucht, sich in aktiver Weise zu rächen.«[15A]

Bradshaw skizziert mit dem schamgebundenen Charakter den Prototyp des erfolgreichen Mainstreamkarrieristen, der insbesondere eine zentrale Machttechnik beherrscht: *Politische Korrektheit.* Im Kapitel *Gender* komme ich darauf zurück. Insbesondere bei vielen Vertretern der Kunst-, Medien- und Politiker-Eliten fällt dieser Typus auf. Dieser Charakter dominiert weder durch Schönheit, Charme, Fachkenntnis oder Intelligenz, sondern durch soziale Bauernschläue und Ausdauer. Politische und ideologische Gegner werden mit großer Treffsicherheit verblüfft und unter Zuhilfenahme von Moralen und jenseits der Fakten effektiv diskreditiert und beschämt. Vortrefflich studieren lässt sich diese Methodik in vielen Talkshows der öffentlich-rechtlichen Sender. Hier werden missliebige Positionen entweder gar nicht erst zugelassen, oder deren Vertreter werden brüsk unterbrochen, moralisch belehrt und beschämt. Und wehe ein Journalist handelt einmal nicht im Sinne der politisch korrekten Direktive und lässt ideologischen Gegnern etwas Raum für die eigene Meinung ... Das Mindeste sind nachträgliche Entschuldigungen, möglicherweise ist der nicht ganz linientreue Journalist aber auch gleich seinen Job los. Gewinner auf der politisch-medialen Bühne sind insbesondere jene Typen von Babyboomern, die früh gelernt haben, wie man unliebsame innere Affekte und Ambivalenzen über Projektionen loswird. Wer den Kontakt zu seinem wahren Selbst verloren hat, ist ohnehin nicht sonderlich zimperlich und nicht gerade ein Ausbund an Empathie. Übertriebene, *gespielte* Empathie für Minderheiten und Randgruppen dient eher dem eigenen Machtausbau und stellt einen Missbrauch der wirklich Hilfsbedürftigen dar.

Fazit: Toxische Scham lässt sich effektiv übertagen, indem man den internalisierten Anteil, der einen permanent selbst beschämt, auf andere umlenkt. Die unliebsame innere Stimme, die einen moralisch diskeditiert, belehrt und maßregelt, richtet sich fortan auf politische und ideologische Gegner. Als Nebeneffekt lässt sich das Kleinmachen anderer als persönlicher Machtgewinn nutzen.

Schuldstolz und Identität

»Paradoxerweise gelingt Identitätsbildung im Falle Deutschlands nicht durch die Produktion von Stolz auf Errungenschaften, sondern durch die Akzeptanz eigentlich unakzeptierbarer Schande und das Eingeständnis eigentlich uneingestehbarer Schuld. So wird auf nahezu geniale Weise

Schande zu Ruhm ›rezykliert‹. Mit postheroischer Grandeur wird Schuld in Schuldstolz verwandelt. Schuldstolz ist ein moralischer Stolz darauf, die Kraft zu haben, die größtmögliche Schuld zu verinnerlichen und sich mit der Verantwortung dafür zu identifizieren.«[16]

Das transgenerationale Kriegstrauma erzeugt zwei innerpsychische Grundverfassungen:

1. Internalisierte Scham- und Schuldgefühle
2. Ein unendlich bedürftiges Ego

Der zwangsläufig ablaufende Selbstheilungsversuch narzisstischer Persönlichkeiten besteht darin, Honig aus dem Defizit zu saugen. Schuldstolz ist das Ergebnis dieses Prozesses. Grundsätzlich muss die narzisstische Persönlichkeit viel Energie aufwenden, um den verleugneten, unbewussten Selbstwertmangel auszugleichen. Permanenter Zuspruch von außen ist ein Muss. Allgemein positiv bewertete Mainstreamnarrative zu bedienen, um damit Lob und Anerkennung einzuheimsen, stillt die Seelenpein nur bedingt. Innerpsychische Anteile sind um Ganzheit und Ausgleich bemüht, Schuld und Scham müssen in einer neuen Legende recycelt und einer neuen Bewertung zugeführt werden. Da die totale Verleugnung internalisierter Scham unmöglich ist, bleibt der Psyche ein anderer, genialer Kunstgriff: Durch Überhöhung und ostentative Anerkennung von Schuld – bei gleichzeitiger Projektion und Kollektivierung – kann das Ego viel Zuspruch für seinen »Mut« und seine »Kraft« erwarten, welche die Vergegenwärtigung der großen »Verantwortung« mit sich bringt, um zukünftige Schuld zu verhindern. Schuldstolz ist daher Labsal für die toxisch beschämte Seele. Egal zu welchem Thema – es gibt praktisch keine Rede deutscher Politiker, in der nicht mit sauertöpfischer Miene auf die große Schuld und Verantwortung Deutschlands hingewiesen wird. Wenn Deutschland seine große Schuld bezüglich der Klimakrise nicht annimmt und sofort die Vorreiterrolle in der Klimapolitik übernimmt – wer dann?, sagen Politikerinnen wie Katrin Göring-Eckardt. Meint: Ohne Deutschland würde die Welt untergehen. Zwar macht der deutsche Anteil der CO_2-Emissionen lediglich 2 Prozent aus und Giganten wie Russland, China, USA, Indien und Brasilien denken im Traum nicht daran, es Deutschland gleichzutun – aber egal. Wer, wenn nicht Deutschland, kann und wird die Welt retten? Das fühlt sich schon mal ziemlich groß(artig) an.

Grandiosität und Größe, die das bedürftige narzisstische Ego so dringend braucht, können also über das Anerkennen von Schuld generiert werden. Das ist jedoch nicht alles. Ein großes Problem bei der Weitergabe des transgenerationalen Kriegstraumas ist ein Mangel an persönlicher Identität. Wie bereits ausgeführt, können Kinder ohne die zugewandte Spiegelung von reifen Erwachsenen nicht wissen, wer sie sind. Auch wenn zeitgenössische Narrative noch so sehr den Begriff der Identität dekonstruieren und verleugnen – jeder Mensch braucht Identität. Einen Bezugsrahmen, etwas, womit sich das Ich rückhaltlos identifizieren kann. Und wenn dies nichts Gutes sein kann, weil das Gute in der eigenen Kindheit kaum gespiegelt wurde, dann ist es eben das Schlechte. Schuld, beziehungsweise rezyklierte Schuld in Schuldstolz, wird schließlich zur neuen Identität; dies gilt auch für das Kollektiv.

»Dabei ist übertriebener Nationalstolz tiefenpsychologisch gesehen dasselbe wie übertriebener Nationalhass: Im ersten Fall erfolgt eine Identifizierung mit den positiven Eigenschaften, im zweiten Fall mit den negativen. In beiden Fällen erfährt das zu schwach entwickelte Ich über Identifikation Aufwertung und Größe. Dass eine grüne Bundestagsvizepräsidentin bei einer Anti-AfD-Demonstration mitläuft, auf der »Deutschland, du mieses Stück Scheiße« und »Deutschland verrecke« skandiert wird, ohne sich hinterher davon zu distanzieren, zeigt, wie selbstverständlich eine negative Identifikation ist. Hass ist das Gegenteil von Liebe, setzt Erstere aber voraus. Natürlich ist es für linke Ideologen und Antideutsche schwer zu ertragen, sie der übertriebenen (invertierten) Vaterlandsliebe zu überführen, dennoch verhält es sich tiefenpsychologisch gesehen genau so.«[17]

In Bezug auf kollektive Prozesse, also auf Deutschlands Identitätsbildung als Nation, funktioniert dieser Mechanismus einwandfrei. Jeder Politiker, der heute noch eine *positive* Identifikation mit deutschen Tugenden anregt, und derlei gäbe es ja durchaus, kann nur ein rechter Buhmann sein. Identifikation mit Deutschland im Sinne einer nationalen Erzählung und Identitätsbildung ist einzig als Negation erlaubt. Die sündhafteste, abgründigste Nation, die den größten Zivilisationsbruch aller Zeiten beging, hat zwei Generationen später die Kraft gefunden, die übergroße Schuld anzusehen. Das ist irgendwie – groß. So groß, dass man mit dem ostentativen Bekenntnis zu dieser Schuld gleichsam Siegfrieds Bad im Drachenblut entsteigt. Wer wagt es, gegen einen Politiker zu opponieren, der »wegen Auschwitz in die Politik gegangen«[18] ist?

»Das macht dann Deutschland eben doch wieder außergewöhnlich: Nur wir wagten zu erinnern, was niemand zuvor zu erinnern gewagt hat. Nur wir übernahmen Verantwortung dafür, wofür niemand je Verantwortung übernahm. Wir verdienen es deshalb, der Welt als moralisches Leitbild zu dienen. Der neue deutsche invertierte Nationalismus besteht wie andere Nationalismen auch in der Identifizierung mit einer Erzählung, die ›wir‹, als Einzelne oder als Nation, gerne über uns hören. Es ist eine Erzählung, die uns stolz macht, uns das Gefühl der Richtigkeit unserer Werte vermittelt und uns Sendungsbewusstsein verleiht. [...] Die deutsche Migrationspolitik ist, trotz allen wirtschaftlichen und gesellschaftlichen Kosten, eine lohnenswerte Investition in Identitätswert-Steigerung. Deutschland wird wieder als moralische Führungsnation angesehen, und deutsche Politiker gelten als moralische Führer. [...] Es fühlt sich für viele Deutsche jetzt wieder besser an, deutsch zu sein. Daher ist es auch unwichtig, ob die Migrationspolitik im Sinne der Migranten selbst ist oder nicht. Viele Migranten starben auf dem Weg nach Deutschland, und die Situation in den Ländern, aus denen sie kommen, wird durch die Migration nicht besser. Profiltechnisch ist all das aber nicht wichtig. Aus der Sicht deutscher Profilinteressen ist die Migrationspolitik richtig.«[19]

Und wenn man schon mal dabei ist und weil sich Schuldstolz einfach klasse anfühlt, lässt man sich auch bei den kleineren Vergehen nicht lumpen. Auf dem Schuldkarussell sind schließlich noch Gondeln frei – wer hat noch nicht, wer will noch mal: Klima? Deutschland ist eine führende Industrienation und damit maßgeblich für den Klimawandel verantwortlich. Migration? Deutschland beutet die dritte Welt aus und erhöht die Temperatur dieses Planeten, daher sind Deutsche doppelt verantwortlich für die vielen »Klimaflüchtlinge«. Gender? Allein die deutschen Tugenden des letzten Jahrhunderts haben gezeigt – Deutschland ist das Mutter-, nein, Vaterland der toxischen Männlichkeit schlechthin. Corona? Wir haben SARS-CoV-2 bekanntlich nur, weil Deutschland maßgeblich für den Klimawandel verantwortlich ist ... Seit wenigen Jahren dreht sich das Schuldkarussell immer schneller, und die Schlange vor dem Fahrgeschäft nimmt stetig zu. In immer schamloserer Weise wird immer größere Scham angemahnt:

»Da dieser Tage Feindbilder am laufenden Band produziert werden – Populisten, Rassisten, Sexisten; Klimakiller, Tiertöter, Fleischfresser; Kreuzfahrttouristen, Superreiche, Konsumkapitalisten – sickert durch die Hintertür der kostenfreien Moralisierung etwas sehr Gefährliches in den Humus der Republik und vergiftet peu à peu ihr soziales Klima: eine puritanische Moral der Askese, die über Verbot und Verzicht zu gefälligem Verhalten erziehen will. Wer sich falsch verhält, wird als schuldig an den Pranger gestellt. Wer seinen Lebensstil nicht ändert – jetzt, sofort und absolut – soll sich schämen. Flugscham. Fleisch-Scham. Konsum-Scham. Klassenscham. Elitenscham. Alter-weißer-Mann-Scham.... [...] [Impf-Verweigerer-Scham] Das hat autoritative, fast autoritäre Züge. Die aggressive Politisierung von Scham und Sünde durch einen normierten Corpsgeist könnten letztlich Misstrauen, Missgunst, Zermürbung, Überwachung und, irgendwann womöglich, Gesetze gegen unerwünschte Meinungsäußerungen zur Folge haben. So würde jede ernst zu nehmende offene politische Debatte verschwinden. Nicht die Demokratie als solche ist in Gefahr, sondern die liberale Demokratie: die auf Aushandlung, Ambivalenz,

Eigenverantwortung, Pluralität und Prozess basierende beste und auch anspruchsvollste Gesellschaftsordnung, die es gibt.«[20]

Schaut man sich die Schuldeingeständnisse von Kindern an, lassen sich zwei Aspekte erkennen: Die Schuld wird irgendwie zugegeben, dann sogleich wieder abgeleitet auf den »noch schlimmer« Schuldigen. Anders gesagt, die wirkliche Schuld haben immer die Anderen. In der Debatte meint die Aussage, »man ist auf mannigfaltige Weise schuldig geworden«, in Wirklichkeit, »*Mann* ist auf mannigfaltige Weise schuldig geworden …« In den zeitgenössischen Schuldnarrativen sind es genau genommen ja nur die »alten weißen Männer«, die das Elend in die Welt getragen haben. Gender und PC-Codes insinuieren: Wenn die Gesellschaft femininer würde, steuerten wir auf paradiesische Zustände zu. Beziehungsweise: Im Matriarchat hätten sich die derzeitigen Probleme gar nicht erst entwickelt. Schließlich hat die Wissenschaft, vertreten durch Prof. Christian Pfeiffer, zweifelsfrei festgestellt:

»Die Dominanz der Männer ist eine Hauptquelle all der Probleme, die uns Angst machen: Überbevölkerung, Terrorismus, Umweltverschmutzung, Klimakatastrophe.«[21]

KAPITEL 2

Große Transformation

Demokratie neu denken

Unmittelbar vor der Coronakrise beherrschte noch ein ganz anderes Thema die Tagespolitik. Die Geschehnisse rund um die Thüringer Landtagswahl sind ebenfalls ein hervorragendes Beispiel, um das Psychogramm der zeitgenössischen Eliten in Politik, Medien und Kultur abzubilden. Der deutsche Historiker und ehemalige Direktor der Gedenkstätte Berlin-Hohenschönhausen, Dr. Hubertus Knabe, sieht im Eingreifen der Kanzlerin in die Thüringer Landtagswahl gar eine Zäsur und Politikwende, die in die Geschichtsbücher eingehen wird. Im Februar 2020 überschlagen sich die politischen Meldungen, von einem »Dammbruch« war die Rede, viele sprachen gar von einem »Zivilisationsbruch«. Letzteres Wort war mir bislang nur im Zusammenhang mit dem Holocaust bekannt, aus gutem Grund war seine Verwendung diesem singulären Ereignis vorbehalten. Ursache für die Verwendung derartiger Superlative war die Wahl des FDP-Mannes Thomas Kemmerich zum neuen Thüringer Ministerpräsidenten – mithilfe der Stimmen von FDP, CDU und AfD. Dass auch die AfD für Kemmerich gestimmt hatte, veranlasste die Leitmedien von der »Schande von Thüringen« zu sprechen. Angesichts des postulierten Rechtsrucks der Medien – manche sprachen gar von einem »FDP-CDU-AfD-Putsch« – folgte ein unmissverständliches Machtwort der Bundeskanzlerin. Angela Merkel, die gerade im fernen Südafrika weilte, nannte den Wahlvorgang im Thüringer Landesparlament »unverzeihlich«, das Wahlergebnis müsse »umgehend rückgängig« gemacht werden.

»Sie [Merkel] klassifiziert mit ›unverzeihlich‹ den Wahlakt eines Landesparlaments als Schuld, die nie abgetragen werden kann, als Vorgang, für den es keine Milderung gibt, auch nicht später. Damit begab sie sich, für viele in diesem konfusen Moment unbemerkt, in die singuläre Position einer politischen Kraft, die von einer Schuld lossprechen kann, oder, wie in diesem Fall, den Betreffenden die Verzeihung verweigert. Dass sich die Spitze der Exekutive als letzte Instanz sieht, die persönlich über Parlamentsabgeordnete richtet, sie öffentlich wägt und für moralisch unzurechnungsfähig erklärt – das gab es in der Geschichte der Bundesrepublik bis zu Merkels Pretoria-Auftritt noch nicht.«[22]

Unmittelbar nach der Thüringer Landtagswahl hatte Merkel alle Hände voll zu tun, ihren Koalitionspartner zu beruhigen. Unter neuer Führung von Norbert Walter-Borjans und Saskia Esken brachte sich die SPD in Stellung für eine mögliche Fusion mit der Partei Die Linke. Die SPD plusterte sich auf und diktierte kurzerhand die Bedingungen für den Fortbestand der Berliner Koalition: Sofern der FDP-Mann Kemmerich Ministerpräsident bleibe, sei eine Fortführung der Koalition mehr als fraglich. Außerdem müsse die Schreckenstat des Ostbeauftragten Christian Hirte (CDU) gesühnt werden, denn dieser habe die Frechheit begangen, dem liberalen Thomas Kemmerich zur Wahl zu gratulieren. Damit habe Hirte seine bislang tadellose Karriere verwirkt und müsse umgehend entlassen werden.

»Der Co-Vorsitzende Norbert Walter-Borjans forderte überdies eine Entschuldigung Kramp-Karrenbauers. ›Christian Lindner hat sich praktisch entschuldigt, das ist ein wichtiges Eingeständnis – das erwarten wir auch von Annegret Kramp-Karrenbauer‹, sagte Walter-Borjans.«[23]

Im Februar 2020 war es ein offenes Geheimnis, dass die SPD den PDS-Linken Bodo Ramelow gern wieder im Amt des Ministerpräsidenten gesehen hätte. Dies wiederum ging nummerisch ebenfalls nur mit den Stimmen der CDU. Die Thüringer CDU stand also vor der Zerreißprobe, entweder die Paria-Parteien rechts oder links – AfD oder Die Linke – zu unterstützen. Salomonische CDU-Parteitagsbeschlüsse, die von der Vorsitzenden Annegret Kramp-Karrenbauer geteilt wurden, mahnten jedoch dazu, weder rechte noch linke Ränder zu unterstützen. Inzwischen ließ sich die Botschaft der Bundeskanzlerin aus dem fernen Südafrika aber auch anders interpretieren. Kurioserweise begann die Kanzlerin ihr Eingangsstatement auf dem Wirtschafts-Round-Table in Pretoria mit dem Satz: »Kommunisten unter freiheitlichen Bedingungen sind auch nicht mehr die Kommunisten, die sie einmal waren.« Was in Südafrika für Verwunderung sorgte, wurde von den Merkel-Getreuen in der Heimat so gedeutet: Brandmauer gegen rechts verstärken, gegen links einreißen. 24 Stunden später hielt Annegret Kramp-Karrenbauer, die in naiver Weise an eine Brandmauer in beide Richtungen geglaubt hatte, eine Pressekonferenz und verkündete ihren Rücktritt.

Die Thüringer Landtagswahl war offenkundig kein Zivilisationsbruch. Ein dramatisches Novum war sie allemal. Der Grund hierfür liegt jedoch weniger im demokratischen Prozess, bei dem die Thüringer Parlamentarier den liberalen FDP-Mann Thomas Kemmerich gewählt hatten. Immerhin sollte mit dieser Wahl ein linker Ministerpräsident verhindert werden, welcher der SED-Nachfolgepartei vorsteht, die noch immer ein irritierendes Verhältnis zur Gewalt pflegt. Als am 1. März 2020 auf der Strategiekonferenz der Linken die Genossin »Sandra« aus dem Publikum heraus vorschlägt, ein Prozent der Reichen zu erschießen, brandet nicht etwa Protest im Saal auf. Vielmehr korrigiert Parteichef Bernd Riexinger den Erschießungsplan und mildert die Strafe ab, indem er stattdessen Zwangsarbeit im Gulag vorschlägt: »Wir erschießen sie nicht, wir setzen sie schon für nützliche Arbeit ein.« Der Saal findet Riexingers Vorschlag witzig. Doch zurück zur Thüringer Landtagswahl: Erstmalig hatte Berlin direkten, unmissverständlichen Einfluss auf eine Landtagswahl genommen – bislang ein absolutes No-Go.

»Wie ein gehorsamer Offizier fuhr CDU-Chefin Annegret Kramp-Karrenbauer noch am selben Tag [der Wahl in Thüringen] nach Erfurt und verlangte von ihren Parteifreunden, für eine Neuwahl des Thüringer Landtags zu sorgen. Solcherlei Einmischungen in die Belange eines Bundeslandes kannte man bisher nur aus Russland. [...] Eine derartige Nötigung eines gewählten Ministerpräsidenten hat es in Deutschland bisher nicht gegeben. Unabhängig davon, wie man zu Kemmerichs Agieren stehen mag, sind die Vorgänge in Thüringen der bislang vielleicht gravierendste Fall, dass verfassungsrechtliche Regelungen für ein höheres politisches Ziel – in diesem Fall die Ausgrenzung der AfD – außer Kraft gesetzt worden sind. Dieser Rechtsbruch erschüttert nicht nur das Vertrauen in die Verlässlichkeit des Rechtsstaates, sondern lässt befürchten, dass ihm weitere folgen werden.«[24]

Zu diesem Zeitpunkt kann Hubertus Knabe noch nicht wissen, wie recht er mit dieser Einschätzung hat. Schon wenige Wochen später beschließt die Regierung derart überzogene Verordnungen, dass immer wieder Gerichte einschreiten müssen. Doch mit der Novellierung des Infektionsschutzgesetzes, die einem Freibrief zur Aushebelung grundlegender Freiheitsrechte gleichkommt, beschränkt sie die Macht der Judikative nachhaltig. Der Umgang mit Kemmerichs Unterstützern und Gratulanten, die entfernt wurden oder zu Kreuze kriechen mussten, sowie der Feldzug gegen die WerteUnion in der CDU lassen bereits im Februar nichts Gutes für das Jahr 2020 erahnen. Mit Thüringen wurde ein Exempel statuiert, zum einen, um die AfD ein für alle Mal politisch zu isolieren, zum anderen, um die grundlegende Politikwende der CDU einzuleiten. Der Historiker Hubertus Knabe drückt es so aus:

»Die [Thüringen-]Wahl und ihre Folgen haben eine Dynamik ausgelöst, die das politische System in Deutschland auf Dauer verändern dürfte.«

Knabe meint damit weniger die erfolgreiche Isolation der AfD, sondern die Öffnung der CDU nach links. Wer noch immer an eine CDU der Mitte geglaubt hatte, die sich selbstverständlich gegen rechts und links abgrenzt, wurde nach Thüringen eines Besseren belehrt. Nachdem Angela Merkel erste Signale zur Verniedlichung der »Kommunisten von heute« aus dem fernen Afrika gesendet hatte, wurde die Zusammenarbeit mit der SED-Nachfolgepartei Realität. Die CDU nannte ihren neuen Kurs euphemistisch »projektorientiert«, im Sinne eines »Stabilitätspaktes« gegen die AfD.

»Der Beschluss, nach einer siebenstündigen Sitzung der Verhandlungsgruppen von Linken, SPD und Grünen, lautet: Die CDU wird künftig eine rot-rot-grüne Landesregierung unter Führung der Linken unterstützen. Das ist eine historische Zäsur in der Bundesrepublik. [...] Eine Zäsur ist das deshalb, weil die CDU damit den Unvereinbarkeitsbeschluss, den sie auf Bundesebene gefasst hat, sehr praktisch unterläuft. Keine Zusammenarbeit mit Linken und AfD – das ist die Regel, die sich die Partei eigentlich auferlegt hat. Von nun an wird es eine klar definierte Zusammenarbeit der CDU mit der Linken geben.«[25]

Die Linke konnte ihr Glück kaum fassen. Die Linken-Vorsitzende Katja Kipping twitterte euphorisch:

»Die Verständigung in #Thüringen hat histor. Dimension: Damit ist die von CDU praktizierte Äquidistanz faktisch erledigt. Good-bye Hufeisentheorie. Dass CDU endlich die Ausgrenzung linker Ideen korrigiert, ist eine gute Nachricht für den antifaschistischen Konsens des Grundgesetzes.«[26]

Am 04. März 2020 war es schließlich so weit, Bodo Ramelow wurde zum neuen, alten Ministerpräsidenten gewählt. Durch strategische Enthaltung und Wahlverweigerung seitens der Abgeordneten von CDU und FDP kam Ramelow im dritten Wahlgang auf die erforderlichen Stimmen. Die Tagesschau frohlockte und verkündete Erleichterung.

»Dementsprechend erleichtert reagierten Bundespolitiker nun nach der geglückten Wahl. ›Das Chaos in Thüringen hat vorerst ein Ende. Ich bin sehr froh, dass ein erneuter Tabubruch durch FDP und CDU

ausgeblieben ist‹, schrieb der SPD-Generalsekretär Lars Klingbeil auf Twitter. [...] Linken-Parteichefin Katja Kipping sah sich bestärkt: ›Thüringen ist nicht Deutschland, aber Deutschland kann heute in Thüringen lernen, dass die Rechte nicht gewinnt, wenn es eine echte solidarische Alternative gibt.‹«[27]

Dass CDU und FDP bei dieser Wahl-Variante den linken Bodo Ramelow unterstützten, war für die Tagesschau selbstverständlich kein Tabubruch. Vielmehr sei die neue »solidarische Alternative« zukünftig womöglich auch eine Option für eine Zusammenarbeit mit der Partei Die Linke auf Bundesebene. Der *Spiegel* schwärmte von den neuen Möglichkeiten und deklarierte Bodo Ramelow kurzerhand als »überparteilich« und fast gar nicht mehr »links«:

»Jetzt, in seiner neuen, überparteilichen Rolle, ist er weniger Linker denn je. Und gleichzeitig, das ist die Dialektik, liegt darin diese große Chance für seine Partei: Ramelow muss sich weiter von der Linken emanzipieren, um sie letztlich in die Koalitions- und Regierungsfähigkeit auf Bundesebene führen zu können.«[28]

Die offenkundige Parteinahme der Leitmedien wurde vor allem damit legitimiert, die AfD abwehren zu müssen. Das Erstarken der AfD, Klimakollaps und ab März auch noch der Pandemieschutz würden ganz neue Strategien erfordern. Inzwischen müsse man mit der nationalen Demokratie ein Stück weit kreativer und flexibler umgehen, um die mannigfaltigen globalen Krisen bewältigen zu können.

Neuer Gesellschaftsvertrag

In den Tagen nach der Thüringer Landtagswahl spricht der Philosoph, Autor und Videoblogger Gunnar Kaiser unter dem Titel *»Jetzt lassen sie die Masken fallen«* auf YouTube einen sehr nachdenklichen Text ein. Unter dem Eindruck der immer offener gegen die

Verfassung handelnden Akteure in Politik und Medien, der Selbstbemächtigung Merkels sowie dem Linksdrall der CDU spinnt Kaiser den Faden weiter und prognostiziert das baldige Ende der bisherigen Demokratie. Unverkennbar ist Thüringen erst der Anfang einer politischen Lage, die angesichts der supranationalen Agenden auf den Politikfeldern Pandemie- und Klimaschutz, Gender, Migration und Finanzpolitik mit dem bisherigen Demokratiesystem kaum noch umzusetzen ist. Deshalb wollen viele Politiker Demokratie »neu denken«. Die ehemaligen Volksparteien verzwergen, während rechte und linke Ränder wachsen. Stabile nationale Machtverhältnisse, unter denen EU-, UN- und WHO-Vorgaben (zur Klimarettung, Migration und Pandemieabwehr ...) umgesetzt werden könnten, lassen sich kaum noch herstellen. Merkels rigoroser Umgang mit der Wahl in Thüringen stellt so gesehen nur eine allererste Notreparatur dar. Natürlich bemüht man sich, das Geschehen als einmaligen Sonderfall darzustellen; tatsächlich jedoch werden sich ähnliche Konstellationen häufen. Der Hautstadtjournalist und stellvertretende Chefredakteur der *Welt,* Robin Alexander, beschreibt die Problematik in einem vorausschauenden Artikel mit dem Titel *»Thüringen war kein Unfall. Thüringen war der Anfang«:*

»Nun wird man das Desaster von Erfurt mit regionalen Besonderheiten erklären: Hinter den sieben Thüringer Bergen hätten sieben CDU-Zwerge verrückt gespielt. Aber dieses Märchen kann man getrost vergessen. Die Widersprüche, denen die Christdemokraten in Erfurt nicht gewachsen waren, stellen sich der Partei in ganz Ostdeutschland. Auch die Gemütslage, die von Unverständnis über die Politik der Kanzlerin längst in Aggression gegenüber der Berliner Parteizentrale umgeschlagen ist, gleicht sich überall in den neuen Ländern – und teilweise auch darüber hinaus. Deshalb war Thüringen kein Unfall, sondern könnte erst der Anfang gewesen sein.«[29]

Auf Dauer muss das bestehende Demokratiesystem nachhaltig umgebaut werden, damit »unreife Wähler«, die offenbar vorzugsweise im Osten der Republik zu finden sind, nicht immer wieder dazwischenfunken. Gunnar Kaiser hat recht, wenn er annimmt, dass der Weg unweigerlich in Richtung einer Technokratur und Expertenregierung führen wird. Dabei wird die bisherige klassische Gewaltenteilung durch einen Expertenbeirat ergänzt, der die Regierung bezüglich der angeblich übergroßen Herausforderungen, wie der anthropogenen Klimakrise oder einem Pandemiegeschehen, berät. Angesichts »globaler Krisen« soll der zunehmend überforderte Wähler über Expertenbeiräte »entlastet« werden. Denn was kann ein ostdeutscher Handwerker zur politischen Willensbildung schon Sinnvolles beitragen, wenn sich 97 Prozent der »besten und schlausten Köpfe der Welt« (Markus Söder) einig sind, was die Politik zu tun hat? Die Coronakrise hat dieses Modell, Aushebeln der parlamentarischen Demokratie zugunsten einer globalen Expertenelite, erstmalig erfolgreich etabliert. Vertreter des Weltwirtschaftsforums, UN, WHO und EU werden dem verängstigten Bürger im Laufe des Jahres 2020 erklären, dass dieses »neue Normal« ein Dauerzustand werden muss. Corona war die erste koordinierte Aktion, unter einer »Gefahrenlage« nationale Demokratien und Grundgesetze durch supranationale Agenden zu ersetzen. Dies ist die eigentliche Bedeutung von »Politik neu denken«. Um die Pläne eines globalen Gesellschaftsumbaus zu erkennen, muss man wahrlich kein Verschwörungstheoretiker sein. Die offiziellen Grundsatzpapiere sind frei zugänglich. Ebenso ist es kein Geheimnis, von wem die WHO oder die UN ihr Geld bekommen, um überhaupt noch handlungsfähig zu sein. Auch den führenden Politikern kann man kaum vorwerfen, sie wären bezüglich der globalen Pläne unehrlich. Dies liegt zum Teil auch daran, dass sich die Politik eine gewisse Ehrlichkeit inzwischen erlauben kann. Ein Großteil der Bürger ist über die Leitmedien ideologisch und moralisch so weit vorbereitet, zugleich aber auch verängstigt, dass viele einen tiefen Strukturwandel sogar herbeisehnen und freiwillig unterstützen. Im Zusammenhang mit der Klimakrise, der Corona-Pandemie und globaler Migration sprechen Politiker die anstehenden Veränderungen offen an, so auch die Kanzlerin auf dem 37. Weltwirtschaftsforum in Davos. Bezüglich der deutschen Ziele bei der EU- und G8-Präsidentschaft lässt sie kaum Zweifel an ihrer Entschlossenheit:

»Mit deutlichen Worten hat Kanzlerin Merkel in Davos für mehr Klimaschutz geworben: Die Erreichung der Pariser Klimaziele könnte ›eine Frage des Überlebens‹ sein, sagte sie – und sprach von ›historischen Transformationen‹. [...] ›Diese Transformation heißt im Grunde, die gesamte Art des Wirtschaftens und des Lebens, wie wir es uns im Industriezeitalter angewöhnt haben, in den nächsten 30 Jahren zu verlassen.‹«[30]

In der Coronakrise wird endgültig klar, wohin die Reise gehen soll. Am 11.07.2020 wendet sich der Bayerische Ministerpräsident Markus Söder mit einer Videobotschaft an die Bürger des Landes. Söder war im Zuge seiner rigorosen »Corona-Abwehrmaßnahmen« im Politiker-Ranking immer weiter aufgestiegen und bringt sich im Sommer 2020 als neuer Bundeskanzler in Stellung:

»Wir stehen vor gewaltigen Aufgaben. Corona ist eine ganz große weltweit. Der Klimawandel bleibt eine epochale Herausforderung für uns alle. Wie müssen wir darauf reagieren? Nun, es gibt Erkenntnisse darüber. Es gibt Vorschläge und Ratschläge von den besten und schlausten Köpfen der Welt, wie man auf das eine, Corona, als auch auf das andere, Klimawandel, reagieren sollte. Es ist eigentlich nicht so schwer, diesen Empfehlungen zu folgen und politisch umzusetzen, bringt Ertrag und kann helfen. Wir tun das in Bayern und auch überwiegend in Deutschland. Aber was schwierig ist: Dass es Menschen gibt und auch zum Teil politisch Verantwortliche, die das ignorieren, die das leugnen und das Gegenteil davon behaupten. Es gibt den Klimawandel. Ihn zu leugnen ist eine Sünde. Es gibt Corona als Herausforderung. Es ist nicht nur eine leichte Grippe. Es zu leugnen kann Leben gefährden und zwar in existenzieller Form. Warum gelingt es uns nicht, eine gemeinschaftliche Idee zu entwickeln, und zwar global, was wir tun sollen und was wir voranbringen müssen? Nationale Egoismen auf der einen Seite. Das Leugnen von wissenschaftlichen Fakten

und das Verführen von Menschen zu noch so absurden Verschwörungstheorien wird keine Lösungen bringen. Deswegen sind wir in Bayern gern auf der Seite der Vernünftigen. Wir sind auf der hellen Seite der Macht, wie es in Star Wars so schön heißt. Warum? Weil wir das Beste für die Menschen erreichen wollen und uns nicht an absurden Verschwörungstheorien und dem Leugnen von Fakten beteiligen wollen. Unser Appell ist, dass wir uns alle einreihen in die Gruppe und Gemeinschaft der Vernünftigen.«[31]

Diese vor schwarzer Pädagogik strotzende Rede Söders lässt keinen Zweifel daran, dass sich die führende deutsche Politikergeneration längst zu einer supranationalen Technokratie entschlossen hat. Abweichende Meinungen oder gar Widerspruch zur Regierung, welche die Pläne der »besten und schlausten Köpfe der Welt« umsetzt, werden nicht toleriert. Wer sich nicht einreiht in die »Gemeinschaft der Vernünftigen«, ist ein »Sünder«, steht auf der dunklen Seite der Macht und gefährdet das Gemeinwohl existenziell. Dabei wird diese Hexenjagd par excellence von der Mehrheit der deutschen Bürger nicht etwa abgestraft, sondern im Gegenteil goutiert. Doch wenn sich ein Politiker an höchster Stelle des Staates unwidersprochen als Demagoge betätigen und Menschen in Gut und Böse einteilen kann, stehen dem Land schwere Zeiten bevor.

Folgt man den Programmen von EU, UNO und WHO, soll es in den nächsten 20 Jahren, »zum Wohle aller Menschen auf diesem Planeten« eine zentralistische, globale Umverteilungs-, Subventions-, Impf- und Planwirtschaft geben. Die dazu notwendigen tief greifenden Transformationen sind en détail ausgearbeitet, nachzulesen in den großen Grundsatzpapieren. Viele Menschen sind über die Hintergründe und die neue Trägerschaft supranationaler Organisationen vollkommen uninformiert. Ursprünglich sind globale Organisationen ehrbar gestartet und stellten den ernsthaften Versuch dar, gegen weltweite Missstände vorzugehen. Noch heute profitieren UNO, WHO und IWF vom Nimbus einer humanen, altruistischen Agenda, ebenso wie die Tagesschau und das heute-journal noch immer als objektive Medien wahrgenommen werden. Doch wie Prof. Max Otte zu Recht feststellt – die Welt von 2020 ist nicht mehr die Welt von vor 30 Jahren. Inzwischen besteht das Führungspersonal supranationaler Organisationen aus linken Ideologen, die wiederum von superreichen globalen Konsortien finanziert werden. Den offenkundigen Widersinn derartiger Allianzen zu durchschauen und darin dennoch eine gewisse Logik zu erkennen, das erfordert ein tiefer gehendes Verständnis. Zunächst sollte man wissen, dass der mächtigste Verbund global agierender Firmen, das Weltwirtschaftsforum (WEF), mit der UNO einen strategischen Vertrag zur Finanzierung der UN-Agenda 2030 geschlossen hat. Das Kuriose: Die UN wird vom linken Ideologen António Guterres geleitet, und der WEF ist längst keine private Stiftung mehr mit dem lapidaren Missionsziel, »den Zustand der Welt zu verbessern«.

»Das typische Mitgliedsunternehmen ist ein globales Unternehmen mit einem Umsatz von über 5 Mrd. US-Dollar, wobei dies je nach Branche und Region variieren kann. Außerdem zählen die meisten dieser Unternehmen zu den wichtigsten Unternehmen ihrer Branche und/oder ihres Landes und spielen bei der Zukunftsgestaltung ihrer Branche und/oder Region eine wichtige Rolle. Seit 2005 bezahlt jedes Mitgliedsunternehmen eine Basis-Jahresmitgliedsgebühr von 42 500 Schweizer Franken (CHF) und eine Gebühr von 18 000 CHF für die Teilnahme seines Präsidenten am Jahrestreffen in Davos. Industrie- und strategische Partner bezahlen jeweils 250 000 CHF und 500 000 CHF, um maßgeblich an den Initiativen des Forums mitzuwirken.«[32]

Etwas Kleingeld ist also schon vonnöten, sofern man die schöne, neue Welt mitgestalten will. Ein Teil der Kritiker dieses Prozesses behauptet, die neue Ordnung wird eine radikal sozialistische sein. Andere warnen hingegen vor einem globalen Raubtierkapitalismus – möglicherweise haben beide Seiten recht. Verfolgt man die jährlichen Treffen des Weltwirtschaftsforums in Davos und schaut sich das willfährige Verhalten der eingeladenen Politiker an, könnte man auf die Idee kommen, wer die globale Politik tatsächlich bestimmt. Politiker sind es eher nicht. Der Gründer des WEF, Klaus Schwab, macht überhaupt keinen Hehl daraus, wie er sich eine schöne, neue Welt vorstellt. Den großen globalen Systemwechsel sehnt das WEF schon länger herbei, wie das Motto des Jahrestreffens von 2019 verrät: *»Globalisierung 4.0 – Gestaltung einer globalen Architektur im Zeitalter der vierten industriellen Revolution«*. Zweifellos sind es die großen E-Commerce-Unternehmen sowie die Pharmaindustrie, die mit riesigen Gewinnen aus der Coronakrise hervorgehen werden. Wie ich am Ende dieses Buches noch ausführen werde, gibt es trotz aller Widersinnigkeit der Allianzen zwischen Kapitalisten, Kulturmarxisten und technikgläubigen Transhumanisten dennoch einen gemeinsamen Nenner. Im Weltbild der Globalisten gilt Nietzsches Leitsatz: *Gott-ist-tot.* Nur die säkulare Hybris eines seelisch entwurzelten Menschen macht neuzeitliche Allmachtsfantasien möglich. Man negiert fundamentale Bedürfnisse der menschlichen Psyche, will den Tod besiegen, den Menschen auf eine neue evolutionäre Stufe heben, Viren kontrollieren und das Weltklima verändern.

Kalifornische Ideologie

Um die kuriose Melange aus kapitalistischer Gewinnabsicht gepaart mit sozialistischer Gutmenschenattitüde zu verstehen, muss man in die 1960er- und 1970er-Jahre der USA zurückgehen. Tiefenpsychologisch ist eine Ideologie der Eier legenden Wollmilchsau keineswegs widersinnig, und vermutlich gibt es keinen besseren Ort, an dem diese Ideologie zur Blüte gelangen konnte, als in Kalifornien. Warum sollte man den amerikanischen Traum nicht leben, persönlich reich werden und sich gleichzeitig gut dabei fühlen, weil man nebenbei auch noch die Welt verbessert? Die »Kalifornische

Ideologie« ist demnach fast identisch mit dem US-amerikanischen Mainstream. Seit jeher zählt hier die Bejahung der freien Märkte, und schon immer gab es ein tiefes Misstrauen gegen den Staat. Zudem ist Kalifornien das Eldorado freiheitsliebender Individualisten, die sich gegen die Konventionen der alten Welt gestellt haben. Die klassische Aufspaltung in »böse Kapitalisten« und »gute Sozialisten« hat es im Westen der USA nie gegeben. Sowohl linke wie rechte Kräfte schauten skeptisch auf einen zu starken Staat, und beide Seiten eint ein liberaler Grundgedanke.

»Dieser neue Glaube entwickelte sich aus einer seltsamen Verschmelzung der kulturellen Boheme aus San Francisco mit den High-Tech-Industrien von Silicon Valley. Von Zeitschriften, Büchern, Fernsehprogrammen, Websites, News-Groups und Netzkonferenzen unterstützt, verbindet die kalifornische Ideologie klammheimlich den frei schwebenden Geist der Hippies mit dem unternehmerischen Antrieb der Yuppies. Diese Verschmelzung der Gegensätze wurde durch einen tief reichenden Glauben an das emanzipatorische Potenzial der neuen Informationstechnologien bewirkt. In der digitalen Utopie wird jeder gut drauf und reich sein. Diese optimistische Vision wurde, keineswegs überraschend, begeistert von Computer-Enthusiasten, faulen Studenten, innovativen Kapitalisten, sozialen Aktivisten, modischen Akademien, futuristischen Bürokraten und opportunistischen Bürokraten überall in den Vereinigten Staaten angenommen. Wie immer beeilten sich die Europäer, den letzten Schrei von Amerika nachzuahmen. [...] Wer hätte gedacht, dass eine solch widersprüchliche Mischung aus technologischem Determinismus und liberalem Individualismus zur hybriden Orthodoxie des Informationszeitalters würde? Und wer hätte vermutet, dass es mit der zunehmenden Verehrung der Technologie immer weniger möglich würde, irgendetwas Sinnvolles über die Gesellschaft zu sagen, in der sie eingesetzt wird? [...] Die kalifornische Ideologie spiegelt daher gleichzeitig die Disziplin der Marktökonomie und die Freiheiten des künstlerischen Hippietums wider. Diese bizarre Mischung wurde nur durch einen fast universellen Glauben an den technologischen Determinismus möglich. Seit den 60er-Jahren haben die Liberalen – im

gesellschaftlichen Sinne des Begriffs – darauf gehofft, dass die neuen Informationstechnologien ihre Ideale verwirklichen würden.«[33]

Um die kalifornische Ideologie zu verstehen, muss man bedenken, dass sowohl linke als auch rechte Liberale in der Revolution der medialen Vernetzung per se ein Instrument der Freiheit gesehen haben. Man glaubte fest daran, dass neue Software, Apps und Gadgets die Welt automatisch freier, gerechter und besser machen würden. Wie radikal sich dabei gleichzeitig die Möglichkeiten von Kontrolle und Unterdrückung einstellen würden, sah man hingegen kaum. Dabei ist der »reiche Hippie« im Grunde Sinnbild für einen Typus des linken Abspalters, den ich bereits weiter oben beschrieben habe. Sozialistische Ideale der Gleichheit verkommen zur Attitüde.

»Apple-Gründer Steve Jobs trat stets bescheiden im schwarzen Rolli auf, hörte Bob Dylan, hatte einen Sommer im Ashram verbracht, baute gleichzeitig eine Weltfirma auf, ließ in Shenzhen bei Foxconn unter miserablen Arbeitsbedingungen produzieren, beutete staatlich finanzierte Forschungsergebnisse aus und vermied mit allerlei Tricks, Steuern zu zahlen. Somit kann er als Personifizierung des Amalgams zwischen Kalifornischen Hippies und Rand'scher Techno-Unternehmerpersönlichkeit gelten. Hippies, die in Privatjets kommen: Hier kommen sie alle einmal im Jahr zusammen, die Alt-Hippies aus der ›Bay Area‹ und die CEOs aus dem Silicon Valley: Das in der Wüste von Nevada stattfindende ›Burning Man Festival‹ ist eine aus der Zeit gefallene Reminiszenz an das Kalifornien der Blumenkinder-Zeit. Ideale von Nachhaltigkeit, Selbstverwirklichung, freier Liebe, Gesetzlosigkeit und alternativer Ökonomie werden durch eine logistische Maschinerie als Illusion aufrechterhalten. Tatsächlich erinnert das Festival im Wüstensand an eine Mad-Max-Dystopie: Die CO_2-Bilanz ist katastrophal, die Besucher kommen in Privatjets, die Zugriffsmöglichkeiten der Polizei sind umfassend, und das Publikum ist alles andere als divers. Und doch wird etwa Googles Motto ›Don't Be Evil!‹, der Versuch, Menschheitsaufgaben zu lösen und die Welt mit ›guten Produkten‹ zu beglücken, nur vor dem Hintergrund von ›Whole Earth Catalog‹ und

›Burning Man‹ verständlich: Tue Gutes mit gutem Karma und guten Tools und verdiene dabei einen Haufen Geld: That's the spirit!«[34]

Kennzeichnend für die Kalifornische Ideologie sind die Hybris und die Arroganz, zu einer Elite zu gehören, die nicht nur einfach reich werden will, sondern der die Mission zukommt, die ganze Welt zu verbessern. Machbarkeitswahn, Technikgläubigkeit und Paternalismus gehen fatale Verbindungen ein. Der Größenwahn einer Pseudoelite wird ohne sittliche und ethische Reife jedoch brandgefährlich, wenn es zu einer monströsen Massierung von Kapital kommt. Völlig in mechanistischem Denken und technischem Machbarkeitswahn gefangen, kommen Silicon-Valley-Milliardäre dann schon mal auf die Idee, das Genom von sieben Milliarden Menschen zu »verbessern«.

»Gesellschaftssteuernde Maßnahmen und Technologien werden zunehmend weltumspannend und zentral koordiniert wirksam. Einflussreiche Privatleute entwerfen Pläne für die ganze Welt, die in wachsendem Umfang auch global umgesetzt werden. Das Heil liegt dabei oft in menschenfernen, leblosen und automatisierten Prozessen, die Hilfe und Annehmlichkeit versprechen, zugleich aber zentrale Herrschaft und Kontrolle ermöglichen – sowie außerordentlichen Profit. Am Ende dieser Entwicklung steht eine große Vereinheitlichung. Spezielle Technologien und Programme, vorangetrieben von einigen Oligarchen, sollen für alle Menschen auf der Welt bindend werden – ohne jede demokratische Debatte. Das Problem reicht weit über die aktuelle [Corona-]Krise hinaus. Eine Art Autopilot scheint vieles zu steuern, ob in der Politik, der Wirtschaft oder auch im Denken ganz allgemein. Die Verantwortung für Entscheidungen verliert sich immer öfter im Nebel internationaler Organisationen oder wird gleich ganz auf Algorithmen übertragen und damit von individuellen, persönlichen Erwägungen losgelöst. Die populäre Annahme, einige Superreiche würden sich zu neuen Weltherrschern machen, ist naheliegend, erklärt die Situation aber nur unzureichend. Es scheint, als wären auch diese Einflussreichen geblendet von einer Ideologie, die sich immer mehr verselbstständigt. Es ist, als ob der Prozess des Nachdenkens selbst, das individuelle

Abwägen, Zweifeln und Hinterfragen, zunehmend verlöscht und einem Vertrauen in automatisierte Effizienz Platz macht.«[35]

Was der Autor Paul Schreyer hier feststellt, ist wesentlich. Tatsächlich geht es nicht allein um oligarchische Machtstrukturen, sondern um einen Paradigmenwechsel, bei dem die Achtung vor dem Mysterium des Lebens durch eine mechanistische, technikgläubige Weltsicht ersetzt wurde (mehr dazu im letzten Buchteil). Zunächst zurück zur Kalifornischen Ideologie: Ungeachtet rudimentären Hippiekultes und linker Attitüde – vermutlich sind die zehn größten Firmenkonsortien, als eigentlicher Taktgeber einer neuen Weltordnung, tatsächlich kapitalistisch orientiert. Trotzdem zeigen die Agenden der supranationalen Organisationen, die in Wirklichkeit von Milliardären wie Bill Gates abhängig sind, unverkennbar sozialistische Züge. Man könnte auf die Idee kommen, dass die wirklich Mächtigen die Dekonstruktion der bestehenden Ordnung Leuten übertragen, die sich bestens damit auskennen. Um die Gesellschaft zu atomisieren, alle haltgebenden Strukturen abzubauen und die erforderlichen Brandrodungen bestehender Institutionen vorzunehmen, werden Kulturmarxisten instrumentalisiert. Zumindest klingen die Grundsatzpapiere zur Umsetzung einer neuen Weltordnung wie sozialistische Pamphlete. Die für eine linke Argumentation unabdingbaren Ingredienzien sind natürlich wie immer hypermoralisch, unverzichtbar sind Postulate von Gleichheit, Diversität und Umverteilung.

So machen der »*Gesellschaftsvertrag für eine Große Transformation*« (WBGU), der »*Global Compact for Migration*« sowie das Strategiepapier »*Gemeinsame Verantwortung, globale Solidarität – Bewältigung der sozioökonomischen Auswirkungen von COVID-19*« keinen Hehl daraus, was in Kürze geschehen soll. Das Kuriose: Etablierte Medien berichten kaum über deren Inhalte. Sobald diese Aufgabe aber von freien Journalisten übernommen wird, werden diese als Spinner und Verschwörungstheoretiker diffamiert. Tatsächlich wird aber meistens nur aus den offiziellen Agenden der supranationalen Organisationen zitiert, ich werde dies ebenfalls tun. Zunächst gebe ich kurze Einblicke in das Hauptgutachten des wissenschaftlichen Beirates der Bundesregierung mit dem Titel: »*Welt im Wandel – Gesellschaftsvertrag für eine Große Transformation*«. Auf die Bedeutung des UN-Strategiepapiers zu COVID-19 komme ich zurück. Für alle Grundsatzpapiere gilt: Wer es nervlich verkraftet, möge bitte die Originaldokumente einsehen. Das über 400 Seiten starke Grundsatzpapier zur »*Großen Transformation*« beginnt jedenfalls mit einer hypermoralischen Keule:

»Das kohlenstoffbasierte Weltwirtschaftsmodell ist auch ein normativ unhaltbarer Zustand, denn es gefährdet die Stabilität des Klimasystems und damit die Existenzgrundlagen künftiger Generationen. Die Transformation zur Klimaverträglichkeit ist daher moralisch ebenso geboten wie die Abschaffung der Sklaverei und die Ächtung der Kinderarbeit.«

Damit ist der hypermoralische Rahmen schon einmal wirksam gesetzt: *Klimaschutz ist ebenso notwendig wie der Kampf gegen Sklaverei und Kinderarbeit.* Oder umgekehrt gedacht: Typen, die den Klimaschutz missachten, also Dieselfahrer, Fleischesser und Flugzeugnutzer, billigen wahrscheinlich auch Sklaverei und Kinderarbeit. Abgesehen von diesem Framing, ist der sozialistische Grundansatz unverkennbar: »Die kohlenstoffbasierte Weltwirtschaft ist ein unhaltbarer Zustand.« Als kurze Slogans formuliert, und damit wesentlich bannertauglicher, wären auch »*Kampf dem Kapitalismus*« und »*Klimakampf ist Klassenkampf*« denkbar. Doch weiter im Text:

»Langzeitstudien zeigen eindeutig, dass sich immer mehr Menschen weltweit einen Wandel in Richtung Langfristigkeit und Zukunftsfähigkeit wünschen. Überdies verdeutlicht das atomare Desaster in Fukushima, dass schnelle Wege in eine klimaverträgliche Zukunft ohne Kernenergie beschritten werden müssen. Es ist jetzt eine vordringliche politische Aufgabe, die Blockade einer solchen [Großen] Transformation zu beenden und den Übergang zu beschleunigen. Dies erfordert nach Ansicht des WBGU die Schaffung eines nachhaltigen Ordnungsrahmens, der dafür

sorgt, dass Wohlstand, Demokratie und Sicherheit mit Blick auf die natürlichen Grenzen des Erdsystems gestaltet und insbesondere Entwicklungspfade beschritten werden, die mit der 2°C-Temperaturleitplanke kompatibel sind. Auf letztere hat sich die Weltgemeinschaft 2010 in Cancún verständigt. Die Weichenstellungen dafür müssen im Verlauf dieses Jahrzehnts gelingen, damit bis 2050 die Treibhausgasemissionen weltweit auf ein Minimum reduziert und gefährliche Klimaänderungen noch vermieden werden können. Der Zeitfaktor ist also von herausragender Bedeutung.«

Übersetzt heißt das: Liebe Politiker, die meisten Menschen *wollen* die »*Große Transformation*«. Blockierende Kräfte, zu denen bürgerliche, liberale und konservative Teile der Gesellschaft zählen, müssen angesichts des Zeitdruckes unbedingt überwunden werden. Hierfür muss die Politik einen neuen, robusten »Ordnungsrahmen« schaffen, der nicht mehr länger partikuläre Interessen berücksichtigt, sondern vorrangig die Bedürfnisse des globalen Erdsystems.

»Fasst man diese Anforderungen an die vor uns liegende Transformation zusammen, wird deutlich, dass die anstehenden Veränderungen über technologische und technokratische Reformen weit hinausreichen: Die Gesellschaften müssen auf eine neue ›Geschäftsgrundlage‹ gestellt werden. Es geht um einen neuen Weltgesellschaftsvertrag für eine klimaverträgliche und nachhaltige Weltwirtschaftsordnung. [...] Ein zentrales Element in einem solchen Gesellschaftsvertrag ist der ›gestaltende Staat‹, der für die Transformation aktiv Prioritäten setzt [...] Auf den genannten zentralen Transformationsfeldern müssen Produktion, Konsummuster und Lebensstile so verändert werden, dass die globalen Treibhausgasemissionen im Verlauf der kommenden Dekaden auf ein absolutes Minimum sinken und klimaverträgliche Gesellschaften entstehen können. Das Ausmaß des vor uns liegenden Übergangs ist kaum zu überschätzen. Er ist hinsichtlich der Eingriffstiefe vergleichbar mit den beiden fundamentalen Transformationen der Weltgeschichte: der Neolithischen Revolution, also der Erfindung und Verbreitung von Ackerbau und Viehzucht, sowie der Industriellen Revolution, die von Karl Polanyi (1944) als ›Great Transformation‹ beschrieben wurde und den Übergang von der Agrar- zur Industriegesell-

schaft beschreibt. Die bisherigen großen Transformationen der Menschheit waren weitgehend ungesteuerte Ergebnisse evolutionären Wandels. Die historisch einmalige Herausforderung bei der nun anstehenden Transformation zur klimaverträglichen Gesellschaft besteht darin, einen umfassenden Umbau aus Einsicht, Umsicht und Voraussicht voranzutreiben. Die Transformation muss auf Grundlage wissenschaftlicher Risikoanalysen zu fortgesetzten fossilen Entwicklungspfaden nach dem Vorsorgeprinzip antizipiert werden [...].«

Da haben wir es also wieder, das »Demokratie neu denken«. Im Grundsatzpapier heißt dieser Ansatz euphemistisch »neue Geschäftsgrundlage«. Diese muss selbstverständlich durch einen starken, »gestaltenden Staat« umgesetzt werden. Man könnte auch sagen, eine Prise Totalität wäre hilfreich. Eine Denkrichtung, die Robert Habeck sicherlich nicht allzu fremd sein dürfte, immerhin betont er die politische Effizienz der Volksrepublik China. Hinzu kommt, die »klimaverträgliche Gesellschaft« muss bezüglich ihrer Wirtschaft mit »Voraussicht« und einem »Vorsorgeprinzip antizipiert werden«. Das ist eine nette Umschreibung für *Planwirtschaft*. Die »*Große Transformation*« verwirft damit sämtliche autonomen, kybernetischen Steuerungsmechanismen, die für die weltweite Steigerung des Wohlstandes verantwortlich sind. Freihandel und die evolutionäre Entwicklung von Preisen für Güter aller Art sollen einmal mehr durch eine sozialistische Planwirtschaft ersetzt werden. Als hätten sämtliche Planwirtschaften der Welt nicht eindeutig gezeigt, dass der Mensch ein hyperkomplexes System wie die Wirtschaft nicht vorausschauend steuern kann, halten die Strategen der »*Großen Transformation*« ihre Idee sogar noch für ein Novum. Die Inbrunst, mit der linke Ideologen als Verfasser der »Großen Transformation« auftreten dürfen und dabei tatsächlich an die Umsetzung einer sozialistischen Agenda glauben, zeigt, dass ihnen nicht einmal im Ansatz bewusst ist, wie sehr sie instrumentalisiert werden. Man lässt nützliche Idioten in höchsten Ämtern der UN gewähren und stellt in Aussicht, die neue Welt könnte entgegen der wirklichen Machtverhältnisse tatsächlich sozialistisch werden. Dass allerdings jede Generation unerschütterlich glaubt, das krumme Rad des Sozialismus immer wieder neu erfinden zu müssen, hat eine tiefenpsychologische Dimension.

Archetyp Sozialismus

Der russische Mathematiker und Philosoph Igor Schafarewitsch, ein enger Freund von Alexander Solschenizyn, stand zur Zeit des Kalten Krieges den russischen Dissidenten nahe. Der einzig plausible Grund, warum Schafarewitsch nicht selbst verhaftet wurde, lag vermutlich in seiner frühen Berühmtheit begründet. Der Mathematiker war international überaus anerkannt und geschätzt. Der Schaden für das kommunistische Regime wäre zu groß geworden, wenn Schafarewitsch sang- und klanglos in einem Gulag verschwunden wäre. Abgesehen von Schafarewitschs herausragenden Leistungen auf dem Feld der algebraischen Geometrie, ist es dem russischen Genie zu verdanken, den zeitlosen und grundsätzlichen Charakter des Sozialismus herausgearbeitet zu haben. In seinem bereits 1975 geschriebenen Buch *»Der Todestrieb der Geschichte«*[36] stellt der Mathematiker und Philosoph heraus, dass sich die Grundzüge des Sozialismus durch alle Zeitalter der Geschichtsschreibung zurückverfolgen lassen. Ob im Inkareich, in Mesopotamien, in China oder Ägypten oder schließlich in den ersten Ketzerbewegungen des Christentums – die Geschichte einer sozialistischen Grundstruktur ist weitaus älter und universeller als die Lehre eines gewissen Karl Marx. Der Psychologe C. G. Jung würde vermutlich von einem »Archetyp« sprechen, eine Art Urgedanke oder universelles Grundmuster der menschlichen Seele. Sozialismus ist demnach keine intellektuelle und am Reißbrett ersonnene politische Ideologie, die sich kurzerhand an ihrem historischen Scheitern widerlegen ließe. Sozialismus ist vielmehr ein zu allen Zeiten und an verschiedenen

Orten dieses Planeten immer wieder neu entstehendes, hartnäckiges *Gedanken-Mem* – und damit ziemlich resistent gegen seine faktische Widerlegung. Objektiv betrachtet, sollte ein toxisches Gedankengut wie der Sozialismus in der zeitgenössischen Politik ebenso wenig Chancen haben wie der Faschismus. Immerhin endeten alle sozialistischen Gesellschaftsversuche, einschließlich des nationalsozialistischen, in Unfreiheit, Armut, Krieg, Massenmord und Folter. Unverkennbar ist diesem Archetyp über Verstand und Logik dennoch kaum beizukommen. Die innerpsychische Notwendigkeit, unter gewissen Umstanden sozialistische Grundstrukturen immer wieder neu zu ersinnen, ist weitaus stärker, denn: Sozialismus ist der direkte Versuch der menschlich brüskierten, verängstigten und entwurzelten Seele, aus eigener Kraft so etwas wie Schutz, Struktur und Ordnung zu konstruieren. Sozialistische Grundelemente entstehen wie von selbst, sobald dem Menschen spirituelle Sinngewissheiten, soziale Geborgenheit, Identität und Rückverbindungen an das Sein verloren gehen. Als religiöse Sublimation kann der sozialistische Grundaufbau seine ehemals spirituelle Herkunft natürlich kaum verleugnen. An die Stelle einer wie auch immer gearteten göttlichen Entität außerhalb des Menschen tritt lediglich der Mensch selbst. Die Grundelemente eines verlorenen Paradieses, der an sich verdorbenen Welt und dem Weg zur Erlösung, bleiben unverkennbar erhalten.

»Die sozialistischen Lehren behalten die Vorstellung der mittelalterlichen Mystik von ***drei Stufen*** *des historischen Prozesses bei, ebenso wie das Schema vom* ***Fall*** *der Menschheit und ihrer Rückkehr in den Urzustand in vollkommenerer Form. Folgende Bestandteile machen diese Lehren aus:*

1. *Der Mythos vom ursprünglichen glücklichen ›Naturzustand‹, dem ›Goldenen Zeitalter‹, das durch den Träger des Bösen, das Privateigentum, zerstört worden sei. [Jean-Jacques Rousseau, der ›edle Wilde‹]*
2. *Die Entlarvung der Gegenwart. Die zeitgenössische Gesellschaft wird als unheilbar sündhaft, ungerecht, unsinnig, nur zur Zerschlagung tauglich dargestellt. Erst auf ihren Trümmern könne ein Gesell-*

schaftssystem geschaffen werden, das den Menschen das Höchstmaß von Glück bereite, das zu erleben sie fähig seien.

3. *Die Prophezeiung einer neuen, auf sozialistischen Prinzipien aufgebauten Gesellschaft, in der alle Nachteile der Gegenwart verschwinden. Dies sei der einzige Weg, um die Menschheit zum ›Naturzustand‹ zurückkehren zu lassen, wie Morelly sagt, der Weg vom unbewussten zum bewusst erlebten Goldenen Zeitalter.*
4. *Die Idee der ›Befreiung‹, die von den mittelalterlichen Ketzerlehren spirituell als Erlösung des Geistes von der Macht der Materie verstanden wurde, verwandelt sich in den Aufruf zur Befreiung von der Moral der zeitgenössischen Gesellschaft, von ihren sozialen Einrichtungen und vor allem von Privateigentum. Als Triebkraft dieser Befreiung wird zunächst die Vernunft anerkannt, doch allmählich nimmt das Volk, die Armen, [heute: Minderheiten, Moslems, Flüchtlinge ...] ihre Stelle ein. In der Weltanschauung, die von den Teilnehmern an der ›Verschwörung der Gleichen‹ vertreten wurde, erkennen wir dieses Konzept in schon vollständiger Form. Im Zusammenhang damit werden auch neue konkrete Züge für den Plan zur Errichtung der ›Zukunftsgesellschaft‹ ausgearbeitet: Terror, Einquartierung der Armen in die Wohnungen der Reichen, Beschlagnahme des Mobiliars, Befreiung von Schuldverpflichtungen und so weiter.«*[37]

Die »*Große Transformation*« geriert sich als innovativ und modern, in Wirklichkeit kopiert sie lediglich die ewige sozialistische Grundkonzeption: Erst »die Natur wäre ohne den Menschen und seine Bedürfnisse besser dran«, über »so kann es nicht mehr weitergehen«, gefolgt von »bestehende Strukturen müssen zerschlagen werden«, um schließlich die Verheißung auszusprechen: Eine vor dem Klimakollaps gerettete neue Weltordnung, in der »klimaverträgliche Gesellschaften ihren Konsum auf ein absolutes Minimum reduziert haben«. Zum letzten Satz drängen sich mir Assoziationen einer Kommune auf, ohne persönlichen Besitz, ohne Ehepaare und ohne festgelegte sexuelle Orientierungen. Alles gehört allen, auch die Kinder, und niemand wird mehr sinnlos konsumieren, weil alle so glücklich sind. Dann wird endlich alles gut sein …

Doch erst, wenn man das sozialistische Konzept als Archetypen der Seele erkennt, die zweifellos spirituellen Charakter haben, kommt man der Sache näher. Trotz der Vielzahl philosophischer Weltbilder lassen sich prinzipiell zwei grundverschiedene Positionen oder Gewissheiten ausmachen, von denen aus der Mensch das Sein in der Welt verortet. Zugespitzt und grob vereinfacht, könnte man auch von einer grundsätzlich »spirituell-transzendenten« und einer grundsätzlich »materialistisch-sozialistischen« Weltsicht sprechen. Die transzendente Position geht von folgender Grundannahme aus:

1. *Es gibt einen Gott – und ich bin es nicht.*

Die sozialistische Sicht ist diametral anders:

2. *Es gibt keinen Gott – oder falls doch, könnte es ebenso ich selbst sein.*

Die zweite Position geht davon aus, dass kalte Materie ohne Ziel, Plan oder Sinn zufälligerweise Bewusstsein entwickelt hat – den Menschen als höchstes, bewusstes Wesen. Ob Agnostizismus, Atheismus, Theismus (Monotheismus oder Polytheismus), Pantheismus oder Materialismus – im Prinzip lassen sich die unterschiedlichen Weltbilder grob der einen oder anderen Grundannahme zuordnen. Die Erzfeindschaft zwischen Sozialismus und Religion ist daher logisch und folgerichtig. Nichts ärgerte Denker wie Karl Marx mehr als Menschen, die ihre Sinngewissheiten in der Transzendenz verorten. Was Marx als Phlegma und »Opium fürs Volk« ansah, war der Umstand, dass spirituell verwurzelte Menschen ihr Dasein in einen höheren Sinnkontext einpassen. Dieser besteht im Wesentlichen daraus, das Paradox menschlicher Freiheit vs. Unverfügbarkeit anzuerkennen. Bei diesem Weltmodel ist der Mensch einerseits ein freies und für sein Handeln verantwortliches Wesen – dennoch ist er zugleich in ein gegebenes Schicksal gestellt, das sich seinem Machtbereich entzieht. Kurz gesagt: *Etwas ist größer.* Einem Menschen mit diesem Weltbild ist bewusst, das ihm wesentliche Dinge unverfügbar bleiben. Der Widerspruch, einerseits handeln zu müssen und andererseits dennoch die begrenzte Wirkmächtigkeit des eigenen Handelns anzuerkennen, erfordert Demut und Reife. Viele Philosophen haben sich an diesem Dilemma abgearbeitet. Immerhin gilt es, bei jedem der mannigfaltigen Alltagsprobleme unterscheiden zu können, was verfügbar ist und was nicht. Das sogenannte »Gelassenheitsgebet« bringt die Schwierigkeit des menschlichen Handelns auf den Punkt:

»Gott, gib mir die Gelassenheit, Dinge hinzunehmen, die ich nicht ändern kann, den Mut, Dinge zu ändern, die ich ändern kann, und die Weisheit, das eine vom anderen zu unterscheiden.«

In jedem Fall stellt die faktische Unverfügbarkeit über die elementarsten Dinge des Lebens – Gesundheit, Liebe und Tod – eine unfassliche Brüskierung der menschlichen Seele dar. Die wesentlichen Dinge des Lebens sind gegeben und lassen sich auch mit der vegansten, sportlichsten, ökologischsten und geimpftesten Agenda weder herbeiführen noch garantieren. Über die Fragen, ob man gesund bleibt, geliebt wird, einen Partner verliert oder wann man stirbt, kann kein Mensch verfügen. Würde man in der christlichen Terminologie bleiben, ist der Sozialismus die Sprache der Schlange, die dem Menschen einredet, er selbst sei Gott und könne allein über sein Schicksal bestimmen. Das Bemühen, aus eigener Kraft Glück, Sicherheit und Gesundheit zu erschaffen, sind folglich die nächsten Schritte. Die Hybris des säkularen Menschen, gegebene und elementare Strukturen beherrschen zu wollen, zeigt sich in allen Lebensbereichen. Das Zweckbündnis mechanistisch denkender Silicon-Valley-Milliardäre mit sozialistischen Weltverbesserern wird zumindest vom selben weltanschaulichen Unterbau getragen: Der Mensch allein gestaltet sein Schicksal und das der Welt. Dies zeigt sich im infantilen Postulat der Beherrschung des Klimas, im Wahnwitz der Pandemie-Kontrolle durch Lockdown, im Umgang mit natürlichen Alters- und Sterbeprozessen oder in der Neukonzeption des menschlichen Genoms. 95-Jährige werden mit den kompliziertesten Operationen gequält, um »den Tod zu besiegen«, anstatt in Würde sterben zu dürfen. Auch hier zeigte die Coronakrise die dramatischen Folgen einer spirituell entwurzelten Gesellschaft. Im Kampf gegen das »Killervirus« wurden alte Menschen mitten in ihrem natürlichen Sterbeprozess in ein künstliches Koma versetzt, zwangsbeatmet und mit allen nur erdenklichen technischen Mitteln am Leben erhalten. Schlussendlich starben sie dann trotzdem, nur zusätzlich noch einsam und fern von ihren Liebsten. Auf Naturkatastrophen, zu denen Virus-Epidemien ebenso gehören wie Vulkanausbrüche, reagiert die säkulare Gesellschaft mit einem Höchstmaß an Entrüstung und der Suche nach »Verantwortlichen«. Der *Tagesspiegel* stellt bezüglich der Bedrohung durch das Coronavirus gar die »Systemfrage«:

»Das Coronavirus stellt auch die Systemfrage. Man kann Covid-19 als prototypisches Problem des 21. Jahrhunderts betrachten: Es ist global. Es ist mit Wissenschaft, Technologie, Kooperation, menschlichem Verstand und der Bereitschaft, Verhalten zu ändern, wahrscheinlich lösbar – so wie die Folgen des Klimawandels, des Artenschwundes, der Migration, der Mikroplastik-Verschmutzung, der Medikamenten-Resistenzen, der Digitalisierung oder des Wandels der Arbeitswelt. Der Unterschied ist die Unmittelbarkeit. Sie macht das Virus zum Testfall: Sind wir als freie, aufgeklärte, über unbeschränkten Zugang zu Informationen verfügende verantwortliche Einzelbürger, sind wir als Gemeinwesen, sind unsere Institutionen und unsere Volksvertreter, ist unser Gesundheits- und Wirtschaftssystem in der Lage, jetzt das Notwendige zu tun?«[38]

Oder wäre eine totalitäre Regierung nach chinesischem Muster nicht eine weitaus bessere Lösung?

Allem voran sind Jugend und unablässige Aktivität recht brauchbare Schutzmechanismen gegen die Bewusstwerdung der prinzipiellen Unverfügbarkeit des Lebens. Doch je älter man wird, desto näher kommen auch die existenziellen Schrecken. Geliebte

Menschen sind bereits gestorben. Man hat eine oder mehrere schmerzhafte Trennungen hinter sich bringen müssen. Man wurde mit einer lebensbedrohenden, medizinischen Diagnose konfrontiert … Der Mensch ist das einzige, bewusste Lebewesen, das in die Zeit gestellt wurde, anders gesagt: Der Mensch muss täglich sein Leben gestalten, obgleich er weiß, dass er sterben muss. Wen dies kalt lässt, oder wer angesichts seines eigenen Todes zynisch reagiert, hat schlichtweg nicht begriffen, was dies bedeutet. Man könnte auch sagen, hier ist ein menschlicher Reifegrad noch nicht erreicht.

Wer aber das Schicksal des Menschseins im Angesicht des Todes begriffen hat, versteht auch den Ur-Schmerz, der nach Antwort verlangt. Bei allen schicksalhaften Erfahrungen stellt sich die Frage nach der persönlichen Resilienz. Relativ gefeit gegen die Schrecken der Unverfügbarkeit sind Menschen, welche die Erfahrungen von Liebe, Halt und Geborgenheit machen konnten. Die frühe Gewissheit, gewollt und geliebt zu werden, legt den alles entscheidenden Grundstein für den Blick auf die Welt. Urvertrauen in das Sein wurde einem entweder in den ersten Lebensjahren geschenkt – oder man ist zu einer lebenslangen Kompensation einer tiefen Verunsicherung gezwungen. Unbehandelt bildet letzteres Schicksal eine ungesunde Melange von Infantilität und Kontrollzwang aus – die Ingredienzien sozialistischer Ideologie.

Nur bei genügend Urvertrauen und Liebe kann sich ein gesundes Ich mit einer gesunden Identität herausbilden, das sich später, als Ich-Erweiterung, auch in einem kollektiven Zugehörigkeitsgefühl spiegelt. Die gelungene Menschwerdung und ein wirkliches Erwachsenwerden bedeuten Liebes- und Bindungsfähigkeit, wobei echte Liebe und Bindung niemals beliebig sein können. Voraussetzung für freie Beziehungen ist eine gesunde Eigenliebe, dazu wiederum gehört Abgrenzungsvermögen, Unterscheidungsvermögen von mein und dein, eigen und fremd. Erst wenn diese Fähigkeiten ausgebildet sind, man also weiß, was man möchte und was nicht und wo man selbst aufhört und der andere anfängt, können Beziehungen gelingen. Alles andere sind abhängige Beziehungen oder taktische Manöver, weil man etwas braucht oder haben will. Etwas provokant ausgedrückt könnte man sagen, ein beziehungs- und liebesfähiger Mensch muss zunächst einmal lernen zu *diskriminieren:*

»Der Begriff Diskrimination (von lateinisch discriminare = ›trennen‹, ›absondern‹, ›unterscheiden‹) beschreibt die Unterscheidung, den Unterschied oder das Unterscheidungszeichen. Die Diskriminationsfähigkeit ist dementsprechend die Fähigkeit zur Unterscheidung.«[39]

In seinem Artikel »*Warum Diskriminierung unvermeidlich ist*« untersucht der Wirtschaftsphilosoph Prof. Gerd Habermann die Notwendigkeit der Diskriminierung. Zunächst betont Habermann, wie wichtig das Diskriminierungsverbot im Kontext der Gesetzgebung ist. Niemand darf vor dem Gesetz bevorzugt oder benachteiligt werden:

»Ein folgenreicher Fehlgriff ist es nun, dieses Unterscheidungsverbot auf das Privatrecht anzuwenden. Für das Privatleben ist das Unterscheidungsrecht konstitutiv. Es ist der Kern der Vertrags- und Meinungsfreiheit. Ich darf nicht nur, ich muss täglich ›diskriminieren‹, indem ich nach meinen nicht weiter hinterfragbaren Präferenzen mit bestimmten, ausgewählten Menschen zusammenarbeite (im Arbeitsrecht), Handel treibe, bestimmte Produkte kaufe, mich bestimmten Meinungsrichtungen, Parteien, Religionen oder politischen Gemeinschaften anschließe, einen Verein mit einem exklusiven Spezialzweck gründe, eine bestimmte Person – besonders exkludierend – heirate oder mich mit ihr innig befreunde. Fast jede Wahlhandlung ist in diesem Sinne ›diskriminierend‹ oder ›exkludierend‹ und unterscheidet logischerweise zwischen denen, die dazugehören, und anderen, die nicht dazugehören. So schließt ein Kaninchenzüchterverein satzungsmäßig Schweinezüchter aus: Es ist offenbar sinnlos, den speziellen Zweck des Vereins offenzuhalten.«[40]

Sozialistische Bestrebungen zur »Antidiskriminierung« in den privaten Raum hinein haben jedoch nichts Geringeres zum Ziel, als die Verhinderung von Wahlfreiheit, Individuation und Identität. Die Aufzählung der Bedingungsstrukturen gesunder Individuen lässt bereits erahnen, wo die zentralen Angriffspunkte sozialistischer Ideologie liegen. Liebesfähige Menschen, die gelernt haben zu unterscheiden, was sie wollen und was nicht, wünschen sich für ihre Beziehungen, die naturgemäß andere ausschließen, Kontinuität. Obgleich in der Praxis vielfach gescheitert und allem Gender-Nudging zum Trotz, sind die Ideale Monogamie und Treue zwischen Frau und Mann immer noch Kassenschlager in Filmen und Romanen. 99 Prozent aller Menschen fühlen sich klar einem Geschlecht zugeordnet. Vermutlich 95 Prozent aller Menschen, und nicht wie immer wieder behauptet 90 Prozent, sind heterosexuell. Die verbindliche Ehe, als Grundlage der Gesellschaft, hat keineswegs ausgedient. Spätestens wenn aus dieser Verbindung Kinder hervorgehen, entsteht bei Eltern ein starkes Schutzbedürfnis. Der Wunsch nach Eigentum, Besitz und damit Sicherheit sind folgerichtige Ziele, um die eigene Familie zu schützen. Bindungsfähige, erwachsen gewordene Menschen orientieren und definieren sich also natürlicherweise über sozial gewachsene Strukturen wie Ehe, Familie, Eigentum, Beruf, Kollegen, Freunde und Individualität. Sämtliche dieser Identifizierungen stellen Ich-Erweiterungen dar und geben dem Menschen Halt, Sicherheit und Geborgenheit. Für eine lange Zeit, oft bis über die Lebensmitte hinaus, reichen diese sozial verlässlichen Bindungen aus, um die elementaren Unverfügbarkeiten, Trennung, Krankheit, Tod, erfolgreich zu kompensieren. Doch nach den Psychologen und Philosophen, wie Abraham Maslow oder C. G. Jung, müssen schlussendlich weitere Elemente hinzukommen, um die großen Sinnfragen des Lebens zu befrieden, nämlich Religion, Kunst und Kultur.

Nicht zufälligerweise sind alle eben genannten bürgerlichen Strukturen kardinale sozialistische Angriffspunkte. Sämtliche

Bindungs- und Identitätsstrukturen wie Ehe, Familie, Eigentum, Individualität, Religion, Kunst und Kultur werden seitens sozialistischer Ideologie dekonstruiert. *Etwas salopp könnte man auch sagen, diese Institutionen werden insbesondere von jenen dekonstruiert, die sie nicht haben können: narzisstische, verunsicherte, bindungsschwache Persönlichkeiten, denen obige Trauben zu sauer sind.* Doch der Angriff auf alle Bindungsstrukturen geschieht heutzutage nicht mehr offen und direkt, sondern überaus geschickt und mithilfe der sozialistischen Trojaner Gender, Migration und Klima – und neuerdings Pandemie-Abwehr. Kulturmarxisten haben dazugelernt, der Kampf mit offenem Visier ist vorbei, inzwischen ist man nicht mehr rot, sondern grün. Die zeitgenössischen sozialistischen Projekte heißen »Fridays for Future«, »Seebrücke« und »Extinction Rebellion« und »Wir bleiben zuhause«. Und nur Unmenschen werden gegen derartig humanitäre Aktionen etwas einzuwenden haben …

Kulturmarxismus

Kulturmarxistische Ansätze werden heutzutage nicht mehr von der Arbeiterschaft getragen, sondern von Intellektuellen. Die unweigerliche, stetige Verarmung der Arbeiterschaft, wie sie Karl Marx prognostiziert hatte, trat einfach nicht ein. Mehr noch, der böse Kapitalismus hatte dafür gesorgt, dass sich der Wohlstand der Arbeiter mehrte; daraufhin sprangen viele dem Sozialismus von der Stange. Kräfte, die eine zeitgenössische Gesellschaft dennoch im sozialistischen Sinne umgestalten möchten, müssen folglich neue Narrative schaffen. Dadurch entsteht zunächst der Eindruck, es handele sich überhaupt nicht um Marxismus, obwohl die Kernziele dieselben bleiben:

»Vom Marxismus alter Schule unterscheidet sich der Neomarxismus durch die Wahl der Mittel, nicht in den Zielsetzungen. Wie von Karl Marx und Friedrich Engels im Kommunistischen Manifest im Jahre 1848 ausgeführt, besteht das Ziel der kommunistischen Bewegung darin, das

Privateigentum abzuschaffen und mit den überlieferten Ideen und Eigentumsverhältnissen radikal zu brechen. Es gilt, die Nationalität ebenso abzuschaffen wie die Familie und die Religion. Ziel ist es, der Privatwirtschaft alles Kapital zu entreißen, die Produktionsmittel in die Hände des Staates zu überführen und die Wirtschaft zentral zu organisieren.«[41]

Strategische Vordenker wie Antonio Gramsci (1891–1937) und Herbert Marcuse (1898–1979) erkannten, dass sich ein neuer marxistischer Anlauf nur über eine tief greifende, kulturelle Umgestaltung der Gesellschaft durchsetzen lässt. Vertreter der 68er-Revolution übernahmen die Thesen; zudem war ihnen bewusst, dass man hierfür einen langen Atem braucht. Bis das Mindset Früchte trägt, kann es ein oder zwei Generationen dauern. Naturgemäß kommen den Institutionen Schule, Lehre, Universität und Medien, letztlich aber auch den Kirchen kardinale Schlüsselrollen zu. Derartige Institutionen mit linkssozialistisch geschultem Personal zu infiltrieren, bezeichnete der marxistische Studentenführer Rudi Dutschke als »Marsch durch die Institutionen«. Wie erfolgreich Dutschkes Strategie im ehemaligen Westen Deutschlands seit 1967 schlussendlich war, kann man nur vermuten. Angesichts der offensichtlichen Linksverschiebung von Politik, Medien und in den Kirchen auf dem Terrain der ehemaligen BRD ist die Taktik durchaus aufgegangen. Nach meiner Einschätzung prägen Kulturmarxisten den Zeitgeist sogar so erfolgreich, dass kapitalistisch orientierte Global-Player um ein temporäres Zweckbündnis gar nicht herumkommen. Jede strategische Unternehmung zur Gewinnmaximierung muss zwangsweise ein linksmoralisches und ökologisches Framing haben – und sei das eigentliche Vorhaben auch noch so kapitalistisch.

Wie bereits erwähnt, gehört die Dekonstruktion haltgebender Strukturen zur neomarxistischen Langzeitstrategie. Zufriedene und glückliche Menschen lassen sich kaum für Sozialismus begeistern. Will man ein gut verwurzeltes Bäumchen ohne Axt umlegen, empfiehlt sich eine Doppelstrategie: Zum einen zerrt und rüttelt man am Stamm, man setzt den Baum einer Art »Sturm« aus. Zum anderen untergräbt man seine Wurzeln, damit der Baum an Halt verliert. Beides, *Sturm und Entwurzelung*, bringt den Baum schließlich zum Fallen. Will man einen verwurzelten und zufriedenen Menschen mit Sozialismus zwangsbeglücken, empfiehlt sich dieselbe Strategie. Wie es Igor Schafarewitsch beschreibt, geht der sozialistischen Strategie daher immer die Betonung der Dystopie voraus. Erst danach kann sich der Sozialismus als Retter in der Not anbieten. Die Zustände der Gesellschaft als haltlos, verderbt und kurz vor dem Zerfall darzustellen sowie Angst und Schrecken zu verbreiten entspricht dem »Sturm«.

»Kaum hat eine der vielen erdachten Problemlagen an Wirkkraft verloren, muss ein neues Problem erfunden werden und als Schreckensszenario herhalten. Der durch die kapitalistische Wirtschaftsordnung erreichte Massenwohlstand wird als ›Konsumterror‹ gegeißelt, wirtschaftliches Wachstum mit Umweltzerstörung in Verbindung gebracht und Eigentum als Eigennutz gebrandmarkt. Nachdem die in den 1960er-Jahren vorhergesagte weltweite Hungerkatastrophe durch Überbevölkerung nicht eintrat und das in den 1970ern gepredigte Ende der Rohstoffe sich als Schimäre erwies, dient derzeit der Klimawandel als das dominierende Schreckensszenario. Die These von der globalen Erhitzung des Klimas ist maßgeschneidert, um umfassende Eingriffe in das Privateigentum zu rechtfertigen, globale Lösungen als notwendig darzustellen und darüber hinaus auch die Auslöschung der menschlichen Fortpflanzung zu fordern.«[42]

Täglich blasen linksgrüne Leitmedien die verschiedensten Stürme durch die deutschen Wohnzimmer, lange Zeit beherrschten »Klimakrise« und »Rechtsruck« die Schlagzeilen, bis mit Corona der ultimative Sturm entfacht werden konnte. Neben diesen Stürmen ist jedoch die Technik der Entwurzelung maßgeblich. Sie besteht in der Zerstörung von gefühlten Gewissheiten, die den Menschen Halt und Sicherheit geben. Das kardinale Hauptinstrument hierfür ist

Beschämung, und zwar genau dort, wo der verwurzelte Mensch glaubt, intuitiv die Wirklichkeit erfasst zu haben. Man könnte auch sagen, das kulturmarxistische Kardinalziel ist die Dekonstruktion des »gesunden Menschenverstandes«, wobei der erste Schritt darin besteht, die Existenz desselben zu leugnen. Wer sich heute noch auf den »gesunden Menschenverstand« beruft, hat in der Debatte etwa dieselben Chancen wie jemand, der eine Kritik einleitet mit dem Satz »man wird ja wohl noch sagen dürfen«. Nein, wird man nicht, sechs, setzen. Was auch immer man sagen wollte – mit dieser Einleitung hat man sich bereits disqualifiziert.

Unverzüglich, rigoros und überall dort, wo normale Menschen Identität und Gewissheit proklamieren, setzt die Technik der Beschämung an. Einfache Wahrheiten auszusprechen wird mithilfe Politischer Korrektheit sofort unterbunden. Sie glauben, Menschen werden selbstverständlich als Mann oder Frau geboren und Frauen und Männer unterscheiden sich? Dann sind sie ein unverbesserlicher Sexist, Chauvinist und wahrscheinlich obendrein noch homophob. Sie glauben, Menschen sind verschieden? Dann sind sie ein böser Rassist. Sie fühlen sich ihrer Familie, ihrem Ort, ihrem Landkreis, ihrer Nation und ihrer Kultur in besonderer Weise verbunden? Dann sind sie Fremdenfeind, Ethnopluralist, Nationalist oder kurz – »Nazi«. Man könnte endlos so weitermachen. Gefühlte Gewissheiten, die einer kulturmarxistischen Agenda widersprechen, werden systematisch diskreditiert. In der Regel mit dem Universalwerkzeug »rechts«. Letzten Endes geht es um die Tabuisierung von Identität, genauer, es geht darum, jede gewachsene Ich-Verwurzelung im sozialen Raum zu roden. Schaut man sich den Zustand der deutschen Gesellschaft an, kann man den Eindruck gewinnen, diese Techniken haben ihre Wirkung nicht verfehlt. Die Schriftstellerin Eva Rex geht mit ihrem Essay *»Rettet den gesunden Menschenverstand«* denselben Fragen nach wie ich in diesem Buch:

»Warum werden wir den Eindruck nicht los, dass immer größere Teile unserer Mitmenschen in einer Parallelwelt leben? Wie kommt es, dass

die meisten Mitglieder der westlichen Gesellschaften so merkwürdig apathisch und desinteressiert an ihrem eigenen Geschick agieren und ihrer eigenen Verdrängung (als Volk, als Nation, als Kultur) entgegensehen, ja diese sogar beklatschen? Woher kommt die Verblendung und Leichtgläubigkeit gegenüber den Gaukeleien der etablierten Medien, oft entgegen besseren Wissens? Warum sind moderne Menschen trotz ausdifferenzierter ›Individualisierung‹ und ›Aufgeklärtheit‹ so empfänglich für ideologische Großkonzepte wie Gleichstellung, Multikulturalismus und den Kampf gegen den Klimawandel und lassen sich entgegen ihren eigenen Interessen für deren Etablierung mobilisieren? Warum begegnen uns gerade in Gestalt von Intellektuellen und Künstlern die fanatischsten Befürworter dieser neuen Ideologien, statt dass die geistige Elite, wie es ihrer Aufgabe entspräche, diese kritisch und distanziert hinterfragt? [...] Wie kommt es, dass so viele sich nicht mehr auf ihre eigene Wahrnehmung verlassen und auch nicht den Mut haben, sich ihres eigenen Verstandes zu bedienen, sondern darauf, was vermeintliche ›Autoritäten‹ ihnen vorbeten? Warum lassen sie sich weismachen, dass Hinwendung zu den denkbar Enferntesten Nächstenliebe sei, aber die Sorge um das Wohl der Nächsten purer Hass? Warum lassen sie sich immer häufiger die absurdesten Lügen auftischen und glauben mit verzweifelter Inbrunst an sie? Kurz gesagt: Wie kommt es, dass bestimmte verrückte Ideen massenhaft Plausibilität gewinnen, ohne dass ihnen unbeschadet widersprochen werden kann?«[43]

Widerstand gegen die Atomisierung der Gesellschaft, zum Zwecke einer globalen Umgestaltung, ist eine Frage von Resilienz und Reife der Bürger. Alles, was diese Wachheit und Widerstandskraft schwächt, liegt im natürlichen Interesse derer, die diesen Gesellschaftsumbau forcieren. Derzeit beobachten wir einen Machtkampf zwischen bewahrenden, liberal-konservativen Kräften, die sich gegen den globalen Gesellschaftsumbau stellen, und angeblich progressiven, in Wahrheit aber pseudo-sozialistischen Kräften. Von diesen wird der Kulturkampf mithilfe von drei Instrumentarien geführt:

» moralisches Meinungs- und Empörungsmanagement
» schnelle Taktung immer neuer und verwirrender Medienmeldungen (sog. Gaslighting-Techniken)
» Inszenierung blanker Angst- und Horrorszenarien

Wie ich im letzten Buchteil noch ausführen werde, träumt eine kuriose Melange von Interessengruppen von einer neuen, zentralistischen Weltordnung. Wenn man ein Land nennen müsste, das den Widersinn der Kalifornischen Ideologie am besten repräsentiert – totalitäre, kollektivistische Ideale in Fusion mit radikalem Kapitalismus – kommt man unweigerlich auf China. Im Verlauf dieses Buches wird noch deutlich, dass über Organisationen wie das Weltwirtschaftsforum zusammenwächst, was zusammengehört. Global Player aus den USA, wie Pharmaindustrie und IT-Giganten, arbeiten im Schulterschluss mit der Kommunistischen Partei Chinas an einer neuen Weltordnung, die beiden Seiten nützt. Die großen humanistischen Narrative der Neuzeit, Pandemieschutz, Klimakampf, Gender und Multikultur, kommen dieser Interessengemeinschaft sehr entgegen. Dies soll nicht heißen, dass alle Ansätze zur Lösung globaler Probleme falsch sind. Wer jedoch tiefer in die Hintergründe zur »Rettung der Welt« einsteigt, wird unweigerlich herausfinden, dass global gesteuerte Medienkonsortien viele Probleme zusätzlich befeuern, um die ökonomischen Interessen ihrer Auftraggeber durchzusetzen. Durch die ungeheure, demokratisch nicht legitimierte Machtkonzentration bedrohen oligarchische Kräfte freie Nationen und stehen dem demokratischen Grundverständnis entgegen.

Die entscheidende Frage ist: Wie erwachsen und wach sind einzelne nationale Gesellschaften, diese globalen, demokratiefeindlichen Bestrebungen zu erkennen und abzuwehren? Instrumente zur Dekonstruktion der Gesellschaft fruchten insbesondere dort, wo es wenig Identität und Verwurzelung gibt. Dies trifft auf die transtrauma-geschädigte deutsche Babyboomer-Generation in besonderem Maße zu. Das Paradox, das deutsche Eliten ihre nationale Identität nur bei einer Verneinung derselben empfinden, ist für supranationale Kräfte ein Glücksfall. Viele Deutsche wollen schon lange nicht mehr deutsch sein. Man begreift sich mindestens als Europäer, am besten jedoch als Weltbürger. Deutschlands Bereitschaft zur freiwilligen nationalen Dekonstruktion ist für Global Player von zentraler Bedeutung, da sie Modellcharakter hat. Ob Corona, Gender, Klima oder Multikultur – zur Freude der Globalisten sind deutsche Maßnahmen unter der Ägide deutscher Babyboomer stets willfähriger und rigoroser als im Rest der Welt. In seinem Essay *»Drei Bedingungen, um die Pandemie zu stoppen«* lobt Bill Gates daher ausdrücklich die Deutschen. Kanzlerin Merkel und Entwicklungsminister Gerd Müller hätten »besondere Führungsstärke« bewiesen, die beispielhaft für den Rest der Welt sei. Bezüglich nationaler Selbstauflösung zugunsten des »Great Reset«, »führt« die deutsche Bundeskanzlerin tatsächlich, wobei ihre »Stärke« vor allem in der Konstitution ihrer Bürger begründet liegt.

KAPITEL 3

Coronakrise

Kognitive Verzerrung

Wie ich eingangs bereits schrieb, handelt es sich bei Corona um ein komplexes erkenntnistheoretisches Problem. Im Prinzip könnte man den Erkenntnisprozess in zwei Phasen einteilen: Die erste könnte man *Verwirrung*, die zweite *Klärung* nennen. Die Frage, ob das erkennende Individuum beide Phasen durchlaufen konnte, ist von vielen Faktoren abhängig. Unter anderem geht es dabei um den Prozess der selektiven Wahrnehmung, auch *kognitive Verzerrung* genannt. Bekanntlich nehmen alle Menschen nur einen Bruchteil der Wirklichkeit auf. Wahrnehmung erfolgt durch diverse Filter, die uns vor Reizüberflutung schützen. Bevor wir etwas als »wahr« und »wichtig« erkennen, müssen neue Informationen diverse, unbewusste Kriterien erfüllen. Grundsätzlich gilt: Bilder sind stärker als Worte. Außerdem wirken Informationen relevanter und glaubwürdiger, sobald sie:

» möglichst oft wiederholt werden,
» von vielen Individuen geglaubt werden,
» vor Gefahren warnen.

In Bezug auf Corona grassieren die unterschiedlichsten Verschwörungstheorien, etliche behaupten, alles um das Phänomen sei von Anfang an und mit Vorsatz gelogen gewesen. Das eigentliche erkenntnistheoretische Problem ist jedoch komplexer, denn: Viele Meldungen bezüglich des Virus, der Mechanismus der Ansteckung, qualvolle Tode und die Bilder von den Intensivstationen sind echt.

COVID-19 ist eine reale Infektionskrankheit die unter besonderen Umständen als tödliche Krankheit verlaufen kann.

Da Corona, beziehungsweise die Krankheit COVID-19, real ist, geht es um die qualitative und quantitative Beurteilung der Dimension einer Gefahr. In der Phase *Verwirrung* war diese Beurteilung zugegebenermaßen schwer. Deshalb sind viele restriktive und bittere Entscheidungen, die in dieser Phase getroffen wurden, ein Stück weit unvermeidbar gewesen. Leider hat der nachfolgende Prozess dazu geführt, dass sowohl Entscheider als auch Betroffene aufgrund der *kognitiven Verzerrung* Opfer eines Zirkelschlusses wurden, der den Eintritt in Phase zwei, *Klärung*, bis heute verhindert. Die Gründe, nicht in Phase zwei einzutreten und damit die wesentlich geringere Gefahr von Corona anzuerkennen, sind vielfältig. Manchmal sind lediglich Ängste, Naivität, mangelnde Medienkompetenz und Denkfaulheit ursächlich. Oftmals werden neue Erkenntnisse jedoch vorsätzlich geleugnet, da sich in den Monaten der Sondervollmachten attraktive Macht- und Sekundärgewinne herausgestellt haben, die viele Entscheider nicht mehr aufgeben wollen. Das Wesen der schwarzen Pädagogik, *Angst*, ist auch deshalb kaum auszurotten, weil Menschen, die Macht organisieren müssen, in einem Angstraum plötzlich feststellen, wie mühelos ihr Unterfangen geworden ist. Jeglicher Widerstand implodiert. Dem Missbrauch zu widerstehen und unter diesen Bedingungen *nicht* durchzusetzen, was man schon immer durchsetzen wollte und von dem man überzeugt ist, es sei gut und richtig, ist unendlich schwer. Unter Corona gelingt es, alle einzelnen Topoi, an denen sich Globalisierungsbefürworter jahrelang erfolglos abgearbeitet hatten, zu einer einzigen großen Geschichte zu verbinden. Dieses Narrativ kommt sozialistischen wie kapitalistischen Globalisten gleichermaßen entgegen, und endlich sagen alle Menschen – ja! Mehr noch, sie sagen nicht einfach ja, sie bitten sogar flehentlich um die Umsetzung der neuen Agenda. Die geniale neue Erzählung, die man auch *Weltformel des Übels* nennen könnte, geht in etwa so:

Gaia, Mutter-Erde, setzt sich zur Wehr. Wir Menschen sind schuld, dass unter unserem Raubbau an der Natur die Lebensräume immer enger und unwirtlicher geworden sind. Industrialisierung und industrielle Fleischproduktion, mit nachfolgendem Klimawandel, haben dafür gesorgt, dass sich wilde Tiere und Menschen auf unnatürliche Weise näherkommen. So wird der Mensch mit exotischen Erregern konfrontiert, gegen die es keinerlei Heilmittel gibt. Doch bei genauerer Betrachtung sind nicht alle Menschen schuld an diesem Drama. Ursächlich für die Verwerfungen sind westliche weiße Männer, die in ihrer Machtgier und toxischen Männlichkeit alle technischen Errungenschaften entwickelt haben, unter denen Mutter-Erde so ächzt. Doch Corona ist der dringend benötigte Weckruf, und allein die komplette Umkehr der bisherigen Lebensweise kann die Menschheit noch retten. Deindustrialisierung, rigoroser Kampf gegen den Klimawandel, Umverteilung von Menschen und Gütern, Feminisierung der Gesellschaft sowie zentrale Machtorganisation sind unabdingbar, sofern die Menschheit überleben will. Den Schlüssel dazu bilden supranationale Organisationen, die sowohl für die zentrale Steuerung eines Impfschutzes als auch zur Regelung der gewaltigen Finanz- und Migrationsströme gebraucht werden. Das einzelne Individuum muss angesichts des großen Ganzen zurückstehen, Egoismen und partikuläre Interessen sind zu bekämpfen. Dazu gehört natürlich auch ein gewisses Maß an Zwang und Kontrolle, denn wie sonst sollte man gegen die Rücksichtslosigkeit egoistischer Männer vorgehen? Das Gute an Corona: In der Krise lassen sich bereits mustergültig all jene erkennen, die keinen Gemeinsinn haben. Wer nur an sich denkt und andere gefährdet, wird dies auch in puncto Klima und bei anderen Themen tun. Daher sind Überwachungsinstrumente unabdingbar, wobei eine Corona-App nur ein allererster Anfang sein kann …

Corona ist ein Gottesgeschenk für alle Kräfte, die am »Great Reset« arbeiten. Wann, wenn nicht jetzt, lassen sich alle erforderlichen Weichen stellen, um eine neue Weltordnung zu errichten?

Natürlich haben Eliten weltweit unter Corona individuelle Erfahrungen bezüglich des enormen Machtzuwachses machen können. Und je nach Land und Interessenlage wird man unterschiedliche Sekundärgewinne ausbauen. Die Geschehnisse in China und Italien bildeten den medialen Auftakt von Corona. Auf die besondere Rolle Chinas in der medialen Berichterstattung komme ich im Abschlusskapitel zurück. Die dramatischen Bilder setzen jedenfalls den mächtigen Angstrahmen, in dem alles Folgende nur noch selektiv wahrgenommen werden konnte. Auf Wikipedia findet man eine interessante Liste *kognitiver Verzerrungen,* also Mechanismen die einen in falschen Wirklichkeitsblasen gefangen halten, insbesondere, wenn diese so bedrohlich wirken wie das Corona-Mem:

» *Emotionale Beweisführung:*
Die Neigung, eine empfundene Emotion als Beweis für eine Annahme zu betrachten. [Bei allen Angstphänomenen überaus wichtig …]

» *Katastrophisieren:*
Die falsche Annahme, dass das Schlimmste, weil es vorstellbar ist, mit hoher Wahrscheinlichkeit auch tatsächlich eintreten wird.

» *Bestätigungsfehler:*
Die Neigung, Informationen so auszuwählen und zu interpretieren, dass sie die eigenen Erwartungen erfüllen.

» *Backfire-Effekt:*
Die Neigung, Fakten, die der eigenen Überzeugung widersprechen, als Bestätigung der eigenen Überzeugung zu betrachten.

» *Bias blind spot:*
Die Tendenz, sich für unbeeinflusst zu halten.

» *Wahrheitseffekt:*
Die Tendenz, Aussagen, die zuvor bereits gehört oder gelesen wurden, einen größeren Wahrheitsgehalt zuzusprechen als solchen, die erstmals gehört werden.

Man muss vielen Bürgern, die nicht die Zeit für eine entsprechende Medienkompetenz aufbringen können, zugutehalten, dass die öffentlich-rechtlichen Medien alles Erdenkliche taten, um Corona, ungeachtet neuer Erkenntnisse, dauerhaft zu dramatisieren. Der enge Schulterschluss zwischen Medien und Regierung ist nach 15 Jahren Merkel zu einem Reflex geworden, der die offizielle Regierungsposition automatisch schützt. Natürlich wären Entscheidungsträger wie Merkel, Spahn und Söder enorm unter Rechtfertigungsdruck geraten, sofern die Medien den Abgleich der Kollateralschäden zur tatsächlichen Gefährlichkeit von Corona zugelassen hätten. Ähnlich wie in der sogenannten Flüchtlingskrise zeigen die öffentlich-rechtlichen Medien flankierende Bilder, welche die politischen Entscheidungen rechtfertigen. Wobei man sagen muss – alle diese Bilder sind wahr. Trotzdem sind sie unwahr, weil sie selektiv sind und nicht repräsentativ das komplexe Phänomen abbilden. Wenn man 2015 Aufnahmen von Familien mit kleinen Kindern machen wollte, die vor dem Syrienkrieg flohen, so konnte man diese Bilder machen. Die Szenen waren nicht von Schauspielern dargestellt, das Leid war real. Dennoch zeigten diese Bilder nicht repräsentativ, wie sich die über eine Million Zuwanderer tatsächlich zusammensetzten und aus welch vielfältigen Gründen sie nach Deutschland strömten. Wenn man unter Corona Bilder machen will, die überforderte Krankenhäuser und Intensivstationen zeigen, so kann man diese Bilder machen. Wenn man »Corona-Tote« und aufgereihte Särge zeigen will, so kann man diese Bilder haben. Man findet auch Menschen, die sich nach einer Infektion mit dem Coronavirus auf dramatische Weise ins Leben zurückgekämpft haben und die noch jahrelang unter den Folgen einer geschädigten Lunge leiden werden. All diese Berichte aus Reha-Zentren, Altenheimen und Krankenhäusern sind weder gestellt, noch handelt es sich um Fake News. Trotzdem zeigen auch diese Bilder nicht den repräsentativen Charakter der Krankheit. Dass es tatsächlich dramatische Verläufe bei Viruserkrankungen wie COVID-19 gibt und Menschen an dieser Krankheit sterben können, vor allem, wenn sie vorerkrankt oder sehr alt sind, kann man medial als neu und einmalig verkaufen, *doch das ist es nicht.* Ein wichtiger Faktor im Streit um die Wahrheit ist daher die absolute Übersterblichkeit im Vergleich zu den Vorjahren. Ohne den Vergleich der Vorjahre, den winterlichen Grippe-Todeswellen innerhalb der älteren und alten Bevölkerung, steht Corona als solitäres Monster da – danach als Scheinriese. In meinem vorangegangenen Werk hatte ich den Erkenntnisschock des Erwachens am Beispiel der roten oder blauen Tablette im Film »Matrix« thematisiert. Ähnlich könnten die nachfolgenden Seiten wirken, denn die weltweit koordinierte und dramatisierte Darstellung von Corona lässt eine mächtige Allianz globaler Interessengruppen vermuten.

Profiteure der Angst

Bezüglich Corona wurde ich vom Saulus zum Paulus. Diesen Wechsel vollzog ich nicht allein. Viele freie Journalisten und Freidenker haben eine ähnliche Entwicklung vollzogen, je tiefer sie in das Thema eingestiegen sind. Ein gutes Beispiel für diesen Prozess ist der amerikanische Bestsellerautor und ehemaliger Reporter der *New York Times* Alex Berenson. Berenson war nach den Bildern aus Wuhan wie die meisten Menschen davon überzeugt, die Welt sei von einem schrecklichen Killervirus heimgesucht worden:

»Anfang März fürchtete ich wirklich, dass die Vereinigten Staaten einem Ausbruch ausgesetzt sein könnten, der Millionen von Amerikanern töten würde und in der Lage war, die Nation zu destabilisieren. Ich legte Lebensmittelvorräte für unsere Familie an, kaufte die letzten N95-Masken, die ich im örtlichen Wal-Mart finden konnte, und sah zu, wie der Aktienmarkt einbrach. Dann, am Montag, dem 16. März, veröffentlichte das Imperial College seinen inzwischen berüchtigten Forschungsbericht, in dem vorausgesagt wurde, dass das Coronavirus eine halbe Million Briten und zwei

Millionen Amerikaner töten könnte, wenn die Regierungen nicht sofort handeln und Schulen und Betriebe schließen würden. Schlimmer noch, der Bericht prognostizierte, dass sogar dann, wenn über Monate hinweg Anstrengungen zur Schadensminimierung unternommen würden, immer noch 1,1 Millionen Amerikaner und 250 000 Menschen im Vereinigten Königreich sterben könnten. [...] Die Forscher des Imperial College waren nicht irgendwelche Wissenschaftler. Sie arbeiteten direkt mit der Weltgesundheitsorganisation zusammen. Ihre Vorhersagen versetzten Politiker in ganz Europa und den Vereinigten Staaten in Angst und hatten einen nahezu weltweiten Lockdown zur Folge. Doch ironischerweise markierte der Bericht des Imperial College auch den Beginn meines Verständnisses der Realitäten von COVID-19. Er säte die Saat meiner Skepsis gegenüber den Lockdowns und unserer Reaktion auf das Coronavirus seither. Warum? Als ich den Bericht an jenem Montagabend las, fiel mir eine Tabelle auf Seite 5 auf, in der die Todeswahrscheinlichkeit in verschiedenen Altersgruppen gezeigt wurde. Aus der Tabelle ging hervor, dass das Coronavirus bei Menschen über 80 Jahren mehr als 100 Mal so häufig zum Tode führt wie bei Menschen unter 50. Ja, 100 Mal. Personen unter 30 haben ein sehr geringes Risiko. Diese Information verblüffte mich. Ich wusste natürlich, dass das Coronavirus für ältere Menschen gefährlicher ist – aber ich nahm an, dass auch junge Menschen ernsthaften Risiken ausgesetzt sein würden. Schließlich konnte ein wirklich tödliches Virus die jungen Leute oder das mittlere Alter kaum verschonen. Vor einem Jahrhundert tötete die Spanische Grippe neben den Älteren auch Kinder und junge Erwachsene. Ich dachte wieder an China. Nicht an das, was in Wuhan geschehen war, sondern an das, was überall sonst im Land nicht geschehen war. Shanghai und Peking und andere Großstädte hatten die Katastrophe vermieden. Anfang Februar warnten Epidemiologen davor, dass die chinesischen Lockdowns zu spät gekommen waren, um noch irgendetwas zu ändern. Stattdessen war China schon dabei, sich versuchsweise wieder zu öffnen, Fabriken wieder in Betrieb zu nehmen und Quarantänen aufzuheben. Wenn das Virus so tödlich war, wie kam es dann, dass die Chinesen – die es zu diesem Zeitpunkt aus größerer Nähe gesehen hatten als jeder andere – keine größere Angst davor hatten?«[44]

Berenson beschreibt hier einen überaus wichtigen Moment, der sich auch auf andere Erkenntnisprozesse übertragen lässt. Er erlebt beim Lesen der Studie eine kognitive Dissonanz, kurz, Zweifel an der Kernaussage des überaus renommierten Imperial College. Wie kann sich der medizinische Laie Berenson erdreisten, diesen Zweifel zuzulassen und in der Folge eigene Überlegungen anzustellen? Das soziale und ökonomische Risiko, dem Zweifel Raum zu geben, ist hoch. Nur stabile, erwachsene Individuen können es sich leisten, innere Dissonanzen zuzulassen und erst dann zu befrieden, nachdem weitere Informationen gesammelt wurden – egal wohin die Reise gehen mag. Wesentlich einfacher ist es, die entdeckten Widersprüche beiseitezuschieben und es den »Fachleuten« zu überlassen, was richtig ist. Berenson hingegen macht seine nachfolgenden investigativen Untersuchungen öffentlich und beginnt, seine Fragen zu twittern. Sofort werden Hass und Häme über ihm ausgeschüttet, man wünscht ihm, er möge möglichst rasch und qualvoll am Virus sterben. Dies ändert aber nichts an den heute bekannten Tatsachen, dass nämlich sämtliche Prognosen der Fachleute und der WHO grotesk überzogen waren.

»Was im März in New York City geschehen war, war für den Rest der Vereinigten Staaten nicht verallgemeinerbar. Die Krankenhäuser außerhalb von New York waren größtenteils leer und mussten ihr Personal beurlauben. Schlimmer noch, in einigen Fällen wurden sie aus Mangel an Patienten geschlossen – ein bizarres Paradoxon mitten in der angeblich schlimmsten Epidemie seit der Spanischen Grippe ein Jahrhundert zuvor. Selbst in New York war das Gesundheitssystem nie auch nur annähernd überlastet. Feldkrankenhäuser, die für zig Millionen Dollar gebaut worden waren, wurden wieder abgebaut; einige von ihnen hatten nicht einen einzigen Patienten gesehen. Lazarettschiffe der Navy verließen den Hafen und suchten vergeblich nach neuen Coronavirus-Hotspots.«[44A]

Die kolossal überzogenen Todesratenschätzungen, auf denen die rigorosen Entscheidungen der Politiker der westlichen Welt beruhten, stützten sich im Wesentlichen auf eine Handvoll etablierter

Wissenschaftszentren, die allesamt engste Kontakte zur WHO pflegen, und auf Aussagen, die chinesische Forscher gemacht hatten. Die inzwischen berühmt-berüchtigte Studie des Imperial College entstammt einer Quelle, die renommierter kaum sein könnte. Über die Hochschule und Universität schreibt Wikipedia:

»Es ist eine der forschungsstärksten und renommiertesten Universitäten der Welt. Zu den Absolventen und Dozenten zählen 15 Nobelpreisträger, 3 Fields-Medaillenträger, 74 Fellows der Royal Society und 84 Fellows der Royal Academy of Engineering.«

Federführend bei der Ersteinschätzung von Corona durch das Imperial College war der Mathematiker Professor Neil Ferguson, der bei Wikipedia als Epidemiologe geführt wird. Fergusons mathematische Modelle prognostizierten eine Infektionsrate von 60 Prozent mit Hunderttausenden Toten allein in England. Dabei vergleicht er COVID-19 mit der Spanischen Grippe von 1918. Doch auch Deutschland hat seine heiligen Hallen der medizinischen Wissenschaften, das Robert Koch-Institut. Hier prognostizierte der Tierarzt Lothar Wieler ähnlich furchterregende Sterbezahlen. Noch im April 2020 redet man im RKI von einer Sterberate von 4,2 Prozent – was im Vergleich zu einer normalen Grippe wahrlich dramatisch wäre. Zur Berechnung dieser Zahl geht man im RKI vor, wie es Lieschen Müller, das Milchmädchen, wohl auch gemacht hätte: Man nimmt kurzerhand die absoluten Fallzahlen der »Erkrankten« – obgleich ein PCR-Test noch nicht einmal die »Infizierten« feststellen kann, und teilt diese durch die absolute Anzahl der »Corona-Toten«. Natürlich wird hierbei nicht unterschieden, ob die Verstobenen *mit* oder *am* Virus gestorben sind. Diese Rechnung ist derart ohne wissenschaftlichen Sinn und Verstand, dass es bereits Mitte April Beschwerden von Fachleuten und Statistikern nur so hagelt, denn: Faktor 1, die Zahl der »Infizierten«, ist ja lediglich eine beliebige Variable derer, die zufällig getestet wurden, wobei allein die Bezeichnung »infiziert« alarmistisch und falsch ist (mehr dazu später). Grundsätzlich gilt – je mehr man testet, desto höher wird diese

Zahl. Trotzdem kann die Dunkelziffer der *nicht* Getesteten exorbitant höher liegen. Faktor 2, die »Todesfälle« der »an Corona Gestorbenen«, ist ebenfalls belanglos. Denn wie sich später nach Hunderten Obduktionen herausstellt, ist die Mehrzahl der multimorbiden, hochbetagten Patienten nicht am Virus, sondern aufgrund diverser Vorerkrankungen gestorben. Somit war die simple Rechnung vom April: 170 000 Infizierte bei 7000 Verstorbenen ergibt eine Todesrate von 4 Prozent[45], mehr als keck. Erst im Hochsommer 2020 geben die »Centers for Disease Control and Prevention« (amerikanische Seuchenschutzbehörde) eine bereinigte Zählweise der COVID-19-Verstorbenen heraus. Still und heimlich und ohne großes Medienecho wird endlich dargelegt, wie viele Patienten *allein am Virus,* also ohne jegliche Vorerkrankung, gestorben sind:

»Table 3 shows the types of health conditions and contributing causes mentioned in conjunction with deaths involving coronavirus disease 2019 (COVID-19). For 6 % of the deaths, COVID-19 was the only cause mentioned. For deaths with conditions or causes in addition to COVID-19, on average, there were 2.6 additional conditions or causes per death. The number of deaths with each condition or cause is shown for all deaths and by age groups.«[46]

»Die ›Centers for Disease Control and Prevention‹ (CDC) – die amerikanische Seuchenschutzbehörde – hat nun dargelegt, dass statt 161000 nur 9600 Amerikaner tatsächlich ausschließlich an COVID-19 gestorben seien – also nur 6 % der bislang als COVID-Toten gezählten (Stand 26.8.2020). Alle anderen statistisch erfassten COVID-19 Toten hätten verschiedene schwere Krankheiten gehabt, an denen sie gestorben seien, im Durchschnitt 2,6 Erkrankungen pro Person. Das deckt sich in etwa mit früher bekannt gewordenen Zahlen aus dem Hamburger UKE, wo systematisch Obduktionen von Corona-Toten durchgeführt wurden. [...] Für Deutschland würden diese Zahlen bedeuten: Von den 9300 bisher als Corona-Toten gezählten blieben 558 übrig.«[47]

Doch im März 2020 werden Politiker seitens der renommiertesten Wissenschaftstempel, allesamt gebrieft von der WHO, noch mit Prognosen horrender Todeszahlen versorgt. Zu Beginn der Pandemie sind politische Erstentscheidungen für einen Lockdown daher noch halbwegs verständlich. In Deutschland erwartete man im günstigsten Fall 120 000 Tote. Sofern aber die Intensivstationen überfordert würden, was vom Chefberater der Kanzlerin Christian Drosten in eigens dafür eingerichteten Radiopodcasts täglich beschworen wird, seien Millionen Tote zu erwarten. Im Verlauf des Jahres 2020 würde schließlich jeder Bürger mindestens eine Person in der Familie oder im Freundeskreis kennen, die durch Corona ums Leben gekommen sei. Die Bundeskanzlerin verglich die Situation folglich mit der schwersten Herausforderung seit dem Zweiten Weltkrieg. Die nachfolgende Toilettenpapierkrise machte deutlich – die Botschaft war angekommen, Deutschland hatte Schiss.

Bei genauerer Betrachtung lassen sich alle dramatischen Prognosen auf wenige Experten zurückführen, wie Prof. Dr. Lothar Wieler, Präsident des Robert Koch-Instituts, und Prof. Dr. Christian Drosten, Institutsdirektor der Charité. Beide Männer stehen in enger Abstimmung mit der WHO, die wiederum in finanzieller Anhängigkeit zur Bill & Melinda Gates Foundation steht. Die meisten Menschen wissen gar nicht, dass die einstmals ehrwürdige WHO nicht mehr von den Mitgliedstaaten finanziert wird, sondern zum großen Teil seitens der Privatwirtschaft. Die *Zeit* widmet sich dem Problem in dem Artikel *»Der heimliche WHO-Chef heißt Bill Gates«*. Der Beitrag behandelt die 90-minütige ARTE-Dokumentation mit dem Titel *»Die WHO – Im Griff der Lobbyisten?«*.

»Die wichtigste Organisation der Weltgesundheit, die WHO, hat ein Problem: Sie ist pleite und deshalb auf Spenden angewiesen. Verliert sie darüber ihre Unabhängigkeit? [...] Dennoch sind es die Verwicklungen zwischen Konzernen und der WHO, die den Film spannend machen – und von denen er noch weitere zu bieten hat. Etwa als David McCoy, einer der führenden Experten im Bereich Weltgesundheit, zu Wort kommt: Die

Agenda der WHO werde immer mehr von privaten Spendern bestimmt, vor allem von Bill Gates, sagt der. Würde die Bill & Melinda Gates Foundation aufhören, jährlich Millionen US-Dollar nach Genf zu schicken, würde die WHO womöglich in sich zusammenfallen. Entsprechend großen Einfluss habe der Milliardär auf das inhaltliche Programm. Der Sprecher der Stiftung streitet im Film jegliche Einflussnahme ab. Aber de facto gibt es, wie der Film aufzeigt, zwischen der WHO und der Gates Foundation personelle Überschneidungen. Und die WHO konzentriert sich in der Tat auffällig stark auf das, was Bill Gates sich wünscht: impfen zum Beispiel.«[48]

Für ein tieferes Verständnis der Zusammenhänge empfehle ich eine weitere ARTE-Dokumentation von 2009 mit dem Titel »*Profiteure der Angst*«. Es ist bezeichnend, dass dieser seriöse und wohl recherchierte Film aus der ARTE-Mediathek verschwunden ist und mittlerweile sogar im Internet gelöscht wird. Trotzdem taucht er immer wieder auf den verschiedenen Videoplattformen auf. Im Film wird die schleichende Übernahme der einstmals staatlich finanzierten WHO durch Privatinvestoren wie Bill Gates und Pharmafirmen deutlich. Kurz darauf änderte die WHO ihre ehemaligen Pandemie-Definitionen.

»Bis dahin sah die WHO eine wesentliche Bedingung einer Pandemie darin, dass es zu einer ›enormen Anzahl von Todesfällen und Erkrankungen‹ in mehreren Staaten kommt. Erst seit Mai 2009 kann sie eine Pandemie bereits dann ausrufen, wenn sich ein Erreger schnell und massiv in mindestens zwei der sechs WHO-Regionen ausbreitet. Die Passage, in der eine ›beträchtliche Zahl von Toten‹ vorausgesetzt wird, fiel kurzerhand weg – veranlasst von einem pharmalastigen Expertenkomitee. Der entscheidende Unterschied: Die alte Definition lenkte den Blick auf den tatsächlichen gesundheitlichen Schaden, den ein Erreger anrichtet – darauf, wie viele Menschen weltweit erkranken und sterben, statt darauf, wie viele ihn bloß mit sich herumtragen, selbst wenn sie dabei putzmunter, topfit und kerngesund bleiben. Bangemache mit klinisch bedeutungslosen

Infektionszahlen, bei insgesamt mildem Verlauf, könnte erst gar nicht stattfinden.«[49]

Nach der neuen Definition kann eine Pandemie also ausgerufen werden, sobald genügend PCR-Tests positiv angeschlagen haben. Träger eines beliebigen winzigen Eiweißmoleküls zu sein bedeutet jedoch keineswegs, krank zu sein oder gar sterben zu müssen. Theoretisch lassen sich in jeder Wintersaison »neue« Viren finden, für die man spezifisch anschlagende PCR-Tests entwickeln kann. Wie Grippeviren mutieren auch Coronaviren und treten saisonal in neuen Variationen auf. Die Viren selbst sind natürlich keine Erfindung, und diese Viren machen auch tatsächlich krank, insbesondere alte und multimorbide Bevölkerungsteile. Dies war jedoch schon immer so. Neu sind lediglich PCR-Tests sowie die Pandemie-Definitionen der WHO. Sofern man beides kombiniert, lassen sich nach Belieben neue »Pandemien« ausrufen, die letztlich aber »Labor-Pandemien« sind.

Der erste erfolgreiche Versuch, Milliarden Steuergelder mithilfe neuer Pandemie-Definitionen in die Tresore der Pharmafirmen umzuleiten, fand gleich im Jahr 2009 im Zuge der sogenannten Schweinegrippe statt. Perfiderweise empfahlen gewisse Experten einigen Staaten, vorsorgende Impfdosen-Verträge in Milliardenhöhe für ihre Bürger abzuschließen. Nur für den Fall, dass die WHO eines fernen Tages eine hohe Pandemiestufe ausrufen würde, sollten die Verträge gelten. Da diese hohen Pandemiestufen historisch gesehen so gut wie niemals eingetreten waren, das Geschehen demzufolge als unwahrscheinliches, dramatisches Ereignis eingestuft wurde, gingen die Staaten (einschließlich Deutschland) auf die Verträge ein. In der Zwischenzeit hatte der Einfluss von Privatinvestoren[50] auf die WHO stark zugenommen. Bei der »Schweinegrippe« konnte die dramatische Pandemiestufe aufgrund der Laborergebnisse spielend ausgerufen werden, obwohl weltweit nur wenige Hundert Menschen starben. Auf einen Schlag wurden die ruhenden

Staatsverträge mit der Pharmaindustrie verbindlich und Millionen nutzloser Impfdosen, die sich aufgrund intolerabler Nebenwirkungen als kaum anwendbar herausgestellt hatten, wechselten ihren Besitzer. Schlussendlich waren die Staaten gezwungen, Millionen von Impffläschchen zu verbrennen, der Schaden für die Steuerzahlen ging in die Milliarden, und wieder einmal berichteten die Medien kaum. Frappierend an dem Skandal: Dieselben Alarmisten, die 2009 vor der »großen Seuche« warnten, die angeblich viele Millionen Menschen töten würde, traten 2020 bei Corona erneut auf. Damals und heute in vorderster Front der Chefberater der Regierung Prof. Dr. Christian Drosten.

UN und WHO

Bevor die wissenschaftlichen Forschungen zur tatsächlichen Gefährlichkeit zu COVID-19 auch nur annähernd abgeschlossen waren, nämlich im März 2020, wusste die UN bereits, dass es sich bei Corona um die größte Herausforderung der Menschheitsgeschichte handelt. Das Grundsatzpapier *»Gemeinsame Verantwortung, globale Solidarität – Bewältigung der sozioökonomischen Auswirkungen von COVID-19«* beginnt ähnlich dramatisch wie das Thesenpapier zum *»Gesellschaftsvertrag für eine Große Transformation«*:

Anmoderation:
»Wir sind mit einer globalen Gesundheitskrise konfrontiert, wie es sie in der 75-jährigen Geschichte der Vereinten Nationen noch nie gegeben hat – einer Krise, die Menschen tötet, menschliches Leid verbreitet und unser Leben auf den Kopf stellt. Es ist weit mehr als eine Gesundheitskrise. Es ist eine Menschheitskrise.«
Abmoderation:
»Die COVID-19-Pandemie ist ein Wendepunkt für die moderne Gesellschaft. Die Geschichte wird die Wirksamkeit unseres Handelns nicht

nach den Maßnahmen beurteilen, die verschiedene Regierungen und staatliche Akteure getrennt voneinander getroffen haben, sondern danach, wie das Handeln weltweit und in allen Bereichen zum Wohle der Menschheit koordiniert wurde. [...] Wenn wir richtig handeln, kann die COVID-19-Pandemie unsere gegenwärtige Gesellschaft in eine Welt verwandeln, in der wir heutige und künftige Generationen schützen. Die Menschheit steht vor der größten Bewährungsprobe seit der Gründung der Vereinten Nationen. Um sie zu bestehen, müssen alle Akteure – Regierungen, Hochschulen, Unternehmen, Arbeitgeber- und Arbeitnehmervertretungen, zivilgesellschaftliche Organisationen, Gemeinden und jede und jeder Einzelne – solidarisch handeln und neue, kreative und gezielte Möglichkeiten finden, die dem größeren Gemeinwohl dienen und auf den zentralen Werten der Vereinten Nationen aufbauen, die wir für die Menschheit wahren.«

Jeder Einzelne muss solidarisch handeln und kreative Möglichkeiten finden, um dem Gemeinwohl zu dienen? Ehemaligen DDR-Bürgern dürfte der Appell irgendwie bekannt vorkommen ... Zwischen diesen von sozialistischem Pathos triefenden Zeilen beschreibt das Grundsatzpapier dann, dass die erforderlichen Gesundheitsmaßnahmen gegen die Corona-Pandemie lediglich ein erster Schritt in die richtige Richtung sein können. Tatsächlich ginge es aber um weitaus mehr, nämlich um das koordinierte Handeln zur Schaffung einer neuen Weltordnung. Für den Anfang sei den »*Appellen der Weltgesundheitsorganisation (WHO) uneingeschränkt Folge zu leisten*«. Obgleich es eigentlich um COVID-19 gehen soll, hat man im weiteren Verlauf den Eindruck, ein zweites Klimaschutzpapier zu lesen. An diversen Stellen wird behauptet, dass die Menschheit vor einem Scheideweg stünde, wobei der Untergang allein durch intensiven Klimakampf und rigorose Geldzentralisierung und Umverteilung abzuwenden sei. Schließlich verbindet das Papier alle sozialistischen Grundforderungen zu einer Geschichte, in der Corona, Klima, Gender und Migration zu einem ideologischen Brei verrührt werden.

»Wenn wir diese Krise überwunden haben, stehen wir vor der Wahl: Kehren wir zurück zu der Welt, wie wir sie kannten, oder gehen wir entschieden gegen die Probleme vor, die uns gegenwärtig und zukünftig allesamt unnötig krisenanfällig machen? Alle Maßnahmen, die wir während und nach dieser Krise ergreifen, müssen vehement auf den Aufbau gerechterer und inklusiverer Gesellschaften ausgerichtet sein, die widerstandsfähiger gegenüber Pandemien, dem Klimawandel und den vielen weiteren Herausforderungen sind, denen wir uns gegenübersehen. Wir wissen ja bereits, welche Schritte wir unternehmen müssen. Sie sind im globalen Fahrplan für die Zukunft festgelegt – der Agenda 2030, den Zielen für nachhaltige Entwicklung und dem Klimaübereinkommen von Paris. […] Die genannten Ziele stehen bei der Bekämpfung der Pandemie und dem Weg aus der Krise als Paten bereit und legen den Grundstein für widerstandsfähige Menschen und Gesellschaften. Im Umgang mit der aktuellen Krise gilt es, Lehren aus der Geschichte zu ziehen, damit die Länder in Zukunft besser gerüstet sind. Es ist offensichtlich, dass die Welt ihren Ansatz und ihre Architektur im Bereich der Pandemie-Vorsorge von Grund auf ändern muss. […] Die Krise sollte uns in unserer Entschlossenheit zur Bekämpfung jeglicher Form und Ausprägung von Ungleichheit bestärken. […] Menschen auf der ganzen Welt müssen ihren Regierungen wieder vertrauen können. […] Wir können es nicht dabei belassen, das Einkommen der von dieser Krise Betroffenen zu sichern, sondern müssen soziale Sicherungssysteme aufbauen, die allen ein Grundeinkommen garantieren. […] Diese Krise zeigt auch in aller Deutlichkeit auf, wie unzureichend die weltweiten Maßnahmen im Kampf gegen den Klimanotstand und den Verlust der biologischen Vielfalt sind. Obwohl sich die Länder verpflichtet haben, den weltweiten Temperaturanstieg auf 1,5 Grad Celsius zu begrenzen, steuert die Welt weiterhin auf eine gefährliche Erderwärmung um 3 Grad zu. […] Die Ironie, die in dem Emissionsrückgang und der Luftverbesserung als Folgen der Krise steckt, ist wohl niemandem entgangen, denn nicht zuletzt haben Entwaldung, Verschmutzung und der Verlust der biologischen Vielfalt alle zur Ausbreitung des Virus beigetragen.«

Kurz gesagt: Corona ist für die UN, die wiederum maßgeblich vom Weltwirtschaftsforum finanziert wird, *die* Chance, eine schöne, neue Welt zu errichten, in der widerstandsfähigere, solidarischere und gleichere Menschen leben werden ... Solidarität, Einigkeit, Diversität und Entschlossenheit sollen zum Zeitgeist dieser Epoche werden. Gelingen könne dies nur, wenn mit großer Entschlossenheit jegliche Form von Ungleichheit beseitigt wird. Dazu sei ein weltweites bedingungsloses Grundeinkommen, dass vermutlich in einer reinen digitalen Währung bestehen wird, ein guter Anfang. Und last but not least – Corona wird, wie bereits der Klimawandel, auf anthropogene Ursachen zurückgeführt. Schließlich seien industrielle Entwaldung und Verschmutzung für die Ausbreitung des Virus verantwortlich. Kurzum – das UN-Papier zur Beherrschung der Coronakrise ist nahezu identisch mit der WEF-Agenda »The Great Reset«. Wie verzahnt diese Pläne sind, wird im Abschlusskapitel noch deutlich.

Schaut man genauer hin, lassen sich auch auf europäischer Ebene immer mehr politische Statements erkennen, die gar keinen Hehl daraus machen, die Coronakrise als Chance zur Umsetzung einer globalen Welt- und Wirtschaftsordnung zu nutzen. Menschen in Angst haben den supranationalen Plänen, gegen die sich bis vor Kurzem noch massiver Widerstand geregt hätte, nichts mehr entgegenzusetzen. Der Bundestagspräsident Wolfgang Schäuble spricht diese für Globalisten günstige Entwicklung ganz offen an, der *Neuen Westfälischen* erklärt er:

»Der Widerstand gegen Veränderungen wird in der Krise geringer. Wir können die Wirtschafts- und Finanzunion, die wir politisch bisher nicht zustande gebracht haben, jetzt hinbekommen.«[51]

Dass es lupenreine sozialistische Ideologen in die höchsten Ämter der UN, WHO und anderer supranationaler Organisationen geschafft haben, hatte ich bereits ausgeführt. Die UN wird von keinem Geringeren geführt als dem ehemaligen Generalsekretär der sozialistischen Partei Portugals und Präsidenten der Sozialistischen Internationale António Guterres. Nicht anders in der WHO. Unter dem Druck Chinas wurde dort der umstrittene Tedros Adhanom Ghebreyesus neuer Chef – ein ehemaliges Politbüro-Mitglied der marxistischen Volksbefreiungsfront Äthiopiens. Natürlich wirkt der Schulterschluss zwischen ehemaligen Kommunisten, IT-Unternehmen und China kurios, sofern man noch nie von den Zielen des »Great Reset« gehört hat. Für die Gestalter der neuen Weltordnung kommt die Coronakrise jedenfalls derart gelegen, dass sich jeder investigative Journalist alle zehn Finger nach den Hintergründen ablecken müsste.

Event 201

Die restriktivsten Corona-Maßnahmen wurden von den Bürgern vor allem deshalb akzeptiert, weil sie von mehreren Regierungen *zeitgleich* beschlossen wurden. Die globale uniforme Verhaltensstruktur hat die Menschen davon überzeugt, dass Corona ein schlimmes Killervirus sein muss. Auf die Idee, dass genau dieses sogenannte »Lock-Step-Verfahren« zuvor verabredet und jahrelang geübt wurde, kam niemand. Doch selbst das Strategiepapier der UN *»Gemeinsame Verantwortung, globale Solidarität – Bewältigung der sozioökonomischen Auswirkungen von COVID-19«* erklärt, dass erst der globale Gleichschritt der Garant für den Erfolg ist:

»Wir müssen die Gelegenheit nutzen, die sich uns bei der Bewältigung dieser Krise bietet, um daraus gestärkt hervorzugehen und unsere Gesellschaften auf nachhaltige Weise zukunftsfähig zu gestalten. Diese Krise zwingt uns alle dazu, schwierige Entscheidungen zu treffen. Wenn wir diese Entscheidungen aber gemeinsam treffen, lassen sie sich einfacher erklären und ertragen. Bei einem abgestimmten Vorgehen der Regierungen wird die Bevölkerung den getroffenen Maßnahmen vertrauen und sich an beschwerliche Auflagen halten.«

Mit dieser Prognose hatten die UN-Strategen recht. Nach dem Motto, wenn es alle machen, muss etwas dran sein, hielt man sich an die Anordnungen. Bei Corona hat das »koordinierte, solidarische Handeln« schon mal hervorragend geklappt. Dass ein Mund-Nasen-Schutz sogar noch im Hochsommer 2020 von 99,9 Prozent der Bürger getragen werden musste, obgleich Deutschland zu diesem Zeitpunkt lediglich 0,009 Prozent »Infizierte« hatte, wurde nicht mehr hinterfragt.

Geradezu verstörend wirkt der reale Corona-Pandemieablauf, sobald man ihn mit der Pandemie-Simulation »Event 201« vergleicht, die nur wenige Monate zuvor stattgefunden hat. Ausgerechnet alle Hauptakteure und Ratgeber der nachfolgenden realen Pandemie probten zuvor bereits den Ausbruch einer Corona-Pandemie, die zudem noch in Wuhan ihren Anfang nimmt. Zufallstheoretiker des *Spiegel* sagen, diese Koinzidenz ist selbstverständlich reiner Zufall:

»Am 18. Oktober 2019 haben die Bill und Melinda Gates Stiftung, das Weltwirtschaftsforum und das Johns Hopkins Center for Health Security zu Übungszwecken ein Pandemie-Szenario simuliert. Dies sollte zum Beispiel aufzeigen, wie Regierungen, Behörden und Unternehmen in diesem Krisenfall am besten zusammenarbeiten. Beim ›Event 201‹ – so hieß die Veranstaltung – war der Auslöser der weltweiten Pandemie ein fiktives Coronavirus. Die Veranstaltung konnte per Livestream verfolgt werden, die Videos sind hier abrufbar.

Wegen der nun kursierenden Gerüchte stellt Johns Hopkins sogar klar: Nein, die Veranstaltung hat nicht den aktuellen Ausbruch vorhergesagt. Es war ein Krisenszenario mit einer erfundenen Coronavirus-Pandemie, keine Vorhersage oder Prognose. [...] Zusammengefasst: Zwar fand im Oktober ein Krisenszenario zu einer fiktiven Coronavirus-Pandemie statt. Daraus lässt sich aber nicht ableiten, dass deren Teilnehmer bereits wussten, dass ein Ausbruch mit einem neuartigen Coronavirus bevorsteht.«[52]

Interessanterweise sitzt bei der Generalprobe für die große Corona-Pandemie wiederum das mächtige Weltwirtschaftsforum (WEF) mit am Tisch, dessen Gründer im Zuge der Coronakrise später sein Buch »COVID-19: The Great Reset« vorstellen wird, in dem er minutiös ausführt, wie eine neue Welt gestaltet werden soll. Das taktische Briefing des »Event 201« betont immer wieder, dass – abgesehen vom koordinierten Handeln der Nationen – eine gelungene Informationspolitik unerlässlich für eine Pandemieabwehr ist. Zur Gefahrenabwehr wird eine robuste Vorgehensweise empfohlen, Angsterzeugung gehört ebenso dazu wie die rigorose Zensur angeblicher Falschinformationen. Tatsächlich werden diese Empfehlungen wenige Monate später exakt wie abgesprochen umgesetzt. Wer auf YouTube bezweifelt, dass es sich bei SARS-CoV-2 um ein Killervirus handelt, wie der Virologe Prof. Dr. Sucharit Bhakdi, wird umgehend gelöscht. Noch rigoroser werden Aussagen verfolgt, die den Sinn einer Massenimpfung bezweifeln. Derartige Beiträge fallen binnen Minuten der Zensur zum Opfer, zusätzlich bekommt der Urheber eine Strafsperre. Um die Bevölkerung in die richtige Spur zu bringen, wird tief in die Trickkiste der großen angsterzeugenden Bilder gegriffen. Mit dem Strategiepapier »*Wie wir COVID-19 unter Kontrolle bekommen*«, zunächst nur für den internen Gebrauch gedacht, setzt das Innenministerium um, was »Event 201« empfohlen hatte. Das Papier gesteht offen zu, dass Corona in der Bevölkerung nicht allzu ernst genommen werden könnte, da es vor allem sehr alte und multimorbide Patienten betrifft. Um auch dem Rest der Bevölkerung Angst zu machen, empfiehlt das Papier unter dem Punkt 4a, »Worst case verdeutlichen!«:

»Wir müssen wegkommen von einer Kommunikation, die auf die Fallsterblichkeitsrate zentriert ist. Bei einer prozentual unerheblich klingenden Fallsterblichkeitsrate, die vor allem die Älteren betrifft, denken sich viele dann unbewusst und uneingestanden: ›Naja, so werden wir die Alten los, die unsere Wirtschaft nach unten ziehen, wir sind sowieso schon zu viele auf der Erde, und mit ein bisschen Glück erbe ich so schon ein

bisschen früher‹. Diese Mechanismen haben in der Vergangenheit sicher zur Verharmlosung der Epidemie beigetragen. Um die gewünschte Schockwirkung zu erzielen, müssen die konkreten Auswirkungen einer Durchseuchung auf die menschliche Gesellschaft verdeutlicht werden:

1. *Viele Schwerkranke werden von ihren Angehörigen ins Krankenhaus gebracht, aber abgewiesen und sterben qualvoll um Luft ringend zu Hause. Das Ersticken oder nicht genug Luft kriegen ist für jeden Menschen eine Urangst. Die Situation, in der man nichts tun kann, um in Lebensgefahr schwebenden Angehörigen zu helfen, ebenfalls. Die Bilder aus Italien sind verstörend.*
2. *›Kinder werden kaum unter der Epidemie leiden‹: Falsch. Kinder werden sich leicht anstecken, selbst bei Ausgangsbeschränkungen, z. B. bei den Nachbarskindern. Wenn sie dann ihre Eltern anstecken und einer davon qualvoll zu Hause stirbt und sie das Gefühl haben, schuld daran zu sein, weil sie z. B. vergessen haben, sich nach dem Spielen die Hände zu waschen, ist es das Schrecklichste, was ein Kind je erleben kann.*
3. *Folgeschäden: Auch wenn wir bisher nur Berichte über einzelne Fälle haben, zeichnen sie doch ein alarmierendes Bild. Selbst anscheinend Geheilte nach einem milden Verlauf können anscheinend jederzeit Rückfälle erleben, die dann ganz plötzlich tödlich enden, durch Herzinfarkt oder Lungenversagen, weil das Virus unbemerkt den Weg in die Lunge oder das Herz gefunden hat. Dies mögen Einzelfälle sein, sie werden aber ständig wie ein Damoklesschwert über denjenigen schweben, die einmal infiziert waren. Eine viel häufigere Folge ist monate- und wahrscheinlich jahrelang anhaltende Müdigkeit und reduzierte Lungenkapazität, wie dies schon oft von SARS-Überlebenden berichtet wurde und auch jetzt bei COVID-19 der Fall ist, obwohl die Dauer natürlich noch nicht abgeschätzt werden kann.*

Außerdem sollte auch historisch argumentiert werden, nach der mathematischen Formel: 2019 = 1919 + 1929. Man braucht sich nur die oben dargestellten Zahlen zu veranschaulichen bezüglich der anzunehmenden Sterblichkeitsrate (mehr als 1% bei optimaler Gesundheitsversorgung, also weit über 3% durch Überlastung bei Durchseuchung), im Vergleich zu 2% bei der Spanischen Grippe, und bezüglich der zu erwartenden Wirtschaftskrise bei Scheitern der Eindämmung, dann wird diese Formel jedem einleuchten.«[53]

Die dramatischen Passagen des Papiers verfasste interessanterweise weder ein Epidemiologe noch ein Virologe noch ein Mediziner, sondern der Schweizer Neurolinguist und Germanist Otto Kölbl [auch Kolbl] – ein ausgewiesener China-Kenner, der Chinas Umgang mit der Pandemie lobt. Wie sich im Verlauf der Pandemie noch herausstellen wird, präferiert China zur Eindämmung der Pandemie ausdrücklich den harten Lockdown. Von einer natürlichen Herdenimmunität, die im Westen zu Beginn der Pandemie von vielen Wissenschaftlern diskutiert wird, hält man in China nichts. Nachdem das Strategiepapier geleakt wurde, bekennt sich Kölbl nicht nur zur Autorenschaft, sondern er ist zudem auch stolz darauf, den entscheidenden Spin zum harten Lockdown gegeben zu haben:

»Was hätten Sie lieber? Herdenimmunität? Dann sagen Sie es doch offen. Wenn nicht, dann sagen Sie doch, was Sie gern hätten. Unser paper hat die Befürworter von Herdenimmunität mundtot gemacht, also Drosten dazu gebracht, seine Stellung diesbezüglich zu ändern.«[54]

Die Frage der Grundstrategie – *Herdenimmunität vs. Lockdown* – ist für das Verständnis der Rolle Chinas in der Pandemie noch relevant (mehr dazu im letzten Buchteil). Auf jeden Fall handelt es sich bei den acht Verfassern des deutschen Strategiepapiers um Wirtschaftsforscher und Chinakenner – kein einziger Praktiker und Mediziner ist dabei. Für einen »Zufallstheoretiker« mag es Zufall sein, aber alle beschriebenen Horrorszenarien des Strategiepapiers tauchen in der einen oder anderen Ausformung in den Hunderten Fernsehberichten von ARD und ZDF später tatsächlich auf. Immer wieder geht es darin um qualvolle Erstickungstode, um die Gefahr, die von Kindern ausgeht, und um die angeblich schrecklichen Folgeschäden. Bezüglich etwaiger »Verschwörungstheorien« muss man zwei Dinge auseinanderhalten: Es ist ein Unterschied, ob man unterstellt, WEF, Bill & Melinda Gates Foundation, IWF und WHO hätten Corona von Anfang an geplant und später aktiv umgesetzt – oder ob man lediglich feststellt, dass alle Akteure kurz vor der Corona-Pandemie ein Netzwerk einer gut geölten Maschine etablierten, die nur darauf wartete, im Pandemiefall loszulegen. Letzteres kann nach Kenntnis der Fakten rund um das »Event 201« nicht mehr bezweifelt werden.

Auf weitere Zufälle stößt man, wenn man sich den medialen Beginn der Coronakrise vergegenwärtigt. Explosionsartig tauchen im Januar 2020 DPA-Meldungen über ein gefährliches Virus just in den Tagen auf, als sich alle späteren Protagonisten der Krise in Davos treffen:

»… darunter die Chefs von Google, Apple, Facebook und Microsoft. Dazu kamen die Vorstandsvorsitzenden der führenden Pharmafirmen: Roche, Bayer, Sanofi, Astra Zeneca (das Unternehmen, das wenige Monate später Deutschland für einen dreistelligen Millionenbetrag einen Impfstoff verkaufte, der noch gar nicht entwickelt war) sowie der Chef des Pharmakonzerns Moderna, wo man sich auf neuartige mRNA-Impfstoffe konzentrierte, die in der Coronakrise in hohem Tempo entwickelt wurden. Ebenfalls zugegen waren die Vorsitzenden der Impfallianz Gavi und des Impfstoffforschungsverbundes CEPI, Richard Hatchett, der kurz darauf die weltweite COVID-19-Impfstoffentwicklung koordinierte. Zu den weiteren Gästen in Davos zählten die Bosse diverser Großbanken sowie von BlackRock, Visa, Mastercard, der Rockefeller Foundation, des Atlantic Council, die Vorsitzenden der Zentralbanken von einem Dutzend Staaten, zahlreiche Chefredakteure großer Medien sowie die Staats- und Regierungschefs von mehreren Dutzend Ländern, darunter Donald Trump und Angela Merkel.«[55]

Am Eröffnungstag der WEF-Konferenz, am 21. Januar 2020, starten allein fünf Corona-Artikel in der *New York Times.* Nur einen Tag später ist das Covid-19-Dashboard der Johns-Hopkins-Universität einsatzbereit. Das Dashboard ist der visuelle Magnet der Krise schlechthin. Monatelang schaut der Rest der Welt gebannt auf die täglich dicker werdenden knallroten Kreise der »Fallzahlen«. Zufälligerweise hatte das der Uni angegliederte »Center for Health Security« (Zentrum für Gesundheitssicherheit) zwei Monate vor der Krise mit ›Event 201‹ ebensolche Tools getestet. Die Geschwindigkeit und Präzision, mit der alle Instrumentarien im Krisenmanagement zur Verfügung standen, ist beeindruckend. Im Grunde wird die weltweit simultane Reaktion auf Corona überhaupt erst verständlich, wenn man weiß, dass es über Jahre hinweg strategische Manöver gab, welche die globale Koordination zur Pandemieabwehr geprobt haben. Der Beginn dieser Manöver lag in den 1990er-Jahren, als sich das alte Freund-Feind-Denken zwischen Ostblock und dem Westen auflöste. Bei den strategischen Übungen mit so klangvollen Namen wie »Dark Winter«, »Atlantic Storm«, »Clade X« und zuletzt »Event 201« nahmen hochrangige Industrievertreter ebenso teil wie namhafte Politiker. Anfangs lag der Fokus auf der Gefahr von Terrorangriffen mit chemischem, biologischem oder atomarem Material. Unter erheblichem Lobbyeinfluss der Pharmaindustrie und Privatinvestoren wie Bill Gates verschmolzen die militärischen Abwehrübungen zunehmend mit allgemeinen Strategien zur Pandemieabwehr. Der ehemalige Fokus, Angst vor Biowaffen, wechselte zur allgemeinen Virusangst, gegen die seitens der Industrie ausnahmslos Massenimpfungen empfohlen wurden. Zeitgleich fand die schleichende Einflussnahme auf die WHO statt, die inzwischen zu einem Großteil von privaten Investoren abhängig ist. Mittlerweile geht der Einfluss der Impfindustrie so weit, dass grundlegendes immunologisches Wissen zugunsten einer Impfagenda umgeschrieben wird. Der Direktor des American Institute for Economic Research, Jeffrey A. Tucker, weist darauf hin, dass insbesondere der natürliche Effekt einer Herdenimmunität diskreditiert wird.

WHO, Definition »Herdenimmunität« alt:

»Herdenimmunität ist der indirekte Schutz vor einer Infektionskrankheit, der dadurch erworben wird, dass eine Population entweder durch Impfung oder durch eine vorherige Infektion immun wird. Das bedeutet, dass sogar Menschen, die nicht infiziert waren oder in denen eine Infektion keine Immunantwort auslöst, geschützt sind, weil Menschen in ihrem Umfeld, die immun sind, als Puffer zwischen ihnen und der infizierten Person fungieren können. Die Schwelle zur Etablierung einer Herdenimmunität für Covid-19 ist noch nicht bekannt.«

WHO, Definition »Herdenimmunität« neu:

»Herdenimmunität, auch bekannt als ›Bevölkerungsimmunität‹, ist ein beim Impfen genutztes Konzept, bei dem eine Population vor einem bestimmten Virus geschützt werden kann, wenn eine Impfschwelle erreicht wird. Herdenimmunität wird durch den Schutz einer Bevölkerung vor einem Virus erreicht und nicht dadurch, sie ihm auszusetzen.«

Jeffrey A. Tucker kommentiert:

»Diese Notiz bei der Weltgesundheitsorganisation bewirkte die Streichung der Millionen Jahre alten Geschichte der Menschheit in ihrem delikaten Tanz mit Krankheitserregern. Daraus kann man nur schließen, dass wir alle wohl nichts weiter als leere und nicht verbesserungsfähige Tafeln sind, auf die die Pharmaindustrie ihre Unterschrift setzt.«[56]

In dem Buch »*Chronik einer angekündigten Krise – Wie ein Virus die Welt verändern konnte*« arbeitet der Autor Paul Schreyer die Einflussnahme der Pharmaindustrie auf die WHO minutiös auf. Wie stark politische Entscheidungen lobbyiert und koordiniert wurden, zeigt vor allem das erneut simultane Verhalten vieler Regierungen nach dem Ende der ersten Pandemiewelle. Da eine »zweite Welle« von Anfang an zur Strategie gehörte, um die geplanten Massenimpfungen rechtfertigen zu können, beschlossen viele Regierungen, ab Herbst 2020 die PCR-Tests ins Groteske auszuweiten; zu den Folgen komme ich später.

Die willfährige Gleichschaltung fast aller Regierungen wäre

allein durch das »Einüben« von Pandemie-Manövern jedoch kaum zu erklären. Erst wenn man sich die wahren Machtstrukturen über die Instrumente Weltbank und IWF verdeutlicht, wird klar, dass Staaten, die aus einer zentral gesteuerten Corona-Politik ausscheren, in puncto Schuldenpolitik nur wenig zu lachen haben. Nach dem Motto »Zuckerbrot und Peitsche« verteilt der IWF Milliarden billiger Kredite oder erlässt Schulden, sofern sich die Staaten einer restriktiven Corona-Politik nach chinesischem Muster anschließen. Dabei muss man sich vergegenwärtigen, dass IWF, Weltbank, die Vereinten Nationen und die WHO aufs Engste vernetzt sind. Letztendlich sind alle Organisationen schon lange nicht mehr über demokratische Gremien legitimiert, sondern von oligarchischen Strukturen abhängig. Und schließlich: Alle genannten Organisationen hatten Vertreter am Tisch der Bill & Melinda Gates Foundation, als das »Event 201« stattfand.

»Seit Pandemiebeginn ließ der Internationale Währungsfonds ***achtzig*** *Staaten Finanzhilfen von insgesamt 87,8 Milliarden US-Dollar zukommen – ausdrücklich deklariert als ›COVID-19 Financial Assistance and Debt Service Relief‹ – teils als Kredite, teils in Form eines Schuldenerlasses. [...] In Wahrheit fließen die IWF-Gelder keineswegs bedingungslos, allein ausgerichtet an der Bedürftigkeit der zu Beglückenden. Das Präsent ist vergiftet, nämlich an eine Bedingung geknüpft: Wer es kriegen will, muss die Seuche so bekämpfen, wie sich die WHO das vorstellt. Denn zu den ›Voraussetzungen für eine Unterstützung‹ zählt der IWF, dass ›eine angemessene Politik zur Bewältigung der Krise erfolgt‹. IWF-Geld gibt es erst nach positiver ›Bewertung der kausalen Wirkung von Eindämmungsmaßnahmen auf Infektionen‹ [...] Spanien, im Corona-Wahnsinn führend, erhielt soeben einen IWF-Kredit über 130 Milliarden US-Dollar. Ebenfalls großzügig bedacht wurde Italien. [...] Besonders leicht erpressen lassen sich Länder, bei denen die Corona-Stütze einen schon bestehenden Berg von Verbindlichkeiten aufstockt. Nach IWF-Schätzungen hat zum Beispiel die Ukraine im Jahr 2019 1,4 Billionen Hrywnja Kreditschulden angehäuft – umgerechnet rund 42 Milliarden Euro. Da ziert man sich*

nicht lange, sobald der Gläubiger Druck macht. Man fügt sich, zumal der Hygieneterror auch die eigene Machtposition stärkt. [...] Wer mitmacht, nützt westlichen Großkonzernen auf vielfache Weise. Er schafft ihnen Märkte: für Arzneimittel und Impfstoffe, für Testverfahren, Desinfektionsmittel und Schutzausrüstung, für Kommunikations- und Überwachungstechnik aller Art. Zudem räumt er lästige Konkurrenz beiseite: Wozu an einer jahrhundertelang bewährten Natur- und Erfahrungsheilkunde festhalten, wo es doch die westliche Schulmedizin gibt, die ›evidenzbasiert‹ pharmalastig daherkommt? Nebenbei dient der kooperative Kreditnehmer längerfristigen Zielen auf einem Spielfeld, das über das Gesundheitswesen weit hinausreicht: Er hilft mit, dem Widerstand gegen jenen weltweiten ›Großen Neustart‹ (Great Reset) entgegenzuwirken, von dem im Weltwirtschaftsforum, bei der Rockefeller Foundation, von Bill Gates seit Langem schwadroniert wird. Von Chile über Nigeria bis Myanmar sind IWF- und Weltbankschuldner wohl oder übel dabei, im Namen des Seuchenschutzes soziale Kontrolle zu verschärfen, Propagandabotschaften ungefiltert weiterzuverbreiten, Presse- und Meinungsfreiheit einzuschränken, Kritiker mundtot zu machen, Massenproteste im Keim zu ersticken. Dabei importieren sie Zensurmechanismen, die den Big Playern der Weltwirtschaft fortan auch auf jedem anderen Geschäftsfeld dienlich sein können: seien es Ernährung und Landwirtschaft, Mobilfunk und Geo-Engineering, Robotik und Künstliche Intelligenz, Bio- und Nanotechnologie, Eugenik und Gene Editing, Kybernetik und Brain Tech.«[57]

Der Wolf von Bergamo

»Es war Mitte April 2020, die COVID-19-Todesfälle waren in Europa auf einem Höhepunkt, als ein französischer Schäfer, Besitzer von Tausenden von Schafen, ein Video online stellte. Darin erklärte er, wie er vorgeht, wenn er die Schafe scheren, impfen oder auf die Schlachtbank führen muss. Das effektivste Mittel: der imaginäre Wolf. Auf sein Signal hin, dass ein Wolf im Anmarsch sei, rennen die Schafe wie von Sinnen in den Stall.

Dort angekommen, sind sie so froh, dem Wolf entkommen zu sein, dass sie alles mit sich geschehen lassen. Ob es den Wolf dann tatsächlich gab oder nicht, ist egal. Sie sind froh, in Sicherheit zu sein.«[58]

Bei dem Versuch Menschen über die weitaus geringere Gefahr von Corona zu informieren, lässt sich ein interessantes kognitives Phänomen beobachten. Wer an Corona als außergewöhnlich gefährliches Virus glaubt, hört nur scheinbar zu, doch nach einer kurzen Karenzzeit der Höflichkeit stellt sich ein nach innen gewandter Blick ein. Die innere Jalousie geht runter, weil das Gegenüber fest davon überzeugt ist – ich weiß es besser. Diese Überzeugung basiert auf *Bildern,* die viel stärker sind als neue Sachinformationen. Man hatte den Wolf von Bergamo mit eigenen Augen gesehen und über seine hässliche Fratze war man entsetzt: überforderte Ärzte, nach Luft ringende Patienten, aufgereihte Särge ...

All dies kann doch kein Fake manipulativer Globalisten gewesen sein! Tatsächlich war es das auch nicht. Doch noch einmal zurück zum Faktum der selektiven Wahrnehmung: Was macht uns eigentlich so sicher, dass die Bilder vom Frühjahr 2020 neu und einmalig waren? In Wirklichkeit braucht man nicht lange zu recherchieren, um festzustellen, dass ähnliche Bilder bereits Jahre zuvor zu sehen waren. Tatsächlich gab es schon immer Regionen, in denen strukturelle Probleme im Gesundheitswesen zu dramatischen Effekten kumulierten, sobald eine heftige Grippewelle nahte. Umweltbelastung, Überalterung der Bevölkerung und Abbau der Gesundheitssysteme führten lange vor Corona zu schlimmen Szenen, nicht nur in italienischen Krankenhäusern. Insbesondre im Winter 2017/2018 gab es dramatische Fernsehdokumentationen über den beinahe Zusammenbuch des Gesundheitssystems. Der österreichische Sender Krone-TV drehte Bilder von völlig überlasteten Krankenhäusern, in denen sich die Betten auf den Gängen stapelten. Die ARD zeigte in »Brisant« vom 13.03.2018 die dramatische Überforderung von Krankenhäusern und Bestattungswesen. »Die Männer im Krematorium Meißen arbeiten rund um die Uhr, auch nachts und am Wochenende« heißt es in dem ARD-Bericht. Das ARD Morgenmagazin berichtet kurze Zeit später, dass im Kreis Augsburg die Lage derart schlimm sei, dass alle bereits geplanten Operationen abgesetzt werden mussten, um genügend Intensivbetten für die Grippekranken zu haben. Flankiert wurden diese und viele weitere Fernsehberichte von Bildern, die exakt so aussahen wie die Corona-Schreckensbilder zwei Jahre später. Hätte das Erinnerungsvermögen der Bürger nicht eine so kurze Halbwertszeit, wären die Parallelen zu Corona sofort aufgefallen. Eine kleine Auswahl der Presse-Headlines der Jahre 2017/2018:

»WHO: Influenza – 650000 Tote durch Atemwegserkrankungen« (ÄrzteZeitung 2017); »Grippewelle sorgt für überlastete Kliniken« (Ärzteblatt 2017); »Krankenhäuser stoßen an Kapazitätsgrenzen« (Hersfelder Zeitung 2018); »Kliniken an der Belastungsgrenze« (Focus 2018); »Grippewelle führt zu Engpässen in den Krankenhäusern« (Spiegel 2018); »Aufnahmestopps und Isoliermaßnahmen in Kliniken« (ÄrzteZeitung 2018); »Grippewelle bringt Krankenhäuser auf Mallorca an ihre Grenzen« (Mallorca Zeitung 2019); »Grippewelle stürzt britisches Gesundheitssystem ins Chaos« (Berliner Morgenpost 2018); »Grippe-GAU in Leipzigs Kliniken« (Bild 2018); »Grippewelle trifft USA härter als Europa« (Der Tagesspiegel 2018); »Grippe sorgt für überfüllte Kliniken – Unfallopfer können nicht aufgenommen werden« (Merkur 2018).

In Anbetracht der prekären Lage der Kliniken, lange vor Corona, lässt sich auch die Entwicklung vom Frühjahr 2020 in Italien besser einschätzen:

»Die heutige mangelnde Behandlungskapazität in italienischen Krankenhäusern hat einen handfesten Grund: Die Krise des Gesundheitssystems ist Folge der Bankenrettung nach der Finanzkrise. 2011 erpresste die Europäische Zentralbank mit Unterstützung der deutschen Bundesregierung die in Not geratene italienische Regierung so lange, bis sie ihre Ausgaben für das Gesundheitswesen zusammenstrich. In der Folge sank allein

die Anzahl von Krankenhäusern im Land um 15 Prozent. In völlig normalen Wintern haben die lombardischen Intensivstationen bereits eine Auslastung von 85 bis 90 Prozent. Bei 15 Prozent Kürzungen kann sich jeder selbst den zu erwartenden Auslastungszustand ausrechnen. ›Austerity kills!‹ Es sind [in Norditalien] bezeichnenderweise schon seit Jahren überdurchschnittlich viele Patienten mit schweren Atemwegserkrankungen zu registrieren. Denn Norditalien hat ein gewaltiges Problem mit Luftverschmutzung. Nirgendwo in Europa kostet Luftverschmutzung so vielen Menschen das Leben wie in Italien. Es gab bereits 2018 alarmierende Berichte aus norditalienischen Krankenhäusern, Appelle an Ärzte aus anderen Regionen, die völlig überlasteten Kliniken vor dem Zusammenbruch zu bewahren. Diese Nachrichten fanden aber nicht als Bilder den Weg in die Medien, womit das Problem für die hiesigen Zuschauer nicht existent beziehungsweise schlicht nicht von Interesse war. Heute ist das anders. Der deutsche Medienkonsument sieht sich als potenziell selbst Betroffenen und ist auf einmal erschüttert, wenn er die Bilder sieht. Italien hat den höchsten Altersmedian ganz Europas. In einer Influenza-Studie war bereits 2018 zu lesen: ›Das beobachtete Übermaß an Todesfällen ist angesichts der hohen Zahl der in Italien lebenden sehr alten Probanden nicht unerwartet.‹

Extrem hoch ist zudem der Anteil der Bevölkerung mit Antibiotikaresistenzen in Italien: 26,8 Prozent, in Deutschland: 0,4 Prozent. Bei über einem Viertel der italienischen Covid-19-Patienten ist also eine traditionelle Behandlung mittels Antibiotika unwirksam. Stattdessen kommt noch ein anderes Risiko hinzu: Ein erschütterndes Drittel aller Todesfälle in der gesamten EU (!) aufgrund von Infektionen mit multiresistenten Keimen (›Krankenhauskeime‹) verzeichnet Italien. Nicht nur diese vielen Toten gehen nun fälschlicherweise in die Statistik der Corona-Toten ein, sondern auch alle an Herzversagen, Krebs, Lungenentzündung, Altersschwäche und so weiter Verstorbenen – wenn sie nur post mortem positiv auf ›Corona‹ getestet wurden, unabhängig von der tatsächlichen Todesursache. Und automatisch gilt für diese Toten die Direktive des Innenministers vom 8. März 2020, nach der sie sofort und ohne Trauerfeier beerdigt werden müssen. Entgegen verbreiteter katholischer Tradition der Sargbestattung stimmen nun viele der Verwandten remote per WhatsApp telefonisch einer schnellen Einäscherung zu.«[59]

In der Folge entstehen die berühmten Bilder, Militärtransporter transportieren Leichen zu den wenigen verfügbaren Krematorien, da Italien nicht auf Feuerbestattungen eingestellt ist. Auch in Deutschland führten *neue Verordnungen* – und nicht Corona selbst – zu einer Verzerrung der Wahrnehmung rund um das Thema Bestattungen:

»Corona verändert die Trauerkultur. Die Traueranzeigen am Wochenende mehren sich, obwohl die Bestatter deutschlandweit nach eigenen Angaben nicht mehr Todesfälle registrieren. [...] Besorgt bemerken viele Leser die steigende Zahl der Traueranzeigen in den Samstagszeitungen. Seit Wochen mehren sich diese Inserate in den Wochenendausgaben. Der Vorsitzende des bayerischen Bestatterverbandes und Vizevorsitzende des deutschen Dachverbands, Ralf Michal, erklärt das so: ›Das Phänomen der Traueranzeigen ist keine Folge der Pandemie selbst, sondern der mit ihr verbundenen Verordnungen. Bestattungen und auch Trauerfeiern dürfen derzeit nicht im Vorfeld bekanntgegeben werden‹, so Michal. Dadurch soll verhindert werden, dass sich zu viele Menschen versammeln. Das bedeutet: Die Traueranzeigen erscheinen erst im Nachhinein. Folglich haben die Angehörigen keinen Zeitdruck und lassen ihre Anzeigen überwiegend in den Wochenendausgaben veröffentlichen. Diese Zeitungsausgaben haben meist eine höhere Auflage und finden damit auch mehr Leser. ›Über die Woche verteilt gibt es nicht mehr Todesanzeigen als sonst‹, betont der Bestatter. Die Mitteilungen konzentrierten sich derzeit auf die Wochenendausgaben. [...] Derzeit ist mit Blick auf das Infektionsrisiko die Teilnehmerzahl bei Beerdigungen begrenzt, je nach Region auf zehn, maximal 15 Menschen. Damit verstärkt sich der allgemeine Trend – hin zu Feuerbestattungen. Laut Michal wird im bundesweiten Durchschnitt für etwa 70 Prozent der Verstorbenen eine Urnenbeisetzung gewählt. [...] In Italien ist eine Feuerbestattung eher selten. Deshalb ›waren die italienischen Bestatter überfordert, als im Zuge der Corona-Pandemie der Staat die Feuerbestattung

anordnete‹, analysiert Michal. Dafür waren die Bestatter nicht vorbereitet. Es fehlten Krematorien und die komplette Infrastruktur. ›Deshalb musste das Militär helfen. So lassen sich die Aufnahmen aus Bergamo erklären, die zeigen, wie Armeelaster Särge mit Corona-Verstorbenen abtransportieren helfen‹. In Deutschland hat die Urnenbestattung längst Tradition. ›Bilder wie aus Italien wird es bei uns nicht geben‹, sagt der Fachmann.«[60]

Auch Prof. Sucharit Bhakdi weist in seinem Buch »Corona Fehlalarm?« auf die altbekannte Überlastung lokaler Gesundheitssysteme hin:

»Als im Winter 2017/2018 eine wirklich schwere Grippe-Epidemie durch die Welt zog, kam es auch in den USA zu einer Überlastung der Krankenhäuser, zum Aufbau von Triage-Zelten, Operationen wurden abgesagt, Patienten abgewiesen. Alabama erklärte den Ausnahmezustand. Aber es hat keinen interessiert. In Spanien kaum anders. Die Grippewelle 2017/2018 führte in ganz Spanien zum Kollaps der Krankenhäuser. In Italien kaum anders. In Mailand und anderen Städten ging auf den Intensivstationen gar nichts mehr. Am Gesundheitssystem wird in Italien seit Jahren gespart, die Anzahl an Intensivbetten ist sehr viel geringer als in anderen Ländern Europas.«[61]

Auf dem Gipfel der Pandemie starben in den Hotspots vermehrt alte Menschen. Doch wie man heute weiß, überstieg der Peak der Todeszahlen letztendlich nicht signifikant andere Wintergipfel, die man zuvor bereits bei Grippeepidemien gesehen hatte. Das Abschlussgutachten des Statistischen Bundesamtes wird am Jahresende 2020 sogar amtlich feststellen, dass die Corona-Todesraten *unter* der Grippewelle von 2018 lagen. Zum Zeitpunkt der Pandemie wurden aus Italien jedoch beängstigend hohe Sterberaten gemeldet, die *Frankfurter Rundschau* schrieb:

»Erschreckend ist in Italien nicht allein die große Zahl der Menschen, die sich mit dem Coronavirus angesteckt haben, sondern auch die hohe Todesrate, also der Prozentsatz der Infizierten, die an der Erkrankung

sterben. Sie beträgt dort derzeit 8,3 Prozent und fällt damit noch höher aus als in der chinesischen Provinz Hubei […].«

Verständlicherweise versetzte eine Todesrate von über 8 Prozent die österreichische und danach die deutsche Regierung in Angst und Schrecken.

»Etablierte Medien verstärkten den Handlungsdruck auf Politiker. Kaum ein verantwortlicher Entscheider hielt dem Druck seiner Bürger lange stand, sobald er den Eindruck bekam, ein Nachbarland schütze seine Bewohner dank rigoroser Maßnahmen besser. Die Österreicher schauten auf die Italiener, die Deutschen auf die Österreicher – den Wettbewerb gewann, wer am drastischsten reagierte. Die rigorosen Maßnahmen wiederum sorgten für einen Zirkelschluss. Denn was man so drakonisch abwehrt, selbst zum Preis suizidaler ökonomischer Schäden, muss einfach höllisch gefährlich sein.«[62]

Noch einmal der Abgleich mit dem heutigen Wissenstand: Die tatsächliche Sterberate bei COVID-19 liegt, je nach Land und Region, zwischen 0,14 und 0,37 Prozent. Der Grund für die exorbitant übertriebene Sterberate Italiens von 8 Prozent geht auf denselben Fehler zurück, den auch das RKI in seiner Milchmädchenrechnung beging:

»Wer wurde [in Italien] getestet? In Deutschland Menschen mit grippeähnlichen Symptomen und einem gewissen Risiko, sich angesteckt zu haben, der Test musste allerdings zu Lebzeiten positiv gewesen sein. In Italien nicht, getestet wurde auch nach dem Tod. Dafür aber keine Menschen mit grippeähnlichen Symptomen, man musste schon richtig krank ins Krankenhaus eingeliefert werden. So hatten wir viele positive Tote und eine massiv unterschätzte Zahl an tatsächlich Infizierten. Wen wundert es da, dass bei der Berechnung eine deutlich höhere Sterberate als in anderen Ländern herauskam? Schon Mitte März wies die italienische GIMBE Stiftung darauf hin, dass ›Schweregrad und Letalitätsrate weitgehend überschätzt werden, während die Letalitätsraten in der Lombardei und in der Emilia Romagna eine Überlastung der Krankenhäuser dokumentieren würden‹. Dazu kommt, dass man – wie fast überall – nicht unterschieden

hat, ob mit oder an dem Virus verstorben. Fast 99 Prozent der ›COVID-Toten‹ in Italien hatten Vorerkrankungen, in den meisten Fällen nicht nur eine, sondern mehrere. Drei Viertel der Untersuchten litten unter hohem Blutdruck, mehr als ein Drittel an Diabetes. Bei jedem dritten Verstorbenen wurde eine Herzkrankheit festgestellt. Das Durchschnittsalter lag, wie fast überall, über 80 Jahren.«[63]

Nichtsdestotrotz wirkten die angsteinflößenden Bilder italienischer Verhältnisse in Deutschland lange nach. Wie das Kaninchen vor der Schlange fokussierte man sich ganz auf das Virus, die katastrophalen strukturellen Probleme des italienischen Gesundheitswesens interessierten niemanden. Anders gesagt: *Ganz Deutschland wartete auf den Wolf.* Alarmistische Virologen befeuerten die Angst und stellten klar: Bei der schrecklichen Ausbreitung der Pandemie liege Deutschland nur 10 Tage hinter Italien, dann würden sich hierzulande ähnlich dramatische Szenen abspielen. Viel zu lange schien niemandem aufzufallen, dass diese 10 Tage nie endeten und dass es immer hieß, bald, sehr bald, würde der Wolf über die Alpen nach Deutschland kommen. Doch der Wolf kam einfach nicht. Ebenso wie die anderen Wölfe aus Wuhan, Madrid, Paris und New York – keiner von ihnen schaffte es im Frühjahr 2020 nach Deutschland. Schließlich wurde es Sommer und die Intensivstationen waren leer geblieben, etliche Krankenhäuser meldeten sogar Kurzarbeit an. 90 Prozent der notwendigen Operationen waren vorsorglich abgesagt worden – mit schlimmen Folgen für die betroffenen Patienten.

Zu viel des Guten

Nur mühsam setzte sich die Erkenntnis durch, dass die sogenannten »Hotspots« der Corona-Pandemie zielsicher strukturelle Defizite lokaler Gesundheitssysteme aufdeckten. Doch da war noch etwas Anderes. Warum wüteten die Wölfe nur in bestimmten wenigen

Hotspots und in anderen Regionen so gar nicht? Lange Zeit konnte der Streit darüber, ob Corona überhaupt eine signifikante Übersterblichkeit verursacht, nicht geklärt werden. Denn kurioserweise führte Corona in Ländern, die nahe beieinander liegen, teilweise sogar in unterschiedlichen Sprachregionen ein und desselben Landes wie der Schweiz, zu vollkommen unterschiedlichen Sterberaten. Während einige Länder, darunter Deutschland, im Jahr 2020 keine Übersterblichkeit haben, kommen Italien, Spanien und Teile der Schweiz weniger glimpflich davon. Zwar halten sich selbst hier die Sterbezahlen noch im vergleichbaren Grippe-Pandemie-Rahmen, dennoch ist eine klare Übersterblichkeit im Vergleich zu den Vorjahren festzustellen. Andere Länder, wie Portugal und Schweden, kommen vergleichsweise gut weg, obwohl Portugal ein enger Nachbar Spaniens ist und obwohl sich Schweden bekanntermaßen gar nicht an Lockdowns und Maskenpflicht beteiligte. Ein Virus, das einen Unterschied in der Sterbestatistik macht – je nachdem, welche Sprache gesprochen wird –, muss schon ein sehr kurioses Virus sein. Interessanterweise fanden alle Übersterblichkeiten nur während eines sehr kurzen Zeitraums statt, auf dem Höhepunkt der medialen Pandemie-Panik, Ende April. Kurzum – abgesehen von der objektiven Pathogenität des Virus müssen weitere Faktoren die unterschiedlichen Sterberaten von Land zu Land erklären. Unabhängig vom unterschiedlichen Zustand der Gesundheitssysteme drängt sich zuerst die Frage auf, wie in den einzelnen Ländern auf Corona *therapeutisch* reagiert wurde. Wo wurde besonders invasiv beatmet? Wo kamen verschärft Medikamenten-Cocktails zum Einsatz, deren Kombination und Überdosierung jeden Ganzheitsmediziner erschaudern lassen? Bereits Anfang April 2020 fasse ich in meinem Artikel »*Corona – ein mentaler Virus?*« einige Argumente der Kritiker zusammen:

»*Zunächst müsse man festhalten, dass das Gesundheitssystem in Norditalien schon vor Corona ›in einem erbarmungswürdigen Zustand war‹ (Prof. Hockertz). Komme jetzt die allgemeine Panik einer angeblich schweren Seuche hinzu, spiele sich das Geschehen wie folgt ab: Vor Corona bekam die 85-jährige Großmutter, natürlicherweise dehydriert und schwach, im Winter ihren typischen saisonalen Atemwegsinfekt. Der Hausarzt wurde gerufen, die alte Dame kam an den Tropf und bekam Antibiotika. Entweder sie konnte genesen oder sie starb, und zwar zu Hause oder im Altenheim. Auf diese Weise sterben alte Menschen – jeden Winter. Niemand wäre vor Corona auf die Idee gekommen, die Grippetoten der alten Bevölkerungsteile seien unnatürlich. Heute wird jedoch jeder alte Mensch, der auch nur hustet, in ein Krankenhaus eingeliefert. Dort kumulieren Patienten, die normalerweise zu Hause behandelt worden wären. Erschwerend komme hinzu: Aufgrund der allgemeinen Panik kämen reihenweise verunsicherte Patienten in die Krankenhäuser, um sich behandeln und testen zu lassen. Viele davon litten sogar unter einer echten Immunsuppression, denn große Angst wirkt sich sehr negativ auf den allgemeinen Gesundheitszustand aus. Bezüglich der alten Patienten sei zu bedenken, dass sich die Sterberate in den Krankenhäusern um ein Vielfaches erhöhe. Die iatrogen verursachten Todesfälle durch Behandlungsfehler, in der Fehlannahme, es ginge um ein ›Killervirus‹, bereiten den Experten Sorge. Es mehren sich die Anzeichen eines ›zu viel des Guten‹, speziell bei alten, vorgeschädigten Patienten, sowohl bei der Medikation als auch in der Beatmungstechnik. Der Verband Pneumologischer Kliniken mahnt:*

›[…] Es gibt keine Hinweise darauf, dass eine Viruspneumonie durch CoV-2 unter invasiver Beatmung einen besseren Verlauf nimmt. Vielmehr ist damit zu rechnen, dass in der aktuellen Phase und insbesondere unter Berücksichtigung etablierter Regeln der Notfall- und Intensivmedizin zu viele Patienten zu früh intubiert werden. […] Bei hypoxämischer Insuffizienz wird in der Regel auf der IS zu früh beatmet und zu viel Sauerstoff gegeben. Das beschleunigt die Entwicklung eines ARDS (Lungenversagen), denn hohe Beatmungsdrücke schädigen die Alveolen und induzieren eine Entzündung, die dann bei der Infektabwehr fehlt. […] Nach bisherigen Erfahrungen braucht ein großer Teil der Patienten mit SARS-CoV-2-Pneumonien auch nur vorübergehend eine Atemunterstützung.‹[64]

Zu beachten wäre außerdem das hohe Risiko einer Krankenhauskeim-Infektion, das durch die vielen Intubationen um ein Vielfaches steige. Viele Fachärzte kritisieren auch die Medikation. Unter dem Eindruck, man müsse ein Killervirus besiegen, würden alle potenten Mittel auf einmal verordnet, die die Schulmedizin jemals hervorgebracht hat. Aids-Medikamente, Virostatika, Antibiotika und Kortison würden in überhöhten Dosierungen kombiniert, spätestens dies würde zum Zusammenbruch der körpereigenen Abwehr führen.«[65]

Tatsächlich stellen sich wenige Wochen später die Vermutungen des Verbands Pneumologischer Kliniken als goldrichtig heraus. Das höchste Sterberisiko hatten tatsächlich jene Patienten, die invasiv beatmet wurden. Auch dies ging auf ein tragisches Missverständnis zurück. Unter dem Eindruck, es handele sich um ein »Killervirus«, arbeiteten viele Ärzte im Modus einer dramatischen Notsituation. Insbesondere Anästhesisten und Notärzte sind daran gewöhnt, ihre Patienten invasiv zu beatmen, was für Unfallopfer zumeist auch die richtige Methode ist. Hier aber waren die Patienten durchschnittlich weit über 80 Jahre alt. Derart alte Patienten so tief schlafen zu legen, dass sie sich ohne Widerstand beatmen lassen, führt oftmals dazu, dass viele davon niemals wieder zum selbstständigen Atmen animiert werden können. Abgesehen von der Problematik der invasiven Beatmung zu alter Patienten, mahnten Neurowissenschaftler, Psychiater und Psychologen bereits zu Beginn der Krise an, SARS-CoV-2 könnte zu mächtigen Nocebo-Effekten führen:

»Im Gegensatz zur positiven Wirkung beim Placebo-Effekt ergibt sich beim Nocebo-Effekt eine negative Reaktion. Der Nocebo-Effekt bezeichnet auch eine negative Reaktion auf die gerüchteweise die Gesundheit oder das Wohlbefinden nachhaltig beeinträchtigende Wirkung einer umweltverändernden Maßnahme.«[66]

Die mediale Hysterie eines »Killervirus« führt zu einer starken negativen Erwartungshaltung, sobald Patienten mit der Diagnose »Corona-positiv« konfrontiert werden. Nicht allen gelingt es, sich von der immunsuppressiven Wirkung der Angst freizumachen. Ende 2020 bestätigen Studien des Psychiaters Eric Lenze von der Washington University School of Medicine, dass das Antidepressivum Fluvoxamin bei SARS-CoV-2 positiv getesteten Patienten zu milden oder symptomlosen Verläufen der Krankheit führt:

»Ein Antidepressivum könnte gemäß einer Studie COVID-19-Patienten vor schwerem Krankheitsverlauf schützen – aber anders, als man denken würde. Viele Patienten mit positivem Testergebnis haben Angst, dass sich ihr Gesundheitszustand plötzlich verschlechtern könnte. Forscher haben in einer Pilotstudie gezeigt, dass sich eine solche fatale Entwicklung möglicherweise verhindern lässt. […] Nach dem Zufallsprinzip erhielten 152 positiv auf Sars-CoV-2 getestete Freiwillige ein paar Tage nach Krankheitsbeginn das Medikament oder ein Placebo zugeschickt. […] Wie die Forscher im ›Journal of the American Medical Association‹ schreiben, kam es bei den 80 mit dem Antidepressivum behandelten Probanden während der folgenden 15 Tage zu keinem einzigen Fall von Verschlechterung. In der Placebo-Gruppe dagegen verschlechterte sich der Gesundheitszustand bei 6 von 72 Patienten. Vier von ihnen mussten bis zu 21 Tage lang hospitalisiert werden, ein Patient brauchte während zehn Tagen künstliche Beatmung. Niemand starb.«[67]

Doch abgesehen von den Nocebo-Effekten noch einmal zurück zu den iatrogenen Effekten einer pharmakologischen Überbehandlung. Auf dem Höhepunkt der Krise befanden sich fast alle Ärzte im Blindflug. Es gab einfach keine Daten, Erfahrungswerte und Behandlungsprozeduren, geschweige denn systematische Obduktionen. Und gegen einen scheinbar übermächtigen Feind galten starke, chemische Therapeutika, in hohen Dosierungen, als Mittel der Wahl. Auf dem Gipfel der Ratlosigkeit gibt ein Leitartikel im *Lancet* Hilfestellung. Viele Medikationen und die konkrete Auswahl eines Medikamenten-Cocktails gehen auf diesen Artikel zurück, schließlich gehört *The Lancet* zu den renommiertesten medizinischen Fachzeitschriften der Welt. Die Bibel der Mediziner stellt eine Fallstudie eines 50-Jährigen vor, bei der Kombinationen hochtoxischer Medikamente zum Einsatz kommen, darunter Interferon alfa-2b, Lopinavir, Ritonavir, das Antibiotikum Moxifloxacin sowie hochdosiertes Cortison (Methylprednisolon).

»Und wenn ein solcher Mann, der 50 und damit ›in seinen besten Jahren‹ war und offensichtlich an keinen anderen Krankheiten als schweren Grippesymptomen gelitten hatte, infolge der Verabreichung eines solchen ›Medikamentencocktails‹ stirbt, dann kann man erahnen, wie sich eine solche hochtoxische Behandlung auf Menschen auswirkt, die 70 oder 80 Jahre alt sind und Vorerkrankungen bis hin zu Krebs hatten, bevor sie als COVID-19-Patienten eingestuft worden sind. […] Nichtsdestotrotz zieht das Lancet-*Paper tatsächlich den Schluss, dass ›der Patient an einer schweren Infektion mit SARS-CoV-2 gestorben ist‹. Mit anderen Worten: Es wurde behauptet, der Patient sei nur an einem Virus gestorben — und trotz der Medikamentenarmada nicht an den Medikamenten. Und da diese Studie in einer Zeitschrift veröffentlicht wurde, deren Inhalt de facto Gesetz ist, diente sie als eine Art Blaupause für die Behandlung von COVID-19-Patienten. In der Tat wurden nur wenige Wochen später hochgiftige und auch potenziell tödliche Medikamente im Übermaß eingesetzt, vor allem in allen oben genannten Ländern mit überhöhter Sterblichkeit, sowohl experimentell als auch off-label, was bedeutet, dass die Medikamente außerhalb ihrer behördlichen Zulassung eingesetzt wurden. Dabei vermitteln die verfügbaren Daten den Eindruck, dass die Todesfälle innerhalb kurzer Zeit wie eine große Welle von Italien über Spanien und Frankreich nach Großbritannien und Belgien wanderten und dann auf die USA und Brasilien überschwappten. In Italien, vor allem in der Lombardei, begann der ›Medikamentenrausch‹ spätestens am 17. März und fand in Heimen, Pflegeheimen und Kliniken statt. Für Italien gibt es eine Todesfallstatistik, die vom 9. April 2020 datiert und die besagt, dass 84 Prozent der verstorbenen Patienten Antibiotika, insbesondere Azithromycin, erhielten, 55 Prozent antivirale Medikamente, 33 Prozent Kortikosteroide und 18,6 Prozent eine Kombination aus allen drei Substanzen.«*[68]

Bereits zu einem frühen Zeitpunkt der Pandemie, als mit allen erdenklichen Mitteln an COVID-19 herumlaboriert wurde, mehrten sich die Anzeichen, das Malariamittel *Chloroquin* könne wirksam gegen das Virus sein. Tatsächlich schien es eine gewisse Evidenz für dessen Wirksamkeit zu geben, und so wurde das Mittel in verschiedenen Spontanstudien und in unterschiedlichen Dosierungen getestet. Noch bevor alle Daten dieser Studien vorlagen, stellte die Firma Bayer Chloroquin massenhaft und kostenlos zur Verfügung. Im zahlreichen Einsatz dieses hochpotenten Medikamentes, sowohl in den Überdosis-Studien als auch unter Missachtung der Kontraindikationen, liegt vermutlich ein Hauptgrund für viele iatrogene Todesfälle. Zunächst einmal gibt es für Chloroquin beziehungsweise Hydroxychloroquin eine dringend zu beachtende Kontraindikation. Große Teile der hispanisch-afrikanischen Bevölkerung sind von einem Gendefekt betroffen, dem sogenannten »Glucose-6-phosphat-Dehydrogenase-Mangel« (G6PD[H]-Mangel oder auch Favismus). Weltweit sind ca. 1,2 Milliarden Menschen davon betroffen, insbesondere in Gebieten, in denen es Malaria gibt oder gab. Obgleich der Gendefekt oftmals ohne Folgen bleibt, kann es bei bestimmten Triggern zu einem starken, vorschnellen Zerfall der roten Blutkörperchen kommen, einer sogenannten »hämolytischen Krise«. Eine vorschnelle Hämolyse ist zwar in den meisten Regionen der Erde ein evolutionärer Nachteil, kann aber in Malaria-Gebieten von Vorteil sein. Eine Hämolyseneigung bedeutet auch für den Malaria-Erreger *Plasmodium* Stress, da dieser ein intrazellulärer Erreger ist, der in roten Blutkörperchen lebt. Wer von einem G6PD(H)-Mangel betroffen ist, erkrankt daher kaum noch an Malaria. Da ein G6PD(H)-Mangel so überaus verbreitet ist, muss jeder Medizinstudent über die Faktoren, die einen hämolytischen Anfall auslösen können, Bescheid wissen. Man kann sich das Geschehen als eine Art Allergie vorstellen. Der Genuss von dicken weißen Bohnen kann beispielsweise zu einem Anfall führen. Es gibt aber auch diverse Medikamente, die hämolytische Krisen auslösen können, beispielsweise Schmerzmittel (Acetylsalicylsäure, Paracetamol), aber auch Antibiotika (z. B. Chloramphenicol, Cotrimoxazol). Ganz oben auf der Liste der Medikamente, die für G6PD(H)-Mangel-Patienten toxisch sind, stehen jedoch Anti-Malaria-Mittel, wie Chinin oder das strukturverwandte Chloroquin. Vor der Verordnung von Chloroquin muss daher ein G6PD(H)-Mangel-Gendefekt unbedingt ausgeschlossen werden. In vielen Regionen wurde Chloroquin gegen COVID-19 jedoch ohne jede Voruntersuchung frei verteilt und prophylaktisch eingenommen, vielerorts schluckte man es wie Bonbons. Fatalerweise sind die Nebenwirkungen von Chloroquin den Symptomen von COVID-19 frappierend ähnlich, denn hämolytische Krisen gehen mit Embolien und Atemnot einher. Die massenhafte Verteilung von Chloroquin (Handelsname »Resochin«, Bayer) ohne ärztliche Voruntersuchung ist daher entweder grob fahrlässig oder verfolgte andere Ziele. Besonders im Süden der USA und in Brasilien kann man nur noch spekulieren, wie viele »Corona-Tote« in Wirklichkeit auf Chloroquin-Unverträglichkeit zurückzuführen sind.

Abgesehen von der Missachtung der Kontraindikation bezüglich eines G6PD(H)-Mangels, häufen sich die Indizien, dass es sich in den Ländern mit Übersterblichkeit tatsächlich um eine therapieinduzierte Übersterblichkeit handelt. Zu Beginn der Krise starten nämlich gleich mehrere WHO-Studien mit zum Teil atemberaubenden Hydroxychloroquin-Dosierungen, die in anderen Zusammenhängen als begleitende, tödliche Dosen bei der Sterbehilfe eingesetzt werden. Nur Länder, die an den Hochdosisstudien teilnahmen, haben exakt im Monat der Studien, April 2020, eine signifikante Erhöhung der Sterberaten zu vermelden.

»Dabei ist auch zu beachten, dass der Körper beide, sowohl Chloroquin als auch Hydroxychloroquin, nur sehr schwer abbaut, sodass die Dosen, die über mehrere Tage eingenommen werden, eine kumulative Wirkung haben. Chloroquin wird auch bei der Sterbehilfe eingesetzt. 1986 veröffentlichte etwa die deutsche Zeitschrift für Rechtsmedizin den Artikel ›Tod

nach Gabe von 1.250 mg Chloroquin bei Porphyria cutanea tarda‹. Andere Quellen beziffern die tödliche Dosis bei 2 bis 3 g. [...] Und, wie gesagt, die in der Solidarity-Studie [WHO-Studie] verwendete Dosis lag bei 2,4 g in den ersten 24 Stunden plus 6,8 g on top in den darauffolgenden neun Tagen. Laut der Ärztin Nass sind sich alle Experten darüber einig, dass ›es bei Chloroquin einen geringen Spielraum gibt zwischen toxischer und therapeutischer Wirkung‹, wie es in dem Standardwerk Goldfranks Toxicologic Emergencies zu lesen steht. ›Es ist sehr sicher, wenn es bei den richtigen Patienten richtig angewendet wird‹, so Nass, ›aber ein bisschen mehr kann hier schon potenziell tödlich sein. Professor Nicholas White, der an beiden WHO-Beratungen über die Chloroquin-Präparate teilgenommen hatte, hat diesen Aspekt erwähnt‹. ›Das Hochdosisschema, das in den Solidarity-Studien zur Anwendung kam, hat keine medizinische Rechtfertigung‹, klagt Nass an. ›Das Studiendesign, das — im Gegensatz zu herkömmlichen Medikamentenversuchen – nur ein begrenztes Zusammentragen von Daten vorsah, was die Sicherheit der Wirkstoffe angeht, könnte es schwieriger machen, toxische Arzneimittelwirkungen ausfindig zu machen. Dies ist völlig unethisch.‹ Nichtsdestotrotz haben sich viele Länder rund um den Globus an der Solidarity-Studie beteiligt, darunter Spanien, Frankreich, die Schweiz und Belgien – Länder mit einer merklichen Übersterblichkeit (begrenzt auf April).«[69]

PCR-Test

Das gesamte Corona-Narrativ steht und fällt mit zwei zentralen Behauptungen:

1. *Mit PCR-Tests lassen sich Infektionen nachweisen.*
2. *Gegen SARS-CoV-2 gibt es keine natürliche Immunität.*

Um den Widersinn der Corona-Politik zu verstehen, ist es unerlässlich, sich mit einigen medizinischen Fakten auseinanderzusetzen. Nur wenige wissen, wie ein PCR-Test (Polymerase-Kettenreaktion, englisch: polymerase chain reaction) funktioniert. Und immer noch zu wenige wissen, dass sich die Methode zum Nachweis von Infektionen, geschweige denn dem Ausbruch einer Krankheit, nur bedingt eignet. Wer schon einmal »Medical Detectives« gesehen hat, weiß, dass für den berühmten DNA-Test nur wenige Moleküle nötig sind, um den Täter zu überführen. Dasselbe Verfahren kommt auch hier zum Einsatz: Ein PCR-Test reagiert auf das winzigste Bruchstück einer kurzen RNA-Sequenz aus einem Virus, wenige Atomverbindungen reichen aus. Allerdings ist es so, dass die PCR-Methode nur mit DNA (Desoxyribonukleinsäure) funktioniert. Da das Erbmaterial von Coronaviren jedoch aus RNA (Ribonukleinsäure) besteht, muss das Material vor dem Test »umgeschrieben« werden. Zunächst wird das gesamte biologische Material der Probe, Zellen und Viren, durch eine Art Säure zerstört. Diese »Lyse« löst Eiweißhüllen auf und zerlegt das Material in seine Grundbestandteile. Danach werden die freigewordenen RNA-Fragmente des Virus mithilfe der sogenannten reversen Transkriptase in DNA-Fragmente umgeschrieben. Vorab ist festzuhalten: Durch den Lyseprozess lässt sich nicht mehr sagen, ob der Abstrich infektiöse vollständige Viren enthielt, ob er aus Resten bereits zerstörter Viren besteht oder ob es sich gar um Fragmente artverwandter Viren handelt. Der eigentliche Test beginnt nach der Lyse:

Bei jeder normalen Zellteilung entfaltet sich die Erbsubstanz DNA, die sogenannte Doppelhelix trennt sich wie ein Reißverschluss in der Mitte auf. Durch das Enzym Polymerase wird der jeweils fehlende Strang auf jeder Seite des Reißverschlusses verdoppelt, da sich die Nukleotide eines jeden Stranges nur nach festgelegten Paarungen andocken können (Schema: C an G, G an C, A an T, T an A). Bei der Polymerase-Kettenreaktion wird dieser Vorgang simuliert, indem der gesuchte Schnipsel Erbsubstanz durch Erhitzen auf über 90 °C ebenfalls in zwei Einzelstränge getrennt wird. Sofern man der Probe das Enzym Polymerase hinzufügt und genügend freie Nukleotide als Baumaterial vorhanden sind, kommt es bei erneutem Absenken der Temperatur zu neuen Paarungen; auf diese Weise lässt sich eine exakte Kopie der gesuchten Erbsubstanz erreichen. Dabei muss man sich klarmachen, dass das gesuchte Material bei jedem Testzyklus, dem sogenannten »Amplifikationszyklus«, bei dem der DNA-Strang (bzw. der umgeschriebene RNA-Strang) erhitzt, geteilt und verdoppelt wird, *exponentiell* ansteigt. Mathematisch erinnert das Verfahren an umgekehrte Homöopathie:

»Die entstandene DNA sieht man nicht direkt, sondern über einen Fluoreszenz-Farbstoff, dessen Intensität gemessen wird. Die DNA in der Probe wird in jedem Arbeitsschritt verdoppelt, der Anstieg ist exponentiell. Wenn man von einem einzigen Genabschnitt ausgeht, hat man nach einem Zyklus schon zwei davon, und da in jedem Zyklus weiter verdoppelt wird, hat man nach:

10 Zyklen = 1024 = ca. 1 Tausend
20 Zyklen = 1.048.576 = ca. 1 Million
30 Zyklen = 1.073.741.824 = ca. 1 Milliarde
35 Zyklen = 34.359.738.368
40 Zyklen = 1.099.511.627.776 = ca. 1 Billion
45 Zyklen = 35.184.372.088.832
50 Zyklen = 1.125.899.906.842.624 = ca. 1 Billiarde
Die entscheidende Frage ist: Wann hört man auf?«[70]

Ein PCR-Test ist also eine gigantische »copy and paste«-Vervielfältigungsmaschine, mit der sehr wenig RNA-Material auf das Billionenfache vermehrt werden kann. Diese Vervielfältigung ist nötig, weil der Nachweis des Materials über eine optische, chemische Farbreaktion erfolgt, die bei zu wenig Material nicht funktionieren würde. Angenommen bei einem Nasenabstrich würden sich nur zehn Coronaviren auf dem Tupfer befinden, die den Patienten in dieser geringen Menge niemals krank machen könnten – das PCR-Verfahren würde bei entsprechend langer Laufzeit dennoch Millionen Viren »nachzüchten«, damit der Nachweis gelingt. Natürlich züchtet das Verfahren keine ganzen Viren nach, sondern vervielfältigt lediglich ein winziges Molekül aus der Virus-Erbsubstanz. Man rechnet das Ergebnis lediglich so hoch, als würde es sich um »ganze« Viren handeln. Wie bereits gesagt – ein PCR-Test zeigt nicht an, ob intakte Viren oder lediglich Virus-Trümmer vorliegen, ob die Krankheit bereits durchgestanden ist, ob es sich um zerfallene Viren oder um ähnliche Fragmente harmloser Erkältungsviren aus anderen Corona-Stämmen handelt. Insbesondere zu Beginn der Pandemie sorgte der PCR-Test für Panik, da immer wieder genesene Corona-Patienten erneut positiv getestet wurden. In den ersten Wochen spekulierte man daher noch, ob es keine Immunität von Corona gäbe und die Krankheit im Kreis verlaufen könnte; auch ich griff diese These in einem meiner ersten Corona-Artikel auf. Schon gar nicht zeigt ein PCR-Test, dessen Aussage auf »positiv« oder »negativ« verengt wird, die echte *Viruslast* an, also die Menge von Viren im Blut, Sputum oder Rachenabstrich, die tatsächlich in der Lage ist, einen Menschen erkranken zu lassen. Normalerweise wäre eine Überprüfung der Viruskonzentration, insbesondere der zeitliche Verlauf der Virusmenge, ein wichtiger Bestandteil der Therapie.

»Doch der PCR-Test zeigt nur die Nucleinsäuren an, nicht das Virus, er kann keine Infektion nachweisen. Der PCR-Test kann nicht nachweisen, ob das Virus replikationsfähig ist, sich in dem Wirt tatsächlich vermehrt und ob der Mensch damit ursächlich krank wird. Wenn beim PCR-Test auf der Oberfläche des Abstrichs Virus-RNA ist, heißt das noch nicht, dass es in den Zellen drin ist und ob eine intakte vermehrungsfähige Viruslast vorhanden ist.«[71]

Die Aussagen von Prof. Dr. Ulrike Kämmerer, Virologin und Immunbiologin der Universität Würzburg, sind keine Kleinigkeit. Schließlich wird im allgemeinen Sprachgebrauch der Bundesregierung, des RKI und der Medien fortlaufend von »Corona-Infizierten« oder gar »Corona-Kranken« gesprochen. Genau genommen, zeigt der PCR-Test jedoch lediglich an, ob ein winziger Nucleinsäure-Schnipsel gefunden wurde, der in der Regel eben *nicht* krankmacht. Es ist durchaus verständlich, wenn man die Tragweite dieser Aussage nach monatelanger Gleichsetzung von positiven PCR-Tests mit Infizierten nicht auf Anhieb versteht. Schließlich baut die gesamte Corona-Panik auf dieser Gleichsetzung auf. In Wirklichkeit werden bei »Corona-Kranken« keine Zellkulturen angelegt, in denen das Virus direkt gezüchtet wird. Befasst man sich näher mit der Methode, wird immer deutlicher, dass die binäre Aussage »positiv« oder »negativ« überhaupt keine Aussage über die tatsächliche Infektiosität eines Patienten erlaubt. Dabei muss man zur Ehrenrettung von PCR-Tests sagen, dass sich diese Aussage indirekt sehr wohl abschätzen ließe. Hierfür müsste man lediglich einen weiteren wichtigen Parameter erheben, den die Methode durchaus hergibt, den sogenannten *CT-Wert*. Über die Anzahl der benötigten Amplifikationszyklen lässt sich nämlich die tatsächliche Viruslast abschätzen. Wenn der RNA-Schnipsel bei einer vernünftigen Zyklusanzahl nachgewiesen werden kann, ist das Vorhandensein ganzer, intakter Viren sehr wahrscheinlich. Braucht man dazu aber sehr viele Zyklen, ist der Patient vermutlich überhaupt nicht infektiös. Jeder PCR-Test liefert in Wahrheit also nicht nur die binäre Aussage ja oder nein, sondern über den CT-Wert auch eine qualitative Aussage, sofern man die Anzahl der Testzyklen berücksichtigt.

»Die PCR liefert keine abgegrenzten Ergebnisse in JA oder NEIN, sondern es gibt erst einen Bereich ohne Reaktion, in dem noch kein Farbstoff gemessen wird, dann gibt es einen Zwischenbereich, in dem mehr oder weniger der Anstieg des Farbstoffs zu beobachten ist, bis die Kurve früher oder später ein Plateau erreicht. Es muss begründet werden, bei welcher Anzahl von Zyklen man ein aussagekräftiges Ergebnis bekommt, das nicht in den Messbereich fällt, in dem es aus technischen Gründen Störsignale und unspezifische Reaktionen gibt, also immanent falsch-positive Ergebnisse. Außerdem muss es einen Bezug zur klinischen Relevanz geben, und da kann es nicht um das bedeutungslose Auffinden der ›Nadel im Heuhaufen‹ gehen. Eine reine Festlegung reicht nicht aus, das muss

nachvollziehbar bestimmt werden, die Begründung für die Obergrenze muss also vernünftig und verbindlich sein. Der Kanadier David Crowe [Kanadischer Wissenschaftler mit einem Abschluss in Biologie und Mathematik] brachte das Problem so auf den Punkt:

›Also, wenn man bei 20 aufhören würde, wäre jeder negativ. Würde man bei 50 aufhören, könnte jeder positiv sein.‹

Die maximale Obergrenze von 45 Zyklen ist bei den Berlinern Christian Drosten (Charité) und Olfert Landt (TIB Molbiol) zu finden. Das ist von besonderer Bedeutung, da sie den Test entwickelt haben und durchführen bzw. produzieren, vor allem aber, da sie zusammen mit einigen anderen Autoren die PCR-Anleitungen verfasst haben, die von der Weltgesundheitsorganisation WHO übernommen wurden. Von ihnen stammt also der ›Workflow‹ als Vorlage für die ganze Welt [...]«[72]

Die große Frage ist – warum wird der Öffentlichkeit die überaus wichtige Angabe über die Anzahl der Testdurchläufe verschwiegen? Die mehrfach ausgezeichnete Journalistin Apoorva Mandavilli verweist in ihrem Artikel der *New York Times, »Your Coronavirus Test Is Positive. Maybe It Shouldn't Be«*, auf eine Debatte in den USA, die sich mit dem Skandal beschäftigt. Offenbar ist es politisch nicht gewollt, die überaus wichtige Differenzierung über die Zyklusschwelle vorzunehmen.

»Das aber [die Anzahl der Testzyklen], so die NYT, werde von den Labors nicht an die Ärzte und Patienten mitgeteilt. Und das kann massiv verfälschend sein. Meist werde die Zyklusschwelle bei 40, manchmal auch bei 37 Zyklen angesetzt. Das könne aber zu hoch angesetzt sein, weil dann nicht aktive Viren, sondern auch RNA-Fragmente entdeckt werden, die kein Risiko mehr darstellen. Die Zyklusschwelle müsste gesenkt werden, beispielsweise auf 30 oder weniger, wie Mina [Epidemiologe Michael Mina von der Harvard T.H. Chan School of Public Health] vorschlägt. Testdaten, die die Zyklusschwelle beinhalten aus Massachusetts, New York und Nevada, so eine Überprüfung der NYT, würden zeigen, dass 90 Prozent der positiv Getesteten kaum mit Viren infiziert seien. Das würde

bedeuten, dass nur ein Zehntel der positiv Getesteten isoliert werden müssten. Die CDC räumen ein, sie würden die Verwendung der Zyklusschwelle für politische Entscheidungen untersuchen. Ein Labor in New York hat auf Bitten der NYT die 793 positiven Tests im Juli mit einer Zyklusschwelle von 40 überprüft. Würde man die Schwelle auf 35 senken, würde die Hälfte nicht mehr als positiv gelten, bei 30 wären es schon 70 Prozent. In Massachusetts würden 85–90 Prozent nicht mehr als positiv gelten, wenn die Zyklusschwelle bei 30 liegt.«[73]

Was wie hochbrisantes Insiderwissen klingt, das nur über investigativen Journalismus der *New York Times* offenbart werden konnte, ist in Wahrheit gar kein allzu großes Geheimnis. Ein Blick in den Hochganzkatalog der deutschen Hersteller hätte Mainstream-Journalisten auch hierzulande zur Erleuchtung führen können – sofern man nach dieser gesucht hätte. So erklärt der renommierte deutsche PCR-Test-Hersteller Biovis' Diagnostik aus Limburg-Offenhein in seiner Broschüre *»SARS-CoV-2-Diagnostik«*:

»Bei PCR-Tests ist es nicht nur wichtig zu wissen, ob SARS-CoV-2 nachgewiesen werden konnte oder nicht, es ist auch wichtig zu erfahren, wie viele Viren gefunden wurden. Aufschluss darüber gibt der sogenannte CT-Wert, die Zahl an Amplifikationszyklen, die erforderlich ist, um das Virus nachweisbar zu machen. Bei Patienten mit einer sehr hohen Viruslast finden sich CT-Werte unter 20. Mittlere CT-Werte von 25 lassen auf das Vorhandensein von etwa 100.000 Viren/ml schließen. Bei CT-Werten von 30 sind es gerade einmal 100. Liegen die CT-Werte über 33 oder 34, sind es weniger als 20 Viren/ml. Eine Anzucht der Erreger gelingt in diesen Fällen kaum noch. Aufgrund der geringen Viruslast sind die Patienten daher nicht mehr infektiös. Um die Sensitivität des SARS-CoV-2-Nachweises zu erhöhen und auch geringste Virusmengen bei beginnenden Infektionen erfassen zu können, wurde jedoch empfohlen, die Zahl der Amplifikationszyklen auf 40 zu erhöhen [Christian Drosten und Olfert Landts »Workflow«]. Damit wird die Detektionsgrenze des Verfahrens erreicht, wobei die erhöhte Sensitivität zu Lasten der Spezifität geht, d.h. falsch

positive Ergebnisse werden häufiger. Fraglich positive SARS-CoV-2-PCR-Tests mit CT-Werten über 35 sind nicht selten und sollten immer kontrolliert werden.«

Wären die deutschen Bürger über PCR-Tests wirklich aufgeklärt, würde das Corona-Angst-Mem sofort kollabieren. Nimmt man die Hersteller ernst, ist der Löwenanteil der deutschen »Corona-Infizierten« kerngesund, denn fast alle sind mit CT-Werten über 35 ermittelt worden. Im Übrigen erklärt sich damit auch das kuriose Phänomen der angeblich »Infizierten«, die »symptomlos« herumlaufen und trotzdem andere anstecken können. Professor Dr. Beda M. Stadler, emeritierter Professor für Immunologie und ehemaliger Direktor des Instituts für Immunologie an der Universität Bern, schreibt dazu:

»Dies ist keine Anklageschrift, aber eine schonungslose Bilanz. Ich könnte mich selber ohrfeigen, weil ich das Virus SARS-CoV-2 viel zu lange mit Panik im Nacken betrachtet habe. Ein wenig ärgere ich mich auch über viele meiner Immunologen-Kollegen, die bislang die Diskussion rund um Covid-19 den Virologen und Epidemiologen überlassen haben. Mir scheint, es wäre Zeit, einige der hauptsächlichen und komplett falschen Aussagen rund um dieses Virus in der Öffentlichkeit zu kritisieren.

Erstens: Es war falsch, zu behaupten, das Virus sei neu.

Zweitens: Noch falscher war es, zu behaupten, es bestünde in der Bevölkerung keine Immunität gegen dieses Virus.

Drittens: Es war sozusagen die Krönung der Dummheit, zu behaupten, man könne die Krankheit Covid-19 symptomlos durchmachen oder andere gar ohne Symptome anstecken.«[74]

Um die Verwirrung um die PCR-Tests zu entwirren, sollte man außerdem wissen, dass verschiedene Test-Kits auf dem Markt sind, die wiederum auf verschiedene Teilstücke der Virus-RNA reagieren. Nicht jeder Corona-Test repliziert also dasselbe Teilstück. So ist der weltweit eingesetzte Charité/Drosten-Test ein sogenannter

»Single-Target-Test«, da er nur nach einer einzigen kurzen Sequenz des Virus scannt, das sogenannte »E-Gen«. Vermutlich kommt diese kurze RNA-Sequenz leider auch bei anderen, harmlosen Corona-Erkältungsviren vor, sehr wahrscheinlich sogar bei Coronaviren bei Nutztieren. Auch zu dieser Problematik äußert sich der Hersteller Biovis' Diagnostik:

»In den letzten Monaten kam es immer wieder zu Berichten, die Zweifel an der Spezifität der SARS-CoV-2-PCR aufkommen ließen. Es wurden Personen positiv auf das Virus getestet, ohne dass Symptome vorlagen. Durch örtliche Gesundheitsämter angeregte Nachtestungen ergaben einen negativen Befund. Wie kam diese Diskrepanz zustande? Viele Labore setzen zum Nachweis von SARS-CoV-2 PCR-Verfahren ein, die nur das E-Gen des Virus erkennen. Diese Tests sind kostengünstig und zeichnen sich durch eine hohe Sensitivität aus. Da das E-Gen, welches lediglich die Virushülle codiert, aber nicht spezifisch für SARS-CoV-2 ist, sondern auch andere Coronaviren (Sarbecoviren) erkennt, wurden früher E-Gen-positive Proben mit einer 2. PCR untersucht, um sicherzustellen, dass es sich wirklich um SARS-CoV-2 handelt. Gesucht wurde in der Bestätigungs-PCR nach spezifischen Genen, wie dem RdRPGen, dem S-Gen oder dem ORF1-Gen. Als auf Empfehlung der WHO für endemische Gebiete die Bestätigungstests eingestellt wurden, erfolgte ab April 2020 in vielen kleineren Laboren ein PCR-Nachweis von SARS-CoV-2 nur noch über das E-Gen.«

Interessanterweise ist es wiederum die WHO, die davon abrät, positive Testergebnisse, die lediglich über einen Single-Target-Test ermittelt wurden, über Bestätigungstests abzusichern. Möglicherweise kam es durch diese Unterlassung zu Tausenden, falsch-positiven Ergebnissen. So schreibt der *Münchner-Merkur:*

»Wegen der kaum erklärbaren Häufung der positiven Testergebnisse ließ das Isar-Amper Klinikum in Taufkirchen/Vils erneut testen. Das Ergebnis: Von 60 Corona-Tests, die vorige Woche vom Augsburger MVZ-Labor (früher Schottdorf) positiv getestet wurden, entpuppten sich beim Kontrolltest 58 als negativ – die Patienten waren also völlig unnötigerweise

isoliert worden und die Gesundheitsämter hatten unnötigerweise die Kontaktpersonen in Quarantäne geschickt. ›Die falschen Testergebnisse bedeuten für die Kliniken einen gewaltigen wirtschaftlichen Schaden und für die Patienten großes, auch gesundheitliches Leid‹, so ein Insider.«[75]

Bezüglich des Münchner Skandals ist es wahrscheinlich, dass der erste Corona-Test lediglich ein E-Gen-Test war, die »Kontrolltests« jedoch zusätzlich nach dem RdRP- S- und ORF1-Gen gesucht haben – mit negativem Ergebnis.

Das erste Land, das sich entschließt, dem PCR-Test-Spuk ein Ende zu bereiten, ist Portugal. Das Berufungsgericht von Lissabon erklärt die auf der Basis von PCR-Tests verhängte Quarantäne von vier Portugiesen für unrechtmäßig:

»Was sich aus diesen Studien ergibt, ist einfach – die mögliche Zuverlässigkeit der durchgeführten PCR-Tests hängt von Anfang an von der Schwelle der Amplifikationszyklen ab, die sie beinhalten, sodass bis zu einer Grenze von 25 Zyklen die Zuverlässigkeit des Tests bei etwa 70% liegt; wenn 30 Zyklen durchgeführt werden, sinkt der Zuverlässigkeitsgrad auf 20%; wenn 35 Zyklen erreicht werden, liegt der Zuverlässigkeitsgrad bei 3%. [...] Das bedeutet, dass bei einem positiven PCR-Test bei einer Zyklusschwelle von 35 oder höher (wie es in den meisten US-amerikanischen und europäischen Labors der Fall ist) die Wahrscheinlichkeit einer Infektion weniger als 3% beträgt. Die Wahrscheinlichkeit, dass eine Person ein falsches Positiv erhält, liegt bei 97% oder höher.«[76]

Auf der Basis von PCR-Tests einem Bürger die Freiheit zu entziehen widerspricht dem portugiesischen Grundgesetz und vermutlich auch dem deutschen, doch leider interessiert dies hierzulande niemanden. Es ist wichtig zu wissen, dass in der Veterinärmedizin Coronaviren weitaus alltäglicher sind als in der Humanmedizin. Tierärzte haben regelmäßig mit Coronaviren zu tun, und viele Tiere werden intensiv gegen Coronaviren geimpft. Es ist daher wenig verwunderlich, wenn sich in ganz Deutschland im Sommer 2020 kaum noch positive PCR-Tests finden lassen, es aber ausgerechnet in großen Schlachthöfen zu sogenannten »Infektionsclustern« kommt. Betroffen waren aber interessanterweise nur Mitarbeiter, die in Abteilungen arbeiteten, in denen sich auch offene Blut-Aerosole geschlachteter Tiere befanden. Andere Abteilungen waren hingegen kaum betroffen. Wie immer galt: Die dramatische Panikreaktion mit Isolation der Mitarbeiter und regionalem Lockdown ignorierte den eigentlich naheliegenden Befund: *Niemand war ernsthaft krank, und es gab auch keine erhöhte Sterberate.* Weder kam es zu einer Überlastung der regionalen Intensivstationen, noch breitete sich die Krankheit über die »Tönnies-Cluster« hinaus aus, und dies, obgleich Tausende Mitarbeiter als »infiziert« galten. Dr. Gunter Frank resümiert auf Achgut.com:

»Halten wir abschließend fest: Der aktuelle Corona-Test reagiert in einem erheblichen Maße positiv auch auf andere, für Menschen harmlose Coronaviren. Das Rindfleisch, welches in Schlachthöfen zerlegt wird, müsste massenweise für Menschen harmlose andere Corona-Virenbestandteile enthalten. Positive Tests von Schlachthofmitarbeitern fallen besonders in den Zerlegeabteilungen auf.

Daraus leiten wir nun folgende These ab: Freigesetzte Corona-Virentrümmer von für Menschen harmlosen Coronaviren, aus Rinder-Infektionen und Rinder-Impfungen stammend, werden beim Schlachten und Zerlegen von Rindern massenweise freigesetzt und gelangen über die Atemwege auf die Nasenschleimhäute der Mitarbeiter der Schlachthöfe. Dies ist der Grund dafür, dass so viele Tests bei Schlachthof-Mitarbeitern positiv anschlagen. Insbesondre Test-Kits, die bei der Firma Tönnies zum Einsatz kamen, stehen unter Verdacht, in einer Art Kreuzreaktion auf Virustrümmer reagiert zu haben, die von Tier-Coronaviren geschlachteter Rinder stammen könnten.«[77]

Im Spätsommer/Herbst 2020 schaffen es vereinzelt Artikel in die etablierten Medien, die sich mit der PCR-Test-Problematik beschäftigen; einige Bürger werden misstrauisch. Das stiftungsfinanzierte Projekt *Correctiv* nimmt sich mit seinen »Faktencheckern« der Frage an. Da die »objektiven Ergebnisse« des *Correctiv* auffällig häufig auf Regierungslinie liegen, wird die Organisation von Kritikern bisweilen als »Wahrheitsministerium« verspottet. Hauptgeldgeber von *Correctiv* ist die *Brost-Stiftung*, hinter der die mächtige Funke-Mediengruppe steht. Als sich *Correctiv* der PCR-Problematik annimmt, stellt es erwartungsgemäß fest: *»In der Praxis sind solche Fehler beim PCR-Test laut Experten nahezu ausgeschlossen.«*[78]

Der nachfolgende Artikel »erklärt« einen PCR-Test, ohne auch nur ein Wort über den alles entscheidenden CT-Wert zu verlieren oder die Amplifikationszyklen überhaupt zu erwähnen – Chapeau über so viel Fakten- und Fachwissen …

Zweite Welle

Abgesehen von der fraglichen Gültigkeit eines positiven PCR-Tests bei zu hohem CT-Wert, kommt ein weiterer entscheidender Faktor zum Tragen. Bei massenhaftem Einsatz von PCR-Tests – bei gleichzeitig rückläufigem Infektionsgeschehen – entsteht ein unauflösbares Dilemma:

Das Testrauschen falsch positiver Ergebnisse übersteigt die wenigen tatsächlichen Fälle. Erstaunlicherweise gibt Jens Spahn die Problematik in einem Interview vom 14.06.2020 zu:

»Wir müssen jetzt aufpassen, dass wir nicht nachher durch zu umfangreiches Testen – da muss man erst mal um zwei Ecken denken – zu viele falsch Positive haben. Weil die Tests ja nicht 100 Prozent genau sind, sondern auch eine kleine, aber eben auch eine Fehlerquote haben. Wenn insgesamt das Infektionsgeschehen immer weiter runtergeht und sie gleichzeitig das Testen auf Millionen ausweiten, dann haben sie auf einmal viel mehr falsch Positive als tatsächlich Positive. Das sind so die Erkenntnisse, mit denen man erst in der weiteren Folge konfrontiert wird.«[79]

In den folgenden Wochen gewinnt man jedoch den Eindruck, der Bundesgesundheitsminister hat sich im Juni in der ARD verplappert. Spahns erstaunlich ehrliche Analyse zur Massentest-Problematik wird seitens der Bundesregierung und des RKI niemals öffentlich wiederholt. Mehr noch, zukünftig gelten Zweifel an der Methodik von Massentests als Verschwörungstheorie der Querdenker. Stattdessen wird bereits im Sommer 2020 die Gefahr einer »zweiten Welle« propagiert. Doch wie alle Grippewellen so verschwindet auch das Coronavirus im Hochsommer 2020 nahezu vollständig. Obgleich die PCR-Tests auf 670 000 Tests pro Woche ausgeweitet werden, dazu noch mit Zyklusschwellen über 40, lassen sich kaum noch aktive Fälle nachweisen. Zwar stieg erwartungsgemäß im Rahmen der Testorgie der prozentuale Anteil der »positiv Getesteten« von 0,6 auf 1 Prozent, doch daraus eine »zweite Welle« zu konstruieren, glauben im Hochsommer 2020 immer weniger Bürger. In Wirklichkeit bilden die Massentests nur noch das zu erwartende Testrauschen falsch-positiver Testergebnisse ab. Vor eben diesem Phänomen hatte Jens Spahn im Juni 2020 noch gewarnt. Der Effekt lässt sich mit mathematischer Genauigkeit berechnen. Selbst wenn das *Correctiv* recht hätte und man den Löwenanteil der ohnehin falschen PCR-Tests trotzdem als positiv anerkennen würde, bliebe immer noch eine Fehlerquote von 1,4 Prozent falsch positiver Ergebnisse übrig. Dieser nur scheinbar geringe Wert ist bei Massentests – bei gleichzeitig rückläufigem Infektionsgeschehen – der Killer jeglicher Aussagekraft. Im Sommer 2020 gibt es deshalb eine Reihe Mathematiker und Epidemiologen, die darüber aufklären, dass Massentests bei geringem Durchseuchungsgrad der Bevölkerung keine brauchbaren Ergebnisse mehr liefern – doch keiner von ihnen schafft es in die etablierten Medien. So rechnet der renommierte Virologe, Epidemiologe und Mikrobiologe Prof. Dr. Dr. Martin Haditsch vor, dass bei einem Durchseuchungsgrad von nur einem Prozent bereits jedes zweite positive Corona-Ergebnis ein falsch-positives ist, der Test also lediglich eine Trefferquote von 50:50 hat. Ebenso gut könnte man im Kaffeesatz lesen. Die Krux liegt im Detail. Wenn 10000 Menschen bei nur einem Prozent Durchseuchungsgrad getestet werden, also von den 10000 Personen 9900 gesund sind, überschneiden sich selbst bei einer Testgenauigkeit von 99 Prozent Spezifität die echten und falsch-positiven Ergebnisse derart, dass bereits jedes zweite Ergebnis falsch-positiv angezeigt wird. Um diese Rechnung nachzuvollziehen, empfehle ich die hervorragenden Vorträge[80] von Prof. Haditsch auf YouTube – sofern diese inzwischen nicht gelöscht wurden.

Kurzum – wer bei rückläufigem Infektionsgeschehen und geringem Durchseuchungsgrad weiterhin PCR-Massentests mit hohem CT-Wert anberaumt und diese sogar auf mehrere Millionen Tests ausbauen will, führt etwas anderes im Schilde als den Schutz der Bevölkerung. Selbst wenn das Coronavirus von einem Tag auf den anderen komplett vom Erdboden verschwinden würde, gibt es einen exakten, mathematischen Wert bezüglich der Testmenge, mit dem sich nach Belieben eine zweite, dritte oder vierte Corona-Welle konstruieren lässt. Anders gesagt: *Corona verschwindet nie, solange massenhaft PCR-Tests anberaumt werden.*

Im Sommer 2020 weiß daher jeder redliche Fachmann, dass die »Fallzahlen« kaum das Papier wert sind, auf dem sie gedruckt werden. Mehr noch, Mitte 2020 wird endgültig klar, dass das Corona-Narrativ zum Politikum geworden ist und anderen Zwecken dient. Inzwischen haben aber auch immer mehr aufmerksame Bürger mitbekommen, dass zu viele »rote Linien« und Alarmgrenzwerte modifiziert und über den Haufen geworfen wurden – immer gerade so, wie es der Regierung zupasskam, um ein Durchregieren »in der Krise« zu rechtfertigen. Was musste der Bürger seit März 2020 nicht alles für Schwellen- und Grenzwerte lernen. Zuerst war es die Verdopplungszeit der Fallzahlen, dann der ominöse R-Wert, um schließlich zum ultimativen Schlüssel für eine rote »Corona-Ampel« zu kommen: *35 bzw. 50 »Infizierte« auf 100000 Einwohner.*

Was im Deutungsrahmen von Corona plötzlich der Indikator für einen gefährlichen Alarmwert sein soll, ist in Wirklichkeit die klassisch-medizinische EU-Definition für ausgesprochen seltene Krankheiten: 5 pro 10 000 Einwohner[81] (oder 50 pro 100 000 Einwohner). Das Problem bei diesen Krankheiten: Sie sind derart selten, dass die Pharmaindustrie kein Interesse zeigt, Medikamente zu entwickeln. Doch wie kommt man bei Corona auf die komplette Umkehrung von »super selten« zu »gefährlich häufig«? Warum gerade diese Zahlen und nicht 200 oder nur 10 auf 100 000? Vielleicht liegt die Antwort im Testgeschehen selbst, denn 35 oder 50 »Neuinfektionen« lassen sich je nach Bedarf allein durch das Testrauschen falsch-positiver Massentests nachweisen. Der Mathematiker Klaus Pfaffelmoser rechnet in seinem Artikel »*Warum die Pandemie nicht endet*« vor:

»Die Fehlerquote (Falsch-Positiv-Rate) der verwendeten PCR-Tests beträgt laut aktuellen Untersuchungen mindestens 1,4 %. Auf 100.000 durchgeführte Tests werden also durchschnittlich mindestens 1.400 Menschen fälschlich als ›Corona-Infizierte‹ ausgewiesen. [...] Der von Politikern diskutierte Grenzwert von 35 Infizierten auf 100.000 Einwohner ließe sich beispielsweise auch ganz ohne tatsächlich Infizierte allein schon durch Ausnutzung des Messfehlers erreichen, indem man 2.500 Tests je 100.000 Menschen durchführt. Die derzeit als Kenngrößen für die Verhängung von Maßnahmen verwendeten Werte, die Anzahl der gemessenen akut Infizierten pro 100.000 Einwohner und der R-Wert haben bei einem geringen Anteil von akut Infizierten an der Gesamtbevölkerung keinen Aussagewert bezüglich der epidemiologischen Entwicklung der Krankheit. Der R-Wert tendiert bei Verschwinden der Krankheit grundsätzlich gegen 1, also gegen den derzeit als kritisch betrachteten Wert. Durch Änderung der Anzahl der Messungen können die Kenngrößen so beeinflusst werden, dass die willkürliche Verhängung von Maßnahmen möglich ist. Diese Aussagen würden auch dann gelten, wenn die ganze Bevölkerung zu 100 % wirksam gegen Covid-19 geimpft wäre.«[82]

Der wohl bekannteste Corona-Maßnahmen Kritiker, Dr. Wolfgang Wodarg, macht die Problematik des Testrauschens an einem griffigeren Zahlenbeispiel deutlich:

»Ein Test mit einer Rate von 1,4 Prozent falsch positiver Ergebnisse würde in einer Kirche mit 200 Gläubigen etwa 3 Personen (2,8) finden, die dann zum Anlass genommen würden, die ganze Gemeinde zur Bekämpfung von Covid-19 in Quarantäne zu schicken.«[83]

Nachdem man sich im Sommer 2020 noch mit Drohungen, Maskenzwang und Demonstrationsverboten begnügte, macht die Regierung nach dem 28. Oktober ernst und startet eine zweite Alarmkampagne. Man wolle »brachial durchgreifen«[84] und warnt vor einem »exponentiellen Anstieg« berichtet *ntv*, nach erneutem Bund-Länder-Gipfel. Dass der exponentielle Anstieg auch im Zusammenhang mit der millionenfach ausgeweiteten *PCR-Testmenge* liegen könnte, verrät man nicht. Die Unverfrorenheit im Herbst 2020 noch mit absoluten Fallzahlen angeblicher »Infektionen« zu hantieren, die in keinem Verhältnis zur anberaumten Testmenge stehen, hinterlässt informierte Bürger zunehmend sprachlos. Doch bereits am 08.10.2020 erklärt zunächst Berlin den Ausnahmezustand:

»Der Grenzwert von 50 Corona-Neuinfizierten pro 100.000 Einwohner binnen sieben Tagen ist erstmals für ganz Berlin überschritten worden. Am Donnerstag lag er laut Lagebericht des Senats bei 52,8. 498 neue Infektionen wurden demnach in den vergangenen 24 Stunden vermeldet. Das ist mit Abstand der höchste Wert seit Beginn der Pandemie. Die Corona-Ampel für diesen Wert bleibt damit rot. Die beiden anderen Ampeln bleiben grün: Der R-Wert sank auf 1,02, die Belegung der Intensivplätze in Krankenhäusern durch Corona-Patienten liegt bei 3,4 Prozent.«[85]

Informationskrieg

Da deutsche Kliniken unter der Informationspolitik des RKI erkennbar ökonomisch leiden, entscheiden sich die Helioskliniken ab Herbst 2020 zu maximaler Transparenz.

»Um einen Beitrag zur Transparenz und einer zahlengestützten

Beurteilung der aktuellen Situation in unseren Kliniken zu leisten, veröffentlichen wir ab sofort täglich die Zahlen zur Betten-Auslastung in unseren 89 Kliniken in Deutschland.«[86]

Francesco De Meo, seit März 2018 Vorsitzender der Helios-Kliniken, betreibt einen Blog auf helios-health.com. Die Ergebnisse einer Metastudie, die De Meo dort veröffentlicht, müssten eigentlich einschlagen wie eine Bombe, doch in den Mainstreammedien liest man nichts davon:

»Die Studie wurde von IQM, einer gemeinnützigen Qualitätsinitiative deutscher Kliniken, durchgeführt. An der Studie haben 421 Kliniken teilgenommen, in etwa gleichgewichtig aus allen Trägergruppen, also Kliniken in öffentlicher, in universitärer, in freigemeinnützig/kirchlicher und in privater Trägerschaft. Die Studie umfasst knapp 2,8 Millionen Krankenhausfälle, damit etwa ein Viertel aller stationären Patienten während des fraglichen Zeitraums von März bis August 2020. Die in dieser Studie bei der Auswertung jeweils Covid-19 zugeordneten Erkrankten umfassten nicht nur die tatsächlich durch positiven Test mit Covid-Befundeten, sondern (auch) alle mit (nur) Covid-Verdacht nach Covid-Protokollen Behandelten. Diese Studie führt für Deutschland zu drei wesentlichen Erkenntnissen:

1. *In 2020 gab es weniger an SARI-Erkrankte als in 2019.*
2. *In 2020 waren weniger Erkrankte auf der Intensivstation und es wurden insgesamt auch weniger beatmet als in 2019.*
3. *Die Anzahl der vermuteten Covid-Fälle war 3-Mal höher als die der nachgewiesenen Covid-Fälle. In anderen Worten: nur ein Viertel aller mit Verdacht auf Covid-Infektion Behandelten war erwiesenermaßen Covid-positiv. […]«*[87]

Oder einfach ausgedrückt: Im Jahr *vor* Corona wurden in Deutschland sogar *mehr* Menschen auf den Intensivstationen beatmet als im »Seuchenjahr« 2020. Bezüglich der nicht vorhandenen Übersterblichkeit platzt auch berufenen Professoren immer mal wieder die Hutschnur, im Herbst 2020 ist es der Mediziner und Leiter des Gesundheitsamtes Frankfurt, Prof. René Gottschalk. In dem

BZ-Artikel »*Corona tötet nicht mehr Menschen als Grippe oder Hitzewelle*« verweist Gottschalk zu Recht auf die Fakten des Statistischen Bundesamtes:

»Eine Übersterblichkeit ist weder in der Gesamtbevölkerung noch in der Gruppe der Hochrisikopatienten (Bewohner von Altenpflegeheimen) zu verzeichnen. Die Sterbestatistik (tägliche Sterbefälle) zeigt im ersten Halbjahr 2020 keine Auffälligkeiten – im Gegensatz zu der erkennbar höheren Sterbezahl während der Influenza-Zeiten 2017 und 2018 sowie während der Hitzeperiode im Juli 2018.«[88]

Trotzdem gilt spätestens Ende Oktober 2020 die »zweite Welle« als belegt. Schließlich kämen die »Infizierten-Zahlen« jenen vom Frühjahr 2020 nahe. Dass man inzwischen die Testmenge *verzehnfacht* hat und mit einem wissenschaftlich höchst umstrittenen Verfahren millionenfach testet, interessiert niemanden. Im November/Dezember 2020 kommt es zu einem regelrechten Informationskrieg zwischen kritischen Wissenschaftlern und der Bundesregierung. Auf der einen Seite das Kabinett Merkel, das sich wöchentlich neue Corona-Verbote einfallen lässt, auf der anderen Seite hochdekorierte Forscher, die sich mit ihrer Kritik zunehmend in die Öffentlichkeit wagen. Krankenhauszahlen und Klinik-Statistiken belegen, dass die überzogenen Regierungsprogramme ohne Faktenevidenz getroffen werden. Rund um den Hamburger Rechtsmediziner Prof. Klaus Püschel bildet sich eine Expertengruppe, die ihr Thesenpapier »*Die Pandemie durch SARS-CoV-2/CoViD-19 – Zur Notwendigkeit eines Strategiewechsels – 6.1*[89]« veröffentlicht. Leiter der Studie ist nicht irgendwer, sondern Professor Matthias Schrappe, der Vize-Chef des Sachverständigenrats für Gesundheit der Bundesregierung der Jahre 2007 bis 2011. Erste Risse in der Medienhegemonie lassen es zu, dass Prof. Schrappe im ZDF zu Wort kommen darf. Trotz Intervention eines konsternierten Journalisten kann Schrappe via Live-Schaltung einige brisante Sätze loswerden: »Diese Zahlen sind das Papier nicht wert, auf denen sie geschrieben stehen«; »Das

Robert-Koch-Institut ist politisch gesteuert«; »Es werden Grundrechte eingeschränkt, ohne dass wir eigentlich genau verwertbare Zahlen haben, und ich halte das als Wissenschaftler – und ich sag es auch offen, auch als Bürger – für ein Unding, dass wir ohne feste Zahlenbasis zu solchen Einschränkungen schreiten«.[90]
Damit nicht genug bringt sich eine weitere, hoch qualifizierte Gruppe von 22 internationalen Wissenschaftlern gegen den Drosten-PCR-Test in Stellung: *»The International Consortium of Scientists in Life Sciences (ICSLS)«*. Zur Gruppe gehören unter anderem die weiter oben erwähnte Würzburger Professorin Kämmerer, der Molekulargenetiker Pieter Borger, der ehemalige Forschungsleiter der Firma Pfizer Michael Yeadon, der Genetiker des Human Genom Projekts Kevin McKernan, der Spezialist für Infektionskrankheiten Dr. Fabio Franchi sowie der renommierte Mikrobiologe Makoto Ohashi. Die Wissenschaftler weisen der Drosten-PCR-Testentwicklung neun Fehler und drei Ungenauigkeiten nach, dass sie einen Antrag auf Rücknahme der Drosten-Studie stellen. Die Auflistung der Fehler würde hier den Rahmen sprengen, das Fazit der Gruppe:

»Angesichts der hier vorgestellten wissenschaftlichen und methodischen Mängel sind wir zuversichtlich, dass die Redaktion von Eurosurveillance keine andere Wahl hat, als die Veröffentlichung zurückzuziehen. [...] In Anbetracht unserer erneuten Prüfung des im Corman-Drosten-Papier beschriebenen Testprotokolls zur Identifizierung von SARS-CoV-2 haben wir Fehler und inhärente Irrtümer festgestellt, die den SARS-CoV-2-PCR-Test unbrauchbar machen.«[91]

Trotzdem kommen diese hoch qualifizierten, kritischen Stimmen in den öffentlich-rechtlichen Medien nicht zu Wort. Wie früh und rigoros die Bundesregierung jeden Widerspruch zur Corona-Politik im Keim erstickt hat, zeigt das Beispiel des Oberregierungsrates der Abteilung Krisenmanagement und Bevölkerungsschutz Stephan Kohn. Schon im Mai 2020 hatte Kohn veranlasst, wofür sein Referat KM4 eingerichtet wurde und was die Regierung längst hätte tun müssen. Er gibt ein umfangreiches Risikodossier mithilfe anerkannter Wissenschaftler und klinischer Praktiker in Auftrag, deren Tätigkeitsfelder außerhalb des Einflussbereiches der Pharmaindustrie liegen. Endlich wird eine Risikoabwägung zwischen der Corona-Pandemie und den Lockdown-Maßnahmen vorgenommen. Das Papier mit dem Titel *»Coronakrise 2020 aus Sicht des Schutzes Kritischer Infrastrukturen«*, Untertitel *»Auswertung der bisherigen Bewältigungsstrategie und Handlungsempfehlungen«*, kommt zu verheerenden Schlüssen. Die Schäden, bedingt durch die politischen Maßnahmen, seien weitaus dramatischer als die eigentliche Pandemie:

»Die beobachtbaren Wirkungen und Auswirkungen von COVID-19 lassen keine ausreichende Evidenz dafür erkennen, dass es sich – bezogen auf die gesundheitlichen Auswirkungen auf die Gesamtgesellschaft – um mehr als um einen Fehlalarm handelt. Durch den neuen Virus bestand vermutlich zu keinem Zeitpunkt eine über das Normalmaß hinausgehende Gefahr für die Bevölkerung (Vergleichsgröße ist das übliche Sterbegeschehen in DEU). Es sterben an Corona im Wesentlichen die Menschen, die statistisch dieses Jahr sterben, weil sie am Ende ihres Lebens angekommen sind und ihr geschwächter Körper sich beliebiger zufälliger Alltagsbelastungen nicht mehr erwehren kann (darunter der etwa 150 derzeit im Umlauf befindlichen Viren). Die Gefährlichkeit von Covid-19 wurde überschätzt (innerhalb eines Vierteljahres weltweit nicht mehr als 250.000 Todesfälle mit Covid-19, gegenüber 1,5 Mio. Toten während der Influenzawelle 2017/18). Die Gefahr ist offenkundig nicht größer als die vieler anderer Viren. Wir haben es aller Voraussicht nach mit einem über längere Zeit unerkannt gebliebenen globalen Fehlalarm zu tun. – Dieses Analyseergebnis ist von KM 4 auf wissenschaftliche Plausibilität überprüft worden und widerspricht im Wesentlichen nicht den vom RKI vorgelegten Daten und Risikobewertungen. […] Der Kollateralschaden ist inzwischen höher als der erkennbare Nutzen. Dieser Feststellung liegt keine Gegenüberstellung von materiellen Schäden mit Personenschäden (Menschenleben) zu Grunde! Alleine ein Vergleich von bisherigen Todesfällen durch das Virus mit Todesfällen durch die staatlich verfügten

Schutzmaßnahmen (beides ohne sichere Datenbasis) belegt den Befund. Eine von Wissenschaftlern auf Plausibilität überprüfte überblicksartige Zusammenstellung gesundheitlichen Kollateralschäden (incl. Todesfälle) ist unten angefügt. [...] «[92]

Nach Bekanntwerden der Lagebeurteilung wird Kohn umgehend suspendiert, seine Arbeit wird als die eines einzelnen Wirrkopfs ohne offiziellen Auftrag und ohne Fachkompetenz dargestellt. Kohn habe seine Position als Oberregierungsrat missbraucht und mithilfe des Briefkopfes einer offiziellen Behörde Wissenschaftler getäuscht, damit sie ihre Einschätzung abgeben. Kaum jemandem scheint aufzufallen, dass dieses Framing die Brisanz des Papiers kaum entkräftet. Denn selbst wenn Kohn ohne offiziellen Auftrag gehandelt hätte, würde sich nichts an der Einschätzung integrerer Wissenschaftler ändern. Doch niemand von der Mainstreampresse will sich ernsthaft mit den Inhalten des 200-seitigen Papiers beschäftigen, man begnügt sich stattdessen mit der Aussage des Innenministers: Kohn sei ein verwirrter Beamter, das Papier gebe lediglich die »Privatmeinung« eines Einzelnen wieder, folglich gäbe es auch keinen wissenschaftlichen Erkenntniswert. Verständlicherweise fühlten sich die zehn hochkarätigen Professoren und Wissenschaftler, die am Papier mitgewirkt hatten, brüskiert. Schließlich hatte man Mühe und Zeit investiert und viel sachkundiges Material zusammengetragen, das eine Diskussion verdiente. Die externen Experten des Corona-Papiers, darunter allein acht hochdekorierte Professoren, zeigen Zivilcourage und geben eine gemeinsame Pressemitteilung heraus:

»Mit Verwunderung nehmen wir, die an der Erstellung des besagten Corona-Papiers beratend beteiligten Ärzte und Wissenschaftler/Wissenschaftlerinnen, die Pressemitteilung des Bundesministeriums des Innern (BMI) vom 10. Mai: ›Mitarbeiter des BMI verbreitet Privatmeinung zum Corona-Krisenmanagement Ausarbeitung erfolgte außerhalb der Zuständigkeit sowie ohne Auftrag und Autorisierung‹ zur Kenntnis. Das Ministerium schreibt in dieser Pressemitteilung: ›Die Ausarbeitung erfolgte

nach bisheriger Kenntnis auch unter Beteiligung Dritter, außerhalb des BMI.‹ Wir gehen davon aus, dass mit Dritter wir, die Unterzeichnenden, gemeint sind. Dazu nehmen wir wie folgt Stellung.

Wir setzen voraus, dass das BMI ein großes Interesse daran hat, dass seine Spezialisten, denen die überaus wichtige Aufgabe anvertraut ist, krisenhafte Entwicklungen zu erkennen und durch rechtzeitiges Warnen Schaden von Deutschland abzuwenden, sowohl mit konkretem Auftrag handeln als auch in Eigeninitiative tätig werden. Der entsprechende Mitarbeiter des BMI hat sich bei der Erstellung der Risikoanalyse zur Einschätzung der medizinischen Kollateralschäden durch die ›Corona-Maßnahmen‹ im Wege einer fachlichen Anfrage an uns gewandt. Getragen von der Verantwortung, unterstützten wir den engagierten BMI-Mitarbeiter bei der Prüfung dieser essentiellen Frage nach bestem Wissen und Gewissen, neben unserer eigentlichen beruflichen Tätigkeit. Renommierte Kollegen und Kolleginnen, allesamt hervorragende Vertreter ihres Fachs, nahmen zu konkreten Fragen auf der Basis der angefragten Expertise sachlich Stellung. Daraus resultierte eine erste umfangreiche Einschätzung der bereits eingetretenen sowie der drohenden medizinischen Schäden, einschließlich zu erwartender Todesfälle. […] Unserer Auffassung nach müssten die adressierten Fachbeamten aufgrund dieses Papiers eine sofortige Neubewertung der Schutzmaßnahmen einleiten, für die wir ebenfalls unseren Rat anbieten. In der Pressemitteilung gibt das BMI deutlich zu erkennen, dass es diese Analyse jedoch nicht berücksichtigen wird. Es ist für uns nicht nachvollziehbar, dass das zuständige Bundesministerium eine derart wichtige Einschätzung auf dem Boden umfassender fachlicher Expertise ignorieren möchte. […]

Fazit:

[…] Therapeutische und präventive Maßnahmen dürfen niemals schädlicher sein als die Erkrankung selbst. Ziel muss es sein, die Risikogruppen zu schützen, ohne die medizinische Versorgung und die Gesundheit der Gesamtbevölkerung zu gefährden, so wie es gerade leider geschieht. Wir in Wissenschaft und Praxis sowie sehr viele Kolleginnen und Kollegen

erleben täglich die Folgeschäden der Corona-Schutzmaßnahmen an unseren Patienten. Wir fordern deshalb das Bundesministerium des Innern auf, zu unserer Pressemitteilung Stellung zu nehmen, und hoffen auf eine sachdienliche Diskussion, die hinsichtlich der Maßnahmen zur bestmöglichen Lösung für die gesamte Bevölkerung führt.

Gezeichnet:

Prof. Dr. Sucharit Bhakdi, Universitätsprofessor für Medizinische Mikrobiologie (im Ruhestand) Universität Mainz

Dr. med. Gunter Frank, Arzt für Allgemeinmedizin, Mitglied der ständigen Leitlinienkommission der Deutschen Gesellschaft für Familienmedizin und Allgemeinmedizin (DEGAM), Heidelberg

Prof. Dr. phil. Dr. rer. pol. Dipl.-Soz. Dr. Gunnar Heinsohn, Emeritus der Sozialwissenschaften der Universität Bremen

Prof. Dr. Stefan W. Hockertz, tpi consult GmbH, ehem. Direktor des Instituts für Experimentelle Pharmakologie und Toxikologie am Universitätskrankenhaus Eppendorf

Prof. Dr. Dr. rer. nat. (USA) Andreas S. Lübbe, Ärztlicher Direktor des MZG-Westfalen, Chefarzt Cecilien-Klinik

Prof. Dr. Karina Reiß, Department of Dermatology and Allergology University Hospital Schleswig-Holstein

Prof. Dr. Peter Schirmacher, Professor der Pathologie, Heidelberg, Mitglied der Nationalen Akademie der Wissenschaften Leopoldina

Prof. Dr. Andreas Sönnichsen, Stellv. Curriculumsdirektor der Medizinischen Universität Wien, Abteilung für Allgemeinmedizin und Familienmedizin

Dr. med. Til Uebel, Niedergelassener Hausarzt, Facharzt für Allgemeinmedizin, Diabetologie, Notfallmedizin, Lehrarzt des Institutes für Allgemeinmedizin der Universität Würzburg, akademische Lehrpraxis der Universität Heidelberg

Prof. Dr. Dr. phil. Harald Walach, Prof. Med. Universität Poznan, Abt. Pädiatrische Gastroenterologie, Gastprof. Universität Witten-Herdecke, Abt. Psychologie 4«[92A]

Warum das Innenministerium im Frühjahr 2020 derart rigoros und ablehnend auf das Kohn-Dossier reagierte, wird erst im Februar 2021 verständlich. Man verfolgte schlichtweg die gegenteilige Strategie. Nach langem Rechtsstreit erstritten sich Rechtsanwälte den Schriftverkehr zwischen Ministerium, RKI und anderen Forschungseinrichtungen und siehe da: Anstatt sich mit kritischen Meinungen auseinanderzusetzen, suchte man gezielt nach Wissenschaftlern, die Argumente für alarmistische und restriktive Politikansätze liefern sollten. Die *Welt* macht den Skandal am 07.02.2021 in dem Artikel »Innenministerium spannte Wissenschaftler für Rechtfertigung von Corona-Maßnahmen ein« publik:

»Ein umfangreicher Schriftwechsel, der WELT AM SONNTAG vorliegt, zeigt: In der ersten Hochphase der Pandemie wirkte das Haus von Innenminister Horst Seehofer auf Forscher ein. Daraufhin lieferten sie Ergebnisse für ein dramatisches ›Geheimpapier‹ des Ministeriums. Das Bundesinnenministerium spannte in der ersten Welle der Corona-Pandemie im März 2020 Wissenschaftler mehrerer Forschungsinstitute und Hochschulen für politische Zwecke ein. Es beauftragte die Forscher des Robert-Koch-Instituts und anderer Einrichtungen mit der Erstellung eines Rechenmodells, auf dessen Basis die Behörde von Innenminister Horst Seehofer (CSU) harte Corona-Maßnahmen rechtfertigen wollte. […] Im E-Mail-Wechsel bittet etwa der Staatssekretär im Innenministerium, Markus Kerber, die angeschriebenen Forscher, ein Modell zu erarbeiten, auf dessen Basis ›Maßnahmen präventiver und repressiver Natur‹ geplant werden könnten. Die Wissenschaftler erarbeiteten dem Schriftverkehr zufolge in nur vier Tagen in enger Abstimmung mit dem Ministerium Inhalte für ein als geheim deklariertes Papier, das in den folgenden Tagen über verschiedene Medien verbreitet wurde. Darin wurde ein ›Worst-Case-Szenario‹ berechnet, laut dem in Deutschland mehr als eine Million Menschen am Coronavirus sterben könnten, würde das gesellschaftliche Leben so weitergeführt wie vor der Pandemie.«[93]

Corona-Winter

Ungeachtet der immer stärker werdenden Polarisierung in der Gesellschaft, zieht die Bundesregierung ihre Corona-Politik durch. Ab November 2020 beginnt der zweite Lockdown, und eine Krisensitzung hetzt die nächste. Dabei werden mit deutscher Gründlichkeit derart groteske Regelungen ersonnen, dass das Geschehen manchmal an Realsatire grenzt. In Berlin startet der Sender *rbb24* eine Aufklärungskampagne voller bunter Piktogramme, die dem Bürger Hilfestellung geben soll. Netterweise stellt man einen »Spickzettel zum Ausdrucken« ins Netz, damit man sich die komplexen Regeln besser merken kann. Die Kinderbürger würden ohne zu »spicken« bei der weihnachtlichen Gehorsamkeitsprüfung wohl durchfallen, denn die Regeln sind ziemlich komplex:

*»Zu diesen fünf [erlaubten] Personen können theoretisch beliebig viele Kinder bis 14 Jahre dazukommen. [...] Die Fünf-Personen-Regel gilt nicht für Ehe- und Lebenspartner*innen oder Angehörige des eigenen Haushalts. Wer also in einer 6er-Wohngemeinschaft (oder mehr) lebt – hier gilt immer ein Haushalt – oder mehr als vier Lebenspartner*innen hat, kann die auch alle an Weihnachten treffen. [...] Außerhalb der Weihnachtsfeiertage sind die Regeln noch etwas strenger. Dann dürfen sich fünf Personen treffen, allerdings nur aus zwei Haushalten. Und hier werden Kinder bis – Achtung! – 12 Jahre nicht mitgezählt. Kompliziert wird es also vor allem für Eltern von Kindern, die im schlimmsten Fall auch noch Geburtstag haben und zwischen 12 und 14 Jahre alt sind.«*[94]

Erwartungsgemäß vermelden die Medien zum Jahresende 2020 einen dramatischen Anstieg von »COVID-19-Patienten« in den Krankenhäusern und auf den Intensivstationen. Schaut man sich die konkreten Zahlen genauer an, kommt man aus dem Staunen nicht mehr heraus.

»Vom 1. Juli 2020 bis zum 27. Dezember 2020 ist die Anzahl der belegten Betten auf deutschen Intensivstationen von 21406 auf 21367 Betten

gesunken (!), mithin um 39 Betten bzw. um 0,18 %. Wie die Grafik zeigt, ist die Belegung der Intensivbetten innerhalb des letzten halben Jahres konstant in einem Korridor von etwa 21000 – 22500.«[95]

Die dramatische Meldung der Medien lautet im Dezember aber, dass sich die Zahl der COVID-19 Patienten auf den Intensivstationen *versechsfacht* hat, von 2,1 Prozent im Juni auf 14,2 Prozent. Wie ist es möglich, dass nicht mehr Menschen krank sind als üblich, die COVID-19-Rate aber dramatisch steigt? Hinzu kommt ein weiterer bemerkenswerter Umstand: Der DIVI-Tagesbericht vom 21.7.2020 weist noch 32 000 Intensivbetten aus (belegte und unbelegte zusammen), am 21.11.2020 werden aber nur noch 28 000 Intensivbetten geführt, wobei diese Zahl im Dezember sogar noch weiter sinkt. Pünktlich zur »zweiten Welle« wurde demzufolge mehr als ein Achtel aller intensivmedizinischen Kapazitäten *abgebaut.* Wer kann ein Interesse daran haben, ausgerechnet zum üblichen Anstieg der Herbstinfektionen die Intensivkapazitäten künstlich zu verringern, anstatt zusätzliche aufzubauen? Beides zusammen, Intensivbettenabbau und »Versechsfachung der Corona-Patienten«, wird in den Medien zu einer dramatischen Notlage hochgejazzt. Wer das Prinzip der PCR-Methode verstanden hat, erkennt jedoch schnell: Das Einzige, was auf den Intensivstationen ansteigt, sind Patienten *mit positivem PCR-Test – nicht aber die Gesamtzahl der Intensivpatienten.* Zudem wird als einmalig und neu verkauft, was in jeder Wintersaison gang und gäbe ist. Auch in den Jahren vor Corona wurde es oftmals eng mit der Intensivbettenanzahl. Ärzte mussten herumtelefonieren, und Notarztwagen waren schon immer gezwungen, bis zu 50 km durch den Landkreis zu fahren, um noch freie Intensivbetten zu finden. Das winterliche business as usual wird unter Corona aber als neue Katastrophenmeldung instrumentalisiert.

»Auf den Intensivstationen ging es auch vor Corona um Leben und Tod, und sie waren auch in den Vorjahren schon überlastet. Der einzige Unterschied bestand darin, dass diese Überlastung nicht jede Stunde in den

Nachrichten gemeldet wurde. Dabei war die Not schon lange groß. So warnte das Deutsche Ärzteblatt *im Oktober 2019: ›Bereits jetzt kommt es in Spitzenzeiten wie der Grippewelle 2017/2018 zu Einschränkungen in der Notfallversorgung der Bevölkerung.‹ Direkt nach dieser großen Grippewelle, die rund 25.000 Todesopfer forderte, stellte das ARD-Mittagsmagazin am 27. März 2018 fest: ›Die jährliche Grippe-Saison führt zu einer Krise im System.‹ Als Beispiel wurde der Großraum München genannt, in dem in einer Nacht in jenem März alle Intensivstationen sämtlicher Krankenhäuser wegen Überfüllung geschlossen wurden.«*[96]

Immer greift derselbe Trugschluss: Da *jeder* Patient in den Krankenhäusern routinemäßig mit einem Drosten-PCR-Test auf SARS-CoV-2 mit CT-Werten über 40 getestet wird und es ab Oktober 2020 sogar eine Sonderprämie für positive Corona-Patienten von 100,- EUR/Tag gibt, steigt im Zuge der Testorgie auch die Anzahl der positiven Fälle. Egal ob aus der Augenabteilung oder der Orthopädie – von allen Stationen klaubt man sich die zumeist symptomlosen »Coronafälle« zusammen. Eine Krankenschwester beschreibt diese Praxis in einem Leserbrief an das Presseportal »Frische Sicht«:

»Nach wie vor habe ich 98 % asymptomatische (also symptomlose) Patienten bei mir auf Station. Ich habe jetzt sechs Spätdienste hinter mir. Über Weihnachten kam niemand über die Rettungsstelle. Alle Aufnahmen, die ich hatte, waren intern. Also Verlegungen von anderen Stationen. Angeblich positiv. Mir blutet das Herz, wenn ich eine 94-jährige Frau bekomme aus der Augenabteilung – gut drauf, mobil und muss bei mir eingesperrt werden. Daneben eine aus der Orthopädie. Auch symptomlos. Bei der alten Dame konnte ich zuschauen, wie sie täglich abgebaut hat. Keine Bewegung, keine Physiotherapie. Wir haben leider nicht die Möglichkeit, uns adäquat zu kümmern, weil die Zeit fehlt. […] Zwei demente Herren – auch symptomlos, vegetieren seit über einer Woche in ihrem Zimmer dahin. Anruf von der Leukämiestation. Sie hat eine gaaaaanz schlimme Corona-Patientin. Ich: ›Ja gut, schick mir her.‹ Dame kommt. Ich: ›….na, wie geht's?‹ Sie: ›Ja, mir geht's gut. Ich sollte eigentlich morgen

nach Hause (Montag)‹. Sie war ganz traurig. Ich: ›Ach, schau an. Na dann bringen Sie der Klinik noch zehn Tage Geld.‹ (Ich halte ja mit meiner Meinung nicht hinterm Berg.) Eine Kollegin: ›Die Station wird zugeballert mit haufenweise symptomlosen Menschen, die ihrer Freiheit beraubt werden.‹«[97]

Der Psychologe Prof. Dr. Christof Kuhbandner weist in seinem Artikel *»Corona-Lockdown: Droht tatsächlich eine akute nationale Gesundheitsnotlage?«* auf mögliche wahrnehmungspsychologische Fehlschlüsse hin:

»In der Tat ist laut den Tagesreporten des DIVI-Intensivregisters die Anzahl der Intensivpatienten mit Diagnose ›COVID-19‹ in den letzten Wochen stark gestiegen. Eine offizielle Antwort auf eine Anfrage an das DIVI-Intensivregister zur Diagnostik von ›COVID-19-Intensivpatienten‹ offenbart aber ein fundamentales diagnostisches Problem. Dort wird bestätigt, dass jeder Intensivpatient – unabhängig von der Symptomatik – mit einem SARS-CoV-2-PCR-Test getestet wird und jeder Intensivpatient – unabhängig von der Symptomatik – mit einem positiven SARS-CoV-2-PCR-Testergebnis als ›COVID-19-Intensivpatient‹ geführt wird. Letzteres wird auch in einer offiziellen Antwort des RKI auf eine entsprechende Anfrage bestätigt. Selbst wenn demnach beispielsweise eine Person wegen eines Autounfalls auf Intensivstation liegen würde und ein positives SARS-CoV-2-PCR-Testergebnis aufweist ohne jede weitere COVID-19-spezifische Symptomatik, würde diese Person als ›COVID-19-Intensivpatient‹ zählen. […] Grundlegend ist dafür folgende Überlegung: Wenn es aktuell einen echten Anstieg von Intensivpatienten mit COVID-19-Krankheitssymptomen geben würde, dann müsste eigentlich auch die Gesamtanzahl der belegten Intensivbetten steigen. COVID-19 ist eine neue Krankheit, dementsprechend müsste die steigende Anzahl an COVID-19-Intensivpatienten eigentlich zu den für diese Jahreszeit ansonsten typischen Krankheiten auf Intensivstation hinzukommen (außer man würde zugunsten von COVID-19-Intensivpatienten andere Intensivpatienten auf die Normalstation verlegen). […] Es lässt sich kein wirklicher Anstieg in der Anzahl der insgesamt belegten Intensivbetten erkennen. Das Einzige, was ansteigt, ist die Anzahl der Intensivpatienten

mit positivem SARS-CoV-2-PCR-Testergebnis. Dieses Muster wird auch durch weitere Befunde bestätigt. Im wöchentlichen Influenzabericht des RKI wird die Anzahl stationär behandelter Fälle mit akuten respiratorischen Infektionen (SARI-Fälle) berichtet sowie der Anteil dieser Fälle, welcher ein positives SARS-CoV-2-PCR-Testergebnis aufweist (basierend auf den Daten aus 71 Sentinelkliniken). […] Hier zeigt sich praktisch dasselbe Muster: Die Gesamtanzahl der stationär behandelten SARI-Fälle bleibt gleich bzw. sinkt sogar leicht, es steigt einzig der Anteil der SARI-Fälle (schwere akute Atemwegsinfektionen – severe acute respiratory infection), welche ein positives SARS-CoV-2-PCR-Testergebnis aufweisen. Man findet also sowohl in Bezug auf die Belegung der Intensivstationen als auch in Bezug auf die stationär behandelten SARI-Fälle folgendes eigenartiges Muster: Die Gesamtanzahl an Intensivpatienten und stationär behandelten SARI-Fällen bleibt gleich, das Einzige, was zunimmt, ist die Anzahl der Patienten mit positivem SARS-CoV-2-PCR-Testergebnis. Sollte es sich also um echte ›COVID-19‹-Fälle handeln, dann müssten in den letzten Wochen gleichzeitig alle anderen Krankheiten auf den Intensivstationen bzw. alle stationär behandelten SARI-Fälle mit anderen viralen Ursachen abgenommen haben, und zwar spiegelbildlich zum Anstieg in den ›COVID-19‹-Fällen. Das erscheint relativ unwahrscheinlich.«[98]

Bezeichnenderweise sind es Psychologen wie Prof. Dr. Christof Kuhbandner oder der Psychiater und Neurowissenschaftler Raphael Maria Bonelli, die im Winter 2020 darauf hinweisen, dass hier etwas nicht stimmen kann. Vielleicht könnte das »Wunder von Madrid« zusätzlich Licht ins Dunkel bringen. Überraschenderweise meldet der Focus am 14.11.2020 eine kleine Sensation: *»Restaurants sind voll, Corona-Zahlen sinken rapide: Experten staunen über ›Wunder von Madrid‹«*. Was war geschehen? Ausgerechnet Madrid, eine ehemalige Corona-Hochburg, meldet den rapiden Rückgang der Infektionen, und dies, obwohl der Lockdown gelockert wurde. Das Kuriosum: Die plötzliche Gesundung betrifft nur Madrid, aber keine anderen spanischen Städte – man steht vor einem Rätsel.

»Während in vielen anderen Städten Spaniens und Europas neben Gastronomiebetrieben auch Kultur- und Freizeiteinrichtungen teils völlig dicht sind, darf man in der spanischen Hauptstadt bis Mitternacht in Bars und Restaurants sitzen. Das Überraschende dabei: Trotz des relativ ausgelassenen Treibens gehen im einstigen Corona-Epizentrum die Infektionszahlen und andere wichtige Indikatoren seit Wochen zum Teil rapide nach unten. Ende September, als die Corona-Lage anderswo noch relativ entspannt war, hatte die Region Madrid mit 813 Infektionen pro 100000 Einwohnern binnen 14 Tagen noch die bei Weitem schlechtesten Werte Westeuropas. Diese sogenannte 14-Tage-Inzidenz betrug zuletzt nur noch 328. Die Zahl der Fälle je 100000 Einwohner binnen sieben Tagen fiel allein von Mittwoch auf Donnerstag von 161 auf 152. [...] Die Zeitung ›El Mundo‹ und andere spanische Medien sprechen inzwischen wegen der lang anhaltenden Tendenz vom Madrider ›Milagro‹, vom ›Wunder von Madrid‹. Experten rätseln und wagen es nicht, konkrete Erklärungen zu liefern. Was macht Madrid richtig? ›Das ist die Millionenfrage‹, sagt der Epidemiologe José Jonay Ojeda gegenüber ›El Mundo‹. Es sei noch zu früh, um Schlüsse zu ziehen. Ojeda stimmt mit vielen Kollegen aber darin überein, dass es einen Hauptgrund für den Erfolg geben könnte: Antigentests. Madrid kaufte Ende September fünf Millionen dieser Tests.«[99]

Die Vermutung liegt nahe, dass das »Wunder von Madrid« tatsächlich im Zusammenhang mit der Anschaffung der fünf Millionen Antigentests stehen könnte. Das neue Verfahren weist ein spezifisches SARS-CoV-2-Antigen im menschlichen Nasen-Rachen-Raum direkt auf einem Teststreifen nach, ohne dass hierfür ein Labor benötigt wird und ohne die exponentielle Amplifikation der PCR-Methode. Der Hersteller Roche erklärt: *»Wenn das Zielantigen in ausreichender Konzentration in der Probe vorhanden ist, bindet es an spezifische Antikörper und erzeugt ein visuell nachweisbares Signal auf dem Teststreifen, wobei die Ergebnisse in der Regel in 15 bis 30 Minuten vorliegen.«*[100]

Was kritische Wissenschaftler, Virologen und Epidemiologen seit März 2020 behaupten, würde sich bewahrheiten: Weniger Drosten-PCR-Tests bedeuten weniger »Corona-Infizierte«. Dennoch werden die neuen Schnelltests im Verlauf der Pandemie eine fragwürdige Rolle spielen. Obgleich die Tests nicht ganz so fehlerhaft sind wie PCR-Tests mit überhöhten CT-Werten, sorgt ihr massenhafter Einsatz für statistische Verzerrungen.

Medienversagen

Spätestens ab Mitte 2020 widersprechen Hunderte Fachärzte, Epidemiologen, Mathematiker, Psychologen und Psychiater der offiziellen Corona-Politik, man organisiert sich in Ausschüssen und Gremien, in denen die Politik der Bundesregierung kritisiert wird. Anfängliches Schweigen und Verunsicherung vieler Fachleute ist in ein echtes Aufklärungsbedürfnis umgeschlagen. Man wird sich zunehmend der Verantwortung bewusst, da immer deutlicher wird, dass die Folgen der »Corona-Schutzmaßnahmen« einen Schaden produzieren, der weit über den Nutzen hinausgeht. Genau hier bildet sich der eigentliche Medienskandal ab: Die Vielzahl renommierter Virologen, Epidemiologen, Klinikleiter, Mathematiker, Soziologen und Psychiater, die sich kritisch zur Corona-Politik äußern, müsste eigentlich zur Primetime bei Anne Will sitzen oder von Ingo Zamperoni in den Tagesthemen interviewt werden. Stattdessen sind hochkarätige Aufklärer auf Onlineplattformen oder Nischensender wie Servus-TV angewiesen, wo sie lediglich eine vergleichsweise bescheidene Öffentlichkeit erreichen oder auf YouTube zudem noch gelöscht werden. Nur wache und interessierte Bürger bekommen überhaupt mit, dass sich Corona-Kritiker mitnichten aus Aluhut-Trägern, Spinnern und Rechtspopulisten zusammensetzen. Vielmehr sind international renommierte Kapazitäten dabei, darunter viele Institutsleiter und Universitätsprofessoren, wie

Prof. Dr. Dr. Martin Haditsch, Prof. Dr. Beda Stadler, Dr. Wolfgang Wodarg, Prof. Dr. Karin Mölling, Prof. Dr. Sucharit Bhakdi, Prof. Dr. Stefan Hockertz, Prof. Dr. Hendrik Streeck, Prof. Dr. John Ioannidis, Prof. Dr. Stefan Homburg, Frau Prof. Dr. Ulrike Kämmerer, Prof. Dr. Matthias Schrappe, Prof. Dr. med. Klaus Püschel, Prof. Dr. Gunnar Heinsohn, Prof. Dr. Andreas S. Lübbe, Prof. Dr. Karina Reiß, Prof. Dr. Peter Schirmacher, Prof. Dr. Andreas Sönnichsen, Prof. Dr. Dr. Harald Walach, Dr. Claus Köhnlein und viele, viele andere.

Als sich schließlich die Crème de la Crème internationaler Wissenschaftsprofessoren aus Harvard, Oxford und Stanford zusammenschließt, um am 4. Oktober 2020 die *»Great Barrington Erklärung«*[101] abzugeben, in der die weltweite Corona-Politik verurteilt wird, sieht sich sogar die Tagesschau genötigt, Stellung zu beziehen.

In »Testen, bis man krank ist« kommentiert die *Weltwoche:* *»Während man sich auf dem europäischen Festland an hypothetische Fallzahlen und Szenarien klammert, regt sich unter Epidemiologen, Immunologen und Gesundheitsökonomen im angelsächsischen Raum und in Israel Widerstand. Vierzig Professoren von namhaften Universitäten – von Oxford über Stanford, Yale, Harvard, London bis Tel Aviv und Montreal – haben sich Anfang Oktober auf die ›Great Barrington Declaration‹ geeinigt. Sie fordern ein schnelles Ende der gängigen Corona-Maßnahmen. Gemäß der Barrington-Erklärung wurden die ›kurz- und langfristig verheerenden Auswirkungen der Lockdown-Politik auf die öffentliche Gesundheit‹ sträflich vernachlässigt. [...] Betroffen seien vor allem die unteren sozialen Schichten und die Kinder, denen grundlos das Recht auf Bildung vorenthalten werde. Diese Politik fortzusetzen, bis eine Impfung gegen Covid-19 vorliegt, wäre nach Ansicht der Wissenschaftler verantwortungslos.«*[102]

Die Erklärung weist schließlich darauf hin, dass unter Beibehaltung der bisherigen Corona-Politik ein weltweiter, irreparabler Schaden entstehen wird und dass die Unterprivilegierten besonders stark betroffen sein werden. Zudem sei klar, dass die Risiken, an COVID-19 zu sterben, bei alten und vorerkrankten Menschen mehr als tausendmal höher seien als bei jungen Menschen. Das Gefahrenpotenzial von COVID-19 wird schlussendlich mit einer Influenza verglichen. Dieser höchst brisanten und berufenen Kritik internationaler honoriger Professoren, darunter ein Nobelpreisträger, mit schnöder Ignoranz zu begegnen, traute man sich bei der Tagesschau dann doch nicht. Stattdessen diskreditierte man die Erklärung, indem man das Ereignis als egoistischen Vorstoß eines neoliberalen Think-Tanks framte, dem es einzig um Profite geht.

Anstatt ihrer eigentlichen Aufgabe nachzukommen und den offen formulierten Widerspruch der renommierten Fachwelt abzubilden, unterliegen die gebührenfinanzierten Medien größtenteils immer noch demselben Schutzreflex, der sich im Rahmen der sogenannten Flüchtlingskrise etabliert hat. Die Regierungspolitik wird auf geradezu pawlowsche Art verteidigt, komme, was da wolle. In meinem vorangegangenen Buch *Die Wiedergutmacher* beschrieb ich eine Medienstudie, die festgestellt hatte, dass deutsche Leitmedien sehr einseitig über die sogenannte Flüchtlingskrise berichtet hatten. Dasselbe Phänomen wiederholt sich 2020 erneut:

»ARD und ZDF haben nach Ansicht von Wissenschaftlern in den ersten Monaten der Corona-Pandemie mit ihren Sendungen einen massenmedialen ›Tunnelblick‹ erzeugt. ›Sondersendungen wurden zum Normalfall und gesellschaftlich relevante Themen jenseits von Covid-19 ausgeblendet: Es war eine Verengung der Welt‹, sagte der Medienforscher Dennis Gräf vom Lehrstuhl für Neuere Deutsche Literaturwissenschaft an der Universität Passau dem Evangelischen Pressedienst. [...] Die Wissenschaftler kamen zum Schluss, dass Journalismus differenzierter sein und Maßnahmen in der Corona-Pandemie auch grundsätzlich hinterfragen müsse. Dies sei in den Beiträgen der Öffentlich-Rechtlichen aber nicht geschehen, resümierten sie. [...] Nach Angaben der Medienwissenschaftler Gräf und Hennig vermittelte schon die Häufigkeit der Sondersendungen Zuschauern ein permanentes Krisen- und Bedrohungsszenario. Die Inhalte hätten dies noch verstärkt: Fußgängerzonen ohne Fußgänger seien gezeigt worden, leere

Geschäfte, begleitet von Spekulationen über eine lang anhaltende Krise, die aber noch gar nicht da sei. ›Solche Bilder kennen wir aus Endzeiterzählungen und Zombiegeschichten‹, sagte Gräf.

Hennig fügte hinzu, dass Normalbürger ›immer aus der Perspektive von Leistung inszeniert‹ wurden. ›Immer wieder wurde von Helden des Alltags gesprochen, die ihre Berufsrolle ins Extreme übersteigern, Tag und Nacht für die Gesellschaft da sind und sich im übertragenen Sinne aufopfern für ein höheres Wohl.‹ Als Beispiele nannte er Pflegekräfte oder DHL-Zusteller sowie die ›Glorifizierung‹ des Virologen Christian Drosten. […] Hennig erläuterte ferner, die Sondersendungen konstruierten eigenständige Modelle der Welt, vermittelten gewisse Werte und arbeiteten mit Zuspitzungen. Wenn aber Inszenierungsstrategien verwendet würden, ›die wir von Hollywood-Blockbustern‹ über gefährliche Viren kennen, würden die eigentlich als Dokumentationen gedachten Sendungen fast zum fiktionalen Format.«[103]

Glücklicherweise schauen nicht alle Bürger »fiktionale Sendungen«, wie die Tagesschau oder das heute-journal, um dort den täglichen Alarmmeldungen des RKI und Christian Drosten zu lauschen. Bereits im März/April 2020 regte sich erster, zaghafter Widerstand. Das mediale Reaktionsmuster, mit Kritikern der Corona-Politik umzugehen, war jedoch bereits voll ausgebildet. Zu Beginn der Krise protestierte in Berlin ein Häufchen versprengter Demonstranten rund um den ehemaligen *taz*-Redakteur Anselm Lenz. Dem ehemaligen Arbeitgeber passte diese Aktivität allerdings gar nicht. Lenz wurde unvermittelt mit dem Alu-Hut gekrönt und als Verschwörungstheoretiker diffamiert; die *taz* titelte:

»Mit Grundgesetz gegen den Verstand – Die Verschwörerszene will wöchentlich in Berlin demonstrieren. Die Gefahr von Corona wird negiert, über andere Interessen wird fantasiert.«

Der nachfolgende Text ließ keinen Zweifel daran, dass es sich bei der Mini-Demo pro Grundgesetz um Irre jedweder Couleur handeln muss, durchmischt natürlich von neurechten Populisten.

»Hinter dem behaupteten Einsatz für die Grundrechte wie dem Demonstrationsrecht stehen krude Theorien über die Ursachen der Corona-Pandemie. Der Hauptansprechpartner der Gruppierung, Anselm Lenz, der zuletzt auch als freier Autor der taz Berlin tätig war, spricht in einem Video der Aktion von einem ›umstrittenen Virus, zu dem es mindestens zwei Meinungen gibt‹.«[103A]

Dabei hat Lenz noch Glück gehabt. Möglicherweise dank Beißhemmung gegen einen ehemaligen Kollegen verortete man Lenz nicht gleich als Neonazi, sondern lediglich als irrsinnig, wie eine Zwischenheadline des Artikels zeigt: »*Von links nach wirr*«. Der *taz*-Artikel kann als exemplarisch für einen Großteil der etablierten Medien gelten, wie man fortan mit Corona-Kritikern umgeht. Wer nicht an ein Killervirus glaubt und die Maßnahmen der Bundesregierung befürwortet, ist entweder nicht ganz richtig im Kopf, wurde von rechten Verschwörungstheoretikern verhetzt oder, um es mit den Worten Söders auszudrücken, ist ein Sünder, hat zur dunklen Seite der Macht gewechselt und steht in der geistigen Nachfolge der RAF.

Corona-RAF

Im Verlauf des Jahres 2020 wurde aus dem zaghaften Protestgrüppchen um Anselm Lenz eine beachtliche Bürgerbewegung. Mediale Versuche, die Protestler als kleines Grüppchen rechter Spinner und Verschwörungstheoretiker nach PEGIDA-Muster abzustempeln, gelingen anfangs nur leidlich. Als es im Spätherbst 2020 zum medialen Unfall mit Prof. Schrappe im ZDF kommt, »diese Zahlen sind das Papier nicht wert, auf denen sie geschrieben stehen«, legt am 24.11.2020 die Tagesschau mit einer heftigen Diffamierungskampagne gegen Corona-Kritiker nach. Man entschließt sich, das schärfste Schwert im Schrank zu zücken: Kritiker der Regierungspolitik werden als Antisemiten geframed:

»Wie groß die Angst ist, die Deutungshoheit zu verlieren, zeigt beispielsweise ein Aufgebot, das gestern Abend in der ARD-Tagesschau in Stellung gebracht wurde. Der Beitrag und die ehemals der Stasi verpflichtete Anetta Kahane von der Amadeo Antonio Stiftung luden zu folgender gedanklicher Kette ein: Skepsis gegen Corona-Maßnahmen ist gleich Verschwörungstheorie. Verschwörungstheorie ist gleich Antisemitismus. Skepsis gegen Corona-Maßnahmen ist somit gleich Antisemitismus. Wie groß muss die argumentative Verzweiflung sein, um so etwas am Vorabend des Treffens von Angela Merkel mit den Länderchefs in der Hauptnachrichtensendung des Landes laufen zu lassen?«[104]

Im Januar 2021 entscheidet sich Markus Söder für eine weitere Eskalationsstufe der Diffamierung. Wer in Bezug auf die Corona-Politik eine abweichende Meinung vertritt, wird kurzerhand mit Terroristen verglichen.

»Der Verfassungsschutz habe dabei eine zentrale Aufgabe zu spielen. Söder sagte: Es bestehe die Gefahr, dass sich aus dem Umfeld der AfD heraus ›in Deutschland ein Corona-Mob oder eine Art Corona-RAF bilden könnte, die zunehmend aggressiver und sogar gewalttätig werden könnte‹.«[105]

In Wirklichkeit weiß man sehr genau, wie sich die Protestbewegung gegen die Corona-Politik zusammensetzt. Der deutsche Wirtschafts- und Gesellschaftswissenschaftler Oliver Nachtwey, Professor für Sozialstrukturanalyse an der Universität Basel, hat eine entsprechende Studie dazu vorgelegt.

»›Bei der letzten Bundestagswahl‹, sagte Nachtwey der FAZ, ›haben nach unserer Befragung 21 Prozent die Grünen und 17 Prozent die Linke gewählt. Der AfD haben 14 Prozent ihre Stimme gegeben.‹«[106]

Wenn von höchster Stelle alle Corona-Kritiker pauschal als Antisemiten, Nazis und Terroristen geframed werden, muss man sich allerdings nicht wundern, wenn es zu gewaltsamen Übergriffen kommt.

»›Wir beobachten seit einigen Wochen eine Mobilisierung der linksextremistischen Szene zu Protesten gegen die Querdenken-Kundgebungen

in Stuttgart‹, erklärte ein Sprecher des Innenministeriums gegenüber FOCUS Online. *Dabei sei ›eine gestiegene Militanz der gewaltorientierten linksextremistischen Szene‹ zu beobachten. Vor allem ›die Häufung der koordinierten körperlichen Übergriffe‹ stelle aus Sicht des Landesamtes für Verfassungsschutz ›eine neue Entwicklung dar‹.«*[107]

Wie die Analyse von Oliver Nachtwey ergeben hat, befinden sich unter den Protestlern viele Grüne, Veganer, Yoga- und Meditations-Interessierte sowie Linksintellektuelle, die allein zum Thema Impfung viel zu aufgeklärt sind, als dass sie sich mit platten Angstparolen ins Bockshorn jagen lassen. Über ihre Zwangsverortung im rechtspopulistischen Lager reagieren diese Gruppen natürlich empört. Erstmals erfährt man hier am eigenen Leib, wie rigoros die Mainstreampresse mit Regierungskritikern umgeht. Für die Kanzlerin bahnt sich ein strategisches Dilemma an: Ausgerechnet das Klientel, das voll hinter der Energie-, Migrations- und Klimapolitik der Regierung steht, folgt ihr bei Corona allenfalls widerwillig. Ein Bill Gates in den Tagesthemen, der am 12.04.2020 breit grinsend erklärt, 7 Milliarden Menschen zwangsweise impfen zu lassen, kommt bei ganzheitlich und gesundheitlich aufgeklärten Menschen nicht gut an:

»›Wir werden den zu entwickelnden Impfstoff letztendlich sieben Milliarden Menschen verabreichen. (…) Langfristig wird die Produktion so hochgefahren, dass alle Menschen auf unserem Planeten damit geimpft werden können.‹ Die erste Frage, die man zu dieser unglaublichen Aussage stellen könnte, wäre: Wer ist ›wir‹? Gates agiert legitimatorisch in einem luftleeren Raum. Niemand hat ihn gewählt oder anderweitig demokratisch ermächtigt. Alles, was er vorzuweisen hat, sind die Milliarden, mit denen er die Weltgesundheitsorganisation WHO und diverse andere Gesundheitsinstitutionen unterstützt. Er selbst sieht sich als uneigennützigen Gönner, agiert aber wie der Sprecher einer – nicht gewählten – Weltregierung.«[108]

Aufgrund des breiten Bündnisses des Widerstands warnt der strategische Regierungsberater Heinz Bude die Regierung vor einem hohen Potenzial der Corona-Protestbewegung:

»Das Ablehnungspotenzial in der Bevölkerung gegen die Corona-Maßnahmen von Bund und Ländern schreckt Politikberater auf. Der Soziologe Heinz Bude, der zum Beraterstab der Bundesregierung in der Coronakrise gehörte, warnt vor einer breiten gesellschaftlichen Protestbewegung gegen die Corona-Politik: ›Da brennt etwas an‹, sagte der Experte der Zeitung Welt am Sonntag. *Besonders enttäuschte Wähler von FDP und Grünen könnten sich dieser Bewegung zuwenden. ›Zusammen sind das 20 Prozent. Das sind ziemlich viele, und es sind stimmungsstarke Gruppen. Wenn die politisch allein gelassen werden, kriegt man das nicht mehr eingeholt.‹ Einen neuen Lockdown hält Bude daher für unmöglich: ›Wir können uns nicht mehr in den Hammer retten, das ist vorbei. Insofern kann es gar keinen zweiten Lockdown geben: Dann wären wir verloren.‹«*[109]

Mit seiner Einschätzung vom August 2020 lag Bude falsch. Nach intensiver Diffamierungskampagne gegen Corona-Kritiker, wagt die Regierung den zweiten »Hammer« schließlich doch. Zuvor war es im Sommer rund um die Berliner Siegessäule zum beinahe Super-GAU für die Regierung gekommen. Unter dem Motto »Tag der Freiheit – das Ende der Pandemie« fand in Berlin eine imposante Großdemo statt, wobei weder die Veranstalter noch die Polizei mit einem derartig großen Zulauf gerechnet hatten. Die Bundesregierung und willfährige Medien hielten anfangs an der Erzählung einer kleinen protestierenden Minderheit fest, die rechtspopulistischen Rattenfängern auf den Leim gegangen sei. Um diesen Frame aufrechtzuerhalten, war es unabdingbar, die Zahl der Demonstrationsteilnehmer drastisch herunterzurechnen. Die Tagesschau sprach von 17 000 bis 20 000 Teilnehmern, obgleich jedem Berliner, der die Örtlichkeiten kennt, sofort klar war, dass es sich um Hunderttausende Teilnehmer gehandelt haben muss. Die Tatsache, dass Hunderttausende der Corona-Politik der Bundesregierung widersprachen, indem sie unmittelbar das Angst-Mem eines angeblich dringend notwendigen Maskenschutzes widerlegten, war für die Regierung hochgradig brisant. Tatsächlich fand auf der Straße des 17. Juni ein gigantisches In-vivo-Experiment statt, eine Beweisführung, dass die Kaiserin nackt ist. Hunderttausende Menschen standen ohne Masken eng zusammen, singend, tanzend, diskutierend. Eigentlich hätte die Berliner Großdemo das »Superspreader-Event« schlechthin sein müssen – Karneval und Ischgl zusammen genommen sind nichts dagegen. Selbstverständlich wurde aus allen moralischen Rohren gegen diese Ungeheuerlichkeit gefeuert. Dummerweise hatten alle Beschwörungen der dramatischen Folgen nur eine kurze Halbwertszeit. 19 Tage nach der Großdemo von Berlin stand zweifelsfrei fest, dass Corona nicht die Killerseuche sein kann, wie von der Regierung, RKI und Drosten behauptet. Relativ unklug war daher ein Tweet der Bundesvorsitzenden der SPD Saskia Esken vom 1. August 2020, denn derartige Moralgewitter widerlegten sich nach kurzer Zeit selbst:

»Tausende #Covidioten feiern sich in #Berlin als »die zweite Welle«, ohne Abstand, ohne Maske. Sie gefährden damit nicht nur unsere Gesundheit, sie gefährden unsere Erfolge gegen die Pandemie und für die Belebung von Wirtschaft, Bildung und Gesellschaft. Unverantwortlich!«

Zwei bis drei Wochen nach Berlin gab es weder in der Sterbestatistik noch in den Belegzahlen der Intensivstationen das geringste Zittern. Keine Anstiege, keine Cluster, kein erneuter Infektionsausbruch. Wäre Corona tatsächlich die schlimme Seuche, die den Bürgern verkauft wird, hätte sich das Großereignis von Berlin unzweifelhaft in der Corona-Fallstatistik abbilden müssen. Doch nichts dergleichen geschah.

Auf mich wirkte die Berichterstattung rund um die Berliner Großdemo wie ein böses Déjà-vu. Wie 2015 bei der sogenannten Flüchtlingskrise war es ohne Abgleich via Livestream aus dem Internet unmöglich, ein realistisches Bild von der Lage zu bekommen. Die etablierten Medien logen nicht nur über die grotesk nach unten gerechneten Teilnehmerzahlen, auch die Bildauswahl der Demonstranten hatte nichts mit dem repräsentativen Charakter der friedlichen Veranstaltung zu tun. Statt der allseits dominierenden Regenbogenflaggen zeigte das Fernsehen versprengte Grüppchen rechter Nationalisten. Statt die prallvollen Paradestraßen rund um das Brandenburger Tor und die Siegessäule zeigte man halbleere Gassen mit versprengten Demonstranten, die in Wirklichkeit gerade erst auf dem Weg zur eigentlichen Großveranstaltung waren. Wie 2015 galt: Bürger, die keine digitalen Medien nutzen, waren chancenlos, die Wirklichkeit zu erfassen.

Nachdem die erste Großdemonstration vom 1. August 2020 noch mit Ach und Krach als Veranstaltung weniger, abgeirrter Covidioten hingestellt werden konnte, war diese Strategie bei der zweiten, noch größeren Veranstaltung vom 29. August 2020 nahezu unmöglich. Natürlich wussten Bundesregierung und Berliner Senat im Vorfeld sehr genau, dass Massendemonstrationen ohne Masken große Autoritäts- und Glaubwürdigkeitsprobleme mit sich bringen. Zum einen wirken Bilder mit Tausenden Menschen ohne die Insignien des Gehorsams ansteckend renitent. Zum anderen stellt der statistisch leicht zu belegende ausbleibende Infektionsanstieg nach dem Massenereignis ein weiteres Glaubwürdigkeitsproblem dar. Aus gutem Grund und entgegen jeglicher Rechtsgrundlage entschließt sich der Berliner Senat Ende August zum Tabubruch und verbietet das hohe Gut der Demonstrationsfreiheit. Fadenscheinige Argumente zum Schutz der Volksgesundheit werden bemüht. Der Berliner Innensenator Geisel nutzt zusätzlich noch das altbewährte »Rechtsextremisten«-Framing, indem er erklärt:

»Ich bin nicht bereit, ein zweites Mal hinzunehmen, dass Berlin als Bühne für Corona-Leugner, Reichsbürger und Rechtsextremisten missbraucht wird.«[110]

Glücklicherweise funktionierte im Spätsommer 2020 der demokratische Rechtsstaat insoweit noch, dass der Berliner Senat in gleich zwei gerichtlichen Instanzen schallende Ohrfeigen erhält. Die Großveranstaltung darf stattfinden, wenn auch unter Auflagen. Doch die Regierung merkt sich diese Schlappe und plant eine neue Gesetzgebung, die nur wenige Monate später umgesetzt wird. Die zweite Großdemo hängt sich zwar an der restriktiven Corona-Politik auf, doch inzwischen geht der Protest weit darüber hinaus. Es formiert sich offener Widerstand gegen die fünfzehnjährige Kanzlerschaft Merkels, die sich immer mehr zur Top-down-Politik gewandelt hat. Um ihren Unmut gegen die Regierung Merkel zu bekunden, machen sich am 29. August 2020 Hunderttausende Bürger auf den Weg nach Berlin. Ehrliche Bilder aus der Vogelperspektive über dieses imposante Großereignis hätte die Kanzlerin in ernste Bedrängnis gebracht, doch der »rechtsradikale Sturm auf den Reichstag« überschreibt die friedliche Großdemo gegen die Regierung vollständig.

Auf der zweiten Demo bin ich persönlich vor Ort und habe mir einen Logenplatz direkt auf dem unteren Podest der Siegessäule, Blickrichtung Brandenburger Tor, ergattert. Zu meiner Überraschung laufen auf meinem Smartphone gegen 13 Uhr Pressemeldungen auf, nach denen »die Demo« aufgelöst sei. Allenfalls im Kleingedruckten kann man lesen, dass es sich dabei lediglich um einen Demonstrationszug aus der Friedrichstraße handelt. Unentschlossene Bürger, die sich bis dahin noch nicht auf den Weg gemacht haben, müssen jedoch den Eindruck bekommen, die ganze Hauptveranstaltung sei bereits abgesagt worden, obwohl diese noch nicht einmal angefangen hat. Doch weder Falschmeldungen, Autobahnsperrungen oder Polizeiblockaden können den gewaltigen Zulauf stoppen. Immer mehr Menschen strömen über Seitenstraßen an den großen Stern heran, bis der Tiergarten und die Straße des 17. Juni bis zum Brandenburger Tor mit Menschen gefüllt sind. Eine für diese Menschenmenge ungewöhnlich friedliche und geordnete Stimmung prägt die Veranstaltung. Geduldig und über viele Stunden folgt die Menge den Aufforderungen, Abstand zu halten, damit die Veranstaltung nicht in letzter Minute abgesagt werden kann. Insgesamt hat man das Gefühl, eher auf einer links-ökologischen Großveranstaltung zu sein, Familien mit Kindern, ältere und alternative Menschen prägen das bunte Bild. Regenbogenfahnen dominieren, Luftballons in Herzform steigen in den Himmel, Seifenblasenmaschinen pusten zur Freude der Kinder bunte Blasen in die Luft. Auf dem Weg zum großen Stern passiere ich improvisierte Infostände von Christen und Buddhisten, einer hat den Bestseller *»Corona Fehlalarm?«* von Prof. Dr. Sucharit Bhakdi ausgelegt. Und dann sehe ich sie doch – die viel beschworenen »Rechtsextremisten«. Etwas verloren schleichen kleine Trüppchen junger tätowierter Männer umher und tragen Reichsflaggen oder Insignien rechter Gesinnung vor sich her. Niemand nimmt so recht Notiz von ihnen, und es gelingt ihnen nicht, die Veranstaltung in irgendeiner Weise zu stören oder zu dominieren. Ihre Anwesenheit ist unübersehbar, dennoch ist ihre Anzahl im Verhältnis zur Gesamtzahl der Demonstranten marginal. Als der offizielle Teil der Veranstaltung beginnt, hat man vollends das Gefühl, auf einer links-ökologischen, spirituellen Veranstaltung zu sein. Buddhistische Herzmantras werden gesungen, Hunderttausende machen mit, und nicht einmal die bösen »Nazis« wagen es, die Andacht zu stören. Es folgen Beiträge von diversen Rednern, die ich ebenfalls eher links verorten würde, darunter ebenso wirre wie kluge Beiträge. Insgesamt wirkte das mediale Framing als »rechte Versammlung« umso lächerlicher, je länger man der Veranstaltung beiwohnte. Schlussendlich verlasse ich die Veranstaltung in der Gewissheit, dass dieses Großereignis unmöglich von der Presse kleingeredet oder plump als rechtspopulistisch geframed werden kann. Eine dritte Möglichkeit, dass das Thema medial gar nicht erst stattfindet, kam mir überhaupt nicht in den Sinn. Doch am Morgen des 30. August sind die Titelblätter voll mit hasserfüllten Gesichtern und Reichsflaggen. Am 29. August sei es zum »Sturm« und fast »rechten Putsch« am Reichstag gekommen, der nur durch den heldenhaften Einsatz der Polizei verhindert werden konnte, kann man überall lesen. Von der eigentlichen Großdemo gegen die Regierung mit Hunderttausenden friedlichen Menschen spricht niemand.

Die wahren Hintergründe zum »Sturm« auf den Reichstag wären sicherlich ein eigenes Essay wert. Glücklicherweise sind inzwischen selbst Mainstreammedien eher kleinlaut geworden, da sich der »Sturm auf den Reichstag« eher als ein »Sturm im Wasserglas« entpuppte – zu viele Ungereimtheiten stehen im Raum: Warum wurde der Reichstag gerade an diesem Tage nur von einer Handvoll Polizisten bewacht? Warum erhielten ausgerechnet Reichsbürger eine Sondergenehmigung zu einer Kundgebung in einer für Demonstrationen strikt gesperrten Schutzzone, direkt an den Stufen des Reichstages? Warum positionierte sich vor dem Ereignis ein Filmteam auf dem Dach des Paul-Löbe-Hauses, um die Szene zu filmen? Warum wurde ein professionell geschnittener Handy-Film über den »Sturm« von derselben linken Aktivistengruppe geteilt, die auch die »Hetzjagden von Chemnitz« in Umlauf gebracht hatte? Warum ist einer der drei »Helden des Reichstags« sonst »Auf Streife« für eine RTL-Doku-Serie tätig? Warum blieben die »Erstürmer« auf den Reichstagstreppen stehen, um in aller Seelenruhe Selfies zu machen, anstatt zu versuchen, in das Gebäude vorzudringen? Was ist die Rolle der ominösen Tamara K., welche die Menge einpeitscht, endlich in Richtung Gebäude zu laufen, und dabei durchblicken lässt, es habe »Zeichen« gegeben, da die Polizisten ihre Helme abgenommen hätten? Fragen über Fragen, die sicherlich einen Untersuchungsausschuss rechtfertigen. In jedem Fall ist der Umstand, dass an einem Tag wie dem 29. August ausgerecht der Reichstag nicht bewacht wird, mehr als bemerkenswert. Dies fällt sogar der ansonsten willfährigen Presse auf, selbst hier ist man perplex. So kommentiert ein konsternierter *Bild*-Reporter:

»Diese Bilder hätte es so niemals geben dürfen. Und die, wenn Planung, Zusammenhalt und Koordination vor Ort besser funktioniert

hätten, so auch niemals passiert wären. Hier muss irgendetwas schiefgegangen sein, irgendetwas muss ganz schnell passiert sein, dass die Beamten so überrascht wurden, dass einzelne Polizisten isoliert und alleine an den Toren des deutschen Parlaments stehen und sich mit bloßen Händen und einem Schlagstock gegen hunderte Demonstranten wehren müssen.«[111]

Wie dem auch immer sei – der »kleine Koordinationsfehler vor Ort« ist jedenfalls ein Gottesgeschenk für die Bundesregierung. Nicht nur, dass niemand mehr über die eigentliche Großdemo spricht, zusätzlich liefert das Ereignis Bildmaterial en masse, um das Narrativ einer rechten Gefahr zu befeuern.

Maskenball

Nachdem die erste Großveranstaltung kleingeredet und die zweite mit der Legende eines beinahe Naziputsches überschrieben wurde, lassen neue restriktive Sondergesetze nicht lange auf sich warten. Direkt nach der zweiten Großdemonstration bekommen zumindest die Berliner Bürger ihre Quittung. Demonstrationsrecht, Maskenpflicht und Kontaktdatengesetz in Gaststätten werden bei drakonischen Strafen verschärft. Dabei ist die offizielle Begründung des Gesundheitsschutzes nur noch zynisch, da im Spätsommer 2020 jegliche Evidenz einer »zweiten Welle« fehlt. Von 83 Millionen Bundesbürgern werden gerade mal 223 Personen wegen Corona stationär behandelt. Die rigorose Durchsetzung der Maskenpflicht, insbesondere bei Regierungskritikern, hat gute Gründe. Im Gegensatz zu Schweden und Dänemark hat sich Deutschland komplett für den chinesischen Weg entschieden. Lockdown und Maskenpflicht sind allerdings derart drastische Eingriffe in die Grund- und Freiheitsrechte der Bürger, dass ein nachträgliches Eingeständnis der Sinnlosigkeit ohne Gesichts- und Machtverlust unmöglich wäre. Mehr noch, mit dem Maskenzwang hat sich ein sichtbares Instrument des Gehorsams etabliert, das einen enormen kollektiven

Anpassungsdruck generiert, der ganz im Sinne der Regierung ist. Als ich zum ersten Mal ein großes Staatsorchester sah, bei dem *alle* Musiker schwarze Masken trugen, wurde mir bewusst, dass die Maskenpflicht endgültig zum Gesslerhut geworden war. Ein Gesslerhut ist »redensartlich eine Einrichtung, deren einzig sinnfälliger Zweck die öffentliche Erzwingung untertänigen Verhaltens ist.«[112] Die skurrilen Fotos der Musiker zeigten Flötisten und Bläser mit »Masken«, die einen breiten, offenen Schlitz hatten, damit die Instrumente gespielt werden konnten. Die offenen Masken waren reiner Gesichtsschmuck und standen einzig für die Solidarität mit der Maskenpflicht. Später erfahre ich, dass sogenannte »Zipper-Masken« gang und gäbe sind. Die Modelle simulieren eine Maske, lassen sich aber jederzeit über einen Reißverschluss öffnen. Selbst der Bundestag genehmigt seinen Mitgliedern in einer internen Hausmitteilung das freie »durchatmen« ohne Maske, »zwischendurch sollte man sie also zum Durchatmen eher unters Kinn schieben, aber weitertragen«.[113] Als offene Maske, mit Reißverschluss oder unter dem Kinn – Hauptsache, man hat den verordneten Stofflappen im Gesicht. Doch da war noch etwas anderes als Gehorsam und die bloße Angst vor Strafen. Die Willfährigkeit vieler Bürger, *Masken tragen zu wollen,* hat weitaus tiefere Gründe. Für Transtrauma geschädigte, infantil-narzisstische Persönlichkeiten hat Maskentragen enorme psychologische Sekundärgewinne. Hans-Joachim Maaz, Bestsellerautor und praktizierender Psychiater und Psychoanalytiker, sieht in der Bejahung der Masken ein Placebo-Therapeutikum für autoritäre Charaktere mit sadomasochistischer Tendenz:

»Der Mundschutz ist ein Symbol für Un-mündigkeit, für Un-säglichkeit und als Maulkorb für Un-Bissigkeit. Der Nasenschutz behindert das Atmen und damit das Luftholen für Kraft, Ausdauer und das Fühlen. Um Gefühle zu aktivieren und zum Ausdruck bringen zu können, muss man tief atmen können, was durch die Maske erschwert wird. Außerdem und besonders störend verbirgt die Maske unsere Mimik. So wird mit einer

Gesichtsmaske sehr wirksam der verbale Ausdruck, die Lebensenergie durch die Atmung und unsere Kommunikationsmöglichkeit eingeschränkt. Damit ist Maskenpflicht ein erhebliches Machtmittel zur Einschüchterung, Schwächung und Hemmung. Und für die Maskenträger eine hervorragende Möglichkeit, zu gehorchen und sich zu unterwerfen. Das meine ich nicht ironisch. Es gibt leider sehr viele Menschen, die selbstunsichere und abhängige Persönlichkeitsprobleme haben, die sich deshalb auch gerne führen, beraten und betreuen lassen. Das kann ein Partner sein, eine Chefin oder Regeln, Verordnungen und Gesetze. Folgt man dann der Führung, Beratung oder Anweisung, muss man nicht mehr selbst entscheiden und ist der Verantwortung und vermeintlich auch eventueller Schuld enthoben. […] Bezogen auf die Maskenpflicht müssen wir leider davon ausgehen, dass sehr viele Menschen diese Maßnahme nicht als Unterwerfung erleben, sondern als befreiende Hilfe, um nicht »Gesicht zeigen« zu müssen, nicht reden und lebendig kommunizieren zu müssen, nicht frei aufatmen zu können und vom Ausdruck der Gefühle entlastet zu sein. Alle sozial phobischen, alle gehemmten und selbstunsicheren, alle schizoid-misstrauischen Menschen können in der Maskenpflicht eine erhebliche Entlastung ihrer Persönlichkeitsschwäche erfahren. Die Unterwerfung wird als relative Befreiung erlebt!«[114]

Bei den sogenannten »Alltagsmasken«, die eigentlich nur aus Not geboren waren, ging es von Anfang an nicht um den Infektionsschutz. Zum einen sollte das Versagen der Bundesregierung, wirksame Masken vorzuhalten, kaschiert werden, zum anderen sollte der Bürger das Gefühl haben, er könne sich selbst und andere sinnvoll schützen. Dabei hatten das RKI, Drosten und der Bundesgesundheitsminister zu Beginn der Krise immer wieder betont, dass die allgemeine Maskenpflicht sinnlos sei, was zweifellos auch stimmte. Doch damals war der große Mehrwert, den Gesslerhüte für Regierungen nun einmal haben, noch nicht in vollem Umfang erkannt worden. Zwischenzeitlich hatten sich die »bunten, freundlichen Alltagsmasken« zu sichtbaren Insignien der Solidarität mit der Regierung etabliert. Wie Tücher, Uniformen, Sticker oder Parteiabzeichen zu anderen Zeiten, so war die »Alltagsmaske« das Erkennungszeichen der guten Bürger. Das Beste dabei: Die Überwachung zur Einhaltung erfolgt durch die Bürger selbst. Ende 2020 wagt es kein Bürger mehr, sich dem enormen Druck von staatlicher Vorgabe und sozialer Kontrolle zu entziehen. Wer keine Maske in der Bahn oder im Supermarkt trägt, muss mit ernsten Konsequenzen rechnen, selbst Atteste nützen nichts. Im Internet kursieren Videos, auf denen böse »Corona-Leugner« ohne Maske verprügelt werden, was ein Widerspruch in sich ist. Denn wer einerseits an Corona als Killervirus glaubt und sich andererseits auf einen Zweikampf mit einem Maskenverweigerer einlässt, hat sich offenbar von seinem heiligen Zorn hinreißen lassen. In Wirklichkeit gibt es bezüglich der Maskenpflicht keinen Mangel mahnender Expertenstimmen. So schreibt der ausgewiesene Fachmann Prof. Dr. Markus Veit, Apotheker und Geschäftsführer der Alphatopics GmbH, in der *Deutschen Apothekerzeitung:*

»Seit März ist es nun völlig egal, welche Masken wir (auch in der Apotheke) zum Infektionsschutz verwenden, ob wir die aus der Werkstatt holen, beim Fanclub einkaufen oder selbst nähen – Hauptsache Maske! Schon daraus lässt sich ableiten, dass der Schutz all dieser verschiedenen Masken vor Viren und ihre Wirksamkeit bei der Infektionsübertragung zweifelhaft ist. Da muss man nur den gesunden Menschenverstand einsetzen, es braucht kein Studium der wissenschaftlichen Literatur. Wieso wird seitens der Experten in diesem Lande, zu denen wir, liebe Kolleginnen und Kollegen, gehören, dazu geschwiegen; und nicht nur das; es wird sogar proaktiv mitgemacht: Es soll sogar Apotheken geben, die eigene ›Alltagsmasken‹ anbieten. […] Gerade aber (sehr) kleine Partikel [Viren] werden von den sogenannten Alltagsmasken, aber auch von chirurgischen Masken nicht zurückgehalten! […] Problematisch wird es, wenn sich Bakterien und Viren in dem feuchten Stoffklima besonders wohl fühlen. Ein Risiko der Alltagsmasken, auf das anfangs auch das RKI immer wieder hingewiesen hat, ist, dass damit eine vermeintliche Sicherheit

suggeriert wird. Ein anderes (wissenschaftlich bisher unbewiesenes, aber plausibles) Risiko ist, dass das Übertragungsrisiko steigt und nicht abnimmt! […] Der Schutz mit professionellen Masken funktioniert auch nur dann, wenn man professionell damit umgeht. Dazu gehört auch, dass man die Maske richtig absetzt (an den richtigen Stellen anfasst) und regelmäßig wechselt und richtig entsorgt und sich danach gründlich die Hände reinigt, besser desinfiziert. Das erfordert auch bei Fachpersonal Training! […] Wir als Fachleute müssen dazu aus meiner Sicht angemessen Stellung nehmen. Wenn es sich eines Tages herausstellt, dass das Nutzen-Risiko-Verhältnis für ›Alltagsmasken‹ tatsächlich schlechter ist als angenommen, können zumindest wir nicht sagen, wir hätten es nicht wissen können!«[115]

Prof. Veit ist ein typisches Beispiel für einen Experten, der sich zum Aufklärer wandelt, weil er es nicht länger ertragen kann, den behördlichen Wahnwitz mitzumachen. Dauerhaftes Maskentragen ist jedenfalls nicht nur sinnlos, es ist psychisch wie physisch problematisch, insbesondere für Kinder und alte Menschen. Vielen Bundesländern und Kommunen dämmert die Gefahr, durch Maskenzwang eine ganze Generation gestörter Kinder aufzuziehen. Kurzfristig entwickelte sich die Bunderepublik zu einem Flickenteppich unterschiedlicher Regelungen. Viele Einrichtungen, die kleinen Kindern nicht zumuten wollen, Masken zu tragen oder nur noch in maskierte Gesichter zu schauen, haben jedoch den Übereifer einer Denunzianten- und Angstgesellschaft unterschätzt. Viele Bürger wollen selbst dann keine Lockerungen, wenn es um das Kindeswohl geht:

»›Wir Erzieher sind sehr wohl systemrelevant und haben ein Recht auf Gleichberechtigung‹, betont eine Erzieherin aus dem Altkreis. Sie ärgert sich über die Empfehlung des Landes, dass die Fachkräfte in Kitas auf Masken verzichten sollten: ›Ich fühle mich diskriminiert und muss mich damit zufriedengeben‹, lautet ihr Urteil mit Blick darauf, dass es hingegen für Mitarbeiter im Gesundheitswesen eine Maskenpflicht gibt. ›Ich muss mich von Zwei- bis Sechsjährigen anhusten lassen und ihnen den Hintern

abwischen oder sie trösten und in den Arm nehmen, wenn sie Nähe brauchen. Ich muss Pflaster aufkleben und die verheulte Nase abputzen ... Und das alles ohne Mundschutz? Ich habe auch Angst und möchte mich schützen‹, sagt die Fachkraft und appelliert: ›Ich würde mich freuen, wenn wir Erzieher endlich mal gehört werden. Wir haben nämlich einen Bildungsauftrag! Eine Kita ist zwar ein Dienstleistungsunternehmen, aber wir haben die wichtigsten Kunden unserer Gesellschaft: Ihre Kinder!‹«[116]

Angst und Halbwissen sind schlechte Ratgeber. Umso brisanter, wenn davon Bürokraten betroffen sind, die in der angeblichen Gesundheitskrise wirklichkeitsferne und unmenschliche Verordnungen erlassen. So berichtet die *Neue Westfälische*:

»Kinder sollen bei Corona-Verdacht getrennt von Familie isoliert werden. Gesundheitsämter in mehreren Bundesländern fordern Eltern in der Coronakrise dazu auf, ihre Kinder in häuslicher Quarantäne getrennt von der Familie in einem Raum zu isolieren, wenn ein Corona-Verdacht besteht. Nach Informationen von nw.de, der Online-Ausgabe der in Bielefeld erscheinenden Tageszeitung Neue Westfälische*, haben die Gesundheitsämter der Kreise Offenbach und Karlsruhe in einer Anordnung gefordert, es solle keine gemeinsamen Mahlzeiten geben. Zudem drohten sie Eltern, dass bei Zuwiderhandlung das Kind in einer geschlossenen Einrichtung für die Dauer der Quarantäne untergebracht werde. Bei den Empfängern der Anordnungen handelt es sich um Eltern von Kindern zwischen drei und elf Jahren.«*[117]

Warum nicht gleich eine Unterbringung im Wandschrank oder in einem Kellerverlies? Im Herbst 2020 lassen sich die psychischen Schäden und Auswirkungen der Corona-Politik auf Kinder kaum noch verbergen. Eine Berliner Schulleiterin schlägt Alarm:

»Seitdem ist es furchtbar, absolut furchtbar. Wir stellen fest, dass die Schüler verlernt haben, wie man sich in einem sozialen Verbund verhält. Das berichten mir auch Rektoren aus Schulen mit bürgerlicher Klientel. Offenbar haben viele Eltern das Know-how verloren, wie man mit den eigenen Kindern umgeht – besonders dann, wenn sich das Familienleben notgedrungen in kleinen Wohnungen abspielt. Wir haben das Gefühl, die

Kinder sind vergessen worden. Und als Folge haben die Kinder etwas vergessen, die deutsche Sprache zum Beispiel. Bei uns gibt es nach dieser langen Pause Schüler, die keine deutschen Sätze mehr verstehen. Das ging komplett verschütt in diesen paar Monaten. Zudem erleben wir Gewalt in einem Ausmaß, das wir bisher nicht kannten. Das Regelbewusstsein ging ebenfalls verloren. Man schlägt zu, man beleidigt. Auch die Eltern tragen Aggressionen in die Schule hinein. Danach aber fragt kein Mensch. [...] Ich denke oft, die Kinder wurden in der Corona-Zeit ruhiggestellt durch Gewaltspiele, die keineswegs dem Alter der Kinder angemessen waren. Hinzu kommt bei den Sinti und Roma ein ausgeprägtes Clanbewusstsein. Man will die eigenen Gesetze hier ausleben. Während des Lockdowns waren die Kinder zum Teil in ihren Dörfern in Rumänien. Zurückgekehrt sind sie mit der Gewöhnung an andere Rechtssituationen. Ich muss aber hinzufügen, dass wir auch extrem schwierige deutsche Kinder haben. [...] Ich sitze, wenn ich nicht selbst unterrichte, in meinem Sekretariat und tröste Kollegen, die weinend zu mir kommen und sagen: Ich kann nicht mehr! Ich weiß nicht mehr weiter! Ich bin am Ende meiner Kräfte! Kein Wunder, dass der Krankenstand wächst.«[118]

Im Spätsommer 2020 mehren sich weltweite Studien über die Schäden, die Corona-Angst und Social Distancing in der menschlichen Psyche anrichten. Insbesondere betroffen sind vortraumatisierte, sensible Gemüter, zu denen auch Transtrauma geschädigte deutsche Kriegsenkel gehören. Der Psychologische Psychotherapeut und Tiefenpsychologe Andreas Heyer fasst in seinem Artikel »Angriff auf die Seele« einige Studien zusammen. So stellten die Centers for Disease Control eine Verdreifachung ängstlicher und depressiver Symptome im Vergleich zum Vorjahr fest.

»*Während 31 Prozent der Befragten angaben, ängstliche oder depressive Symptome zu erleben, gaben 11 Prozent der Befragten an, in den vergangenen 30 Tagen ernsthaft einen Suizid erwogen zu haben. Mit 26 Prozent war insbesondere bei 18- bis 24-Jährigen der Anteil mit ernsthaften Suizidgedanken hoch. [...] Ebenso führt das Britische Statistikamt ONS seit*

2011 regelmäßige Befragungen zum psychischen Befinden der Bevölkerung durch. Während vor den Lockdown-Maßnahmen 30 Prozent der Befragten angaben, eine starke Ausprägung von Ängstlichkeit zu erleben, stieg der Wert zu Beginn des Lockdowns Anfang April auf 50 Prozent an.«

Ähnliche Ergebnisse liefern Studien aus Australien und Indien. Während des Corona-Lockdowns stiegen Symptome von Unruhe oder Rastlosigkeit von 24 auf 40 Prozent.

»Die Kaufmännische Krankenkasse KKH in Hannover veröffentlichte eine Analyse von Krankschreibungen, nach der es im ersten Halbjahr 2020 eine Zunahme von Krankschreibungen wegen psychischer Erkrankungen um 80 Prozent im Vergleich zum Vorjahreszeitraum gegeben hat. Während im 1. Halbjahr 2019 14.600 Krankmeldungen durch psychische Erkrankungen gemeldet worden seien, wären dies im 1. Halbjahr 2020 bereits 26.700 Fälle gewesen. [...]

Im indischen Bundesstaat Kerala hätten sich innerhalb von 100 Tagen des Lockdowns alleine 66 Kinder das Leben genommen. Als Gründe wurden genannt, sich nicht die technischen Geräte leisten zu können, um am Online-Unterricht der Schule teilnehmen zu können, allgemeiner Stress und Einsamkeit. Auch gab es mehrere Suizide Erwachsener in Corona-Quarantäne.«

Andreas Heyer führt schließlich verschiedene Studien an, die allesamt eine deutliche Erhöhung der Suizidrate ergeben. Zum Schluss resümiert der Autor:

»Social Distancing mag aus virologischer Perspektive ein guter Beitrag gegen das Ausbreiten von Infektionskrankheiten sein. Aus psychologischer Perspektive hingegen gehört die soziale Isolierung zu den stärksten Risikofaktoren für psychische Erkrankungen.«[119]

Schutzlos ausgeliefert

Wie bereits erwähnt, hängt das zweite wesentliche Corona-Narrativ an einer zentralen Behauptung:

SARS-CoV-2 ist ein neues, unbekanntes Virus und wurde Ende 2019 erstmals in der Stadt Wuhan entdeckt. Da dieses Virus bisher niemals bei Menschen aufgetreten ist, gibt es folglich auch keinerlei Immunität. Deshalb ist man dem Erreger bis zu einer Impfstoffentwicklung schutzlos ausgeliefert.

Die Erzählung à la Hollywood, als handele es sich bei Corona um eine Seuche wie in den Blockbustern »Contagion« oder »Outbreak«, wurde kritiklos von den Medien übernommen. Dem Philosophen und Psychologen Dr. Harald Wiesendanger ist aufgefallen, zu welch groteskem Panik-Frame sich die »schutzlos ausgeliefert« Floskel entwickelt hat, insbesondere in Verbindung mit dem politisch korrekten Opferstatus hinsichtlich Minderheiten:

»Schutzlos ausgeliefert seien wir dem neuartigen Coronavirus, solange es keine Medikamente und Impfstoffe gegen ihn gibt, so klärt uns Medizin-Nobelpreisträger Markus Söder auf. Genauso sehen das unsere sogenannten ›Qualitätsmedien‹. Als ›schutzlos ausgeliefert‹ identifiziert die ARD-Tagesschau indigene Völker, ZDF-›heute‹ und die ›Frankfurter Allgemeine‹ Obdachlose, ›Focus‹ Bus- und Bahnfahrer in New York. Covid-19 ›schutzlos ausgeliefert‹ sehen die ›Westdeutsche Allgemeine‹ und die ›Tagespost‹ Krankenpfleger, die ›Süddeutsche Zeitung‹ und der Kölner ›Express‹ Altenheimbewohner. Als ›schutzlos ausgeliefert‹ bemitleidet der Bayerische Rundfunk die arme Bevölkerung Lateinamerikas, RTL die Textilarbeiter in Bangladesch. Die ›Frankfurter Rundschau‹ wähnt politische Häftlinge im Nahen Osten dem Coronavirus ›schutzlos ausgeliefert‹, der ›Spiegel‹ Bedienstete des britischen National Health Service, der Deutschlandfunk die bosnischen Roma. Die Welthungerhilfe entsetzt sich über das ›schutzlose‹ Ausgeliefertsein von Kindern in überfüllten Flüchtlingslagern auf griechischen Inseln, die ›Bild-Zeitung‹ sowie ›Diabetologie-online‹ bedauern deswegen Hausärzte. Für Österreichs Nachrichtendienst OTS sind

Arbeitnehmer im Bewachungsgewerbe ›schutzlos ausgeliefert‹. Für das ›Abendblatt‹ ›zeigt die Corona-Pandemie, ›was passiert, wenn wir Viren schutzlos ausgeliefert sind‹. [...] Allein schon die Tatsache, dass im Bevölkerungsdurchschnitt mindestens 99,8% aller Infizierten **nicht** *an Covid-19 sterben, deutet darauf hin, dass der Schutz, von dessen Abwesenheit Söder faselt, nicht erst entwickelt werden muss.* ***Es gibt ihn längst.*** *[...] Und so gut wie jeder von uns besitzt diesen Schutz: unsere natürliche Immunität.«*[120]

Was Dr. Wiesendanger hier einfach in den Raum stellt, wurde jedoch lange von den Experten der Bundesregierung bezweifelt. Corona sei so neu, dass es eben gerade *keine* natürliche Immunität gäbe, wurde immer wieder behauptet. Inzwischen wird eingeräumt, dass das Virus keineswegs so exotisch ist, wie anfangs angenommen. Vielmehr stammt es aus einer altbekannten Coronavirus-Familie, mit der die Menschheit schon lange zu tun hat.

»SARS-Cov-2 ist gar nicht so neu, sondern eben ein saisonales Erkältungsvirus, das mutiert ist und wie alle anderen Erkältungsviren im Sommer verschwindet – was jetzt auch fast überall auf der Welt beobachtbar ist.«[121]

Zwei zentrale Wahrheiten bezüglich Pathogenität und Immunität widerlegen die Corona-Alarmisten: Zum einen erzeugt SARS-CoV-2, sofern die Krankheit überhaupt erfolgreich ausbricht, bei gesunden Menschen nur milde Symptome und ist sehr selten letal. Zum anderen liegt zumindest ein Teil der Spike-Struktur des Virus so nah an anderen, bereits bekannten Coronaviren, dass die körpereigene Abwehr häufig über eine sogenannte Kreuzimmunität verfügt. Obwohl SARS-CoV-2 für den Körper »neu« ist, kann es über eine T-Zellen-vermittelte Immunität trotzdem in vielen Fällen erfolgreich abgewehrt werden, bevor überhaupt eine Krankheit entstehen kann.

»Mitte April erschien dann eine Arbeit aus der Gruppe von Andreas Thiel von der Charité in Berlin. Es war eine Arbeit mit dreißig Autoren, unter anderem auch mit dem Virologen Christian Drosten. Darin wurde

gezeigt, dass bei 34 Prozent der Berliner, die nie Kontakt gehabt hatten mit dem SARS-CoV-2 Virus, trotzdem eine T-Zellen-Immunität (eine andere Art der Immunreaktion, siehe unten) dagegen festgestellt werden konnte. Das heißt, unsere T-Zellen, also weiße Blutkörper, erkennen gemeinsame Strukturen auf SARS-Cov-2 und den normalen Erkältungsviren und bekämpfen somit beide.«[122]

Zum selben Ergebnis kommt das University College London, wo man erstaunt festgestellt hatte, dass Personen, die nie mit Corona in Kontakt gekommen waren, trotzdem wirksame Antikörper gegen SARS-Cov-2 im Blut hatten:

»Diesen überraschenden Fund nahmen die Forschenden zum Anlass, um mehr als 300 Blutproben aus den Jahren 2011 bis 2018 zu untersuchen. Keine der Personen, die damals Blut abgegeben hatten, dürfte mit dem Coronavirus Sars-CoV-2 in Berührung gekommen sein, so die Theorie der Forschenden. Dagegen erwartete das Team um Kevin Ng, Antikörper zu finden, die auf Erkältungs-Coronaviren reagieren. Tatsächlich fanden die Forschenden die erwarteten Antikörper – schließlich dürften die meisten Personen irgendwann einmal eine Erkältung gehabt haben, die durch ein Coronavirus entstanden ist. Doch in einigen der Blutproben fanden die Forschenden auch Antikörper, die eine Kreuzreaktion mit dem Coronavirus Sars-CoV-2 zeigten. Besonders häufig fanden die Forschenden diese Kreuzreaktion von Antikörpern in den Blutproben von Kindern im Alter von sechs bis zwölf Jahren (43,8 Prozent) […] ›Unsere Arbeit zeigt, dass der S2-Anteil der Erkältungs-Coronaviren und Sars-CoV-2 sich genug ähnelt, sodass manche Antikörper gegen beide wirken‹, erläutert George Kassiotis, der das Retroviral Immunity Laboratory des Crick Institute leitet und an der Studie beteiligt war.«[123]

Was bedeutet dies in der Praxis? Immer vorausgesetzt, man gehört keiner Risikogruppe an, verläuft die Sache in über 99 Prozent der Fälle so: Entweder man ist ohnehin gegen SARS-CoV-2 immun, oder, nachdem eine relativ leichte Erkrankung durchgemacht wurde, man ist es spätestens danach. Impfungen können ein Segen sein, sofern es sich um eine schlimme Krankheit handelt, das Virus kaum mutiert und der Impfstoff ausgiebig getestet wurde. Es gibt daher kaum ein Virus, bei dem eine Impfung weniger Sinn ergeben würde als bei SARS-CoV-2 – denn: Jede Impfung ist ein tiefer Eingriff in die Körperbiologie und kann unter Umständen schwerwiegende Nebenwirkungen auslösen. Nach medizinischem Leitprinzip »primum nihil nocere« (»zunächst keinen Schaden anrichten«) muss eine strenge Abwägung der Gefahr, die von einem Virus ausgeht, gegen die Gefahr, die eine Impfung mit sich bringt, erfolgen. Der große Unterschied zwischen einem Impfstoff und einem Medikament ist vielen Menschen überhaupt nicht bewusst. *Wer ein Medikament bekommt, ist bereits krank.* Die Risikoabwägung zwischen Schaden und Nutzen ist daher eine vollkommen andere. Geimpft werden jedoch vollkommen gesunde Menschen, die möglicherweise niemals mit dem Erreger in Berührung gekommen wären. Um das Risiko rechtfertigen zu können, gesunde Menschen mit einer Impfspritze gegebenenfalls in den Krankenstand zu versetzen, muss eine Krankheit schon sehr gefährlich sein. Bei Corona überschneiden sich die abzuwägenden Risiken allerdings eklatant. Denn auf der einen Seite haben wir ein relativ harmloses Virus, auf der anderen Seite jedoch eine höchst risikoreiche Impfung, und zwar aus mehrerlei Gründen: Zum einen wurde der Corona-Impfstoff in unverantwortlicher Rekordzeit entwickelt, klinische Langzeitstudien fanden nicht statt. Die schnellste Impfung, die jemals eine Zulassung erhielt, dauerte fünf Jahre. In der Regel benötigen Impfzulassungen jedoch zehn Jahre und mehr. Eine seriöse Impfstoffentwicklung lässt sich nicht beliebig verkürzen, denn erst wenn die Erkenntnisse der ersten Phasen vorliegen, können die nachfolgenden gestartet werden. Nach einer vorklinischen Phase im Reagenzglas folgen Tierversuche, erst danach starten mehrere klinische Phasen, wobei die Teilnehmerzahlen vorsichtig erhöht werden. Doch für die Entwicklung des Corona-Impfstoffs gilt das komplette Sicherheitsprozedere plötzlich nicht mehr, der Impfstoff soll bereits nach wenigen Monaten marktreif sein. Juristisch möglich ist dies überhaupt nur, weil die Bundesregierung Corona zu einer Gefahr nationaler Tragweite erklärt hat. Dies erlaubt der Pharmaindustrie, alle Sicherheitsbeschränkungen für den Impfschutz zu übergehen. Das Beste für die Konzerne: Die Haftung für eventuelle Impfschäden übernimmt aufgrund einer »Notzulassung« nicht der Hersteller, sondern der Staat.

Doch nicht allein der Wegfall der jahrelangen Testreihen ist brisant, unter der »Notlage« kommen komplett neue Techniken zur Anwendung. Dass hierbei gentechnische Verfahren eingesetzt werden, dazu noch in Rekordzeit und ohne klinische Langzeitstudien, ist eigentlich eine wissenschaftliche Sensation. Viele Fachleute hielten einige der angewandten Methoden allenfalls in ferner Zukunft für möglich. Umso erstaunlicher ist es, dass dieses Ereignis, das wie jede neue Technik immense Risiken birgt, ein halbes Jahr lang von den Medien verschwiegen wurde. Man sprach den ganzen Sommer 2020 lapidar von »Impfung«, ganz so, als würde es sich um altbewährte Impftechniken handeln, bei denen tote oder abgeschwächte Viren zum Einsatz kommen. Vom Sommer bis Herbst 2020 waren viele Bürger daher noch recht arglos und bezüglich einer Impfung positiv eingestellt. Schließlich sind Impfungen bei anderen Krankheiten ja auch schon nützlich gewesen, zudem hatte die Regierung die Rücknahme aller »Corona-Schutzmaßnahmen« in Aussicht gestellt. Warum nicht einen kleinen Pikser in Kauf nehmen und danach wieder ohne Maske herumlaufen und live die Bundesligaspiele genießen? Doch je näher die Impfung rückte, desto mehr Berichte schafften es in die etablierten Medien, dass es sich bei dieser Impfung um einen riskanten, neuen Schritt handelt.

Gentechnische Impfstoffe

Was also sind diese neuen Impftechniken mit so ominösen Namen wie mRNA-Impfstoff, DNA-Impfstoff oder Vektorimpfstoff, und wie unterscheiden sich herkömmliche Impfungen von den neuen Verfahren?

Ganzvirus-Impfstoffe

Eine klassische Impfung bestand aus sogenannten »Ganzvirus-Impfstoffen«, dies waren Viren der echten Krankheit, auch »Lebendimpfstoffe« genannt. Im Gegensatz zu den krankmachenden Viren im Organismus sind die Viren des Impfstoffes chemisch oder physikalisch geschwächt oder abgetötet, ihre Struktur bleibt aber erhalten. Diese Viren lösen im Körper zwar eine Infektion aus, machen aber nicht mehr krank. Der angeborene, natürliche Immunisierungsprozess läuft dennoch so ab wie bei einer echten Krankheit. Das Immunsystem erkennt die Viren als Fremdstoffe, die in den Körper eingedrungen sind, analysiert sie und stellt Antikörper her. Um den Prozess vollends zu verstehen, muss man wissen, dass der Körper zwei Stufen einer Immunabwehr hat. Zum einen werden nach der Analyse des Virus kleine spezifische Eiweißpartikel hergestellt, die sogenannten Antikörper. Sie sind in der Lage, das Virus zu deaktivieren, indem sie die Kontaktstellen, die das Virus braucht, um eine Wirtszelle zu befallen, blockieren. Die zweite Immunantwort besteht aus hochspezialisierten Zellen, den sogenannten T-Killerzellen; sie können »riechen«, ob eine Körperzelle bereits von einem Virus befallen wurde. Köperzellen, die bereits von einem Virus gekapert wurden und nun dazu missbraucht werden, zwangsweise neue Viren herzustellen, scheiden Eiweißstoffe aus, die von den T-Killerzellen erkannt werden. Daraufhin machen die Killerzellen kurzen Prozess mit den erkrankten Körperzellen. Die heimlichen Virusfabriken werden zerstört, damit keine weiteren Viren mehr hergestellt werden können. Idealerweise werden bei einer Impfung *beide* Schutzmechanismen ausgelöst, die Antikörper-vermittelte Immunantwort *und* die zytotoxische T-Zellen-vermittelte Immunantwort. Es ist leicht einzusehen, dass man die zweite Stufe der Immunantwort am besten erhält, wenn Köperzellen tatsächlich von einem Virus befallen wurden und mit der Eiweißsynthese begonnen haben. Daher können tote Viren, die zwar die Oberflächenstruktur haben wie lebende Viren, den Körper allenfalls anregen, Antikörper zu bilden. Lebendimpfstoffe sind aber erfolgreicher, wenn die enthaltenen Viren tatsächlich in geringem Maße in die Körperzellen eindringen, damit auch die zweite Stufe der Abwehr in Gang kommt. Hierfür werden Viren »attenuiert«, das heißt, sie bleiben am Leben und sind vermehrungsfähig, haben aber ihre krankmachende Wirkung fast vollständig eingebüßt. Im Prinzip sucht man nach Mutanten des Erregers, die nur noch gering pathogen sind, vermehrt diese, zum Beispiel in Hühnereiern, und spritzt sie als Impfstoff. Doch ob nun tote oder noch vermehrungsfähige Viren – immer bleibt der eigentliche Immunisierungsprozess im Körper ein relativ natürlicher. Zu den klassischen Impfstoffen, die nach diesem Prinzip funktionieren, gehören Masern-, Mumps-, Röteln- oder Gelbfieberimpfstoffe.

Die Krux in Bezug auf SARS-CoV-2 ist jedoch, dass eine derartige Impfstoffentwicklung viel zu lange dauern würde. Abgesehen von den langwierigen klinischen Testphasen, müssen Viren bei den klassischen Verfahren außerhalb des Körpers vermehrt werden, das mühsame Anzüchten in Hühnereiern dauert mitunter Jahre. Schon seit den 1990er-Jahren träumte man davon, die lästigen Zuchtstationen einfach in den menschlichen Körper zu verlegen. Was wäre, wenn der Körper die abgeschwächten Viren, oder wenigstens Teile davon, selbst herstellen würde? Man müsste körpereigene Zellen einfach so umprogrammieren, dass sie diese Aufgabe übernehmen, allerdings so, dass die Sache nicht aus dem Ruder läuft wie bei einer echten Viruserkrankung.

Vektorimpfstoffe

Im Gegensatz zu der relativ natürlichen Methode, tote ober abgeschwächte Originalerreger zu spritzen, die zuvor extern angezüchtet wurden, geht man bei der sogenannten »Plattformtechnologie« dieser Idee nach: Harmlose Viren völlig anderer Krankheiten werden als Vehikel benutzt, um Teile des Genoms des Erregervirus, gegen den man eigentlich impfen will, in körpereigene Zellen einzuschleusen. Während die Firma Johnson & Johnson ein menschliches Schnupfenvirus mit einem SARS-CoV-2 Protein aufpeppt, ist es beim berühmten »Oxford-Impfstoff« ein Schimpansen-Adenovirus, dem das Spike-Protein von SARS-CoV-2 implantiert wird. Letzterer Impfstoff der Firma AstraZeneca sollte eigentlich auch in Deutschland zur Anwendung kommen, immerhin hatte die Bundesregierung 60 Millionen Dosen vorbestellt.

Das Prinzip ist bei beiden Kandidaten gleich, vom SARS-CoV-2-Virus werden Teilabschnitte herausgelöst und gentechnisch in das Trägervirus eingebaut. Das Schimpansen-Virus »ChAdOx1« von AstraZeneca wird also lediglich als »Genfähre« benutzt, um genetisches Material von SARS-CoV-2 in gesunde Körperzellen einzuspritzen. Das Affenvirus selbst soll sich bei diesem Prozess gar nicht vermehren, nur das eingeschleuste Genmaterial soll vervielfältigt werden. Wird hierbei das Spike-Protein von SARS-CoV-2 benutzt, werden körpereigene Muskelzellen so umprogrammiert, dass sie diese Spikes massenweise herstellen. Das Immunsystem erkennt die Spikes (Bindungsstellen des originalen Virus) und stellt entsprechende Antikörper her. Außerdem, und das ist der Clou, sollen im Syntheseprozess Stoffe anfallen, die zusätzlich die zweite Kaskade der Immunabwehr aktivieren, sodass schließlich auch T-Killerzellen sensibilisiert werden, gegen die betroffenen Zellen vorzugehen. So soll eine doppelte Immunisierung erreicht werden. Beim genetischen Design der »viralen Fähre« wird darauf geachtet, dass sich das Genmaterial nicht in das Genom der Körperzelle einbauen kann, damit es nicht zu Mutationen im Köpergewebe kommt, was letztendlich Krebs auslösen könnte. Außerdem sollen die befallenen Zellen und das eingebrachte Material später ohnehin von den herbeigerufenen Killerzellen aufgelöst werden. Schlussendlich sollen nur spezialisierte Lymphozyten übrig bleiben, die vom Jonglieren mit einem SARS-CoV-2-Teilstückchen gelernt haben, wie das komplette Virus aussieht, um es zukünftig bekämpfen zu können.

Soweit die Theorie. Kritische Virologen geben jedoch zu bedenken, dass aufgrund der hohen Kreuzreaktion ein großer Bevölkerungsanteil bereits jetzt schon kompetente Killerzellen gegen Coronaviren besitzt. Dies könnte zu starken Autoimmunreaktionen im Gewebe führen, die sich nur noch über entzündungshemmende Medikamente wie Kortison eindämmen ließen. Tatsächlich war dies bei der Entwicklung von SARS-Impfstoff der Fall. Es kam zu so starken Entzündungsreaktionen im Lungengewebe, dass die Impfungen abgebrochen werden mussten. Auch der neue Oxford-Impfstoff scheint recht kräftige Reaktionen auszulösen. Obgleich die gewünschte Immunantwort tatsächlich sehr gut ist, womöglich sogar zu gut, sind die Nebenwirkungen offenbar nicht von Pappe. Nachdem 60 bis 70 Prozent der Testpersonen über Abgeschlagenheit, Kopfschmerzen, Muskelschmerzen und Fiebergefühl klagten, gab der Hersteller kurzerhand die Empfehlung einer Doppelmedikation heraus. Parallel zum Impfstoff soll der Impfling die ersten 24 Stunden alle 6 Stunden 1000 Milligramm Paracetamol einnehmen, so sei die Impfung auszuhalten. Bislang wurden weltweit nur zwei Impfstoffe zugelassen, die auf dem Vektorprinzip beruhen und dies auch nur, weil es sich um extrem gefährliche Krankheiten handelt, Ebola und Dengue-Fieber. Sollte es tatsächlich zu einem massenhaften Einsatz dieses Oxford-Impfstoffes kommen, was die Bundesregierung ursprünglich geplant hatte, könnte man dennoch fast schon von Glück reden. Im Vergleich zum Risiko einer mRNA-Impfung wäre dies womöglich noch das geringere Übel.

mRNA- und DNA-Impfstoffe

Bei Vektorimpfstoffen kommt zwar auch Gentechnik zum Einsatz, immerhin wird ein neuer Genstrang in gesunde Zellen eingebracht, aber immer noch auf biologisch relativ herkömmlichem Wege, mithilfe eines umprogrammierten Virus. Das Genmaterial liegt also nicht frei vor, sondern ist »verpackt« in einem gentechnisch veränderten Virus. Der letzte Schrei der Gentechnik, der womöglich zum letzten Schrei der Menschheit werden könnte, geht jedoch weit darüber hinaus. Hier wird das zu replizierende Teilstück, entweder ein kleiner RNA- oder DNA-Strang, ohne Hilfsvirus direkt an ein Nanopartikel gebunden und relativ *frei* in den Körper eingebacht. Aus gutem Grund lässt das Immunsystem freies Genmaterial nicht lange im Köper zirkulieren, spezielle Enzyme lösen es sofort auf, damit es nicht versehentlich den besonders geschützten Ableseprozess von Genen stört. Durch spezielle Zusatzstoffe und Nanopartikel gelingt es aber, die fragilen Gensequenzen zu schützen und dennoch in die Körperzellen einzuschleusen.

Bei einer mRNA-Impfung wird hierfür kein aufgepepptes Virus verwendet, sondern eine Lipid-Nanopartikelhülle, die so designt wurde, dass der Körperzelle ein bekannter Stoff (harmloses Cholesterin) vorgaukelt wird. Die Zellmembran öffnet und schleust die Nanofähre in die Zelle. Dort kommt es zu einem elektrochemischen Prozess, der die Nanohülle platzen lässt. Die innere RNA wird frei, und die Körperzelle wird gezwungen, das Genmaterial zu replizieren. Die Zelle stellt nun dieselben Spikes her, die sich ansonsten auf der Oberfläche des Virus befunden hätten, und versucht, diese nach außen loszuwerden. Die Zelle »bestachelt« sich mit Corona-Virus-Partikeln – in dieser Phase sei es zulässig, von einem »GMO« (gentechnisch modifiziertem Organismus) zu sprechen, erklärt die Zellbiologin Dr. Vanessa Schmidt-Krüger dem Corona-Ausschuss. Sogenannte Plasmazellen analysieren die neuen Spikes und stellen Antikörper her, die auf den genmodifizierten Körperzellen haften. T-Zellen reagieren auf diesen Anhaftungsprozess und schleusen ihrerseits chemische Stoffe in die suspekte Zelle ein, die sie zur »Apoptose« zwingt, dem programmierten Selbstmord. Eben dieser Effekt wird in der Krebstherapie ausgenutzt, hier wird die Methode erfolgversprechend eingesetzt. Krebszellen gezielt so umzuprogrammieren, dass sie sich schlussendlich selbst suizidieren, ist ein genialer Schritt in der Krebstherapie. Deshalb waren mRNA-»Impfungen« bislang ja auch der Krebstherapie vorbehalten. Das Primärziel der Methode lag dabei natürlich weniger in einer nachhaltigen Immunantwort als im Zelltod. Doch mit den neuen Corona-Impfstoffen werden vollkommen gesunde Körper geimpft, und diesmal soll es vorrangig darum gehen, die Abwehr zu trainieren. Dies geschieht wohl auch, nebenbei, dennoch werden gesunde Körperzellen gentechnisch so verändert, dass sie sich bei diesem Prozess selbst umbringen. Prinzipiell ist das mRNA-Verfahren dem Vektorverfahren nicht unähnlich. In beiden Fällen werden gesunde Körperzellen so umprogrammiert, dass sie Spikes herstellen und schlussendlich sterben. Allerdings benutzt das mRNA-Verfahren zusätzlich eine künstliche Lipid-Nanofähre mit Polyethylenglykol (PEG), auf die manche Menschen allergisch reagieren. Zudem ist die Nanohülle so konzipiert, dass sie über elektrische Ladungen in hohem Maß mit Körperzellen interagieren kann. Reste der Nanohülle bleiben aber auch *nach* obigem Prozess aktiv, wobei nicht ganz klar ist, wo, in welchem Umfang und wie lange diese »kationischen Lipide« mit dem Körper interagieren. Außerdem kommen bei modernen Impfstoffen zusätzliche Wirkverstärker wie Aluminium zum Einsatz, was bei eingeschränkter Nierenfunktion zu Vergiftungssymptomen im Gehirn führen kann. Schlussendlich war das Verfahren so neu, dass es zunächst einige Monate gedauert hat, bis sich Mediziner und Apotheker kritisch positionieren konnten. Immerhin kommt auf jeden einzelnen Behandler eine enorme Gewissensentscheidung zu, die er im Einklang mit seinem hippokratischen Eid treffen muss. In einem offenen Brief *»Impfung gegen SARS-CoV-2 – Fragen Sie Ihren Arzt oder Apotheker«* an die Bundesärztekammer schließen sich im

Januar 2021 hunderte Ärzte und Apotheker zusammen, um sich gegen eine mRNA-Impfung auszusprechen:

»Aus den genannten Gründen (unvollständige Datenlage, nicht kalkulierbare medizinische Risiken) können wir die Einführung der neuen Impfstoffe weder befürworten noch unterstützen. Auch die erfolgte Zulassung der neuen Impfstoffe durch die EMA entbindet uns als ÄrztInnen und ApothekerInnen nicht von der medizinisch- wissenschaftlichen und juristischen Verantwortung gegenüber jedem einzelnen Menschen. [...] Die beteiligten ÄrztInnen und ApothekerInnen stehen am Ende der Verantwortungskette.«

Corona-Antigen-Impfung

Ehrlicherweise muss man sagen, dass nicht alle neuen gentechnischen Möglichkeiten mit demselben Risiko behaftet sind. Abgesehen von einem Vektor- und mRNA-Impfstoff, gäbe es nämlich noch einen *dritten Weg*. Es ist ein gewaltiger Unterschied, ob man bei gesunden Menschen mRNA-Material *in die Zellen* einschleust und damit gesunde Zellen in den Selbstmord treibt – dazu mit allergisch wirkenden Nanohüllen –, oder ob man das eigentliche Antigen fix und fertig *außerhalb des Körpers* produziert und der Abwehr direkt als Trainingsobjekt anbietet. Hier lässt sich Gentechnik nämlich durchaus sinnvoll einsetzen. Im Gegensatz zum früheren, mühsamen Anzüchten kann man heute das Antigen massenweise und billig außerhalb des Körpers gentechnisch herstellen, um es *danach* zu injizieren. Die Antigene ließen sich schnell für Millionen Menschen produzieren, bräuchten auf dem Transport kaum gekühlt zu werden, würden keine allergischen Reaktionen auslösen und nicht zum millionenfachen Tod gesunder Körperzellen führen. Das Antigen selbst, ein kleiner Nachbau eines Teils des Virus-Spikes, kann im Körper nicht allzu viel anrichten. Es kann von sich aus nicht in die Zellen eindringen und auch keine Körperzellen »umprogrammieren«. Die einzigen Zellen, die von diesem Impfvorgang betroffen wären, sind Abwehrzellen, die – auf diese Aufgabe spezialisiert sind. Dem

Impfling werden fertige Antigene gespritzt, die Plasmazellen analysieren die Eiweiße, und schlussendlich werden Antikörper hergestellt – Ende der Geschichte. Wenige Tage nach der Impfung ließe sich ein exakter Antikörpertiter bestimmen, mit dem man zweifelsfrei nachprüfen könnte, ob die präsentierten Antigene zur gewünschten Immunisierung geführt haben. Da hierbei jedoch keine gesunden Körperzellen angestochen oder ausgetrickst werden, weder durch Vektorviren noch durch Nanofähren, kommt die zweite, zytotoxische Immunantwort natürlich kaum in Gang. Die Immunantwort erfolgt in erster Linie über den Mechanismus der Antikörper. Diese Antwort ist bei Corona jedoch mehr als ausreichend und wird auch bei anderen Impfungen (wie Hepatitis) als einziger Wirkmechanismus akzeptiert. Einziger Nachteil: Das milde Verfahren erfordert eher *drei* statt zwei Impfspritzen innerhalb eines Vierteljahres. Angesichts der enormen Vorteile – günstige und schnelle Herstellung, kaum Allergierisiko, kaum Nebenwirkungen – ein leicht zu verschmerzender Nachteil. Alles zu schön, um wahr zu sein? Leider nur Zukunftsmusik? Keineswegs! Eine derartige Impfung existiert in Deutschland bereits und wäre sofort einsatzbereit. Der Arzt und Entwickler Prof. Dr. Winfried Stöcker beansprucht noch nicht einmal ein Patent dafür. Inzwischen hat Stöcker bereits viele Probanden auf freiwilliger Basis erfolgreich immunisiert. Niemand bekam Fieber, brauchte Paracetamol oder wurde arbeitsunfähig. Und alle Geimpften weisen inzwischen einen hohen, zuverlässigen Antikörpertiter gegen SARS-CoV-2 auf. Wenn man schon partout gegen Corona impfen will, wäre diese Methode zweifellos das geringere Übel. Unter Zwang würde ich mich jedenfalls für Stöckers S1-Antigen-Impfung entscheiden. Prof. Stöcker schreibt auf seiner Homepage:

»Ich appliziere das fertige, extracorporal gentechnisch hergestellte Antigen, von dem so gut wie keine Gefahr ausgeht. Und bisher war keiner der über hundert Geimpften krank geworden, keiner wurde arbeitsunfähig. Gegen mein Vorgehen hat sich einiger Widerstand entwickelt. Man

ist nicht in der Lage oder willens, das Potential der von mir vorgeschlagenen Impfung zu erkennen, sie ist aber nahezu risikolos, beruht auf einem Totimpfstoff, der ungekühlt versendet und im Kühlschrank aufbewahrt werden kann, mit dem keine gefürchtete Erbinformation des Virus eingeschleust wird, der keinen abgeschwächten Virus enthält, der kaum allergische Reaktionen hervorruft, gleich gar nicht gegen Polyethylenglycol, den jeder Arzt in seiner Praxis verabreichen kann, nahezu risikolos, und der deshalb von der Bevölkerung weitaus besser akzeptiert würde. Und der leicht in großen Mengen produziert werden kann. Für Massenimpfungen hervorragend geeignet. Die erste Impfung war alles andere als heroisch, sondern banal. Kein Vektor, keine RNS, kein inaktivierter Coronavirus, sondern nur ein kleines Peptid. [...] Mit einem einzigen 2000-Liter-Reaktor kann man 35 g Antigen pro Tag produzieren, das würde für 1 Million Personen reichen. Mittels eines Hochdichte-Kultursystems schafft man die fünffache Menge. Innerhalb eines halben Jahres könnte man Impfstoff für 80 % der Bevölkerung Deutschlands in einem mittelgroßen Laborraum produzieren.«[124]

Anstatt Prof. Stöcker das Bundesverdienstkreuz zu verleihen und seine verträgliche Impfung so schnell wie möglich breiten Bevölkerungsteilen zur Verfügung zu stellen, wird er derzeit verklagt. Ein Lichtblick: Stöckers Verteidigung liegt in den Händen von Wolfgang Kubicki, FDP. Abgesehen von Stöckers Corona-Antigen-Impfung, gäbe es noch die beiden halbwegs verträglichen Impfstoffe der chinesischen Hersteller Sinopharm und Sinovac. Denn bei diesen Impfstoffen handelt es sich noch um klassische Ganzvirus-Impfstoffe aus inaktivierten SARS-CoV-2-Erregern. Doch ebenso wie die Stöcker-Impfung haben auch diese milden Impfstoffe keine Zulassungen in der EU.

Die Pharmaindustrie hat inzwischen Abermillionen in die Entwicklung komplizierter mRNA-Nanotechnik gesteckt. Verständlicherweise ist man hier nicht gerade amused von billigen, effektiven Lösungen, die sich in einem kleinen Schleswig-Holsteiner Laboratorium realisieren lassen. Nanotechnik bietet der Industrie zudem wesentlich interessantere Möglichkeiten: Zukünftige Nano-Impfstoffe könnten den Impfpass gleich noch mitliefern, da der Impfling ein für alle Male markiert werden kann. Hierbei werden fluoreszierende »Quantenpunkte« auf Kupferbasis injiziert, die sich, eingebettet in speziellen Nanokapseln, dauerhaft im Gewebe verhaken.

»Künftig trägt man seinen Impfpass unter der Haut – zumindest wenn es nach Forschern des Massachusetts Institute of Technology (MIT) geht. Die Impfgeschichte erzählt ein Farbmuster, das mit der Impfdosis in die Haut gespritzt wird. Für das bloße Auge ist das nicht zu erkennen. Die Farbe enthält Quantenpunkte, Kristalle nicht größer als ein paar Nanometer. Diese senden Nahinfrarotsignale, die per Kamera ausgelesen werden. Die Farbsignale sind Jahre aktiv. Die Partikel sind in biokompatibles Material eingekapselt, sodass sie nicht auf ›Wanderschaft‹ gehen können. Die unsichtbare Form des Impfpasses ist vor allem für Regionen gedacht, in denen Impfpässe schnell verloren gehen. Die Ausrüstung für die Ärzte, die den Farbimpfpass auslesen müssen, ist nicht teuer. Es gibt sogar Smartphones mit serienmäßig eingebauter Infrarotkamera.«[125]

Der Vorteil »Subdermaler-Quanten-Tattoos« liegt auf der Hand, oder besser, unter dem Oberarm. Impfmuffel können sich über gefälschte Impfpässe nicht mehr durchmogeln. An jeder Grenze, auf jedem Flughafen und vor jeder Konzerthalle können Infrarotscanner den Impfstatus sofort auslesen. Zudem lassen sich in Nanopartikeln weitere Informationen speichern, gläserner und kontrollierbarer kann der Bürger kaum sein. Letzen Endes sind Quanten-Tattoos der Einstieg zur sogenannten »ID2020« (mit vollem Namen Identity2020 Systems Inc.), mit deren Hilfe schlussendlich jeder Bürger eine weltweite, digitale Identität bekommen soll, die zentral in den USA verwaltet wird. Obgleich bei der Corona-Impfung vorerst noch keine Quanten-Tattoos zum Einsatz kommen sollen, ist die Technik voll ausgereift und wird bei zukünftigen Impfungen sicher eine große Rolle spielen. Im Schlusskapitel komme ich darauf zurück. Auch die Entwicklung der Quanten-Tattoos am MIT wird von der Bill &

Melinda Gates Foundation unterstützt. Nach dem Motto dreifach hält besser, erfährt das Projekt »ID2020« sogar eine dreifache Unterstützung von Bill Gates: durch die Bill & Melinda Gates Foundation, durch die Gavi-Impf-Allianz und durch Microsoft. Genetische Impfungen und Nanotechnik offenbaren die mechanistische Denkweise der Silicon-Valley-Welt, für die der Mensch auch nur eine Art Biocomputer ist. Letzten Endes träumen Transhumanisten schon lange davon, Mensch und Maschine zu einer neuen Evolutionsstufe zu vereinen. Doch der menschliche Körper ist mehr als eine Maschine und mehr als die Summe seiner Teile. In Wirklichkeit jongliert man mit mRNA- und DNA-Impfungen offen mit dem Bauplan des Lebens. Und das Risiko, dass es das Genmaterial entgegen aller Versicherungen dennoch in den Zellkern schafft und dort nachhaltig das menschliche Genom verändert, ist, obgleich gering, dennoch gegeben. Sofern diese »Insertionsmutagenese« stattfindet, erhöht sich das Krebsrisiko aufgrund spontaner Mutationen, oder die veränderten Körperzellen könnten dauerhaft vom Immunsystem als »fremd« angesehen werden. Dann würde der Geimpfte – wie im Fall der Multiplen Sklerose und anderer Autoimmunkrankheiten – dauerhaft Kortison und Schmerzmittel benötigen. Sofern zusätzlich noch die Keimzellen betroffen wären, würden sich sämtliche Defekte via Vererbung auch noch unendlich auf die Nachkommen übertragen – eine grauenhafte Vorstellung. Abgesehen von hochspezialisierten Verfahren in der Krebstherapie, wurde bislang noch niemals ein derartiger mRNA- oder DNA-Impfstoff zugelassen, außer in der Veterinärmedizin. Bezüglich der Inkaufnahme eines Super-GAUs rangiert die Hybris dieser Technik mindestens auf gleicher Höhe wie die Kernkraft, vermutlich ist sie weitaus höher. Vor Kurzem protestierten noch ganze Landkreise, wenn ein kleiner Acker für Gen-Mais freigegeben werden sollte. Doch über Genversuche direkt in der eigenen Muskelzelle beschwert sich niemand.

BNT162b2 für Jesus

Am 23.12.2020 macht der *Stern*[126] mit einem Cover auf, das sich explosionsartig in den sozialen Medien verbreitet. Viele User sind sich sicher – bei dem *Stern*-Cover kann es sich nur um einen Scherz handeln. Derartig bittere Satire würde man allenfalls von Blättern wie *Titanic* erwarten. Das Titelblatt zeigt das berühmte Gemälde *»Anbetung der heiligen drei Könige«,* das Charles van Loo 1760 gemalt hatte. Anstelle der goldenen Krone, mit der Jesus gekrönt werden soll, wird dem Jesuskind unter wohlwollenden Blicken der Engel ein original Impffläschchen »BNT162b2« von Pfizer-BioNTech überreicht. Der zweitgrößte Pharmakonzern der Welt krönt Gottes Sohn mit einer ordentlichen mRNA-Dosis. Da kann die Welt nur hoffen, dass Jesus kein Allergiker ist. Der Titel zum Cover: *»Ein Akt der Nächstenliebe – Impfen«*. Bereits am 9. November 2020 jubelte die Tagesschau, BioNTech habe die neue Königskrone in »Lichtgeschwindigkeit« entwickelt; dass BNT162b2 ein lupenreiner mRNA-Impfstoff ist, geht im ersten Freudentaumel unter. Man ist offensichtlich so stolz, dass ein zukünftiger Corona-Impfstoff aus Deutschland kommt, dass sich zunächst niemand für das Kleingedruckte interessiert. Wer immer noch nicht glauben kann, dass das *Stern*-Cover ernst gemeint ist, wird im Vorwort des *Stern* eines Besseren belehrt. Der Text nimmt den Leser moralisch in die Pflicht, sich impfen zu lassen, und der Bundespräsident ergänzt:

»Der Bundespräsident wandte sich in dem Zusammenhang an die Adresse derjenigen, ›die sich bisher gegen eine Impfung festgelegt haben‹. Das Impfen sei auch ›ein Akt gesamtgesellschaftlicher Solidarität‹, betonte Steinmeier. Er wolle ›jeden bitten, darüber nachzudenken, ob man diese Solidarität verweigert‹.«[127]

Wer trotz dieser Warnung nicht gründlich genug nachgedacht hat und seinen Mitbürgern die Solidarität verweigert, soll zum Bürger zweiter Klasse werden – kein Zutritt zu kulturellen Veranstaltungen, keine Reisen und viele weitere Einschränkungen. Derartig unsolidarische Menschen haben es nicht besser verdient. Man hatte es zwar schon geahnt, doch *ntv* klärt vor dem Impfstart noch einmal darüber auf, wer die bösen und wer die guten Deutschen sind:

»Bei den Wählern der AfD liegt die Impfbereitschaft mit 51 Prozent deutlich niedriger als bei den Anhängern aller anderen im Bundestag vertretenen Parteien. Besonders hoch ist sie bei den Grünen-Wählern mit 82 Prozent.«[128]

Über die abtrünnigen Bürger mokiert sich auch der vordergründig liberal und smart wirkende Fernsehphilosoph David Precht. In puncto Corona-Politik fordert Precht eine Staatsräson, die man eher von einem Philosophen Nordkoreas erwartet hätte. Wer als kritisch denkender Geist das Kollektiv verrät, ist für Precht ein dysfunktionaler Staatsbürger:

»Wir dürfen über Corona denken, was wir wollen, aber als Staatsbürger haben wir zu funktionieren. [...] Wenn Sie nachts durch die Stadt fahren und da ist eine rote Ampel. Dann können Sie sich ja auch sagen, diese Ampel, die macht überhaupt keinen Sinn. Da ist kein anderes Auto, da ist kein Fußgänger. Trotzdem nötigt der Staat Ihnen ab, an einer roten Ampel zu halten; einfach, weil Sie ein guter Staatsbürger sind, der hat sich an die Regeln zu halten, und es steht ihm nicht frei, diese Regeln zu interpretieren. Persönlich können Sie denken, die Ampel ist sinnlos. Das können Sie auch Ihrer Frau oder Ihren Freunden sagen. Sie müssen sich aber an die Regeln halten, und es ist erschreckend, dass wir ungefähr 15% der Bevölkerung haben, die das immer noch nicht verstanden haben.«[129]

Kurze Zeit nach der Erfolgsmeldung von BioNTech meldet auch der US-Pharmakonzern *Moderna* Erfolg. Der Name des Vakzins verrät, worum es sich handelt: mRNA-1273 ... Laut Herstellerangaben sollen beide neuen Impfstoffe eine Wirksamkeit von über 90 Prozent haben, unabhängige Untersuchungen gibt es nicht. Prof. Stefan Hockertz, ehemaliger Direktor des Instituts für klinische Pharmakologie und Toxikologie am Universitätskrankenhaus Eppendorf, äußert sich im Podcast »Radio München« skeptisch. Er selbst sei an der Entwicklung mehrerer Grippeimpfstoffe beteiligt gewesen, sofern diese Wirkungsgrade von 30 oder 40 Prozent hatten, habe man gejubelt. 90 Prozent Wirksamkeit käme einem Wunder gleich – doch an Wunder müsse man bekanntlich glauben. Dramatisch bewertet Hockerts die fehlenden klinischen Studien zu den Langzeitfolgen. Niemand wisse, was nach einer mRNA-Impfung langfristig passiert. Es könne weder sicher ausgeschlossen werden, dass der Impfstoff nicht kanzerogen sei, noch wisse man, ob es durch spätere Infektionen mit anderen Viren nicht doch zu einer Insertionsmutagenese kommen könne. Es gäbe nämlich andere Viren, die in der Lage seien, mRNA in DNA umzuschreiben, womit das mRNA-Material unter Umständen doch das Genom verändern könne. Zudem sei die Entstehung sogenannter »bindender Antikörper« nicht ausgeschlossen. Sofern dies geschehe, könnten Folgeinfektionen mit SARS-CoV-2 sogar weitaus heftiger verlaufen, als wenn man gar nicht geimpft wäre. Um diese dramatischen Risiken sicher auszuschließen, gäbe es nur ein Mittel: Langzeitstudien über viele Jahre, überhastete Massenimpfungen seien ethisch nicht vertretbar.[130]

Ähnlich kritisch äußert sich einer der führenden Covid-19-Experten Frankreichs, Professor Eric Caumes. Obwohl es sich bei Caumes um einen prinzipiellen Impfbefürworter handelt, gibt er zu bedenken:

»Noch nie habe er eine so hohe Häufigkeit von unerwünschten Nebenwirkungen bei einem Impfstoff gesehen, sagte er nach der Durchsicht des Berichts der American Food and Drug Administration (FDA) über den Pfizer-Impfstoff gegenüber Le Parisien. Besonders junge Menschen seien betroffen, gerade nach der zweiten Dosis. 15,8% der Geimpften im Alter von 18 bis 55 Jahren hatten demnach beispielsweise nach der zweiten Injektion Fieber, 45% benötigten Medikamente, um Fieber und Schmerzen zu behandeln. 55% hatten Kopfschmerzen und 62% waren müde. ›Nein, wirklich, das ist viel zu viel‹, sagte er, ›vielleicht gibt es ein Problem …«[131]

»Es ist halt ein bisschen unangenehm« meldet die *Zeit,* und *ntv* ergänzt, »das ist kein Hustenzuckerl«. Wer den Artikel *»Das sind die Risiken der neuen Impfstoffe«* in der *Welt* vom 19.12.2020 gelesen hat, wird vermutlich weitere Bedenken entwickeln. Dort ist von schweren allergischen Schocks die Rede, von Ausschlag am ganzen Körper, zugeschwollenen Augen und Kratzen im Hals. *»Allergische Reaktionen – Kalifornien stoppt 330.000 Impfdosen von Moderna«* titelt die österreichische *Kronenzeitung* am 15.01.2021. Im Verdacht steht der Zusatzstoff Polyethylenglykol (PEG), der sowohl bei BioNTech als auch bei Moderna Verwendung findet. Für Eva Hummers, Professorin für Allgemeinmedizin an der Universität in Göttingen, sind die allergischen Reaktionen jedoch noch lange kein Grund, sich nicht impfen zu lassen:

»›Sie zeigen nur, dass die Impfungen in einer Umgebung mit einer entsprechenden Notfallausrüstung stattfinden müssten, wie das ja auch geschieht‹ [...] Zugleich ist die Impfung für manche Menschen eher Rosskur denn Zuckerschlecken. Ein Großteil der in den Studien Geimpften spürte vorübergehend Schmerzen an der Einstichstelle, oft kamen Rötungen und Schwellungen hinzu. Rund die Hälfte fühlte sich danach abgeschlagen und klagte über Kopfschmerzen. Das dürfte zu einem Teil auch stressbedingt sein, denn auch viele in der Placebogruppe klagten über ähnliche Beschwerden. Deutlich häufiger als in der Kontrollgruppe aber litten die Impflinge unter Fieber, Muskel- und Gelenkschmerzen. In manchen Fällen stieg das Fieber sogar über 39 Grad. Die Impfstoffe von BioNTech und Moderna lösen stärkere kurzfristige Reaktionen aus als viele andere Impfstoffe wie etwa gegen Grippe. Man sollte sich also vor einer Impfung darauf einstellen, dass es einem einen Tag lang schlecht gehen könnte. Das kann sich drei Wochen später bei der zweiten Dosis wiederholen.«[132]

Kurz nach dem Impfstart kommt es zu vereinzelten Todesfällen, insbesondere in den Altenheimen. Ab sofort gilt folgende, paradoxe Logik: Wenn jemand nach einer Corona-Impfung stirbt, war *immer* seine Vorerkrankung schuld. Wenn jemand hingegen an Corona stirbt, waren seine Vorerkrankungen *immer* irrelevant.

»Das Paul-Ehrlich-Institut prüft bislang zehn Todesfälle kurz nach einer Corona-Impfung – ein Zusammenhang gilt den Experten zufolge aber als eher unwahrscheinlich. In diesen Fällen waren schwer kranke Menschen innerhalb von vier Tagen nach der Immunisierung gestorben, berichtete das für Impfstoffe und biomedizinische Arzneimittel zuständige Bundesinstitut im hessischen Langen am Donnerstag. ›Aufgrund der Daten, die wir haben, gehen wir davon aus, dass die Patienten an ihrer Grunderkrankung gestorben sind – in zeitlich zufälligem Zusammenhang mit der Impfung‹ […] «[133]

Am 8. Januar 2021 muss das RKI in der Fachpublikation »Epidemiologisches Bulletin« einräumen, dass der BioNTech-Impfstoff in der Altersgruppe über 75 Jahre »nicht mehr statistisch signifikant« wirkt. Um überhaupt Aussagen über die Wirksamkeit machen zu können, hätte eine relevante Anzahl der Studienteilnehmer aus alten Menschen bestehen müssen; dies hatten die Hersteller jedoch versäumt. Der Nachweis der Wirksamkeit bei alten Menschen sei daher »mit hoher Unsicherheit behaftet« und »gering«. Noch schlimmer kommt es für den AstraZeneca-Impfstoff aus England, dieser wird für Menschen über 65 gar nicht erst empfohlen. Außerdem steht der Impfstoff im Verdacht, bezüglich der Mutationen nicht zu wirken, weshalb Südafrika die Impfkampagne ganz abbricht.

Impfung nur mit Notfallausrüstung? Bis zu 39 Grad Fieber und ein bis zwei Tage nach der Impfung krank? Erste Todesfälle nach Impfung? Impfwirkung bei alten Menschen fraglich? Das haben sich viele Bundesbürger sicher anders vorgestellt. Ganz zu schweigen von den Langzeitschäden, von denen es plötzlich heißt, sie können nicht ausgeschlossen werden, da man hierüber schlichtweg keine Daten habe. Zudem könne man nicht einmal garantieren, nach der Impfung nicht mehr ansteckend zu sein, die Maskerade müsse also weitergehen. Da es Ende 2020 immer mehr kritische Impfartikel in die Mainstreammedien schaffen, sank die Impfbereitschaft rapide. Lag die Bereitschaft im Spätsommer noch bei über 70 Prozent, fiel sie im Winter auf unter 50. Dabei gilt die Formel: je aufgeklärter, desto impfunwilliger. Verständlicherweise sträubt sich ausgerechnet das medizinische Fachpersonal, das man eigentlich zuerst impfen wollte. Doch im Medizinbetrieb kann man erstens die wirkliche Gefährlichkeit von Corona einschätzen und ist zweitens über die Impfschäden informiert – für die Impfagenda der Bundesregierung keine gute Mischung. Die *Frankfurter Allgemeine* berichtet alarmiert:

»Die Impfkampagne gegen das Coronavirus in Deutschland läuft derzeit nur schleppend an. Ausgerechnet Heim- und Klinikmitarbeiter halten sich bisher zurück. Zum Teil geben Kliniken die Dosen sogar zurück.«[134]

Daraufhin wettert der regierungstreue *Spiegel*:

»Weil aber die ›Querdenker‹ in Weiß nicht nur ihr eigenes Leben aufs Spiel setzen, sondern auch das Leben anderer, wird mir mulmig. Wer zur Entbindung oder für eine Knie-OP ins Krankenhaus geht, will nicht mit Corona herauskommen. [...] Lehnen eine Ärztin oder ein Pfleger die Corona-Impfung dann [nach Impfzwang] immer noch ab und berufen sich auf angebliche Persönlichkeitsrechte, sind sie keine Freiheitskämpfer, sondern skrupellose Zocker, die das Leben von Schutzbefohlenen aufs Spiel setzen. [...] Beruf verfehlt.«[135]

Trotzdem – ausgerechnet in den Alten- und Pflegeheimen sträubt sich das Personal so gut es geht:

»Im Gegensatz zu den Bewohnern ist die Bereitschaft des Pflegepersonals noch immer viel zu gering – sie liegt bei rund 30 Prozent. Als Ansporn hat sich der BeneVit-Chef etwas einfallen lassen: Für jeden, der sich impfen lässt, gibt es eine Flasche Eierlikör, denn bei aller Ernsthaftigkeit darf der Spaß nicht fehlen.«[136]

Impfspaß dank Eierlikör? Das Konzept klingt eher nach einer Verzweiflungstat. Auch in den großen Berliner Impfzentren herrscht Anfang Januar gähnende Leere, der *Tagesspiegel* vom 13.01.2021 titelt lapidar: *»Es fehlt nicht der Impfstoff, es fehlt an Menschen, die sich impfen lassen«*.

Insbesondere bei den anberaumten Impfungen mit dem AstraZeneca Impfstoff reagieren die Mitarbeiter des Gesundheitswesens skeptisch, die heftigen Nebenwirkungen hatten sich offenbar herumgesprochen. Bei einer »Sonderimpfung im medizinischen Bereich« des Saarlandes lassen 54 Prozent der Mitarbeiter ihren Impftermin ohne Angabe von Gründen verfallen. Die Gesundheitsministerin Monika Bachmann echauffiert sich:

»›Ich will sagen, dass das kein Wunschkonzert ist. Dass alle Impfstoffe zugelassen und gut sind‹, sagte die Ministerin. Es sei ›nicht solidarisch‹, wenn die Hälfte der zur Impfung Angemeldeten nicht erscheine.«[137] Sofern sich das Gesundheitspersonal anderen Ortes solidarischer zeigt und geschlossen zur Impfung antritt, kommt es in den Tagen danach nicht selten zu Personalnotständen. In Minden erkrankten 21 Mitarbeiter einer Rettungswache nach ihrem Impftermin so schwer, dass der Rettungsdienst seine Arbeit einstellen musste. Im schwedischen Sörmland kam es in mehreren Krankenhäusern zu dramatischen Personalengpässen. Dort wurden 100 von 400 Geimpften derart krank, dass sie ihrer Arbeit nicht mehr nachgehen konnten. Zwei schwedische Provinzen stoppten daraufhin die Verimpfung des Covid-19-Impfstoffs von AstraZeneca ganz.[138]

Ende Februar 2021 entwickelt sich der Impfstoff von Astra Zeneca zum regelrechten Ladenhüter, die *Neue Zürcher Zeitung* schreibt:

»In dieser Woche wird Deutschland über fast zwei Millionen Dosen an AstraZeneca-Impfstoff verfügen. Tatsächlich verabreicht werden wird aber nur ein Bruchteil davon. Das liegt an der Skepsis der Bürger gegenüber dem Mittel. [...] Hunderttausende Dosen lagern ungenutzt in Kühlschränken.«[139]

Daraufhin versucht die Bundesregierung zu retten, was noch zu retten ist. *»Bundesregierung prüft, den Impfstoff von AstraZeneca schon ab April für alle Gruppen freizugeben«*, titelt *Business Insider Deutschland.* Impfung als »Privileg«, ausgewählte Prioritätengruppen zuerst, war gestern. Zukünftig soll jeder Hausarzt den Stoff ohne Altersbeschränkung verimpfen, Hauptsache, man wird die eingekauften

Impfdosen noch los. In Wirklichkeit war die anfängliche Skepsis der Bürger mehr als gerechtfertigt. Mitte April 2021 sind genügend Menschen geimpft, um aussagekräftigere Studien auswerten zu können. So sieht sich der Hersteller AstraZeneca in einem »Rote Hand Brief« gezwungen, einen hohen Prozentsatz von Blutgerinnungsstörungen zuzugeben. Offenbar entwickelt sich bei 1 bis 10 Prozent der Geimpften eine »»immuninduzierte Thrombozytopenie«, die einer Autoimmunerkrankung ähnelt. Das Erschreckende: Auch symptomfreie Geimpfte entwickeln häufig Antikörper gegen den Plättchenfaktor 4 (PF4). Anders gesagt: Nach der Impfung greift die Immunabwehr lebenswichtige Blutplättchen an und löst sie auf, danach kommt es zu mannigfaltigen Gerinnungsstörungen. Thrombozyten sind wichtig, um Mikrowunden zu verschließen. Sind zu wenig Blutplättchen vorhanden, kann es zu Spontanblutungen bis hin zu Hirnblutungen kommen. Wer jedoch glaubt, mit dem BioNTech/Pfizer Impfstoff würde man besser fahren, könnte sich getäuscht haben. Der *Cicero* zitiert das *Deutsche Ärzteblatt:*

»Das Licht am Ende des Tunnels hat sich eingetrübt. Laut eines Berichts im ›Deutschen Ärzteblatt‹ kommt es bei dem Impfstoff von BioNTech/Pfizer zu vermehrten Herzmuskelentzündungen. […] Wie u.a. das Deutsche Ärzteblatt berichtet, sei es in Israel besonders in Folge der zweiten Impfgabe mit dem Vakzin des deutschen Herstellers zu ›Dutzenden Fällen von Myokarditis‹, also zu gefährlichen Herzmuskelentzündungen gekommen. […] Wie das Deutsche Ärzteblatt weiterhin berichtet, sei es einem geleakten israelischen Regierungsbericht zu verdanken, dass das erhöhte Risiko zur Myokarditis besonders bei jungen Männern bekannt geworden sei.«[139A]

Obwohl die Impfungen offensichtlich auch bei jungen Menschen ohne jegliche Vorerkrankungen erste Schäden verursachen können, drängen immer mehr Hersteller und Regierungen darauf, auch junge Menschen und sogar Kinder zu impfen. Ende April 2021 mehren sich begeisterte Pressemitteilungen, dass viele Impfstoffe bei Kindern und Jugendlichen zu annähernd 100 Prozent wirksam seien. Der große Jubel überblendet den eigentlichen Treppenwitz:

Die Impfung wirkt zu 100 Prozent in einer Bevölkerungsgruppe, die zu 100 Prozent gar nicht erkrankt …

Leider greift der Dunning-Kruger-Effekt auch hier – wenig informierte Leute halten sich für besonders aufgeklärt. *»Impfpflicht! Was denn sonst?«* lautet der *Spiegel*-Titel eines flammenden Plädoyers für Zwangsimpfungen in Deutschland, geschrieben von Nikolaus Blome, der sich wüscht, »möge die gesamte Republik mit dem Finger auf sie [ungeimpfte Bürger] zeigen«. Noch drastischer äußert sich Prof. Dr. Wolfram Henn, Mitglied des Ethikrats, in einem Brandbrief an Impfskeptiker:

»Wer partout das Impfen verweigern will, der sollte, bitte schön, auch ständig ein Dokument bei sich tragen mit der Aufschrift: Ich will nicht geimpft werden! Ich will den Schutz vor der Krankheit anderen überlassen! Ich will, wenn ich krank werde, mein Intensivbett und mein Beatmungsgerät anderen überlassen.«[140]

Kurz vor Weihnachten 2020 tauchte dann plötzlich der böse Bruder des Virus auf: »VUI2020/12/01«. Bruder VUI soll »70-mal ansteckender« sein, wenn das nicht zu einer Impfung motiviert – was noch? Andererseits könnte eine paradoxe Logik dafür sorgen, die Impfbereitschaft sogar noch weiter zu senken, denn: Wozu Fieber und Schüttelfrost nach einer SARS-CoV-2-Spritze ertragen, wenn es inzwischen bereits VUI gibt? Sollte man da nicht besser die VUI-Spritze erwarten? Oder VUI auch noch aussitzen, bis sich Bruder LUI zeigt?

Fragen über Fragen. Kurzfristig wurde die Lage dann etwas unübersichtlich, immer mehr Mutationen tauchten auf, zur kleinen Berühmtheit wurde »B.1.1.7«. Bruder 117 hat gleich 23 Veränderungen im genetischen Code, dann gab es noch die Mutationen N501Y oder P681H, welche die Spikes betreffen, dasselbe tut auch H69/V70 – wahnsinnig spannend. Am 20. Dezember 2020 dominierten Alarmmeldungen über das Kappen der Flugverbindungen in die verseuchten Bruder-117-Länder. Zeitgleich beeilte man sich aber zu erklären, dass die neuen Mutationen zwar sehr, sehr schlimm sind (da 70-mal ansteckender ...), alles andere dennoch gleichbleibe. Impfung funktioniert trotzdem! Krankheit verläuft ebenso oder sogar milder als SARS-CoV-2! Was für ein Glück ...

»›Würde die neue Variante einen großen Einfluss auf den Krankheitsverlauf haben, dann hätten wir das schon gesehen‹, erklärte Ewan Birney, stellvertretender Generaldirektor des European Molecular Biology Laboratory, gegenüber dem Guardian. Bislang sei die Zahl der Krankenhauseinweisungen im Verhältnis zu den gemeldeten Infektionen weder steil nach oben gegangen noch stark gesunken. Man könne daher davon ausgehen, dass die Varianten den Krankheitsverlauf nur wenig beeinflussten, ganz gleich, ob zum Guten oder Schlechten.«[141]

Anders gesagt: *Rein gar nichts hatte sich verändert – außer im Labor.* Neue Sequenzen wurden sequenziert, große Panik wurde geschürt, Flüge nach England wurden gekappt, EU-Sondergipfel wurden einberufen – doch in den englischen Kliniken lagen nicht mehr COVID-Patienten als vor der Mutation. Verständlicherweise konnte nach derartigen Alarmmeldungen kein Bürger mehr einen klaren Gedanken fassen. In Wirklichkeit war kein Fachmann darüber verwundert, dass SARS-CoV-2 mutiert, dies ist nun einmal die Natur von Corona- und Grippeviren. Um nicht jeder neuen Variante alberne Namen geben zu müssen, sprachen Virologen schon lange vor den englischen Mutationen von SARS-CoV-X. Die aufgebauschte Sensation von der Mutation war keine. Warum die neue Variante »70-mal ansteckender« sein soll und nicht 500-mal oder nur 10-mal, weiß Ende Dezember niemand – Hauptsache Alarmmeldung. Erst im Januar wird die monströse Meldung etwas abgemildert, erneut durch den moderaten Virologen Prof. Hendrik Streeck:

»Mit Blick auf die gegenwärtig bekannten Corona-Mutationen gab der Virologe Entwarnung. Zwar habe die britische Variante eine höhere Infektiosität. ›Eine infizierte Person steckt nicht mehr drei Menschen an, sondern 3,7.‹ [...] Die Mutation müsse weiter untersucht werden, es gebe aber keinen Grund zur Panik [...].«[142]

Motivationsspritzen

Der Plan der Bundesregierung, den größten Teil der Bevölkerung »durchzuimpfen«, geriet erkennbar unter Druck. Mit derart widerspenstigen Bürgern hatten die Impfstrategen nicht gerechnet. Doch immer mehr Bürger erkannten, dass das Risiko eines Impfschadens das Krankheitsrisiko von SARS-CoV-2 übersteigen könnte. Wer auch immer die Bundesregierung zugunsten einer Massenimpfung beraten hatte, tat gut daran, argumentativ nachzulegen. Um ein ähnliches Impf-Desaster wie bei der Schweinegrippe zu vermeiden, brauchte der Masterplan, in Deutschland mindestens 60 Millionen Impfdosen abzusetzen, weitere Motivationsspritzen. Ein schier endloser Lockdown, bei dem alles unter Strafe gestellt wurde, was das Leben lebenswert macht, dürfte die Impfbereitschaft grundsätzlich erhöht haben.

Wäre ich NLP-Stratege zugunsten der Impfagenda, würde ich zusätzlich die Tatsache, *»Es fehlt nicht der Impfstoff, es fehlt an Menschen, die sich impfen lassen«*, mit einer bewährten Methode umdrehen: *Begehrlichkeiten weckt man durch Verknappung.* Als ich über diese Strategie nachdachte, zappte ich zufällig auf RTL in eine anrührende Sendung, in der eine dicke Frau vor laufender Kamera weint, weil sie es nicht geschafft hat, einen begehrten Impftermin zu bekommen. Durch den hohen Andrang im Impfzentrum waren schon alle Termine vergeben. Trotzdem macht eine Stimme im Bericht Mut. Am unteren Bildrand wird die bundesweit gültige Impf-Rufnummer 116117 eingeblendet. Ob man es ganz frech mal versuchen sollte? Vielleicht hat man ja Glück! Anfang Januar weitet sich das Verknappungs-Narrativ zu einer medialen Empörungswelle aus. Hat der Bund womöglich einen Fehler bei der Vorbestellung der Impfdosen gemacht? Hat die Regierung wirklich gut für alle Deutschen gesorgt? Oder war sie in Bezug auf die Europapolitik zu bescheiden? Wird es womöglich zu Verzögerungen der Impfagenda kommen?

Wann wird man endlich auch an der Reihe sein, mit der lebensrettenden Impfung? Jetzt, so erklären viele Mainstreammedien, dürfe sich der Bürger sogar ein wenig aufregen und ein bisschen sauer auf die Regierung Merkel sein – aber nicht zu viel versteht sich. Immerhin hat Merkel den Dampfer Deutschland ansonsten bravurös durch den Corona-Sturm manövriert.

Die Verschärfungen der Regierung im Lockdown und die Meldungen über gefährliche Mutationen lassen den Druck im Kessel steigen. Flankiert wird das Ganze mit einer schier unendlichen Folge alarmierender Meldungen über Fallzahlen und »Corona-Tote« – wie immer mit aufaddierten Zahlen, ohne jede Differenzierung und auf der Basis von Massen-PCR-Tests mit überhöhtem CT-Wert. So haben sich laut RKI allein im Dezember 650 000 Menschen mit Corona »angesteckt« – rund 570 000 waren aber bereits im selben Monat wieder genesen. Die Nettoanzahl der PCR-Positiven hatte sich demzufolge lediglich um 80 000 erhöht – und dies bei 83 Millionen Einwohnern. Weit über 90 Prozent der neuen »Fälle« hatten jedoch keine oder nur sehr leichte Symptome, sodass allenfalls 7000 Patienten auf ärztliche Hilfe angewiesen waren. Diese 7000 Patienten verteilten sich auf 2000 Kliniken, was für eine Grippe-Wintersaison nicht außergewöhnlich ist. So unglaublich es nach der medialen Berichterstattung auch klingen mag: Tatsächlich waren auf dem Höhepunkt der Winterpandemie, am 05.01.2021, lediglich 72 Prozent[143] der Beatmungsbetten in Deutschland ausgelastet – im Winter ein ziemlich guter Wert, insbesondere wenn man bedenkt, dass zuvor sogar noch viele High-Care-Betten *abgebaut* wurden. Merkel begründete ihre Lockdown-Entscheidung im Bundestag mit einem flammenden Plädoyer für Wissenschaftlichkeit, auf der Basis einer »Studie«, die von der *Welt* »Leopoldina-Desaster« genannt wird:

»Ist es vorstellbar, dass eine solche Arbeitsgruppe ein wissenschaftliches Dokument verfasst, welches eine Länge von viereinhalb Seiten Text hat? [...] Ein wissenschaftliches Ergebnis einer solchen Arbeitsgruppe wäre

vielleicht in einigen Monaten oder Jahren möglich, es würde wahrscheinlich aus mehreren Sammelbänden von Aufsätzen bestehen, und selbst eine Zusammenfassung würde Dutzende Seiten umfassen. [...] Wenn ein wissenschaftliches Dokument dieser Kürze überhaupt sinnvoll zu einem aktuellen Geschehen Stellung nehmen soll, dann müsste es umfangreich auf gesicherte Studien verweisen und deren Gültigkeitsbereich und Aussagekraft für die Situation hier in Deutschland wenigstens andeutungsweise belegen. Die sogenannte Ad-hoc-Stellungnahme der Leopoldina ist aber alles andere als ein wissenschaftliches Dokument, sie ist auch keine wissenschaftliche Zusammenfassung eines Forschungsstandes. [...] Der wissenschaftliche Gehalt ist so gering, dass wohl jede aufmerksame Zeitungsleserin, jeder ›Tagesschau‹-Zuschauer und jede internetaffine Gymnasiallehrerin den Text hätte verfassen können, einschließlich der Diagramme, die den Infektionsverlauf in Irland und in Deutschland miteinander vergleichen – eine Grafik, die der Autor dieser Zeilen innerhalb von weniger als einer Minute auf einer bekannten Datenplattform zusammenklicken könnte.«[144]

Weitere, dramatische Aussagen flankieren die Entscheidung der Regierung:

»Weihnachten, sagt ein Ärztepräsident, könne zum ›Fest mit Todesrisiko‹ werden. Die Lage, sagt ein Bundespräsident, sei ›bitterernst‹. Ein Ministerpräsident aus Bayern erklärt, ›es zerrinnt uns zwischen den Fingern‹. Ein Ministerpräsident aus Sachsen weiß, dass beim medizinischen Personal ›eine große Angst vor Weihnachten‹ herrsche. Ein Ministerpräsident aus Thüringen rät zum Geburtsfest Christi, ›einfach negativ bleiben‹.«[145]

Nach derartigen Aussagen müsste eigentlich jeder Bundesbürger nach dem Jahreswechsel um den neuen Impfstoff betteln – doch erstaunlicherweise hält sich die Bettelei in Grenzen. Offensichtlich sind zusätzliche Impfkampagnen der Bundesregierung nötig, das Motto: *»Deutschland krempelt die Ärmel hoch«*. Schon zu Beginn der Krise hatte die Kanzlerin Assoziationen zum Zweiten Weltkrieg geweckt. Die Kampagne knüpft an ihre Aussagen an und bemüht Bilder von Anpacken und Wiederaufbau. Zu diesem Zeitpunkt wird ausdrücklich die »Freiwilligkeit« der Impfung betont. Wie der *Focus* berichtet, setzt die Regierung auf moralischen Druck und entwickelt ein Angebot nach Mafia-Manier, das der Bürger nicht ablehnen kann:

»Wenn die Impfung aller Impfwilligen der Maßstab ist für die Rückkehr der Grundrechte, dann leisten die Impfunwilligen einen freiwilligen Verzicht auf diese Grundrechte, sind ergo an ihrer Unterprivilegierung selbst schuld. So baut Merkel Druck auf, dass sich möglichst viele Menschen impfen lassen. Von einer Impfpflicht muss die Kanzlerin dann gar nicht erst reden.«[146]

Die Logik der Regierung in Bezug auf die eigentlich unveräußerlichen Grundrechte erläutert der aus der RTL-Gerichtsshow »Das Strafgericht« bekannte Rechtsanwalt Carlos A. Gebauer:

»Im Grundgesetz steht, dass die Würde des Menschen unantastbar ist. Darunter versteht man bislang einhellig, dass der Einzelne nicht zum Objekt für die Zweckverfolgung eines anderen gemacht werden darf. Wer einen einzelnen Menschen im Hinblick auf seine Grundrechtsträgerschaft oder die Befugnis, seine Grundrechte wahrnehmen zu dürfen, darauf reduziert, ob er ein Virusträger ist oder nicht, der macht den anderen zu einem solchen Gegenstand. Der falsche Mensch ist dann eine prinzipiell gefährliche Sache, die anderen im Wesentlichen schaden könnte. Es wird folglich zur Aufgabe dieses falschen Menschen, sich durch Impfung zu einem richtigen Menschen zu machen, der wieder Rechte hat. Der andere mutiert so durch Untätigkeit zu einem schädlichen Ding. Will dieses Ding wieder Mensch sein, muss es sich mehrheitskonform einer medizinischen Prozedur unterziehen.«[147]

Am 1. Februar erklärt Angela Merkel auf der Pressekonferenz zum Impfgipfel:

»Solange wir so eine Situation haben wie die jetzt, dass eine ganz kleine Minderheit geimpft ist und eine große Mehrheit nicht, wird es keine neuen Freiheiten geben.«

Derartige Aussagen werden selbst der Mainstreampresse unheimlich. Der Chefredakteur der *Welt*, Ulf Poschardt, kommentiert:

»›Es wird keine neuen Freiheiten geben‹. Das ist eine interessante

Ansage von Angela Merkel nach einem Impfgipfel, angesprochen auf eine mögliche Freiheitsrückkehr für Geimpfte. Interessant vor allem das ›es‹. In ihm gerinnt eine autoritär anmutende Objektivität, die sich über den Doppelpass zwischen Wissenschaft und Politik legitimiert sieht. Die ins Präsidiale entrückte Kanzlerin versteht sich kaum noch als Teil der politischen Landschaft, in der auch Regierungshandeln diskutiert werden muss. […] Wir sind solidarisch und verantwortungsbewusst. Ich schreibe diese Zeilen als Angehöriger einer Redaktion mit über 93 Prozent Mitarbeitern im Homeoffice. Aber wir lassen so nicht mit uns sprechen. Damit ersticken wir eine freie Gesellschaft und auch demokratische Selbstverständlichkeiten.«[148]

Ulf Poschardt mag sich noch so sehr über den Freiheitsverlust entrüsten, über kurz oder lang wird das Leben für Ungeimpfte immer unangenehmer. Ab März 2021 bringen die Pandemiemanager die Schnelltest-Strategie ins Spiel. Zum obligatorischen Maskenzwang muss jeder Bürger über »tagesaktuelle Schnelltests« beweisen, dass von ihm keine Gefahr ausgeht. Für die Pharmaindustrie ein doppeltes Geschäft: Zuerst kommt der Steuerzahler für Milliarden Testkits auf, danach für Milliarden Impfdosen. Zukünftig gilt: Solange nicht alle Menschen geimpft sind, gibt es ohne einen tagesgültigen Schnelltest keine soziale Nähe mehr. Konzertbesuch, Shoppingtour oder ein Tag im Biergarten – nicht ohne aktuellen Test. Was dieses tägliche »Freitesten« tiefenpsychologisch in einer Gruppenseele anrichtet, scheint den Strategen kaum bewusst zu sein. Wenn jeder Bürger verzweifelt seine tagesaktuelle Gesundheit nachweisen muss und die seines Nächsten überwacht, entwickelt sich in kürzester Zeit ein zwangsneurotischer Gewaltraum. Wird dieser gruppendynamische Prozess über Monate eingeübt, helfen irgendwann wirklich nur noch lückenlose Massenimpfungen. Andernfalls wird man den argwöhnischen Geist kaum wieder zurück in die Flasche bekommen – doch möglicherweise ist eben dies das Ziel der Schnelltest-Strategie. In Italien wird zusätzlich ein positiv geframtes Zeichen alle Impfwilligen ausweisen. Die Kampagne kopiert das erfolgreiche »Prilblumen-Logo« im Stil der Flowerpower-Bewegung, die »rosa Primel«. Als Kind der 1970er-Jahre wäre ich begeistert gewesen, so eine Blume tragen zu dürfen.

»Die italienische Kampagne für die Covid-Impfung hat soeben begonnen, mit einem ersten Werbespot, der lautet: ›Italien wird mit einer Blume wiedergeboren‹. Die betreffende Blume, das Symbol der Kampagne, ist die ›rosa Primel‹. Das Tragen des ›rosa Primel‹-Abzeichens nach der Covid-Impfung soll auch einen weiteren Hebel auslösen, der subtiler und zugleich effektiver ist, um viele zum Impfen zu bewegen. Wenn an einem öffentlichen Ort fast jeder die ›rosa Primel‹ trägt – und damit angibt, geimpft zu sein – werden diejenigen, die sie nicht tragen, weniger wohlwollend behandelt und de facto isoliert werden. Diese Verlegenheit könnte viele Unentschlossene dazu bewegen, sich letztlich für die Covid-Impfung zu entscheiden.«[149]

Doch selbst geimpfte Bürger könnten zunächst einmal weiterhin verpflichtet werden, Masken zu tagen, Impfverweigerer allemal. Wobei die lustigen, bunten Stofflappen plötzlich als zu unsicher gelten. Zu Beginn der Pandemie galten Masken generell als nutzlos und schädlich. Dann hieß es *alle* Masken seien gegen Corona wirksam. Ab Januar 2021 bieten jedoch nur noch FFP2-Masken Schutz. Doch damit nicht genug: Politiker überlegen ob zum FFP2-Maskenzwang in öffentlichen Verkehrsmitteln zusätzlich noch ein Schweigegebot eingeführt werden soll. Außerdem müsse man diskutieren wie mit Bartträgern zu verfahren sei, denn dort sitzen FFP2-Masken verdächtig locker. Ließen die individuellen Masken ihrem Benutzer noch einen Rest an Würde, haben die neuen FFP2-Masken den Charme einer Melitta-Filtertüte 1x4 und der Träger sieht aus wie ein Schnabeltier aus einem Donald-Duck-Comic. Sofern Geimpfte von der Maskenpflicht befreit würden, Ungeimpfte aber nicht, ließen sich auf einen Blick die »unsolidarischen Menschen« erkennen, die die Gesellschaft auf »existenzielle Weise gefährden« (Söder). Man darf gespannt sein, wie das soziale Experiment im öffentlichen Raum zwischen Blümchen-Menschen und

Donald-Menschen ausgeht. Selbstverständlich hinterfragt niemand die Unlogik der Hetze gegen Ungeimpfte. Wenn die Impfung wie angekündigt funktioniert – welche Gefahr ginge dann noch von einem Ungeimpften für Geimpfte aus? Nachdem sich ab Januar 2021 alles um die FFP2-Masken dreht, haben sich Umweltmediziner die Materialien genauer angesehen. Mit Erschrecken stellt man fest, dass der verwendete Kunststoff eben jene Mikroplastikfasern absondert, die laut Definition der Deutschen Gesetzlichen Unfallversicherung (DGUV) am gefährlichsten sind. Prof. Dr. Michael Braungart, wissenschaftliche Leiter des Hamburger Umweltinstituts, ist entsetzt: »›*Was wir da über Mund und Nase ziehen, ist eigentlich Sondermüll. Wir denken, da das OP-Ausrüstung ist, müsste das gesund sein. Aber da die meisten Menschen in China, wo die meisten Masken produziert werden, noch nie über Umwelt nachgedacht haben, verwenden sie halt alles, was funktioniert. Da ist jeder Dreck der Welt drin.‹ Das grundsätzliche Problem: Die Inhaltsstoffe der Masken sind von der Zulassung nicht betroffen. Es wird nur die Funktionsfähigkeit getestet. Wenn die Maske eine ausreichende Filterwirkung zeigt, wird sie zertifiziert.*«[150]

Anfang Mai 2021 bestätigen sich auch die dunkelsten Befürchtungen. De facto werden die unveräußerlichen Bürgerrechte für Ungeimpfte dauerhaft aberkannt. Eine neue Corona-Verordnung wird beschlossen: »Totale Freiheit für Geimpfte«, jubelt der Berliner Kurier am 07. Mai 2021. »Geimpfte und Genesene erhalten ihre Rechte zurück.« An diesem Tag beschließt der Bundestag, dass allein Geimpfte als »unbefristet immun« gelten dürfen. Wer noch geglaubt hatte, er könne sich als »Genesener« nach durchgemachter Infektion ohne gentechnische Impfung durchmogeln, hat sich getäuscht. Auch »Genesene« werden sich langfristig vollständig impfen lassen müssen, sofern sie ihre Freiheiten zurückhaben wollen. Der Antikörperstatus einer natürlichen Immunisierung sei »»zu instabil«, geben Experten zu bedenken. Was Jahrtausende funktioniert hat, gilt plötzlich nicht mehr. Denn diese Aussage impliziert, dass die Menschheit ohne Gentechnik aussterben würde, allein die Pharmaindustrie kann es noch richten. Eine Dreiklassengesellschaft kündigt sich an: Uneingeschränkte Bürgerrechte gibt es zukünftig nur noch für vollständig Geimpfte, Genesene werden in einer Übergangsfrist geduldet, während Ungeimpfte vollends zum Bürger dritter Klasse werden. Wer im Sommer 2020 davor warnte, dass es zukünftig eine derartige Diskriminierung geben könnte, wurde seitens der Politik als »»Verschwörungstheoretiker« und „»Hetzer« diffamiert:

»Niemand wird in Deutschland gegen seinen Willen geimpft. Auch die Behauptung, dass diejenigen, die sich nicht impfen lassen, ihre Grundrechte verlieren, ist absurd & bösartig. Lassen Sie uns Falschnachrichten & Verschwörungstheorien gemeinsam entgegentreten.«[150A]

Noch vor einem Jahr konnte sich in Deutschland niemand vorstellen, dass Grundrechte überhaupt ausgesetzt werden können. Bürgerrechte unter Vorbehalt zu stellen, oder als Privilegien zu gewähren, ist ein Widerspruch in sich, denn Grundrechte sind »unverletzlich« und «unveräußerlich« (Art. 1, Absatz 2). Doch mit der Einführung eines Impfnachweises, als Grundbedingung zur Teilhabe am sozialen und öffentlichen Leben, werden die Bürgerrechte in Privilegien für Geimpfte umgewandelt. Die permanente Aufrechterhaltung eines aktualisierten Impfstatus wird zur neuen Bürgerpflicht. Natürlich betonen die Wissenschaftler der großen Impfstoffhersteller die Notwendigkeit einer regelmäßigen „Auffrischung". Dies bedeutet, auch wer sich heute bei Corona brav impfen lässt, bekommt seine Bürgerrechte nur temporär zurück. Wer sich nicht wiederholt und regelmäßig impfen lässt, kann seine Rechte schnell wieder verwirken, sobald sein Impfstatus »abgelaufen« ist (zu wenig Antikörper, neue Mutante, neue Viren etc.). Um den zukünftigen Reigen wiederholter Impfungen sicher nachweisen und handhaben zu können, führt kein Weg an der Digitalisierung der Daten vorbei. China und Israel machen vor, woran auch in Europa gearbeitet wird: Ohne ein fälschungssicheres »grünes Impfzertifikat«, das die EU-Kommissionspräsidentin Ursula von der Leyen plant, wird es zukünftig kein freies gesellschaftliches Leben mehr geben.

Abschließend noch einmal zurück zur Risikobewertung *Impfung vs. Corona*: Sofern es sich bei SARS-CoV-2 um eine Krankheit wie Ebola handeln würde, müsste man vermutlich alle Impfrisiken in Kauf nehmen. Nimmt man die Zahlen des »Centers for Disease Control and Prevention« und die neue Verlautbarung der WHO ernst, würden von den 39000 deutschen »Corona-Toten« 2020 nur wenige Tausend Verstorbene übrigbleiben. Der allergrößte Teil der Verstorbenen war weit über 80 Jahre alt, multimorbide vorerkrankt und hätte statistisch gesehen die nächsten 12 Wochen nicht überlebt.

Ende Dezember 2020 lagen erste, belastbare Daten der Impfung aus England vor, ebenfalls erhoben vom CDC. Von 112807 geimpften Personen hatten 3150 derart schwere Nebenwirkungen, dass diese nicht mehr ihrer Arbeit nachgehen konnten und ärztliche Hilfe benötigten. *(CDC: »unable to perform normal daily activities, unable to work, required care from doctor or health care professional«[151]).* Mit der geplanten Massenimpfung der Regierung würden demnach Hunderttausende gesunde, deutsche Bürger in den Krankenstand versetzt. In der amerikanischen Fachzeitschrift *Scientific American* macht der Virologe und Genetiker William Haseltine eine weitere beunruhigende Rechnung auf. Wenn man nur von *einer* ernsten Komplikation pro 1000 Impflingen ausgeht, was wahrlich gering wäre, ergäbe sich bei Massenimpfungen immer noch ein monströser Schaden für die Bevölkerung:

»Die Teleskopierung [Verkürzung der Testphase] von Testabfolgen und Genehmigungen setzt uns alle einem unnötigen Risiko im Zusammenhang mit der Impfung aus. [...] Schon eine ernste Nebenwirkung pro 1.000 Impfungen bedeutet bei 100 Millionen Menschen für 100.000 von ihnen einen Schaden, obwohl sie zuvor gesund waren.«[152]

Würde eine Massenimpfung mit mRNA- oder Vektorimpfstoffen in Deutschland tatsächlich Pflicht, entweder per Gesetz oder durch

Nötigung, könnte dies für 80 000 Menschen Krankheit und möglicherweise den Tod bedeuten. Ein Schaden, den SARS-CoV-2 niemals anrichten würde.

Vermutlich kennen Merkel, Spahn und Söder die offiziellen Zahlen, aus denen man die tatsächliche weltweite Sterblichkeit von COVID-19 ableiten kann. Am 5. Oktober 2020 erklärt der Geschäftsführende Direktor der WHO für Notprogramme, Michael Ryan, dass die WHO von 10 Prozent der Weltbevölkerung ausgeht, die sich mit SARS-CoV-2 infiziert haben. Demnach wären 780 Millionen Menschen infiziert. Offiziell sind bis Oktober etwas mehr als 1 Million Menschen an oder mit dem Virus verstorben. Zu diesem Zeitpunkt entspricht dies einer Sterblichkeitsrate von 0,14 Prozent – weniger als bei den meisten Grippewellen. Das »Centers for Disease Control and Prevention« gibt die Genesungsrate von COVID-19 für unter 70-Jährige mit 99,5 Prozent an. Natürlich will man es nach dem Alarmjahr 2020 in Deutschland ganz genau wissen. Zum Jahresende kommen daher zwei deutsche Studien heraus, welche die Königsfrage beantworten: Hat es in 2020 überhaupt eine signifikante Übersterblichkeit in Deutschland gegeben oder war die Coronakrise vor allem ein mediales Großereignis? Das statistische Bundesamt veröffentlicht eine Studie mit dem Titel: *»Sonderauswertung der Sterbefallzahlen 2020 – Daten zur Einordnung einer zeitweisen Übersterblichkeit im Zusammenhang mit der Corona-Pandemie«*. Das überraschende Fazit:

»Der Blick in andere Länder zeigt auch, dass die Corona-Pandemie in Deutschland bisher vergleichsweise geringe Auswirkungen im Hinblick auf eine etwaige Übersterblichkeit hatte. Ein Zusammenhang der erhöhten Sterbefallzahlen mit dem gleichzeitigen Auftreten von COVID-19-Todesfällen in gleicher Größenordnung ist zwar naheliegend, jedoch wurden beispielsweise die Dimensionen der Grippewelle 2018 nicht erreicht.«

Und die Ludwig-Maximilians-Universität München, Lehrstuhl für Statistik und ihre Anwendungen in Wirtschafts- und Sozialwissenschaften, stellt in einer eigenen Studie mit dem Titel *»CoDAG-Bericht Nr. 4, 11.12.2020«* fest:

»Todesfälle durch COVID-19 – Adjustiert auf die Einwohnerzahl zeigt sich keine ausgeprägte Übersterblichkeit (Goeran Kauermann, Giacomo De Nicola, Ursula Berger).«

Die absoluten Zahlen lassen erst im Januar 2021 eine Übersterblichkeit erkennen – hatten Drosten, das RKI und die Bundesregierung schließlich doch recht? Auf die dramatisch anmutende Übersterblichkeit von 50 000 Menschen angesprochen, erklärt Goeran Kauermann, Dekan der Ludwig-Maximilians-Universität München, der *Welt*:

»Das stimmt so weit als absolute Zahl, es sollte aber nicht leichtfertig als Übersterblichkeit interpretiert werden. Bei der Sterblichkeit von 2020 im Vergleich zu den Jahren davor muss man die Altersstruktur berücksichtigen. Sie müssen wissen, dass der Jahrgang 1940, also der heute 80-Jährigen, besonders geburtenstark war. Das wirkt sich natürlich auf die Sterbezahlen aus. So waren 2020 fast 41 000 Tote mehr zu erwarten als im Schnitt der Jahre 2016 bis 2019. Die 7000, die noch fehlen zur 48 000, sind schlichtweg keine Übersterblichkeit, sondern völlig im Rahmen von zufälligen Schwankungen. Hinzu kommt aber noch ein weiterer Effekt. 2020 war die Grippewelle praktisch ausgefallen, weil sich ab Mitte Februar die Hygienemaßnahmen durchgesetzt hatten. Daher ist, wenn man um den Alterseffekt bereinigt, das Jahr 2020 ein nicht nennenswert auffälliges Jahr.«

Doch die *Welt* hakt nach und weist auf die eklatante Januar-Übersterblichkeit, insbesondere in Sachsen, hin. Doch auch hier gibt es kuriose Effekte, die noch genauer untersucht werden müssten:

»In den vergangenen Wochen hat sich vor allem in Ostdeutschland eine massive Übersterblichkeit eingestellt, in Sachsen gegenwärtig fast 100 Prozent, also eine Verdoppelung. Eklatant ist: Selbst ohne die Covid-19-Todesfälle gibt es dort eine Übersterblichkeit von 50 Prozent. […] Für uns ist es erschreckend zu sehen, dass die Datenqualität in Deutschland noch immer eine einzige Katastrophe ist. Auch das versäumen die Manager dieser Pandemie. Dass die Infektionskurve trotz Lockdown bei den Alten nach oben schoss, kam nur durch eine statistische Fingerübung von uns heraus.

Wir hatten die Daten des RKI einmal grafisch anders dargestellt. Das war profan. Hätte das RKI die Daten richtig visualisiert, dann wäre gleich klar gewesen, was wirklich in Deutschland geschieht.«[153]

Was auch immer hinter den Januardaten stecken mag – mich verwundert das vermehrte Sterben nach einem Jahr Corona-Panik jedenfalls nicht. Seit Beginn der Krise ist mein eigener Vater in einem Altenheim. Das traurige, absurde Geschehen habe ich in meinem Essay »*Kriegskinder in Corona-Gefangenschaft*«[154] beschrieben. Was alten Menschen seit nunmehr zwei Wintern zugemutet wird, spottet jeder Beschreibung und ist mehr als ausreichend, um dem Leben abzukündigen. Doch nicht nur die alten Menschen leiden. Niemand kann die genaue Anzahl der Toten durch die mannigfaltigen Kollateralschäden erfassen. Auch Sterbefälle durch ausgefallene OPs, Suizide, nicht angetretene Arztbesuche, verschleppte Vorsorgeuntersuchungen, Depressionen, häusliche Gewalt, Nocebo-Effekte und iatrogene Schäden durch toxische Therapien sind letztendlich »Todesfälle im Zusammenhang mit einer Corona-Infektion«.

Auf jeden Fall ist ein Phänomen besonders hervorzuheben, verständlicherweise sprechen die Medien nur ungern darüber: *Die Grippe ist seit Corona ausgestorben!* Je nach Wintersaison hatte es vor Corona grippebedingt schon immer höhere fünfstellige Sterbezahlen gegeben. Diese Grippetoten in den multimorbiden alten Bevölkerungsteilen gibt es nicht mehr. Als ich das erste Mal ein Chart im Internet sah, der das »Aussterben« der Grippe auf null darstellte, dachte ich an einen Scherz. Als ich dann dieselbe Grafik auf der offiziellen Homepage der WHO herunterladen konnte, traute ich meinen Augen kaum:

Im Jahr 2020 gehen ab Kalenderwoche 14 die Grippezahlen auf null herunter und steigen auch im Winter nicht wieder an. Legt man die Grafiken von Corona darüber, kann man denselben Anstieg der Wintertoten sehen, den man früher in einer Grippegrafik erwartet hätte. Spötter im Internet benutzen für dieses Phänomen den Schokoriegel-Claim *»Raider heißt jetzt Twix – sonst ändert sich nix«*. Das Ende der Grippe lapidar mit der Effizienz der Corona-Maßnahmen zu erklären und der Unlogik dieser Argumentation nicht weiter nachzugehen spricht für sich. Derartige Ungereimtheiten sind natürlich auch Steilvorlagen für Witze:

»Södingers Lockdown: Solange man noch nicht bestimmt hat, ob der Lockdown gegen Grippe oder gegen Corona wirkt, ist er sowohl erfolgreich als auch erfolglos.«[155]

Die vielleicht größte Verwirrung hinsichtlich sinnentleerter Zahlen gibt es bezüglich des »Inzidenzwertes«, an dem sich alle restriktiven Maßnahmen ausrichten. Auf unzähligen »Corona-Gipfeln« wurde um diesen Wert und die nachfolgenden Maßnahmen gerungen, wobei sich die Kanzlerin mit ihren Forderungen mal mehr, mal weniger durchsetzen konnte. Die aus Regierungssicht leidigen Diskussionsrunden mit den Ministerpräsidenten sind seit dem 21. April 2021 obsolet. Mit der Überarbeitung des Infektionsschutzgesetzes ist mit der sogenannten »Bundesnotbremse« auf höchster Ebene ein neues Bundesgesetz verabschiedet worden. Zukünftig greift automatisch ein drastischer Maßnahmenkatalog, der viele Bürgerrechte automatisch aussetzt, sobald der Inzidenzwert über 100 steigt. Die Souveränität der Länder wird außer Kraft gesetzt. Ein Bundesland ist allenfalls frei, *schärfere* Maßnahmen zu verhängen. Sofern ein Bürger gegen diesen krassen Freiheitsverlust klagen will, hat er bei seinen zuständigen Landesgerichten keine Möglichkeit dazu. Allenfalls eine Verfassungsbeschwerde könnte noch eingereicht werden, die jedoch so gut wie nie erfolgreich ist. Dass die Regierung das neue Gesetz erfolgreich auf höchster Ebene etablieren konnte, ist ein Coup. Bis zuletzt hatten viele Politiker und Journalisten nicht daran geglaubt, dass das Parlament und vor allem die Ministerpräsidenten zustimmen würden. Doch letztendlich haben die Grünen mit ihrem taktischen Abstimmungsverhalten der »Enthaltung« den neuen Freiheitsverlust besiegelt. Kontaktbeschränkungen, nächtliche Ausgangssperren, Schließung von Geschäften, Einschränkung von Präsenzunterricht, Homeofficepflicht und vieles mehr sind zukünftig ab einer Inzidenz von 100 hinzunehmen. Dabei kann sich die Regierung argumentativ aus der Schusslinie nehmen, denn die »»Notbremse« greift völlig automatisch. Das Framing suggeriert einen wissenschaftlich festgestellten „Alarmwert", der objektiv das Pandemiegeschehen abbildet und auf den die Politik keinen Einfluss hat. Ein Inzidenzwert von 100 hört sich hoch an, bedeutet jedoch lediglich eine Betroffenheit von 0,1 Prozent. Dieser Promillewert hat mit einer gefährlichen »pandemischen Lage« nicht das Geringste zu tun. Zudem sind diese 0,1 Prozent keine Coronakranken, sondern lediglich Personen, bei denen ein äußerst umstrittener Labortest angeschlagen hat. Doch damit nicht genug. Der Wirtschaftswissenschaftler und Spieltheoretiker Prof. Dr. Christian Rieck spricht bezüglich der »Bundesnotbremse« von einem »Stufenspiel«, das Laien und Bürger nicht durchschauen. Der Fokus der Debatte liegt auf Stufe zwei, in der es um die konkreten Verhandlungen zu Freiheitsbeschränkungen geht, beispielsweise um Fragen, ob die Bürger schon um 21 oder um 22 Uhr zu Hause sein müssen. Die erste Stufe wurde jedoch lange strategisch vorbereitet, der Inzidenzwert als Hebel wird von niemandem hinterfragt. Das *wirklich* Entscheidende: Es wird verschleiert, dass die Politik ein ganzes Arsenal an Möglichkeiten hat, diesen scheinbar objektiven Wert nach Belieben zu modellieren. Politische Entscheidungen, wie verpflichtende Tests in Schulen, am Arbeitsplatz oder beim Einkaufen, können nach Gusto an- oder abgeschaltet werden. Dies hat jedoch dramatische Auswirkungen auf den Inzidenzwert – denn: Der wesentliche Faktor zur Erstellung des Inzidenzwertes liegt völlig im Dunkeln und geht derzeit überhaupt nicht in die Berechnung ein: *Entscheidend ist, wie viele Tests in den entsprechenden Landkreisen überhaupt durchgeführt werden.* Selbst Landkreise mit identischem Durchseuchungsgrad haben je nach Testmenge vollkommen unterschiedliche Inzidenzwerte. Dutzende Statistiker und Mathematiker liefen von Anfang an Sturm gegen diese sinnentleerte Regelung. Denn einen Inzidenzwert zu berechnen, ohne eine Formel zur Einbeziehung der Testmenge, hat nicht die geringste Aussagekraft. Eine derartige Installation ist ein politisches Machtinstrument, das nach Belieben eingesetzt oder zurückgefahren werden kann. Der Spieltheoretiker Christian Rieck führt überzeugend aus, warum dies so ist, und hofft angesichts der Klarheit dieses Vorsatzes auf ein Einsehen der Verfassungsrichter, um diesen offensichtlichen Machtmissbrauch zu beenden. Der ehemalige Chefvirologe der Berliner Charité, Prof. Dr. Detlev Krüger, schreibt einen Brandbrief an die Bundesregierung und warnt eindringlich davor, dieses »Stufenspiel« zu spielen. Abermals versucht ein hochdotierter Wissenschaftler, die Regierung »aufzuklären«:

»Mit ›Inzidenz‹ bezeichnet das RKI die Zahl der Personen, bei denen unabhängig von einer Erkrankung mittels Diagnostiktest eine Infektion mit SARS-Coronavirus-2 gefunden wurde, pro 100.000 Bevölkerung. Dieser Wert gibt – aufgrund der durchaus erwünschten Ausweitung von Test-Entscheidend istaktivitäten – zunehmend weniger die Krankheitslast in der Gesellschaft wieder. Zudem unterliegt dieser Wert zunehmend schwankenden Erfassungswahrscheinlichkeiten, die völlig unabhängig vom eigentlichen Infektionsgeschehen sind.«[155A]

Doch auch andere »Stufenspiele« bleiben den Bürgern verborgen. Kaum jemand weiß, dass die Intensivbettenanzahl im Zuge der Coronakrise drastisch abgebaut wurde. Erreicht wurde dies durch eine neue Abrechnungsformel, bei der nur dann der volle Satz pro Intensivbett gezahlt wird, wenn die ganze Intensivstation ausgelastet ist. Krankenhäuser mit leeren Intensivbetten bekommen nur reduzierte Sätze. Ausgerechnet im Jahr 2020 begannen daher viele Krankenhäuser, ihre Bettenkapazitäten *abzubauen.* Aufgrund einer unscheinbaren Stellschraube in der Abrechnungspraxis wurden über 6000 Intensivbetten eingespart. Eine derartige Politik – auf dem Gipfel der Coronakrise – ist entweder dumm oder verfolgt andere Ziele.

Bevor ich das Corona-Kapitel schließe, möchte ich das Selbststudium der Materie empfehlen. Glauben Sie mir nicht. Machen Sie sich selbst schlau, entwickeln Sie Medienkompetenz und fangen Sie an, kritisch zu denken.

Es hat lange gedauert, bis Mediziner und Juristen den politischen Vorsatz der Corona-Politik erkannt haben. Viele redliche Wissenschaftler sind naiverweise davon ausgegangen, die Bundesregierung sei lediglich falsch beraten worden, und sofern man die Entscheider mit Fakten aufklärte, käme alles in die richtige Spur. Unzählige Brandbriefe, Forschungsergebnisse und Thesenpapiere wurden verfasst und an die Regierung weitergeleitet – allesamt wurden ignoriert. Inzwischen haben es Wissenschaftler, Ärztevereinigungen und Psychologen aufgegeben, die Regierung aufklären zu wollen – die letzte Verteidigungslinie der Freiheit liegt jetzt in den Händen von Juristen. Richter und Rechtsanwälte, die sich im *»Netzwerk kritischer Richter und Staatsanwälte«*[156] zusammengeschlossen haben, arbeiten an Klagen und Verfassungsbeschwerden. 2021 wird sich endgültig herausstellen, wie es um den demokratischen Rechtsstaat bestellt ist. Erste Urteile geben Anlass zur Hoffnung, dass die Kontrollfunktion der Dritten Gewalt nicht gänzlich versagen wird. So stellt sich das Amtsgericht Weimar (6 OWi-523 Js 202518/20) in bemerkenswert mutiger und umfassender Weise gegen die Corona-Politik der Regierung. Das Gericht erklärt das allgemeine Kontaktverbot als verfassungswidrig und stellt darüber hinaus fest:

»Es gab keine ›epidemische Lage von nationaler Tragweite‹, wenngleich dies der Bundestag mit Wirkung ab dem 28.03.2020 festgestellt hat. ... Es gehört zu den grundlegenden Freiheiten des Menschen in einer freien Gesellschaft, dass er selbst bestimmen kann, mit welchen Menschen (deren Bereitschaft vorausgesetzt) und unter welchen Umständen er in Kontakt tritt. Die freie Begegnung der Menschen untereinander zu den unterschiedlichsten Zwecken ist die elementare Basis der Gesellschaft. ... Mit dem Kontaktverbot greift der Staat ... die Grundlage der Gesellschaft an, indem er physische Distanz ... erzwingt. Kaum jemand konnte sich noch im Januar 2020 in Deutschland vorstellen, dass es ihm durch den Staat unter Androhung eines Bußgeldes untersagt werden könnte, seine Eltern

zu sich nach Hause einzuladen, sofern er nicht für die Zeit ihrer Anwesenheit die übrigen Mitglieder seiner Familie aus dem Haus schickt. Kaum jemand konnte sich vorstellen, dass es drei Freunden verboten sein könnte, zusammen auf einer Parkbank zu sitzen. Noch nie zuvor ist der Staat auf den Gedanken verfallen, zu solchen Maßnahmen zur Bekämpfung einer Epidemie zu greifen. Selbst in der Risikoanalyse Pandemie durch Virus Modi-SARS (BT-Drs. 17/12051), die immerhin ein Szenario mit 7,5 Millionen Toten beschrieb, wird allgemeines Kontaktverbot (ebenso wie Ausgangssperren und die weitgehende Stilllegung des öffentlichen Lebens) nicht in Erwägung gezogen.«[157]

Das Weimarer Gerichtsurteil ist eine schallende Ohrfeige für die Politik der Bundesregierung. Sofern ähnliche Urteile von weiteren und höheren Instanzen bestätigt würden, zögen dunkle Wolken für sie auf. Um diesem Prozess vorzubeugen, werden inzwischen jedoch Maßnahmen ergriffen, die man früher nur aus Pseudodemokratien kannte. Als der Weimarer Familienrichter Christian Dettmar ein ähnlich unbotmäßiges Urteil bezüglich der unverhältnismäßigen Maskenpflicht für Kinder an Schulen ausspricht, bekam er Besuch von der Staatsanwaltschaft. Es bestehe der Anfangsverdacht der »Rechtsbeugung«, Büro und Auto des Juristen wurden durchsucht, Handys und Aktenmaterial sichergestellt. Das Netzwerk Kritische Richter und Staatsanwälte (KRiStA) sieht in der Durchsuchung einen krassen Eingriff in die richterliche Souveränität. Die Aktion diene der präventiven Einschüchterung anderer Richter, die ähnliche Urteile fällen könnten. Ursprünglich war Deutschland sehr stolz auf die Unabhängigkeit seiner Justiz. Inzwischen passiert hierzulande genau das, was man früher bei anderen Ländern kritisiert hatte. Richter, die Grundsatzurteile gegen den Regierungskurs fällen, bekommen Besuch von der Polizei.

Am 20. Januar 2021 kommt es zu einer Sensation, über die kaum ein Mainstreammedium in Deutschland berichtet. Die WHO weist in ihrem Dossier »WHO Information Notice for IVD Users 2020/05, Nucleic acid testing (NAT) technologies that use polymerase chain reaction (PCR) for detection of SARS-CoV-2« erstmalig offiziell darauf hin, dass PCR-Tests mit hohen CT-Werten zur Feststellung von Corona-Infektionen praktisch ungeeignet sind. Der Druck der Fakten, diverse Gutachten und weitere Gerichtsurteile hatten offenbar eine Neupositionierung bewirkt. Nach aktueller WHO-Verlautbarung ist es zukünftig nur noch zulässig, von einer »Corona-Infektion« zu sprechen, wenn zusätzlich zum positiven Test signifikante klinische Symptome vorliegen. Zudem sind positive Ergebnisse bei hohen CT-Werten durch weitere Tests zu verifizieren. Nach neuer Faktenlage müsste man den Löwenanteil aller bisherigen Corona-Fallzahlen eigentlich vergessen. Eben dies hatten »Querdenker« und »Corona-Leugner« bereits seit Monaten festgestellt. Die bei den Medien so beliebten dicken roten Punkte, Balkendiagramme und steilen Kurven müssten nach neuester WHO-Erklärung bis zur Unkenntlichkeit schrumpfen, abflachen oder sich auflösen. Doch nichts dergleichen geschah, man machte einfach weiter wie zuvor: positiver PCR-Test = Corona-Fall. Das Corona-MEM hatte sich derart verselbstständigt, dass niemand mehr an einem Fakten-Update interessiert war – am allerwenigsten die verantwortlichen Entscheider.

Angesichts von Sturheit und Beratungsresistenz vieler Politiker kann man nur zu einem Schluss kommen: Offenbar ging es nie um einen Mangel an Informationen, die Bundesregierung brauchte und wollte keine Aufklärung. Der Verdacht drängt sich auf, dass SARS-CoV-2 inzwischen längst zu einem strategischen Instrument geworden ist, um eine globale Agenda durchzusetzen – und Deutschland spielt eine Schlüsselrolle. Würde ein so wichtiges Land wie Deutschland die supranationalen Vorgaben zur Corona-Politik infrage stellen, bekäme das Narrativ ernsthafte Risse. Dies wird unter der jetzigen Regierung keinesfalls passieren. Die neue Weltordnung »The Great Reset« wurde Ende Januar 2021 auf dem Treffen des Weltwirtschaftsforums vorgestellt, und die Coronakrise war neben der Klimakrise das tragende Argument. Ich werde im Abschlusskapitel darauf zurückkommen.

KAPITEL 4

Gender, Rassismus, Medien

Vaterhass

Bevor ich zu den beiden anderen großen Erzählungen des »Great Reset« komme, *Klimakrise* und *Migrationskrise,* scheint es mir ratsam, den Komplex *»Gender, Rassismus, Medien«* vorzuziehen. Um über die anderen Narrative sprechen zu können, ist eine Bewusstheit über das vorherrschende Sprachregime hilfreich, da es den Meinungskorridor steuert und illegitim verengt. Allein die unzulässige, künstliche Wortverbindung »antimuslimischer Rassismus« verdeutlicht, dass eine hypermoralische Diskursverengung stattgefunden hat, die es zu hinterfragen und aufzudecken gilt. Die Tatsache, dass der klassische Rassismus-Begriff überdehnt und instrumentalisiert wird, durchzieht die gesamte Genderthematik:

»Der Vater ist ein Konstrukt, das in der menschlichen Natur nicht vorkommt. Erst im gewaltsam durchgesetzten Patriarchat interessieren die männlichen Gene. Das ist der immanente Rassismus. Daher werden wir ihn nicht los. #Matrifokalität«[158]

Im Grunde genommen kann man die Themen Gender und Rassismus kaum getrennt behandeln. Wer immer noch glaubt, bei Gender ginge es um den legitimen Gleichstellungskampf der Geschlechter und dies hätte nichts mit geostrategischer Politik zu tun, wurde Opfer einer Informationspolitik nach der Salamitaktik. Auf die wahre Dimension der politischen Wirkmächtigkeit von Gender könnte man kommen, sofern man den öfter verwendeten Titel-Dreiklang *intersektionaler, antirassistischer Genderfeminismus* betrachtet. Letzten Endes geht es bei Gender um ein breit angelegtes, moralisches System zum politischen Machterhalt, das auf Minderheiten- und Opfer-Kulten basiert. Wie ich eingangs bereits schrieb, dient dieses System dazu, gewachsene bürgerliche Strukturen zu atomisieren. Es verwundert daher nicht, dass Gender ebenfalls ein wichtiger Bestandteil des »Great Reset«-Programms ist.

Laut Gender besteht das Übel dieser Welt in der Dominanz westlicher weißer Heteromänner. Diese hätten ein patriarchales System einer Unterdücker- und »Vergewaltigungskultur« (Rape Culture) aufgebaut und würden Individuen über soziale Verhaltensnormen in die »Heteronormativität« zwingen, womit das Drängen in tradierte Geschlechterrollen gemeint ist. Auch heteronormative Frauen, die der sozialen Performance der patriarchalen Männer auf den Leim gegangen sind, haben in der Opferkult-Hierarchie der Gender-Ideologinnen inzwischen das Nachsehen. *Intersektionalität* (englisch: intersection = »Schnittpunkt, Schnittmenge«) hat dem klassischen Feminismus den Rang abgelaufen. Heute zählt »die Überschneidung und Gleichzeitigkeit von verschiedenen Diskriminierungskategorien gegenüber einer Person.«[159] Eine heteronormative weiße westliche Frau gilt in der Gender-Opferlogik daher nicht mehr allzu viel. Nach dem Motto »darf's ein bisschen mehr sein« sollten sich zum inzwischen eher lahmen Zugpferd »Sexismus« weitere Diskriminierungsgründe gesellen, damit das Gender-Herz höherschlägt. Rassismus, insbesondere »antimuslimischer Rassismus«, sowie Homo- oder Transphobie machen sich gut. Dabei ist ein Migrationshintergrund ohnehin die halbe Miete, um im Gender-Kontext Beachtung zu finden. Geradezu mustergültig gendergerecht entschied die Jury der Hessischen Landesregierung 2020 bei der Verleihung des mit 10 000 EUR dotierten Preises für »Lesbische Sichtbarkeit«. Mit der schwarzen lesbischen Veronica King aus Kassel griffen die drei goldenen Diskriminierungsansätze »Schwarz«, »Frau«, »Lesbe«.

»Veronica King ist als schwarze lesbische Frau sichtbar, teilt ihre Erfahrungen und arbeitet mit viel Energie daran, Strukturen zu öffnen und weiterzuentwickeln. Den lesbischen Aktivismus verknüpft sie dabei gekonnt mit Antirassismusarbeit, Bildungsarbeit, setzt im Rahmen von Veranstaltungen Themen wie z.B. Body Positivity und verbindet Generationen miteinander. [...] Klose: ›Sie ist Vorbild für viele junge Menschen gerade auch in den ländlichen Regionen Nordhessens.‹«[160]

Laut Gender-Ideologie sollen insbesondere Kinder vom Lande lernen, wie wünschenswert verschiedene Hautfarben und sexuelle Orientierungen sind, denn die in der Stadt kriegen es ohnehin mit. Selbstverständlich kommt es in der Gender-Ideologie zu einer Verkehrung tradierter Werte. In der neuen Hierarchie steht der »normale« Bürger ganz unten, der »mehrfach diskriminierte« ganz oben:

»Minderheiten sammeln fleißig Opferpunkte, um beim Wettlauf im Sturm auf die gefühlte Diskriminierungspyramide als Erster ganz nach oben zu gelangen. Ach, Sie wurden noch gar nicht diskriminiert? Macht nichts, solange Sie sich dennoch so fühlen, sind Sie im großen Opfertopf mit dabei. Gender lässt niemanden zurück, nicht einmal jene, die es gerne würden. Heute gilt: Gefühl sticht Fakten, Frau sticht Mann, homo sticht hetero, schwarz sticht weiß, trans sticht alles. Galt persönliche Betroffenheit früher als Befangenheit, ist sie jetzt gar das Topqualifikationsmerkmal für Quotenjobs und Studienplätze. Die Zukunft ist nicht weiblich. Das ist nur T-Shirt-Feminismus für Anfänger. Ich wage eher die Prognose, sie gehört der genderfluiden schwarzen Transfrau mit Sexismuserfahrung als Schlüsselkompetenz. Denn je mehr darauf beharrt wird, dass individuelle Merkmale wie Geschlecht, Hautfarbe oder Herkunft keinen Unterschied machen dürfen bei der Verteilung von Macht, Jobs und Rechten, umso mehr werden genau diese Eigenschaften als alles bestimmendes Merkmal sogar betont und ins Rampenlicht gerückt. Was zählt, ist nicht mehr Leistung, sondern die richtige Identität. Nicht mehr das Individuum, sondern die Zugehörigkeit zur richtigen Opfergruppe.«[161]

Aus Gender-Perspektive handelt es sich bei westlichen weißen Heteromännern pauschal um eine Tätergruppe, die Wiedergutmachung zu leisten hat und die man positiv diskriminieren, dekonstruieren und in ihrer Macht beschneiden muss. Das Erstaunlichste an dieser offenkundig rassistischen und faschistoiden These ist, dass sich der Großteil der angegriffenen westlichen Männerwelt kaum zur Wehr setzt. Vielmehr wird ostentativ verleugnet, überhaupt angegriffen zu werden. Anstatt sich gegen die pauschale Abwertung und Dämonisierung zu wehren, kommt es bei vielen Politikern, Kirchenvertretern und Kulturschaffenden der Babyboomer-Generation zu einer Art Stockholmsyndrom. Es wird sogar in vorderster Front für Gender-Mainstreaming gestritten. Weiter oben hatte ich den Mechanismus des »Puer-aeturnus-Komplex« mit der Überidentifizierung femininer Werte bereits beschrieben. Robert Bly zeigt in seinem Grundlagenwerk »Eisenhans« eine weitere Grundproblematik der zeitgenössischen Männerpsychologie auf: *»Es gibt eine männliche Initiation, eine weibliche Initiation und eine menschliche Initiation.«*

Bly meint Rituale von transformatorischer Bedeutung, Übergangslinien zu verschiedenen Lebens-, Bewusstseins- und Reifephasen, die man glücklich durchlaufen, aber auch endgültig verpassen kann. Als zentrales familiensystemisches Problem der Neuzeit betrachten viele Analytiker das Motiv des *»abwesenden Vaters«*, womit nicht zwangsläufig ein physisch abwesender Vater gemeint ist. Es gibt viele Gründe für den abwesenden Vater, einige davon lassen sich im transgenerationalen Trauma verorten, andere sind universaler und hängen mit der westlichen Industrialisierung zusammen. Die Auswirkungen auf die Kinder sind jedoch ähnlich, etwas zynisch und verkürzt könnte man sagen: Beim Syndrom des *»abwesenden Vaters«* werden Männer immer weiblicher und Frauen immer männlicher. Das Verpassen der eigenen Initiation zum Mann oder zur Frau sorgt darüber hinaus dafür, dass man auf eine ungesunde Weise nicht wirklich erwachsen werden kann. Die infantile und trotzige Leugnung der Notwendigkeit archetypischer Geschlechterrollen, wie von Gender Studies behauptet, ist mehr als eine Laune lesbischer Feministinnen. Es ist die Folge eines kollektiven Vaterverlustes der westlichen Gesellschaft – nach Industrialisierung, mehreren Kriegen und transgenerationalen Traumata. Wenn man selbst nicht auf gesunde Weise zu einem Mann oder einer Frau heranreifen konnte, und damit auch nicht zu einem würdigen Vater oder einer würdigen Mutter, liegt in der Dekonstruktion der Institution Familie eine ungeheure Linderung des eigenen Schmerzes und der eigenen Scham. Hauptinstrumente dafür liefern gender- und kulturmarxistische Ideale natürlich en masse. Gender stößt auch deshalb auf keinen nennenswerten Widerstand, weil in der Irrlehre so viele Sekundärgewinne stecken. Die große Verantwortung und Anstrengung, der Institution Familie in stabilen Rollen gerecht zu werden, hat sich mit Gender erledigt: Fühl dich frei, alles ist Konstruktion, sei was du willst und wenn es sein muss jeden Tag neu ... Seit Jahrzehnten wird die Rolle des Vaters nachhaltig dekonstruiert, ein guter Indikator für diesen Prozess ist wie immer die Werbung. Robert Bly schreibt dazu:

»Heute weiß der Vater in der Fernsehwerbung nie, welche Medizin man gegen Erkältung nehmen muss. Und in heiteren Fernsehserien sind Männer meistens unaufrichtig oder trottelig und leicht hinters Licht zu führen. Es sind die Frauen, die sie überlisten und ihnen eine Lehre erteilen oder die, völlig auf sich allein gestellt, alle Schwierigkeiten meistern. Das entspricht nicht gerade dem, ›was die Leute wollen‹. Viele junge Drehbuchautoren rächen sich an dem abwesenden Vater, indem sie alle erwachsenen Männer wie Tölpel aussehen lassen, statt die Konfrontation mit ihren eigenen Vätern in Kansas zu suchen, oder wo auch immer sie leben mögen. Sie bekämpfen die Achtung vor der männlichen Integrität, die jeder Vater insgeheim an seine Enkel und Urenkel weitergeben möchte. […] C. G. Jung hat etwas Beunruhigendes über diese Form der Verwicklung geäußert. Wenn der Sohn seine eigenen Gefühle primär über die Mutter erfährt, dann, so meint Jung, wird er die weibliche Haltung zur Männlichkeit einnehmen

und eine weibliche Sicht seines Vaters und seiner eigenen Männlichkeit entwickeln. Er wird seinen Vater mit den Augen der Mutter sehen. [...] Manche Mütter vermitteln den Eindruck, dass Zivilisation und Kultur, Emotionalität und Liebe Bereiche darstellen, die Mutter und Tochter oder Mutter und sensibler Sohn miteinander teilen, während der Vater alles verkörpert, was hart und möglicherweise brutal, was gefühllos, obsessiv, rationalistisch ist.«[161A]

Googelt man die Ikonen der führenden Vertreterinnen der Gender-Theorie auf YouTube, wird man unweigerlich an die Aussage von John Bradshaw über die toxische Scham erinnert, die ich weiter oben bereits erwähnt hatte:

»Zu den Strategien der Macht gehört oft auch, dass man versucht, sich in aktiver Weise zu rächen.«

Ich habe selten in so verletzte und verhärtete Gesichter geschaut wie beim Führungspersonal der Gender-Theorie. Lebensfreude, Anmut und Weiblichkeit sucht man hier vergebens. In einem Facebook-Post witzelt der Journalist Alexander Wendt:

»Warum sehen Genderprofessorinnen eigentlich alle aus wie alte weiße Männer?«

Zumindest optisch findet sich eine Überidentifikation mit dem Männlichen. Psychologen könnten auf die Idee kommen, es handelt sich um eine uneingestandene Liebeserklärung an die eigenen Väter, deren Zuwendung man so schmerzlich vermisst hat. Der nachfolgende Selbsthass mündet schließlich in blanker Misandrie. Im öffentlichen, verengten Fokus wirkt Gender dennoch vielfach wie eine harmlose Karikatur: Laut Gender soll es über sechzig Geschlechter geben – wie witzig! Hat man so etwas Dummes schon mal gehört? Kaum ein Stammtisch und kaum eine Kolumne haben es versäumt, über dieses Nebengleis der Gender-Forschung Witze zu reißen. In der breiten Öffentlichkeit geht es beim Thema Gender um Sprache, das »Binnen-I« oder »Gendersternchen« und um feministische Forderungen, die allesamt etwas verstaubt anmuten, da sie im

Wesentlichen eingelöst wurden. Anders gesagt: Viele Bürger sind von Gender eher belustigt und – sofern es um die Verhunzung der deutschen Sprache geht – genervt. Dabei ist Gender-Politik hinter den Kulissen gerade deshalb so erfolgreich, weil die öffentliche Wahrnehmung auf Themen wie Sexualität und Geschlechtergleichstellung verengt wird. Wäre den Bürgern die politische Reichweite der Gender-Theorien bewusst, die tief in die Migrations- und Klimapolitik reicht, wäre es mit der allgemeinen Belustigung vermutlich schnell vorbei. Wer Gender und Politische Korrektheit beherrscht, sichert sich politisch-mediale Macht, Ansehen und Fördergelder, doch das Wichtigste ist: Mit der Maßregelung, Unterdrückung und Beschämung anderer kann zugleich noch der internalisierte Schmerz aus der eigenen Kindheit gemildert werden. Natürlich gehört es zur Strategie von Gender, die tatsächlichen Ziele nicht von vornherein zu offenbaren. Fast könnte man von zwei Gender-Theorien sprechen, einer exoterischen und einer esoterischen.

Doing Gender

Ein empfehlenswertes Grundlagenwerk, um die Gender-Thematik zu erfassen, ist das Buch »*Gender Studies – Wissenschaft oder Ideologie?*« von Harald Schulze-Eisentraut und Alexander Ulfig. Der Sammelband vereint Beiträge namhafter Natur-, Geistes- und Sozialwissenschaftler, die tatsächlich noch an faktenbasierter Sozialwissenschaft interessiert sind. In der Außenwahrnehmung und in den Medien wird Gender als seriöse, etablierte Sozialwissenschaft verkauft. Schließlich gibt es über 200 Professuren, die zu 90 Prozent von Frauen besetzt sind und die den Steuerzahler viele Millionen Euro pro Jahr kosten. Doch wie konnte eine in allen wissenschaftlichen Belangen widerlegte Theorie eine derartige politische Machtfülle erlangen? Der zentrale, argumentative Schritt, mit dem sich Gender gegen den Vorwurf der Unwissenschaftlichkeit wehrt, ist folgender Zirkelschluss: *Bestehende wissenschaftliche Erkenntnis- und Wirklichkeitsmodelle sind allein schon deshalb vollständig zu verwerfen, weil sie ausnahmslos von westlichen weißen Männern begründet wurden.*

Allein 27 Nobelpreise zeugen von der überragenden wissenschaftlichen Leistung einer einzigen deutschen Universität, der Humboldt Uni in Berlin. Doch zum Ärger der Gender-Aktivistinnen ist keine einzige Frau darunter. Frau diskutiert, ob man die vielen Mannsbilder in der Ahnengalerie der Nobelpreisträger nicht kurzerhand abhängen sollte, doch die offensichtliche Schieflage wäre selbst dann kaum zu übersehen. So wenden sich viele Gender-Ideologinnen radikaleren Lösungen zu: Mit der Negierung und Dekonstruktion *sämtlicher* wissenschaftlicher Erkenntnisse der Vergangenheit sind zugleich auch alle männlichen Wissenschaftler diskreditiert. Gender Studies erfindet Wissenschaft kurzerhand neu, und das erste Postulat bezüglich der Wirklichkeit lautet: *Alles ist (soziale) Konstruktion.* Mit dieser Aussage kommt die vielleicht teuflischste, dekadenteste und gefährlichste Eigenschaft des menschlichen Geistes zum Tragen. Denn alles, was den Menschen mit seiner Gabe des logischen Denkens und Verstehens ausmacht, wird vernichtet. Mit dem Postulat, jegliche Erkenntnis sei nur erdacht und damit relativ, sägt sich das Gehirn in einem toxischen Kurzschluss selbst den Ast ab, auf dem es sitzt. Der Philosoph, Krimiautor und Christ Gilbert Keith Chesterton schreibt dazu:

»Die Gefahr, von der ich spreche, besteht in der Freiheit des menschlichen Intellekts, sich selbst zu zerstören. Wie eine biologische Generation die Existenz der nächsten dadurch verhindern könnte, dass alle ins Kloster oder ins Wasser gingen, kann auch eine Generation von Denkern in einem gewissen Maße zukünftiges Denken verhindern, indem sie der nächsten Generation die Überzeugung von der Wertlosigkeit menschlichen Denkens vermittelt. Es ist müßig, ständig von dem Gegensatz zwischen Vernunft und Glauben zu reden. Die Vernunft selbst ist eine Sache des Glaubens.

Davon auszugehen, dass unsere Gedanken überhaupt in einer Beziehung zur Wirklichkeit stehen, ist ein Glaubensakt. Ist man bloß Skeptiker, so drängt sich einem früher oder später die Frage auf: ›Warum sollte irgendetwas zutreffen, empirische Beobachtung und logisches Denken eingeschlossen? Warum sollte logische Stringenz weniger irreführend sein als logische Ungereimtheit? Spielt sich doch beides im Gehirn eines verwirrten Großaffen ab.‹ Der junge Skeptiker erklärt: ›Ich habe ein Recht darauf, selbständig zu denken.‹ Der alte Skeptiker, der vollkommene Skeptiker, aber sagt: ›Ich habe kein Recht auf selbständiges Denken. Ich habe überhaupt kein Recht auf Denken.‹ Es gibt ein Denken, das dem Denken den Garaus macht. Dies ist das einzige Denken, dem man einen Riegel vorschieben sollte. Dies ist das Böse schlechthin, gegen das alle kirchliche Autorität aufgeboten wurde. Es tritt nur am Ende dekadenter Zeitalter wie des unseren in Erscheinung.«[162]

Nach Chesterton ist Gender-Ideologie intellektueller Suizid. Danach wird alles leichter, denn empirische Fakten zählen nicht mehr. Ein Hirntoter kann sich die Realität erfinden, wie er will.

»Die Ideale der Wissenschaft wie Neutralität, Unparteilichkeit, Ergebnisoffenheit und Objektivität wurden abgelehnt und oft als spezifisch männlich sowie als Ausdruck patriarchaler Diskurse betrachtet. Frauenforschung soll hingegen parteilich sein, d. h. Partei für Frauen ergreifen. Die feministische Wissenschaft soll von vornherein politischen Zielen dienen; sie soll auf der einen Seite die ›männliche‹, patriarchale Wissenschaft dekonstruieren, auf der anderen Seite die Situation von Frauen in der Wissenschaft und in der Gesellschaft verbessern. […] Da das Geschlecht soziale Konstruktion sei und von Akteuren immer wieder erzeugt, verändert und frei gewählt werden könne, könne es eine Vielzahl von Geschlechtern geben. Daher lehnen Gender-Forscher das von der Biologie vertretene Konzept der Zweigeschlechtlichkeit ab. In ihren Augen ist die Zweigeschlechtlichkeit eine mit dem patriarchalischen System verbundene historische, sprachlich-diskursiv und kulturell vermittelte Konstruktion. Die Vertreter der Auffassung einer grundsätzlichen Zweigeschlechtlichkeit des

Homo sapiens werden von ihnen als Anti-Genderisten bezeichnet, die ein naiv-positivistisches Wissenschaftsverständnis verträten, und reflexartig in die Nähe des Rechtspopulismus gerückt.«[163]

Die Grundthese lautet: Geschlecht und politisch-soziale Macht korreliert auch heute noch zugunsten der Männer. Dabei sei das Geschlecht weniger biologisch deterministisch als vielmehr eine soziale Konstruktion. Ob man Mann oder Frau sein möchte, gäbe keineswegs die Biologie vor, es sei vielmehr die eigene Entscheidung, was man bevorzugt. Allerdings sei die freie Wahl durch kollektive Wahrnehmungsmuster behindert, die – und das ist der Clou – durch Hunderte Jahre Patriarchat verunmöglicht werde. Gelerntes Verhalten weise Kindern ihre Geschlechterrollen zwanghaft zu. Die Geschlechtszuschreibung in einer sozialen Performance, beispielsweise indem man Jungen Autos und Mädchen Puppen schenkt, wird »Doing Gender« genannt.

In der fortwährenden, performativen Inszenierung sprachlicher Geschlechtszuschreibung liege die Wurzel allen Übels:

»Beispielsweise bekommt das neugeborene Kind durch die performative Direktive der Ärztin: ›Es ist ein Mädchen!‹ eine Geschlechtsidentität zugewiesen, die im Laufe des Daseins vielfach wiederholt und von verschiedenen Stellen her erneuert werden wird. Im ärztlichen Kategorisieren des Kindes als ›Mädchen‹ wird also eine Kette konventioneller Äußerungen wiederholt, die ›geschichtlich aufgebaut und zugleich verborgen‹ (Butler, 2006, S. 84) ist und der geschlechtlichen Anrufung erst ihre Kraft verleiht. Auch die sprechende Ärztin handelt nicht autonom, da sie, um sprechen zu können, bereits durch machtvolle Anrufungen subjektiviert wurde. Die diskursive Norm der Zweigeschlechtlichkeit ist demnach nicht stabil, sondern auf ihre wiederholten Zitierungen angewiesen, um machtvoll zu bleiben und eine Wirkung zu entfalten, die zugleich produktiv und repressiv ist.«[164]

Über diese sogenannte »Performativität« witzelt der freie Autor und Journalist Claudio Casula:

»Bei uns war das ganz ähnlich. Als unsere Tochter zur Welt kam, rief die Geburtshelferin, versaut von den machtvollen Strukturen unserer Gesellschaft, ebenfalls ›Es ist ein Mädchen!‹ aus, weil sie das Geschlecht unreflektiert am fehlenden Pimpermann der Neugeborenen festmachte. Und ahnungslos, wie wir Eltern waren, behandelten wir die Tochter ebenfalls als Mädchen, zogen ihr Kleider an und so weiter. Noch heute, längst erwachsen, versteht sie sich als weiblich.«[165]

Um die soziale Performance von »Doing Gender« zu unterbrechen, hat sich ein Netzwerk staatlich geförderter Organisationen entwickelt, die tradierte Rollenzuweisungen aufspüren und anprangern. Sind beispielsweise in der Werbung für Kinderspielzeug klassische Verwendungen für entweder Mädchen oder Jungen erkennbar, gerät ein Hersteller schnell in das Fadenkreuz neuer Tugendwächter. So freut sich Stevie Schmiedel, Gender-Forscherin und Gründerin von »PinkStinks«, wenn Hersteller aufgrund ihrer Recherchen Werbeaktionen zurückziehen müssen.

»›Pink stinks‹ heißt ihre Organisation: Nieder mit dem Rosa. Das ist allerdings nicht mehr ganz so gemeint: Es geht jetzt mehr darum, Rosa als akzeptierte Farbe für Jungen zu etablieren. Schmiedel könnte in den Kampagnen, die sie anprangert, als Model auftreten: langes Haar, große Augen, im Dekolleté ein Tropfenanhänger, der an einer Silberkette baumelt. ›Ich glaube nicht an biologische Geschlechter, aber ich weiß, dass ich als Frau gelesen werde‹, sagt Schmiedel. ›Wenn ich mit kurzen Haaren und einem Undercut-Schnitt hier sitzen würde, würde ich mit meinen Themen nicht so ernst genommen.‹«[166]

Laut Gender werden Geschlechter also höchstens sozial »gelesen«, sind aber biologischer Unsinn. Wer dennoch auf die biologischen Tatsachen verweist, wird als »Biologist« und »Rechter« verspottet. Der Evolutionsbiologe Prof. Axel Meyer von der Uni Konstanz schreibt in *»Gender Studies – Wissenschaft oder Ideologie?«* dazu:

»Naturwissenschaftler wollen die Welt primär nicht bekehren, sondern erst einmal verstehen. Sie suchen nach Antworten, die sich an einer objektiven Wahrheit orientieren, nicht an subjektiven Selbstbeschreibungen oder ›Dekonstruktionen‹ von diesem oder jedem. […] Evolutionsbiologische Erklärungen, abgestützt durch zahlreiche Befunde, Experimente, Studien und Erkenntnisse, werden von Genderforscherinnen wohlfeil als ›Biologismus‹ abgetan. Doch nein, mit Verlaub, so gut die Absicht der Leugnung auch sein mag: Biologie ist kein ›-ismus‹. Sie ist eine objektive experimentelle Wissenschaft wie die Physik. Ihre Erkenntnisse haben Gültigkeit. Sie basieren auf Fakten, nicht Gefühlen.«[166A]

Tatsächlich ist die Performativitäts-These der Gender-Ideologen ein Beleg für die Kreativität der menschlichen Psyche. Mithilfe der Abwehrtechnik »Intellektualisierung« lassen sich hoch komplexe Wirklichkeitsmodelle entwickeln, die dazu dienen, persönlichem Schmerz und Scham auszuweichen.

»Der Therapeut John Bradshaw schreibt: ›Durch Generalisieren und Universalisieren sorgt man dafür, dass die Kategorien so weit und abstrakt gefasst sind, dass man den Kontakt zur konkreten, sinnlich erfahrbaren Wirklichkeit verliert.‹ Er verweist darauf, dass die Intellektualisierung häufig der Vermeidung von Scham dient und im Zusammenhang von Familiensystemen Suchtcharakter haben kann.«[167]

Eigentlich müsste die schmerzhafte Indifferenz zur eigenen Geschlechtlichkeit als Problem und Besonderheit anerkannt und bearbeitet werden. Stattdessen wird die Realität an sich infrage gestellt und eine krude Theorie ersonnen, welche die Wohlfühlidentität von 98 Prozent aller anderen Menschen diskreditiert. Frau »Profex Drex« (genderneutral für Prof. Dr.) hat kein Problem. Alle anderen, die sich klar zur Heteroidentität als Mann oder Frau bekennen, haben eins. Denn sie alle wurden performativ verführt und haben sich voreilig festgelegt. Zum Irrsinn der Umdeutung biologischer Fakten schreibt Prof. Meyer:

»Es ist eine verschwindend kleine Minderheit, die sich nicht zu dem einen oder anderen Geschlecht zugehörig fühlt oder sich nicht zweifelsfrei

physisch zuordnen lässt. Rund 97 Prozent der Menschen der meisten Populationen der Welt sind heterosexuelle Frauen oder Männer — also die bei Genderforscherinnen negativ besetzte ›heterosexuelle Norm‹. Aus evolutionsbiologischer Sicht sind zwei Geschlechter selbstverständlich zu erwarten. Seit mehr als 2,5 Milliarden Jahren sind männliche und weibliche Geschlechter in fast allen zig-Millionen von Arten Teil des Lebens und damit auch unserer evolutionären Vergangenheit, Gegenwart und Zukunft. So ist die Natur; der Mensch ist ein Naturwesen, ja, er ist – auch wenn einige sich dadurch in ihrem Selbstwertgefühl herabgesetzt fühlen – ein Tier. Sicher, wir sind die kulturellste aller Arten, und fast kein Merkmal hat ausschließlich genetische oder kulturelle Grundlagen. So sind üblicherweise rund 3 Prozent von Homo sapiens homosexuell, ein weitaus geringerer Teil bisexuell, und noch viel weniger von uns sind trans- oder intersexuell. Dabei geht es nicht um Moden oder frei gewählte Selbstzuschreibungen, sondern um nach heutigem Kenntnisstand zum größten Teil natürliche, d.h. genetisch veranlagte sexuelle Orientierungen oder chromosomale Gegebenheiten. […] Neben den beiden biologischen Geschlechtern, die in den allermeisten Fällen durch Unterschiede in den Geschlechtschromosomen zu erklären sind, gibt es eine kleine Minderheit von Menschen, die nach äußerlichen Kriterien der Geschlechtsmerkmale nicht einfach in die männliche oder weibliche Kategorie fallen. Der häufigste Grund für Intersexualität sind pränatale hormonelle Unterschiede oder Unterempfindlichkeiten für die Wirkung von Hormonen, die beim Embryo zu hormonellen Signalen führen, die nicht zum Geschlechtschromosomensatz passen. Es geht nach dem Williams Institute an der UCLA um höchstens 0,3 Prozent, also um drei von 1000 Personen, die so geboren werden. Je nach Definition und Studie sind die Zahlen von Menschen noch kleiner (1/4000 bis 1/20000), die sich im falschen Körper fühlen oder mit ›intersexuellen‹ Körpern geboren werden. […] Die Gender Studies spielen die Bedeutung von Biologie und Genen stark herunter und behaupten, dass uns erst Kultur und Sozialisation zu Mann und Frau machen. Sie tun so, als ob wir geschlechtslos, also genderneutral geboren werden würden. Jeder Vater und jede Mutter weiß, dass dem nicht so ist. Aber es klingt zunächst erst einmal modern, positiv und antiautoritär, wenn unsere Kinder ›gender-neutral‹ erzogen werden. Oder wenn gesellschaftliche Erwartungen bezüglich der Kleidung oder ›gender-konformes‹ Verhaltens bewusst eingeklammert werden. Aber die wissenschaftliche Realität ist eine andere.«[168]

Die Negierung der biologischen Fakten geht auf die narzisstische Kränkung von Minderheiten zurück und wäre von der Mehrheitsgesellschaft verkraftbar, solange man der Minorität keine politische Macht einräumt. Dies geschieht jedoch ausdrücklich nicht. Befeuert von supranationalen Strategen, gedeihen gender- und sozialistische Ideologien in schuld- und schamgebundenen Gesellschaften vortrefflich. Absurde und für den Steuerzahler teure Ideen aus Gender-Studies werden in Deutschland sogar zur Leitkultur. Wie bei Corona, Klima und Migration gibt auch hier eine kleine »Expertengruppe« richtungsweisende politische Entscheidungen vor. So wirkte das Postulat der »performativen Geschlechtszuschreibung« sehr förderlich für die Gesetzesänderung des Geburtenregisters. Zwar geht es im neuen Gesetz lediglich um biologische Intersexualität, die als »Dritte Option« (Mann – Frau – Divers) gewählt werden kann, für die Gender-Ideologie dennoch ein wichtiger Schritt. Die nachfolgende Änderung sämtlicher Behördenformulare und Ausweise kostete den Steuerzahler viele Millionen Euro. Doch wie sah es mit der tatsächlichen Bedürfnislage der Bevölkerung für die Option »Divers« aus? Die AfD startete eine »Kleine Anfrage« an die Bundesregierung: *»Wie viele Diverse gibt es nach Kenntnis der Bundesregierung? Rechnet die Bundesregierung mit einem signifikanten Anstieg, und wenn ja, warum?«*

Die Antwort der Bundesregierung lautete:

»Der Bundesregierung liegen keine gesicherten Erkenntnisse zur Zahl der intersexuellen Menschen in Deutschland vor, die seit dem 22. Dezember 2018 den Geschlechtseintrag ›divers‹ gewählt haben. In seiner Entscheidung vom 10. Oktober 2017 ist das Bundesverfassungsgericht davon ausgegangen, dass in Deutschland rund 160000 Personen mit Varianten der

Geschlechtsentwicklung leben. Wie viele dieser Menschen eine Änderungserklärung anstreben, ist der Bundesregierung nicht bekannt.«[169]

Vielleicht könnte die »Tagesschau« hier weiterhelfen, dort kennt man die Zahlen genauer, diesmal hatten die *Grünen* eine »Kleine Anfrage« an die Bundesregierung gestartet:

»Wie eine Kleine Anfrage der Grünen nun ergab, haben sich seit der Reform des Personenstandsgesetzes gerade einmal 69 Menschen als ›divers‹ eintragen lassen, bei drei Kindern wurde diese Option nach der Geburt registriert. Eine Änderung des Vornamens auf Grundlage des neuen Gesetzes beantragten 355 Menschen, etwa 250 wechselten ihren Personenstand von ›männlich‹ zu ›weiblich‹ oder umgekehrt.«[170]

69 Personen von 83 Millionen Einwohnern haben das neue Gesetz also genutzt und sich als »divers« eintragen lassen. Homöopathie ist nichts dagegen. Selbstverständlich ging es beim Thema Gender noch nie um einen verantwortungsvollen Umgang mit Mehrheitsinteressen, es geht um das Prinzip. Hier um die angebliche Diskriminierung einer Minderheit, und wenn sie auch noch so klein ist. Diese Art zu denken nennt man Ideologie, und diese Ideologie ist der direkte Feind der Aufklärung und der Freiheit. Ulrike Ackermann, Direktorin des John-Stuart-Mill-Instituts für Freiheitsforschung und Autorin des Sachbuches *»Das Schweigen der Mitte. Wege aus der Polarisierungsfalle«*, erklärt die fatale Entwicklung an den deutschen Universitäten:

»Patriarchatskritik, Antikapitalismus und Antikolonialismus waren Triebfedern für diese [Gender] Bewegungen. Über die Jahrzehnte hat sich daraus eine Identitätspolitik entwickelt, die moralisch rigide und ideologisch auftritt. [...] Es hat sich damit ein Paradigmenwechsel vollzogen. Zugespitzt gesagt, werden ein Diskurs und eine Forschung, die nicht auf Diversität, Gleichheit und Inklusion ausgerichtet sind, die nicht Multikultikulturalismus und Kommunitarismus entsprechen, als Überbleibsel der alten Ideologie des weißen Mannes gebrandmarkt. Wer dem nicht folgt, wird schnell in die rechte, sexistische oder in die rassistische Ecke gestellt. [...] Es

ist paradox, denn gerade die westlichen, liberalen, demokratischen Gesellschaften hatten historisch eine besondere Sensibilität und ein Augenmerk auf Minderheiten. Doch diese Identitätspolitik einzelner Gruppen führt heute zu einer weiteren Zersplitterung der Gesellschaft, nicht zuletzt weil die Konkurrenz der unterschiedlichen Opfergruppen natürlich auch unheimlich zunimmt. [...] Damals [früher] gab es noch mehr Durchlässigkeit zwischen dem, was an den Universitäten diskutiert wurde, und den gesellschaftlichen Debatten. Was heute die Mehrheit der Bevölkerung interessiert und umtreibt, ist etwas anderes als das, was in den völlig geschützten Räumen der Universität stattfindet. Aus Amerika kommt das Problem der sogenannten ›safe spaces‹: Die Studenten haben mittlerweile Angst, mit unbequemen Themen in Berührung zu kommen, weil sie das traumatisieren könnte. Eine aberwitzige Entwicklung, die das freie Denken und das freie Debattieren immer unmöglicher macht, weil Empfindlichkeiten eine ausschlaggebende Rolle spielen. Es wird darüber debattiert, wer zu welcher Gruppe gehöre und was die Gefühle dieser Minderheit verletzen könnte. Das heißt, es wird nicht rational über eine Sache diskutiert, sondern es wird aus der subjektiven Position heraus argumentiert: Ich bin eine Frau, deshalb..., ich bin Muslimin, deshalb..., ich bin transsexuell, deshalb... [...] Selbstständige Urteilskraft, die Fähigkeit, Perspektiven zu wechseln, das Streben nach Erkenntnis ohne absolute Gewissheit, wissenschaftlicher Pluralismus – also all die Grundprinzipien des Humboldt'schen Bildungsideals lernen Studierende unter diesen neuen Bedingungen gerade nicht. Und das ist natürlich völlig fatal für zukünftige gesellschaftliche Leistungsträger. Studienabgänger sind dann eher Opportunisten, die nicht auffallen wollen, keine Konflikte eingehen und nicht wirklich den Wettbewerb der Ideen vorantreiben können. Aber unsere liberale Gesellschaft ist nun mal von Konflikten beseelt.«[171]

Die DNA von Gender geht auf die einstmals reale Unterdrückung von Frauen zurück. Der notwendige und legitime Gleichstellungskampf wurde weitgehend gewonnen. Doch wie bei allen zu lange erduldeten Zurücksetzungen wurde auch hier aus einem »genauso gut« ein »besser als«. Kränkungen führen auf Dauer zur Opfer-Täter-Umkehr. Würde Gender-Studies einzig Fragen von Geschlechterkampf und Gleichstellung bearbeiten, würde sich die Theorie von selbst limitieren. Erst durch die Anbindung an die hypermoralischen Narrative der Neuzeit bekommt Gender ungeahnte politische Wirksamkeit. Tatsächlich haben die Aktivistinnen zu Recht erkannt, dass das Thema Frauenrechte als Machtmittel allein schon deshalb ein Auslaufmodell ist, weil nach einhundert Jahren erfolgreichem Kampf um Gleichstellung die meisten Forderungen weitgehend erfüllt sind. Mehr noch, im Bildungssystem haben sich die Verhältnisse sogar umgekehrt. Nach über 30 Jahren Feminisierung des Systems wird den Bedürfnissen von Mädchen inzwischen weitaus mehr Rechnung getragen als denen von Jungen, was die aktuellen Pisa-Studien dramatisch belegen. Der Generalschlüssel zur politischen Macht heißt schon lange nicht mehr Feminismus, sondern Diversity-Management, Minderheitenschutz und Kampf gegen Rassismus.

»Hier findet ein Schulterschluss mit bestimmten Ausrichtungen in Politik und Wirtschaft statt. Sichtbares Symbol ist die 2006 unter der Schirmherrschaft der Bundeskanzlerin Angela Merkel veröffentlichte Selbstverpflichtung ›Charta der Vielfalt‹ von Wirtschaftsunternehmen, akademischen und sozialen Einrichtungen sowie Behörden zur Diversität in Bezug auf Nationalität, Herkunft, Geschlecht, Religion, Weltanschauung, Behinderung, Alter, sexueller Orientierung und Identität. Diese Selbstverpflichtung für Diversity Management zielt darauf ab, den Erfolg von Wirtschaftsunternehmen und öffentlichen Institutionen durch die effektive Nutzung der Diversität von Beschäftigten zu steigern. So wenig konkret dies auch

*formuliert ist, so wenig bindend die Umsetzung und so wenig messbar die Auswirkungen, so ist damit doch eine quasi staatliche Verpflichtung zur Diversität vorgegeben, auf die sich seither zahlreiche Initiativen zur Förderung der Diversität berufen können. Die deutsche ›Charta der Vielfalt‹ ist dabei Teil des Netzwerkes der ›EU Diversity Charter‹. Letztlich ist auch der am 10. Dezember 2018 von Deutschland mitunterzeichnete UN-Migrationspakt (Global Compact for Safe, Orderly and Regular Migration) ein weiterer Schritt in dieser politischen Ausrichtung, welche die Diversität im Sinne einer globalisierten, möglichst effektiven wirtschaftlichen Nutzung von ›Humankapital‹ fordern soll. Kulturelle Traditionen und nationale Zusammengehörigkeitsgefühle werden als hinderliche Faktoren in diesem Prozess betrachtet. […] Mit dem Konzept der Diversität findet wiederum eine direkte Koppelung mit politischer Vereinnahmung statt, die insbesondere den Bereich der Migration betrifft. Während Forschungen zu behinderten und alten Menschen aus dem Bereich der Gender Studies bisher kaum vorgelegt wurden, entwickelt sich die Vereinnahmung der Menschen mit Migrationshintergrund zu einem wichtigen Bereich der Gender Studies. Im kulturpolitischen Bereich geht dies einher mit der Debatte um Postkolonialismus und Dekolonisierung, bei der es ähnlich wie im Falle der Gleichstellungspolitik für Frauen darum gehen soll, gesellschafts- und kulturpolitische Schlüsselstellen mit Vertretern bestimmter Gruppen zu besetzen. Als förderungswürdig im Sinne der Dekolonisierung gelten nach der Diktion von deren Vertretern vor allem ›people of color, Migrant*innen, Indigene und Kolonialisierte‹; dazu kommen auch noch ›Postmigrant*innen‹, gemeint sind die Nachkommen von ›Migrant*innen‹. Als Argument für die angestrebte sogenannte positive Diskriminierung wird dabei auf erlittenes Unrecht in der historischen Vergangenheit rekurriert. Die Methodik der postkolonialen Forschung basiert entsprechend weitgehend auf feministischen und marxistischen Konzepten.«*[172]

Unschwer zu erkennen, gehen Gender-, Migrations- und Klima-Politik Hand in Hand und stehen dabei voll im Dienste des »Great Reset«. »Charta der Vielfalt«, »EU Diversity Charter« und »Global

Compact for Safe, Orderly and Regular Migration« werden zu einem einzigen moralischen Narrativ verwoben. Dies ist die Spielwiese von Fachfrauen wie Peggy Piesche. Obgleich Alexander Wendt mit seinem Witz über Genderprofessorinnen, die aussehen wie »alte weiße Männer«, in aller Regel recht hat, liegt er bei der PoC[173] Peggy Piesche, Referentin für Diversität, Intersektionalität und Dekolonialität bei der Bundeszentrale für politische Bildung, falsch. Da sich die Qualifikationen von Frau Piesche wie die Agenda einer linksideologischen Leitkultur lesen, gebe ich sie hier ungekürzt wieder:

»Peggy Piesche, geboren und aufgewachsen in der DDR, ist eine schwarze deutsche Literatur- und Kulturwissenschaftlerin und transkulturelle Trainerin für Intersektionalität, Diversität-Inklusion, Rassismus- und Machtkritik sowie für kritische Weißseinsreflexion in Wissenschaft, Gesellschaft und Politik. Ihre Arbeitsschwerpunkte liegen in den Verschränkungen von Diaspora und Translokalität, Performativität von Erinnerungskulturen (Spatiality and Coloniality of Memories, Postkoloniales Erinnern) sowie Black Feminist Future Studies und Critical Race sowie Whiteness Studies. Seit 1990 ist sie in der Schwarzen feministischen Bewegung in Deutschland und international aktiv. Sie ist Mitfrau bei Generation ADEFRA e.V. (Schwarze Frauen* in Deutschland) und engagiert sich dort in der wissenschaftlichen Fachgruppe DiversifyingMatters. Seit 2016 ist sie zudem Executive Board Member von ASWAD (Association for the Study of the Worldwide African Diaspora). 2018 führte sie mit der wissenschaftlichen Fachgruppe DiversifyingMatters einen konsultativen Prozess zur Umsetzung der UN-Dekade für Menschen afrikanischer Herkunft (2015–2024) im Auftrag des Berliner Senats durch. Themenschwerpunkte: Reproduktive Gerechtigkeit, Aktuelle Debatten und Diskurse, Intersektionale feministische Erinnerungspolitik: 50 Jahre ›68‹; Sexuelle Selbstbestimmung und Antikoloniale (Befreiungs-)Bewegungen; Labor 89: Movements and Memories – Bewegungstopographien im Kontext der fallenden Mauer; Globale Diskurse in Deutschland: Reproductive Justice & Afrikanisch/Diasporischer LGBTQI* Aktivismus.«*[174]

Die bedruckende Bandbreite der Qualifikationen von Peggy Piesche illustriert die tatsächlichen Wirkfelder von Gender-Studies und demaskiert die Ideologie als trojanisches Pferd einer linken Kulturrevolution von oben. Zwar stammt die »Critical-Whiteness-Ideologie« aus den USA, fruchtet in Deutschland jedoch besonders gut, da sie hervorragend mit deutschen Schuldnarrativen harmoniert:

»Die lange nur von linksesoterischen akademischen Zirkeln in unlesbaren Büchern vertretene Idee, dass die multiethnische und multireligiöse amerikanische Demokratie in Wirklichkeit von einem gewalttätigen und allumfassenden weißen Rassismus dominiert werde, setzte sich erstaunlicherweise an den meisten Universitäten, in den großen traditionellen Medien und in der Unterhaltungsindustrie durch. Wissenschaftler, Journalisten, Regisseure verwandeln sich in Aktivisten, denen der Kampf für die gute Sache wichtiger ist als die bewährten Kodexe ihrer Profession, und die ihre einwandfreie Moral und Gesinnung unter Beweis stellen, indem sie die dummgefährlichen Einstellungen ihrer bedauernswert minderbemittelten weißen Mitbürger verurteilen und verlachen. Die Geschichte als sinngebende Erzählung der nationalen Identität wird umgeschrieben. Nicht mehr die Unabhängigkeitserklärung von 1776 und die Befreiung von der Kolonialmacht England markieren die Geburtsstunde der Nation, sondern die Ankunft des ersten Sklavenschiffes im Jahre 1619. Die Vergangenheit ist toxisch, keinem Kind soll in der Schule gelehrt werden, stolz zu sein auf die Taten seiner Vorfahren. Symbole und Statuen aus der alten Zeit werden dem Mob zur Zerstörung freigegeben, Bücher und Filme auf den Index gesetzt, die Sprache laufend bereinigt; und wer auch nur leises Unbehagen an diesem totalitären Furor zu erkennen gibt, riskiert, von einem Twittergericht als Rassist gebrandmarkt zu werden und sein Ansehen und seine wirtschaftliche Existenz zu verlieren. Ob Mondlandung, Wohlstand, Glühbirne, Befreiung Europas von Hitler: Alle zivilisatorischen Leistungen des Landes haben keinen Wert. Denn sie sind besudelt vom Stigma der Erbsünde: die ungebrochene Herrschaft der Weißen über die schwarzen Nachkommen der Sklaven. Das 2016 neben dem Weißen Haus in Washington eröffnete erste National Museum of African American History and

Culture empfing die Besucher bis vor Kurzem mit einem ›Guide to Whiteness‹ (›Einführung in das Weiß-Sein‹). Die Schaugrafik führt die nach Meinung ihrer antirassistischen Autoren wichtigsten Merkmale der ›weißen dominanten Kultur‹ Amerikas auf. Dies sind unter anderem: ›Individuum steht im Mittelpunkt‹, ›Betonung der wissenschaftlichen Methode‹, ›objektives, rational lineares Denken‹, ›strenge Termintreue‹, ›Höflichkeit‹, ›schriftliche Tradition‹, ›Selbstständigkeit‹, ›Steak und Kartoffeln‹, ›zuerst die Arbeit, dann das Vergnügen‹ und, bezogen auf die Rechtsprechung, ›die Absicht zählt‹ und ›Schutz des Eigentums‹. […] Mit Weiß-Sein wird nicht eine Hautfarbe bezeichnet, sondern ein Zustand zwischen Krankheit und Schuld. Weiß-Sein ist die Matrix alles Bösen. Die Antirassisten lassen jene dunkle Zeit wieder aufleben, als ein Mensch nicht nach seinem Charakter, sondern nach seiner angeborenen Hautpigmentierung beurteilt wurde. Nur die Farben sind ausgetauscht worden.«[175]

Auch Peggy Piesche gibt als zentrales Tätigkeitsfeld »Trainerin für kritische Weißseinsreflexion« an. Kurz gesagt, sollen im Critical-Whiteness-Training Menschen dazu angeleitet werden, sich zu schämen für das, was sie sind – weiße Menschen. Weiße Menschen, im Westen die Mehrheitsgesellschaft, sollen lernen, wie man sich als PoC (Person of color) fühlt. Derartige Rachegedanken sind Bestandteil jeder Zurückweisung, auf der persönlichen Ebene oftmals begleitet von dem Ausspruch: »Damit du mal weißt, wie es sich anfühlt!« Selbst Antirassismus-Aktivisten, die sich in vorderster Front gegen Rassismus aussprechen und postulieren, dass alle Menschen gleich sind, haben laut Critical-Whiteness den Kern der Problematik nicht begriffen. Nach der neuen Rassismus-Definition sind eben gerade *nicht* alle Menschen gleich. Alle weißen Menschen müssten zunächst durch Bewusstheitstraining dreierlei Dinge lernen: Erstens, dass sie nicht die Norm sind. Zweitens, dass sie automatisch rassistisch denken. Und drittens, dass sie von Privilegien profitieren, die ihnen nicht zustehen. Kurzum, weiße Menschen müssen lernen, dass sie aufgrund des von ihnen geschaffenen Unterdrückungssystems »White Supremacy« (Weiße Vorherrschaft) immer größere Schuld auf sich geladen haben als alle anderen Ethnien dieses Planeten.

Man muss den Ideologinnen zugestehen, eine neue Definition von Rassismus geschaffen zu haben, aus der es für weiße Menschen kein Entkommen gibt. In meinem letzten Buch hatte ich das Prinzip der Doppelbindung erklärt, ein Dilemma, in dem man sich in jedem Fall schuldig macht. Die aktuelle Rassismus-Debatte ist ebenfalls als mächtige Double-Bind-Falle konzipiert: Streiten Sie als weiße Person ab, rassistisch zu sein, haben Sie schlichtweg die Dimension von Rassismus noch nicht begriffen. Dann muss man Sie mithilfe von Critical-Whiteness entsprechend nachschulen. Erkennen Sie Ihren Rassismus hingegen an, bleibt Ihnen nur das öffentliche Reuebekenntnis und das Geloben von Besserung. Fortan besteht Ihre vornehmliche Aufgabe darin, ein höheres Bewusstsein für Ihren »strukturellen Alltagsrassismus« und Ihre »Mikroaggressionen« zu erlangen. Widerstand gegen diese Falle ist zwecklos. Sofern Sie weiß sind, sind Sie qua Geburt Rassist – Punkt. Sie sind es, weil Sie in ein Gesellschaftssystem hineingeboren wurden, das sie automatisch rassistisch sozialisiert hat. Die gute Nachricht lautet: Schwarze Frauen wie Peggy Piesche oder die Autorin Alice Hasters[176] werden Ihnen mit täglichen Übungen helfen, Ihren Alltagsrassismus zu bekämpfen:

»Weiße Menschen haben so wenig Übung darin, mit ihrem eigenen Rassismus konfrontiert zu werden, dass sie meist wütend darauf reagieren, anfangen zu weinen oder einfach gehen. Für viele Menschen wirkt das R-Wort so, als ob man eine Fliege mit einem Baseballschläger erschlagen würde. […] Rassismus wird man also nicht los, nur weil man behauptet, nicht rassistisch zu sein. Es kann zum Beispiel sein, dass man am Tag gegen Rassismus demonstriert – und trotzdem Angst bekommt, wenn ein schwarzer Mann einem nachts über den Weg läuft. Oder dass man kurz überrascht ist, wenn eine Frau mit Hijab perfekt Deutsch spricht. […] Nur weil man sich nie bewusst Gedanken über Herkunft, Hautfarbe und

Identität gemacht hat, läuft man nicht vorurteilsfrei durch die Gegend. Man bemerkt nur nicht, dass man diese Vorurteile hat. All diese Verhaltensmuster tragen dazu bei, das rassistische System aufrechtzuerhalten. Es ist quasi Mikro-Unterdrückung. Noch einmal: Rassismus steckt überall in unserer Gesellschaft.«[177]

Der Super-GAU für linke Genderaktivistinnen wie Alice Hasters sind allerdings »Opfer«, die sich weigern, Opfer zu sein. Intellektuelle schwarze Feministinnen, die das Spiel um moralische Deutungshoheiten nicht mitspielen wollen, lösen in der Gender-Szene Schnappatmung aus. Doch nur durch diese Stimmen der Vernunft ließe sich der Spuk beenden. Eine der mutigsten Frauen diesbezüglich ist die somalisch-niederländisch-amerikanische Intellektuelle Ayaan Hirsi Ali.

»Ich weigere mich, das Opfer zu sein, das sie in mir sehen wollen. Würde ich es spielen, könnte ich alles bekommen, was ich will. Denn die akademischen Amerikaner sind geradezu besessen von den Themen Rasse und Sklaverei. Wenn ich sie daran erinnere, dass auch die Sklaverei eine Lieferkette kennt, hören sie weg und wechseln das Thema. Wo ich herkomme, wissen das alle: Auch Afrikaner versklaven Afrikaner, das war im 18. Jahrhundert so, als afrikanische Helfershelfer den Sklavenhändlern zuarbeiteten, und es ist heute so. Rassismus und Sklaverei zählen zum Schlimmsten, was die Menschen tun, seit es sie gibt, aber sie sind keine westliche Spezialität. Eine westliche Spezialität ist allerdings ein Leben in Freiheit. […] Wir erleben durch einen Teil der Gesellschaft gerade die Dämonisierung des weißen Mannes. In jedem weißen Mann – so das hyperradikale linke Narrativ, das in den USA längst etabliert ist und in Europa auch immer weitere Kreise zieht – steckt ein Unterdrücker, ein Täter, ein Patriarch. Er vereinigt auf sich alles Geld und alle Macht der Welt. Was immer er sagt, steht deshalb unter Verdacht – er will damit bloß seine Machtstellung, seine Privilegien, seine Dominanz verschleiern oder rechtfertigen. Und ich frage mich tatsächlich, warum viele diesen Blödsinn einfach so hinnehmen. Wo bleibt der Widerstand?«[178]

Auch die bildende Künstlerin Jiny Lan will nicht im Opferreigen mitspielen. Ihr wurde vorgeworfen, sie kenne zu viele böse weiße Männer, wie Christian Lindner, Dieter Nuhr, Till Brönner und Stefan Aust. Sie kontert im *Cicero:*

»Ich bin den alten weißen Männern dankbar, weil sie die jungen weißen Männer so erzogen haben, dass ich sie lieben kann. [...] Was wäre, wenn wir diese Alte-Weiße-Männer-Werte komplett abschafften? Würde dann die Welt von Frauen geführt? Das könnte gut sein, mindestens versuchsweise; aber ich glaube, bevor das passiert, wird die Welt sehr wahrscheinlich erst von den alten gelben Männern dominiert. Und das ist meiner persönlichen Erfahrung nach keinen Versuch wert! In meinem Wörterbuch gibt es keine Rasse, aber es gibt doch verschiedene Kulturen, und die verschiedenen Kulturen machen die Menschen unterschiedlich, mindestens über einen gewissen Zeitraum und in einem gewissen Maß. Ich stimme zu, dass ich zurzeit in dieser von alten weißen Männern dominierten Gesellschaft lieber lebe als in einer anderen. Ich habe einen jungen weißen Mann, dessen Vater (ein echter alter weißer Mann) vor 40 Jahren einer der ersten Männer war, die an einem Babybetreuungskurs teilgenommen haben, und der ein gutes Vorbild für seine Söhne war. Ich profitiere unmittelbar von den Ergebnissen einer Alte-Weiße-Männer-Erziehung. Ich habe drei Kinder und mache meine künstlerische Karriere mit voller familiärer Unterstützung. Das kann ich in meiner Heimat, die von alten gelben Männern geführt wird, nicht erwarten.«[179]

Rassisten sind weiß

Frauen wie Ayaan Hirsi Ali und Jiny Lan sind einsame Ruferinnen in der Wüste. Dominiert wird der Mainstream von Scharfmacherinnen wie Alice Hasters, die sich nach dem Tod von George Floyd vor Journalistenanfragen kaum noch retten kann. In den USA ist seit geraumer Zeit eine pädagogische Industrie angelaufen, die weißen Menschen erklärt, wie böse sie sind:

»Eine Kostprobe lieferte die Vier-Millionen-Stadt Seattle. Das Amt für Bürgerrechte führte letzten Juni eine Weiterbildung durch. Thema: ›Unterbrechen der internalisierten rassischen Überlegenheit und des Weiß-Seins‹. Eingeladen waren nur ›weiße Stadtangestellte‹. Die Anwesenden lernten unter anderem, dass sie als Weiße unfähig zur ›Menschlichkeit‹ seien und deswegen schwarzen Menschen ›Leid und Gewalt‹ antun würden. Sie wurden ermuntert, ihre rassistische Komplizenschaft als Weiße anzuerkennen, ihr ›weißes normatives Verhalten‹, ihren ›Individualismus‹, ›Perfektionismus‹ und ihre ›Objektivität‹ wie überhaupt ihr ›Weiß-Sein‹ aufzugeben. Seattles Fortbildung ist Teil einer Milliardenindustrie. Die meisten US-Konzerne und Verwaltungen bieten mittlerweile ›Diversitäts- und Inklusionstraining‹ an. Bücher wie ›White Fragility‹ (geschrieben von einer Weißen), die eine weiße Identität als per se pathologisch-rassistisch diagnostizieren und weiße Selbstauflösung predigen, finden ein (hauptsächlich weißes) Millionenpublikum. Die Umwertung aller Werte ist im Gange. Die Kulturrevolution schreitet voran.«[180]

Deutsche Leitmedien übernehmen die US-Rassismus-Debatte vollständig und insinuieren, »struktureller Rassismus« sei auch hierzulande ein breites gesellschaftliches Problem. Selbst der Bundespräsident erklärt:

»Nein, Deutschland ist nicht immer und überall ein Hort der Toleranz. Auch hier werden Menschen ausgegrenzt, angegriffen und bedroht, weil ein beliebiges Merkmal sie als Angehörige einer Minderheit ausweist: weil sie eine dunkle Hautfarbe haben, eine Kippa tragen, in der Moschee beten oder einfach anders aussehen als die Mehrheit. Als weißer Mann mit weißen Haaren muss ich solche Erfahrungen nicht machen. [...] Nein, es reicht nicht aus, ›kein Rassist‹ zu sein. Wir müssen Antirassisten sein! Rassismus erfordert Gegenposition, Gegenrede, Handeln, Kritik und – was immer am schwierigsten ist – Selbstkritik, Selbstüberprüfung. Antirassismus muss gelernt, geübt, vor allen Dingen aber gelebt werden.«[181]

Vor allem geht es um das Einüben der Bewusstheit für den eigenen täglichen Rassismus. Sobald man verstanden hat, dass es nach der Critical-Whiteness-Logik keinerlei Sinn ergibt zu behaupten, man sei *kein* Rassist, wird die Sache leichter. In der Corona-Pause des Sommers 2020 betonen allenfalls noch Einfaltspinsel, sie seien nicht rassistisch, und plädieren für die Gleichheit aller Menschen. Wer als Journalist, Intellektueller oder Künstler auch weiterhin zu den Guten gehören will, ist geständig und bekennt seine unverzeihliche Unbewusstheit bezüglich seiner täglichen Mikroaggression. Den Vorstoß machen reumütige Journalisten des *Stern* unter dem Titel »*Wie rassistisch bin ich?*«:

»›Ich hatte ja keine Ahnung, wie verwurzelt das Erbe des Rassismus auch in mir ist‹, gibt sich die Chefredakteurin Anna-Beeke Gretemeier im Editorial zerknirscht. ›[Auch ich bin] in eine Welt mit weißen Privilegien einfach so hineingeboren worden. Ohne eigene Leistung und Zutun.‹

Ihr Reporter Michael Streeck eifert ihr nach, sogar bis in die Formulierungen hinein: ›[Ich] hielt mich in unanständiger Selbstüberschätzung für liberal, aufgeklärt und tolerant. Und merke, dass ich nach moderner Lesart ein Rassist bin, weil rassistisch sozialisiert. Nämlich in einer Welt mit weißen Privilegien, in die ich einfach so hineingeboren wurde ohne eigene Leistung und eigenes Zutun. [...] Ich merke zuweilen nicht mal, wie auch ich die Normen setze. Etwa wenn ich aus schnoddriger Gedankenlosigkeit Schwarze auf Englisch anspreche oder wie im Urlaub in Bayern einen Syrer mit ›Good evening‹ grüße und der ein lässiges ›Servus‹ retourniert. Ertappt.‹

Was folgt daraus? O-Ton Streeck: ›Das Ganze ist ein Prozess des sich ständigen Hinterfragens. Die richtige Sprache etwa. (...) Ist dunkelhäutig falsch oder richtig? – (falsch). Ist Schwarz korrekt oder nicht? – (korrekt). Heißt es People of Color (POC)? – (ja) oder colored? – (nein), wobei ›colored‹ vor wenigen Jahren Usus war, in den USA zumindest. [...] Die innere Kartoffel und ich geloben hiermit Besserung: weiter lesen, weiter hinterfragen und weiter lernen.‹ [...] Derselbe ›Stern‹-Reporter, der die eigene Pippi-Langstrumpf-Lektüre als rassistische Jugendsünde geißelt (wegen des ›Negerkönigs‹), hat keinerlei Problem damit, sich selbst (und indirekt uns alle) mit den verächtlichen Injurien islamischer Parallelgesellschaften

(›Kartoffel‹) zu titulieren. Schließlich erklimmt er in seiner ›Selbstkritik‹, die wie aus der dunkelsten Zeit des Stalinismus gefallen scheint, den Olymp der Larmoyanz: ›Wäre der Stern eine Stadt, würde ich nicht in ihr leben wollen. Zu weiß, zu homogen, zu gleichförmig, zu langweilig. Wobei ich Teil des Problems bin.‹«[182]

Mit der ostentativen Selbstbezichtigung, das Grundübel der Welt zu sein, lässt sich seit geraumer Zeit Geld verdienen. Bereits in *Die Wiedergutmacher* zitierte ich Sören Musyal, der in *The European* schreibt:

»Ich bin weiß, männlich, habe Akademikereltern, darf studieren, habe einen deutschen Pass – all das macht mich in der heutigen Gesellschaft zu einem besseren Menschen – leider. All das steht für unzählige Übel dieser Welt.«[183]

Unverkennbar wurde Critical-Whiteness aus der Perspektive einer verletzten Minderheit in den USA entwickelt:

»Die Critical Whiteness möchte die Figur des Weißen seiner zentralen, normstiftenden Position entheben und fragt: Inwiefern stellt Weißsein als unsichtbarer Maßstab das Nicht-Weiße als Abweichung und minderwertige Abstufung dar?«[184]

Dabei ist völlig aus dem Blick geraten, dass sich die Prinzipien von Ausgrenzung und Diskriminierung je nach örtlichen Macht- und Mehrheitsverhältnissen jederzeit umkehren können. Die »zentrale, normstiftende Position« des Weißseins gilt in China nicht, dort werden weiße Menschen als »Langnasen« verspottet. Der Begriff bezieht sich auf die in China als auffällig wahrgenommene Nase weißer Menschen und hat eindeutig eine rassistische Konnotation. Selbst in Bezug auf Toleranz und Freiheit würden gebürtige Chinesinnen wie Jiny Lan eine von weißen Männern dominierte Gesellschaft vorziehen. Und völlig zutreffend erinnert Ayaan Hirsi Ali daran, dass Sklaverei schon immer eine Lieferkette hatte, seit jeher gab es chinesische, arabische und afrikanische Sklavenhändler.

Kollektive Identitätsbildung sorgt in allen Teilen der Welt dafür, dass ethnische Gruppen Ressentiments gegen Minderheiten entwickeln und sich damit rassistische Effekte einstellen. Wer als einziger Jude oder autochthoner Deutscher in einer Kreuzberger Schulkasse klarkommen muss, wird mit großer Wahrscheinlichkeit Opfer von Rassismus. Derartige Jungen im Erwachsenalter einem »Critical-Whiteness-Training« zu unterziehen, und das nur, weil sie weiß sind, wäre an Zynismus kaum zu überbieten. Eigentlich müsste es mindestens noch ein »Critical-Chinese-«, »Critical-African-« und »Critical-Arab-Training« geben. Wäre es da nicht viel einfacher, ein generelles, kritisches Bewusstsein für rassistische Verhaltensweisen zu trainieren? Dass es hingegen nur ein »Critical-Whiteness-Training« geben soll, stellt eine positive Diskriminierung dar und ist damit selbst rassistisch. Da diese Erkenntnis jedem halbwegs logisch denkenden Menschen früher oder später dämmert, haben die Ideologinnen vorgebaut. Vor das Argument, es gäbe schließlich in allen Ethnien Rassisten, wurde ein Riegel geschoben. Die neue Rassismus-Definition ist einfach und besteht aus nur zwei Grundregeln:

1. Wenn Sie weiß sind, sind Sie *immer* Rassist.
2. Wenn Sie »BIPoC« (Schwarze Menschen/Indigene Menschen/People of Color) sind, sind Sie *niemals* Rassist.

Das ZDF-heute klärt den Sachverhalt in Zusammenarbeit mit der Amadeu Antonio Stiftung ein für alle Male auf:

»Aus gegebenem Anlass möchten wir gerne eine Sache aus dem Weg räumen: Es gibt keinen Rassismus gegen Weiße. Das, was hier einige vermutlich meinen, kann man als Diskriminierung bezeichnen. Zwar können Weiße auch als Minderheit Diskriminierung erfahren, es handelt sich jedoch nicht um ein strukturell verankertes Phänomen. Demgegenüber hat Rassismus machtstrukturelle Ursachen, ist geschichtlich verwurzelt und lässt sich auf allen gesellschaftlichen Ebenen wiederfinden. Weiterführende Informationen zum Thema Rassismus und warum es keinen Rassismus gegen Weiße gibt, findet ihr z. B. bei der Amadeu Antonio Stiftung.«[185]

Auch der *Tagesspiegel* räumt mit dem leidigen »Irrglauben« und der »perfiden Mär« auf, es könne Rassismus gegen Weiße geben:

»Ob ›All Lives Matter‹ oder ›Deutschenfeindlichkeit‹ – umgekehrter Rassismus ist ein Irrglaube, der dem Fortschritt sozialer Gerechtigkeit immer wieder im Wege steht. Über den Link in unserer Bio könnt ihr nachlesen, was es damit auf sich hat.«[186]

Ein Jude oder autochthoner Deutscher in einer Kreuzberger Schulkasse wird also höchstens *diskriminiert*, aber niemals Opfer von Rassismus. Alice Hasters führt noch einmal aus, dass Rassismus bewusst von Weißen erschaffen wurde, um sich Macht zu sichern:

»Viele Menschen gehen davon aus, dass grundsätzlich jede Person von Rassismus betroffen sein könnte. Diese Menschen sehen Rassismus als rein individuelle Haltung. Wie ein einzelner Mensch die Welt für sich ordnet, hat erst einmal wenig Konsequenzen. Doch Rassismus ist ein System, das mit der Absicht entstanden ist, eine bestimmte Weltordnung herzustellen. Es wurde über Jahrhunderte aufgebaut und ist mächtig. Darin wurde die Hierarchie rassifizierter Gruppen festgeschrieben, und die lautet, ganz grob, so: Weiße ganz oben, Schwarze ganz unten. […] Weiße Menschen haben sich selbst zu einer ›überlegenen Rasse‹ erklärt. Diese Theorie trugen sie während der Kolonialisierung in fast jeden Winkel der Welt. Es stimmt also, dass weiße Menschen in diesen Momenten die Auswirkungen von Rassismus zu spüren kriegen, jedoch – anders als bei mir – nicht als Benachteiligte, sondern als privilegierte Person. Das, was vielleicht unangenehm sein mag, ist die unverdiente positive Aufmerksamkeit. Das heißt nicht, dass alle Begegnungen positiv sind. Nette Geste, die aber nichts ändert. Rassismus geht nicht davon weg, dass man sagt, man sei gegen ihn. Doch der gravierende Unterschied ist: Weißen Menschen wird vielleicht unterstellt, dass sie wohlhabend seien, oder sie werden als besonders attraktiv wahrgenommen. Vielleicht in einem Ausmaß, das unangenehm oder sogar bedrohlich sein kann. Doch die Attribute, die ihnen zugeschrieben werden, sind positiv und höhergestellt. Die Attribute, die mir zugeschrieben werden, sind negativ und tiefergestellt. Weiße sind also niemals Opfer von Rassismus. Medien können Vorurteile immens verstärken. Sie können aber auch helfen, sie aufzubrechen.«[187]

Vermutlich werden auch viele Beiträge von *ZDF, Stern, Süddeutscher Zeitung, Tagesspiegel* oder des *Spiegel* helfen, »Vorurteile aufzubrechen«, und damit das Wohlwollen von Alice Hasters erlangen. Denn hier legt man sich mächtig ins Zeug, allen weißen Deutschen zu erklären, wie rassistisch sie tatsächlich sind. Dass dabei die neue Definition von Rassismus den Teufel mit dem Beelzebub austreiben könnte, dämmert inzwischen sogar linken Ideologinnen. Jahrelang hatte man den Menschen mühsam beigebracht, es gäbe keinerlei Rassen und Unterschiede, alle Menschen seien gleich. Und plötzlich behauptet Critical-Whiteness, man müsse weiße Menschen zunächst einmal trainieren, ihre eigene Rasse wahrzunehmen, um schließlich zu erkennen, es handelt sich um die übelste aller Rassen? Dieser Umschwung geht nicht ohne Kontroverse ab:

»Eine immer wieder (vor allem von links) hervorgebrachte Kritik an der kritischen Weißseinsforschung ist, dass sie mit ihrer Fokussierung auf rassische Markierungen und Positionen diese festschreibe, anstatt zu ihrer Überwindung beizutragen. So wird argumentiert, dass kulturelle Identitäten in Deutschland nicht erklärbar seien anhand der einfachen Dichotomie Weiß/People of Color. Machtstrukturen seien so nicht entschlüsselbar, und jede Analyse der Realität durch eine entsprechende Brille bediene sich rassistischer Kategorien; das könne kaum in eine nicht-rassistische Zukunft weisen. In diesem Streit geht es philosophisch gesehen um die Frage, ob man die Welt am besten verändert, indem man ihre teils versteckten Strukturen sichtbar macht und kritisch reflektiert. Oder ob man so leben soll, als gäbe es diese Strukturen nicht mehr. […] Das Risiko auf der einen Seite: Vor lauter Beharren darauf, dass die Welt nicht nach Hautfarben aufgeteilt werden sollte, wird verdrängt, dass es nun mal so ist. Die Gefahr auf der anderen: Ein hartnäckiges Hinweisen darauf, dass es ist, wie es ist, zementiert diese Aufteilung.«[188]

Im Sommer 2020 läuft die Rassismus-Hysterie auf eine gefährliche Hexenjagd hinaus, die sogar vielen Linken zu unheimlich wird. Ausgerechnet der *taz* dämmert, dass die neue Entwicklung brandgefährlich ist:

»Mit einem quasireligiösen Furor will eine neue Generation People of Color jede auch noch so verborgene rassistische Regung in der Seele ausrotten. Selbst die Liberalen, gar die Linken, die immer schon ein sicherer Hafen für die Fremden im Lande waren, sind nicht mehr davor gefeit, als Rassisten gebrandmarkt zu werden. Kürzlich sagte in einem Spiegel-Interview die Erziehungswissenschaftlerin DiAngelo, dass sich ›mit Liberalen am schwersten reden‹ lasse. Sie würden nicht akzeptieren, dass sie rassistisch sind. Rassismus habe nichts mit Intentionen zu tun, heißt es. Er sei bereits in die Strukturen eingebaut. Wer nicht Schwarz/PoC ist (und also automatisch ›weiß‹), ist demnach unvermeidlich ein Rassist aufgrund seiner privilegierten Geburt. Gewappnet mit dem moralischen Panzer des Minderheitenstatus, sind diese neuen Minderheitsvertreter immer schon im Recht, sprechen sie doch aus Diskriminierungserfahrung. Diskriminierungswahrnehmung, diese scheinbar unbestreitbare Erfahrung, stattet ihre Sprecher gleich mit dem moralischen Anspruch aus, bereits dadurch im Besitz der Wahrheit zu sein. Unablässig prangern sie das rassistische Ressentiment an, sind aber selbst voll Ressentiments gegenüber denjenigen, die sie für die Dominanten halten.«[189]

So schnell kann es gehen – weiße Linke stehen plötzlich selbst im Fadenkreuz ihrer ehemaligen Mündel. Der Autor des Artikels, Levent Tezcan, ist gebürtiger Türke und Professor für Soziologie. Witzig und kokett prangert er an, dass ihm nach neuer Rassismus-Definition verwehrt würde, selbst Rassist zu sein:

»Selbst wenn ich wollte, könnte ich mich dem neuen kulturellen Paradigma ›Gestehe, wie rassistisch du bist‹ nicht unterziehen. Während ›Weiße‹ nicht keine Rassisten sein können, kann ich gar nicht rassistisch sein. Welch ein Glück? Ich fühle mich ganz und gar diskriminiert, wenn mir die Möglichkeit genommen wird, rassistisch sein zu können. Rassistisch sein zu dürfen ist und bleibt ein ›weißes Privileg‹.«

Dann allerdings weist Tezcan auf einen Umstand hin, der nicht nur die Hysterie der Debatte erklärt, sondern einen zentralen, kollektiv-psychologischen Punkt beleuchtet, den man kaum hoch genug bewerten kann: Tezcan ist klar, dass es sich bei der völlig aus dem Ruder gelaufenen Rassismus-Debatte in Wahrheit um eine *Sublimierung der Ursünde* handelt. Ähnlich wie in der Klima-Debatte hat sich das tiefe Gefühl einer eingeborenen Schuld, das ehemals über die Kirche rituell abgeleitet worden wäre, in einer säkularen Gesellschaft verselbstständigt.

Eine weitere Folie der Ursünde ist der nie wiedergutzumachende Kolonialismus, von der alle weißen Europäer betroffen sind. Obgleich Osmanen und Araber selbst heftige Eroberungsfeldzüge einschließlich brutalen Sklavenhandels betrieben haben, sind es einzig die Europäer, die vor Schuld vergehen. Doch die Lust der Selbstanklage der Europäer, die größten Sünder und Rassisten unter der Sonne zu sein, gebiert durchaus pfiffige Trittbrettfahrer, so stellt Levent Tezcan fest:

»Umso absurder wird das Bild, wenn immer mehr Nachfahren von Osmanen und Arabern ins Outfit von People of Color schlüpfen und den Kolonialismus als nie enden werdenden Beginn der Geschichte der Ursünde anprangern. Was für eine Allianz!«

Das McCarthy-hafte Ausforschen jeder noch so kleinen rassistischen Regung, mit nachfolgendem Reuegeständnis in den Leitmedien, ist jedenfalls brandgefährlich. Jedem psychologisch geschulten Geist muss klar sein, dass ostentatives Weißen-Bashing erst recht zu Trotzreaktionen und verstärktem Rassismus führen wird. Persönlich glaube ich, dass »Critical-Whiteness-Training« dem Kampf gegen Rassismus einen Bärendienst erweist. Eines steht für mich jedoch fest: »Critical-Whiteness« ist aus Sicht einer supranationalen Agenda ein strategisch kluger Ansatz, wenn es darum geht, die bislang noch homogene deutsche Bevölkerung auf ihre zukünftige Heterogenität vorzubereiten. Wie ich im Kapitel *Migrationskrise* noch ausführen werde, wird sich unter Beibehaltung der bisherigen Migrationspolitik das von »Critical-Whiteness« ausgemachte Kernproblem der »Normativität des Weißseins« von allein erledigt haben. Weiße Deutsche werden in ihrem Land in ein bis zwei

Generationen nur noch eine Ethnie unter vielen sein, in zwei bis drei Generationen eine Minderheit. Außerdem werden alle den Weißen zuschiebenden Privilegien unter supranationaler Ägide der UN und des WEF auf natürliche Weise verschwinden, sodass von einer »dominierenden Leitkultur« keine Rede mehr sein kann. Um die Akzeptanz dieser Tatsachen zu erleichtern, zahlt sich ein »Critical-Whiteness-Training« möglicherweise doch noch aus. In jedem Fall ist bemerkenswert, wie bereitwillig die junge, autochthone Generation derartige Schulungen annimmt, einschließlich des Postulates einer weißen Kollektivschuld. Natürlich tun sich deutsche Studenten hier besonders hervor, obgleich Deutschland im Vergleich zu England, Frankreich, Portugal und Spanien eine recht begrenzte koloniale Vergangenheit hat.

Politische Korrektheit

»Critical-Whiteness« avancierte im Zuge des tragischen Todes von George Floyd und der nachfolgen Rassismus-Debatte zu einem wichtigen Instrument Politscher Korrektheit. Wie John Bradshaw im Zusammenhang mit toxischer Scham eindrucksvoll darlegt, gehört die Fähigkeit zur Beschämung, Maßregelung und Kontrolle anderer zum natürlichen Psychogramm narzisstischer Persönlichkeiten. Etwas zynisch könnte man sagen: Transgenerational traumatisierten Kriegsenkeln wurde das Machtinstrument, Anwendung der Politischen Korrektheit, quasi in die Wiege gelegt. Damit sind Kriegsenkel prädestiniert für linksideologische Karrieren, denn die geschickte Anwendung von Politischer Korrektheit ist eine Voraussetzung für das mediale, universitäre oder politische Vorankommen. PC entspricht zeitgenössischem Herrschaftswissen und folgt Regeln, die man kennen muss. Deshalb ist PC so hervorragend geeignet, um Uneingeweihte und Außenstehende zu beschämen.

Am Anfang der Politischen Korrektheit steht eine mächtige Double-Bind-Falle, die für alle Zeiten eine linksgrüne Diskurshoheit sichern soll. Die Formel dazu lautet: »Es gibt kein Recht auf Nazipropaganda«. Oder abgewandelt: »Hass und Hetze ist keine Meinung«. Die Hermetik der Falle beschreibt ein recht amüsanter Post auf Twitter:

»Die Zukunft der Meinungsfreiheit:

1. *Hass ist keine Meinung und fällt nicht unter Meinungsfreiheit.*
2. *Was Hass ist, das bestimmt der Diskurs ständig neu.*
3. *Die Diskurshoheit haben links-grüne Politiker, Medien und Lobbyisten.*
4. *Kritik daran ist Hass.«*[190]

Der Medienwissenschaftler Norbert Bolz teilt Politische Korrektheit in drei Gruppen ein. Nach Bolz handelt es sich zunächst um immer wieder neu ausgehandelte *Sprachcodes*, insbesondere für Minderheiten und Randgruppen. Wer heute noch öffentlich Zigeuner, Eskimo oder Schwarzer sagt, vom bösen N-Wort ganz zu schweigen, wird schnell erfahren, wie Schamübertragung funktioniert. Douglas Murray beschreibt in seinem Buch *»Wahnsinn der Massen«* eine kleine Anekdote, die dem berühmten englischen Schauspieler Benedict Cumberbatch passiert ist:

»Im Januar 2015 war Benedict Cumberbatch Gast bei der Late Night Show Tavis Smiley Show auf PBS. Im Laufe der Sendung beklagte er sich darüber, dass es seine farbigen Freunde in Großbritannien schwerer haben würden, Arbeit als Schauspieler zu finden, als in Amerika, und dass sich das ändern müsse. Seine Argumente ließen nicht den Hauch eines Zweifels, dass er auf der Seite dieser schwarzen Schauspieler stand und keineswegs die Position des, sagen wir mal, Ku-Klux-Klans einnahm. Cumberbatch lieferte keinen Grund für die Annahme, dass er insgeheim ein Rassist sei, der sich vor Tavis Smiley verplappert hatte. Wie auch immer, ihm passierte ein Missgeschick – und das war definitiv keine Absicht, er hätte schlicht auch keinen Grund dafür gehabt – und er beging ein sprachliches Verbrechen. Cumberbatch hatte bei seinen Ausführungen immer wieder von

›coloured actors‹ (deutsch: ›farbige Schauspieler‹) gesprochen. In seinem Heimatland wird dieser Begriff völlig wertneutral, ohne jegliche Konnotation, verwendet. Und es ist noch nicht allzu lange her, dass er auch in den USA gebräuchlich war. Doch kurz vor Cumberbatchs Auftritt in der Late Night Show hatte sich dort das Protokoll leicht geändert. Wer politisch korrekt sein wollte, durfte nicht mehr von ›coloured people‹ sprechen, sondern ab Januar 2015 von ›people of colour‹. In sprachlicher Hinsicht unterscheiden sich beide Begriffe so gut wie nicht.«[191]

Cumberbatch wurde in der Folge seines im Prinzip lächerlichen Fauxpas einer medialen Hetzkampagne ausgesetzt, und nur ein öffentliches Reue- und Schuldbekenntnis ob seines »großen Fehlers« rettete ihn vor Ausgrenzung und Isolation in Hollywood.

»Mehr Bewusstheit über Konnotationen von Begriffen zu erlangen und Sprache so zu versachlichen, dass sie nicht diskriminierend wirkt, ist im Prinzip ein sehr löbliches Unterfangen. Doch schnell wurde klar, dass die Idee mehrere Haken hat. Man scheint offensichtlich den Bedeutungskonnotationen von Begriffen nicht ohne Weiteres entfliehen zu können, das Gehirn behält unliebsame Assoziation einfach bei, auch bei einem neuen Begriff. […] Damit verbraucht sich auch der neue Begriff, es muss also ständig nachgelegt werden. PC-Codes unterliegen damit einem ziemlich unangenehmen Regress, der bisweilen lächerlich wirkt. Was einige Jahre noch PC war, ist es irgendwann plötzlich nicht mehr, das Gehirn will einfach nicht von dem einmal programmierten Subtext lassen.«[192]

Cumberbatch war im Rennen der ständig wechselnden Begriffe abgehängt worden, er hatte schlichtweg nicht mitbekommen, dass man in der politisch-korrekten Gender-Sprache inzwischen bei »PoC« angekommen war:

»Person of color (Plural: people of color, »Menschen von Farbe«), oft als PoC abgekürzt, auch BPoC (Black and People of Color) oder BIPoC (Black, Indigenous and People of Color) […] beschreiben jene Individuen und Gruppen, die vielfältigen Formen von Rassismus ausgesetzt sind und die die gemeinsame, in vielen Variationen auftretende und ungleich erlebte Erfahrung [teilen], aufgrund körperlicher und kultureller Fremdzu-

schreibungen der weißen Dominanzgesellschaft als ›anders‹ und ›unzugehörig‹ definiert [zu] werden.«[193]

Ein weiterer Aspekt von Politischer Korrektheit ist die Anwendung von *Sozialkitsch,* nach Bolz ein unschlagbares Instrument in der Debatte, wenn unliebsame Fakten mit Gefühlen überschrieben werden sollen. Bezüglich der Zuwanderungsdebatte wäre es die Präsentation eines konkreten, emotional mitreißenden Einzelfalls einer leidenden Person, idealerweise ein weinendes Kind mit großen Augen. Jeder Kritiker, der die faktischen und prinzipiellen Limitierungen und Gefahren im Zusammenhang mit der Zuwanderung diskutieren möchte, steht angesichts des konkreten Leides des vorgeführten Beispiels sofort als Unmensch da. Dasselbe Phänomen wiederholte sich bei Corona. Wer eine verantwortungsethische Abwägung der Lockdown-Maßnahmen einforderte, stand als profitgieriger Unmensch da, dem die Gesundheit der schwachen und alten Menschen egal war.

Der wichtigste und schließlich kennzeichnendste Punkt von Politischer Korrektheit ist *politischer Moralismus.* Politische Probleme werden hierbei nicht mehr auf ihre komplexe Wirklichkeit hin untersucht, für die Allgemeinheit abgewogen und auf die Zukunft hochgerechnet, sondern lediglich pauschal, moralisch und für den Moment bewertet. In meinem vorangegangenen Buch habe ich dieses Thema in der Differenzierung zwischen *Gesinnungsethik* und *Verantwortungsethik* nach Max Weber beschrieben.

Ich möchte an dieser Stelle noch einmal in Erinnerung rufen, dass das Kardinalinstrument, um internalisierte toxische Scham abzuleiten, Politische Korrektheit ist. Dies ist auch deshalb nicht verwunderlich, weil es sich um ein hypermoralisches Konstrukt handelt, ersonnen von jenen, die selbst unter moralischer Beschämung gelitten haben. Der sich selbstbestätigende Erfolg von Politischer Korrektheit ist also kein Zufall, sondern die Folge, wenn ein hoher Gesellschaftsanteil unter denselben tiefenpsychologischen Problemen leidet. Doch PC kann weit mehr als nur Scham ableiten, sondern sie wird über den Hebel der Hypermoral zum zentralen Machtinstrument unserer Zeit. Die großen moralischen, linksideologischen und selbstzerstörerischen Narrative der Neuzeit sind ja gerade deshalb entstanden, weil so viele Kriegsenkel ihr wahres Selbst und eine gesunde Verwurzelung niemals kennengelernt haben.

»Fügt man nun die Ingredienzien strukturelle Gewalt und politische Korrektheit zusammen, ergibt sich ein überaus mächtiges Machtinstrument, denn man hat Moral an eine Meinung gekoppelt. Damit ist die Meinung unangreifbar geworden. [...] Wer von der Moralkeule der politischen Korrektheit getroffen wird, ist beschämt; die Beschämung führt zur Isolation, der Abweichler wird ein Paria. Die Angst davor, womöglich eine ›falsche Meinung‹ zu haben, führt zu Konformität. Zustimmung zur Mehrheitsmeinung oder wenigstens Schweigen ist allemal besser, als ausgeschlossen zu werden oder seinen Job zu verlieren.«[194]

Wer es heutzutage wagt, supranationale Narrative bezüglich Corona-, Migrations-, Klima-, Gender- und Geldpolitik zu hinterfragen, wird zum Paria. Sämtliche der beschriebenen toxischen, kollektiven, psychologischen Phänomene bezeichnet der Psychoanalytiker und Fachautor Hans-Joachim Maaz als *Normopathie:*

»Mit ›Normopathie‹ hatte ich endlich eine Erklärung gefunden, wie sich massenhaftes Mitläufertum und Mittäterschaft – wider besseres Wissen, trotz einer Ahnung vom falschen oder sogar bösen Tun – verstehen lassen. Wenn Menschen durch Erziehungsnormen, durch politisch-ideologische Repression oder ökonomische Verführung mehrheitlich in ein politisch gewünschtes oder ökonomisch notwendiges Verhalten gedrängt werden, kann eine kollektive Krankheit entstehen, die keiner mehr wahrhaben will und nur noch wenige erkennen können. Letztere werden dann aber sofort gemobbt, ausgegrenzt, beschimpft und diffamiert. Die wesentliche Kraft für kollektive Anpassung vom Political-correctness-Verhalten bis zum Mitläufertum ist der überlebensnotwendige Wunsch, dazuzugehören und auf keinen Fall ein Außenseiter zu sein, der bedroht, beschimpft und

ausgegrenzt wird. Der Wunsch der Zugehörigkeit – nach sozialer Gemeinschaft, nach sozialer Bedeutung und Bestätigung – ist ein soziales Grundbedürfnis des Menschen, auf das keiner ohne nachteilige Folgen verzichten kann. [...] Auch die aktuelle Krise unserer Gesellschaft ist Ausdruck einer ›Normopathie‹. Qualitative Beziehungsstörungen in der Frühbetreuung [wie die Weitergabe der toxischen Scham] sind wesentliche Ursache für die Entstehung falscher Selbst, und eine Mehrheit falscher Selbst gestaltet eine kollektive Normopathie, die von ideologisch Verblendeten, ökonomisch Abhängigen und süchtigen Konsumenten geprägt wird. Da die Mitläufer und Mittäter in der Mehrheit sind, haben sie auch kein Schuldbewusstsein. Extremisten jeder Art sind immer nur die Spitze des Eisberges – nie nur einige wenige Verirrte oder Verwirrte – und als solche wichtige Indikatoren des gesellschaftlichen Zustandes. [...] ›Normopathie‹ ist die Anpassung an mehrheitliche Meinungen und Positionen, nicht, weil diese etwa wahr sind oder als beste Möglichkeit das Leben sichern, sondern weil das ›falsche Leben‹ damit am besten kaschiert und verleugnet werden kann. Was alle denken und tun, kann ja auf keinen Fall falsch sein und ist sicher die beste allgemeine Orientierung.«[195]

Schon auf dem Gymnasium und später in der Universität kommt es auf natürliche Weise zu einem Ausleseprozess, der insbesondere jene begünstigt, die sich systemkonform und damit politisch korrekt verhalten. Aufgrund der seit 30 Jahren zunehmenden Feminisierung des Bildungssystems haben Mädchen hier deutlich die Nase vorn. Als linksgrüne kosmopolitische Eliten in Universitäten, Medien, Politik und Kultur bilden Normopathen eine Art Avantgarde, die sich über Schlüsselideologien erhebliche politische Macht sichern konnte. Sie sind Teil der supranationalen Elite, die die Bedürfnisse nach soziokultureller Identität in Abrede stellen. Zum Effekt der Spaltung zwischen diesen Eliten und der normalen Bevölkerung äußert sich die Soziologin Cornelia Koppetsch im *Cicero:*

»Kennzeichnend ist, dass transnationale, kosmopolitische Eliten in den großen urbanen Zentren überall auf der Welt die gleichen Strukturen

vorfinden und sich auch hinsichtlich ihres Ethos, ihrer Einstellungen, Lebensgewohnheiten und Lebensstile angleichen. Die transnationalen Milieus aus unterschiedlichen Ländern werden sich in ihren Ansichten und ihrem Habitus immer ähnlicher, und sie sind global verbunden. [...] Die Lebenslüge setzt da ein, wo man tatsächlich glaubt, diese Milieus seien die ganze Welt. Das sind sie aber nicht. Es sind sozial geschlossene Gruppen von Menschen, die ihresgleichen bevorzugen und weniger gebildete, weniger inspirierende und weniger kultivierte Menschen gar nicht erst kennenlernen. Durch das, was sie verbindet, sind sie auch nach außen abgeschlossen. [...] Zu anderen Milieus der Gesellschaft hat man dagegen eher weniger Kontakt. Was macht das dann mit diesen anderen? Die kosmopolitischen Milieus wollen anderen Menschen vorschreiben, wie sie leben sollen und dass sie sich auch kosmopolitisieren sollen. Vielleicht arbeiten diese aber gar nicht in dem Bereich, wo das notwendig, sinnvoll oder auch nur möglich ist. Vielleicht basieren deren Ressourcen ja gerade darauf, dass man zu Hause bleibt und den Menschen vor Ort Loyalität entgegenbringt. Das kosmopolitische Milieu kann das Gefühl der Befremdung, das lokale Milieus in Anbetracht von Zugewanderten befällt, nicht verstehen. So entkoppeln sich die Welten immer weiter.«[196]

Cancel Culture

»Wenn Freiheit überhaupt etwas bedeutet, dann ist es die Freiheit, Dinge zu sagen, die die Leute nicht hören wollen.«

GEORGE ORWELL

Das zentrale Anliegen von Gender und »Critical-Whiteness-Training« ist es, die traditionelle westliche »weiße« Leitkultur zu dekonstruieren. Die Überlegung der Gender-Ideologinnen, an der Humboldt Universität die Ahnengalerie der Nobelpreisträger abzuhängen, ist nur der Anfang einer Säuberungs- und Zensurwelle, deren Ende kaum abzusehen ist. *»Als Cancel Culture (dt. ›Abbruch-*

kultur‹) wird ein systematischer Boykott von Personen oder Organisationen bezeichnet, denen beleidigende oder diskriminierende Aussagen bzw. Handlungen vorgeworfen werden.«[197]

Cancel Culture hat zwei Instrumentarien zur Verfügung, um eine linksgrüne Diskurshoheit sicherzustellen. Zum einen werden unliebsame Personen, insbesondere Publizisten, Wissenschaftler, Künstler und Journalisten, diffamiert und lächerlich gemacht. Das geschieht in der Regel mit der altbewährten Kombination aus Chauvinismus-, Sexismus-, Rassismus- und Nationalismus-Vorwürfen. Wer von derartigen Zuschreibungen getroffen wird, ist markiert und wird zur Persona non grata. Jedem, der fortan mit dieser Person Umgang pflegt, wird Solidarität mit dem Paria unterstellt; es startet ein Prozess, den ich in meinem letzten Buch als Hexenjagd beschrieben habe.

Das zweite Instrument von Cancel Culture ist das sogenannte »Deplatforming« (eng: »die Plattform nehmen«), auch »no-platforming« genannt. Hierbei werden unliebsame Meinungen ganz einfach aus dem Debattenraum entfernt, indem man sie ignoriert. Bücher liegen nicht mehr auf den Büchertischen aus. Rezensionen, selbst vernichtende, werden gar nicht erst geschrieben. Unbotmäßige Theaterstücke kommen gar nicht erst zur Aufführung. Ursprünglich stammt der Begriff Deplatforming aus dem digitalen Raum:

»Ziel des Deplatforming ist es, der betroffenen Person oder Gruppe öffentliche Reichweite zu nehmen und sie von ihrem Publikum und ihren Finanzierungsquellen abzuschneiden. Netzpolitik.org schreibt: ›Es meint den Ausschluss von Accounts aus sozialen Netzwerken oder aber auch von Zahlungsdienstleistern. Deplatforming verringert in der Regel die öffentliche Sichtbarkeit der betroffenen Organisationen oder Einzelpersonen signifikant und oftmals auch deren finanzielles Einkommen. Es ist ein sehr mächtiges Instrument, das den privaten Plattformen zur Verfügung steht.‹«[198]

Bereits in *Die Wiedergutmacher* beklagte ich das Deplatforming im Berliner Kunst- und Kulturbetrieb. Künstler, die keine politisch korrekten Themen bedienen, finden kaum Ausstellungsräume und können nicht darauf hoffen, Unterstützung in Form von Preisen oder Stipendien zu erhalten.

»Es ist wie im Mittelalter: Wer nicht bedingungslos für die heilige Inquisition ist, setzt sich dem Verdacht aus, selbst ein Ketzer zu sein. Insbesondere für Medienvertreter und Künstler gilt: Wer nicht ausdrücklich und bei jeder Gelegenheit in vorderster Front im ›Kampf gegen rechts‹ steht, ist verdächtig, selbst ein Rechter zu sein. Sich als kultureller Leistungsträger im linksgrün-regierten Berlin nicht von vornherein mit einem ›Kampf-gegen-rechts-Projekt‹ oder ›Pro-Multikulti-Projekt‹ à la ›bunt statt braun‹ hervorzutun, kommt einem Selbstboykott gleich. Und so malen Berliner Künstler mit Flüchtlingen um die Wette, stellen Fotoserien von Badenixen im Ganzkörper-Burkini aus oder besetzen Theaterstücke mit traumatisierten Flüchtlingen. [...] Inzwischen hat es sich herumgesprochen: Wer als deutscher Künstler auf Kunstpreise oder öffentliche Gelder zur Kunstförderung aus ist, wäre mit Kunstbeiträgen jenseits des Pro-Flüchtlings-, Ausländer-, Muslim-Kontextes chancenlos.«[199]

2013 schrieb ich ein Buch über das Wesen selbstkonfrontativer Kunst. Naturgemäß war *Die Heldenreise des Künstlers* damit auch ein Buch über die Freiheit der Kunst. Denn tabulose Selbstkonfrontation in der Kunst ist nicht möglich, wenn eine Gesellschaft normierend oder moralisierend in die Kunstwelt eingreift. Während ich die Heldenreise schrieb, hatte ich Kontakt zu einer Gruppe junger Kunststudenten aus Teheran. Diese Maler waren fasziniert von meiner Malerei, die sich damals mit Sexualität und Gewalt beschäftigte. Obgleich meine Bilder nach westlichen Standards sicherlich nicht zu den krassesten zählen, wären derartige Arbeiten im Iran ganz und gar unmöglich gewesen. Tatsächlich wären sie nicht nur unerwünscht, sie wären *tödlich*. Ich erinnere mich daran, dass die E-Mails einen ebenso konspirativen wie sehnsüchtigen Charter entwickelten. Die jungen Künstler waren fasziniert von der Vorstellung, derart frei arbeiten zu können, wie ich es mit großer Selbstverständlichkeit tat. Eines Tages riss der Kontakt dann plötzlich ab; angesichts der freundlichen, verbindlichen Mails zuvor kam mir das irgendwie merkwürdig vor. Natürlich ist es gut möglich, dass die Studenten einfach keine Lust mehr hatten, mir zu schreiben. Aber irgendwie werde ich das Gefühl nicht los, dass ihnen irgendetwas Schlimmes widerfahren ist.

Wenn ich seit 2015 nicht mit Entsetzen die ersten Einschränkungen der Kunstfreiheit auch in unserer Gesellschaft festgestellt hätte, würde es *Die Wiedergutmacher* und das vorliegende Buch vermutlich gar nicht geben. Für weniger kunstaffine Menschen erscheint das Thema der Kunstfreiheit nicht annähernd so wichtig wie die Medienfreiheit und das Recht auf freie Meinung. Dies liegt daran, dass die postmoderne Kunst eine gewisse akademische Hermetik entwickelt hat. Nach Marcel Duchamps »Fountain«[200] und der nachfolgenden Dadaismus- und Konzeptkunstbewegung hat sich die Kunstwelt von der Gesellschaft entfremdet. Und bei der Vorstellung, Kunst auf ästhetische Aspekte zu reduzieren, scheint sich die große Bedeutung für eine Demokratie ebenfalls nicht zu erschließen. Für dieses Buch muss ich den Stellenwert von Kunst für freie Gesellschaften als bekannt voraussetzen. Allein der Blick auf den besonderen Schutz der Kunstfreiheit durch das Grundgesetz mag die Wichtigkeit untermauern. Wenn freie Gesellschaften in Richtung Totalität kippen, werden zu allererst Medien und Künstler zensiert und beschnitten, eng gefolgt von den Universitäten und den Wissenschaften. Der Grund ist einfach zu verstehen: Unfreie Gesellschaften sind an der Normierung des Denkens ihrer Bürger interessiert. *Kunst im klassischen Sinne ist jedoch ein dokumentierter, öffentlicher Individuationsprozess.* Ein authentischer Künstler ist naturgemäß ein Wahrheitssucher. Ein selbstkonfrontativer Künstler vollzieht in übertragenem Sinne eine Therapie auf offener Bühne. Mehr noch, seine Erfahrungen werden danach in einem Werk konserviert, das die Zeit überdauert. Authentische Kunstwerke können daher eine enorme politische Sprengkraft entwickeln. Sie sind das Antidot zu Angst und Scham, mit denen man Menschen zur

Anpassung und in eine Normierung zwingen kann. Seit jeher haben restriktive Systeme daher die politische Sprengkraft authentischer Kunst erkannt und entsprechend eingeschränkt. Gelebte Authentizität und Individualität sind nämlich ansteckend und damit höchst subversiv.

Meine Rolle als Künstler, die Positionierung in *Die Wiedergutmacher* sowie Artikel zum Thema Kunstfreiheit blieben nicht ohne Wirkung. Als kritischer Künstler, der sich weigerte, die »Erklärung der Vielen« nach den angeblichen »Hetzjagden von Chemnitz« zu unterzeichnen, erhielt ich am 13.12.2018 eine Einladung zu einer Podiumsdiskussion im Berliner Friedrichstadt-Palast. Unter dem Motto: *»Was darf Kunst, was muss Kunst ... in Zeiten rechtsextremer Bedrohung?«* sollten diskutieren: Dr. Berndt Schmidt (Intendant Friedrichstadt-Palast und Unterzeichner von »Erklärung der Vielen«), Dr. Hans Dieter Heimendahl (Programmchef Kultur Deutschlandfunk), Prof. Dr. Edgar Grande (Wissenschaftszentrum Berlin für Sozialforschung, Gründungsdirektor des Zentrums für Zivilgesellschaftsforschung), Prof. Jeanine Meerapfel (Präsidentin der Akademie der Künste Berlin), Philipp Ruch (Gründer des Zentrums für Politische Schönheit) und Franziska Schreiber (AfD-Aussteigerin, Autorin von »Inside AfD«). Sofern man die Diskutanten nicht kennt, reicht ein kurzer Blick in das Internet, und es wird sofort klar, dass sich mit der Diskussionsrunde die altbewährte Konstellation nach Anne-Will-Muster abbildet. Meine Antwort an die Initiatoren fiel daher wie folgt aus:

»Sehr geehrte Frau Weber,
vielen Dank für Ihre Anfrage bezüglich meiner Teilnahme als Talkgast. Nach reiflicher Überlegung bin ich jedoch zu dem Schluss gekommen, Ihre Einladung abzusagen. In erster Linie hat mich die Ausgewogenheit Ihrer 4. Palast-Talk-Runde zum Thema »Was darf Kunst, was muss Kunst ... in Zeiten rechtsextremer Bedrohung?« wenig überzeugt. Nach Recherche Ihrer Talkgäste habe ich den Eindruck gewonnen, dass zwischen Ihrem

Intendanten Dr. Berndt Schmidt, dem Moderator Dr. Hans Dieter Heimendahl und den übrigen Gästen [...] kaum ein Blatt passen wird. Bezüglich der ›Erklärung der Vielen‹ wird im anvisierten Setting auf jeden Fall große Einigkeit herrschen – sofern man von meiner Person absieht. Mit Verweis auf die jüdischen Wurzeln seiner Vorgänger hält Ihr Intendant flammende Plädoyers pro Multikulti, in denen er die Vielfalt Ihres Hauses betont. Erst verschiedenste Hautfarben, Religionen und sexuelle Orientierungen würden aus dem Friedrichstadtpalast das machen, was er ist. Ich kann nur jedes seiner Worte unterstreichen. Tatsächliche Vielfalt und Toleranz sind wunderbare Dinge. Allerdings zeichnet sich die Gruppe der heutigen Zuwanderer nicht gerade durch Vielfältigkeit und Toleranz aus, sie besteht zu 83 Prozent aus jungen männlichen Muslimen, von denen eine Mehrheit den Koran wortwörtlich nimmt. Wie speziell diese Gruppe die jüdischen Traditionen und Ideale Ihres Hauses bewerten würde, wäre ein interessantes Experiment. Vielleicht böte sich gerade zur christlichen Weihnachtszeit eine Gratisveranstaltung für ›Schutzsuchende‹ an, damit auch diese in den Genuss der ›religiösen und sexuellen Vielfalt‹ des Friedrichstadtpalastes kommen.

Aufgrund der Homogenität Ihrer Gäste kann es auf dem Podium allenfalls noch darum gehen, sich in den Argumenten zur unbedingten Notwendigkeit der ›Erklärung der Vielen‹ zu überbieten. Ich glaube nicht, dass Sie mit einer typischen 6:1 Konstellation (getreu dem öffentlich-rechtlichen Talk-Show-Motto, ›Moderator + homogene Runde gegen einen Buhmann‹...) der Debatte dienen. Bei Konstellationen dieser Art vermute ich andere Ziele, nämlich zum einen die ›richtige‹ Gesinnung einem Publikum darzulegen sowie die Selbstvergewisserung innerhalb der eigenen Echokammer. Sofern Sie zu meiner Person noch Uwe Tellkamp, Axel Krause, Rüdiger Safranski oder Henryk M. Broder auf die Bühne gebeten hätten und der Moderator als neutral gelten könnte, würde ich Ihre Einladung anders bewerten. Weiterhin setzt der Titel Ihrer Veranstaltung einen ausgesprochen deterministischen Rahmen: ›... in Zeiten rechtsextremer Bedrohung‹ kann schlussendlich nur bedeuten, dass der Friedrichstadtpalast, als Mitunterzeichner der ›Erklärung der Vielen‹, die Gleichung ›AfD = Nazi‹

teilt und als einzig relevante Bedrohung wahrnimmt. Neutraler, realitätsbezogener und nützlicher wären Titel wie: ›Was darf Kunst, was muss Kunst ... in Zeiten einer polarisierten Gesellschaft?‹ Millionen AfD-Wähler als angebliche ›Nazis‹ auszugrenzen führt meiner Meinung nach zum Gegenteil des gewünschten Effektes im allgegenwärtigen ›Kampf gegen rechts‹. [Der Intendant Berndt Schmidt hatte öffentlich erklärt, er wünsche keine AfD-Wähler im Publikum des Friedrichstadt-Palasts] Tatsächlich ist unsere offene Gesellschaft, vor allem die Meinungsfreiheit, von verschiedensten Seiten bedroht. Wobei einseitig kuratierte Talkrunden kaum zur Meinungsvielfalt beitragen. Sie schreiben, es wäre ›spannend‹, mich dabei zu haben. Ich denke meine Anwesenheit dient in Ihrem Setting lediglich als Kontrastfolie zum Mainstream-Narrativ. Wie diverse TV-Runden nach gleichem Muster zeigen, können derartige Konstellationen jedoch sehr schnell Tribunal-Charakter annehmen – hierfür stehe ich nicht zur Verfügung.

Mit freundlichen Grüßen
Raymond Unger«

Aufgrund meiner öffentlichen Kritik an der Cancel Culture im Kulturbereich sowie meiner Positionierung in *Die Wiedergutmacher* erhielt ich im Sommer 2020 eine Anfrage, den »*Appell für freie Debattenräume*« mit einem kleinen Kreis als Erstunterzeichner zu starten. Die Begründer des Appells, Milosz Matuschek (Autor, ex-*NZZ*-Kolumnist) und Gunnar Kaiser (Philosoph, Schriftsteller, YouTube-Blogger), fühlten sich berufen, gegen die auch in Deutschland zunehmende Verengung der Debattenräume vorzugehen. Die Entscheidung fiel mir leicht, denn das Ansinnen der Initiatoren deckte sich schon lange mit meiner Haltung. Zudem stehe ich gern in einer Reihe prominenter Freidenker, die ich sehr schätze und die für meine Arbeit inspirierend sind. Zum kleinen Kreis der tatsächlichen Erstunterzeichner gehörten unter anderem Hamed Abdel-Samad, Jörg Baberowski, Sucharit Bhakdi, Norbert Bolz, Raphael M. Bonelli, Peter Hahne, Markus Krall, Burkhard Müller-Ullrich, Vera Lengsfeld, Monika Maron, Chaim Noll, Dieter Nuhr, Boris Palmer, Rüdiger Safranski, Michael Schmidt-Salomon, Susanne Schröter, Cora Stephan, Uwe Tellkamp, Günter Wallraff und Alexander Wendt. Bevor ich zu der reflexhaften, vernichtenden Kritik der Mainstreampresse bezüglich des Aufrufes komme, hier der Appell von Milosz Matuschek und Gunnar Kaiser:

»Befreien wir das freie Denken aus dem Würgegriff

Absagen, löschen, zensieren: seit einigen Jahren macht sich ein Ungeist breit, der das freie Denken und Sprechen in den Würgegriff nimmt und die Grundlage des freien Austauschs von Ideen und Argumenten untergräbt. Der Meinungskorridor wird verengt, Informationsinseln versinken, Personen des öffentlichen und kulturellen Lebens werden stummgeschaltet und stigmatisiert.

Wir erleben gerade einen Sieg der Gesinnung über rationale Urteilsfähigkeit. Nicht die besseren Argumente zählen, sondern zunehmend zur Schau gestellte Haltung und richtige Moral. Stammes- und Herdendenken machen sich breit. Das Denken in Identitäten und Gruppenzugehörigkeiten bestimmt die Debatten – und verhindert dadurch nicht selten eine echte Diskussion, Austausch und Erkenntnisgewinn. Lautstarke Minderheiten von Aktivisten legen immer häufiger fest, was wie gesagt oder überhaupt zum Thema werden darf. Was an Universitäten und Bildungsanstalten begann, ist in Kunst und Kultur, bei Kabarettisten und Leitartiklern angekommen.

Inzwischen sind die demokratischen Prozesse selbst bedroht. Der freie Zugang zum öffentlichen Debattenraum ist die Wesensgrundlage eines jeden künstlerischen, wissenschaftlichen oder journalistischen Schaffens sowie die Basis für die Urteilskraft eines jeden Bürgers. Ohne freie Debatten und freie Rede gibt es keine funktionierende Demokratie. Wie wollen wir in Zukunft Sachfragen von öffentlichem Interesse behandeln? Betreut und eingehegt – oder frei?

Die gezielte Verunglimpfung von Intellektuellen, Künstlern, Autoren und jedem, der von der aktuell herrschenden öffentlichen Meinung abweicht, ist eine inakzeptable Anmaßung. Freie Rede und Informations-

gewinnung sowie freie wissenschaftliche oder künstlerische Betätigung sind Rechte und nicht Privilegien, die von dominierenden Gesinnungsgemeinschaften an Gesinnungsgleiche verliehen und missliebigen Personen entzogen werden können. Es ist dabei unerheblich, auf welcher politischen Seite die Gruppierung steht, ob sie religiös, weltanschaulich oder moralisch motiviert ist – ein Angriff auf die Demokratie bleibt ein Angriff auf die Demokratie.

Wir fordern sämtliche Veranstalter, Multiplikatoren oder Plattformbetreiber auf, dem Druck auf sie standzuhalten und nicht die Lautstarken darüber entscheiden zu lassen, ob eine Veranstaltung stattfindet oder nicht.

Wir solidarisieren uns mit den Ausgeladenen, Zensierten, Stummgeschalteten oder unsichtbar Gewordenen. Nicht, weil wir ihre Meinung teilen. Vielleicht lehnen wir diese sogar strikt ab. Sondern weil wir sie hören wollen, um uns selbst eine Meinung bilden zu können.

Wir möchten das unselige Phänomen der Kontaktschuld beenden. Ohne sie wäre die Absageunkultur nicht möglich. Kontakt ist nicht geistige Komplizenschaft. Die Nutzung einer gemeinsamen Plattform oder Bühne ändert nichts daran, dass jeder für sich spricht und auch nur dafür verantwortlich ist, was er oder sie sagt.

Auch die Unterzeichner dieses Appells sprechen jeweils nur für sich selbst. Uns eint vielleicht nichts außer der Sehnsucht nach einer aufregenden, für beide Seiten erhellenden Konversation und nach einem vielfältigen Kulturangebot, was auch immer jede und jeder darunter verstehen mag.

Milosz Matuschek & Gunnar Kaiser, Initiatoren & Erstunterzeichner«

Geradezu auf pawlowsche Art reagierten die *Süddeutsche Zeitung* und *ntv* auf den Appell, indem man das eigentliche Problem kurzerhand negierte. Plump, aber effektiv wurde behauptet, in Deutschland dürfe schließlich jeder sagen, was er wolle, der Appell wurde als »obskurer« Aufruf abgehalfterter Rechtspopulisten geframed, die es nötig haben, sich mal wieder ins Gespräch zu bringen:

»Die alarmistische Theatralik ist auch deshalb bemerkenswert, weil der offene Brief, der an niemanden im Speziellen gerichtet ist, im weiteren

Verlauf nichts einfordert, das es nicht schon gäbe. [...] Die Urheber der deutschen Variante sind allerdings bekannte Köpfe der rechtskonservativen Infosphäre, zu deren Beruf es gehört, hinter jeder Ecke politische Korrektheit und Moralterror zu vermuten und sich umstellt zu fühlen von linksradikaler Gesinnungsinquisition. Deshalb ist es bemerkenswert, wer sich unter den Erstunterzeichnern findet: Neben einigen der üblichen Empörten über den angeblichen linken Tugendterror – etwa der Schriftstellerin Monika Maron oder Boris Palmer, dem grünen Oberbürgermeister von Tübingen – stehen dort auch Autoren, denen hätte auffallen können, dass die Meinungsfreiheit hier nicht ganz interesselos verteidigt wird. [...] Der deutsche ›Appell‹ hingegen [im Vergleich zum Appell im Harper‹s Magazine], verzerrt eine lebendige Öffentlichkeit, die sich gegen illiberale, antisemitische oder auch nur irreführende Positionen verwahrt, als Krisensymptom und verlangt Toleranz auch für die Intoleranten. [...] In einem Video zu dem Appell spricht der Initiator Gunnar Kaiser nicht von einem Erhalt, sondern von einer erhofften ›Öffnung‹ der Diskursräume. Ein Telefongespräch mit ihm bringt keine näheren Erkenntnisse, welche Künstler oder Autoren denn von Repressionen betroffen seien.«[201]

Der Autor Philipp Bovermann, der in seinem Profil der *Süddeutschen* verrät, er geistere als Volontär durch das Haus und könne im Kino weinen, bemühte allein mit seinem Titel »*Toleranz für die Intoleranz?*« den Bruder des alten linksideologischen Slogans, »es gibt kein Recht auf Nazipropaganda«. Allein Titel und Unterzeile machten ein altbewährtes Framing auf:

»Unter deutschsprachigen Künstlern und Intellektuellen kursiert ein offener Brief und fordert zum Unterzeichnen auf. Was, und vor allem: wer verbirgt sich hinter dem obskuren ›Appell für freie Debattenräume'?«

Der Erstunterzeichner Alexander Wendt kommentiert:

»Erstens kursiert der Aufruf nicht, sondern steht ziemlich fest auf einer Internetseite, zweitens handelt es sich nicht um einen offenen Brief, er wendet sich also nicht fiktiv an einen Adressaten. Und drittens verbirgt sich niemand dahinter. Die Namen der Initiatoren und Erstunterzeichner stehen unter dem Text. Aber etwas, das kursiert, und hinter dem sich

Leute verbergen, das passt lückenlos zu dem Urteil obskur, das der Autor schon ganz am Anfang seines Artikels fertiggebastelt hat. Obskur bedeutet bekanntlich dunkel und laut Duden ›fragwürdig, anrüchig, zweifelhaft‹«.[202]

Kurze Zeit später reagierte auch *ntv* auf den Appell und veröffentlicht ein Interview mit Gunnar Kaiser. Allein die politisch korrekten Fragestellungen von Hubertus Volmer verraten, dass hier wiederum ein systemtreuer Journalist zeigen wollte, was er kann. Ausgerechnet Gunnar Kaiser in die geistige Nähe eines Rechtspopulisten zu rücken zeigt, wie reflexhaft und hilflos mit kritischen Geistern außerhalb der eigenen Echokammer umgegangen wird.

Zunächst gilt es, das Problem zu negieren:

»Mein Eindruck ist eher, dass es hier nicht um einen Waldbrand geht, sondern um ein kleines Feuerchen – und Sie kommen mit einem Swimming Pool.«

Dann folgt die Unterstellung, der Initiator sei ein Rechtspopulist:

»Sie haben allerdings durchaus eine Vorliebe dafür, sich über Linke lustig zu machen. In einem Youtube-Video sprechen Sie über ›stumpfsinniges Gesindel‹, eine ›Mischpoke, die heutzutage bei den Linken offenbar den Ton angibt‹, und werfen den Linken generell vor, ›in ihren Altbau-Apartments zu wohlstandsverwahrlosten, zeitgeistfrommen Opportunisten geworden‹ zu sein.«

Um schließlich zur Diskreditierung der Erstunterzeichner überzugehen:

»Ich will Ihnen und den Unterzeichnern auf Ihrer Liste nicht zu nahetreten, aber könnte es nicht sein, dass es hier um eine Solidarität derer handelt, die fürchten, dass ihre Stimmen nicht mehr so wichtig sind wie früher – oder nicht so wichtig, wie sie es für angemessen hielten? Das ist natürlich nur ein Klischee, aber um es dennoch zu bemühen: Nicht nur sind alte weiße Männer heute nicht mehr so tonangebend, wie sie es mal waren. Sie verstehen die Zeiten vielleicht auch nicht mehr so gut.«

Zum Schluss darf natürlich die Warnung nicht fehlen, wie gefährlich derartige Appelle grundsätzlich sind:

»Mein Eindruck ist, dass dieses Problem in Deutschland klein ist, deutlich kleiner als in den USA, wo der Begriff ›Cancel Culture‹ erfunden wurde. Und dass wir mit der Übernahme des Begriffs auch ein Stück der extremen Polarisierung übernehmen, die dort herrscht. Das würde ich für ziemlich gefährlich halten.«[203]

Alexander Wendt fasste die Bemühungen der etablierten Presse, den Appell zu diskreditieren, wie folgt zusammen:

»Die leicht schlingernden Argumentationslinien lauten also: Cancel Culture existiert nicht; dort, wo Leute wegen eines falschen Tweets gefeuert oder Künstler wegen vager Gewaltgerüchte wieder ausgeladen werden, geschieht das ohne Druck. Und wenn doch ein bisschen Druck dabei war, dann war das Hobeln und Zerspanen eben nötig im Kampf des Guten gegen das Weltböse. Wer sich dagegen ausspricht, vertritt ›rechte Positionen‹, auch wenn er ein Linksliberaler ist, der noch einen finalen Rettungsanruf von der Süddeutschen erhält. Eigentlich wären das schon Narrative genug. Aber wer wirklich Haltung zeigen will, braucht noch eins: Die Beweisführung, dass es Cancel Culture doch gibt – nämlich von rechts.«[204]

Eines stand jedenfalls fest – die sonst so erfolgreiche Taktik, Widerspruch gegen die linksgrüne Medienhegemonie ganz einfach über Deplatforming auszusitzen, funktionierte in diesem Fall nicht. Die Versuchung, den Appell durch eitle Beiträge zu diskreditieren, war einfach zu stark. Dumm gelaufen könnte man sagen. Denn nach den vernichtenden Artikeln explodierten die Unterschriften unter dem Appell geradezu, insbesondere von namhaften Vertretern aus dem Kulturbetrieb. In ihrem Anliegen vollends bestätigt wurden die Initiatoren, als sich schließlich immer mehr internationale und prominente Unterzeichner dem Appell anschlossen. Darunter kulturelle Schwergewichte wie der britische Komiker und Schauspieler John Cleese, langjähriges Monty-Python-Mitglied, der nach seiner Unterschrift ebenfalls Opfer eine Hetzkampagne wurde.

Was John Cleese in England erdulden musste, traf hierzulande Schauspieler, die es gewagt hatten, an der Aktion »#allesdichtmachen« teilzunehmen. Die lustige und mutige Kampagne, unter maßgeblicher Mitwirkung des Regisseurs und Drehbuchautors Dietrich Brüggemann, bildet mustergültig den medialen Diffamierungsreflex regierungskritischer Meinungen ab. In der YouTube-Aktion treten 53 mitunter prominente Schauspieler auf, um die Auswirkungen der Corona-Politik satirisch darzustellen. Man atmet in Tüten, um Aerosole einzufangen, bittet die Regierung darum, weiterhin Angst zu schüren, weil weniger Angst noch mehr Angst macht, und plädiert auch privat für allergrößte Sicherheitsabstände, wofür jeder Bürger idealerweise in einer Villa leben sollte. Die Absurdität der suizidalen Corona-Maßnahmen bringt ein Spot von Ulrich Tukur auf den Punkt: *»Sind wir erst am Leibe und nicht nur an der Seele verhungert und alle mausetot, entziehen wir auch dem Virus samt seiner hinterhältigen Mutantenbagage die Lebensgrundlage.«*

Als ich die Kampagne sah, freute ich mich sehr. Immerhin hatte es über ein Jahr gedauert, bis sich Künstler mit einer gewissen Reichweite überhaupt getraut haben, eine regierungskritische Position einzunehmen. Keine 24 Stunden später brach eine beispiellose Diffamierungskampagne los. Zuvor hatte es Lob von der »falschen Seite« gegeben. Hans-Georg Maaßen fand die Filme »großartig«, Alice Weidel sprach gar von einer »tollen Aktion«, und Sahra Wagenknecht ergänzte »klasse Playlist«. Kurz darauf wurden die Mitwirkenden von den Leitmedien in die geistige Nähe zu »Querdenkern« und der AfD gerückt. Berufsverbote wurden laut, daraufhin zogen 26 Schauspieler ihren Beitrag erschrocken zurück, nicht wenige entschuldigten sich reumütig für ihre »Verirrung«. Hätte man gewusst, von welcher Seite Beifall kommt – niemals hätte man sich an einer derartigen Aktion beteiligt. Glücklicherweise wagt der Mitinitiator Dietrich Brüggemann die Flucht nach vorn, seinen Ausführungen habe ich nichts hinzuzufügen:

»An alle, die jetzt von ›Verhöhnung‹ schwurbeln: Ich schwurble jetzt

auch mal. Ihr verhöhnt die Opfer. Ihr trampelt auf denen herum, die jetzt selbstmordgefährdet sind. Ihr spuckt auf all die, die ihre Existenz verloren haben. Ihr macht euch lustig über das Leid derer, die in ärmeren Schichten und ärmeren Ländern über die Klinge springen, die ihr ihnen hinhaltet. Ihr seid zynisch und menschenverachtend. Es macht Spaß, so herumzupöbeln, stimmt's? Wollen wir trotzdem mal damit aufhören? Ja? Gut. Oder nein, wir können auch noch ein bisschen weitermachen. Euch ist ja immer ›übel‹ und ihr ›kotzt‹ auch gern. Wisst ihr was? Mir ist auch übel. Und zwar wegen euch. Ihr seid ein Teil des Schlimmsten, was die Menschheit hervorgebracht hat: Ihr seid ein Lynchmob. Ganz einfach. So, genug gepöbelt. Ich könnte jetzt die üblichen Distanzierungsfloskeln von mir geben, aber vorher schlafe ich vor Langeweile ein. Nazis sind Nazis und Selbstverständlichkeiten sind selbstverständlich. Und was auch selbstverständlich sein sollte: Wenn Kritik an Corona-Politik ›rechts‹ ist, dann ist meine linke Hand auch rechts. […] Keins von diesen Videos handelt von der Pandemie. Aber sie ziehen das hohle Pathos durch den Kakao, mit dem wir uns seit einem Jahr konfrontiert sehen. Sie kritisieren die Gnadenlosigkeit, mit der alles, das jetzt den Bach heruntergeht, als zweitrangig abgetan wird. Sie hinterfragen die Geschichten, die eine Gesellschaft sich selbst erzählt. Und wenn diese Gesellschaft (oder die 1%, die auf Twitter sind) dann derart überschäumend reagiert, dann war das Ganze offenbar notwendig. Ende.«[204A]

Nudging, Framing, Spaltung

Der Begriff »Cancel Culture« bezieht sich auf den negierenden Ansatz der westlichen weißen Kultur über die Instrumente Canceln und Deplatforming. Zur allgemeinen Gender-Ideologie gehört selbstverständlich auch ein Erziehungsansatz zur »richtigen« Denkweise. Mithilfe von Instrumenten wie »Nudging« (Nudge, engl. für Stups oder Schubs) und »Framing« (Frame, engl. für Rahmen) sollen tradierte westliche Denkweisen überschrieben werden, insbesondere die Normativität des »Weißseins«. Im Zentrum steht die

Erziehung zu Multikultur und Diversität, indem alte Sehgewohnheiten aufgebrochen werden. Um zu verstehen, was Nudging im Sinne einer Diversitätserziehung ist, braucht man nur einen Ikea-Katalog aufzuschlagen oder einen vorabendlichen Werbeblock anzusehen. Bunte und diverse Paare, selbstverständlich mit vertauschten Geschlechterrollen, sind die Leitbilder der modernen Werbung.

Der Schock über die sogenannte Flüchtlingskrise traf auch die Medienmacher hart. Zu Recht erkannte man den sozialen Sprengstoff einer Massenzuwanderung, bei der sich aufgrund der schieren Größe klassische Integrationsdebatten erübrigten. Die in der Regel linksgrün orientierten Journalisten waren sich darüber klar, dass die zwangsläufig entstehenden Parallelgesellschaften früher oder später zu Unfrieden zwischen prekär lebenden autochthonen und migrantischen Gesellschaftsteilen führen würden. Daher entschloss man sich zum frühzeitigen moralischen Nudging und Framing, um die Vorzüge einer Multikultur zu betonten. Trotz der vielen Talkshows, Tatortdrehbücher, Tagesschauen, Heute-Journale, Panorama-, extra3- und Heute-Show-Sendungen mit unermüdlicher Erziehung zu Toleranz und Diversität fruchtete das Bemühen längst nicht wie erhofft. Aus der zu offensichtlichen Verzerrung der Wirklichkeit gingen PEGIDA und AfD sogar gestärkt hervor. Schlagworte wie »Lügenpresse« und »Lückenpresse« machten sich breit. Ab 2016 litten die öffentlich-rechtlichen Sender zunehmend unter großen Imageproblemen. Insbesondere die ARD sah sich als Opfer von »Hetzern« und »Rechtspopulisten«. Dass viele Vorwürfe zu Recht erhoben wurden und durch die Überziehung des Framings selbst verschuldet waren, erkannte man nicht. 2017 wähnte man sich derart in der Defensive, dass nach professioneller Hilfe gesucht wurde. Fündig wurde man beim »Berkeley International Framing Institut« unter der Leitung von Frau Dr. Elisabeth Wehling. Für die ARD erstellt Wehling ein Strategiepapier mit dem Titel *»Framing-manual – Unser gemeinsamer, freier Rundfunk ARD«*, das die Imageprobleme an der Wurzel packen soll. Da das Manual ein erhellendes

Licht auf die angewendeten Framing- und Nudging-Techniken der öffentlich-rechtlichen Medien wirft, lohnt sich eine eingehendere Betrachtung.

Dass das Institut von Frau Dr. Elisabeth Wehling mit dem klangvollen Namen rein gar nichts mit der renommierten »Berkeley University of California« zu tun hat, konnte die freie Presse inzwischen herausarbeiten. Laut Wikipedia weist sich Frau Wehling dennoch als Fachfrau für die Probleme der öffentlich-rechtlichen Anstalten aus.

»Ihre inhaltlichen Schwerpunkte waren die Propaganda zur Zeit des Nationalsozialismus und der Einfluss von Geld und Macht auf die Medienberichterstattung. […] Wehling publiziert seit 2008 zum Framing im politischen Kontext und darüber, wie durch das Setzen sprachlicher Deutungsrahmen eine Debatte in eine bestimmte Richtung gelenkt werden kann.«[205]

Bereits mit dem Titel beweist Wehling Fachkompetenz und zeigt exemplarisch, was ein »Frame« ist: »*Unser gemeinsamer, freier Rundfunk*« soll nämlich auf einen Streich sämtliche Vorwürfe gegen den Sender entkräften, die da lauten: »*Zwangsfinanzierter Staatsfunk, Sprachrohr Merkels, abgekoppelt von den Bürgern*«. Wehlings Titel, das Antidot gegen böse Hetzer-Frames, unterstreicht: *Die ARD gehört uns allen, der Gemeinschaft, ist frei, unabhängig und objektiv.* Dem verbiesterten Bürger, der sich immer öfter über seine GEZ-Gebühr ärgert, wird erklärt: Du bist selbst Teil der ARD-Gemeinschaft, und wenn du draufhaust, triffst du dich selbst.

»Wir ›bezahlen‹ nicht für die ›Angebote‹ der ARD. Sondern wir ermöglichen uns einen gemeinsamen, freien Rundfunk ARD. […] Die ARD ist von uns, mit uns und für uns geschaffen: Sie ist von uns beschlossen – denn die Entscheidung zu einem gemeinsamen, freien Rundfunk ist eine demokratische Mehrheitsentscheidung. Sie ist von uns getragen über die monatliche Beteiligung. […] Und die ARD existiert einzig und allein für uns, indem sie jenseits profitwirtschaftlicher oder demokratieferner Gelüste für ein informierendes, bildendes und sinnstiftendes Programm sorgt. Zu diesem Programm hat jeder Bürger freien Zugang und kann es beliebig nutzen.«[206]

Dass diese frohe Botschaft, eigentlich als internes Schulungspapier gedacht, überhaupt an die Öffentlichkeit gelangte, ist der ARD inzwischen eher peinlich. Immerhin soll die Erstellung die GEZ-Gebührenzahler 120000 Euro gekostet haben. Dabei ist der alles entscheidende Hebel, um den Bürger zur richtigen Meinung zu erziehen, der *moralische Appell.* Wer eine psychologische NLP-Ausbildung hat, versteht das Konzept des Manuals sofort. Da es aber als Handlungsanweisung für ARD-Mitarbeiter konzipiert wurde, die in der Regel keine NLP-Ausbildung haben, sind die Ansätze so formuliert, dass sie auch jeder Laie versteht. Es ist daher sinnvoll, sich kurz mit dem Originaltext zu befassen, da dieser ebenso selbsterklärend wie selbstentlarvend ist:

»Beginnen wir direkt mit dem Wichtigsten: Wenn Sie Ihre Mitbürger dazu bringen wollen, den Mehrwert der ARD zu begreifen und sich hinter die Idee eines gemeinsamen, freien Rundfunks ARD zu stellen – auch und gerade in Zeiten, in denen Gegner der ARD deren Relevanz in Frage stellen und orchestrierte Kampagnen fahren, die die ARD in starken Bildern und Narrativen abwerten – dann muss Ihre Kommunikation immer in Form von moralischen Argumenten stattfinden. In Form von Argumenten also, die eine moralische Dringlichkeit kommunizieren [...]. Denken und sprechen Sie nicht primär in Form von Faktenlisten und einzelnen Details. Denken und sprechen Sie zunächst immer über die moralischen Prämissen.«

Mit anderen Worten: Vergessen Sie Fakten. Wie zum Beispiel die eigentliche Causa von Chemnitz, den Mord an einem Deutschen durch eine Migrantengruppe. Oder dass es eigentlich kaum Übersterblichkeit durch Corona gibt. Appellieren sie stattdessen an das *moralische Gewissen* der Zuschauer, beharren sie unbedingt auf den tragenden Säulen *Gleichheit* und *Inklusion*:

»Die Haltung, dass die Inklusion aller Mitbürger eine wichtige gesellschaftlich-politische Aufgabe ist, ergibt sich aus der tief liegenden Überzeugung, dass Mitbürger unabhängig von Merkmalen wie etwa Wohlstand, körperliche Fähigkeiten oder kulturelle, religiöse und individuelle Eigenschaften gleichwertig sind [...] das Spiegeln kultureller, religiöser

und individueller Merkmale aller Gemeinschaftsmitglieder, auch solcher, die andernorts sozial marginalisiert werden, wie etwa Schwule und Lesben oder Muslime. [...] Sofort weiß der Mitbürger, mit welchem Moralverständnis er es bei Ihnen – und im Gegensatz dazu bei Ihren Gegnern – zu tun hat. Das ist, kurz gesagt, moralisches Framing. Auf dieser Ebene generierte Botschaften, so zeigt es die empirische Forschung, haben die größte Überzeugungskraft.«

Das Strategiepapier von Wehling bemüht natürlich die klassischen Gender-Narrative der Intersektionalität. Dabei wissen die Konstrukteure des Strategiepapiers sehr genau, dass man Fakten und Moralen überaus unterschiedlich bewerten kann, es gibt eben immer mehr als nur *eine* Wahrheit. Diese Krux wird erstaunlich offen zugegeben:

»Beginnen wir mit einer grundlegenden Wahrheit. Jedes Anliegen, für das sich die ARD stark macht, ist ein moralisch strittiges Anliegen. Der Grund, dass sich die ARD für das jeweilige Anliegen einsetzt, während ihre Gegner – ob etwa in Form politischer Kräfte oder Kommerzmedien – sich gegen das Anliegen stark machen, liegt darin, dass beide ›Lager‹ ein und dieselbe Faktenlage unterschiedlich bewerten. Und zwar aufgrund unterschiedlicher – und oft gegensätzlicher – moralischer Präferenzen.«

Wie man dennoch einen politischen Gegner aus dem Feld schlägt, auch wenn dieser ebenso legitime Argumente hat wie man selbst, erklärt das Manual. Konkret geht es bei der Framing-Technik darum, unliebsame Fakten durch neue »Frames« zu ersetzen. Man könnte auch sagen, *Frames schlagen Fakten.* Folgerichtig lautet ein Kapitel im Manual *»Fakten versus Frames: Framing-Effekte«*. Schließlich erfährt der ARD Mitarbeiter dann den grundlegenden Trick, das kleine Einmaleins des NLP sozusagen: *Sprache aktiviert Frames.* Am Beispiel des Wortes »Salz« wird erklärt, dass das Gehirn sofort mit einer Assoziationskette reagiert, Essen, Geschmack, Durst ...

»Der dahinterliegende Prozess nennt sich neuronale Simulation. Wann immer wir Worte hören, die sich auf direkte Erfahrungen mit der

Welt stützen, simuliert unser Gehirn die jeweils abgespeicherten physischen Erfahrungen und Sinneseindrücke.«

Zunächst beklagt das Strategiepapier, dass sich bei den Bürgern organisch mächtige Sprachframes *gegen* die ARD gebildet haben, denen strategisch begegnet werden muss. Das Papier zählt dann alle bösen Frames auf, die es zu löschen gilt; boshafterweise wiederhole ich sie jetzt, womit ich sie laut Wehling erst richtig aktiviere:

»Lügenpresse«, »Staatsfunk«, »Steigbügel der Politik«, »Dinosaurier«, »Krake mit Wasserkopf«, »aufgeblähter Selbstbedienungsladen«, »ausufernde Renten«, »Millionengehälter für prominente Fernsehgesichter«.

So wie das Wort »Salz« Durst erzeugt, erzeugt das Wort »Staatsfunk« inzwischen Groll auf die GEZ-Gebühr. Doch anstatt sich als ARD selbstkritisch zu fragen, *warum* genau diese negativen Frames entstanden sind und ob diese womöglich einen wahren Kern enthalten, geht es im Strategiepapier lediglich darum, die unliebsamen Zuschreibungen mit kommunikativen Tricks zu überschreiben. Hierbei dürfe man niemals, aber auch niemals, den alles entscheidenden Fehler machen: diese Begriffe, mit vorangestellter Negation, selbst verwenden.

»Wann immer Sie sich mit solchen sprachlichen Angriffen konfrontiert sehen, dürfen Sie Eines nicht tun: Die Begriffe der Angreifer in jedweder Form aufgreifen, und sei es in Form von Negierungen. Sagen Sie nicht, Sie fänden den Begriff ›Lügenpresse‹ unangebracht. Sagen Sie nicht, der Vorwurf, die ARD sei ›Steigbügel der Politik‹, sei ungerechtfertigt. Sprechen Sie auch nicht von der ›sogenannten‹ Lügenpresse oder nutzen Anführungszeichen, um sich rhetorisch von einem Konzept zu distanzieren, wie etwa: ›Lügenpresse‹. In jedem dieser Fälle propagieren Sie den moralischen Angriff Ihrer Gegner. Denn Frames zu negieren bedeutet, sie zu aktivieren.«

Tatsächlich lernt jeder NLP-Schüler, dass das Gehirn keine Negation versteht. Denken Sie jetzt *nicht* an einen rosa Elefanten – das funktioniert schlichtweg nicht. Beim Framing geht es deshalb um neue Headlines, also um einen neuen Fokus der Aufmerksamkeit.

Wenn man in Chemnitz vermeiden will, dass von einem *Mord an einem Deutschen durch Ausländer* gesprochen wird (Fakt), spricht man intensiv von *Hetzjagden von Deutschen gegen Ausländer* (Frame). Oder wenn man verschleiern will, dass in Berlin *Hunderttausende friedliche Bürger gegen Merkels Corona-Politik demonstriert haben* (Fakt), lenkt man den Fokus auf *aggressive Neonazis, die um Haaresbreite den Reichstag erstürmt haben* (Frame). (Wie bereits erwähnt, wurden die YouTube-Filme zu beiden Framings von ein und derselben linksextremen Aktivistengruppe »Zeckenbiss« geschnitten und lanciert.)

Wehlings Manual erklärt: Unliebsame Fakten löscht man nicht, indem man sie wiederholt und dabei negiert, sondern indem man sie kreativ mit antagonistischen Botschaften überschreibt. Was Wehling beschreibt, ist ohnehin das Tagegeschäft der Politik. Alte, ungelöste Probleme lassen sich medial durch neue Probleme überschreiben, wobei letztere auch erfunden sein können. Man schmeißt dem Volkshund einen neuen Knochen zu, in den er sich verbeißen kann. Der Kommunikationsforscher und Wahrnehmungspsychologe Prof. Rainer Mausfeld nennt diese Technik »Empörungsmanagement«. Schlussendlich werden dem ARD-Mitarbeiter im späteren Kapitel *»Moralisches Framing ist notwendig«* dann noch die allerletzten Skrupel ausgetrieben:

»Es gibt zwei gängige Reaktionen auf strategisches Framing, [...]. Die eine Reaktion ist es, davor zurückzuschrecken, die neuen Narrative, Begriffe und Slogans zu nutzen, weil man das Gefühl hat, sie seien zu neu, zu anders, klängen zu merkwürdig, brächen mit der sprachlichen Gepflogenheit rund um ein Thema, klängen zu aggressiv, klängen zu wichtigtuerisch und so weiter. Die zweite Reaktion ist es, vor ihrem Gebrauch zurückzuscheuen aus Angst, die gesellschaftlichen und politischen Gegner, mit denen man es zu tun hat, würden einen als im diffamierenden Sinne ›politisch korrekt‹ angreifen, als unehrlich, als dogmatisch, als manipulierend, als jemand, der Gehirnwäsche betreiben will. Beide Reaktionen sind

valide. Ja, die neuen Begriffe werden Ihnen Aufmerksamkeit in Debatten verschaffen. Manche Begriffe mehr, andere Begriffe weniger. Und ja, Ihre Gegner werden sich an ihnen reiben. Aber: Die Aufmerksamkeit von Menschen zu erlangen, indem man starke neue und vor allem moralisch dringliche Konzepte auf den Tisch legt, ist genau das, was Sie brauchen!«

Der so motivierte ARD-Mitarbeiter wird von Frau Wehling schließlich noch mit positiven Worthülsen versorgt, dann können Talk-Shows und Interviews kommen. Bemerkenswert ist die Hybris des Manuals: Vorwürfe, die Methode sei »unehrlich, dogmatisch, manipulierend« und würde »Gehirnwäsche« betreiben, werden selbst vorweggenommen. Doch aus Sicht der Verfasser können derartige Einwände allenfalls von Kleingeistern kommen, schließlich gehört die ARD zu den Guten, und der Zweck heiligt die Mittel. Wie auch in der Corona-Debatte sprechen mit irritierender Selbstverständlichkeit Medieneliten über die psychologische Manipulation und Erziehung der einfachen Bürger. *Dabei geht die Stoßrichtung von Nudging und Framing klar in Richtung Regierungsbejahung.* Wenn man von der medialen Finesse in totalitären Systemen spricht, wie im Dritten Reich oder in der DDR, fällt gemeinhin der Begriff *Propaganda.* Eben dies sollte eine Demokratie von totalitären Staatsformen unterscheiden: *In einer Demokratie sollte es überhaupt keine Propaganda im Sinne der Regierung geben.* Wie zu Beginn bereits geschrieben – unabhängige Medien sollten als 4. Gewalt die Regierung kritisch beobachten. Stattdessen mutieren immer mehr Leitmedien zu willfährigen Gehilfen der Bundesregierung und unterstützen supranationale Interessen. Auf diese Weise wurden Journalisten vom Typus Claas Relotius nach oben gespült. Die Technik zum richtigen Framing beherrschte der *Spiegel*-Journalist perfekt. Nach Bekanntwerden des Relotius-Skandals kam wiederum Framing zur Anwendung. Obwohl es beim eigentlichen Problem nicht um Claas Relotius als Person ging, sondern um das dramatische Versagen der deutschen Medienbranche, wurde die Affäre im Rahmen des »narzisstisch gestörten Einzelfalls« abgehandelt. Anstatt dem eigentlichen Skandal nachzugehen, der darin bestand, dass die Märchen des Lügenbarons ungeprüft von den Top Five der deutschen Printmedien verbreitet wurden, nahm man lieber die schwere Kindheit des Journalisten in den Fokus. Doch letztlich brachte Relotius die mediale Unkultur von »Nudging« und »Framing« lediglich zur Vollendung. Ohne einen Markt, der süchtig nach moralischem Gender-Framing ist, hätten es die Relotius-Schmonzetten niemals nach oben geschafft. Dabei ist die Realität manchmal krasser als jede Satire: Im Jahr 2014 wurde der *Spiegel*-Journalist Relotius von CNN zum »Journalist des Jahres« gekürt. Ebenfalls im Jahr 2014 lautete das Unwort des Jahres »Lügenpresse«. Was sagt diese Synchronizität über eine Gesellschaft aus, die in ein und demselben Jahr ihren Presse-König wählt, der in Wirklichkeit die Personifikation ihres Schattens ist? Relotius steht für alles, was man mit dem Unwort »Lügenpresse« eigentlich bannen wollte. Zur Wahl des Unwortes erklärt ausgerechnet der *Spiegel*:

»Das Schlagwort ›war bereits im Ersten Weltkrieg ein zentraler Kampfbegriff und diente auch den Nationalsozialisten zur pauschalen Diffamierung unabhängiger Medien‹, begründete die Jury ihre Entscheidung.«[207]

Torben und der ADAC

Obgleich ich in meinen Büchern oftmals auf die Babyboomer-Generation abhebe, ist die nachfolgende Generation keinesfalls unbeschadet aus dem Reigen der Transtrauma-Weitergabe hervorgegangen. Im Gegenteil, sofern Babyboomer ihr Transtrauma nicht bearbeitet haben, werden viele Probleme unbewusst weitergegeben. Insbesondere viele der jüngeren westlichen Männer haben die Genderideologie bereits so tief verinnerlicht, dass sie sich kaum vorstellen können, dass sie es sind, die eines Tages selbst auf der Liste der bedrohten Arten stehen könnten. Vorerst, und das wird auch seitens der jungen Männer als vollkommen okay und notwendig betrachtet, sind es noch ihre Väter, die im Fadenkreuz von Genderaktivisten und Globalisten stehen. Ungleichheit, Rassismus, Frauenunterdrückung, Kriege und Klimawandel gehen bei diesem Narrativ immer auf das Konto der toxischen weißen Männer. Die Hypermaskulinität der »edlen Wilden«[208], also fernöstliche oder afrikanische Männer, ist aus Gendersicht selbstverständlich *nicht* toxisch. Die autochthone Männerwelt in meiner Wahlheimat Berlin-Kreuzberg und Neukölln ist jedenfalls eher jung und besteht aus der »Generation Schneeflocke«[209] zugereister Studenten. Vom Alter her könnten diese jungen deutschen Männer meine Söhne sein. Zumeist sind sie wirklich nett, das meine ich keineswegs ironisch. Vor Kurzem hatte ich an nur einem Tag gleich zwei Erlebnisse, die den Wertekanon dieser Generation skizzieren. Zeitgleich mit mir kam ein junger Mann an der Tür zu unserem Berliner Haus an. Obgleich er alle Mühe hatte, mit seinem überlangen schwarzen Lastenfahrrad das Eingangstor aufzuschließen, war er es, der mir danach noch die Tür aufhielt. Umgekehrt wäre es einfacher gewesen, ich hatte schließlich beide Hände frei. Der junge Mann, ich nenne ihn Torben, machte offenbar alles richtig: Seine Kleidung war ohne eine Faser Synthetik, aus dem Mittel-Container seines schwarzen Lastenfahrrades ragten lange grüne Lauchstangen heraus, selbstverständlich ohne weitere Verpackung. Ich würde darauf wetten, dass Torben keinen Führerschein hatte und auch niemals einem machen wird. Torbens Essen und Kleindung sind Fair Trade und bio, und sofern er Kinder hat, werden diese ebenfalls im Lastenfahrrad transportiert – dann allerdings mit einer langen roten Warnfahne. Die Verwendung einer solchen Fahne stellt für Torben jedoch einen Zielkonflikt dar, den er mühsam niederringen muss – schließlich bestehen Fahnenmast und Fahne aus Fieberglas bzw. Kunststoff. Jedes Produkt, jeder Gegenstand und jede Aktivität Torbens tragen ein imaginäres, fortwährend mahnendes Schild, das den CO_2-Fußabdruck auspreist. Natürlich ist sich Torben der Gefahr von »Doing

Gender« bewusst. Daher dürfte sein Sohn, sofern er einen hat, selbstverständlich im Rock in die Kita und sich die Fingernägel anmalen. Das Zusammentreffen mit Torben war mitten am Tag, es ist daher gut möglich, dass er gerade im Vaterschaftsurlaub war, während seine Frau Jana die Brötchen verdient. Torben kämpft redlich mit seiner Rolle als neuer Mann, jeden Tag aufs Neue, auch und vor allem mit seiner Sexualität. Denn eines will Torben auf gar keinen Fall sein: *toxisch männlich.* Torben gehört zum neuen Typus Mann, der in der ARD-Serie »Gösta« hervorragend persifliert wird.

»Der 28-jährige Kinderpsychologe Gösta zieht für seinen ersten Job aus Stockholm ins ländliche Smaland. Sein Ziel: immer das Beste im Menschen zu sehen, der netteste Mensch zu sein und allen zu helfen, die ihm begegnen ... das kann einfach nicht gut gehen.«[210]

Am selben Tag, an dem ich Torben treffe, bekomme ich das aktuelle ADAC-Heft *Motorwelt* in die Hände. Titel des Heftes: »Jetzt geht's rund!« Untertitel: »Das Rad ist das perfekte Fortbewegungsmittel«. Offensichtlich ist Torben auf der Höhe der Zeit – ich bin es nicht. Als ich mit 18 in den ADAC eintrat, war der Grund eine OMK-Motorsportlizenz. In Torbens Alter interessierte mich alles, was laut und schnell war und nach Benzin stank. Der ADAC war damals der Lobbyverein für Jungen und Männer wie mich, heute ist er eher etwas für Leute wie Torben. Ich schlage das Heft auf und finde eine Sonderbeilage »Berlin Brandenburg« mit dem Titel: *»Ein Leben ohne Auto ist ...«*. Im Heft finde ich die entsprechenden Antworten, Headlines ergänzen den einleitenden Titel-Halbsatz: *»... eindeutig machbar; ... die Chance, Stadt & Menschen kennenzulernen; ... unter Umständen gar nicht so schwer; ... heutzutage sinnvoll und gut umsetzbar!«*[211]. Abgesehen davon, dass ich an diesem Tag endgültig beschließe, aus dem ADAC auszutreten, ist das Geschehen eigentlich urkomisch. Der ehrwürdige Allgemeine Deutsche Automobil-Club von 1903 huldigt in der *Motorwelt* (!) dem Fahrrad und schafft sich damit selbst ab – ein Treppenwitz. Doch das Geschehen ist natürlich symptomatisch für die heutige Zeit. Marketingmanager haben den

Zeitgeist Torbens derart verinnerlicht, dass sie inzwischen gegen jede gewachsene Identität ihrer Produkte handeln. Man könnte auch sagen, *Zeitgeist schlägt Markenkern.* Wer heute nicht voll und ganz auf Gender-, Klima- und Multikultur-Narrative setzt, kann als Werber einpacken. Dabei schrieb ich bereits in meinem vorangegangenen Buch: Werbefachleute sind keine Idiotien, sie spiegeln lediglich den Zeitgeist wider. Deshalb ist es so lehrreich, Werbung aus den verschiedenen Zeitepochen anzuschauen. Wer etwas über die Werte der 1950er- oder 1960er-Jahre erfahren will, schaue sich die Werbung aus dieser Zeit an. Und folgt man dem ADAC, besteht zeitgenössische Autowerbung – im Werben für Fahrräder ... Selbst bei Autoherstellern findet man zunehmend Anti-Werbung für das eigentliche Produkt. Für die Generation Torben, sofern diese überhaupt Auto fährt, zählen vollkommen andere Werte. Für Autos mit konventionellem Antrieb, und sei er noch so innovativ und umweltschonend, empfiehlt es sich, technische Details vorsichtshalber ganz zu verschweigen. Dabei grenzt es fast schon an Verzweiflung, wenn zum x-ten Male ein technisch brillant entwickeltes Auto in der Werbung einzig über völlig marginale Funktionen beworben wird. Heute zählt eine gute Netzanbindung oder der praktische Musikgenuss per App – meine Generation hätte sich für derartigen Firlefanz nicht die Bohne interessiert. Als Kinder spielten wir »Autoquartett«, und den Stich machte, wer das schnellste Fahrzeug mit dem stärksten Motor hatte. Trotzdem gibt es sie noch in Berlin, echte Männer mit der Vorliebe für nach Benzin stinkende PS-Boliden. Man findet sie in der Sonnenallee oder der Hermannstraße, direkt vor den einschlägigen Shisha-Bars. In Kapitel *Migrationskrise* widme ich mich der Demografie der beiden Fraktionen, *Lastenfahrrad-Torben* vs. *BMW-Mohamed.* Vorab sei verraten: So trübe sehen die Aussichten für die traditionelle Autoindustrie nun auch wieder nicht aus.

Bezüglich Gender ist es aufgrund intensiver Lobbyarbeit und selektiv geförderter Sozialforschung zu einem tiefen Graben zwischen Politik und den tatsächlichen Bedürfnissen der Bevölkerung gekommen. Das Bundesministerium für Familie, Senioren, Frauen und Jugend hat zwei umfangreiche sozialwissenschaftliche Repräsentativbefragungen in Auftrag gegeben, welche die Wandlung der ehemals alten »maskulinen« Männer zum neuen »femininen« Typus dokumentieren sollen: *»Männer-Perspektiven – Auf dem Weg zu mehr Gleichstellung?«* sowie *»Jungen und Männer im Spagat: Zwischen Rollenbildern und Alltagspraxis – Eine sozialwissenschaftliche Untersuchung zu Einstellung und Verhalten.«*

Folgt man den Studien, ist der klassisch maskuline Mann ein Fossil, ein Relikt aus grauer Vorzeit ohne große gesellschaftliche Relevanz.

»In dem kurzen Zeitraum von 2007 bis 2015 haben die Einstellungen von Männern zur Berufstätigkeit, die mit einer Partnerin im Haushalt leben, eine bemerkenswerte neue Justierung erfahren. […] 2007 waren zwei Drittel (64%) der Männer der Meinung: Wenn der Mann gut verdient, brauche die Frau nicht erwerbstätig zu sein, sei die Erwerbstätigkeit der Frau eine vom Einkommen des Mannes abhängige Option. Dem stimmen 2015 mit 49% weniger als die Hälfte zu. Die selbstverständliche Akzeptanz, Befürwortung und Unterstützung der Erwerbstätigkeit ihrer Partnerin durch Männer findet eine Entsprechung in der gewachsenen Selbstverpflichtung ihrer Rolle als Vater: 2007 waren 32% der Männer der Ansicht, solange die Kinder noch klein seien, solle der Vater seine Berufstätigkeit reduzieren – 2015 sind es 42% (ein Anstieg um 10 Prozentpunkte). ›Der Vater sollte in den ersten Lebensmonaten eines Kindes nicht nur seine Erwerbstätigkeit reduzieren, sondern unterbrechen‹, fand 2007 jeder fünfte erwerbstätige Mann (20%), 2015 mehr als jeder dritte (34%). […] Dieser Einstellungswandel hat bei jungen Männern seine stärkste Dynamik. Hier zeigt sich, dass der Wertewandel in der Gesellschaft auch eine gleich-

stellungskulturelle Dimension hat. Er befördert zugleich die Notwendigkeit einer weiteren Gleichstellungspolitik für Männer (und Jungen). Beispielsweise sind weniger als 30% der über 60-Jährigen der Meinung, dass der Vater seine Berufstätigkeit reduzieren sollte, solange die Kinder noch klein sind – aber 59% der jungen Männer im Alter von 18 bis 29 Jahren.«

Den besonders unbelehrbaren Anti-Gender-Mann nennt die Studie im Abschnitt »Maskulistische Einstellungen in der Bevölkerung« den »harten, engeren Kern des Maskulismus«. Dieser Typus zeigt …

»… eine extreme Positionierung, eine kategorische und unerschütterliche, kaum abgestufte oder relativierte Einstellung, die gegenüber anderen Positionen und Argumenten offenbar immunisiert ist: Gleichstellungspolitik ist für sie nur ein anderer Name für Frauenförderung; Frauen sind von der Politik genug gefördert worden, jetzt sind die Männer dran; durch die gesetzliche Regelung für mehr Frauen in Führungspositionen werden Männer benachteiligt, sogenannte Genderstudies sind pseudowissenschaftlich und Ideologie u. a.: Diesen und anderen Aspekten stimmt dieses Segment der Männer zu 100% sehr stark zu.«

Die *Süddeutsche Zeitung* weiß genau, wovon die Studie spricht. Hier traut man sich sogar, einen fiesen Maskulisten zu interviewen:

»›Diese Kampflesben hassen alles, was maskulin ist‹, sagt Stahl. ›Echte Kerle mit harten Muskeln und harten Schwänzen. Dabei gehören die doch einfach nur mal richtig durchgefickt.‹ Zumindest oberflächlich sucht man die harten Muskeln an Stahl vergeblich. Der massive Mann erinnert optisch an einen gemütlichen Bären. Doch die scheinbar behäbigen Bären sind gefährliche Jäger – und auch Stahl hat etwas von einem Raubtier. ›Manchmal muss man schon etwas deutlicher werden‹, sagt er. ›Sonst kapieren die Geschlitzten das ja nicht.‹ Wenn sich Stahl in Rage redet, werden Frauen zu ›Geschlitzten‹. Mit ›deutlich werden‹ meint er Fragen wie: ›Wann wurdest du eigentlich das letzte Mal hart rangenommen?‹«[212]

Ganz gleich, ob in der Corona-, Klima-, Migrations- oder Genderpolitik – die ideologische Taktik der *Süddeutschen* ist altbewährt. Will man eine abweichende Meinung diskeditieren, sucht man nach den extremsten und unterirdischsten Positionen – mit einem primitiven Maskulisten vom Schlage eines Stahl will sich dann wahrlich kein moderner Mann mehr identifizieren. Doch zwischen einem »Kampflesben«-Hasser und sachlich begründeter Kritik an der Genderpolitik liegen Welten. Die Vorstellungen, dass Genderpolitik inzwischen Männer benachteiligen könnte und man deshalb sogar gegensteuern müsse, sowie die Aussage, Gender-Studies sei pseudowissenschaftlich (beide Positionen werden von mir vertreten ...), werden von den Forschern als radikal maskulin wahrgenommen. Worauf ich jedoch eigentlich hinaus will: Der tatsächliche Wirklichkeitsverlust der Genderforschung ist die Angabe der geringen Größe dieses Segmentes. Der Prozentsatz, mit dem die toxisch maskulin wahrgenommenen Männer angegeben werden, liegt bei lediglich 1 Prozent. Realitätstunnel? Wunschdenken? Bei derartigen Studien frage ich mich immer, bei wem die Sozialforscher nachgefragt haben – an bayerischen Stammtischen eher nicht. In der Studie stellen die Wissenschaftler schließlich abgeschwächte Kategorien von Maskulismus auf. Zum näheren »Sympathisantenkreis« der 1-prozentigen Horrorgruppe gehören demnach 5,3 Prozent aller Männer. Immer noch für maskuline Thesen »empfänglich« seien immerhin 33,7 Prozent. Außerdem kennt die Untersuchung auch den Altersdurchschnitt der Hardcore-Maskulisten; hier gilt: je oller, desto doller.

»Demografisch hat der engere Kern und weitere Kreis von Männern mit maskulistischer Überzeugung einen Altersschwerpunkt zwischen 40 und 60 Jahren.«

Auf jeden Fall setzt Genderpolitik alles daran, die letzten Prozente der immer noch »toxischen Männer« vollends abzuschaffen. Hierbei hofft man auf die Demographie. Die bösen alten Männer sitzen demnächst alle im Altersheim, wo man sie zum Schutz vor zukünftigen Pandemien in Isolationshaft halten kann. Doch ganz so einfach wird es nicht werden. Denn zum größten blinden Fleck der Gender-Ideologie gehört, dass man die eigentlich relevanten demografischen

Daten negiert. Zwar sterben die *autochthonen* deutschen Machos nach und nach aus, dafür wachsen aber umso mehr migrantische Maskulisten nach, wie beispielweise ein Taxifahrer, der mich kürzlich fuhr. Der Fahrer machte seinem Unmut bezüglich der Corona-Politik Luft. Als Familienvater von fünf Kindern und Hobby-Fußballtrainer war er genervt, dass seine Kinder so lange zu Hause bleiben mussten. Zudem könne es nicht angehen, dass zwar die Bundesliga spielt, er aber seine Kindermannschaften nicht mehr trainieren dürfe. Den Grund für diese Misere verortete er schlichtweg in der »scheiß deutschen Schwuchteldemokratie«. Um auch Yusuf den Taxifahrer von den Vorzügen einer Gender-Politik zu überzeugen, sind offensichtlich noch dicke Bretter zu bohren. Unerschrocken will Gender den Anfängen eines derartigen Maskulismus wehren, indem in der staatlich organisierten Pädagogik jede angeblich toxische Regung von Jungen im Keim erstickt wird. Laut sein, Raufen, Toben und Kämpfen sind tabu. Feminine Verhaltensweisen werden belohnt – männliche abgestraft. Nach 30 Jahren Feminisierung im Bildungssystem liegen die Ergebnisse der Delegitimierung von Männlichkeit inzwischen vor. Dabei dürfte Torben, der sich redlich mit seinem Lastenfahrrad abmüht, eher noch zu den Gewinnern der Gender-Politik zählen. Tatsächlich geht es Jungen in den Kitas und Grundschulen von Jahr zu Jahr schlechter. Zu meinem Erstaunen stellt dies sogar die Studie des Innenministeriums fest:

»Seit etwa einem Jahrzehnt kommen sozialwissenschaftliche Untersuchungen zu Kindern und Jugendlichen zu dem Ergebnis, dass Jungen im Geschlechtervergleich in vielen elementaren Lebensbereichen schlechter abschneiden als Mädchen. Typische Ergebnisse sind: Jungen erzielen die schlechteren Noten, werden von Lehrkräften häufiger als unmotiviert wahrgenommen, werden als (negativ) verhaltensauffällig eingestuft, haben ein deutlich schmaleres Spektrum an Interessen und Freizeitverhalten als Mädchen. Unter den Sitzenbleibern, auf Förderschulen und unter jenen, die die Schule ohne Schulabschluss verlassen, ist der Anteil der Jungen deutlich höher als der Mädchen. Manche Diagnosen kommen zu dem

Ergebnis, dass Jungen in nahezu allen Bereichen ihres Alltagslebens (Schule, Freizeit, Ärzte, Kirchen, Behörden u. a.) systematisch benachteiligt werden (bzw. Mädchen bevorteilt werden), dass Jungen allein aufgrund des Oberflächenmerkmals ›benachteiligtes Herkunftsmilieu und männlich‹ mit dem Stigma ›potenzieller Verlierer‹ versehen werden – und dass umgekehrt das Verlieren in unserer Gesellschaft heute männlich ist. […] Es ist wichtig, die bisher vernachlässigte Aufmerksamkeit für Belange und Bedürfnisse von Jungen zu thematisieren sowie die inadäquaten Mechanismen zu identifizieren und zu korrigieren.«[213]

Wer jedoch glaubt, diese korrekte Bestandsaufnahme würde zu einer Revision in der Gender-Politik führen, sieht sich getäuscht. Denn wie zu erwarten definiert Gender die »inadäquaten Mechanismen«, die zu diesem Missstand geführt haben, ganz im Sinne der eigenen Ideologie. Schließlich erinnert die Studie wenige Seiten zuvor an eine zentrale Gender-Doktrin. Ein Junge ist nicht einfach ein Junge, er wird lediglich in einer sozialen Performance dazu gemacht:

»Natürlich ist auch Jungesein eine soziale Konstruktion, ein Prozess ›der Selbstdefinition, der Selbstdarstellung und der Zuschreibung‹.«

Deshalb sei es in der Bildungspädagogik besonders wichtig …

»… nicht erneut einseitige Geschlechterrollenbilder für Jungen zu produzieren, sondern die Vielfalt von Lebenslagen, Lebenswelten und Lebensperspektiven von Jungen zu erkunden, um zu verstehen, wo sich Jungen heute und wo sie ihre Zukunft sehen.«

Die »Folgerungen für die Jungenpolitik« sei daher unter anderem:

»Jungen suchen Orientierung angesichts der vielfältigen Herausforderungen, mit denen sie sich konfrontiert sehen, sie sind aber nicht verunsichert. Dies hat einen wachsenden Bedarf an Jungenarbeit zur Folge, die ihnen die Entwicklung eines modernen Rollenverständnisses ermöglicht. Ihre Ambivalenzen zwischen traditionellen und modernen Männlichkeitsvorstellungen und einer Familienorientierung müssen hierbei sehr ernst

genommen werden. Um Jungen ein Leben jenseits einengender Männlichkeitsnormen zu ermöglichen, ist es von grundlegender Bedeutung, überkommene Rollenbilder zur Disposition zu stellen, ihre langfristigen Folgen zu reflektieren und Jungen dabei zu unterstützen, ihre individuelle Vorstellung von einem richtigen und gerechten Leben (in Partnerschaft) zu entwickeln.«

Mit anderen Worten: Angesichts der verheerenden Entwicklung im Leistungsabfall und der Leistungsverweigerung von Jungen in Schulen und Kitas lautet der Lösungsansatz der Gender-Forscherinnen im Grundsatzpapier des Ministeriums: *mehr Gender-Politik.* Dabei schlagen Soziologen und Psychologen außerhalb der Gender-Blase schon seit Jahren Alarm. Tatsächlich ist die Not zeitgenössischer Jungen und junger Männer groß. Zusätzlich zum historischen und quasi universellen Vaterverlust der westlichen Gesellschaft führte Genderpolitik zu einer verheerenden Desorientierung junger westlicher Männer, die kaum noch aufzuholen ist.

»Der Soziologe und Geschlechterforscher Walter Hollstein spricht 2010 in seinem Kongressvortrag an der Universität Düsseldorf denn auch von einer ›dramatischen Entwertung der Männlichkeit‹ in unserer Gesellschaft, welche sich im deutschsprachigen Raum in zwei Etappen vollzogen habe: ›In der ersten wurden Männer als Verbrecher, Vergewaltiger und Missbraucher demaskiert, in der zweiten vornehmlich als Versager und Trottel vorgestellt.‹ Und fährt mit den Worten fort: ›Zum Zeitgeist genereller Entwertung von Männlichkeit gehört, dass Probleme von Jungen und Männern nicht wahrgenommen werden. Das gilt beispielsweise für den makabren Tatbestand, dass sich in der Pubertät acht- bis zehnmal mehr Jungen umbringen als Mädchen.‹ Ähnlich wie Hollstein, wenngleich schärfer akzentuiert, spricht der Soziologe und Geschlechterforscher Gerhard Amendt von einer ›diffusen Feindseligkeit gegenüber Männern‹, ja von einer ›Dämonisierung des Mannes und Vaters in den Familien‹ und einer allgemeinen Misandrie, die sich in unserer Gesellschaft ausgebreitet habe. Seitdem die 68er die Männer zum Feindbild gemacht hätten, sei die ›Männer-Missachtung in Mode‹. Amendt prangert an, dass selbst Jungen

an den Schulen nicht von der ›Diskriminierung alles Männlichen‹ verschont blieben und ›ihrer Jungenhaftigkeit und ihres Bewegungsdrangs beraubt werden.‹

In der Tat stoßen Jungen mit solchen geschlechtstypischen Bedürfnissen, Interessen und Eigenheiten wie Rangordnung und Dominanz, Prahlen und Imponiergehabe, Experimentier-, Explorations- und Risikoverhalten, Überschreiten von Grenzen und eine gesteigerte körperliche Dynamik bei den Lehrkräften häufig auf Unverständnis und Ablehnung. Aufgrund ihrer Neigung, die von Lehrern beanspruchte Autorität nicht sofort und ohne Weiteres anzuerkennen, sowie von Verhaltensweisen wie spielerisches Raufen, Rempeleien, Zwischenrufe im Unterricht, Kontaktaufnahme über Provokationen oder Rebellion gegen ein oftmals als ›Harmonieterror‹ empfundenes Friedensideal erfahren sie darüber hinaus oftmals Missbilligung, Disziplinierung und nicht selten empfindliche Sanktionen. Weitaus häufiger als jenes von Mitschülerinnen erfährt ihr Verhalten eine Pathologisierung, und sie werden dem Kinder- und Jugendpsychiater vorgestellt.«[214]

An den dramatischen Zahlen, die die Entwicklung von Jungen als neue Bildungsverlierer beschreiben, kommen nicht einmal die Studien des Ministeriums vorbei. Natürlich werden in einem genderideologisierten Bildungssystem insbesondre jene Jungen abgestraft, die noch klassisch männliche Verhaltensweisen zeigen. Dass hierzu naturgemäß auch die fußballbegeisterten Söhne von Yusuf dem Taxifahrer gehören dürften, ist der große, verleugnete Zielkonflikt der Genderideologie. Die Abspaltung des Problems geht auf einen tiefenpsychologischen Schatten zurück, der insgeheim maskuline Eigenschaften vergöttert. Dieser Schatten ist unter anderem für das Paradox verantwortlich, dass hypermaskuline Männer anderer Kulturen bei linken Feministinnen so glimpflich davonkommen oder sogar aktive Unterstützung erfahren. Viktimisierung und Fremdheit der Zuwanderer schützen diese vor allzu direkten Projektionen des Männerhasses, der aus analytischer Perspektive ja auch viel mehr Vaterhass ist. Indigene, westliche »alte weiße Männer« eignen sich daher wesentlich besser zur Ableitung eines persönlichen Traumas. Dabei zeigen die Statistiken bezüglich Schulabbruch und nachfolgend auch die Kriminalitätsstatistiken überdeutlich, dass insbesondere Migrantenkinder Opfer ersten Ranges der Gender-Politik sind.

»Die jungen Männer sammeln sich immer stärker in Haupt- und Förderschulen, wo sie mitunter bis zu 70 Prozent der Schülerschaft stellen. Entsprechend dünnt sich ihr Anteil in den Realschulen und Gymnasien aus. Das gilt sowohl für Schüler aus einheimischen wie aus eingewanderten Familien. Mädchen bewältigen die schulischen Anforderungen auch dann besser, wenn ihre Familien eine Zuwanderungsgeschichte haben: 20 Prozent der männlichen Schüler mit einem Migrationshintergrund und 10 Prozent der männlichen Schüler aus einheimischen Familien schaffen den Hauptschulabschluss nicht. Die Mädchen liegen hier erheblich besser und haben fast nur die Hälfte dieser Misserfolgsquote. Zugleich schneiden sie beim Abitur besser ab als die jungen Männer.«[215]

Natürlich kann man mit der Erziehung zum neuen Mann nicht früh genug anfangen. Berührt hat mich das Interview mit dem kleinen Timm, der aus seinem Kita-Alltag berichtet:

Was hast du im Kindergarten am wenigsten gemocht?«

»Die Morgenrunde.«

»Warum?«

»Nur reden und Kerzen anzünden. Die Erzieherinnen wollten immer, dass wir sprechen üben. Aber ich konnte schon sprechen. Sogar ganz gut.«

»Was ist so schlimm am Reden?«

»Nichts. Aber ich will nicht, dass die alles über mich wissen.«

»Was hast du dann gemacht?«

»Ich habe immer gesagt, dass ich am Wochenende auf dem Spielplatz war oder Lego gespielt habe. Ich hab die ausgetrickst.« (Timm, 7)[216]

Die Not des kleinen Timm, der entgegen der Bedürfnisse siebenjähriger Jungen täglich gezwungen wird, feminine, kommunikative Skills zu üben, ist herzerweichend. Dass Timm es in den nächsten zehn Jahren dauerhaft schaffen wird, seine Erzieherinnen »auszutricksen«, ist jedoch wenig wahrscheinlich. Früher oder später wird er sich ein Lastenfahrrad kaufen. Die entscheidenden Jahre seiner Entwicklung wird Timm große kognitive Dissonanzen befrieden müssen. Er wird lernen, dass vieles, was ihm seine männliche Natur vorgibt, im Zaum gehalten, abgelehnt und bekämpft werden muss. Wettbewerb, Mut zum Risiko, Dominanz und Selbstbehauptung wird Timm gegen Verhandlungen, Selbstkontrolle, Manipulation und Reden tauschen. Nur so kann sich Timm zu einem legitimen, modernen, westlichen Mann entwickeln, der allgemeine Anerkennung genießt. Möglicherweise wird Timm irgendwann zur stetig wachsenden Gruppe von jungen Männern gehören, die ihre sexuellen Aktivitäten lieber in den virtuellen Raum verlegen, denn realer Koitus löst bei Timm eher Irritationen aus. Auch hier trügen die Statistiken nicht, der sexuelle Rückzug junger westlicher Männer ist beachtlich. Seit Jahrzehnten wird pubertierenden Jungen in intensiven Medienkampagnen erklärt, wie der neue, feminine Mann auszusehen hat. Ganz vorn dabei sind die *Süddeutsche Zeitung* und die *Zeit.* Auf ze.tt, einer Tochter von *Zeit Online*, klärt eine Hochglanz-Fotoserie junge Männer darüber auf, wie der moderne Mann von heute denkt. Das Fotoprojekt »*To Be A Man*« soll »neue Perspektiven aufzeigen und bestehende Rollenbilder aufbrechen«. Unter den Fotos strahlender Männer aus aller Welt kann man lesen:

»Caspar aus den Niederlanden: ›Es ist okay für mich, unsicher zu sein. Ich hatte immer das Gefühl, als Mann sollte ich zuversichtlich und dominant sein und mich niemals schüchtern oder unsicher fühlen.‹

Fabio aus Brasilien: ›Es ist für mich in Ordnung, ein Mann zu sein, der keine Angst davor hat, seine emotionale Seite zu zeigen.‹

Jason aus Belgien: ›Es ist okay für mich, die Unterschiede zwischen Männern und Frauen nicht zu vergleichen. Wir sind alle Menschen, und das ist alles, worauf es ankommt.‹

Naryan aus Nordirland: ›Es ist okay für mich, verletzlich zu sein. Ich glaube, wir bestehen alle aus männlichen und weiblichen Energien.‹

Sam aus Australien: ›Ich erkenne die Rolle der Männer in unserem System, dass Frauen nicht so sehr wertschätzt wie Männer, und bin mir der Verantwortung der Männer bewusst, das zu ändern.‹

Sonam aus Tibet: ›Ich finde es okay, einige meiner kulturellen Werte zu missachten und anzuprangern, sofern sie auf sexistischen Ideologien oder Vorurteilen beruhen.‹

Shushrut aus Nepal: ›Ich trage gerne Make-up.‹

Thomas aus Belgien: ›Es ist in Ordnung für mich, für Intersektionalität sensibilisiert zu sein und ein Verbündeter im Kampf für soziale Gerechtigkeit zu sein, denn als weißer, schwuler cis-Mann genieße ich Privilegien, die ich definitiv nicht verdiene.‹

Zach aus den USA: ›Ich bin gerne der kleine Löffel. Männer werden auch gerne gekuschelt.‹«[217]

KAPITEL 5

Klimakrise

Weltuntergang

»Es gibt den Klimawandel. Ihn zu leugnen ist eine Sünde.«[218]

Auch in puncto Klimafragen teilt Markus Söder die Menschen in »Sünder« und »Gerechte« ein. Allerdings gibt es bei näherer Betrachtung vermutlich gar nicht so viele Sünder, den Klimawandel »leugnen« tatsächlich nur die wenigsten. Was für Söder den Sünder ausmacht, ist vermutlich an der Sinnhaftigkeit der sogenannten »Klimaschutzmaßnahmen« zu zweifeln. Das Dogma, die *alleinige Ursache* des Klimawandels infrage zu stellen, bestehend aus dem Anstieg des anthropogenen CO_2, macht den zeitgenössischen Apostaten aus.

Angesichts der alles dominierenden Coronakrise ist das kardinale Hauptargument für den »Great Reset« fast schon ein wenig in Vergessenheit geraten. Bevor ein Killervirus die Menschheit bedrohte, stand diese im Jahr 2019 noch ganz im Banne des baldigen Hitzetodes. Schon damals wurde den Menschen so erfolgreich Angst gemacht, dass viele zugunsten der Klimarettung um Steuererhöhungen und Beschränkungen ihrer Freiheit bettelten.

»Wenn wir die Klimakrise nicht lösen, brauchen wir über viele andere Probleme bald nicht mehr zu sprechen.«[219]

In diesem Satz von Katrin Göring-Eckardt von 2018 müsste man heute lediglich das Wort »Klimakrise« durch »Coronakrise« ersetzen. Inzwischen gilt: Beide Krisen müssen zusammen gelöst werden. Schließlich habe man die Coronakrise nur wegen der Klimakrise … Bevor deutsche Bürger überhaupt wieder über realpolitische Themen nachdenken, geschweige denn sprechen dürfen, müssen in den nächsten Jahren Hygienegehorsam und CO_2-Einsparung geübt werden. Wer angesichts des nahen Weltuntergangs noch auf Asylmissbrauch, Kriminalitätsanstieg, Kollaps der Kranken-, Sozial- und Rentensysteme und den drohenden Eurocrash hinweist, ist ein Kleingeist und hat den Ernst der Lage nicht begriffen. Linksgrüne Kräfte sind fest entschlossen, die Panikjahre zu nutzen, um den Industriestandort Deutschland ein für alle Mal abzubauen. Und die Chancen dafür, dass dies tatsächlich auch gelingt, standen noch nie so gut. Immerhin stehen für dieses Vorhaben inzwischen gleich drei Instrumente zur Verfügung: *Pandemieschutz, Energiewende* und *Global Compact for Migration.* Sofern alle drei Agenden mit deutscher Gründlichkeit umgesetzt werden, wären dies der Beginn des »neuen Normal« und das Ende von Wohlstand und Freiheit. Damit dies auch gegen den etwaigen Widerspruch der Bürger gelingen kann, werden demokratische Prinzipien nicht erst seit Corona infrage gestellt:

»Klimaschutz ist größer als die Demokratie. Wenn eine Gesellschaft so unmoralisch handelt, wird Demokratie irrelevant. Dann kann es nur noch direkte Aktionen geben, um das zu stoppen.«[220]

»Es gibt nur *eine* legitime Einstellung«, erklärt auch der YouTube Star »Rezo« der heutigen Jugend. Dabei insinuiert er, dass diese *eine* Einstellung nur von *einer* Partei vertreten wird, den Grünen. Grüne Klimaaktivisten und die nahestehende Mainstreampresse sehen das Ende von freiwilligen Appellen gekommen. Stattdessen sei es Zeit für Verbote und Strafen:

»Das Tempo der Erderwärmung zwingt uns, die alten Methoden wieder anzuwenden, von denen wir dachten, wir hätten sie überwunden: Zwang, Verbote, Kontrolle und Strafe. Es tut weh, so etwas Autoritäres zu schreiben. Aber wir müssen solche zivilisatorischen Rückschritte in Kauf nehmen, um die Zivilisation zu retten.«[221]

Mein Autorenkollege aus dem Europa Verlag, Charles Eisenstein, bringt in seinem Buch »*Klima – Eine neue Perspektive*«, den totalitären Charakter der Klimabewegung auf den Punkt:

»›Eines Tages wirst du dich entscheiden müssen, Charles, ob du relevant sein möchtest oder nicht.‹ Das sagte einmal ein einflussreicher Umweltaktivist zu mir, nachdem er mich über meine verschiedenen Interessen und Aktivitäten reden gehört hatte. Er meinte damit ungefähr Folgendes: Es gibt einen ständig kleiner werdenden Handlungsspielraum für den Klimaschutz, bevor unumkehrbare Rückkopplungsschleifen zur unvermeidlichen Auslöschung der Menschheit führen werden. Der einzig entscheidende Beitrag, den du leisten kannst, ist daher, dich in jedem Augenblick hundertprozentig dafür einzusetzen, mit allen Mitteln die Treibhausgas-Emissionen so schnell wie möglich zu reduzieren. Deine anderen Interessen sind belanglos. Wenn wir nicht bald eine vernünftige CO_2-Steuer einführen, dann wird es keine Rolle spielen, ob sich das Männliche mit dem Weiblichen versöhnt, ob die Wale gerettet werden, ob man verhindern kann, dass Jugendliche aus der Schule direkt ins Gefängnis wandern. Auch soziale Gerechtigkeit, Bildung, psychische Gesundheit, ganzheitliche Medizin, wissenschaftliche Anomalien, bindungsorientierte Elternschaft, Gemeinschaftsbildung, neue Wirtschaftsweisen, Philosophie, Geschichte, Kosmologie, neo-Lamarcksche Biologie, heilige Pflanzenmedizin, gewaltfreie Kommunikation, Pflanzenintelligenz, bedrohte Sprachen, Souveränität für indigene Völker, pansubjektive Metaphysik ... keines der Themen, über die du schreibst, ist von Bedeutung, solange es nicht einen direkten, signifikanten, zeitnahen Einfluss auf Treibhausgase hat. Wenn wir diesen Kampf einmal gewonnen haben, dann können wir uns wieder anderen Dingen zuwenden. Also, wirst du dich diesem Kampf anschließen oder nicht? Dieses Denkmuster wird Fundamentalismus genannt, und es entspricht in seiner Dynamik zwei Institutionen, die für unsere Zivilisation prägend sind: Geld und Krieg. Fundamentalismus reduziert das Komplexe auf das Einfache und verlangt die völlige Ausrichtung auf ein letztes Ziel, dem das Unmittelbare, das Menschliche, das Persönliche geopfert werden muss.«[222]

Noch vor wenigen Jahren hielt ich einen antidemokratischen Umsturz in Deutschland für gänzlich unwahrscheinlich. Dies hat sich grundlegend geändert. Jedem freiheitsliebenden politischen Beobachter müssen spätestens nach 2015 alle Alarmglocken schrillen. Die Entwicklung im Klima- und Corona-Kampf hat inzwischen so antidemokratische Züge angenommen, dass eine Öko- und Hygienediktatur kein Buhgespenst mehr ist. Dass hierbei insbesondere »Klimakampf« und »Kampf gegen rechts« kaum zu trennen sind, wird jeder feststellen, der sich die Slogans der KlimakämpferInnen ansieht. Zwei Ikonen der Bewegung, Carola Rackete und Luisa Neubauer, haben Bücher vorgelegt, in denen sie unverhohlen für einen Systemwechsel plädieren. Wie so oft bei sozialistischen VordenkerInnen, kommen beide Frauen aus ausgesprochen privilegierten Verhältnissen. Allein der Buchtitel von Carola Rackete lässt nichts Gutes erahnen: *»Handeln statt hoffen – Aufruf an die letzte Generation«*. Zu den beiden Büchern schreibt die *Neue Zürcher Zeitung*:

»Der Freiheit des Einzelnen wird im Namen der drohenden Krise mit Autoritarismus begegnet, die staatliche Bevormundung wird durch ein mutmaßlich hehres Ziel legitimiert. Rackete geht noch weiter: Nicht nur neue Verbote soll es geben, auch neue Strafen. Sie spricht sich dafür aus, den ›Ökozid‹ – also die Naturzerstörung durch wirtschaftliche Faktoren – als Verbrechen gegen die Menschlichkeit zu definieren und damit strafrechtlich verfolgen zu können. Umweltsündern soll das Gefängnis drohen. Beide Bücher eint ein gemeinsamer Feind: das gegenwärtige Wirtschaftssystem. Der Kampf gegen die Klimakrise wird zu weit mehr als einem Kampf gegen die Erderwärmung. Er wird zum Kampf gegen den Kapitalismus und die freien Märkte. […] Der Begriff ›Klimagerechtigkeit‹ beschwört eine neue Klassenfrage herauf: Stellenweise könnte man meinen, man lese in einem neuen ›kommunistischen Manifest‹. Neubauer und Repenning arbeiten sich am Kapitalismus und an der Marktwirtschaft ab, Rakete sozialradikalisiert sich. Sie schlägt nicht nur Höchst- und Mindestlöhne vor, sondern auch höhere Steuern für ›die Reichen‹, ein Verbot von Werbung und ganz generell: eine Ökonomie des ›Postwachstums‹. Gemeinsam ist den Autorinnen beider Bücher, dass sie den Wohlstand, in dem sie aufgewachsen sind, auf eine sehr grundsätzliche Weise verachten.«[223]

Wie wirkmächtig die mediale Klimakampagne ist, zeigte der letzte Europawahlkampf. Während bürgerlich-konservative Kräfte auf die realen Probleme hinwiesen, insbesondere im Zusammenhang mit der Zuwanderung, setzten die Grünen ganz und gar auf den Klimaalarm. Mit allergrößtem Erfolg. Flankiert durch nahezu alle etablierten Medien, einigte man sich auf folgende Strategie: Das heikle Thema Zuwanderung überließ man den Schmuddelkindern von der AfD, wodurch das Problem allein durch jene, die es ansprachen, in Misskredit geriet. Das Thema Migration stand als gestrig, längst bewältigt und künstlich aufgebauscht im Raum. Parteien, die das Thema dennoch ansprachen, warf man Einseitigkeit und Populismus vor. Rechtspopulisten in ganz Europa würden in puncto Zuwanderung einen Popanz aufbauen, um die Bürger zu verunsichern mit dem Ziel, den eigenen Machtausbau voranzutreiben. Natürlich bestand bei den dominierenden Wahlkampfthemen, *Klima vs. Zuwanderung*, nie echte Waffengleichheit. Immerhin konnte Greta Thunberg mit einer menschlichen Urangst von tiefer spiritueller Dimension aufwarten: *dem Weltuntergang*. Doch die Jugend will leben, und dies möglichst lange. Wer kann ihnen verdenken, dass sie sich angesichts dieser geballten Form eines wirklich gelungenen Empörungsmanagements als Klimaretter engagieren? Abgesehen davon, dass eine Viertagewoche auch nicht zu verachten ist. Wenn ich heute 17 Jahre alt wäre, würde ich der Klimahysterie womöglich auch folgen. Wer sich als Babyboomer noch an seine Jugend zur Zeit des NATO-Doppelbeschlusses erinnert, kann vielleicht ermessen, was mediales Trommelfeuer zum angeblich nahen Weltuntergang in jungen Seelen anrichtet. Anne Clark, mit Titeln wie »Our Darkness« und »Hope Road«, liefert Zeugnisse des damaligen Zeitgeistes. Nicht umsonst geht die Konstituierung der grünen Partei auf die erste Version einer kollektiven Weltuntergangshysterie während des Kalten Krieges zurück. Das Geschäftsmodell ist immer noch dasselbe:

»Das Kerngeschäft der Grünen ist Angstmacherei. Sie schüren die Furcht vor dem Weltuntergang und leiten davon eine Verbotspolitik ab.«[224]

Angstmacherei hat die Partei bis in die heutige Zeit getragen, allerdings braucht das Leitmotiv beizeiten Erneuerung. Doch ob man wie zu meiner Jugend vor dem geistigen Auge durch den atomaren Fallout kriecht oder – wie heutzutage postuliert – demnächst verdurstend durch eine verkarstete Landschafft irrt, ist unerheblich.

Auch seitens der Kirchen hat sich diesbezüglich wenig geändert. Viele Priester und Pfarrer mahnen noch immer vor der Gluthölle, die heute lediglich ins Diesseits verlegt und Klimakollaps genannt wird. Doch wie schon zu Luthers Zeiten gibt es auch heute noch einen florierenden Ablasshandel. Diverse Dienstleister bieten »CO_2-Kompensationen« an, bei allzu schlechtem Gewissen vor dem nächsten Mallorca-Urlaub kann man sich mit »Treibhausgas-Emissionen« freikaufen. Zudem gibt es heute kaum mehr ein Produkt, das nicht mit Begriffen wie »klimaneutral«, »klimafreundlich« und »umweltschonend« wirbt, was in der Regel mit bunten Fantasielabeln aus Wölkchen, Blümchen und Bäumchen untermauert wird.

Panik Jugend

Leider ließ sich das medial inszenierte Empörungsmanagement mit der Fokussierung auf das Klima nur schwer kontrollieren. Vielleicht hätten die Haltungsjournalisten vorher jemanden fragen sollen, der sich damit auskennt. Alternativ hätte auch ein Blick in die Geschichtsbücher gereicht, merke: Indoktrination und Panikmache funktionieren bei jungen Menschen besonders gut. Sterben ist »fucking krass blöd«, insbesondere, wenn man gerade 17 Jahre alt wurde. Für junge Menschen gilt: Die Flüchtlingskrise von 2015 ist irre lange her, ein Ereignis aus der Kindheit. Inzwischen gibt es weitaus dringlichere Probleme. Abgesehen davon, dass sich insbesondere junge Menschen geradezu panisch an die »AHA-Hygieneregeln« halten und ihre eigenen Eltern denunzieren, sofern sie es nicht tun, hat die Generation »Schneeflocke« inzwischen recht eigentümliche Vorstellungen von

Freiheit und Demokratie entwickelt. Angestachelt durch apokalyptisch-mediales Dauerfeuer, werden hier und da schon mal SUVs abgefackelt, oder wütende Jugendliche in roten Overalls hindern parkende SUV-Fahrer daran loszufahren. Ausgerechnet die neuesten Autos, oftmals Hybriden oder extrem wenig verbrauchende Diesel, werden unter dem Motto »Denkzettel für Dreckschleudern« mit roten Klebebändern eingekesselt. Dass derartig moderne Autos weitaus umweltfreundlicher fahren als so mancher alte Kleinwagen, ändert nichts an der Projektionsfläche als Hassobjekt.

So ist es auch wenig verwunderlich, was sich inzwischen am Rande der sogenannten Klima-Demos abspielt. Im Internet kursiert ein Video, in dem ein Mann in einem Mercedes Geländewagen von Klima-Demonstranten eingekesselt wird. Der Mann am Steuer versucht sichtlich beschämt, sein Gesicht vor den vielen Handys zu verbergen, die ihn fotografieren und filmen. Ein Demonstrant mit einem Schild produziert sich vor dem Auto und wird unter Beifall und Gejohle der Menge gefilmt. Auf dem Schild steht: »Psychologen rätseln: Ist SUV heilbar?« Der Mann wendet das Schild, auf der anderen Seite ist zu lesen: »SUV hat'n Rad ab!«. Mit »Fridays for Future«, »Ende Gelände« und »Extinction Rebellion« kämpft eine professionell vernetzte und in Panik geratene Jugend gegen den vermeintlich nahen Hitzetod.

»Es funktioniert: Frühling 2019, London. Über sechstausend Menschen blockieren eine Woche lang die Brücken der Stadt. Wenige Tage später erklärt das britische Parlament den Klimanotstand. Gemeinsam können wir auch in Deutschland die Politik dazu bewegen, endlich effektiv zu handeln.«

So freut man sich auf der deutschen Homepage der Bewegung »Extinction Rebellion«. Die Forderungen der Aktivisten sind nicht verhandelbar:

»SAGT DIE WAHRHEIT! Die Regierung muss die Wahrheit über die ökologische Krise offenlegen und den Klimanotstand ausrufen. Die Dringlichkeit des sofortigen Kurswechsels muss von allen gesellschaftlichen Institutionen und den Medien kommuniziert werden.

HANDELT JETZT! Die Regierung muss jetzt handeln, um das Artensterben zu stoppen und die Treibhausgasemissionen bis zum Jahr 2025 auf Netto-Null zu senken.

*POLITIK NEU LEBEN! Die Regierung muss eine Bürger*innenversammlung einberufen, die die notwendigen Maßnahmen für Klimagerechtigkeit und gegen die ökologische Katastrophe erarbeitet, und verpflichtet sich, deren Beschlüsse umzusetzen.«*[225]

Letzte Versuche, den Geist zurück in die Flasche zu bekommen, sind krachend gescheitert. Obgleich alle Parteien außer der AfD nach der Europawahl der aufgebrachten Jugend hoch und heilig geschworen haben, sich alsbald um den Weltuntergang zu kümmern, kommen die Beteuerungen zu spät. Gretas Wunsch ist in Erfüllung gegangen. Beim freitäglichen »Hüpfen für das Klima« fühlen die Kinder inzwischen dieselbe Angst wie ihre kranke Prophetin. Und während die Jugend im Jahr 2019 hüpft und Merkel zittert, zerstört YouTube-Star »Rezo« noch den kläglichen Rest der CDU. Die Vorsitzende der Grünen, Annalena Baerbock, führt die Schlotteranfälle der Kanzlerin selbstverständlich auch auf den Klimawandel zurück:

»Auch bei der Bundeskanzlerin wird deutlich, dass dieser Klimasommer gesundheitliche Auswirkungen hat.«[226]

Und weil es die grüne Jugend nicht so mit dem Kleingedruckten einer Demokratie hat, zerstört Rezo selbige gleich mit, indem er mit großem Pathos verkündet, *»es gibt hier keine unterschiedlichen legitimen politischen Meinungen. Sondern es gibt nur eine legitime Einstellung.«*[227] Bei dieser Ultima Ratio kann nur noch das Original gewählt werden, der letzte Weltenretter Robert Habeck. Dieser erklärt derweil in einem Gespräch mit dem TV-Philosophen David Precht den Unterschied zwischen einer trägen, langsamen Demokratie und einem autoritären Einparteiensystem nach chinesischem Muster. Man müsse sich irgendwann einmal entscheiden, was man wolle. Unbestritten schneller und effektiver sei jedenfalls das chinesische Model. Schließlich gibt er zu bedenken: Angesichts der Dringlichkeit der Klimakrise gehe es bei zukünftigen politischen Entscheidungen vornehmlich um Schnelligkeit und Effizienz … Habeck insinuiert: Unsere Demokratie ist eigentlich viel zu langsam, um den Planeten noch zu retten, eine Prise Diktatur wäre hier durchaus hilfreich. Wie bereits ausgeführt, bekennt sich Habeck auf seiner Homepage deshalb offen zum »Realo-Radikalismus«. Nun sind Radikalismus und Totalität nicht gerade neue politische Erfindungen, aber vielleicht muss dies jede Generation aufs Neue lernen. Was 2019 aus dem Munde von Habeck noch befremdlich wirkt, wird im Zuge der Coronakrise 2020 salonfähig. Das totalitäre Regime Chinas empfängt bezüglich der »hohen Effizienz des Lockdowns in der Pandemieabwehr« allergrößtes Lob seitens der WHO und diverser deutscher Politiker.

Im Jahr 2019 sehen Wahlumfragen die Grünen als kommende Volkspartei. Kurzfristig sah es so aus, als könnte Robert Habeck der nächste deutsche »realo-radikale« Klima-Kanzler werden. Immerhin zogen die Grünen mit über 20 Prozent in das Europaparlament ein, während sich die großen Volksparteien nahezu halbierten. Wenige Wochen nach der Europawahl stiegen die Grünen in den Sonntagsumfragen sogar zur stärksten Partei auf – erstmalig in der deutschen Geschichte. Auf dem Hype der Grünen verging keine Talkshow, in der sich die Vertreter fast aller übrigen Parteien mit geradezu bizarr anmutenden Unterwerfungsritualen hervortaten. Parteivertreter warben um die Gunst der strahlenden Siegerinnen, wie Ska Keller und Annalena Baerbock, und gelobten Besserung. Ja, diesmal sei Botschaft angekommen. Nun hätte man endgültig verstanden, was die deutschen Bürger *tatsächlich* bewegt: Klimaschutz! Zukünftig stünde das Thema ganz oben auf der Agenda – vorausgesetzt, die Grünen Damen ließen einen überhaupt noch einmal mitspielen. Vorübergehend sah es so aus, als könne die CDU bald nur noch Juniorpartner einer grünen Volkspartei werden. Was ein Widerspruch in sich wäre, denn für die Grünen gibt es bekanntlich kein »Volk«, dem man auf besondere Weise verpflichtet wäre, sondern nur noch die Menschheit. Doch mit Corona platzten alle Führungsträume der Grünen auf einen Schlag, und Angela Merkel erlebte ihr großes Comeback. Merke: In der kleinen Fibel des politischen Angst-Einmaleins steht: *Killervirus schlägt Hitzetod.* Plötzlich goutierte der deutsche Wähler das große Glück, in Merkel eine so umsichtige und wissenschaftlich gebildete Kanzlerin zu haben, die vor dem Killervirus schützt.

Greta

Treffen sich zwei Planeten im Weltall. Sagt der eine zum anderen: Siehst schlecht aus. Sagt der andere: Ja, ich habe Homo sapiens. Sagt der Erste: Hatte ich auch mal. Das geht vorbei.

Der tiefere Kern der toxischen Scham, eine Folge von Transtrauma, bedeutet, dass man sich nicht mehr dessen schämt, *was man getan hat,* sondern dafür, dass man auf dieser Welt ist. Im Grunde empfindet man sich als Fremdkörper und man glaubt, die Welt wäre ohne den Menschen besser dran. Toxische Scham führt zu einer grundsätzlichen Dehumanisierung, das zum Leben notwendige Gefühl der Würde und des Getragenseins, als gewollter Teil einer Natur oder Schöpfung, kann nicht mehr gefühlt werden. Letzten Endes werden jedes Bedürfnis und jeder Trieb als illegitim empfunden. Der sich toxisch Schämende empfindet sich und damit die ganze Menschheit als Parasiten, sämtliche Bedürfnisse bestehen zu Unrecht. In keiner Ideologie drückt sich die Illegitimität der eigenen Existenz und Bedürfnisse besser aus als im Postulat des menschengemachten Klimawandels, genauer in der CO_2-Treibhausgastheorie. Selbst legitimste Grundbedürfnisse nach Wärme, Nahrung, Mobilität, Kleidung und Fortpflanzung steigern die CO_2-Bilanz. So ist es nun einmal mit Tieren und Menschen. Wir atmen Sauerstoff ein und Kohlendioxid wieder aus. Pflanzen wiederum nehmen Kohlendioxid auf und scheiden Sauerstoff aus. Folgt man der

Theorie, CO_2 sei ein »Schadgas«, ist das bloße menschliche Dasein toxisch für die Welt. Frieren, sich nicht vom Fleck bewegen, nichts mehr Essen, kein Sex und am besten auch nicht mehr Atmen wäre das Beste, was der Welt passieren kann. Kurzum – Suizid für das Klima wäre konsequent. Schon längst ist diese Haltung in abgewandelter Form keine Satire mehr. Es gibt etliche toxisch beschämte KlimaaktivistInnen, die sich lautstark für Kinderlosigkeit aussprechen. Die Lehrerin und Buchautorin Verena Brunschweiger schreibt in ihrem Buch »Kinderfrei statt Kinderlos«[228], Kinder seien »das Schlimmste, was man der Umwelt antun kann«. Der *Focus* zitiert aus ihrem Buch:

»Die meisten Eltern haben aus ziemlich egoistischen Gründen Kinder. Die Kosten dafür wollen sie nun nicht mehr tragen und fordern daher, dass diejenigen, welche absichtlich oder unfreiwillig keine Kinder haben wollen oder können, ihnen einen höheren Lebensstandard ermöglichen. Man bedenke, dass es den Eltern selten wirklich um die Kinder geht, sondern schlicht und ergreifend um mehr Geld.«

Frau Brunschweiger, die als Pädagogin täglich mit Kindern arbeitet, kann sich offenbar keine weiteren Gründe vorstellen, Kinder zu bekommen, als Geldgier. Im *Focus*-Interview gibt sie zu bedenken:

»Als ich 30 wurde, habe ich angefangen, mich länger mit der Frage zu beschäftigen, mich viel eingelesen und bin dabei auf eine Studie gestoßen, in der Forscher herausgefunden haben, dass wir 58,6 Tonnen CO_2 einsparen können, wenn wir nur ein Kind weniger in die Welt setzen. 58,6 Tonnen – das muss man sich mal vorstellen! Da hat es dann ›Klick‹ gemacht, und für mich war klar: Nee, das will ich alles nicht. […] Ich würde mich schon als radikale Feministin bezeichnen, und dazu gehört eben auch, dass ich alle patriarchalen Imperative, und vor allem diesen einen übermächtigen, der da heißt ›Gebärt ein Kind!‹, strikt ablehne. Ich lasse mir nicht vom Patriarchat etwas diktieren, das nicht meinen Überzeugungen entspricht. […] Zum Vergleich: 58,6 Tonnen mehr CO_2 für jedes neugeborene Kind und ›nur‹ 1,6 Tonnen für einen transatlantischen Flug. Also da ist der Unter-

schied so eklatant groß, das sagt für mich schon alles. Und der Ressourcenverbrauch eines einzigen deutschen Kindes entspricht übrigens dem von 30 afrikanischen Kindern.«[229]

Ich habe das Beispiel mit Frau Brunschweiger bewusst gewählt, um einen Zusammenhang aufzuzeigen. Ihre Statements zeigen unverhohlenen Männer- und Kinderhass; tiefenpsychologisch ist zu vermuten, dass hier eine sehr beschämte und verletzte Seele spricht, die den natürlichsten Bedürfnissen abgekündigt hat. Es ist wichtig zu verstehen, dass diese Abkündigung mit der Begründung des menschengemachten Klimawandels eine ungeheure Legitimation und Linderung erfährt. Ich glaube Frau Brunschweiger daher unbedingt, das etwas in ihr »Klick« gemacht hat, als sie den Zusammenhang zwischen ihrer Kinderlosigkeit und dem Klima hergestellt hat. Dasselbe Phänomen lässt sich auch bei der Familie Thunberg-Ernmans beobachten, der Familie von »Klima-Greta«. Eine über Jahre psychisch schwer kranke Familie erfährt über die Radikalisierung im Klimaschutz Linderung, Anerkennung und Begründung für das eigene Leid. Frau Brunschweiger betreffend, ist die Vergesellschaftung von Gender-Feminismus, Willkommenskultur-Befürwortung und Klimakampf geradezu typisch. Der Politikwissenschaftler und Publizist Dr. Alexander Meschnig schreibt in einem Essay dazu:

»Es ist auffallend, dass die Schnittmenge zwischen den Klimahysterikern und der No Border Fraktion praktisch 100 % beträgt. Kennzeichnend für diese Bewegungen sind ihre Maximalforderungen, die keine empirische Begrenzung oder noch irgendeinen Bezug zur Realität erkennen lassen. So lautet das Motto der ›Extinction Rebellion‹ denn auch kurz und knapp: ›Aufstand oder Aussterben.‹ Dass diese Bewegungen, wie auch die Forderungen nach einer unbegrenzten Zuwanderung, gerade in Deutschland so viele gläubige Anhänger finden, ist dabei kein Zufall. Idealismus, Hypermoral, Perfektion, Übertreibung und Prinzipientreue sind geradezu markante Alleinstellungsmerkmale, bis hin zur eigenen Selbstzerstörung. Was läge daher näher, als auch die Sache der universellen Menschenrechte

oder der ›Klimarettung‹ zu einem Prinzip zu erheben, das auf alle Fälle gelten muss, koste es, was es wolle? Insofern ist der ›Klimaflüchtling‹ die ideale Synthese zweier auf sich selbst konvergierender Diskurse.«[230]

Den Slogan »Aufstand oder Aussterben« würde Frau Brunschweiger vermutlich unterschreiben, doch genauer betrachtet, müsste sie ihn umformulieren in »Aufstand *und* Aussterben«.

Doch zurück zur Kultfigur Greta Thunberg, von der es inzwischen unzählige Fotos und Filmaufnahmen gibt. Auf mich wirkt Greta authentisch und wahrhaftig, vor allem aber wütend und traurig. Da Greta eine narzisstisch deprivierte Mutter hat, die aufgespannt zwischen Geltungssucht und Sozialphobie ein Buch[231] über sich und ihre Familie geschrieben hat, wissen wir auch, *warum* die kleine Greta so wütend ist. In geradezu schonungsloser Offenheit beschreibt die Opernsängerin Malena Ernman, Jahrgang 1970, die Psychopathologie ihrer Familie. Der Reigen der Diagnosen macht etwas sprachlos: schwere Essstörungen, Ticks, ADHS, Depression, Asperger-Syndrom, hochfunktionaler Autismus und OCD (Zwangsstörungen), Sozialphobie … Und dies nicht nur bei Greta, sondern auch bei der kleineren Schwester Beata. Wobei sich die Mutter selbst nicht ausnimmt: Freimütig gibt sie zu, unter einer Sozialphobie zu leiden und ähnliche Symptome selbst gehabt zu haben. Bezüglich der Zwangsstörungen der kleinen Beata schreibt sie: *»Und das kann ich gut nachvollziehen. Mir ging es mit meiner Mutter genauso – alle meine Ticks traten in ihrer Gegenwart sehr viel stärker hervor.«* Obgleich ich die Familienbiografie nur in Auszügen kenne, vermute ich allein durch diese Aussage, dass es sich hier um eine klassische, transgenerationale Weitergabe toxischer Scham handelt, die bereits mehrere Generationen übersprungen hat. Vermutlich hat bereits Malena Ernman alles getan, um ihre übertragene Scham durch äußere Erfolge zu lindern. Immerhin war die attraktive Mezzosopranistin Mitglied der Königlich Schwedischen Musikakademie und vertrat Schweden beim Eurovision Song Contest 2009, auf YouTube kann man den Auftritt der blonden Schwedin noch bewundern. Zunächst schien die Rollenverteilung der Familie zu klappen. Die Mutter geht hinaus in die Welt und sorgt mit ihrer Karriere für Ruhm und Auskommen für den Rest der Familie, der Vater bleibt zu Hause und kümmert sich um den Haushalt und die beiden Mädchen. Doch insbesondere wenn die Mutter daheim ist, gebärden sich die Kleinen als zunehmend renitent: Beata weigert sich wochenlang, ihre Socken auszuziehen, während Greta eine schwere Essstörung entwickelt und in den Hungerstreik geht.

»Gretas Hungerstreik wird lebensbedrohlich: Zwei Monate lang isst sie fast nichts. Sie braucht 53 Minuten, um ein Drittel einer Banane herunterzubekommen, 5 Gnocchi kosten sie 2 Stunden und 10 Minuten. Die Eltern fahren mit ihr ins Krankenhaus und ins Zentrum für Essstörungen. Schließlich steht sie kurz davor, eingewiesen und zwangsernährt zu werden. Nach einem entscheidenden Krisen-Gespräch in der Klinik ist Greta bereit, wieder mit dem Essen anzufangen. Es wird besser, doch ihre Essstörung (eine kleine Auswahl von Lebensmitteln auf eine bestimmte Art zubereitet, mit viel Zeit zum Essen und vorzugsweise zu Hause) bleibt bestehen. Zusätzlich werden bei ihr Asperger-Syndrom, hochfunktionaler Autismus und OCD (Zwangsstörungen) diagnostiziert. Eines Tages sieht Greta in der Schule einen Film über die Verschmutzung der Weltmeere, in dem eine riesige Insel aus Plastikmüll gezeigt wird, und bricht in Tränen aus. Auch ihre Klassenkameraden sind zunächst betroffen, doch als die Lehrerin gegen Ende der Stunde ankündigt, für eine Hochzeitsfeier nach Connecticut zu fliegen, ist die Trauer dahin und alle unterhalten sich über aufregende Reisen ans andere Ende der Welt. Greta kann das nicht verstehen. In der Schule fühlt sie sich sowieso nicht wohl, da sie durch ihr sonderbares Verhalten auffällt und gemobbt wird.«[232]

Dieses »Erweckungserlebnis« war die Initialzündung für Gretas »Kampf für das Klima«. Psychologisch betrachtet, war es das dringend benötigte Ventil, der inneren Verzweiflung endlich ein Gesicht zu geben. Es ist wichtig zu verstehen, dass Kinder es nicht zulassen können, in ihren Eltern die eigentlichen Verursacher ihres Leidens zu sehen. Und nach jahrelanger Depression konnte Greta ihrer tiefen Not bislang nur autoaggressiv Ausdruck verleihen. Endlich jedoch konnte eine Projektion auf äußere Umstände erfolgen, die Todesangst, die Greta lange begleitet hatte und die sie verleugnen musste, war plötzlich berechtigt. Die Erwachsenen zerstörten rücksichtslos diesen Planeten, und wenn es so weiterginge, würde die kleine Greta sterben. Eigentlich könnte diese tragische Geschichte hier enden, denn letztlich wäre dies nur ein weiterer verzweifelter Selbstheilungsversuch einer Kinderseele. Interessant ist auch weniger die Geschichte Gretas als vielmehr die Tatsache, dass exakt dieses Psychogramm, *die Sublimierung abstrakter Todesangst und Schamgefühle auf die konkrete Klimakrise,* eine so große gesellschaftliche Entsprechung hat. *Die kollektive Beschämung der Gesellschaft hat einen Grad erreicht, der Gretas Zustand gleicht.* Große Teile der Gesellschaft sind »erwachsene Kinder«, die wie Greta bis heute nicht erkennen dürfen, dass sie von ihren Eltern verlassen wurden. Und die, wie Greta, nicht zulassen können, dass ihre Eltern verantwortlich für ihre Ängste sind. Und die, wie Greta, unbedingt ein Ventil brauchen, um ihre Schrecken abzuleiten. Und – *die unbedingt das Gefühl der eigenen Wirkmächtigkeit brauchen.* Das Postulat der selbst verschuldeten, CO_2-bedingten Klimakrise ist für schamgeprägte Normopathen nämlich vierfach genial:

» Es transzendiert die vermeintlich eigene Schuld und Scham.
» Die internalisierte, abstrakte Todesangst bekommt endlich ein Gesicht.
» Unter größten Opfern kann die Bedrohung in letzter Minute abgewendet werden. Dieses Sühneopfer schafft Linderung.
» Das »Zwei-Grad-Ziel« beweist die eigene Wirkmächtigkeit und befriedet kindliche Ohnmachtsgefühle.

Um die entlastende Funktion des Klimanarratives auch tiefenpsychologisch zu verstehen, braucht man genau 4 Minuten und 19 Sekunden. So lange dauert die Rede von Greta Thunberg auf dem UN-Klimagipfel in New York am 23. September 2019. Falls noch nicht geschehen, empfehle ich, diese Rede im Original anzusehen. Nur den Wortlaut wiederzugeben wird dem Drama in keiner Weise gerecht. Persönlich musste ich die Rede in Etappen anschauen, so irritiert war ich von dem Missbrauch eines kranken Mädchens. Wie unerwachsen müssen Gretas Eltern sein, um die Instrumentalisierung ihres Kindes in dieser schamlosen Weise zuzulassen? Da ist ein pubertierender Mensch mit tiefer Lebensangst, und im Hintergrund gibt es offensichtlich professionelle Akteure, die für ihre Interessen einen gesellschaftlichen Zwei-Komponenten Sprengstoff anrühren: *Gretas persönliche Projektion und die kollektive toxische Scham.* Ich zitiere den Text ohne das krude Zahlenwerk, das die Verfasser vom IPCC übernommen haben. Tenor des Faktensalates: Es bleiben der Menschheit maximal noch acht Jahre, dann … Der wirkliche Sprengstoff der Rede sind auch weniger die Pseudofakten als die unverhohlene Wut der jungen Generation. Aus ihrer Perspektive bestehen die Erwachsenen aus verständnislosen, unreifen, bösen, bequemen Dieben, Verrätern und Ignoranten. Die Egomanie der Alten hat die Zukunft der Jungen zerstört. Das wird man den Alten niemals verzeihen, man wird sie stattdessen beobachten und auf jeden Fall an einem »weiter so« hindern, egal ob es ihnen gefällt oder nicht. Gretas Text allein ist bereits radikal und aggressiv. Doch Gretas affektive Labilität, die verminderte Impulskontrolle und das übertriebene Mienenspiel machen den Vortrag zu einer gespenstischen Inszenierung. Ich kann nur noch einmal empfehlen, die Originalrede als Video anzuschauen:

»Meine Botschaft ist, dass wir euch beobachten werden. Das ist alles falsch. Ich sollte nicht hier oben sein. Ich sollte wieder in der Schule auf der anderen Seite des Ozeans sein. Doch ihr alle kommt zu uns jungen Menschen, um zu hoffen. Wie kannst du es wagen! Ihr habt meine Träume und meine Kindheit mit euren leeren Worten gestohlen. […] Denn wenn ihr die Situation wirklich verstehen würdet und immer noch nicht gehandelt hättet, dann wärt ihr böse. Und das weigere ich mich zu glauben. […] Es wird heute hier keine Lösungen oder Pläne geben, die mit diesen Zahlen

übereinstimmen, weil diese Zahlen zu unbequem sind. Und ihr seid immer noch nicht reif genug, um es so zu sagen, wie es ist. Ihr enttäuscht uns. Aber die jungen Leute fangen an, euren Verrat zu verstehen. Die Augen aller zukünftigen Generationen sind auf euch gerichtet. Und wenn ihr euch entscheidet, uns zu enttäuschen, sage ich: Wir werden euch nie verzeihen. Wir werden nicht zulassen, dass ihr damit durchkommt. Genau hier, genau hier ist es, wo wir die Grenze ziehen. Die Welt wacht auf. Und die Veränderung kommt, ob es euch gefällt oder nicht.«

Natürlich war es entschieden nicht egal, *wer* diese Rede vor der UN gehalten hat. Würde ein erwachsener Mann dasselbe gesagt haben wie Greta – der Vorsatz wäre sofort ersichtlich. Doch hier spricht der Archetyp einer unschuldigen, wahrhaftigen Jungfrau. Ein kleines Mädchen, dem man keine bewusste Lüge unterstellt und das de facto auch nicht lügt. Man muss den Text nur noch einmal lesen und sich als Adressaten statt »Gesellschaft« nur Gretas Eltern vorstellen – jedes Wort ergibt Sinn. Zweifellos waren sich die Verfasser dieses Umstandes bewusst. Dieser Text wurde der kleinen Greta auf den Leib geschrieben. Zugleich triggert er jedoch die jahrelang vorbereiteten Moralen des infantilen Kollektivs: Du bist schuldig! Du hast den Planeten kaputt gemacht! Deinetwegen gibt es so viele Klimaflüchtlinge! Und deshalb wirst du uns auch nie mehr widersprechen, wenn wir Vernünftigen nun die schmerzhaften Schritte einleiten, um zu retten, was noch zu retten ist. Denn schlussendlich retten wir sogar dich und wenn es sein muss, gegen deinen Willen. Sagt die heilige Jungfrau, und die infantile Menge jubelt. Und am Ende der religiös anmutenden Weissagung verneigen sich die höchsten Honoratioren vor einem wütenden kleinen Mädchen in einem scharlachroten Kleid, das in Wirklichkeit in eine psychiatrische Klinik gehört und nicht vor eine UN-Hauptversammlung in New York.

Die Frage, welche Kräfte tatsächlich hinter Greta Thunberg stehen und warum dieses kleine Mädchen in kürzester Zeit zur größten

Kult-Ikone der Neuzeit aufsteigen konnte, wäre sicherlich ein eigenes Buch wert. Dass Greta am 23. September 2019 vor der UN und am 21. Januar 2020 vor dem Weltwirtschaftsforum in Davos sprechen darf, um den mächtigsten Menschen dieses Planeten die Leviten zu lesen, lässt jedenfalls tief blicken. Im Abschlusskapitel komme ich auf die Rolle des WEF zurück, das wiederum maßgeblich an der Finanzierung der UN beteiligt ist. Für den geplanten »Great Reset« des WEF sind Klima- und Coronakrise die kardinalen Instrumente zur globalen Neuordnung. Selbstverständlich stehen hinter Greta zudem noch konkrete Verwerter, die ihre Geschichte persönlich und ökonomisch ausschlachten. Die Indizien, dass Greta sehr früh und professionell in Szene gesetzt wurde, um schlichtweg Geld zu verdienen, sind erdrückend. Ob bei der Atlantiküberquerung in einer Segeljacht, als Retterin des Hambacher Forstes oder bei der Audienz beim Papst – mit Greta konnten PR-Profis zeigen, was sie können. Wer das freie Denken noch nicht vollends verlernt hat, stellt sich naturgemäß einige Fragen:

»Ist sie womöglich ein kalt inszeniertes Produkt cleverer Marketingstrategen, die Profit aus dem medialen Hype schlagen wollen? Bereits im Februar berichtete die linksgerichtete Tageszeitung ›taz‹ unter dem Titel ›Greta Thunberg kommerziell ausgenutzt – Aktivistin als Werbefigur‹. Seither mehren sich vor allem in skandinavischen Medien Berichte über die kommerziellen Hintergründe des Greta-Hypes. Demnach steht insbesondere die Aktiengesellschaft ›We don't have time‹ im Zwielicht. Das Unternehmen wurde von einem der erfolgreichsten PR-Manager und Börsenspezialisten Schwedens, Ingmar Rentzhog, 2017 gegründet. Sein selbstbewusstes Ziel: Das ›weltweit größte soziale Netzwerk für Klimaaktion‹ zu schaffen und damit möglichst viel Geld zu verdienen. Als Gallionsfigur wird Greta Thunberg dafür gezielt aufgebaut. Schon der allererste Auftritt von Greta, als sie sich im August 2018 vor dem schwedischen Reichstag mit ihrem Pappschild ›Schulstreik für das Klima‹ niedergesetzt hat, wird von Rentzhog und seinem Medienteam ins rechte Bild gesetzt. Fotos und Videos – PR-professionell gleich in englischer Sprache – lässt Rentzhog von

Facebook bis Instagram viral verbreiten. Auf dem Youtube-Kanal von ›We don't have time‹ kann man vom ersten Moment an die Kampagne für Greta bestaunen. Der Zeitung ›Svenska Dagbladet‹, sagt Rentzhog hernach, er sei der Entdecker Gretas: ›Ja, so war es. Ich habe Greta dann auch mit vielem geholfen und dazu auch mein Kontaktnetzwerk verwendet.‹ Zeitgleich veröffentlicht die Mutter von Greta, Malena Ernmann, publikumswirksam ein Buch über das Familienleben, die Erkrankung von Greta und den Klimawandel. Das Buch wird ein internationaler Bestseller und flankiert den medialen Aufstieg Gretas perfekt. Ernmann ist in Schweden eine prominente Sängerin und hat Schweden 2009 beim Eurovision Song Contest vertreten. […] Kommerzielles Ziel der Rentzhog-Kampagne ist es von Anfang an, über die Klima-Ikone Greta die Aktiengesellschaft ›We don't have time‹ zu einer grünen Massen-Plattform auszubauen. Erste Investoren-Runden werden anberaumt und Finanzprospekte geschrieben, um Aktienkapital zeichnen zu lassen. In einem Börsenbriefing heißt es: ›Unser Vorbild ist ›TripAdvisor.com‹, das mit seinen 390 Millionen Usern Unternehmen bewertet und beeinflusst.‹ Ende November nimmt Greta Thunberg sogar offiziell einen Platz als Beraterin im Vorstand der Stiftung Rentzhogs ein. Beim Klimagipfel in Kattowitz im Dezember 2018 reist sie wie auf einer Road Show mit den ›We don't have time‹-Managern an und stellt das Projekt vor. Nachdem erste Kritik an der geschäftlichen Konstruktion öffentlich wird, zieht sich Greta von dem Unternehmen plötzlich zurück und erklärt in einem Facebook-Post vom 11. Februar offiziell: ›Ich habe keine Verbindungen mehr mit We don't have time.‹«[233]

Wer auch immer Greta Thunbergs Rede für die UN geschrieben hat, will spalten. Hinter der Skrupellosigkeit, die Not und Klage eines kranken Mädchens auszunutzen, um sie als Klimaschutz-Ikone aufzubauen, steht nichts Gutes. Wenn man dazu noch die Gesellschaft in »gute« und »böse« Menschen einteilt, wie Markus Söder dies tut, zerstört man gewachsene Strukturen und Institutionen. Lange vor Corona ging ein gewaltiger Riss durch Familien, Vereine, Generationen und Regionen. Auf der einen Seite Bessermenschen und Weltenretter, auf der anderen Seite Egoisten, Gestrige und Faktenverweigerer. Diese fatale Spaltung erlebt Deutschland seit 2015, damals bestanden die beiden Lager noch aus »Willkommensbefürwortern« und »Fremdenfeinden«. Doch die Ladung zwischen den Polen hat sich deutlich verschärft. Allein der Unterschied zwischen einem »Fremdenfeind« und einem »Klimaleugner« ist erheblich: Aus Sicht der Guten ist ein Fremdenfeind lediglich ein amoralisches Schwein. Ein »Klimaleugner« ist jedoch weitaus schlimmer, denn: Aufgrund von Fleischkonsum, Flugverhalten, SUV, Ölheizung, Kamin und Grill ist der Ignorant eine ganz konkrete Bedrohung. Inzwischen konnte diese Logik nur noch durch den »Corona-Leugner« übertroffen werden. Klimapolitik- und Corona-Politik-Kritiker in die semantische Nähe der Holocaustleugnung zu stellen, und damit in die Nähe eines Straftatbestandes, ist ein bewusster Akt. Hinter dieser beispiellosen Polarisierung steht eine 30-jährige Kampagne, nach der es inzwischen keinerlei Zweifel mehr geben darf, dass einzig der *menschengemachte* CO_2-Anstieg für den Klimawandel verantwortlich ist.

97 Prozent

»Die Wissenschaft hat festgestellt, dass Marmelade Fett enthält, Fett enthält.« Und dass Rotwein gut für die Herzkranzgefäße ist. Und dass Raucher besser gegen Corona geschützt sind. Falls Ihnen derartige Forschungen komisch vorkommen – es kommt noch kurioser: 97 Prozent der Wissenschaftler haben festgestellt, dass der Klimawandel allein von einem Spurengas verursacht wird, das nur 0,04 Prozent der Atmosphäre ausmacht. Doch es wird noch verrückter: Die Wissenschaft hat nämlich außerdem festgestellt, dass dieses Spurengas zu 96 Prozent natürlichen Ursprunges ist. Und jetzt wird es fast schon befremdlich: Nur die 4 Prozent des *menschengemachten* CO_2, also lediglich 0,00152 Prozent der Atmosphäre, sind für den kommenden Klimakollaps verantwortlich. Völlig crazy ist, dass in der Erdgeschichte dieses Spurgengas um ein Vielfaches höher lag und sich Pflanzen und Tierwelt damals bester Gesundheit erfreuten. *Heute* führt der Anstieg eines Promillewertes aber trotzdem zum Weltuntergang. Verrückt oder? Aber festgestellt ist festgestellt.

An dieser Stelle komme ich noch einmal auf den Meister der Massenmanipulation zurück, Edward Bernays. Er ist der Entdecker von zwei Grundprinzipien der erfolgreichen Propaganda. Zum einen sollte idealerweise eine Werbebotschaft nicht auf den eigentlichen Urheber zurückzuführen sein, sondern über Dritte propagiert werden. Zum anderen sollte man eine neue Behauptung gegen Widerspruch imprägnieren, indem man sie »objektiviert«. Gute Werbung spielt man über Bande, indem man Trends über die Hohepriester der Neuzeit in die Welt tragen lässt – den »objektiven Wissenschaftler«.

»Der Kniff Bernays': Er schuf ein Ereignis, das Ereignis schuf eine Nachricht, und diese Nachricht schuf eine Nachfrage für das, was er verkaufen wollte. Mit der richtigen PR-Strategie – so seine Botschaft – kann jedes Produkt zum Verkaufsschlager, jeder Politiker zum Siegertypen werden. Bernays' Methode war Reklame auf Umwegen. […] Einen solchen Umweg nahm Bernays auch, als der Lebensmittelhersteller Beech-Nut Company mit seiner Hilfe die Schinkenverkaufszahlen steigern wollte. Er erfand kurzerhand das ›American Breakfast‹ mit Schinken und Ei und beeinflusste die Frühstücksgewohnheiten der Amerikaner damit nachhaltig. Hierfür ersann Bernays als Erster ein Expertenkomitee für PR-Zwecke. Mehrere bekannte Ärzte bezahlte er dafür, unter ihren Kollegen eine Umfrage durchzuführen, ob ein leichtes oder ein herzhaftes Frühstück gesünder sei. Wenig überraschend gewann das herzhafte Frühstück mit Schinken und Ei, die Nachricht wurde in den Zeitungen verbreitet. Gesundheitsbewusst folgten die Amerikaner den Ratschlägen der Ärzte. ›Bacon and Eggs‹ wurde zum neuen Nationalfrühstück.«[234]

In *»Propaganda: Die Kunst der Public Relations«* schreibt Bernays dazu:

»Ein Fleischgroßhändler, der mit einer Werbekampagne der alten Schule mehr Speck verkaufen will, würde demnach in ganzseitigen Anzeigen möglichst oft herunterbeten: ›Esst mehr Speck. Speck ist billig, gut und gibt Kraft.‹ Ein Verkäufer der neuen Schule, der die Gruppenstrukturen der Gesellschaft und die Prinzipien der Massenpsychologie versteht, würde sich als Erstes fragen: ›Wer beeinflusst die Essgewohnheiten der Menschen am meisten?‹ Die Antwort liegt auf der Hand: ›Die Ärzte‹. Der neue Verkäufer wird also Ärzte dazu anhalten, öffentlich zu verkünden, wie nahrhaft und gesund Speck sei. Weil er die seelische Abhängigkeit vieler Menschen von ihrem Arzt kennt, kann er mit der Gewissheit eines Naturgesetzes vorhersagen, dass sehr viele Menschen dem Rat ihres Arztes folgen werden.«[235]

Menschen lieben Experten. Und in diesem Fall hatten Experten »bewiesen«, dass Schinken, besonders jeden Morgen gegessen, wichtig für die Gesundheit ist. Seither gilt der Trick mit dem »Expertenkomitee« als Nonplusultra. Mit entsprechender Expertise kann man nicht nur Produkte, sondern vor allem politische Entscheidungen als »alternativlos« verkaufen. Oder wie es Markus Söder so schön ausgedrückt hat:

»Es gibt Vorschläge und Ratschläge von den besten und schlausten Köpfen der Welt, wie man auf das eine, Corona, als auch auf das andere, Klimawandel, reagieren sollte. Es ist eigentlich nicht so schwer, diesen Empfehlungen zu folgen.«[236]

Es ist tatsächlich nicht schwer, das eigene Denken aufzugeben und wichtige Entscheidungen anderen zu überlassen. So muss man sich auch nicht fragen, wer eigentlich wissenschaftliche Forschungen bezahlt. Leider ist die romantische Vorstellung des beseelten Wissenschaftsgenies, das aus reinem Wissensdurst freier Forschung nachgeht und dabei irgendwelche »objektiven Entdeckungen« macht, naiv und grundfalsch. Tatsächlich ist es so, dass der Löwenanteil der Forschung nach der »Bernays-Methode« in Auftrag gegeben wird. Drostens zukünftiges Forschungsgebiet nach SARS-CoV-2 wird MERS sein. Wer glaubt, dass MERS den Forscher einfach nur brennend interessiert, wird auch den Weihnachtsmann für möglich halten. Forschung ist nicht neutral, sie wird bezahlt, und wundersamerweise »entdecken« Forscher auch regelmäßig, wofür sie bezahlt werden.

Das Phänomen der Unsichtbarkeit freier Wissenschaftler, die dem Corona-Narrativ widersprechen, gibt es auch in der Klimadebatte. Kritische Wissenschaftler, die von der anthropogenen Treibhausgas-These abweichen, kommen in den etablierten Medien praktisch nicht mehr vor. Das heißt aber nicht, dass es sie nicht gibt, und es bedeutet auch nicht, dass es sich dabei nur um eine unbedeutende Minderheit handelt. 2019 haben sich mit der Deklaration *»There is no climate emergency«*[237] 500 internationale Wissenschaftler an den UNO-Generalsekretär Guterres gewandt und eine offene Debatte verlangt. Nach römischem Motto »Audiatur et altera pars!« (Man höre auch die andere Seite) bitten die Forscher um ein konstruktives Treffen von Wissenschaftlern von Weltrang. In der medialen Öffentlichkeit sieht es jedoch so aus, als herrsche in puncto Klima großer wissenschaftlicher Konsens. Die Behauptung der großen Einigkeit, »97 Prozent aller Wissenschaftler«, geht auf eine »Studie« zurück, die Bernays nicht besser hätte einfädeln können. Die statistische Verzerrung des australischen Kognitionswissenschaftlers John Cook ist derart dreist, dass irgendwann sogar der *Spiegel* in seinem Artikel *»Die 97-Prozent-Falle«* einräumen muss:

»Die Uno berät über einen Weltklimavertrag, Wissenschaftler nutzen das für eine Kampagne: Sie behaupten, 97 Prozent der Klimaforscher seien sich einig. Doch das ist nur die halbe Wahrheit. […] Die Studie, die für so viel Aufsehen sorgt, wurde vergangenes Jahr von Forschern um John Cook von der australischen University of Queensland im Fachblatt ›Environmental Research Letters‹ veröffentlicht. Sie hatten Umweltaktivisten der Internetseite ›Skeptical Science‹ beauftragt, Tausende Klimastudien auszuwerten. Die Freiwilligen prüften, ob in den Zusammenfassungen der Arbeiten der menschengemachte (anthropogene) Klimawandel als gegeben vorausgesetzt wurde. Das Ergebnis: Weniger als ein Prozent der Studien

widersprachen ausdrücklich dem Einfluss des Menschen. Gut zwei Drittel hatten keine Position zu dem Thema – sie blieben außen vor. Das Resümee von Cook und seinen Kollegen: 97 Prozent legten einen menschlichen Einfluss zugrunde.«[238]

Was der *Spiegel* »nur die halbe Wahrheit« nennt, könnte man ebenso gut gelogen nennen, denn eigentlich ist das Ergebnis der Cook-Studie wertlos. Der Schweizer Journalist Alex Baur, der für die *Neue Zürcher Zeitung*, den *Stern* und *GEO* gearbeitet hat, hat sich die Studie genauer angeschaut. In seinem Artikel *»Der 97-Prozent-Mythos«* schreibt er:

»2013 wertete ein Team unter der Leitung des australischen Kognitionswissenschaftlers John Cook die Zusammenfassungen (Abstracts) von 12 000 wissenschaftlichen Publikationen aus 1980 Zeitschriften aus, die die Stichwörter ›Klimawandel‹ oder ›Klimaerwärmung‹ enthielten. Die erfassten Fachartikel wurden in acht Kategorien unterteilt:

a) Die Klimaerwärmung ist hauptsächlich durch Menschen verursacht.
b) Der Mensch ist an der Klimaerwärmung beteiligt.
c) Die Studie nimmt Bezug auf eine menschenverursachte Erwärmung.
d) Es wird keine Aussage zur menschengemachten Klimaerwärmung gemacht.
e) Die Rolle des Menschen wird erwähnt, es werden aber keine Schlüsse gezogen.
f) Der Mensch hat einen unbedeutenden Einfluss auf die Klimaerwärmung.
g) Der Einfluss des Menschen auf die Klimaerwärmung ist nicht nachweisbar.
h) Die menschengemachten CO_2*-Emissionen sind vernachlässigbar.*

In der Auswertung wurden die Artikel der Kategorien a bis c als ›Zustimmung‹ gewertet, f bis h galten als ›Ablehnung‹. Die Kategorien d und e, denen man zwei Drittel der Arbeiten zuordnete, wurden als irrelevant eliminiert. Durch diesen statistischen Trick wurden aus den 32,6 Prozent, die den Kategorien a bis c entsprachen, plötzlich 97 Prozent ›Zustimmung‹.

Man hätte aus der Studie ebenso gut schließen können: ›66,4 Prozent der Klimawissenschaftler wollen sich bezüglich des menschlichen Einflusses auf das Klima nicht festlegen.‹«[239]

Noch einmal vereinfacht: Cook beauftragt »freiwillige Umweltaktivisten« mit der Sichtung von 12 000 wissenschaftlichen Klimastudien aus den Jahren 1991 bis 2011 (Aktivisten sind ja für ihre Neutralität bekannt …). Diese finden im Löwenanteil der Studien, nämlich bei 66 Prozent, jedoch keinerlei Aussagen pro oder contra menschengemachter Klima-Ursachen. Ein an sich schon höchst bemerkenswertes Ergebnis, denn was heute als Konsens gilt, haben damals über zwei Drittel der Klimaforscher überhaupt nicht auf dem Schirm. Cooks Aktivisten »löschen« jetzt aus ihrer Erhebung 66 Prozent der »neutralen Studien« heraus, diese gehen fortan nicht mehr in die Bewertung ein. Unter den verbliebenen 4014 Beiträgen finden sie plötzlich nur noch 118 Positionen, die sich explizit *gegen* die These des anthropogenen Klimawandels stellen. Et voilà: Die »Einigkeit von 97 Prozent aller Wissenschaftler« pro anthropogener Klimakrise wurde bewiesen. Barack Obama teilt die freudige Nachricht sogleich über Twitter:

»97 Prozent der Wissenschaftler stimmen überein: Klimawandel ist eine Tatsache, menschengemacht und gefährlich.«[240]

Für die kommenden Jahre werden linksgrüne Politiker, UN, IPCC- und WEF-Funktionäre jedem Freidenker mit Cooks 97-Prozent-Mem den Mund stopfen. Wer es auch nur wagt anzudenken, dass der Klimawandel weitere oder andere Ursachen haben könnte als das Spurengas Kohlendioxid, erntet angesichts der unumstößlichen »Fakten« genervtes Augenrollen und Kopfschütteln. »Klimaleugner« gelten fortan als Fall für den Psychiater.

400 ppm

In der Klimadebatte geht es letztlich um sehr kleine Dinge, die manchmal große Wirkung haben können. Dass dies prinzipiell so sein kann, würde ich niemals abstreiten. Auf eine Million Teilchen Luft kommen lediglich 400 Teilchen CO_2. Dies sind die berühmten 400 »Parts per Million« oder eben 0,04 Prozent der Atmosphäre. Der Löwenanteil der Luft besteht aus Stickstoff (78,1 Prozent) und Sauerstoff (20,1 Prozent). Beide Gase sind jedoch nicht *infrarotaktiv.* Dies bedeutet, diese Gase können die infrarote Rückstrahlung der Erde in den Weltraum nicht absorbieren beziehungsweise zurückspiegeln. Die infrarotaktiven Spurengase der Atmosphäre machen zusammen nur 0,1 Prozent der Luft aus, doch davon wiederum ist knapp die Hälfte CO_2. Betrachtet man diese Minimalmenge als absolute Größe, ist die CO_2-Steigerung von 300 ppm vor 200 Jahren auf 400 ppm heute durchaus eine markante Erhöhung.

Natürlicherweise tauscht die Atmosphäre jedes Jahr Hunderte Milliarden Tonnen CO_2 zwischen der Luft einerseits und Meer, Gesteinen und Biomasse andererseits aus. Obwohl der menschliche Anteil an dieser natürlichen Kohlendioxidmenge lediglich 3 bis 4 Prozent ausmacht, lautet die Hypothese der IPCC Forscher, der natürliche Kreislauf wäre vor dem Menschen geschlossen gewesen, also ein Nullsummenspiel. Milliarden Tonnen freigesetztes CO_2 natürlichen Ursprungs, aus dem Meer, Steinen und Vulkanen, würde über ebenso natürliche Kreisläufe wieder vollständig resorbiert werden. Der CO_2-Gehalt der Atmosphäre bliebe ohne den Menschen immer konstant. Dass dies erdgeschichtlich nicht stimmt, wird zwar widerwillig eingeräumt, doch die Zeitalter, in denen der CO_2-Gehalt drastisch schwankte, seien zu lange her und für die heutige Debatte irrelevant. Für die Jetztzeit gelte: Nur der geringe Prozentsatz des *menschlich* erzeugten CO_2 ginge *nicht* in den natürlichen CO_2-Kreislauf ein und würde daher in der Atmosphäre kumulieren. Allein dieses Postulat ist bemerkenswert, denn CO_2 ist CO_2.

Bezüglich der natürlichen Effekte nimmt das Spurengas zweifellos an den Faktoren der Re-Absorption teil, wie das vermehrte Pflanzenwachstum durch höhere CO_2-Werte eindrucksvoll belegt. Zudem gibt es recht genaue Berechnungen, wie viel CO_2 die Menschen inzwischen emittiert haben; würde tatsächlich gar nichts davon im natürlichen Regelkreis verschwinden, müsste der CO_2-Wert sogar über 400 ppm liegen. Wie dem auch sei, laut IPCC nimmt das von Menschen erzeugte *zusätzliche* CO_2 nicht oder kaum am natürlichen Regelkreis teil, allein deshalb sei der Wert von 280 ppm um das Jahr 1800 auf derzeit etwa 400 ppm angestiegen. Die Folge: Wenn tagsüber die Erde von der Sonne beschienen wird, gehen die kurzwelligen Sonnenstrahlen durch die Atmosphäre hindurch, treffen auf den Erdboden und erwärmen diesen. In der Nacht würde der Erdboden die aufgenommene Wärmeenergie in den Weltraum zurückstrahlen wollen, doch diese Rückstrahlung hat eine andere Wellenlänge als die Tagesstrahlen. Die langen Wärmestrahlen (Infrarot) stießen nun an die von den Menschen zusätzlich eingebrachten CO_2-Moleküle in der Atmosphäre und können daher nicht mehr in den Weltraum entweichen. Nach einigen Irrläufern in der Atmosphäre würden einige davon wieder erneut auf den Erdboden treffen, über lange Zeiträume käme es so zu immer höheren Erdtemperaturen.

Um diese Treibhausgas-These zu illustrieren, wird jedem Schüler die wärmeabsorbierende Wirkung von CO_2 in einem Experiment bewiesen. Hierfür nimmt man eine Wärmequelle (Lampe oder Kerze), richtet eine Infrarotkamera darauf, stellt einen leeren Plexiglasbehälter dazwischen und leitet 100-prozentiges CO_2 in den Behälter ein. Nach kurzer Zeit wird das IR-Bild der Kamera gedämpft oder verschwindet ganz. Dann tauscht man das CO_2 durch Stickstoff aus, und das IR-Bild der Wärmequelle erscheint wieder. Der Beweis: CO_2 hat eine stark isolierende Wirkung – Stickstoff (oder Sauerstoff) nicht. Natürlich wäre das Experiment realitätsnäher, wenn man den Behälter nicht mit reinem, schwerem CO_2

befüllt, sondern einfach die Luft darin belassen würde. Doch dann ließe sich der Minimaleffekt in einem Schullabor gar nicht nachweisen. Es geht darum, ein Prinzip zu verdeutlichen, und obwohl in diesem Experiment etwas gemogelt wird, weil man die zigtausendfache Menge CO_2 benutzt, wäre es albern, die IR-absorbierende Wirkung von CO_2 abzustreiten. Tatsächlich geht es in der Debatte auch nicht darum abzuerkennen, dass CO_2 Infrarotstrahlen prinzipiell blocken kann; es geht noch nicht einmal darum abzustreiten, dass sich CO_2 möglicherweise aus anthropogenen Gründen erhöht hat. In Wirklichkeit ist die Infrarotwirkung von CO_2 seit über 100 Jahren wissenschaftlicher Konsens, und mit dem Bekanntwerden wurde bald auch die Treibhausgasthese angedacht. Trotzdem wurde die Idee aus physikalischen Gründen sogleich wieder verworfen.

Im Jahr 1901 konnte der berühmte Physiker Knut Ångström in seiner Schrift »*Einige Bemerkungen zur Absorption der Erdstrahlung durch die atmosphärische Kohlensäure*« nachweisen, dass es einen Grenzwert von CO_2 in der Atmosphäre gibt, ab dem die IR-Absorption von CO_2 vollständig gesättigt ist. Egal wie hoch der CO_2-Wert in der Atmosphäre danach noch steigen würde, aus physikalischen Gründen kann nicht mehr Infrarotstrahlung auf den Erdboden zurückgeworfen werden. Dieser »Sättigungsgrad« liegt bei nur 350 ppm und ist heute bereits überschritten. Auch wenn 800 ppm CO_2 in der Atmosphäre wären oder selbst wenn man alle verfügbaren fossilen Brennstoffe auf einmal verheizen würde – laut Ångström hat zusätzliches CO_2 keinen weiteren Einfluss auf die Absorption und Rückstrahlung langer IR-Wellen. Ångströms Entdeckungen waren derart überzeugend, dass die CO_2-Treibhausgasthese über 50 Jahre lang verworfen wurde. Als wissenschaftlicher Konsens galt: CO_2 könne aufgrund der Strahlungs-Sättigungsbanden überhaupt keinen signifikanten Einfluss auf die Erderwärmung haben. In den 1970er-Jahren kam sogar kurzfristig die These auf, CO_2 sei verantwortlich dafür, dass *zu wenig* Sonnenlicht zur Erde durchdringen würde, daher drohe eine Eiszeit. Dass selbst in der Cook-Studie über 66 Prozent der Klimaforscher gar keine Aussagen pro oder contra anthropogener CO_2-These machen, zeigt, dass die Debatte vor Kurzem noch wesentlich offener war als heute.

1972 erschien der Bericht des *Club of Rome »Die Grenzen des Wachstums. Bericht des Club of Rome zur Lage der Menschheit«*. In dieser dystopischen Zukunftsvorhersage wurden vor allem die beiden Weltuntergangszenarien *Versiegen des Erdöls* und *Überbevölkerung* beschworen – doch wie man heute weiß, trat keines der beiden Szenarien ein. Damals wollte man jedoch unter allen Umständen ein Umdenken befördern, erstmalig kam dabei auch das Postulat der globalen Klimaerwärmung auf:

»Auf der Suche nach einem neuen Feind, der uns vereint, kamen wir auf die Idee, dass sich dazu die Umweltverschmutzung, die Gefahr globaler Erwärmung, Wasserknappheit, Hunger und dergleichen gut eignen würden.«[241]

In den 1970er-Jahren begannen immer mehr Forscher, das Ångström-Postulat aufzuweichen. Zwar habe Ångström prinzipiell recht, doch die Sache mit der Erderwärmung sei wesentlich komplexer. In Wirklichkeit sei die Atmosphäre sehr kompliziert aufgebaut und eben kein einheitlicher Raum, in dem Ångströms Sättigungswert von 350 ppm in jeder Schicht gelte. Weiter oben in Richtung Stratosphäre sei so wenig CO_2 vorhanden, dass hier der Sättigungswert von 350 ppm noch nicht erreicht ist. Zwar sei es prinzipiell richtig, dass 400, 500 oder 800 ppm erreicht werden könnten, ohne dass dies einen nennenswerten Einfluss auf die IR-Rückstrahlung hätte, dennoch würden sich über den Partialdruck immer mehr Moleküle auch in die obersten Schichten verirren, wo es bislang noch eine Untersättigung von CO_2 gegeben habe. Diese oberen Schichten würden eben doch, wenn auch minimal, zu einer weiteren Rückstrahlung der langen IR-Wellen führen. Zudem haben sich die heutigen Forscher das CO_2-IR-Spektrum noch einmal ganz genau angesehen und dabei festgestellt, dass es minimale Frequenzbereiche gibt, die eben doch bei einer Erhöhung des CO_2

zusätzliche, minimal blockende Wirkungen hätten. Beide Effekte zusammen, die noch nicht ganz ausgenutzten Frequenzbereiche sowie die Effekte der wenigen CO_2-Moleküle nahe der Stratosphäre, seien zwar klein, würden zusammengenommen aber zu einem weiteren Effekt führen: Die kleinen Veränderungen bezüglich des CO_2 würden letztendlich das *Aufnahme-Vermögen der Atmosphäre für Wasserdampf erhöhen,* sodass über die vermehrte Wolkenbildung der Treibhauseffekt schließlich doch noch zustande kommen soll.

»Der Wasserdampf-Feedback ist nach wie vor der durchweg wichtigste Rückkopplungs-Effekt, der die von den allgemeinen Zirkulationsmodellen als Reaktion auf eine CO_2-Verdoppelung vorhergesagte globale Erwärmung verursacht«.[242]

Dass die IPCC-Forscher an dieser Stelle der Kausalkette endlich H_2O ins Spiel bringen, ist wissenschaftlich gesehen auch mehr als notwendig. Denn Wasser hat bekanntermaßen den eigentlichen Einfluss auf den Treibhauseffekt. Natürlich sind die zugrundeliegenden Berechnungen für derartige Ableitungen, mehr CO_2 sorgt auch für mehr H_2O, sehr komplex und nur von Supercomputern zu bewerkstelligen. Die überall postulierten exakten Einheiten zwischen CO_2-Erhöhung in ppm und Grad-Celsius-Erhöhungen auf das Komma genau sind daher recht bemerkenswert. Noch 2001 gab das IPCC in seinem Zustandsbericht selbst zu, dass derartige Berechnungen in dieser Exaktheit eigentlich gar nicht möglich sind:

»Wir haben es mit einem gekoppelten, nichtlinearen chaotischen System zu tun. Daher sind langfristige Prognosen zukünftiger Zustände des Klimas nicht möglich.«

Und die Deutsche Meteorologische Gesellschaft stellte fest:

»Es ist unstrittig, dass der anthropogene Treibhauseffekt noch nicht unzweifelhaft nachgewiesen werden konnte. Allerdings liegt bereits eine Reihe von Indizien für eine anthropogene Erwärmung vor. Nach wie vor gibt es jedoch Diskussionen über verschiedene Rückkopplungsprozesse im komplexen Klimasystem.«[243]

Heute gilt das Einfordern derartiger »Diskussionen« als Ketzerei. Ich muss ehrlicherweise sagen, dass ich die der Treibhausgasthese zugrunde liegenden physikalischen Formeln und Berechnungen nicht verstehe. Wenn ich Fachartikel lese, welche die anthropogene CO_2-These belegen wollen, finde ich sie jedenfalls schlüssig. Wenn ich Fachartikel lese, welche die anthropogene CO_2-These widerlegen, finde ich sie leider ebenfalls schlüssig. Am Ende muss ich an die eine oder andere These *glauben.* Mein Fazit: Ich glaube an den Klimawandel und halte die Möglichkeit, dass der minimale CO_2-Anteil des menschlich erzeugten Kohlendioxids eine Rolle spielt, für plausibel. Allerdings kann ich nicht glauben, dass dieser Effekt der *einzig relevante* sein soll. Für mich sind die kosmischen Klimafaktoren viel zu überzeugend, als dass ich sie für völlig vernachlässigenswert halten kann. Mit dieser Einschätzung falle ich in die wahnhafte Kategorie des »Ursachenskeptikers/-leugners«, der einer Therapie bedarf; dazu gleich mehr. Zunächst weiter mit meinen Wahnvorstellungen: Für mich hat es in der jüngsten Geschichte vor der Industrialisierung zu viele beeindruckende Klimaschwankungen gegeben, die nichts mit dem anthropogenen CO_2-Anteil zu tun haben können. Grönland (»Grünland«) heißt so, weil im Jahr 982 an die 4000 Wikinger unter der Führung von Erik dem Roten aufgrund des milden Klimas Ackerbau, Schafs- und Rinderzucht betreiben konnten. Im Klima-Optimum der Römerzeit wurde in England mit großem Erfolg Wein angebaut. Dendrologische und Radiokarbon-Untersuchungen von Baumstämmen aus Österreich belegen, dass die Baumgrenzen in den letzten 9000 Jahren viel höher lagen und zudem stark schwankten. Dies lässt auf sehr unterschiedliche Warm- und Kaltphasen schließen. Wirklich beeindruckt haben mich aber drastische Faktoren, auf die der Mensch gerade *keinen* Einfluss hat, um nur einige zu nennen:

» Die Erde schlingert in ihrer Achsneigung und elliptischen Bahn um die Sonne, den sogenannten Milanković-Zyklen. Dabei steht der Planet der Sonne mal näher und mal ferner. Dies löst unweigerlich Warm- und Kaltzeiten aus.

- Es gibt eine deutliche Korrelation zwischen Zeitdauer der Sonnenflecken-Zyklen und der Temperaturentwicklung der Erde. 2019 warnte die NASA sogar, dass der nächste Zyklus der schwächste der letzten 200 Jahre sein wird. Ein globaler Kälteeinbruch könnte die Folge sein.
- Das Erdmagnetfeld wird derzeit instabil und kann jederzeit kippen. Aktuell hat sich der Nordpol bereits um Hunderte Kilometer verschoben; viele Forscher sind der Meinung, ein Polsprung stehe unmittelbar bevor. Die Auswirkungen auf das Klima wären verheerend.
- Entgasungen aus Förderschloten am Meeresboden und Vulkanausbrüche können die weltweiten CO_2-Einsparungen von Jahrzehnten zunichte machen.
- Je nach Größe eines Vulkanausbruchs kann Feinstaub die Erde in eine neue Eiszeit katapultieren. Vulkanausbrüche waren auch der Grund für die Kleine Eiszeit am Ende des Mittelalters. Damals fror die Ostsee mehrfach zu.
- Die Erhöhung der kosmischen Strahlung durch nahe Supernovae-Explosionen hat die Kohlendioxidmenge in der Atmosphäre bereits mehrfach sprunghaft ansteigen lassen.
- Der Einschlag selbst kleiner Meteoriten kann das Klima für Jahrhunderte kippen lassen.
- Der Löwenanteil des Treibhauseffekts, über 60 Prozent, geht auf die H_2O-Menge, also Wasserdampf, in der Atmosphäre zurück. Auf die Wassermenge in der Atmosphäre hat der Mensch jedoch keinerlei Einfluss.
- Allein die letzte Kaltzeit hatte 23 rasante Klimaschwankungen, die sogenannten Dansgaard-Oeschger-Ereignisse. »In der nördlichen Hemisphäre stellen sie sich als Perioden schneller Erwärmung, gefolgt von einer langsamen Abkühlung, dar. [...] Die Existenz der Dansgaard-Oeschger-Ereignisse fand erst nach Auswertung der grönländischen Eisbohrprojekte GRIP und Greenland Ice Sheet Project (GISP) breite Anerkennung [...].«[244]

And last but not least – altersbedingt habe ich einfach schon zu viele »die Wissenschaft hat festgestellt, es gibt nur eine Ursache«-Themen durchgemacht. In den Bereichen, in denen ich mich besser auskenne, Medizin und Psychologie, haben viele »eine Ursache«-Theorien recht kurze Halbwertszeiten. So sind die Postulate über Cholesterin und die Verordnung von Statinen oder über ADHS bei Jungen heute eher peinlich. Trotzdem werden überkommene Theorien von Nutznießern mit Klauen und Zähnen verteidigt, wodurch neue Erkenntnisse künstlich verhindert wurden. So sind viele Bandscheiben- und Knie-Operationen völlig unnötig, werden aber dennoch praktiziert, weil sich ein eingespieltes Netzwerk von Fachärzten und Kliniken die hohen Gewinne nicht mehr nehmen lässt. Im Fokus der Alarmisten stand in den 1980er-Jahren noch Ozon. Damals gab es zu wenig davon, was eine sehr schädliche Wirkung auf den Menschen hatte. Inzwischen hat sich das Ozon-Thema sang- und klanglos aufgelöst. Heute gilt Ozon als weiteres Treibhausgas, und ein Zuviel soll ebenfalls schädlich für den Menschen sein. Nachdem von Ozon niemand mehr sprach, trat in den 1990er-Jahren CO_2 auf den Plan. Doch die meisten Menschen haben inzwischen längst vergessen, welches Horrorszenario die 1970er-Jahre bestimmte: Vor den Spurengas-Thesen dominierten die Partikel-Thesen. In den 1970er-Jahren ging es weder um Kohlendioxid noch um Ozon und auch nicht um Argon oder Methan. Damals stellten die Klimaalarmisten fest: Aufgrund der Partikelansammlung in den höchsten Luftschichten, in denen es über Jahrhunderte kaum einen Austausch gäbe, kumulierten die von Menschen gemachten Feinstäube. Interessanterweise galt bei der Partikelthese die oberste Luftschicht als statisch – das Gegenteil wird in der CO_2-These behauptet. Als ursächlich für die Feinstäube galten Industrie und Wasserstoffbomben. Damals wurde in die entgegengesetzte Richtung argumentiert: Da die kurzwelligen Lichtstrahlen der Sonne tagsüber die Partikelschicht nicht vollständig durchdringen können, käme es unweigerlich zu einer neuen Eiszeit:

»Erinnert sich noch jemand? In den 70er-Jahren waren sich die Mehrheit der zuständigen Wissenschaftler und die Medien einig, vor einer neuen Eiszeit zu stehen, weil die globalen Temperaturen zuvor gesunken waren. Was aus der Rückschau von heute besonders auffällt: Die erwarteten Folgen glichen denen, die heute im Zusammenhang mit der Erderwärmung diskutiert werden, wie ein Ei dem anderen: Unbewohnbarkeit der Erde, Extremereignisse, Hurrikane, Dürren, Fluten, Hungerkrisen und andere Katastrophen, die CIA erwartete Klimakriege.«[245]

Die *Welt* veröffentlicht den wissenschaftlichen Konsens der 1970er mit einer beeindruckenden Artikelsammlung, hier nur eine kleine, gekürzte Auswahl:

»Hamburger Abendblatt, 21.3.1970:

Nur fünf Prozent zusätzliche Wolken durch Luftverschmutzung würden die mittlere Temperatur um vier Grad herabsetzen. Damit käme die nächste Eiszeit bestimmt. Sie könnte ein unerwünschtes Beiprodukt der Zivilisation sein, sozusagen ein ›Industrie-Erzeugnis‹. […] Seit zehn Jahren sinken die Temperaturen. Dennoch befürchten viele Meteorologen, dass es einen ›Punkt ohne Umkehr‹ geben mag, von dem aus die verschmutzte Luft zwangsläufig und unaufhaltsam das Klima beeinflusst. Der Winter 1968/69 brachte für den Nordatlantik eine Eisbedeckung, wie es sie schon seit fast sechzig Jahren nicht mehr gab. Viel Eis reflektiert viel Sonnenstrahlung wieder in den Weltraum hinaus und verbraucht viel Wärme zum Schmelzen.

Wirtschaftswoche, 28.4.1974:

Es gibt keinen Zweifel mehr: Das Wetter spielt verrückt. In der bisher umfassendsten meteorologischen Operation der Geschichte versuchen Forscher von 70 Nationen derzeit zu ergründen, ob der Wahnsinn auch Methode hat: Das Global Atmospheric Research Program (GARP) soll feststellen, ob sich der Planet einer neuen Eiszeit entgegendreht. Eines steht schon fest: Es wird seit 30 Jahren kälter. Seit 1940 ist die globale Durchschnittstemperatur um 1,5 Grad gesunken. Weite Gebiete Kanadas, die einst im Sommer stets eisfrei waren, sind heute das ganze Jahr hindurch kristallbedeckt. Was den Temperatur-Rückgang ausgelöst hat (der seinerseits verantwortlich ist für die meisten anderen Klima-Veränderungen), darüber sind sich die GARP-Wissenschaftler noch nicht einig. Die Theorien reichen vom Einfluss der Sonnenflecken bis zur Aussperrung von Sonnen-Energie durch eine umweltverschmutzte Atmosphäre.

Der Spiegel, 12.8.1974:

Spätestens seit 1960 wächst bei den Meteorologen und Klimaforschern die Überzeugung, dass etwas faul ist im System des Weltwetters: Das irdische Klima sei im Begriff umzuschlagen. Symptome dafür entdeckten die Experten inzwischen in fast allen Weltenregionen. Am Anfang standen Messdaten über eine fortschreitende Abkühlung des Nordatlantiks. Dort sank während der letzten 20 Jahre die Meerestemperatur von zwölf Grad Celsius im Jahresdurchschnitt auf 11,5 Grad. Seither wandern die Eisberge weiter südwärts bis auf die Höhe von Lissabon, mehr als 400 Kilometer weiter südlich als in den Wintern zuvor. Am Polarkreis wurden die kältesten Wintertemperaturen seit 200 Jahren gemessen. Auf Island ging die Heuernte um 25 Prozent zurück, auf der Britischen Insel schrumpfte die jährliche Wachstumsperiode um zwei Wochen. [...] Nach Studium des beunruhigenden Datenmosaiks halten es viele Klimaforscher für wahrscheinlich, dass der Trend, der den Erdbewohnern in der ersten Hälfte des 20. Jahrhunderts die – klimatisch – besten Jahre seit langem bescherte, sich nun umkehrt. [...] Die Chancen für eine rasche Rückkehr des günstigen Klimas etwa der dreißiger Jahre, so taxierte der US-Wetterforscher James McQuigg, stünden ›bestenfalls eins zu 10000‹.«

Klimaleugner

In Bezug auf den Klimaleugner unterscheidet man streng wissenschaftlich zwischen »Trend-«, »Ursachen-« und »Folgenskeptiker/-leugner«. Und wie immer gibt es verschiedene Grade der neuen Geisteskrankheit:

»Trendskeptiker/-leugner leugnen generell, dass eine Erderwärmung stattfindet. Ursachenskeptiker/-leugner räumen zwar ein, dass gegen-

wärtig eine globale Erwärmung existiert. Sie stellen aber den menschlichen Einfluss darauf in Frage, indem sie behaupten, dass der menschliche Einfluss übertrieben werde, verglichen mit natürlichen Faktoren vernachlässigbar oder überhaupt nicht vorhanden sei. Ebenfalls als Ursachenskeptiker werden Menschen bezeichnet, die behaupten, es sei nicht mit ausreichender Genauigkeit bekannt, was die Hauptursachen der globalen Erwärmung sind. Folgenskeptiker/-leugner akzeptieren die menschliche Ursache der globalen Erwärmung, behaupten aber, dass diese positive Auswirkungen habe oder die Klimamodelle nicht robust genug seien. […] Speziell für klimaskeptische Wissenschaftler stellte Peter Doherty eine vierteilige Klassifizierung vor:

» *Glasklare Leugner, die dem IPCC Betrug vorwerfen und Klimaforscher für Narren halten.*
» *Kampflustige Streithähne, die automatisch eine Gegenposition zu jedem generellen Konsens einnehmen.*
» *Professionelle Polemiker, die durch ihre Beteiligung an einer bedeutenden öffentlichen Debatte nach persönlicher Anerkennung streben.*
» *Neinsager mit Interessenkonflikt, die früher eng mit Industriebranchen wie dem Bergbau zusammengearbeitet haben und nun einen starken Loyalitätsinn verspüren.*

Es lassen sich zudem mehrere hierarchische Stufen der Klimawandelleugnung erkennen. James L. Powell nennt insgesamt sieben Stufen. In diesem Zusammenhang weist er explizit darauf hin, dass sich Klimawandelleugner wie bei der militärischen Verzögerungstaktik von Stufe zu Stufe zurückfallen lassen, sobald ihre jeweiligen Behauptungen von Wissenschaftlern widerlegt werden. Sind sie schließlich bei der letzten Stufe angekommen, beginnen sie demnach zumeist die Abfolge wieder von vorne.

1. *›Die Erde erwärmt sich nicht.‹*
2. *›Okay, sie erwärmt sich, aber Ursache ist die Sonne.‹*
3. *›Also gut, Menschen sind die Ursache, aber das macht nichts, weil die Erwärmung keine Schäden verursachen wird. Mehr Kohlen-*

dioxid wird tatsächlich sogar vorteilhaft sein. Mehr Pflanzen werden wachsen.‹

4. *›Zugegeben, die globale Erwärmung könnte sich durchaus als gefährlich erweisen, aber wir können nichts gegen sie tun.‹*
5. *›Sicher, wir könnten etwas bezüglich der globalen Erwärmung tun, aber die Kosten würden zu hoch sein. Wir haben derzeit dringendere Probleme, wie zum Beispiel Aids und Armut.‹*
6. *›Wir könnten durchaus in der Lage sein, es uns zu leisten, irgendwann mal etwas gegen die globale Erwärmung zu tun; aber wir müssen auf ›solide Wissenschaft‹, neue Technologien und Geoengineering warten.‹*
7. *›Die Erde erwärmt sich nicht. Die globale Erwärmung endete 1998, sie war nie eine Krise.‹«*[246]

Die Abwehr der Klimaalarmisten ist derart komplett, dass sie nicht einmal im Ansatz denken können, dass die anthropogene CO_2-Erhöhung lediglich ein Teilaspekt des Klimawandels sein könnte. Die Vehemenz, mit der die Debatte auf eine monokausale Ursache verengt wird, ist nur aus tiefenpsychologischer Sicht verständlich. Man kann es sich inzwischen schlichtweg nicht mehr leisten, die eigene Angstsublimierung infrage zu stellen.

Wenn herauskäme, dass nicht allein das anthropogene CO_2 für den Klimawandel verantwortlich ist, eine globale Temperaturerhöhung aber trotzdem stattfindet, was dann?

Das Anerkennen der Machtlosigkeit und das Auf-sich-Nehmen eines unabwendbaren Schicksals katapultieren toxisch beschämte erwachsene Kinder direkt in die Retraumatisierung. Daher kann nicht sein, was nicht sein darf. Weitere, äußert wirksame Klimafaktoren, welche die Erde seit jeher abwechselnden Heiß- und Kaltphasen ausgesetzt haben, werden als »unwissenschaftlich« ignoriert. Klimaänderungen sind nur über einen einzigen Mechanismus denkbar, und den kann der Mensch wirkmächtig beeinflussen – Punkt. Wissenschaftler außerhalb des IPCC, die weitere Faktoren zu bedenken geben, sind fehlgeleitet, korrupt und stehen auf der

Gehaltsliste der Ölindustrie. Derartige »Pseudowissenschaft« wird von vornherein diskeditiert:

»Bei der [wissenschaftlichen] Leugnung des menschengemachten Klimawandels handelt es sich um eine Form von Pseudowissenschaft, die Ähnlichkeiten aufweist mit weiteren Formen der Wissenschaftsleugnung wie beispielsweise dem Bestreiten der Evolutionstheorie oder der gesundheitsschädlichen Auswirkungen des Rauchens bis hin zum Glauben an Verschwörungstheorien.«[247]

Und in Bezug auf Deutschland weiß Wikipedia auch ganz genau, wer diese kruden Theorien teilt, nämlich: *»Überrepräsentiert sind Klimaleugner unter Männern sowie unter Menschen aus Ostdeutschland.«*

Da sind sie wieder, die Schädlinge und Störenfriede der schönen, neuen Welt – *männliche Ossis!* In der ehemaligen DDR wohnen Hinterwäldler, Typen, die böse Parteien wählen und die weder an den Klimawandel noch an die Schädlichkeit des Rauchens oder die Evolutionstheorie glauben …

Interessant an der Projektion und Ableitung des eigenen Schattens ist die offensichtliche und direkte Übertragung von Scham, wie sie der Therapeut John Bradshaw vorweggenommen hat. Bradshaw spricht in diesem Zusammenhang vom »schamlosen Verhalten«, um die eigene internalisierte Scham loszuwerden. Der Philosoph Christian Schüle geht der neuen Schamwelle in *Deutschlandfunk Kultur* auf den Grund:

»Da dieser Tage Feindbilder am laufenden Band produziert werden – Populisten, Rassisten, Sexisten; Klimakiller, Tiertöter, Fleischfresser; Kreuzfahrttouristen, Superreiche, Konsumkapitalisten – sickert durch die Hintertür der kostenfreien Moralisierung etwas sehr Gefährliches in den Humus der Republik und vergiftet peu à peu ihr soziales Klima: eine puritanische Moral der Askese, die über Verbot und Verzicht zu gefälligem Verhalten erziehen will. Allerorten: Scham! Wer sich falsch verhält, wird als schuldig an den Pranger gestellt. Wer seinen Lebensstil nicht ändert – jetzt, sofort und absolut – soll sich schämen. Flugscham. Fleisch-Scham.

Konsum-Scham. Klassenscham. Elitenscham. Alter-weißer-Mann-Scham … Wer sich dem Scham-Streaming nicht unterordnet, versündigt sich: am Wahren, Richtigen und natürlich Guten, das deshalb gut ist, weil Meinungsmacher, Influencer oder Lobbys es für gut befinden und sich damit durchsetzen. Wissenschaftler werden attackiert, wenn sie ›falsche‹ Frage- und Themenstellungen aufwerfen. Maler werden von Jahresausstellungen ausgeladen, weil man ihnen die Nähe zum Rechtspopulismus unterstellt. Und immer öfter taucht bezüglich Kunst und Gesellschaft die Frage auf, was gedurft wird. Darf man Frauen nackt malen? Darf man mit People of Color Werbung machen? Dürfen polarisierende Politiker an einer Rundfunkdebatte über politische Polarisierung teilnehmen? Wer bestimmt das ›Wie‹? Das Dürfen bringt ein Machtverhältnis zum Ausdruck: jemand gewährt, der andere gehorcht. Aber wer erlaubt da wem was mit welcher Legitimation? Die zu Recht so hoch gehaltene Pluralität und Diversität der unterschiedlichsten Lebensentwürfe und ihr Prinzip ›Jeder lebe und entscheide nach seiner Fasson‹ wird nun an Bedingungen geknüpft. Nach erfolgter Gesinnungsprüfung senkt oder hebt ein anonymes moralisches Zentralkomitee dann den Daumen. Das hat autoritative, fast autoritäre Züge. Die aggressive Politisierung von Scham und Sünde durch einen normierten Corpsgeist könnten letztlich Misstrauen, Missgunst, Zermürbung, Überwachung und, irgendwann womöglich, Gesetze gegen unerwünschte Meinungsäußerungen zur Folge haben. […] Nicht die Demokratie als solche ist in Gefahr, sondern die liberale Demokratie die auf Aushandlung, Ambivalenz, Eigenverantwortung, Pluralität und Prozess basierende beste und auch anspruchsvollste Gesellschaftsordnung, die es gibt.«[248]

Der Stadtentwicklungsexperte der Universität Oldenburg, Daniel Fuhrhop, plädiert auf *n-tv.de* gar für eine »Bauscham«:

»Fürs Fliegen, Fleischessen und Autofahren müssen sich Menschen inzwischen rechtfertigen. Denn damit belasten sie das Klima. Wenig Beachtung findet das Bauen. Dabei hat gerade der von der Politik stark angekurbelte Neubau einen großen Anteil am CO_2*-Ausstoß in Deutschland. […] ›Niemand sollte stolz darauf sein, gebaut zu haben – wegen des Klimas kann man sich dafür ebenso schämen wie für Autofahren und Fleisch-*

essen‹ sagt Fuhrhop im Gespräch mit n-tv.de. […] Denn der gesamte Bereich Wohnen ist für einen Großteil des CO_2-Ausstoßes in Deutschland verantwortlich.«[249]

Der ignorante und egoistische Mensch sollte angesichts der Klimakrise also nicht nur weniger reisen und essen, sondern zukünftig auch weniger wohnen. Vielleicht könnte man hier noch von den Obdachlosen lernen, die in dieser Frage mit leuchtendem Beispiel vorangehen.

Nach mittlerweile 30-jähriger Kampagne zum nahen Klimakollaps gilt das Weltuntergangs-Mem als derart gesetzt, dass es nur noch von »Verrückten« angezweifelt wird. Ein »Klimaleugner« gilt allerdings als konkrete Bedrohung für die Allgemeinheit. Eine gesunde Gesellschaft hat aber das Recht und die Pflicht, sich vor gefährlichen Elementen zu schützen, und zu den anzuwendenden Instrumentarien zählen Zwangstherapie und Freiheitsentzug. In seinem Artikel: *»Die Verleugnung der Apokalypse – der Umgang mit der Klimakrise aus der Perspektive der Existenziellen Psychotherapie«* weist der Psychologe Fabian Chmielewski den Weg. Auch für Chmielewski gilt die Cook-Studie als Beleg für die anthropogene, induzierte Apokalypse, deren Verleugnung einer Zwangstherapie bedarf.

»Wie ist diese Verleugnung der Realität zu erklären? Das Handeln gegen das eigene langfristige Interesse und gegen die eigene Rationalität? […] Wieso verschließen sich Menschen bei dieser Thematik dem wissenschaftlichen Konsens und dessen Konsequenzen? Geht es nicht um Leben oder Tod? Steht nicht unsere individuelle und menschheitliche Existenz auf dem Spiel? Doch. Und vielleicht ist genau das die psychologische Wurzel des Übels.«

Chmielewski beantwortet sich seine Frage nach Psychologenmanier und kommt zu ähnlichen Schlüssen wie ich. Nur, dass er die Vorzeichen komplett verdreht. Für Chmielewski ist der tiefenpsychologische Grund für die »Leugnung der Apokalypse« die Angst vor dem Tod. Der Klimaleugner weigere sich angesichts der nahen Apokalypse anzuerkennen, dass er bald sterben muss. Deshalb negiert er alle wissenschaftlichen Fakten. Ich komme zu dem Schluss, dass hinter der *Klimahysterie* die Angst vor dem Tod steckt. Gerade mit dem Beschwören der *anthropogenen Ursache* des Klimawandels soll eine Selbstwirksamkeit bewiesen werden, welche die eigene Hilflosigkeit gegenüber dem Tod maskieren soll. Das Schlimmste, was einem Klimaalarmisten passieren könnte, wäre, ihm die anthropogene CO_2-These zu nehmen. Sämtliche Opfer-, Ablass- und Schuldsublimierungen würden implodieren. Angesichts weiterer Faktoren des Klimawandels müsste man anerkennen, dass gewisse Dinge unverfügbar bleiben. Diese Vorstellung ist auch für Chmielewski unverdaulich. Für ihn gilt, im Angesicht der Apokalypse seien Klimaleugner vor Angst gelähmt, und nur der Hinweis der Selbstwirkmächtigkeit könne diese Angststarre lösen.

»Menschen, die von Angst überschwemmt werden, müssten gestufte, möglichst konkret formulierte, erreichbare Teilziele aufgezeigt werden. Das Erreichen dieser Teilziele würde zunehmend Vertrauen schaffen, selbst etwas bewirken zu können (›Wie Sie sich heute gegen den Klimawandel engagieren – in 10 einfachen Schritten‹) – statt Ohnmacht müssen also Selbstwirksamkeitsüberzeugungen gestärkt werden.«

Dass Chmielewski hier angesichts weiterer Klimaursachen seine eigene Ohnmacht befrieden muss und mit dem Verweis der Selbstwirksamkeit flötend durch den Wald läuft, fällt ihm natürlich nicht auf. Stattdessen projiziert er, wie alle angsterstarrten Menschen, wo er nur kann. Schuld am Weltuntergang sind nämlich nur jene Ignoranten, die immer noch nicht begriffen haben, dass sich in letzter Minute doch noch alles zum Guten wenden ließe. Deshalb gereift Chmielewski zum Äußersten; er plädiert dafür, die gewohnte Neutralität des Therapeuten aufzugeben, und nimmt seine Kollegen mit ihrer »praktischen Expertise in die Pflicht«.

»Psychotherapeuten scheuen sich naturgemäß und zu Recht davor, Menschen eine bestimmte Sichtweise aufzudrängen. Sie versuchen, ihre eigenen Werte aus der Therapie möglichst herauszuhalten, um Patienten selbstbestimmte Entscheidungen zu ermöglichen. Ausnahmen sind allerdings dann

zu machen, wenn es um akute Eigen- oder Fremdgefährdung geht. [...] Unsere besondere Verantwortung als Psychotherapeuten ist zweierlei begründet: Trotz unseres beruflich bedingten analytischen Blickes auf Menschen und die ihn prägende Gesellschaft sind wir selbst Menschen und Teil dieser Gesellschaft. Zum einen ist in ebendieser Rolle als Bürger das Einbringen unserer theoretischen und praktischen Expertise eine Pflicht. Zum anderen haben wir als Angehörige eines Heilberufs eine besondere berufsethische Verantwortung, selbst- und fremdgefährdende Menschen zu schützen.«

Um den Klimaleugner schließlich von seiner Selbst- und Fremdgefährdung abzuhalten, scheut Chmielewski nicht vor schwarzer Pädagogik zurück. Der Therapeut betätigt sich als PR-Stratege und rät, Schuldgefühle zu wecken und Panik zu schüren – zwei legitime Mittel, um Ignoranten auf den richtigen Weg zu führen:

»Letztlich müssen wir bei Menschen im Vermeidungs-Modus ein Schuldempfinden (im Sinne existenzieller Verantwortung) aufbauen – auch dafür, nichts über den Klimawandel und seine Verursachung zu wissen (Washington, 2015). [...] Bei den vermeidenden Menschen müsste man zugleich durch emotionsaktivierende Kampagnen die Vermeidung erschweren. Hier könnte ein ›Mehr Panik‹ also tatsächlich sinnvoll sein und aufrütteln. Um einen ausschließlich intellektualisierenden Umgang zu verhindern, ist es wichtig, persönliche Einzelschicksale und an Emotionen appellierende Methoden zu wählen. [...] Vorstellen ließe sich hier z.B. ein Video, dass anfangs die herkömmliche Wahrnehmung abbildet: Scheinbar wird der Bewohner eines weit entfernten Landes von einer klimabedingten Katastrophe heimgesucht, im weiteren Verlauf des Videos wird aber deutlich gezeigt: Die Szene spielt doch im Land des Zuschauers.«[250]

Mogelpackung

Die innerpsychische Notwendigkeit, die anthropogene CO_2-Menge als einzige Klimaursache anzuerkennen, führt letztendlich zu einer suizidalen Politik. Die Angst vor Temperaturerhöhung ist zu einer religiösen Heilslehre geworden, die sich, wie alle Krisenkulte, rationalen Zugängen und faktischen Widerlegungen verschließt. Erlösung erhofft man sich durch Buße und Ablasshandel, indem man das sogenannte »Zwei-Grad-Ziel« des IPCC-Sonderberichtes zur globalen Erwärmung einhält. Dieses Ziel liegt bei 90 Prozent Dekarbonisierung bis zum Jahr 2050. Der klimastreikenden Jugend ist dies noch lange nicht genug. Hier fordert man Treibhausemissionen auf netto null bis 2035, danach nur noch 100 Prozent erneuerbare Energien.

Wie mein Verlagskollege Charles Eisenstein bereits festgestellt hat: Da dieses Ziel total und absolut gesetzt ist, werden alle verantwortungsethischen Gesamtbetrachtungen und Zielkonflikte irrelevant. Die Zwecke, um das Zwei-Grad-Ziel zu erreichen, sind immer heilig. Aus psychologischer Perspektive muss man sich vergegenwärtigen, dass Armageddon zum festen Mindset der menschlichen Seele gehört. Doch diesmal kommt die Behauptung des nahen Weltuntergangs nicht von stummen Zeugen aus der Fußgängerzone in billigen Anzügen, die mit Grabesmiene ihre Erweckungsheftchen vor den Bauch halten. Der Kampf gegen den Weltuntergang wird von »97 Prozent der Wissenschaftler« belegt, und deren Erkenntnisse sind von den »stärksten Klimacomputern der Menschheit« berechnet worden. »Erwachet, das Ende ist nah!« hat noch nie so seriös geklungen wie heute. Um den Hitzekollaps in letzter Minute aufzuhalten, sind die widersinnigsten, umweltschädlichsten und toxischsten Verfahren erlaubt, wie Lithium-Batterie-Technik oder Carbonfaser-Epoxidharz-Kunststoffe (CFK). Dabei lügt man sich in die eigene Tasche, so gut es eben geht. Hohe Energiekosten und üble Umweltsauereien zur Herstellung der »CO_2-neutralen Technik« gehen erst gar nicht in die Gesamtberechnungen ein. Die Lithium-Industrie zur Herstellung von E-Autos verwüstet ganze Länder und lässt lokale Bauern verdursten. Die Giftbomben des neuen Kultes, E-Autos und Windräder, werden in dem Wahn erschaffen, sie seien umweltfreundlich und hielten ewig. In Wirklichkeit sind

Windkraftanlagen und E-Autos schon nach wenigen Jahren giftiger Sondermüll, und niemand hat ein schlüssiges Konzept, was mit Billionen Tonnen krebserregendem Material in den nächsten Jahrhunderten geschehen soll. Auf diversen Klimagipfeln hat sich die Weltgemeinschaft für eine drastische Reduktion von CO_2 ausgesprochen. *Allen Ernstes umsetzen, will dies vor allem Deutschland.* Wie bereits festgestellt, gehört es zur deutschen Staatsraison, dem Rest der Welt zu beweisen, diesmal im Team der Guten zu spielen. Der Klassenprimus in Klimaschutz, Pandemieabwehr und Migrationsbefürwortung will unbedingt beglaubigen, aus der Geschichte gelernt zu haben. Deshalb wird mit deutscher Gründlichkeit berechnet, was nötig ist, um den Vorgaben des IPCC tatsächlich nachzukommen. Um dies herauszufinden, hat die Bundesregierung eine hochkarätige Studie in Auftrag gegeben mit dem Titel *»Sektorkopplung – Untersuchungen und Überlegungen zur Entwicklung eines integrierten Energiesystems.«*

In der Untersuchung der *Nationalen Akademie der Wissenschaften Leopoldina* hat die Crème de la Crème deutscher Professoren die Kosten der Energiewende berechnet. Leider sind die Ergebnisse der Studie derart ernüchternd, dass linksgrüne Leitmedien kaum darüber berichten. Zunächst entlarvt die Studie die Erfolgsmeldungen grüner Hochglanzkataloge als Augenwischerei. Schaut man in die strahlenden Gesichter von grünen Politikern, Fotovoltaik- und Windkraftanlagen-Lobbyisten könnte man meinen, ein Großteil des erforderlichen Stroms stamme bereits jetzt aus erneuerbaren Energien. Tatsächlich kommen die hohen Prozentangaben erneuerbarer Energien jedoch nur zustande, weil man zwei von drei Energiesektoren verschweigt. Die *Welt* erklärt den Trick:

»Dass oft damit geprahlt werde, eine einzige Windkraftanlage decke den Strombedarf von mehr als 1000 Haushalten, halten die Wissenschaftler für Augenwischerei. Denn dadurch würde der Eindruck erweckt, die 30 000 bereits installierten Windräder könnten 30 Millionen der 41 Millionen Haushalte im Land mit sauberer Energie versorgen. Der Trick: In der

öffentlichen Diskussion wie auch in den Medien werde die installierte mit der (viel geringeren) tatsächlich produzierten nutzbaren Leistung der Anlagen verwechselt. Fazit der Wissenschaftler: ›Der Beitrag der Windkraft zur Energiewende sieht nur riesig aus, da er in den Einheiten der kleinen ›Münze‹ Haushaltsstrom angegeben wird.‹«[251]

Genau diese Mogelei macht die vom Bund in Auftrag gegebene Leopoldina-Studie glücklicherweise nicht mit, hier betrachtet man *alle* Energiesektoren zusammen. Prof. Dr. Fritz Vahrenholt, ehemaliger Umweltsenator von Hamburg, fasst das Ergebnis der Studie in seinem Artikel »*Das 4600-Milliarden-Fiasko*« zusammen:

»Es werden alle Sektoren (Strom, Verkehr und Wärme) zusammen betrachtet. Und siehe da: 80 Prozent des Energiebedarfs werden in Deutschland heute fossil gedeckt, 7,5 Prozent durch Kernkraft, 13 Prozent durch erneuerbare Energien. Wenn man bei den Erneuerbaren das Wasser und die Biomasse (einschließlich Biogas und Biosprit) abzieht, bleiben übrig: 1,5 Prozent der Primärenergie werden durch Windkraft erzeugt, 1 Prozent durch Fotovoltaik (Seite 10 der Studie). Zusammen ergibt das 2,5 Prozent Wind- und Sonnenenergie – wahrlich noch ein langer Weg bis zu 100 Prozent.«[252]

Die Krux an der grünen Milchmädchenrechnung: Wenn auch die Energie für die anderen beiden Sektoren *Verkehr* und *Wärme* aus 100 Prozent erneuerbaren Energien kommen soll, müsste sich die heute benötigte Strommenge von 1150 Terawattstunden mindestens verdoppeln. Die Studie kommt zu dem Schluss:

»›Die installierte Leistung an Windkraft und Fotovoltaik müsste in diesem Fall (bei gleichbleibendem Energieverbrauch) gegenüber heute versiebenfacht werden.‹ Wir haben heute in Deutschland rund 28 000 Windkraftanlagen mit einer Kapazität von 57 000 Megawatt (MW), bei der Fotovoltaik sind es 46 000 MW. Eine Versiebenfachung der Solaranlagen würde fast alle möglichen Dachfassaden und andere Siedlungsflächen erfassen. Eine Versiebenfachung bei der Windenergie würde selbst bei Verdopplung der Kapazität der einzelnen Generatoren die deutsche Landschaft radikal verändern. Verteilt in einem Netz übers ganze Land, käme

alle 1,5 Kilometer eine 200 Meter hohe Windmühle zu stehen. Man sollte sich das plastisch vorstellen. Der süße Traum der sanften Wende entpuppt sich bei genauer Betrachtung als ökologischer Albtraum.«[253]

Schlussendlich stellt die Studie fest, dass abgesehen von der ruinösen Verschandelung der Landschaft immer noch 45 Prozent konventionelle Kraftwerke vorgehalten werden müssten, weil sich ansonsten überhaupt keine Netzstabilität herstellen ließe. Das Problem an Wind- und Solarenergie sind bekanntermaßen die hohen Schwankungen, entweder man hat zu viel oder zu wenig Strom. Doch selbst wenn man die Energiewende trotzdem durchziehen würde – was würde dies den deutschen Steuerzahler kosten?

»Will man das CO_2-Zwischenziel in den nächsten zehn Jahren erreichen, kostet das 1500 Milliarden zusätzlich. Bei einer Erhöhung auf 75 Prozent CO_2-Minderung rechnen die Autoren mit weiteren 800 Milliarden, bei einer solchen auf 85 Prozent mit weiteren 1000 Milliarden. Für die Steigerung von 85 auf 90 Prozent CO_2-Minderung bis ins Jahr 2050 wären noch weitere 1300 Milliarden fällig. Alles zusammen ergäbe dann das hübsche Sümmchen von 4600 Milliarden Euro. 4600 Milliarden Euro müssten die deutschen Haushalte also ausgeben, um 800 Millionen Tonnen CO_2 zu vermeiden. Dies ist die Menge an CO_2, die China jedes Jahr zusätzlich ausstößt. Damit die Eltern der streikenden Kinder von ›Fridays for Future‹ die 4600 Milliarden richtig verstehen: Das sind während dreißig Jahren für jeden deutschen Haushalt Monat für Monat 320 Euro – zusätzlich, notabene. Und wenn es nach Greta und ihren Followern geht, die 100 Prozent Erneuerbare innerhalb von fünfzehn Jahren fordern, dann wären das monatlich 640 Euro – immer vorausgesetzt, dass die deutsche Energieversorgung und damit auch die Wirtschaft nicht vorher zusammenbricht. Zur Erinnerung: Zieht man diese 640 Euro von einem deutschen Durchschnittsverdienst (1890 Euro netto pro Monat) ab, müssten Heerscharen von Deutschen unter oder nahe der Armutsgrenze (60 Prozent des Durchschnittsnettoeinkommens) leben.«[254]

Wer trotz Massenpleiten durch die verheerende Coronapolitik und bei gleichbleibend hohen Zuwanderungsraten immer noch fordert, jeder deutsche Haushalt möge zusätzlich für die Energiewende aufkommen, hat jeden Bezug zur Realität verloren. Die tatsächliche Umsetzung der IPCC Forderung, *Dekarbonisierung um 90 Prozent bis 2050 unter Beibehaltung des Atomausstiegs*, wäre hanebüchen und würde das Ende jeglichen Wohlstandes und jeglicher Sicherheit auf deutschem Boden bedeuten. Letztendlich käme das Projekt der ökonomischen Selbstzerstörung Deutschlands gleich. Eine Idee, der viele Linksgrüne durchaus etwas abgewinnen können. Manche finden die Vorstellung, die Elbe könnte zum Grenzfluss zwischen Frankreich und Polen werden, bekanntermaßen attraktiv. Trotzdem versucht Deutschland nach Kräften, die IPCC Vorgaben umzusetzen; dabei soll das »Erneuerbare-Energien-Gesetz« (EEG) helfen. Schaut man sich das Gesetz genauer an, wird klar, dass es vor allem eine Lizenz zum Gelddrucken für Windkraftanlagen- und Fotovoltaik-Hersteller ist. Diese verdienen *immer* Geld, egal ob die Sonne scheint oder der Wind weht. Wird zu viel Strom erzeugt, muss der Überschussstrom zu exorbitanten Negativpreisen ins Ausland abgeführt werden; diese Strafgebühren zahlt der Endverbraucher. Fließt zu wenig Strom, weil gerade kein Wind weht oder keine Sonne scheint, kommt letztendlich ebenfalls der Verbraucher für die Verluste der Anlagenbesitzer auf. Für die Betreiber ist immer Weihnachten:

»Von Januar bis März 2019 seien 364 Millionen Euro an Ausfallvergütungen fällig geworden. Diese Subventionen streichen Betreiber ein, wenn ihre Windräder aufgrund überlasteter Stromnetze vorübergehend abgeschaltet werden. Die Kosten für saubere Energie, die nicht einmal produziert worden war, stiegen damit auf das höchste Quartalsniveau seit Beginn der Energiewende. Zahlen müssen die Stromkunden, deren Rechnungen Jahr für Jahr höher ausfallen.«[255]

Wenn ein Mensch vor lauter Angst keinen klaren Gedanken mehr fassen kann, nennt man dies Blackout. Wenn ein Land einen totalen Stromausfall erleidet, nennt man dies ebenfalls Blackout. Schaut man sich die Fakten zum Erneuerbare-Energien-Gesetz an, könnte man zu dem Schluss kommen, dass Ersteres Letzteres auslösen wird. Die eigentliche Perversion des derzeitigen Verfahrens ist, dass auf diese Weise nicht eine Tonne CO_2 eingespart wird. Dummerweise hat die europäische Energiepolitik diesbezüglich für absurde Mechanismen gesorgt:

»Die klimapolitische Wirksamkeit des EEGs wird von vielen bestritten, da ein Interaktionsmechanismus mit dem EU-Emissionshandel die Klimaschutzwirkung des EEG zunichtemache. Innerhalb der EU sind die CO_2-Emissionen durch den EU-Emissionshandel gedeckelt. Deswegen, so die Kritik, würden die durch das EEG gesenkten CO_2-Emissionen nur an andere Stellen verlagert; denn was die einen weniger ausstoßen, dürfen andere mehr ausstoßen, weil die absolute Obergrenze der Emissionen gleich bleibt. Europaweit würden also keine Emissionen vermieden. Diese Kritik wird insbesondere vom Sachverständigenrat zur Begutachtung der gesamtwirtschaftlichen Entwicklung, dem wissenschaftlichen Beirat beim Bundesministerium für Wirtschaft und Technologie, der Monopolkommission, dem Ifo Institut für Wirtschaftsforschung, der Deutschen Akademie der Technikwissenschaften und von André Schmidt von der Universität Witten/Herdecke in einer vom Bundesministerium für Bildung und Forschung in Auftrag gegebenen Studie vertreten […].«[256]

Trotzdem halten die Grünen an ihrem Fetisch Windenergie fest und setzen alles daran, die deutsche Landschaft weiter zu ruinieren. Wie Leugnung und Abspaltung funktionieren, kann man im Negieren der entstehenden Umweltschäden sehen. Um dieselbe Energiemenge zu produzieren, versiegeln und verdichten Windräder die tausendfache Fläche eines normalen Kraftwerks. Die Verbundfasertechnik zur Herstellung für Windradflügel erzeugt Milliarden

Tonnen toxisches Material, das über Jahrhunderte nicht verrotten kann und bei Alterung oder Verbrennung Billionen messerscharfe Mikrofasern in die Luft entlässt, die, wie Asbest, extrem toxisch für die Lungen und krebserregend sind. Hinzu kommt das Massensterben von Insekten, Wildvögeln und Fledertieren, denen schon beim Vorbeiflug die Lungen zerreißen und Trommelfelle platzen. Und natürlich redet auch niemand über die gewaltigen Belastungen, die Infraschall-Druckwellen für den Menschen darstellen. Das sogenannte Wind-Turbinen-Syndrom (WTS) kann viele vegetative Erkrankungen auslösen und hat so manchen Patienten in den Wahnsinn getrieben, weil die unspezifischen Symptome für Behandler schwer greifbar sind. Nach einer amerikanischen Studie der Medizinerin Dr. Nina Pierpont leiden 30 Prozent der nahe eines Windparks lebenden Personen unter WTS. Der Symptomenkomplex umfasst Nervosität, Kopfschmerzen, Angst, Reizbarkeit, Herzrasen, Übelkeit und Schlafstörungen. Als Ursache für die Symptome wird eine massive Irritation des Gleichgewichtsorgans diskutiert. Das Organ scheint auf die langanhaltenden, periodischen Infraschallsignale der Windräder zu reagieren und sendet wirre Störimpulse an das Gehirn. Noch gar nicht erfasst sind die optischen Störreize über Schlagschatten- und Stroboskopeffekte sowie der hörbare Lärm der Rotorblätter in Form von Zischen und Pfeifen. Den von einem WTS-Syndrom Betroffenen bleibt letztlich nur die Flucht. Wer ein Haus nahe einem Windpark besitzt, wird es ohnehin nur mit Verlust verkaufen können. Betreiber und Verpächter der Stellflächen verdienen sich derweil eine goldene Nase – grüner Subventionspolitik sei Dank.

Doch abgesehen von den Umweltschäden und chronischen Gesundheitsrisiken der Windradtechnik, steuert Deutschland sehenden Auges auf eine weitaus größere Katastrophe zu. Die linksgrün dominierte Politik zieht den *gleichzeitigen* Kohle- und Kernkraftausstieg nämlich allen Ernstes durch. Dieses Experiment erlaubt sich nur Deutschland. In wenigen Jahren wird Deutschland daher kaum noch große Kraftwerke am Netz haben, die in der Lage sind, eine stabile Netzspannung herzustellen. Die meisten Menschen wissen nicht, dass das Stromnetz ständig mit einer gleichbleiben Spannung ausgesteuert werden muss, die nur minimale Schwankungen verträgt. Strombedarf und erzeugte Strommenge müssen in Echtzeit ausgeglichen werden, damit das Netz nicht kollabiert. Aufgrund der starken Fluktuation durch Wind- und Solartechnik erinnert diese Aufgabe immer mehr an chinesische Tellerdreher, die immer mehr Teller in der Luft halten müssen, weil in immer kürzerer Zeit Zu- und Abschaltungen notwendig werden. Derzeit sind die starken Schwankungen gerade noch auszugleichen, weil man noch genügend konventionelle Kraftwerke am Netz hat. In Wahrheit können Wind- und Solartechnik erst dann für stabile Netze sorgen, wenn man den erzeugten Strom *speichern* könnte. Hierfür ist in absehbarer Zeit jedoch keine Lösung in Sicht, auch wenn Annalena Baerbock von den Grünen gegenteiliges behauptet:

»Und natürlich gibt es Schwankungen. Das ist vollkommen klar. An Tagen wie diesen, wo es grau ist, da haben wir natürlich viel weniger erneuerbare Energien. Deswegen haben wir Speicher. Deswegen fungiert das Netz als Speicher.«[257]

Wenn Frau Baerbock wirklich wüsste, wie das »Netz« Strom speichert, sollte man sie für den Nobelpreis für Physik vorschlagen. In Wirklichkeit ist Deutschland durch die hohen Fluktuationen bereits jetzt an mehreren Blackouts vorbeigeschrammt. Dabei erinnern die Schaltzentralen heutiger Energieversorger an meteorologische Institute, denn paradoxerweise hat die Energiewirtschaft große Angst vor *zu viel* Wind. Dann nämlich schalten sich aus Sicherheitsgründen Windkraftanlagen schlagartig ab, und der Stromeinbruch geschieht so unvermittelt, dass das Stromnetz nur über sogenannte »Lastenabwürfe« stabilisiert werden kann. Diese Notabschaltungen, auch »Brownouts« genannt, sind Vorstufen eines Blackouts. Inzwischen werden regelmäßig ganze Industriezweige einfach abgeschaltet, wie in der Dritten Welt gibt es mal Strom – mal nicht.

Der Schweizer Netzbetreiber *Swissgrid* führt Buch über derartige Noteingriffe in Deutschland. Waren im Jahr 2012 nur 20 Noteingriffe erforderlich, waren es im Jahr 2017 bereits 274 Eingriffe bis August. Inzwischen sorgen die Tellerkünstler in den Schaltzentralen mehrmals täglich dafür, dass in unserem Land nicht das Licht ausgeht. Im Jahr 2019 ist Deutschland dennoch nur knapp einer Katastrophe entgangen, die *FAZ* meldete:

»Im deutschen Stromnetz ist es im Juni mehrmals zu chaotischen Zuständen gekommen. Die kritische Lage konnte nur mit Hilfe aus den Nachbarländern bereinigt werden. Auf F.A.Z.-Anfrage gaben die vier Netzbetreiber am Montag zu: ›Die Lage war sehr angespannt und konnte nur mit Unterstützung der europäischen Partner gemeistert werden.‹ […] Es blieb unklar, wie weit das Land von einem Blackout entfernt war.«[258]

Für ein stabiles Netz können nur die großen Schwungmassen konventioneller Kraftwerke sorgen, die kleinen Generatoren der Windkraftanlagen sind dazu schlichtweg nicht in der Lage. Der Uniper-Chef Andreas Schierenbeck warnt deshalb vor einer riesigen Stromlücke in Deutschland:

»Das hat man kürzlich in Großbritannien gesehen. Der große Blackout im August vergangenen Jahres geschah an einem Tag, an dem fast 65 Prozent Windenergie im System waren. Die britische Regierung hat daraus Lehren gezogen und eine Ausschreibung für Kraftwerkskapazitäten gemacht, die als Momentanreserve einspringen können, um die Netze zu stabilisieren. […] Zur Frequenzhaltung im Netz braucht man die sogenannten rotierenden Massen großer Stromgeneratoren. Das sind Hunderte Tonnen Gewicht, deren Schwung ausreicht, nach dem Ausfall eines Kraftwerks noch eine Weile weiterzulaufen. Das stabilisiert in den ersten Millisekunden und Sekunden nach dem Kraftwerksausfall noch das Netz. Diesen Beitrag großer Kraftwerke zur Netzstabilisierung hatte man früher ganz selbstverständlich hingenommen. Bei Windkraft und auch bei Solar gibt es keine großen Aggregate mehr, die eine solche kinetische Energie mitbringen. Wenn jetzt ein Kraftwerk vom Netz geht, bricht die Frequenz relativ schnell ein.«[259]

Vielen Menschen fehlt es an Fantasie, sich auch nur vorzustellen, was ein Blackout für ein Land wie Deutschland bedeutet. Kaum jemand macht sich klar, dass dieser Zustand aus technischen Gründen viele Tage anhalten kann. Kraftwerke brauchen Strom, um wieder anzulaufen. Mit einem Blackout sägt sich das System den Ast ab, auf dem es sitzt. Es gibt keinen Knopf, mit dem man einfach alles wieder hochfahren könnte. Dies bedeutet: keine Wasserversorgung, kein Warentransport, keine Heizung, keine Sicherheitstechnik, kein Benzin, keine Logistik. Da weder Müll noch Abwasser entsorgt werden, wächst die Gefahr, dass Seuchen ausbrechen. Natürlich fallen sofort alle Kommunikationsnetze aus, kein Internet, kein Fernsehen. Ohne Ampeln und Straßenbeleuchtung wird es zu Massenkarambolagen kommen. Die Schneekatastrophe in Norddeutschland 1978 gab außerdem einen kleinen Einblick, was mit Millionen Nutztieren passiert. Kühe werden automatisch gemolken und erleiden Höllenqualen, sofern dies nicht geschieht. Ich erinnere mich an dramatische Bilder von verzweifelten Landwirten, die die Schreie ihrer Tiere nicht mehr ertragen konnten. Außerdem sind alle Fütterungen stromabhängig, Hunderte Millionen Kühe, Schweine und Hühner werden qualvoll verenden. Aber auch viele Menschen werden sterben. Spätestens, wenn in den Krankenhäusern die Medikamente knapp werden und die Notstromaggregate ausfallen. Nach wenigen Tagen werden sich Menschen zu Gruppen zusammenschließen um nach Wasser, Nahrungsmitteln und Wertsachen zu suchen. Kriminelle werden aus den Gefängnissen ausbrechen, da die Sicherungsanlagen funktionslos sind und das Wachpersonal fehlt. Kurzum – bereits nach wenigen Tagen wird das Land im Chaos versinken, und viele Tausend Menschen werden sterben.

Trotzdem verfolgt grüne Klimapolitik unverdrossen das »Zwei-Grad-Ziel«, Risiken und Kosten sind irrelevant. Selbst gerade fertiggestellte Anlagen wie das Großkraftwerk Hamburg-Moorburg mit modernster Filtertechnik werden aus ideologischen Gründen abgeschaltet. Das effizienteste Kohlekraftwerk Deutschlands sollte eigentlich bis 2038 dazu beitragen, das Stromnetz zu stabilisieren. Die jetzt entstehenden exorbitanten Verluste für den Betreiber Vattenfall werden natürlich vom Steuerzahler ersetzt. Doch selbst wenn es Deutschland in einem historischen Akt der Selbstaufopferung gelingen sollte, das Klimaziel einzuhalten – was wäre damit im Weltmaßstab gewonnen? Insbesondere die Klimakampf begeisterte Jugend will nicht wahrhaben, dass über 95 Prozent des menschengemachten CO_2-Anteils aus Riesenländern kommt, die nicht einmal im Ansatz der deutschen Klimapolitik folgen. Ganz im Gegenteil. Hier freut man sich, dass sich ein wichtiger Marktkonkurrent für den Endsieg im Klimakampf selbst suizidiert und baut 1400 neue Kohlekraftwerke. Damit Giganten wie China, Russland, Indien und die USA am deutschen Wesen genesen, müssten Politiker wie Robert Habeck auf der Weltbühne noch weitaus »radikaler« werden. Zum Vergleich einige CO_2-Emissionen in Millionen Tonnen pro Jahr:

» »Volksrepublik China: 9528 (28,1 Prozent)
» Vereinigte Staaten von Amerika: 5145 (15,2 Prozent)
» Indien: 2479 (7,3 Prozent)
» Russland: 1551 (4,6 Prozent)
» Japan: 1148 (3,4 Prozent)
» Deutschland: 726 (2,1 Prozent)«[260]

Deutschlands Selbstopfer einer zweiprozentigen CO_2-Einsparung ist im Weltmaßstab minimal und würde allein von Chinas jährlichen *Emissionszuwächsen* geschluckt. Dabei ist noch gar nicht eingerechnet, dass 160 Schwellenländer gerade erst anfangen, in das neue Zeitalter von Industrialisierung und Wohlstand einzutreten. Natürlich soll unter allen Umstanden vermieden werden, dass diese Länder bei ihrer Energieversorgung auf fossile Träger setzen. Linksgrüne Politiker schwärmen vom sogenannten »Leapfrogging«, also einem Technik-Übersprung, indem Länder wie Afrika von Anfang an auf erneuerbare Energien setzen. Der Garant dafür, dass dies ganz sicher nicht passiert, ist jedoch China. Jeder Anreiz die aufwendige, klimaneutrale Technik umzusetzen, wird von China konterkariert. Das Land expandiert in jedem Schwellenland massiv mit konventioneller, fossiler Kraftwerktechnik zu unschlagbaren Preisen. Derartige Angebote werden nur allzu gern angenommen. Und wenn es den grünen Klimakämpfern noch so sehr die Zornesröte ins Gesicht treibt – der Rest der Welt will und wird sich nicht zum Windräder-Irrgarten und Spiegelflächenland umbauen lassen. Doch wie aussichtslos der Klimakampf im globalen Maßstab auch sein mag – in Deutschland wollen es die Grünen trotzdem wissen. Die Bepreisung von Treibhausgasen ist ausgemachte Sache. Fleisch, Flugreisen, Strom, Benzin, Öl und Gas werden sich nach dem Willen der Partei extrem verteuern. Ölheizungen in Privathaushalten und Verbrennungsmotoren sollen so schnell wie möglich verboten werden, das gemütliche Kaminfeuer ebenso und ein zusätzliches Tempolimit versteht sich von selbst. Und was zählt schon der Industriestandort Deutschland, wenn man gerade dabei ist, die Welt zu retten?

Natürlich bin ich als ganzheitlicher Therapeut und ehemaliger Grünen-Wähler sehr für Nachhaltigkeit und Umweltschutz. Es gibt wahrhaft große Probleme, die man dringend angehen muss. Antibiotika, Hormone, Nitrate und Mikroplastik im Wasser, all das ist ein riesiges Problem. Massentierhaltung und lange Transportwege für Waren rund um den Globus ebenfalls. Plastik in den Meeren, Überfischung und toxische Abwässer in Flüssen und Seen sind immer noch eine Katastrophe. Zu monieren wären außerdem Monokulturen für »Bio-Kraftstoffe« und die 50 000 Tonnen Pestizide in der Landwirtschaft jährlich sowie das Insektensterben durch Gift und die Gifteinbringung in das Grundwasser. Letzteres wiederum wird zunehmend von wenigen Monopolisten als Luxusgut verkauft, auch und gerade in den ärmsten Ländern der Welt. Auf die verheerenden Umweltschäden durch die Gewinnung von Lithium (Bolivien, Chile) und Kobalt (Kongo, Sambia), beides wird für die

E-Auto-Industrie gebraucht, habe ich bereits hingewiesen. Dass man bei dem Bau von Windkraftanlagen mit Millionen Tonnen Epoxidharzen hantiert, die als »endokrine Disruptoren« gelten, sei nur am Rande erwähnt. Derartige Stoffe sind, ähnlich wie Mikroplastik, hormonaktiv und können den Körper in geringsten Mengen schädigen. Ich könnte mit der Aufzählung der dringenden Umweltprobleme noch seitenlang weitermachen, doch in der öffentlichen Wahrnehmung gibt es nur ein einziges Thema: *Der nahe Klimakollaps durch den Promillewert des anthropogenen Kohlendioxids.* Doch diese einseitige Fokussierung hat den Blick für das Wesentliche verstellt: die Erhaltung der großen Ökosysteme und der Artenvielfalt. Wenn Meere und Flüsse verseucht und Regenwälder abgeholzt sind, wird auch die Menge des Kohlendioxidausstoßes irrelevant sein.

KAPITEL 6

Migrationskrise

Im Schatten von Corona

»[Der Ministerpräsident von Schleswig-Holstein] Daniel Günther hat nun versprochen, dass die Grenzkontrollen aufrechterhalten werden. Grenzkontrollen – nach Dänemark? Schengenraum, EU, beste Freunde? Keine Sorge, diese Grenzen sind nicht gemeint. Günther und seine Kanzlerin haben durchgesetzt, dass Einreisende zum Beispiel aus Äthiopien, Irak, Iran, Gambia, Senegal, Afghanistan und anderen Ländern weiterhin ungehindert einreisen dürfen. Für angebliche Asylbewerber gelten Günthers Grenzkontrollen nicht. Im Gegenteil. Wer Asyl sagt, ist sakrosankt: Keine Corona-Kontrolle, keine Passkontrolle, keine Überprüfung des Asylgrundes – Asyl wird automatisch erteilt und damit freie Einreise für jeden, der dieses Wort aussprechen kann, inklusive späterem Familiennachzug, auch frei; Unterhalt geht auf Kosten des Staates. Nein, solche Grenzkontrollen meint Günther nicht. Günther meint die Grenzen zum Stadtstaat Hamburg und Mecklenburg-Vorpommern.«[261]

Ungeachtet der Coronakrise und innerdeutschen Reiseverboten, lief die Migration nach Deutschland unter dem Schlagwort »Asyl« auch im Jahr 2020 ungebremst weiter. »Schutzsuchende« aus fernen Ländern unterliegen selbst auf dem Gipfel der Pandemie keinerlei Reisebeschränkungen. Kaum ein Deutscher regt sich über diese Ungleichbehandlung auf. Der Grund ist simpel: Das Migrationsproblem findet einfach kein mediales Interesse mehr, »Flüchtlingskrise« war gestern. In Wirklichkeit sind die Außengrenzen offener denn je, und im Zuge der Krise verzichtet das Bamf sogar auf jegliche Anhörungen und Prüfungen. Auf Nachfrage der

Redaktion *Tichys Einblick* erklärt ein Sprecher des Bamf am 07. April 2020 lapidar:

»Das Bundesamt ist sich bewusst, dass es auf Grund der Corona-Pandemie und der zur Verhinderung einer weiteren Verbreitung ergriffenen Maßnahmen schwierig sein kann, eine Rechtsberatung oder anwaltliche Vertretung in Anspruch zu nehmen. Daher hat das Bundesamt in Abstimmung mit dem Bundesinnenminister und den Bundesländern entsprechend reagiert und wird jedenfalls bis auf Weiteres ablehnende Bescheide nicht zustellen.«[262]

Mit anderen Worten: *Jeder* wird ohne Prüfung in die soziale Grundversorgung Deutschlands aufgenommen. Wer sich allerdings als autochthoner Deutscher im eigenen Land zu seinem eigenen Grundstück bewegen will, hat Pech. Als Betroffener beklage ich die Regelung in einem Facebook-Post:

»Da ich es immer noch nicht glauben konnte, auf welcher Rechtsgrundlage mir die Landesregierung von Mecklenburg-Vorpommern das Betreten meines eigenen Grundstücks verweigert, habe ich soeben mit dem zuständigen Landkreis Rostock telefoniert. Obgleich ich erklärte, dass ich aufgrund der Ausnahmeregelung § 4, Absatz 5c ›Personen, die ihrer erwerbsmäßigen bzw. selbstständigen Tätigkeit in Mecklenburg-Vorpommern nachgehen‹ eigentlich fahren dürfte (als selbstständiger Künstler und Autor arbeite ich natürlich auch auf meinem eigenen Grundstück), wurde mir unmissverständlich klargemacht, dass ich mit Berliner Autokennzeichen und Erstwohnsitz in Berlin von der Polizei angehalten und umgehend zurückgeschickt würde. Grenzschutz in Ostdeutschland funktioniert …«[263]

Die Schriftstellerin Monika Maron, mit der ich auf Facebook befreundet bin, reagiert auf meinen Post und erklärt ihrerseits, dass sie ebenfalls mehrfach aufgefordert wurde, ihr Häuschen in Mecklenburg-Vorpommern zu verlassen. Nach einigem Hin und Her gipfelte das Ganze für sie in einem unfassbaren Bescheid einer sogenannten ›Ausreiseverfügung‹. Frau Maron habe ›das Bundeslandesland

Mecklenburg-Vorpommern bis zum 9. April 8 Uhr zu verlassen‹. Zudem habe ein etwaiger Widerspruch keinerlei aufschiebende Wirkung, sondern werde eine umgehende Strafanzeige nach sich ziehen. Im Fall Maron zeigt wenigstens das eine oder andere Medium Interesse, und schlussendlich geht die Sache gut für sie aus. Trotzdem bleiben die medialen Reaktionen bezüglich des eigentlichen Skandals, nämlich der Ungleichbehandlung bezüglich der Reisevorschriften für Deutsche und Migranten, verhalten. Dass in puncto Corona-Regeln oft mit zweierlei Maß gemessen wird, echauffiert viele Deutsche sehr. Ob »Hennafest«, Clan-Hochzeiten oder Beerdigungen – wenn Migranten mit Hunderten Teilnehmern feiern, drückt die Polizei schon mal ein Auge zu. Am 4. April 2020, als die Polizei das versprengte Grüppchen der Grundgesetzdemo um Anselm Lenz rigoros auflöste, gab es noch eine weitere Veranstaltung in Berlin. In meinem Artikel »*Corona – Die Angst geht um*« beschreibe ich, was sich am Demonstrationstag noch in Berlin zugetragen hat:

»*Gesundheitsschutz ist wichtig, doch dafür in einem totalitären Gewaltraum zu leben, ist absurd. Denn: Alle oben beschriebenen Prozesse [Folgen der Corona-Maßnahmen] machen ebenfalls krank. Gesundheit und Freiheit sind keine Antipoden, sie bedingen sich. Es wird keine Gesundheit in Unfreiheit geben. Deshalb hat es in Berlin ein mutiges Grüppchen von ca. 40 Menschen am 4. April gewagt, für die Einhaltung des Grundgesetzes ebenso einzutreten wie für den Gesundheitsschutz. Unter dem Motto: »Nicht ohne uns! – Die Demonstration, die nicht sein darf« wollten die Demonstranten, unter Einhaltung der neu verordneten Hygiene-Maßnahmen (Mundschutz und Mindestabstand von 1,5 Metern), auf die besondere Bedeutung der ersten 20 Artikel des Grundgesetzes aufmerksam machen. Die Polizei rückte unverzüglich mit mehreren Mannschaftswagen an und verfolgte die Demonstrierenden rigoros, es hagelte Strafanzeigen. Begründung: Es sei gegen das geltende Versammlungsverbot nach dem neuen Seuchengesetz verstoßen worden. Vier Kilometer Luftlinie entfernt und zur selben Zeit trafen sich ca. 300 muslimische junge Männer in der Flughafenstraße vor der Dar-Assalam-Moschee. Man stand eng zusammen, filmte das freudige Ereignis des öffentlichen Muezzin-Rufes, herzte und umarmte sich. Mundschutz? Mindestabstand? Versammlungsverbot? Niemanden interessierte dies, auch nicht die Berliner Polizei. Im Gegensatz zu den Leuten am Rosa-Luxemburg-Platz, die verschämt ein Büchlein mit dem Grundgesetz in die Höhe hielten, passierte den Koran-Anhängern gar nichts. […] Wie unter einem Brennglas werden in der Coronakrise nämlich mannigfaltige Ungereimtheiten sichtbar. Dazu gehören die offenen Außengrenzen bei gleichzeitigem Reiseverbot für deutsche Bürger, aber auch der liberale Umgang mit der muslimischen Bevölkerung, im Gegensatz zu den autochthonen Bürgern.«*[264]

Nur wenigen fällt auf, dass auch viele Medien bei der Erziehung der deutschen Bürger zum willfährigen Verhalten mit zweierlei Maß vorgehen. Der Journalist Markus Langemann weist darauf hin, dass es zwei Fotoversionen vom Treffen[265] des deutschen Außenministers Heiko Maas mit seinem türkischen Amtskollegen Mevlüt Çavuşoğlu gibt. Da es Türken vermutlich unwürdig finden, ihren Außenminister mit Masken-Maulkorb zu sehen, gibt es auf der türkischsprachigen Homepage der *Deutschen Welle* Fotos des Treffens ohne Maske. Für die deutschsprachige Seite hingegen tragen beide Minister brav eine Maske. Die Aufnahmen stammen von ein und demselben Termin, für die unterschiedliche Verwendung wurden in weiser Voraussicht zwei Versionen aufgenommen.

Wer neue Ordnungen installieren will, muss bestehende dekonstruieren, um auf dem Gipfel des Chaos entsprechende Lösungen anzubieten. Das hierfür notwendige Empörungsmanagement erfolgt in Wellen. Der sogenannten Flüchtlingskrise von 2015 begegnete man mit dem Framing »Kampf gegen rechts«, dieser wurde 2018 abgelöst von Gretas »Kampf gegen das Klima«. Inzwischen ist man beim »Kampf gegen Corona« angelangt, im Sommer 2020 kurz unterbrochen vom »Kampf gegen Rassismus«. Natürlich laufen derartige Empörungen im Kreis und flankieren sich gegenseitig, wobei das UN-Strategiepapier *»Gemeinsame Verantwortung, globale Solidarität«* keinen Zweifel daran lässt, alle »Einzelkämpfe« in einem ideologischen Narrativ zu vereinen. Trotzdem drehte sich das Empörungskarussell im Jahr 2020 kaum um das Thema Migration. Dies änderte sich jedoch schlagartig, als es im Herbst 2020 mit Nizza, Dresden und Wien zu einer neuen Welle islamistischer Gewalt gegen Franzosen, Deutsche und Österreicher kam. Wer mein vorangegangenes Buch *Die Wiedergutmacher* kennt, weiß, dass mich dieses Thema, insbesondere in Bezug auf die Rolle der Leitmedien sehr beschäftigt. Zum dröhnenden Schweigen der linksgrünen Mainstreampresse habe ich mich in meinem letzten Buch bereits geäußert. Im Deutungsrahmen von Gender und Politscher Korrektheit versteht es sich von selbst, migrantische Täterschaft zu leugnen, zu verschleiern oder neu zu framen. Denn aus dieser Perspektive sind Migranten *immer* Opfer, selbst wenn sie Täter sind. Deshalb staunte ich nicht schlecht, als im Herbst 2020 eine ganze Reihe von Artikeln erschien, in der ausgewiesen linke Autoren und Politiker ihren bisherigen Kurs aufgaben. Mehr noch, ausgerechnet Kevin Kühnert, Sascha Lobo und Robert Habeck äußern sich, als seien sie bei Stammautoren von *Tichys Einblick* oder *Achgut* in die Schule gegangen. Zwei Beispiele eines erstaunlichen Sinneswandels:

Kevin Kühnert (SPD):
»Mich beschäftigt das in der beispiellosen Anmaßung zum Richter über Leben und Tod mündende Menschenbild der Täter. Diese Selbstermächtigung, (über) andere zu richten, stellt nicht nur einen ungeheuerlichen Eingriff in die erstrittenen Regeln menschlichen Miteinanders dar. Es handelt sich auch um durch und durch autoritäre Taten, die sich nicht nur gegen Recht, Gesetz und gesellschaftliche Normen, sondern insbesondere auch gegen die von links proklamierte Gesellschaft der Freien und Gleichen mit mörderischer Brutalität wendet. Wie kann man das übersehen oder gar dazu schweigen? […] Es steht der Vorwurf im Raum, in linken Weltbildern gebe es ›richtige‹ und ›falsche‹ Opfer oder Täter. Und auch wenn dieser Vorwurf polemisch und pauschal daherkommen mag, so kann doch der Eindruck entstehen, dass da ein Funke Wahrheit im Spiel ist.«[266]

Sascha Lobo:
»Man erkennt die Absurdität im direkten Vergleich: Auf einen rechtsextremen Mord folgt linke Empörung, auf einen islamistischen Mord folgt eine stille, linke Zerknirschtheit, wie man sie Erdbebenopfern entgegenbringt. Manchmal sogar ergänzt durch Relativierungen. Zum Mord in Paris schrieb jemand ernsthaft: ›Ist nicht der Kapitalismus und sein Umgang mit armen Menschen und Ländern am islamistischen Extremismus schuld?‹ Das ist nicht nur bizarr geschichtsvergessen und stumpf. Es ist auch eine Form von Verniedlichungsrassismus, wenn man muslimischen Menschen und ganzen Ländern in toto die Verantwortung für ihr eigenes Handeln abspricht und stattdessen offenbar glaubt, alles, was auf der Welt geschieht, sei ausschließlich eine Reaktion auf den bösen Kapitalismus der weißen Europäer und Amerikaner. Regelmäßig beobachte ich nach islamistischen Anschlägen wie in Dresden als erste linke Reaktion die Sorge über daraus resultierenden rechten Hass. Der islamistische Hass wird so en passant ausgeblendet. Ich denke, dieser Unterschied resultiert aus einer heimlichen Hierarchisierung: Für viele Linke scheint es eine Menschenfeindlichkeit erster und eine Menschenfeindlichkeit zweiter Klasse zu geben. Bitter nachzuvollziehen etwa bei muslimischem Antisemitismus, der von links in Deutschland überraschend selten adressiert und manchmal sogar noch als ›Israelkritik‹ wohlwollend einsortiert wird.«[267]

Fast könnte ich geneigt sein, es mir einfach zu machen und die nachfolgenden Betrachtungen über Migration kurzhalten. Meine linken Kollegen haben den Kern des Problems erfasst. Zudem könnte man glauben, die Problematik sei endlich im *gesamten* politischen Spektrum anerkannt und würde entsprechend bearbeitet. Doch ganz so einfach werde ich es mir nicht machen, denn bei aller Korrektheit obiger Positionen wird dennoch ein zentraler Umstand geleugnet: Die Linke glaubt, oder will daran glauben, dass es einen »politischen Islam« gibt, der nichts mit dem »normalen Islam« zu tun hat. Die Aufklärung dieses euphemistischen Framings macht die nachfolgenden Seiten nötig. Denn wie berufene Experten wie Christina Schirrmacher oder Hamed Abdel-Samad immer wieder betonen, ist die scharfe Trennung zwischen Islam und Islamismus mehr als fragwürdig.

»Schließlich habe keiner der tonangebenden islamischen Theologen jemals eine der (demokratiefeindlichen) Thesen, die aus dem Koran abgeleitet werden, revidiert. Mit anderen Worten: Es gibt im Islam keine Trennung zwischen säkular und sakral. Oder mit einem O-Ton Ajatollah Chomeinis: ›Wenn der Islam nicht politisch ist, ist er nichts.‹«[268]

»Man darf nicht nur den Terror der Islamisten ablehnen, man muss sich mit ihrer Ideologie beschäftigen. Denn jede Praxis hat eine Theorie. Worte haben Folgen. Gedanken können töten. Wir wissen das vom Rassismus und Antisemitismus, vom Faschismus und Kommunismus. Beim Islamismus ist es nicht anders. Wenn allerdings fast die Hälfte der 2800 Moscheen in Deutschland entweder von der türkischen Religionsbehörde Ditib – dem verlängerten Arm des islamistischen Präsidenten Recep Tayyip Erdoğan – oder von der noch rechts von Erdoğans AKP stehenden Millî Görüş kontrolliert werden; wenn also der Islamismus nicht bloß eine Sache von Onlinechatgruppen – obwohl sie gefährlich genug sind – und Hinterhofmoscheen, sondern von Amts wegen in Tausend Moscheen präsent ist, so ist die Abgrenzung des Islamismus vom Islam nicht so einfach, wie wir Liberalen und Linken es gern hätten.«[269]

In den letzten Jahren hatte man sich allerdings bequem darin eingerichtet, den bösen »-ismus« als marginale Randerscheinung zu framen. Inzwischen ist der Blick auf die Wirklichkeit nur noch schwer zu verkraften. Als Erstes muss das Recht zur notwendigen Kritik an einer demokratiefeindlichen Ideologie zurückerobert werden. Viel zu lange wurden die Diskursräume mit Wordings wie »Islamophobie«, »antimuslimischer Rassismus«, »Muslimfeindlichkeit« und »Islamfeindlichkeit« vermint. Auch in Bezug auf die Migration gilt es, den euphemistischen Nebel von Begrifflichkeiten zu lichten. Hinter den Schlagworten »Migration«, »Multikultur« und

»Integration« stehen letztendlich zwei kardinale Gesellschaftsfragen, denen ostentativ ausgewichen wird:

» Was ist der wahre Charakter des Islam?
» Wie entwickelt sich die Demografie muslimischer Migranten in Deutschland?

Anstatt diese Fragen ehrlich zu beantworten, wird die Migrationsdebatte seit 2015 von drei Frames dominiert, die man »Moral und Nutzen«, »Friedliebender Islam« und »Wahnidee Islamisierung« nennen könnte:

1. »Moral und Nutzen«. Frame: »Gutes tun und selbst profitieren.«

Grundsätzlich haben wir als reiche westliche Gesellschaft eine Bringschuld gegenüber den Zuwanderern, egal ob es sich um Kriegs-, Wirtschafts- oder Klimaflüchtlinge handelt. In jedem Fall handelt es sich um *Flüchtlinge,* oder besser *Schutzsuchende,* die nur aufgrund unserer Schuld (Kolonialismus, Ausbeutung, Verursachung des Klimawandels) überhaupt in ihrer misslichen Lage sind. Daher ist es auch völlig irrelevant, welcher Asylgrund angegeben oder ob bei Herkunft, Alter oder Identität geschummelt wird. Tatsächlich haben wir nun die Gelegenheit, unsere Schuld abzutragen, den Idealen unserer christlichen Kultur gerecht zu werden und zu beweisen, dass wir aus der Vergangenheit der deutschen Geschichte gelernt haben. Doch damit nicht genug: Wenn wir es klug anstellen, können wir nicht nur moralisch, sondern auch ökonomisch profitieren. Dank der Zuwanderer wird Deutschland nicht nur »religiöser, bunter, vielfältiger und jünger«[270], zudem bekommen deutsche Unternehmen endlich die dringend benötigten Arbeiter und Fachkräfte. Vielfalt bedeutet automatisch Innovation, Fortschritt und Wohlstand. Auch genetisch ist Zuwanderung ein Segen für den Westen, denn »Abschottung würde uns in Inzucht degenerieren lassen«[271]. Außerdem kompensieren die Zuwanderer das demografische Problem der westlichen Gesellschaft. Sie stützen den Arbeitsmarkt, zahlen in die Rentenkassen und übernehmen später die

Pflege der überalterten, autochthonen Bevölkerung. Und selbst jene, die sich nur von uns ausbilden lassen und in ihre Heimat zurückgehen, nützen uns, denn sie helfen, die prekäre Lage der Dritten Welt zu lindern. Wenn erst einmal unser ökologisches Knowhow und unsere liberalen Werte adaptiert sind, kommt dies dem ganzen Planeten zugute. Zudem haben sich alle Unkenrufe der Hetzer als unwahr herausgestellt: Nach 2015 ist Deutschland so sicher und friedlich wie seit 25 Jahren nicht mehr. Alles in allem handelt es sich bei der sogenannten Flüchtlingskrise also weniger um eine Krise als um eine Chance. Und wenn man es richtig anpackt, wird daraus eine Win-win-Situation: »Wir kriegen jetzt plötzlich Menschen geschenkt«[272] und »was die Flüchtlinge zu uns bringen, ist wertvoller als Gold.«[273]

2. »Der friedliebende Islam«. Frame: »Der Islam ist eine unpolitische Religion.«

Unbestreitbar sind die neuen Zuwanderer zu einem hohen Prozentsatz Muslime, doch dies kann ebenfalls als Chance gesehen werden. Letzten Endes sind die verbindlichen Werte der Zuwanderer gut für westliche Gesellschaften. Säkularisation und Kapitalismus blieben im Westen nicht ohne Folgen, man hat sich in seiner Sattheit und Dekadenz sinnlosem Konsum und Hedonismus hingegeben, was den Planeten sehr belastet. Selbst für Christen, wie Katrin Göring-Eckardt, ist es daher eine Freude, wenn Deutschland über die Zuwanderer wieder »religiöser« wird. Denn der Islam als Religion ist nicht viel anders zu bewerten als das Christentum oder das Judentum. Schließlich baut der Islam auf den vorangegangenen, monotheistischen Religionen auf. Es gibt denselben Stammvater Abraham, der Koran kennt viele Geschichten aus der Bibel, und selbst Jesus spielt eine zentrale Rolle. Zudem sind sich Judentum und Islam sehr ähnlich, immerhin gibt es beiderseits Beschneidungen und eine koschere Lebensweise, die im Islam »halal« genannt wird. Augenscheinlich steht der Islam dem Christentum und dem Judentum näher als Buddhismus oder Hinduismus.

Zudem ist Barmherzigkeit im Islam eine der tragenden Säulen, auch Gott ist im Koran sehr barmherzig. Terror, Gewaltaffinität, Frauenunterdrückung, Antisemitismus und Homophobie sind nicht spezifisch islamisch, sondern extremistische Randerscheinungen, mit der jede patriarchal geprägte Religion zu kämpfen hat. *Das eigentliche Problem heißt toxische Männlichkeit.* Schließlich gibt es auch rassistische Christen in den USA und gewalttätige jüdische Siedler in Israel. Außerdem hat sich das Christentum in der Vergangenheit auch nicht gerade mit Ruhm bekleckert, man denke nur an die Kreuzzüge, die Heilige Inquisition oder den Dreißigjährigen Krieg. Als Religion hat der Islam jedenfalls keine originär politische Agenda und steht daher auch nicht mehr oder weniger im Konflikt mit der freiheitlich demokratischen Grundordnung als jede andere Religion in Deutschland. Selbstverständlich ist der Islam deshalb durch den Artikel 4 Grundgesetz, der Religionsfreiheit, geschützt. Zudem gehört der Islam inzwischen längst zur deutschen Kultur, immerhin haben muslimische Gastarbeiter maßgeblich am westdeutschen Wirtschaftswunder mitgewirkt. Weiterhin gehört Kopftuch oder Hijab zum Selbstverständnis muslimischer Frauen, beides wird offensichtlich freiwillig und mit großem Stolz getragen. Zu unterstellen, dies sei ein patriarchales, frauenunterdrückendes Symbol, ist eine grobe Diffamierung seitens islamophober Kräfte.

3. »Wahnidee Islamisierung«. Frame: »Muslime werden im Westen immer in der Minderheit sein.«

So bereichernd der Islam auch ist – Muslime werden leider nur eine Minderheit in Deutschland bleiben. Die Unterstellung, der Islam hätte erstens eine politische Agenda und wäre zweitens irgendwann in der Lage, diese über Mehrheiten umzusetzen, ist blanke Demagogie. Derzeit beträgt der Anteil der muslimischen Bevölkerung in Deutschland gerade einmal 6 Prozent. Diese unbedeutende Prozentzahl wird sich in den nächsten Jahren zwar leicht erhöhen, von einer »Islamisierung« kann jedoch überhaupt keine Rede sein. In

Deutschland leben ganze 6 Millionen Muslime bei 83 Millionen Einwohnern. Dabei wird sich der große Zustrom von 2015 mit 1,2 Millionen Menschen niemals wiederholen. Heute kommen im Schnitt deutlich unter 200 000 Zuwanderer pro Jahr, eine erkennbar lächerlich kleine Zahl im Verhältnis zur Gesamtbevölkerung. Zudem haben sich viele Muslime im Westen einer säkularen Weltanschauung bereits angenähert, sie bekleiden Ämter in Behörden und Politik, wobei nicht der geringste Ansatz einer Klientelpolitik erkennbar wird. Außerdem: Unsere Gesellschaft wird immer alle Religionen gleich respektvoll behandeln. Falls es aber dennoch einmal nötig sein sollte, sind unser Rechtssystem und unsere Exekutive wehrhaft und jederzeit in der Lage, jedwede extremistische Ausprägung in ihre Schranken zu verweisen.

Soweit die drei wesentlichen Frames seit 2015. Wer diese Sichtweisen bekräftigt, kann sich berechtigterweise gute Karrierechancen in Deutschland ausrechnen. Als Akademiker sind Führungspositionen bei der Caritas, Verdi, dem Arbeitersamariterbund, der SPD, der evangelischen Kirche, der Linken, den Grünen, der CDU, dem ZDF oder der ARD denkbar. Auch im Kunst- und Kulturbetrieb, im Buchhandel und vor allem in den Printmedien sind obige Deutungsrahmen hilfreich, sofern man vorankommen will. Die drei Rahmen noch einmal zusammengefasst:

» *Zuwanderung ist eine Chance und löst viele Probleme.*
» *Der Islam ist eine friedliebende, unpolitische Religion.*
» *Der Topos Islamisierung ist eine Wahnidee von Demagogen.*

Zuwanderung

Je älter man wird, desto weiter reicht der persönliche Zeithorizont, um die aktuelle gesellschaftliche Lage mit der Vergangenheit abzugleichen. Ich bin Jahrgang 1963 und kann mich an keine Epoche erinnern, in der politisches Handeln eine vergleichbare Verleugnung der vordringlichen Probleme gezeigt hätte. Mein politisches Bewusstsein entwickelte sich zur Zeit des Kalten Krieges. Damals blieb kein Bürger in Ost- oder Westdeutschland – und erst recht kein Politiker – unbeeindruckt von der politischen Großwetterlage. Jede noch so kleine Spannung zwischen den USA und der Sowjetunion wurde mit Argusaugen beobachtet, kommentiert und analysiert. Zu Recht, denn das Schicksal des geteilten Deutschlands hing auf Gedeih und Verderb von den beiden Supermächten ab. Zwischen den beiden Schicksalsdaten 9. November 1989 und 11. September 2001 gab es dann so etwas wie eine Phase der Erleichterung. Abgesehen vom Jugoslawienkrieg, mit einer damals als extrem belastend empfundenen Flüchtlingswelle, war Deutschland voll und ganz damit beschäftigt, die Wiedervereinigung, Euroeinführung und das neue Verhältnis zu den östlichen Nachbarn zu meistern. Doch spätestens nach 2001 wurde jedem politisch Interessierten klar, dass man nach Ende des Kalten Krieges keineswegs eine stabile Phase des Friedens und der Freiheit erwarten durfte.

Ein Jahr darauf erschien das legendäre Buch »Kampf der Kulturen« des Politologen und Harvard Professors Samuel P. Huntington. So umstritten das Buch bei Erscheinen auch war, verlegte es erstmals den Schwerpunkt der zu erwartenden Konfliktlinien dorthin, wo er in den folgenden Jahren tatsächlich auch sein würde. Nicht mehr politische Ideologien bildeten die großen Antipoden, sondern Kulturen, genauer: *Religionen.* Zudem wies Huntington darauf hin, dass zukünftige Probleme von einem weiteren Aspekt befeuert werden, einer demografisch auffällig hohen Anzahl junger Männer im arabisch-afrikanischen Raum. 2002 hielten viele Intellektuelle Huntingtons Schlussfolgerung für konstruiert und hysterisch. Doch die folgenden Jahre sollten zeigen – sie waren es nicht. Damals waren Huntingtons Ausführungen noch zu hypothetisch, als dass man ihre Tragweite verstanden hätte. Natürlich war 9/11 ein großer Schock, dennoch hielt man die Geschehnisse um Osama bin Laden und die Entwicklung in Afghanistan mit der Bildung der Terrororganisation Al-Qaida für extremistische Randerscheinungen. Dass jedoch viele muslimische Gesellschaften insgesamt eine starke Rückbesinnung auf ihre fundamental-religiösen Wurzeln erfahren würden, war damals noch recht unklar. Erst der Abgleich des normalen gesellschaftlichen Lebens in den muslimischen Ländern der 1960er- oder 1970er-Jahre zur Jetztzeit macht deutlich, wie weitgehend diese Rückbesinnung tatsächlich ist. Als sich 1954 der ägyptische Staatspräsident Gamal Abdel Nasser zur Frage eines etwaigen Kopftuchzwangs in Ägypten äußert, gibt es lautes Gelächter im Saal. Nasser amüsiert sich über das damals als abstrus empfundene Vorhaben und erklärt: »Meine Meinung ist, dass jeder Mensch für sich selbst die Regeln festlegt.« Mit anderen Worten, Religion sollte Privatsache sein. Dann wendet er sich einem der Muslimbrüder zu, der die Idee mit dem Kopftuchzwang eingebracht hatte: »Mein Herr, ihre Tochter studiert an der medizinischen Hochschule – und sie trägt kein Kopftuch …« Daraufhin lacht der ganze Saal. Nasser weiter: »Obwohl Sie noch nicht einmal Ihre eigene Tochter dazu bringen können, ein Kopftuch zu tragen, verlangen Sie von *mir*, dass ich zehn Millionen Frauen dazu bringe?! Ich allein?!«[274] Frauen mit Kopftuchzwang, damals ein Witz, der einen ganzen Saal zum Lachen bringt. Und dies nicht in Europa, sondern in Ägypten. Als weiteres Beispiel mögen Fotos von den Stränden der arabischen Länder aus den 1960er-Jahren dienen. Dort sehen arabische junge Frauen mit Bikini und moderner Sonnenbrille nicht anders aus als an den Stränden der Côte d'Azur. Heute sieht man an arabischen Stränden vielerorts schwarz vermummte Gestalten in der Sonne braten, daneben junge, attraktive Männer, selbstverständlich braungebrannt und in Badehose. Inzwischen gehört es zur medizinischen Allgemeinbildung, auch für deutsche Ärzte, muslimische Frauen zusätzlich mit hohen Dosen Vitamin D3 zu versorgen. Das lebenswichtige Vitamin kann nämlich nur bei ausreichender Sonneneinstrahlung auf die Haut produziert werden, daher kommt es bei vielen muslimischen Frauen zu Mangelsymptomen. Als letztes Beispiel für die Rückbesinnung muslimischer Gesellschaften auf fundamentale Glaubensgrundsätze dient sicherlich die Türkei: Das ehemals moderne, säkulare Land, geprägt durch Mustafa Kemal Atatürk (Zitat: »Es gibt viele Kulturen, aber nur eine Zivilisation, die westliche«), befindet sich derzeit im Rückwärtsgang in ein autokratisches Kalifat. Vom heutigen Herrscher sind dementsprechend auch ganz andere Töne zu vernehmen: »Die Demokratie ist nur der Zug, auf den wir [Muslime] aufsteigen, bis wir am Ziel sind.«[275]

Doch wie von Huntington vorhergesagt, muss der neue muslimische Fundamentalismus im Zusammenhang mit einem weiteren Phänomen betrachtet werden, der Demografie im arabischen Raum. Beispiel Syrien: Seit 1960 hat sich die Einwohnerzahl *vervierfacht* und liegt heute bei knapp 20 Millionen, bis 2050 sollen es sogar 36 Millionen Einwohner sein. Um sich diese Größenordnungen zu vergegenwärtigen: *»Deutschland stände bei einer Vervierfachung seit 1960 nicht bei 82, sondern bei 290, die Schweiz bei 22 statt 8 und Österreich bei 28 statt 9 Millionen. Ungeachtet ihrer relativ dynamischen Wirtschaft ständen alle drei Länder vor unlösbaren Herausforderungen, wenn sie eine demografische Dynamik à la Syrien auffangen müssten. Dort wiederum mangelt es an ökonomischer Dynamik heute noch mehr als 1960.«*[276]

Selbstverständlich ist Syrien nur ein Beispiel, die Bevölkerungsexplosion betrifft viele muslimische Länder gleichermaßen. In der Folge werden nicht einmal 40 Prozent der jungen arabischen Männer in ihrer Heimat ein adäquates Auskommen finden. Millionen von ihnen werden nach Europa streben, ganz unabhängig von etwaigen Kriegen. Wer die Folgen für Europa abschätzen will, muss daher folgende Faktenlagen ins richtige Verhältnis setzen:

1. *Der ideologisch-politische Kern eines rückwärtsgewandten Islam, im Abgleich mit der freiheitlich demokratischen Grundordnung.*
2. *Die rückläufige Demografie in Europa, im Abgleich mit einer stark expandierenden Demografie im afrikanisch-arabischen Raum.*

Man kann an der Zuwanderungsdebatte nicht konstruktiv teilnehmen, solange man sich diese beiden Faktenlagen nicht erarbeitet hat. Unglücklicherweise wird die Debatte von jenen dominiert, die keine Faktenkenntnis haben. Mehr noch, wer in der Debatte Gehör finden will, sollte sich mit den Fakten besser nicht belasten. In der deutschen Gesellschaft nach 2015 reicht es vollkommen aus, das »prinzipiell Richtige« zu fühlen: *»Kein Mensch ist illegal.«* Wie flach, fehlinformiert und ideologisiert die Debatte ist, verdichtet sich in den Slogans der »Refugees Welcome«-Demonstranten. Ich erinnere mich an ein Foto von einem Mann mit einem Schild, auf dem stand: *»Früher Juden – heute Muslime«*. Ein anderes Foto zeigte ein junges blondes Mädchen, ihr Schild trug die Aufschrift: *»Ich bin Christ und liebe den Koran.«* Ein zynischer Scherzbold auf Facebook kommentierte das Bild mit den Worten: *»Und ich bin Jude und liebe ›Mein Kampf‹.«*

Nicht alle Menschen halten Corona oder die Klimakrise für die drängendsten Probleme. Wer offen die Schwierigkeiten im Zusammenhang mit der Zuwanderung anspricht, wird sofort mit dem Vorwurf konfrontiert, er würde »den Falschen« in die Hände spielen. Als Gabi Bauer in den Tagesthemen den deutsch-ägyptischen Politikwissenschaftler Hamed-Abdel Samad barsch unterbricht und darauf hinweist, er habe soeben dasselbe vertreten wie die AfD, antwortet dieser:

»Wo liegt das Problem? Wenn die AfD auch sagen würde ›die Sonne scheint heute‹, dann würde ich nicht widersprechen. Das ist das Problem der Parteien der Mitte, sie müssen allem, was die AfD sagt, widersprechen, und das muss nicht sein, man muss sich von diesem Zwang befreien. Man muss die islamkritische Debatte in die Mitte der Gesellschaft holen, dann haben wir dieses Problem nicht.«[277]

Auf die linksgrüne Strategie, den Debattenraum zu verengen und mit Tabus zu verminen, kann man sich als Freidenker nicht einlassen. So dient die immer wieder verwendete Begriffs-Chimäre »antimuslimischer Rassismus« allein dazu, den Debattenraum zu verengen und unliebsame Meinungen abzuwürgen. Und wenn man den Rassismus-Begriff auch noch so überdehnt – Moslems sind keine »Rasse« und Kritiker einer demokratiefeindlichen Ideologie sind keine »Rassisten«. Zudem geht es bei dieser Kritik auch nicht um »rechte« oder »linke« Positionen. Viele Bürger Europas sind verzweifelt über einen politischen Kurs, den sie weder gewählt noch gewollt haben. Und wie die Gelbwestenbewegung in Frankreich zeigt, hängen die Bürger schon lange nicht mehr an überkommenen Verortungen wie rechts oder links. Dass selbst eine totgesagte SPD wiederauferstehen könnte, sobald sie beginnt, die Sorgen ihres eigentlichen Klientels ernst zu nehmen, zeigte das Beispiel Dänemark: Mette Frederiksen, dortige Vorsitzende der Sozialdemokraten und seit Juni 2019 Ministerpräsidentin Dänemarks, wurde für ihre realistische Migrationspolitik mit 26 Prozent Zustimmung belohnt.

Euphemismus Multikultur

In Deutschland zeigt sich die Verleugnung der Realität im fortwährenden Euphemismus, von einer bereichernden Multikultur zu sprechen. Die Vorsilbe »*Multi*« (lateinisch von multiplex) bedeutet vielfach, vielfältig oder mannigfaltig. Deshalb werden mit dem Begriff der Multikultur Qualitäten wie *Toleranz* und *Diversität* beschworen, also ausgerechnet jene Aspekte, die in der muslimischen Kultur ausgesprochen *rar* sind. Ungeachtet dieses Widersinns lautet das gewünschte Narrativ, Deutschland würde durch »vielfältige Religionen, Ethnien und Kulturen« (stets im Plural genannt …), bereichert, befruchtet und gestärkt. Unerschrocken werden die USA als leuchtendes Beispiel für gelungenen Multikulturalismus bemüht, dabei hat dieser selbst dort niemals wirklich funktioniert. Zudem hinkt der Vergleich aus mehreren Gründen: Die Zuwanderung nach Nordamerika fand in einer Zeit des rapiden ökonomischen Wachstums statt und ohne dass es einen nennenswerten Wohlfahrtsstaat gegeben hätte. Allein dies zwang die Zuwanderer entweder zu einer gewissen Anpassung oder in den Untergang. Außerdem kam ein Großteil der Zuwanderer aus Europa, was in der Regel eine gemeinsame christliche Wertebasis beinhaltete. Das Entscheidende für das heutige Europa ist jedoch: Im Gegensatz zu Amerika des 19. und 20. Jahrhunderts geht es überhaupt nicht um »multiple Kulturen«. Fast 80 Prozent der Zuwanderer von 2015 waren junge männliche Muslime mit einem für europäische Verhältnisse weit unterdurchschnittlichen Bildungsstand. Dennoch kommen diese stolzen jungen Männer nicht ohne Werte zu uns. Vielmehr sind sie explizit dazu erzogen worden, ausgerechnet die Werte der Willkommensbefürworter, *Toleranz* und *Vielfalt,* zu verachten. In ihrem Wertekanon gibt es nur *eine* Wahrheit, und diese zu verteidigen ist eine Frage von Ehre, Männlichkeit und Respekt:

»Wer aus einem Land, in dem diese [islamischen] Denkweisen gelehrt werden, zu uns kommt, erlebt einen Kulturschock. Selbstverständlich kleiden sich in Europa Frauen so, wie sie es wollen – unabhängig von ihrer körperlichen Beschaffenheit. Selbstverständlich ist Jude kein Schimpfwort und das Existenzrecht Israels nicht verhandelbar. Selbstverständlich kann in Deutschland jeder seine Religion leben – oder sogar ohne leben. Selbstverständlich? Ja, für uns. Doch an Schulen im Iran, in Afghanistan oder Gaza sieht es anders aus. […] Denn wir [Menschen aus dem Westen] werden in den [Schul-]Büchern häufig als Gegner dargestellt, als Kolonialisten, Imperialisten, Judenfreunde, Ungläubige und vieles mehr. ›Unsere Feinde sind all diejenigen, die nicht Muslime sind‹, lautet sinngemäß die Botschaft eines palästinensischen Schulbuchs.«[278]

Dass es bei Zuwanderern mit diesem Wertekanon in Fragen der Toleranz und Vielfalt einer offenen Gesellschaft, insbesondere im Umgang mit anderen Religionen oder sexuellen Orientierungen, zu großen Verwerfungen kommen muss, liegt auf der Hand. Tatsächlich konzentrieren sich darum auch alle Ressourcen bezüglich Integration, Gewaltpräventionen und Subventionen fast ausnahmslos auf diese eine Gruppe. Nicht umsonst hielt es der damalige Innenminister Wolfgang Schäuble bereits 2006 für nötig, die sogenannte »Islamkonferenz« ins Leben zu rufen.

»Ziel des Dialogs ist eine bessere Integration der muslimischen Bevölkerung und ein gutes Miteinander aller Menschen.«[279]

Offenkundig benötigen andere Ethnien, Kulturen und Religionen, wie Juden, Hindus, Buddhisten, Chinesen, Russen, Polen, Vietnamesen oder welche Volksgruppe auch immer, keine vergleichbare Zuwendung. Beispiel Berlin: *»Statistiker gehen davon aus, dass mittlerweile mehr als vier Millionen Menschen mit ›russischsprachigem Hintergrund‹ in Deutschland leben, davon nach offiziellen Erhebungen rund 100000 in Berlin. Die Dunkelziffer aber ist womöglich dreimal so hoch. Wenn das stimmt, hat die Hauptstadt inzwischen mehr russisch- als türkischsprachige Bewohner.«*[280]

Bezüglich der Integrationsfrage sah Schäuble dennoch keinen Anlass, eine »Russenkonferenz« ins Leben zu rufen. Zumindest Berlin ist tatsächlich ein Schmelztiegel für alle möglichen Ethnien, Kulturen und Religionen. Trotzdem dominieren in der Gewaltkriminalität, insbesondere gegen Frauen, Homosexuelle und Juden, aber auch in Bezug auf unterdurchschnittliche Schulbildung und berufliche Integration männliche Muslime. Ein Beispiel aus der Justiz:

»Die Justizverwaltung des [Berliner] Senats bestätigt den Schweinefleisch-Erlass. Sprecherin Lisa Jani: ›70 Prozent der dortigen Arrestanten [im Jugendarrest] haben einen Migrations-Hintergrund. Sie dürfen aus religiösen Gründen kein Schweinefleisch essen.‹«[281]

Eigentlich müssten alle Zuwanderer aufgrund ihrer strukturellen Nachteile gleichermaßen Gefahr laufen, krimineller zu werden als autochthone Bürger. Doch warum sitzen in Berliner Gefängnissen so wenig Russen, Polen, Chinesen oder Zuwanderer anderer Ethnien? In Ballungsräumen wie Berlin wird vorsorglich die gesamte Gefängnisverpflegung auf »halal« umgestellt, damit es keine Aufstände gibt. Bei einem Prozentsatz von 9 Prozent Muslimen in Berlin ist der Jugendarrest mit bis zu 70 Prozent muslimischen jungen Männern besetzt. Dass dieses Problem gerade nichts mit *Multikultur* zu tun hat, darf keinesfalls offen angesprochen werden. Dabei kann man das Wording bezüglich des Kontrollverlustes der öffentlichen Ordnung kaum noch euphemistisch nennen, Begriffe wie »Partyszene« sind schlichtweg zynisch. Wie können vernunftbegabte intellektuelle Eliten angesichts der Lebensrealität von Muslimen im Westen am Narrativ einer »bunten, gemischten Multikultur« festhalten, in der Homosexuelle, Transsexuelle, Juden, Christen, Muslime und diverse Ethnien und Kulturen friedlich in einer großen, bunten Gemeinschaft aufgehen? Auch wenn sich linksgrüne Eliten eine kunterbunte Welt noch so sehr herbeiphantasieren – LGBT-Kurse[282] und Islamunterricht an Schulen schließen sich aus. Muslimische Eltern mögen nun einmal keine sexuelle Diversität.

»In Nordengland, in Städten wie Birmingham und Manchester, haben sich die Proteste nun so zugespitzt, dass das [LGBT-]Programm an einigen Schulen temporär ausgesetzt wurde. Zuvor hatte es wochenlang Demonstrationen und Mahnwachen von zumeist muslimischen Eltern vor den Grundschulen gegeben.«[283]

Schweden und Dänemark, zwei westliche Länder die in puncto Willkommenskultur Deutschland in nichts nachstanden, haben inzwischen dazugelernt. Dort hat man aufgrund der starken gesellschaftlichen Verwerfungen mittlerweile Kehrtwenden vollzogen. Rings um Deutschland bilden sich Allianzen mit einem Bekenntnis zu einer realitätsbezogenen Asylpolitik, eng zusammen stehen die Visegrád-Staaten, doch neuerdings sind auch die Niederlande, Österreich, Italien, Dänemark und Schweden mit dabei. Immer mehr europäische Nachbarn, aber auch viele Länder in Übersee, wie USA, Kanada, Australien und Neuseeland, machen vor, dass es durchaus alternative Handlungsoptionen gäbe. Viele davon sind nicht nur für die autochthone Gesellschaft bekömmlicher, zu Ende gedacht sind sie es vor allem für Migranten. Niemand kann einen Nutzen davon haben, erst recht nicht die Zuwanderer, wenn unter Beibehaltung der bisherigen Praxis der soziale Friede in Europa kollabiert. Ginge die Zuwanderung weiter wie bisher, werden extreme Kräfte unweigerlich so stark, dass sich bürgerkriegsähnliche Zustände nur noch mit Notstands- und Sonderrechten eindämmen lassen. Diesbezüglich könnte sich Merkels Novellierung des Infektionsschutzgesetzes tatsächlich noch als nützlich erweisen. Abgesehen von gewaltbereiten islamistischen Kräften, werden durch die Migrationspolitik auch autochthone Kräfte gestärkt, die das Attribut *rechtsextrem* tatsächlich verdienen. Migranten, die schon länger hier leben, haben dies in aller Klarheit erkannt; viele sind entsetzt über die derzeitige Politik. Momentan steuert Europa mit Macht auf Michel Houellebecqs düsteren Zukunftsentwurf »Unterwerfung« hin; was auf der Strecke bleibt, ist auf jeden Fall die Freiheit. Der Bestsellerautor, Psychiater und Psychoanalytiker Hans-Joachim Maaz bringt auf den Punkt, was auf dem Spiel steht:

»Es geht um die notwendigen Rahmenbedingungen der äußeren Demokratie: Erhalt der staatlichen Ordnung, um Grenz- und damit Souveränitätssicherung, um Verteidigung des bedrängten Territoriums, um Durchsetzung des Grundgesetzes, um Erhalt des Sozialstaates und um ausreichende Sicherheit. Und es geht um die großen Werte: Verhinderung von Krieg, Schutz vor Terrorismus, Schutz vor jeglicher politisch, religiös oder sozial motivierten Gewalt, Eindämmung der Kriminalität, Verhinderung bürgerkriegsähnlicher Straßenkämpfe.«[284]

Auch linke Stimmen, wie Sahra Wagenknecht, haben die Brisanz der Entwicklung verstanden:

»›Wer jeden, der eine differenzierte Sicht auf Migration einfordert, in die Nazi-Ecke stellt, begreift nicht, dass er genau damit die rechten Parteien stärkt.‹ Viele Menschen fühlten sich durch solche Debatten verächtlich gemacht. ›Und wenn man ihnen immer wieder einredet, dass sie mit ihrer Meinung ›rassistisch‹ seien, dann identifizieren sie sich irgendwann damit und wählen aus Wut tatsächlich AfD.‹ Die 49-Jährige, die politisch aktiv bleiben will, nannte es außerdem ›eine große Lüge‹, dass Armut in der Dritten Welt durch die Förderung von Migration bekämpft werden könne. ›Das Gegenteil ist der Fall‹, sagte Wagenknecht.«[285]

Vormund und Mündel

Die meisten Linksintellektuellen nehmen den Islam in seiner eigentlichen Bedeutung nur wenig ernst. Tiefe Überzeugungen von Muslimen, sofern sie nicht in das linksgrüne Narrativ einer »Multikultur« passen, werden kurzerhand uminterpretiert. In diesem Re-Framing wird Muslimen die Verantwortung für eine Fehlhaltung, wie beispielsweise Homophobie oder Antisemitismus, schlichtweg abgesprochen. Stattdessen greift der arrogante Reflex einer Selbstbezichtigung, der sich nur aus einer verinnerlichten Haltung eines Vormundes gegenüber seinem Mündel erschließt. Man beklagt eher das eigene »Versagen bei der Erziehung«, als Muslime ernst zu nehmen. Eine gängige These: Erst weiße westliche Männer, die ehemaligen Kolonialherren, trugen ihren Hass auf Homosexuelle in die islamische Welt. Die unschuldige muslimische Gesellschaft wäre nämlich ohne Kontakt zu den bösen weißen Männern niemals von sich aus auf die Idee gekommen, gleichgeschlechtliche Liebe zu verdammen. Dass es diesbezüglich diverse Suren im Koran gibt, und mit welcher Härte viele muslimische Staaten Homosexualität verfolgen – geschenkt …

Ein weiteres Beispiel: Der im Islam implementierte Antisemitismus begleitet diese Religion von Beginn an. Bei Kenntnis des Korans wird der Grund hierfür sofort als historischer Konflikt erkennbar. Die Ablehnung des Judentums gehört de facto zur DNA des Islam, in jedem islamischen Land ist eine offene oder verdeckte Israelfeindlichkeit daher Staatsraison. Dass Judenhass nicht gerade zu den westlichen Tugenden gehören sollte, ist selbst Linksintellektuellen klar, obwohl sich die Linke von jeher auf die Seite der Palästinenser und gegen Israel positionierte. Dennoch ist es für die hiesige Debatte abträglich, dass das neue Mündel der Muslime allzu offene antijüdische Ressentiments hegt. Eine Glanzleistung von Uminterpretation las ich in der *Welt*. Der vielsagende Titel lautet: *»Experten sehen Antisemitismus bei Muslimen als Folge von Islamfeindlichkeit.«*[286]

Chapeau! Auf diesen Dreh muss man erst einmal kommen. Obgleich der Artikel am 1. April erschien, ist er keineswegs scherzhaft gemeint, die Logik darin: Die deutsche Mehrheitsgesellschaft ist schuld am muslimischen Antisemitismus.

»Mitglieder der Minderheit der Muslime in Deutschland suchten in einer noch kleineren Minderheit ›eine Art Sündenbock, um selbst erfahrene Diskriminierung durch Verschwörungstheorien zu erklären‹.«

Muslimischer Antisemitismus – eine Folge deutscher Fremdenfeindlichkeit. Wiederum ist es die toxische weiße Männlichkeit, die gleichsam im Billardeffekt zwei Opfergruppen produziert, im ersten Fall Schwule und Muslime, im zweiten Fall Juden und Muslime. So stimmt das von Selbsthass geprägte, linksgrüne Weltbild wieder. Bei diesem Husarenstück einer Täter-Opfer-Umkehr haben Muslime gar keine originär eigenen Überzeugungen mehr, sie sind lediglich reaktive, entmündigte Opfer, die sich nur ein Ventil für ihre Schmähungen gesucht haben. Gut, dass Muslime so kluge Anwälte haben, die ihnen erklären, warum sie denken, was sie denken.

Ein weiteres Beispiel für die Ignoranz und Entmündigung von Muslimen ist das grundsätzliche Missverständnis bei der Gleichsetzung von Bibel und Koran. Allgemein wird behauptet, beides seien religiöse, historische Erbauungsschriften. Dabei hat man den alles entscheidenden Unterschied niemals begriffen, geschweige denn akzeptiert; er lautet:

»Für Muslime ist Gott der Autor des Korans, nicht etwa dessen Thema (in dem Sinne, wie er Thema der Bibel ist).«[287]

Dass diese Sichtweise für viele Muslime eine wesentliche und ersthafte Angelegenheit darstellt, wird einfach geleugnet. Dabei kann man diesen Unterschied zur Bibel gar nicht hoch genug bewerten. Stattdessen tut man lieber so, als sei der Koran, ebenso wie die Bibel, eine weitere religiöse Schrift, in der es irgendwie *um* Gott geht. Dass hier jedoch Gott *persönlich und direkt* zu den Menschen spricht und ihnen verbindlich mitteilt, was sie zu tun und zu lassen haben, wird einfach ausgeblendet. Fragt man hingegen Christen, wer die Bibel geschrieben hat, hört man zu Recht, dass es sich um eine über Jahrhunderte geschriebene Erbauungsschrift handelt, an der viele Autoren mitgewirkt haben. Allein die Evangelien machen klar, dass es viele unterschiedliche Interpretationen gibt, die man nicht wortwörtlich, sondern im übertragenen Sinne nehmen muss. Selbstverständlich gibt es auch Muslime, vor allem im Westen, die dasselbe Verständnis vom Koran haben. Dennoch sind Muslime, die den Koran historisch und damit kontextualisiert interpretieren, deutlich in der Unterzahl. Die überwiegende Mehrzahl der Muslime glaubt nach wie vor, dass der Text im Koran direkt von Gott stammt. Viele Muslime legen sogar großen Wert darauf, dass Mohammed selbst Analphabet war, demnach hätte er sich die heiligen Worte nicht einfach ausdenken und niederschreiben können. Erzengel Gabriel, der auf Arabisch Djibril heißt, hat dem Propheten über 23 Jahre an verschiedenen Orten direkt übermittelt, was Gott von den Menschen erwartet. Mohammed empfing also direkt Gottes Wort, ohne dass er selbst des Schreibens mächtig war. Auch viele westliche Muslime, sofern sie sich ernsthaft als solche bezeichnen, bestätigen die Heiligkeit und Unantastbarkeit der Koranverse. Allein das muslimische Glaubensbekenntnis macht den Stellenwert deutlich: »Ich bezeuge, dass es keine Gottheit außer Gott gibt und dass Mohammed der Gesandte Gottes ist.« Mit dieser Formel bekennt sich jeder Muslim eindeutig zu Mohammeds prophetischem Auftrag und erkennt Gottes wortwörtliche Offenbarung, den Koran, an. Bezüglich der Freiheit, religiöse Texte auslegen und interpretieren zu dürfen, ist die Autorenschaft natürlich sehr entscheidend. Sieht man von den wenigen direkten Jesusworten ab, war eine Bibelexegese allein schon deshalb leichter möglich, da hier lediglich Chronisten ihre Ansichten über Gott verfasst haben. Mit Gott als direktem Autor konnte sich der Islam hingegen vor Reformen und äußeren Einflüssen seit Jahrhunderten schützen, wie man in jedem muslimischen Land der Welt beobachten kann. Weder Buchdruck noch Wissenschaft konnten nach dem ultimativen letzten Buch der

Bücher die gleiche Relevanz entwickeln wie im Westen. Und wozu auch? Gott hatte im Koran klargemacht, dass das Diesseits lediglich ein Ort des Übergangs ist, an den man sich nicht allzu sehr hängen sollte. Das wahre Leben findet nicht hier, sondern im Paradies statt. Pervertiert und bei Extremisten mündet diese Haltung schließlich in der Aussage: »Ihr liebt das Leben, wir lieben den Tod.«[288]

Säkulare Muslime

In der Islamdebatte gewinnt man schnell den Eindruck, als sei fortwährend von unterschiedlichen Religionen die Rede. Während Kritiker von einem restriktiven, gewaltaffinen Islam sprechen, betonen Befürworter einen friedliebenden, barmherzigen Islam. Wie kann dies sein?

Zum einen ist Gott im Koran tatsächlich an vielen Stellen liebevoll und barmherzig. *Allerdings bezieht sich diese Barmherzigkeit fast immer nur auf Gläubige.* Ungläubige werden vielfach mit Flüchen und Verdammung belegt. Viele Suren funktionieren nach der Zuckerbrot-und-Peitsche-Methode, große Liebe für die Gerechten – große Verwünschungen für die Ungerechten. Dabei scheint dieses Prozedere aus muslimischer Perspektive trotzdem fair, denn die Hürde, der Gemeinschaft der Umma[289] beizutreten, ist de facto niedrig. Ein einziger Satz, ausgesprochen im Beisein von zwei muslimischen Zeugen, und schon wird man Gottes Barmherzigkeit teilhaftig. Um fortan ein gottesfürchtiges Leben zu leben, muss man keinen langwierigen Religionsunterricht absolvieren. Die Grundsätze und Pflichten gläubiger Muslime sind überschaubar. Christen, Juden und Agnostiker, die trotz dieses freundlichen Angebotes stur bleiben, werden schlussendlich sehen, wohin sie ihre Haltung führt – laut Koran nämlich geradewegs in die Hölle.

Abgesehen vom Aspekt der Barmherzigkeit (sorry – Members only …), speist sich das vielleicht größte Missverständnis über einen angeblich hellen oder dunklen Islam aus der Tatsache, dass es prinzipiell zwei unterschiedliche Gruppen von Suren gibt. Um dies zu erkennen, muss man die Suren allerdings *chronologisch* ordnen, denn im Koran sind die Verse lediglich nach Länge sortiert. Wer sich ein klein wenig mit dem Islam beschäftigt, wird wissen, dass Mohammed zunächst in Mekka (610–622) und später in Medina (622–632) gelebt hat. Der Beginn des Islam lag in einer Zeit, in der Muslime zwischen Juden, Christen und kultischen Religionen nur eine kleine Minderheit bildeten. Die wenigen Muslime um Mohammed bemühten sich redlich, Juden und Christen für ihre Religion zu begeistern und als neue Glaubensbrüder zu gewinnen. Gottes Überlieferungen, also die Suren aus der mekkanischen Zeit, sind auffallend zugewandt und offen. Christen werden als Hüter der Schrift bezeichnet und fast schon als Glaubensbrüder angesehen. Zitiert man Suren aus dieser Epoche, scheint der Islam tatsächlich eine offene, tolerante Religion zu sein. Immerhin sah sich Mohammed als legitimer Erbe der alten Religionen, als letzter großer Prophet nach Jesus. Dennoch waren die Erfolge aller Bemühungen zur Expansion in Mekka mäßig; nach Jahren großer Anstrengung zählte Mohammeds Gemeinde gerade einmal 113 Mitglieder. Insgesamt gingen die Mekkaner sogar ziemlich respektlos mit Mohammed um. Einmal musste er beißenden Spott ertragen, als ihm Übeltäter mitten im Gebet die Nachgeburt einer Kamelstute auf den Rücken legten. Doch diese Schmach trug der Prophet mit Fassung, später sind die Missetäter dann allerdings böse verwünscht worden und nahmen kein gutes Ende, wie man in einer Hadith-Sammlung[290] nachlesen kann.

Dann folgt das für die muslimische Welt entscheidende Ereignis, die *»Hidschra«*. Das Wort bedeutet so viel wie Auswanderung oder Auszug. Mohammed verlässt Mekka und zieht nach Medina. Seine Ankunft wird auf den 24. September 622 datiert, ein Ereignis, das so wichtig ist, dass hiermit die islamische Zeitrechnung beginnt. In Medina entwickelt sich der zuvor geschmähte Prophet zu einem geachteten Führer, Politiker und Begründer eines überaus erfolgreichen und expansiven Islam. Auch Gottes Botschaften klingen in Medina plötzlich anders als in Mekka; gleich die erste in Medina übermittelte Sure (Sure 2: al-Baqara »Die Kuh«) schlägt neue Töne an:

Ihr Gläubigen! Bei Totschlag ist euch die Wiedervergeltung vorgeschrieben: ein Freier für einen Freien, ein Sklave für einen Sklaven und ein weibliches Wesen für ein weibliches Wesen. (Vers 178)
Und tötet sie (d. h. die heidnischen Gegner), wo (immer) ihr sie zu fassen bekommt, und vertreibt sie, von wo sie euch vertrieben haben! (Vers 191)
Und kämpft gegen sie, bis niemand (mehr) versucht, (Gläubige zum Abfall vom Islam) zu verführen, und bis nur noch Allah verehrt wird! (Vers 193)
Euch ist vorgeschrieben, (gegen die Ungläubigen) zu kämpfen, obwohl es euch zuwider ist. (Vers 216)
Und kämpft um Allahs willen! (Vers 244)[291]

Viele Islam-Reformer, die um einen modernen, europäischen Islam ringen, der nicht im Widerspruch zum Grundgesetz steht, teilen den Koran in sogenannte mekkanische und medinensische Suren auf. Glücklicherweise haben modernere Koranausgaben bereits Anmerkungen, welche Suren aus welcher Zeit stammen. Dies dient dazu, die Suren den Lebensphasen des Propheten zuzuweisen, was nichts anderes bedeutet, als den Koran kontextualisiert zu lesen. Allgemein fällt auf, dass die kürzeren Suren eher in Mekka offenbart wurden, die längeren, komplexeren eher in Medina. Zudem geht es in den mekkanischen Suren tatsächlich eher um spirituelle Themen, wie das Ende der Welt, die Auferstehung oder das Jüngste Gericht. Die medinensischen Suren behandeln dagegen viele soziale Regeln, auch was die untergeordnete Stellung der Frau betrifft. Insgesamt übermittelt Erzengel Gabriel in Medina noch eine ganze Reihe weiterer »Schwertsuren«, diese klingen aggressiver, politischer und militärischer als die Suren aus der mekkanischen Zeit. Auch Gottes Einstellung zu den Juden und Christen hat sich in

Medina merklich abgekühlt. Plötzlich ist von Affen und Schweinen, von Irrläufern und Verstockten die Rede, die Gottes Zorn auf sich gezogen haben. Auf jeden Fall macht Mohammed mit Gottes neuem Regelwerk schnell Karriere, die Zeiten der Versöhnung sind ein für alle Mal vorbei.

Für Aufklärer und Reformer ist die Zuordnung der Suren überaus entscheidend. Erst der Zusammenhang zur persönlichen Biografie und Lebenssituation des Propheten macht die tiefere Interpretation der Suren möglich. Das Problem bei der Relativierung der gewaltaffinen Suren ist jedoch – sie gelten als wichtiger, da aktueller:

»Am Anfang geht es in Mekka harmlos los mit Mohammeds Predigten, und je größer und einflussreicher die Gemeinde dann in Medina wurde, desto radikaler und intoleranter wird es. In der Folge widersprechen sich viele Suren. Zuerst wird beispielsweise gefordert, dass keiner zum Glauben gezwungen werden kann, dann wird der Tod der Ungläubigen gefordert. Was aber ist jetzt bindend? Hier kommt die sogenannte Abrogation ins Spiel: Es gilt immer nur der spätere Vers. Das heißt, dass jede vorangegangene friedlichere Sure potenziell von einer späteren radikaleren »abrogiert«, das heißt aufgehoben wird.«[292]

Zudem steht die Koranexegese – verglichen mit der Bibelexegese – relativ am Anfang. Was Christen seit einigen hundert Jahren diskutieren, ob man das Wort Gottes auslegen und die Bibel interpretieren darf, scheint bei vielen zeitgenössischen Muslimen auf ganz ähnliche Widerstände zu stoßen wie zu Luthers Zeiten:

»Bis heute wird eine Kritik des Korans in seiner politischen Form aus der medinensischen Periode (622–632) nicht zugelassen. Auch die Kritik des Propheten als historische Figur wird vehement abgelehnt, obwohl er nur Mensch (Koran 18:110) mit menschlichen Fehlern und Schwächen war.«[293]

Abdel-Hakim Ourghi, ein deutsch-algerischer Islamwissenschaftler und Religionspädagoge an der Pädagogischen Hochschule Freiburg, hat gemeinsam mit weiteren Islamreformern, darunter Mimoun Azizi, Necla Kelek und Seyran Ateş, die sogenannte

»*Freiburger Deklaration*« verfasst. Die Erklärung gibt die Einstellungen und Forderungen der säkularen Muslime Deutschlands, Österreichs und der Schweiz wieder, darin heißt es:

»*Wir träumen von einer Islamreform. Von einer Aufklärung, aus der eine muslimische Gemeinschaft erwächst, die sich als integralen Bestandteil der europäischen Gesellschaft sehen will, die offen und neugierig gegenüber ihren Mitmenschen, der europäischen Kultur und den Herausforderungen der Moderne ist.*

Wir träumen von einer muslimischen Gemeinschaft, die Frieden, Toleranz und Nächstenliebe predigt und lebt, die Gleichberechtigung predigt und lebt, die Respekt vor anderen Religionen und anders denkenden Menschen predigt und lebt.

Wir träumen von einer muslimischen Gemeinschaft, die alle Formen der individuellen Persönlichkeitsentfaltung respektiert und schützt, die alle Formen der individuellen Lebensgestaltung respektiert und schützt, die alle Formen des Miteinanders und alle Lebensformen respektiert und schützt.

Wir träumen von einer muslimischen Gemeinschaft, die den Glauben als eine persönliche Angelegenheit zwischen Gott und dem Einzelnen sieht, die sich nicht davor scheut, ihre Religion kritisch zu hinterfragen und ihre Positionen immer wieder neu zu überdenken, weiterzuentwickeln und sie in Einklang mit der Lebensrealität zu bringen.«[294]

Die Freiburger Deklaration benennt schließlich die einzelnen Reformschritte, die für eine Islamreform nötig wären. So klug und wünschenswert die Deklaration auch ist – nicht zufällig beginnt die Erklärung gleich viermal mit einer historischen Anleihe von Martin Luther King, »I Have a Dream«. Denn tatsächlich würde die überwiegende Mehrheit der Muslime die Freiburger Erklärung nicht unterschreiben – ganz im Gegenteil:

»*Bezüglich der Reformfähigkeit des Islam lohnt ein Blick auf die wenigen mutigen Islamreformer, die es dennoch versuchen. Allen voran ist da Seyran Ateş mit ihrer liberalen Ibn-Rushd-Goethe-Moschee in Berlin-Moabit. Im Grunde setzt Ateş in ihrer Moschee lediglich um, was für integrierte Muslime, die zur freiheitlich demokratischen Grundordnung stehen, selbstverständlich sein sollte und was immer als politischer Minimalkonsens für ein friedliches Miteinander galt. Doch was passiert, wenn man liberale Ideen tatsächlich in der Praxis umsetzt, kann man an Ateş sehen, die sich nach zwei Mord-Fatwas nur noch mit einem Team Bodyguards vor die Tür trauen kann. Allein die Tatsache, dass in der Moschee Frauen und Männer in einem Raum beten dürfen, treibt vielen Berliner Muslims die heilige Zornesröte ins Gesicht.«*[295]

Ungeachtet der realen Schwierigkeiten in der Praxis, führt Abdel-Hakim Ourghi unerschrocken aus, was sich für westliche Christen wie Selbstverständlichkeiten liest. Für Muslime sind seine Betrachtungen allerdings vorerst noch ein Traum. In seinem Buch »Reform des Islam: 40 Thesen« schreibt er:

»Der heutige Muslim soll den Koran nicht wortwörtlich, sondern beim Wort nehmen. Das bedeutet, dass man einzelne Worte des Korans nicht von ihrem sprachlichen Entstehungskontext isolieren kann, sondern ihren Sinn immer in einem kontextuellen Rahmen verstehen muss. Wörter können in verändernden Situationen durchaus neue Bedeutung bekommen, denn auch die Sprache ihrer Interpretation unterliegt ständigen Veränderungen. Den Koran wortwörtlich zu nehmen würde heißen, ihn ohne seinen historischen Kontext auf die Gegenwart anzuwenden. Den Koran beim Wort zu nehmen hingegen heißt, seine Kernaussage zu verstehen und danach zu handeln. [...] Wer den Koran respektiert, kann ihn nicht wortwörtlich nehmen. Der Koran wäre nur totes Wort, würde er nicht durch die Interpretation des Zeitgeistes lebendig gemacht werden. Es geht also um das richtige Verhältnis von Gotteswort und Menschenwort. Weil Gottes Wort nur durch Menschenwort verstanden wird, ist es eben auch missverständlich und muss immer wieder neu gedeutet werden.«[296]

Man kann Abdel-Hakim Ourghi und seinen Mitstreitern nur alles Gute und viel Erfolg wünschen. Fortwährend das Narrativ eines »säkularen, friedliebenden Islam« zu bemühen, der »selbstverständlich zu Deutschland gehört«, wäre allerdings nur zu rechtfertigten, wenn sich Reformer wie Ourghi vollumfänglich durchgesetzt hätten. Doch das Gegenteil ist der Fall. »Die liberalen Muslime sind leider eine kleine Minderheit«[297], sagt immerhin die frühere Islambeauftragte der SPD im Bundestag Lale Akgün.

Selbst der bekannteste Islamreformer, der seit Jahrzehnten für einen modernen Islam gekämpft hat, sieht angesichts der jüngsten Entwicklungen keine Chance mehr für den säkularen Islam:

»Der Islamologe Bassam Tibi hat einst den Begriff des ›Euro-Islam‹ geprägt. Er glaubte lange daran, dass der Islam von diesem Kontinent aus reformiert werden könnte. 25 Jahre später sagt er: ›Diese Hoffnung muss ich begraben‹. Im Magazin Cicero schreibt er, dass der ›Kopftuch-Islam‹ über den ›Euro-Islam‹ gesiegt habe: ›Den Euro-Islam wird es nicht geben. Ich kapituliere.‹«[298]

In Wirklichkeit gilt für die meisten Muslime nach wie vor der *ganze* Koran, und die Relativierung von Gottes Wort, wie sie Abdel-Hakim Ourghi fordert, wird als Blasphemie empfunden. Damit gilt auch die Scharia, das daraus abgeleitete Moral- und Rechtssystem. Natürlich sehnen sich viele Menschen nach spirituellen Angeboten, die gerade *nicht* fundamental, antiquiert, einengend und toxisch sind. Wie ich gegen Ende dieses Buches noch ausführen werde, ist es wichtig zu verstehen, dass Menschen grundsätzlich nicht nicht spirituell sein können. Säkulare, nicht spirituelle Menschen verschieben lediglich ihre Urängste auf *scheinbar* reale Gefahren (Killerviren, Klimakatastrophe) und auf *scheinbar* säkulare Propheten (Christian Drosten, Greta Thunberg). Dennoch zeigen Corona-Hygiene, Klimaschutz, Hypermoral, Gender- und Gleichheitswahn sämtliche Charakteristika einer *Ersatzreligion.* Dies gegenwärtig, kann man sich bezüglich der weiteren Entwicklung in Deutschland und Europa eigentlich nur vier Szenarien vorstellen, auf die sich der scheinbar so aufgeklärte Westen einstellen muss:

1. Der säkulare Islam wird größer und setzt sich im Westen durch. Womöglich wäre ein säkularer, reformierter Islam auch für westliche Menschen ein attraktives Angebot, dem Bedürfnis nach Spiritualität nachzukommen.
2. Das Christentum kann sich von seiner derzeitigen Reduktion

auf naives Samaritertum und Greenpeace-light befreien und in seiner eigentlichen Funktion als spirituelles Sinn- und Werteangebot wiederbelebt werden und verdrängt den Islam.

3. Aufgrund der demografischen Entwicklung und flankiert von Organisationen wie DITIP, Muslimbruderschaft und wahhabitischen Predigern aus Saudi-Arabien, setzt sich der klassische, fundamentale Islam im Westen durch.
4. Autoritäre, paternalistische Formen von Hypermoral, Politischer Korrektheit, sozialistischem Universalismus, Gleichheitsideal, Klima- und Pandemieschutz dominieren den Westen als *säkulare Ersatzreligionen.*

Nach allen Fakten, die derzeit vorliegen, sind die Varianten 1. (säkularer Islam) und 2. (wiederbelebtes Christentum) mehr als unwahrscheinlich. Die Varianten 3. (klassischer Islam) und 4. (Hypermoral und Hygienekult als Ersatzreligion) sind allerdings jetzt bereits höchst expansiv. Der Westen erlebt derzeit die zynische Situation, dass sich insbesondere ein nicht reformierter Islam durchsetzt, weil er aufgrund falsch verstandener Ideale der westlichen Ersatzreligion (Gleichheit, Toleranz, Vielfalt …) flankiert wird. Dabei kann Männern vermutlich Schlimmeres passieren, als ein Muslim zu werden, was auch der Hauptfigur in Michel Houellebecqs Roman »Unterwerfung« irgendwann dämmert. Warum es allerdings zum überwiegenden Teil Frauen sind, die für diese Entwicklung sorgen, entbehrt nicht einer gewissen Ironie. Frauen in Politik und Gesellschaft sind die Trägerinnen der Gender-Ideologie und der »Willkommenskultur«. Frauen bewerfen muslimische Männer mit Teddys, geben Mal-, Sprach-, Koch-, Flirt- und Tanzkurse für Migranten und wählen zu 70 Prozent die Grünen. Dabei steht das Frauenbild muslimischer Männer gegen alles, wofür emanzipierte Frauen seit 150 Jahren gekämpft haben: *»Die Männer stehen über den Frauen. Und wenn ihr fürchtet, dass Frauen sich auflehnen, dann vermahnt sie, meidet sie im Ehebett und schlagt sie.«* (Koran, Sure 4,34)

Gott schuf die Angst

Wenn ein Cem Özdemir erklärt, wie ihm seine Mutter den Islam nahegebracht hat, wird klar, dass den »Schwertsuren« offenbar keine große Bedeutung beigemessen wurde. Dieses Islamverständnis stellt keine Bedrohung dar, viele begrüßen daher einen gemäßigten Islam zugunsten der religiösen Vielfalt Deutschlands. Der Islamexperte Imad Karim[299] schätzt sogar, dass es weltweit ca. 80 Millionen der gemäßigten »Kultur-Muslime« gibt. Also jener Gruppe, die prinzipiell nicht im Widerspruch zu den westlichen Grundwerten steht. Eine erfreulich hohe Zahl, so scheint es. Doch in Wirklichkeit stehen dieser Zahl 1,7 *Milliarden* traditioneller Muslime gegenüber. In Prozent liegt das Verhältnis von »Kultur-Muslim« zum »Klassik-Muslim« also lediglich bei 1:21. Doch woran liegt es, dass sich der Islam so schleppend bis gar nicht reformiert?

In *Die Wiedergutmacher* führte ich bereits aus, dass sich einige Meme außerordentlich effektiv gegen Veränderung schützen und zugleich sehr expansiv sind. Der klassische Islam gehört aus mehreren Gründen dazu. Um ideologische Systeme durchschauen und schließlich verlassen zu können, muss man sich in mehrerlei Hinsicht emanzipieren. Man könnte auch sagen, man muss *wirklich* erwachsen werden. Alle Bedingungen, die das Erwachsenwerden begünstigten, sind demzufolge Schlüssel zu einer offenen und freien Gesellschaft. Erwachsenwerden bedeutet zunächst einmal, sich von den Eltern lösen zu können. In Bezug auf die Generation der deutschen Babyboomer habe ich beschrieben, warum das transgenerationale Trauma diese Loslösung erschwert. In der muslimischen Gesellschaft gibt es komplett andere, aber in der Wirkung dennoch sehr ähnliche Mechanismen. Durch die Überschneidungen unserer Arbeiten zum Thema kommt es zum Kontakt und Austausch zwischen dem Hamburger Therapeuten Dr. Burkhard Hofmann und mir. Hofmann ist Autor des bemerkenswerten Buches *»Und Gott schuf die Angst – Ein Psychogramm der arabischen Seele«* (Droemer 2018).

Die Besonderheit des Buches liegt im analytischen Einblick Hofmanns in das Psychogramm der muslimischen Seele – ein Kuriosum an sich. Da ich eine Rezension über das Buch geschrieben habe, die den Kern des hier darzustellenden Problems beschreibt, gebe ich den Artikel in einer gekürzten Fassung wieder:

In seinem Buch *»Und Gott schuf die Angst – Ein Psychogramm der arabischen Seele«* beschreibt der Hamburger Psychoanalytiker Dr. Burkhard Hofmann seine Arbeit für reiche wahhabitische Saudis. Wer bei diesem Satz nicht ins Grübeln oder Schmunzeln gerät, hat den Witz der Sache nicht ganz verstanden. Deshalb noch einmal: Strenggläubige wahhabitische Muslime mit einem mehr als festen Werte- und Weltbild suchen therapeutische Hilfe bei einer Methode, die auf den Atheisten und Juden Sigmund Freud zurückgeht. Allein dieses Kuriosum wäre eine Beschäftigung mit Hofmanns Buch wert. Nach Freud liegen persönliche wie weltliche Probleme bekanntlich weniger am Unglauben oder an einem Mangel an Gottesfurcht. In der Psychoanalyse geht es um mangelhafte Loslösung von den Eltern und damit um Infantilität und Narzissmus sowie um frustrierte sexuelle Bedürfnisse. Nur auf den ersten Blick ist es verwunderlich, warum Hofmann diese klassisch analytischen Probleme in der muslimischen Gesellschaft in besonderem Maße vorzufinden glaubt. Selbst wer sich bislang kaum mit dem Islam beschäftigt hat, wird – Willkommenskultur sei Dank – inzwischen mitbekommen haben, dass es kaum eine Religion gibt, in der Sexualität eine zentralere Rolle spielt. In auffallend vielen Offenbarungen Gottes an seinen Gesandten geht es um Sex. Genauer, um den Umgang mit Frauen und Jungfrauen aus der Bedürfnisperspektive von Männern – bezogen auf das Diesseits und das Jenseits. […] Allem voran geht es jedoch im Kapitel »Das vergiftete Paradies – vom Verbot der Loslösung« um eine nahezu unlösbare Bindung an Eltern, Familie und Religion – das Kardinalthema für jeden Psychoanalytiker. Der im Westen so hoch geschätzte Prozess der Individuation mit nachfolgender psychischer und intellektueller

Selbstständigkeit gilt im Islam als Sünde und stellt eine Missachtung von Eltern und Familie dar:

»Im Westen sind Separation, Individuation, Unabhängigkeit ein selbstverständlicher Teil des kulturellen Curriculums, das wir in unserer Erziehung durchlaufen. Für viele Eltern gilt es als Ideal, am Ende der Erziehung unabhängige Menschen auf den Weg gebracht zu haben. Im besten Fall kehren die Kinder dann regelmäßig zurück, um die Beziehung zu den Eltern zu pflegen und ihre erinnerte Abhängigkeit in erlangter Autonomie zu genießen. Die Verhältnisse in Arabien, insbesondere bei den orientalisch geprägten Familien, sind andere. Ist die Welt im Westen gleichsam zweipolig, fehlt im Osten der Pol der Unabhängigkeit; das Erleben bleibt monopolar und wie in Kreisen um den Zentralpunkt der Familie angeordnet. Jede Entfernung von diesem Zentralpunkt in ein wirklich Eigenes ist von starken kulturellen und emotionalen Spannungen geprägt, die sich im Kardinalsymptom der Angst zeigen. […] Das Sich-Entfernen von der Herde ist unerwünscht und mit erheblichen Schuldgefühlen verbunden.«

Gleich zu Beginn seines Buches beeindruckt Hofmann mit einem Fallbeispiel:

»Ahmed H. hatte eine Kindheit voller väterlicher Grausamkeiten hinter sich gebracht. Die Mutter wurde vom Vater wegen unbegründeter Eifersucht regelmäßig körperlich misshandelt. Schon als kleiner Junge wurde er mit seinen jüngeren Schwestern Zeuge dieser seelischen und körperlichen Gewalt. Auch durch den Einfluss der Therapie konnte er, als der hochbetagte Vater die ebenso hochbetagte Mutter mit dem Gehstock wieder einmal grausig zugerichtet hatte, nicht mehr an sich halten. Nach sechzig Jahren Selbstkontrolle explodierte er, und all die ungesagten Sätze brachen sich Bahn. Dies geschah unter den Augen der Mutter und der herbeigeeilten Schwester. Dass er keine Minute seiner Gegenwart als Kind genossen habe, rief er, dass er nur noch ein Ende dieses Martyriums herbeigesehnt habe und dass er nur wünschte, dass der Vater zurück zu den Verwandten nach Persien zöge.

Ahmed fühlte sich danach erst einmal erleichtert. Hatte er doch all diese Sätze in sich behalten müssen, um ein ›guter Junge‹ zu sein. Schon während er den Vater anschrie, bat die Mutter ihn flehentlich, von ihm abzulassen. Anschließend brach ein Sturm der Entrüstung und Beschämung los. Allen voran vonseiten der Mutter, gefolgt vom Onkel und von der restlichen Verwandtschaft, wurde Ahmed vorgehalten, er verhalte sich ungebührlich, habe dem Vater keinen Respekt gezollt und solle sich dringend entschuldigen. Die Taten des Vaters waren gar kein Thema mehr. Im Kern wurde ihm vorgeworfen, gegen die Gesetze des Islams verstoßen zu haben. In Sure 17 Al-Isra (Die Nachtreise) stehe doch, dass man gegen die Eltern, besonders, wenn sie alt geworden seien, noch nicht einmal den Seufzer ›Uff‹ vorbringen solle. […]

Von den Eltern über die Familie zieht sich der rote Faden bis hin zum Staat und zur Religion: Der mangelnde Wunsch nach Auseinandersetzung ist frappierend, bis man versteht, dass der Akt der Auseinandersetzung an sich das Problem ist. Für eine Betrachtung meiner selbst und meiner Situation muss ich mich von mir selbst loslösen, mich wie von außen betrachten können. Dies gelingt nicht. Es wäre ein Akt der Freiheit. Dann könnte ich auch alles andere so betrachten. Dabei könnten aber Distanz und Entfremdung entstehen. Beides ist innerlich mit Strafe bewehrt.«

Nun müssen die innerpsychischen Sorgen und Nöte einer kleinen, superreichen saudi-arabischen Oberschicht deutsche Bürger nicht unbedingt interessieren. Doch das Beispiel von Ahmed H. lässt den Leser ahnen: Hofmanns Schilderungen könnten genau dort relevant werden, wo sich Implikationen bezüglich des Integrationsvermögens in die westliche Gesellschaft ergeben. Eben diese Ableitungen, im Kontext von Zuwanderung und Migration, stellen auch den allgegenwärtigen Subtext des Buches dar. Viele Fallbeispiele Hofmanns beziehen sich auf die schier unüberbrückbare Kluft zwischen allzu menschlichen und vom Westen getriggerten Bedürfnissen und rigorosen religiösen Idealen.

Bevor Hofmann erkennt, dass die muslimische Seele keine andere Wahl als Abspaltung hat, erlebt er seine neuen Klienten als naiv und bigott. Es werden zwar alle erdenklichen »Sünden«

begangen – allerdings zum Preis unsäglicher Ängste vor den zu erwartenden Höllenqualen. Schlaflosigkeit und der reichliche Gebrauch von Psychopharmaka sind daher keine Seltenheit. Da die muslimische Gesellschaft den Autonomieprozess einer im westlichen Sinne »erwachsenen Instanz« erschwert, bleiben auch Hofmanns analytische Methoden, die in seiner Hamburger Praxis problemlos funktionieren, am Persischen Golf mühsam.

Nur sehr indirekt, vorsichtig und über Bande ist eine Infragestellung der Eltern überhaupt möglich. Die Hinterfragung oder Revision des Glaubens bleibt in der Regel gänzlich tabu. Diese für den Westen unverständliche Nibelungentreue zum Islam erklärt Hofmann unter anderem durch einen frühkindlichen Pathomechanismus: In den ersten entscheidenden Lebensjahren brauchen Kinder, um ein gesundes, selbstbewusstes Ich entwickeln zu können, unbedingt Zuwendung und positive Spiegelung durch ihre Eltern oder Bezugspersonen. Ein Umstand, auf den auch ich in meinen Vorträgen immer wieder hinweise. Sofern diese Spiegelung ausbleibt, kommt es zu mannigfaltigen Selbstwertstörungen, die lebenslang kompensiert werden müssen. Hofmann drückt es so aus:

»Es ist keine neue Erkenntnis, dass der Glanz im Auge der Mutter (und des Vaters) unser Schicksal bestimmt. Fehlt dieser, wird die Kränkung oder ihre Überkompensation seelischer Grundbaustein der Existenz.«

Nebenbei erwähnt Hofmann noch eine Problematik, die er in Saudi-Arabien kennengelernt hat. Die Vollverschleierung der Mütter in der Öffentlichkeit führt dazu, dass die Kinder keinerlei Spiegelung über die Mimik der Mütter empfangen können. Jegliches Feedback bleibt aus oder ist einzig auf die Stimme der Mütter beschränkt. Dies führt dazu, dass sich die Kinder selbstverständlich ihren unverschleierten Nannys zuwenden – der Kontakt zu den Müttern bleibt gestört. Viel wichtiger ist jedoch folgender Umstand: Offenbar ist es in der muslimischen Gesellschaft so, dass sich der Vater wenig um die Kinder kümmert – mit einer großen Ausnahme:

Wenn die Jungen fünf Jahre alt werden, geht der Vater mit ihnen in die Moschee und bringt den Kleinen das Beten bei. Während dieser Phase kommt es beim Kind zu einer Übertragung der unverbrüchlichen Elternliebe auf Gott. Ein offenbar gewollter und äußerst effektiver Mechanismus, der für Muslime lebenslange Bedeutung hat. Analytiker sprechen bei mangelnder Abnabelung von den Eltern von einem internalisierten »Eltern-Ich«, womit die verinnerlichten Stimmen der Eltern gemeint sind, die lange maßgebend sein können. In diesem Fall jedoch handelt es sich um ein »Göttliches-Super-Eltern-Ich«, eine allerhöchste Instanz, die fast nie mehr infrage gestellt werden kann:

»Es fehlt in Arabien so häufig die Reifung des Über-Ichs durch die Auseinandersetzung mit realen Elternfiguren, damit dies seine archaische Strenge verliert. Erst dadurch entsteht ein innerer Werte- und Regelapparat, der flexibel genug ist, den Anforderungen des Lebens gerecht zu werden, und gleichzeitig stark genug, dem Einzelnen Halt und Sicherheit zu verleihen. So wundert es nicht, wenn das ›selbst kreierte Eltern-Ich‹ in Arabien eine Mesalliance mit den zeitgleich einverleibten religiösen Vorstellungen eingeht. Diese beginnen sich in einer Weise zu durchweben, dass sie ein auch therapeutisch unauflösliches Ganzes bilden. Die Verwurzelung religiöser, zumeist strenger Vorstellungen reicht also in die Phase kindlicher Verlassenheit und Verunsicherung zurück, und nur unter Schmerzen und Panik könnten diese Vorstellungen dort wieder ausgerissen werden. […]

Durch Gespräche mit vielen Männern am Golf kann ich bestätigen, dass diese Initiation in den Islam eine universelle, positive Erinnerung aus vielen Biografien ist. Durch die kulturelle Pflicht der Väter, diesen Teil der Erziehung zu übernehmen, gibt es jenen häufig kurzen Moment des innigen Kontakts. Dabei sind die Augen aber nicht aufeinander gerichtet, sondern parallel ins Nichts auf Allah. Schon bald ersetzt die Gottesvorstellung die konkrete Erfahrung der Intimität zwischen Sohn und Vater. Der Vater zeigt dem Sohn, wie man betet, und dann zieht er sich recht bald wieder aus der Erziehung zurück. Dem Sohn bleibt die Aufgabe, durch seine Religionsausübung und ein gottgefälliges Leben die verlorene Intimität wiederherzustellen. Das zwangsläufige Scheitern mündet wie in diesem Fall in Hass auf alle Andersdenkenden, besonders auf die Unbeschnittenen wie mich [...]. Das System der Religion wird nicht infrage gestellt. Das wäre der Sündenfall, die Geburt der Erbsünde. Das ist kulturell nicht vorgesehen.«

Dieses »Gott-Eltern-Ich« ist also der Grund für das von Hofmann immer wieder konstatierte, nicht mehr lösbare Band zwischen Ich und Islam. Das tagbewusste Ich hat sich derart komplett Gottes Regeln unterworfen, dass selbst spielerische Gedankenmodelle, die sogenannten »Als-ob-Rahmen«, mit denen Psychologen recht gern arbeiten, nicht mehr funktionieren. So schildert Hofmann den Fall einer Frau, die sich am liebsten scheiden lassen wollte, weil sie sich anderweitig verliebt hatte:

»Als ich ihr klarzumachen versuchte, dass es in diesem Fall vielleicht zwei Arten von Freiheit geben könnte, eine innere und eine äußere, wurde es für die Patientin noch schmerzhafter. Tränen tropften ihr auf die Hände, die für eine Hochzeit frisch mit Henna bemalt waren. ›Aber ich muss den Gesetzen gehorchen. Das ist der Islam. Die Gesetze macht Allah.‹ Ich sagte ihr, dass die Unterwerfung unter Regeln, die auch für sie nicht den Islam repräsentieren, das eine sei. Das andere sei die Klugheit, sich in der Öffentlichkeit an diese vorerst zu halten. ›Aber der Prophet sagt, wir müssen den Gesetzen gehorchen.‹ [...] Ich hatte neben aller Frustration auch tiefes Mitleid mit der Unfähigkeit der Patientin, zu sich selbst auf Distanz zu gehen und sich wie von außen zu betrachten. Sie konnte keine ›dritte Position‹ aufbauen, war dazu schlicht nicht in der Lage. Auch nicht spielerisch, selbst ein ›Als ob‹ konnte es nicht geben – einen Platz, um im Geist etwas furchtlos durchzuspielen.«

Der alltägliche Streit über die Ursachen muslimischer Parallelgesellschaften wird in der Regel mit der typisch deutschen Hybris, Ignoranz und neurotischen Selbstbezichtigung geführt. Für sämtliche Verwerfungen an den Nahtstellen zur westlichen Gesellschaft sehen linksgrüne Willkommensbefürworter allein den Westen in der Bringschuld. Ohne das Mindestmaß an Kenntnis muslimischer Befindlichkeiten und Bedürfnisse wird kurzerhand gefordert, Deutschland müsse bessere Integrationsangebote machen. Hofmann gibt sich diesbezüglich keinen Illusionen hin:

»In all den Jahren meiner Tätigkeit am Golf musste ich lernen zu verstehen, dass ich trotz meiner religiösen Prägung nicht religiös bin. Jedenfalls nicht im Sinne eines Muslims. Für ihn ist der Glaube das Zentrum des Lebens. Alles dreht sich darum, alles wird danach bemessen. So ist, glaube ich, das tiefe Unverständnis, das wir für die Muslime haben, Ergebnis einer falschen Fortschreibung. Meine arabischen Patienten am Golf haben nicht nur einen Glauben, sie sind dieser Glaube. Der Glaube ist im Kern nicht relativierbar, so wie das für uns der Fall ist. Unser Streben, unsere Daseinsbestimmung unterliegen anderen Parametern: etwa der Individuation, die so ziemlich das Gegenteil von Unterwerfung ist, oder dem Freiheitsstreben, unserer Suche nach persönlichem Glück, besonders in Beziehungen, nach beruflichem Erfolg und schließlich einem hohen Maß an Konsum. […] Von einem gläubigen Muslim die Aufgabe seines Bezugspunktes zu verlangen wäre schlicht grausam. Was bliebe dann noch? – Ein entkernter Organismus ohne Struktur und Ziel.«

Nach Hofmann sind die politisch-naiven Forderungen nach Relativierung, Reform oder gar Aufgabe der muslimischen Unterwerfungskultur unter das Gesetz Gottes grausam und überheblich. Separation und Parallelgesellschaften sind demnach kein Versäumnis des Westens, sie entsprechen schlichtweg dem Bedürfnis des muslimischen Weltverständnisses. Angesichts der aktuellen Dimension muslimischer Migration in die westliche Welt drängen sich aus der Perspektive der autochthonen Bürger dann allerdings zwei Fragen auf:

1. Ist der Islam tatsächlich eine friedliebende, unpolitische, private Religion, und befindet sich das islamische Rechtsverständnis, die Scharia, im Einklang mit dem Grundgesetz?
2. Werden Muslime im Westen im Hinblick auf die demografische Entwicklung stets eine kleine Minderheit bleiben?

In Demokratien entscheiden bekanntlich Mehrheiten über Machtverhältnisse. Sofern man obige Fragen in beiden Fällen verneint, stünden Deutschlands Demokratie und Freiheit in den nächsten Jahren vor sehr großen Herausforderungen. Nebenbei bemerkt: Integration hat natürlich auch immer etwas mit *positiver* nationaler Identifikation zu tun. Dass es diese in Deutschland weder gibt noch geben darf, scheint auf linksgrüner Seite niemanden zu interessieren. Doch welcher Zuwanderer möchte sich schon mit einem Land identifizieren, dessen einzig erlaubte Identifikation der Stolz darauf ist, sich der größten Schuld und Schande aller Zeiten zu erinnern? [...] Muslimische Migranten, insbesondere, wenn es sich dabei tatsächlich um traumatisierte Flüchtlinge handelt, suchen in ihrem Gastland keinen Psychologen oder Psychiater auf. Sie gehen in die Moschee und lassen sich dort von eingeflogenen, konservativen Imamen bepredigen, die vor den Versuchungen des verkommenen Westens warnen. Burkhard Hofmann beendet *Und Gott schuf die Angst* daher mit ganz ähnlichen Schlüssen, die auch ich in *Die Wiedergutmacher* gezogen habe:

»Dies stellt die Frage nach dem Umgang mit dem eigenen muslimischen Bevölkerungsanteil und damit auch den Flüchtlingen. Wie sollen wir mit dem explizit Fremden umgehen? Toleranz trifft dort auf Schwierigkeiten, wo sie auf das Überlegenheitsgefühl des Gastes, des Flüchtlings, trifft. Dieses Überlegenheitsgefühl ist unverzichtbarer Bestandteil des Islams bei aller Freundlichkeit, die den anderen Buchreligionen entgegengebracht wird. So sprechen die meisten meiner gläubigen Patienten intern nicht von einem Dialog der Religionen, den wir uns so sehr wünschen, sondern nennen diesen Dialog ›Einladung‹. Das bedeutet, dass sie ihr nichtmuslimisches Gegenüber nicht auf Augenhöhe empfinden, sondern dieses bestenfalls missioniert werden muss. [...] Die Religion ist für viele, besonders die traumatisierten Flüchtlinge, das Letzte, woran sie sich festhalten können. Von der Welt verlassen, wollen sie nicht auch noch gottverlassen sein. Es ist ihr letztes seelisches ›piece de resistance‹. Der letzte Widerstand gegen eine Welt, die sie durch ihre gescheiterten Gesellschaften

als Gescheiterte ausgestoßen hat. Die Relativierung der eigenen Religion würde den Heimatlosen noch die existenzielle Heimatlosigkeit abverlangen. Das ist zu viel. Ist der mit so viel Stolz gelebte Islam doch die letzte unverbrüchliche Quelle von Selbstwert inmitten der Gewissheit, einem defizitären System entflohen zu sein. Das ist unser Dilemma, das Dilemma des Gastlandes. Wir wollen ihnen diese letzte Quelle des Stolzes nicht nehmen. Zu herzlos wäre es, wenn wir behaupteten, dass der Islam neben vielem anderen auch eine Quelle des Scheiterns ist, weil er die Anpassung an die Moderne erschwert.

So bringen die Flüchtlinge eine Religiosität mit zu uns, die die Trennung von Kirche und Staat verbietet. Der Islam will ja auch weit mehr sein als ein Glaube, der sich nur im Privaten vollzieht. Von den Anfängen an hat der Islam sich um den öffentlichen Raum bemüht. Der Prophet selbst war schon vor seinen Offenbarungserfahrungen richterlich, also politisch tätig. Verlangen wir nichts Unmögliches, machen wir uns aber auch keine Illusionen über die Machbarkeit von Integration an Stellen, wo dies schlichte Realitätsverleugnung bedeutet. Der Glaube bleibt für den strenggläubigen Muslim auch in weltlichen Fragen letzte Autorität. Unsere Vorstellung der Trennung von Kirche, Glauben und Staat wird als defizitäre Position wahrgenommen. Aus dieser Perspektive betrachtet, gehört der Islam eben nicht zu Deutschland. Wir sollten nicht versuchen, uns kompatibler zu geben, als wir sein können und vielleicht auch wollen. Das Verleugnen des Trennenden hilft nicht bei der Wirklichkeitsbewältigung.« […][299A]

Scharia und Grundgesetz

Gerade westliche, reformierte Muslime wie Cem Özdemir wissen um die Gefahren, wenn sich im Westen ein traditionelles Islamverständnis durchsetzen würde:

»Ditib ist eine Organisation, die versucht, die Politik von Erdogan und die türkisch-islamistische Synthese – einer Art Koalition von Ultra-Nationalisten und eine besonders reaktionäre Auslegung des sunnitischen

Islams – zusammenzubringen. Schlimm genug, dass das in der Türkei passiert. Aber hier in Deutschland hat das nichts verloren. Und keine Partei, kein demokratischer Politiker, kein Ministerium und keine Schule sollte sich dafür hergeben, diese Ideologie in Deutschland zu unterstützen oder gar mit öffentlichen Geldern zu fördern. Im Übrigen ist Ditib nicht der einzige zweifelhafte Verband: Wir sollten auch Milli Görüs und Atib, aber auch IGD und Islamic Relief stärker ins Visier nehmen. Sie stehen für eine Bedrohung des mehrheitlich moderaten Islams, den ich beispielsweise von meiner Mutter gelernt habe – zugunsten einer besonders reaktionären Auslegung des Islams. Da müssen die deutschen Behörden ganz genau hinsehen. […] Wir können uns nicht davon abhängig machen, wer in der Türkei oder in Saudi-Arabien gerade das Sagen hat. Auf absehbare Zeit scheint das eher der fanatische Kurs von Herrn Erdogan und der saudi-arabische Wahhabismus zu sein. Und auf dieser Grundlage können wir die Integration des Islam nicht fördern.«[300]

Tatsächlich jedoch haben Ditib und Muslimbruderschaft in Deutschland ziemlich freie Hand, sie expandieren stark. Dabei wird die Muslimbruderschaft nicht ohne Grund vom Verfassungsschutz beobachtet, denn bereits der Gründer Hasan al-Bannā forderte die Einheit von Glauben und Staat:

»Einige Menschen haben fälschlicherweise angenommen, dass der Islam auf bestimmte gottesdienstliche Handlungen oder geistliche Haltungen beschränkt ist. So haben sie ihr Verständnis auf diese engen Kreise beschränkt. Wir aber verstehen den Islam anders in einem klaren und breiten Sinn als etwas, das die Angelegenheit des Diesseits und Jenseits ordnet.«[301]

Al-Bannā war für die Abschaffung des Parteienwesens, für die Einführung der Scharia, ein starkes Militär und letztlich die Wiederherstellung des Kalifats.

»Orientiert am Vorbild ihrer ägyptischen Mutterorganisation versuchen die Muslimbrüder in Deutschland durch soziales und religiöses Engagement sowie durch Dialogangebote Anerkennung in der Gesellschaft zu finden. Diese Versuche zielen jedoch darauf ab, die Ideologie der MB

gesellschaftsfähig zu machen und sich hierzulande als anerkannte Interessenvertreter der Muslime zu etablieren. In den Verfassungsschutzberichten wird die ›Islamische Gemeinschaft in Deutschland e.V.‹ (IGD) als die wichtigste und zentrale Organisation von Anhängern der Muslimbruderschaft in der Bundesrepublik beschrieben. Die IGD hat rund 1300 Mitglieder, ist im gesamten Bundesgebiet aktiv und koordiniert eigenen Angaben zufolge ihre Aktivitäten mit mehr als 50 Moscheegemeinden. In der deutschen Islamlandschaft spielt die IGD eine nicht zu unterschätzende Rolle. Denn sie ist Gründungsmitglied des Zentralrates der Muslime in Deutschland (ZMD) und war über diesen auch an der Gründung des Koordinierungsrates der Muslime (KRM) beteiligt.«[302]

Dass man in Deutschland überhaupt so lange vom »friedliebenden Islam« sprechen konnte, hatte im Wesentlichen zwei Gründe: Erstens war die Anzahl der Muslime tatsächlich lange marginal, zweitens handelte es sich vor allem um Türken, die aus einer ehemals säkularen Türkei stammten. Im Nachklang des liberalen Geistes Kemal Atatürks war der Islam auch in der Türkei vorwiegend Privatsache und noch keine Staatsraison. Heute haben wir jedoch eine völlig andere Situation. Der aktuelle Herrscher Recep Tayyip Erdogan *»formt die rechte Hand – manchmal auch beide Hände zum Rabia-Zeichen. Dabei wird der Daumen als einziger Finger auf die Handinnenfläche eingeklappt, alle anderen Finger bleiben gestreckt, als würde man die Zahl 4 anzeigen. Erfunden hat Erdogan die Geste nicht. Die Rabia-Hand stammt von den Anhängern der islamistischen ägyptischen Muslimbrüder. [...] Erdogans Partei AKP gilt als Unterstützerin der Muslimbruderschaft und die Türkei als sicherer Hafen für Tausende Anhänger der Muslimbruderschaft, die aus Ägypten geflohen waren. Mit dem Rabia-Zeichen drückt Erdogan aber nicht nur seine Solidarität mit den Muslimbrüdern aus, sondern auch generelle Sympathie für einen islamischen Religionsstaat.«*[303]

Viele Deutsch-Türken der zweiten und dritten Generation schreckt die Entwicklung in der Türkei jedoch keineswegs, ganz im

Gegenteil. Man identifiziert sich begeistert mit Erdogan und wendet sich wieder fundamentalen Glaubensinhalten zu. Die Rückbesinnung auf eine religiöse Identität kompensiert mannigfaltige soziale Probleme. Abgesehen von den Türken, handelt es sich bei den *neuen* Zuwanderern um junge Männer aus dem Irak, Syrien, Afghanistan und Marokko, also Regionen, die niemals ein liberales Islamverständnis entwickeln konnten. Was diese jungen Männer in der Schule lernten, hat Constantin Schreiber hinreichend dokumentiert. Massiv unterstützt von der Erdogan-Türkei und Saudi-Arabien, predigen in den deutschen Moscheen von heute ganz andere Imame als noch in den 1990er-Jahren. Was dort gesprochen wird und wie problematisch dies inzwischen ist, kann man in diversen seriösen Publikationen wie »Inside Islam«[304] nachlesen. Ungeachtet dieser krassen Veränderungen sprechen deutsche Politiker heute immer noch so, als hätten sie es mit einem gemäßigten Islam der 1990er-Jahre zu tun.

Echte Demokratie, Religionsfreiheit, Toleranz gegenüber Homosexuellen, Juden und Geschlechtergleichheit gibt es heute in praktisch keinem muslimischen Land der Welt. Linksintellektuelle im Westen leugnen die Bedeutung der »Kairoer Erklärung der Menschenrechte im Islam« von 1990, in der über 50 muslimische Staaten *die Scharia* als alleiniges Ideal zur Definition von Menschenrechten anerkennen. Milliarden Muslime bekennen sich mit ihrer generellen Unterscheidung zwischen »Gläubigen« und »Ungläubigen« explizit zu einem Gegenentwurf der Deklaration der Menschenrechte (UN-Menschenrechtscharta), deren Grundsatz lautet, *»alle Menschen sind frei und gleich an Würde und Rechten geboren«*. Für gläubige Muslime gilt dies nicht ohne Weiteres. Wenn gläubige Muslime mehrmals am Tag ihr Gebet rezitieren, beten sie dabei die erste Sure des Korans, eine Art Vaterunser für Muslime. Darin heißt es:

»Führe uns den geraden Weg, den Weg derer, denen Du Gnade erwiesen hast, nicht den Weg derer, die Deinem Zorn verfallen sind und irregehen!« (Koran 1:6-7).

Jeden Tag teilen Muslime mit ihrem Mantra die Welt auf in jene, welche die Gnade Gottes verdienen, und in jene, die Gott verachtet. Wenn man Muslime danach fragt, *wer genau* Gottes Zorn auf sich zog und *wer genau* irregeleitet wurde, ist sich die übergroße Mehrheit sicher, dass der Koran hier von Juden (Zorn) und Christen (Irrweg) spricht. Daran lassen auch viele der anschließenden Suren keinerlei Zweifel. Viele Male am Tag darum zu beten, nicht dem Weg der Juden und Christen zu folgen, ist für die Integration in eine Gesellschaft mit jüdisch-christlichen Wurzeln nicht gerade förderlich.

Natürlich geht es bei alledem weniger um die Bewertung, ob der Islam nun »gut« oder »schlecht« ist, sondern vielmehr um die Frage: *Wie kompatibel ist ein konservativer Islam mit der westlichen Wertegemeinschaft?* Was also macht Europas Werte aus? Augenscheinlich sind dies:

»Die Trennung von Staat und Religion, die Idee des freien und mündigen Individuums, die Gleichberechtigung der Geschlechter, das Prinzip der Gleichstellung der Gesellschaftsmitglieder vor dem Gesetz, das Recht auf freie öffentliche Meinungsäußerung, das Prinzip der Gewaltenteilung in Legislative, Judikative und Exekutive als voneinander unabhängige Institutionen, die Prinzipien der Volkssouveränität, der Demokratie sowie der Rechtsbindung der Regierungsinstanzen. [...] Artikel 1 des Grundgesetzes lautet: Die Würde des Menschen ist unantastbar. Sie zu achten und zu schützen ist Verpflichtung aller staatlichen Gewalt. Die Würde des Menschen umfasst aber auch die Würde der Frau, der Homosexuellen, der Andersgläubigen, der Juden, Christen, Atheisten, Ex-Muslime etc.«[305]

Nimmt man den Islam in seiner klassischen Intention ernst, verstößt die Religion offen gegen nahezu alle Punkte der europäischen Leitkultur, denn ein nicht säkularer Islam …

» … verfolgt die Zusammenlegung von Religion und Staat.
» … behauptet die alleinige Gültigkeit des Korans als *göttliche, ewige* und *wörtliche* Offenbarung Gottes.

» … überschreibt europäische Rechtsnormen und die UN-Menschenrechtscharta durch die Scharia.
» … sieht in Juden und Christen Bürger zweiter Klasse.
» … trifft eine generelle Einteilung der Welt in wertvolle »Gläubige« und unwertere »Ungläubige«.
» … bedroht Apostaten mit sozialer Ächtung und Verfolgung.
» … stellt sich gegen eine Gleichberechtigung von Frauen.
» … lehnt sexuelle Selbstbestimmung und Diversität ab.

Auf die diversen Suren, die diese Aussagen zweifelsfrei belegen, habe ich zugunsten der Lesbarkeit dieses Buches verzichtet. Sie lassen sich aber mit wenigen Mausklicks selbst recherchieren. Eigentlich muss man über die Kompatibilität eines konservativen Islam und der westlichen Gesellschaft weder spekulieren noch streiten. Die soziale Realität, wenn traditionelle Muslime 10, 20 oder 30 Prozent der westlichen Bevölkerung stellen, lässt sich direkt beobachten. Ein Blick auf Berlin-Neukölln, London Waltham Forest, Whitechapel, Tower Hamlets oder die Pariser Banlieues genügt. Daher ist die heuchlerische Forderung, gläubige Muslime sollten sich kurzerhand besser in die westliche, säkulare Gesellschaft »integrieren«, wie dies die Islamkonferenz tut, im Grunde genommen nur eine weitere Respektlosigkeit gegenüber Muslimen. Nicht allein Dr. Hofmann hat überzeugend ausgeführt, dass Muslime hierfür ihre tiefsten Überzeugungen verraten müssten. Muslime, die ihre Werte, Familie, Kultur und ihren Glauben lieben, wollen keine schlechten Menschen sein. Gläubige Muslime, die im Westen leben, *müssen* sich separieren und Parallelgesellschaften bilden. Und dies tun sie augenscheinlich auch, und zwar stabil und über Generationen hinweg. Trotz geheucheltem Unverständnis wundert sich daher kein aufgeklärter Soziologe oder Religionswissenschaftler darüber, dass sich nach 60 Jahren die Nachkommen der »Gastarbeiter« als glühende Erdogan-Anhänger erweisen.

Die naive Behauptung und Übertragung, der Islam sei, ähnlich wie das Christentum, als private Religion anzusehen, geht komplett am Wesen des Islam vorbei. Die westliche, säkulare Denkweise kann nach Hunderten Jahren Aufklärung offenbar überhaupt nicht mehr begreifen, dass der Islam von seiner klassischen Grundstruktur als gesellschaftspolitisches Macht- und Rechtssystem angelegt ist und sich damit per se im Widerspruch zu einer Demokratie befindet. Der Religionsstifter war Gottes Gesandter, Kriegsherr, Richter und Staatsoberhaupt in einer Person. Im muslimischen Gesellschaftsideal ist nicht entscheidend, was eine Mehrheit will, *sondern was Gott will.* Gottes Offenbarungen im Koran haben, ganz im Gegensatz zu den Aussagen von Jesus, niemals eine Trennung von Staat und Religion postuliert, sondern zielen auf das Gegenteil ab. Recep Tayyip Erdoğan hat recht, wenn er sinngemäß sagt: Man kann nicht gleichzeitig gläubiger Muslim und Laizist sein. Als Muslim muss man entweder das westliche Ideal einer Trennung von Religion und Staat infrage stellen oder seinen Glauben. Der allseits postulierte, säkulare »Euro-Islam« ist eine Chimäre, ein Trugbild, das ganz bewusst von gewissen Kräften projiziert wird und das ganz unbewusst von gewissen Kräften geglaubt werden will. Denn um tatsächlich mit westlicher Gesetzgebung kompatibel zu sein, müsste der Islam auf seine Rechtsnormen verzichten, die aber gesellschaftspolitische Umsetzung beanspruchen. Sofern der Islam diese Umsetzung (noch) nicht fordert, hat dies vor allem mit der Minoritätsstellung der Muslime zu tun. Die Behauptung, der Islam sei im Westen bereits jetzt vollumfänglich mit dem Grundgesetz konform, entlarvt sich regelmäßig als Lippenbekenntnis. Zur Selbstdarstellung von Muslimen im Westen schreibt der Islamkritiker Hamed Abdel-Samad:

»Fragt nicht einen muslimischen Akademiker im Westen, der im Dienste seiner Community Wissenschaft betreibt, was Scharia bedeutet. Auch keinen westlichen Islamwissenschaftler, der Drittmittel für seine Projekte aus den Golfstaaten bekommt oder Lobbyarbeit für die Islamverbände macht. Diese werden ihr Bestes tun, um euch die Angst vor der

Scharia zu nehmen. Sie werden zwischen der Hard Core Scharia mit Körperstrafen und der weichen Scharia unterscheiden. Sie werden behaupten, die weiche Scharia sei mit der Demokratie vereinbar. Wenn sie kritisch genug sind, werden sie ›durchaus‹ vor ›vereinbar‹ stellen. Diese erkennt man auch daran, dass sie gerne den Begriff ›Islamophobie‹ verwenden, um jede Kritik am Islam zu unterbinden. Schaut lieber hin, wo die Scharia tatsächlich implementiert wird, und fragt Frauen, Homosexuelle und Minderheiten, die darunter leiden oder davor geflohen sind. Sie wissen Bescheid. Die harte Form von Scharia wird in Saudi Arabian, im Iran, Sudan, in Somalia, in Teilen von Indonesien und jetzt in Brunei eingeführt. Dort will keiner der Experten sicherlich leben, es sei denn in abgeriegelten Compounds, wo die Scharia keine Rolle spielt. Und die weichere Form von Scharia, wo auf Körperstrafen verzichtet wird, haben wir immer noch ungerechte Sittengesetze, ein Erbrecht und ein Familienrecht, die Frauen benachteiligen, und ein Minderheitenrecht, das aus religiösen Minderheiten Bürger zweiter Klasse macht. Wo ist bitte schön die Kompatibilität [zur demokratischen Grundordnung]?«[306]

Sobald sich die Mehrheits- und Machtverhältnisse ändern, lassen sich auch Ansätze zur Durchsetzung der eigenen Rechtsnormen beobachten. Dies gilt sowohl für einzelne Soziotope im Westen (Vorstädte Londons, Paris, Berlin-Neukölln etc.), in denen Friedensrichter in einer Paralleljustiz aktiv werden, als auch für Staaten, in die Muslime eingewandert sind und wo sie politisch nennenswerte Kräfte bilden konnten. Vielen Europäern ist nicht bewusst, wie bedeutend die Frage der gesellschaftlichen Mehrheits- oder Minderheitsstellung für Muslime ist. Die Majoritätsstellung heißt *Dār al-Islām* (»Haus des Islams« oder auch »Haus des Friedens«) und bezeichnet ein Gebiet, in dem der Islam bereits Staatsreligion werden konnte. Der Westen gilt bei diesem Verständnis als *Dār al-Harb* (Haus des Krieges), oder auch *Dār al-Kufr* (Gebiet des Unglaubens). In diesem Gebiet gelten für Muslime jedoch besondere Regeln zur Anpassung, allerdings immer mit dem Fernziel, aus diesem Raum ebenfalls ein »Haus des Friedens« zu machen, also auch hier den Islam als Staatsreligion zu implementieren. Gerade die Sonderstellung für Muslime in der Minorität gilt für Islamwissenschaftler wie Mathias Rohe von der Friedrich-Alexander-Universität in Erlangen als Garant für die Kompatibilität zum Grundgesetz, denn:

»In der Scharia gebe es sogar den Grundsatz, dass Muslime, die in einem nicht-muslimischen Land leben und dort Sicherheit genießen, auch als Muslime die dort geltenden Gesetze respektieren müssen.«[307]

Mit anderen Worten, selbst wenn sich Scharia und Grundgesetz widersprechen, was sie offensichtlich tun, sind Muslime aufgerufen, sich unter die jeweiligen Landesgesetze zu stellen – *solange sie in der Minorität sind.* Damit ist das Bekenntnis zum Grundgesetz jedoch lediglich eine Diaspora-Erklärung. Sobald sich die Mehrheitsverhältnisse ändern, muss dies nicht zwingend so bleiben. Wann dies im Westen der Fall sein wird, lässt sich mit einem Blick auf die demografischen Daten recht gut vorhersagen. Ungeachtet dieser Tatsachen postulieren deutsche Medien noch immer das Bild eines »privaten, unpolitischen Islam«; es verwundert daher nicht, wie verbreitet diese Fehlannahme ist. Doch insbesondere Politiker sollten und müssten es besser wissen. Trotzdem kann sich Ralph Brinkhaus, seines Zeichens Vorsitzender der CDU/CSU-Bundestagsfraktion, durchaus vorstellen, dass ein Muslim deutscher Bundeskanzler wird. Denn Brinkhaus glaubt zu wissen, worauf es *wirklich* ankommt:

»Für mich ist nicht entscheidend, welcher Religion ein Mensch angehört, sondern welche Werte er hat.«[308]

Mit Verlaub, diese Aussage ist schlichtweg dumm, denn:

»Es gibt keine Religion, die von Werten trennbar wäre. Eine Religion ist zuerst *ein Set von Werten […]. Ein Muslim ist einer, der die Lehren und Rituale des Islam glaubt und praktiziert. Islam ist jene Weltreligion, welche auf den Religionsgründer Mohammed zurückgeht und den Koran als zentrale heilige Schrift hat. Es gibt verschiedene Gruppen und Denkschulen innerhalb des Islam, doch damit man sinnvoll von Islam (und damit:*

Muslim) sprechen kann, sollte eine Gruppe und Denkschule von einer ernstzunehmenden Gruppe anderer Muslime als Islam akzeptiert werden, und das über einige Jahre hinweg.«[309]

Fachautoren, die auf den politischen Charakter des Islam verweisen, gelangen daher regelmäßig zu folgender Gleichung: Je weniger fromm Muslime sind, desto kompatibler sind sie mit westlichen Strukturen. Im Umkehrschluss gilt, streng gläubige Muslime sind naturgemäß wenig kompatibel mit westlichen Werten. Aus Perspektive der freiheitlich demokratischen Grundordnung gilt: *»Nur ein schlechter Muslim ist ein guter Muslim.«*[310]

Demografie

In Deutschland gilt die Vorstellung, dass muslimische Bevölkerungsteile maßgebliche politische Macht bekommen könnten, allgemein als Wahnidee rechter Populisten. Schließlich kämen »nur noch« zwischen 170 000 und 200 000 Zuwanderer pro Jahr, in eine immerhin 83 Millionen starke Stammbevölkerung. Selbst als 2015/2016 über 1,2 Millionen eintrafen, lag der Prozentsatz lediglich bei 1:80, was augenscheinlich nicht sehr viel ist. Nach dieser Logik könnte die Zuwanderung noch lange Zeit weitergehen, bevor sie möglicherweise zu unangenehmen Effekten führt. Zunächst wäre festzuhalten, dass allein die Berechnungsgrundlage bezüglich der einheimischen Bevölkerungszahl von 83 Millionen falsch ist. Denn über 20 Millionen davon *haben bereits einen Migrationshintergrund.* Wenn man den echten Quotient Zuwanderer auf autochthone Deutsche berechnen will, dürfte man also von nur 60 Millionen ausgehen. Trotzdem ist auch diese Korrektur nicht maßgebend, denn: Sämtliche Berechnungen auf die *Gesamteinwohnerzahl* sind irrelevant und irreführend. Tatsächlich geht es bei demografischen Berechnungen nur um die entsprechenden *Alterskohorten,* also jene Bevölkerungsteile im fortpflanzungsfähigen Alter, die für die kommenden Generationen sorgen. Es geht nicht um die Gesamtzahl der »alten Deutschen«, einer Berechnung, die von den Milchmädchen so gern angestellt wird. Und bei den *jungen Deutschen* haben wir es plötzlich mit ganz anderen Größenordnungen zu tun:

»Der Mikrozensus zeigt das starke Wachstum der Bevölkerung mit Migrationshintergrund. Die Zahl der sogenannten Herkunftsdeutschen sinkt hingegen seit Jahren. Viele Asylsuchende sind dabei in der Statistik noch nicht erfasst. […] Wie rasch sich dieser Wandel schon vollzogen hat – und weiter vollzieht –, zeigen die Zahlen für die verschiedenen Generationen: Während nur jeder zehnte der Menschen über 65 Jahren einen Migrationshintergrund hat, sind es bei den unter Sechsjährigen schon 38 Prozent; in Westdeutschland (inklusive Berlin) kommen 42 Prozent dieser Kinder aus einer Einwandererfamilie. In Bremen haben 53 Prozent der unter Sechsjährigen und 31 Prozent der Gesamtbevölkerung einen Migrationshintergrund. In Hessen sind es 50 beziehungsweise 30 Prozent. In Frankfurt am Main liegt der Bevölkerungsanteil mit Migrationshintergrund laut einer Studie schon heute bei 51 Prozent, bei den Kindern unter 15 Jahren sind es 69 Prozent. […] Die Zahl der Deutschen ohne Migrationshintergrund sinkt Jahr für Jahr um einige Hunderttausend Menschen: Lebten 2011 noch 65,4 Millionen Herkunftsdeutsche im Land, waren es 2015 nur noch 64,3 Millionen. Im vergangenen Jahr ist diese Zahl laut Mikrozensus auf 63,8 Millionen gesunken. Besonders eindrücklich ist ein Vergleich der Altersgruppen: Heute gibt es hierzulande 5,8 Millionen Deutsche ohne Migrationshintergrund in der Gruppe der 50- bis 54-Jährigen. Unter den 20- bis 24-Jährigen sind es deutlich weniger, nämlich 3,2 Millionen. Die jüngsten fünf Jahrgänge zusammengenommen kommen laut Statistischem Bundesamt gerade einmal noch auf 2,3 Millionen.«[311]

Wer die Problematik der Zuwanderung verstehen will, muss sich an deutschen Schulen umsehen und nicht im Seniorenheim.

»Der ehemalige ›Panorama‹-Chef und langjährige ARD-Korrespondent Wagner ist kein Sarrazin und jeder Überspitzung unverdächtig. Bestürzend sind seine Erkenntnisse und Recherchen, die er in monatelanger

Arbeit zusammengetragen hat, allemal: Wagner hat mit Migrationsforschern und 65 Lehrern verschiedener Schulen in Hamburg, Dortmund, Berlin, Hanau und Nürnberg gesprochen, Studien und Quellen gewälzt. [...] An den drei besuchten Neuköllner Schulen lag der Anteil der Schüler mit Migrationshintergrund zwischen 70 und 90 Prozent, der Anteil der Schüler mit muslimischen Wurzeln zwischen 40 und 85 Prozent. An zwei der drei in Kreuzberg besuchten Schulen stellten muslimische Schüler bereits die Mehrheit: 75 beziehungsweise 86 Prozent. ›Der Trend zur Apartheid in der Berliner Schullandschaft ist ungebrochen‹, empört sich ein Lehrer, der anonym bleiben will: ›In Berlin ist Schule gettoisiert. Hier liegt staatliches Versagen vor. Das macht mich wütend.‹ Die Multikulti-Seligkeit endet an den Pforten der Realität. Die meisten von Wagner befragten Lehrer teilen den Satz: ›Je höher der Migrantenanteil, desto größer die negativen Effekte.‹ [...] Wagner konstatiert, die kulturelle Integration vieler Muslime in Deutschland sei gescheitert. Er zitiert den Bielefelder Konfliktforscher Andreas Zick, wonach die ›Wissenschaft inzwischen genug Evidenz gesammelt hat, dass Bildung und Arbeit nicht ausreichen‹, um sich zu integrieren. ›Integration kann deshalb nur dann erfolgreich sein, wenn sie sozial wie kulturell gelingt‹, schlussfolgert Wagner. Die kulturelle Integration aber scheitert oft an der Religion. Schlimmer noch: Seine Gesprächspartner, aber auch Studien kommen zur Erkenntnis, dass eine Re-Islamisierung viele Muslime erfasst hat. 80 bis 90 Prozent der interviewten Lehrer unterstützen diese These. ›Religion spielt eine wichtige Rolle bei den muslimischen Schülern‹, sagt der Leiter der Neuköllner Otto-Hahn-Schule André Koglin. [...] Durch die Flüchtlingskrise drängen nun noch einmal bis zu 350 000 Kinder und Jugendliche zusätzlich in die deutschen Bildungseinrichtungen – oft mit traumatischen Erfahrungen, massiven Sprach- mitunter sogar Alphabetisierungsdefiziten. Hinzu kommen Inklusionskinder. Auch der Hamburger Kurt Edler, Grünen-Politiker und Bildungsexperte, warnt: ›Das Gefühl der Lehrer ist, dass da etwas ins Rutschen gekommen ist. Es wird immer schlimmer.‹ [...] Der ehemalige ARD-Korrespondent [Wagner] wirbt auch für eine Obergrenze – nachdem Deutschland in den vergangenen Jahren rund 1,7 Millionen Muslime aufgenommen hat, ohne mit der Integration früherer Migranten schon am Ziel gewesen zu sein: ›Um es in einem Bild zu konzentrieren: Ein Bergsteiger, der unter der Last eines schweren Rucksacks ächzt, bekommt noch einmal zehn Kilo Gepäck draufgelegt.‹«[312]

Doch abgesehen von der Frage der Integration – was bedeuten die hohen Prozentzahlen der Migrantenkinder für die Demografie Deutschlands? Zur Erinnerung: *In den jungen Jahrgängen gibt es bundesweit gerade einmal 2,3 Millionen Herkunftsdeutsche.* Migrationsforscher wie Gunnar Heinsohn weisen darauf hin, dass sobald es zur Angleichung der Alterskohorten gekommen ist, der »Bevölkerungsaustausch« unwiderruflich vollzogen wurde. Der Grund hierfür ist simpel: Die Gruppe der Migranten, insbesondere die muslimische, bekommt im Westen durchschnittlich zwischen 2,5 und 3 Kinder, die der autochthonen Deutschen lediglich 1,3. Bei Angleichung der Alterskohorten haben die kommenden Generationen aufgrund des starken Geburtenüberschusses daher ab einem gewissen Zeitpunkt nahezu *alle* einen Migrationshintergrund. Dieser Prozess ist logisch, unwiderruflich und unumkehrbar. Migrationsforscher streiten daher auch lediglich über die Frage, *wie schnell* er ablaufen wird. Betrachtet man die kleine Anzahl der jungen deutschen Männer im Vergleich zu den *jährlichen* Zuwanderungszahlen junger muslimischer Männer, könnte man schon ins Grübeln kommen. Als im Rahmen der sogenannten »Hetzjagden von Chemnitz«, die so nie stattgefunden haben, die Frage des Verhältnisses zwischen Alteingesessenen und Zuwanderern aufkommt, fördert die *Bildzeitung* interessantes Zahlenmaterial zu Tage:

»Neue Zahlen aus dem Rathaus belegen ein sozialpolitisches Problem. Der Anteil von ausländischen Männern in der Altersgruppe 18 bis 29 Jahre lag in Chemnitz 2008 bei 4,2 Prozent. Heute sind es 28,1 Prozent. Also mehr als jeder vierte Mann in der Altersgruppe 18–29 Jahre in Chemnitz ist Ausländer. [...] Die Zahl junger ausländischer Männer hat sich verschsfacht. Im selben Zeitraum (2008–2018) ging die Zahl der deutschen

Frauen in der Altersgruppe 18–29 Jahre um 31 Prozent zurück – was auch die Zahl der Geburten in den nächsten Jahren drücken wird.«[313]

Wie immer geht es um die entsprechenden *Alterskohorten,* also um die jungen Menschen, welche die zukünftigen Generationen stellen werden. Und hier sieht die Entwicklung selbst in Chemnitz sehr bemerkenswert aus. In nur 10 Jahren stellen junge Ausländer ein Drittel der männlichen Bevölkerung, im selben Zeitraum hat der Anteil der jungen deutschen Frauen um ein Drittel abgenommen. Man kann sich relativ leicht ausrechnen, wann es unter Beibehaltung der derzeitigen Zuwanderungspraxis zur Angleichung der Kohorten kommt – danach ist der Bevölkerungsaustausch unwiderruflich vollzogen. Da es sich bei den meisten Migranten nicht um Chinesen oder Russen handelt, sondern um Muslime, findet mit dem demografischen Wandel zugleich auch der weltanschauliche Wandel statt.

Youth Bulge

Im arabisch-afrikanischen Raum spielt sich derzeit und für die kommenden Jahrzehnte ein demografisches Drama ab. Es werden so viele junge Männer geboren, dass diese unmöglich adäquate Positionen und Versorgung in ihren Gesellschaften finden werden. Diese jungen Männer haben weder eine heimische Perspektive, noch sind sie in irgendeiner Weise qualifiziert für den hochspezialisierten europäischen Arbeitsmarkt. Abermillionen von ihnen werden kaum in der Lage sein, sich selbst zu ernähren, eine Frau an sich zu binden und ihrerseits Nachkommen zu versorgen, weder in Afrika noch in Europa. Weder Entwicklungshilfeprogramme noch Integrations- und Schulungsprogramme für jene, die es nach Europa geschafft haben, können diesem Drama in einem angemessenen Zeithorizont begegnen. Außer guten Ratschlägen, wie Europa rechtzeitig zu verlassen, haben auch Migrationsforscher keine Antwort auf diese

Entwicklung. Die gute Nachricht lautet: In 60 Jahren ist das Phänomen beendet, und die Weltbevölkerung nimmt wieder ab. Doch für die kommenden Jahre wird das Szenario im arabisch-afrikanischen Raum ein wenig an Endzeitfilme erinnern. Doch diesmal ist es keine Hollywoodproduktion, bei der wir uns mit Popcorn und Cola gruseln, es ist die Wirklichkeit, und Europa ist unmittelbar davon betroffen. Der Philosoph, Video-Blogger und Autor Gunnar Kaiser veröffentlichte 2015 einen bemerkenswerten Artikel mit dem Titel *»The Walking Dead und die Flüchtlingskrise«*, Untertitel, *»Die Apokalypse wird im Fernsehen übertragen«*. Interessanterweise erschien der Artikel im linken *Freitag*[314]. Kaiser schreibt:

»Nicht erst seit Filmen wie ›World War Z‹ oder ›Exodus‹ drängen sich uns die Geschichten und Bilder vom Untergang nicht nur des Abendlandes als Warnungen vor kommenden globalen Krisen auf. All die Katastrophenfilme, von ›The Day After Tomorrow‹ über ›Contagion‹ bis ›San Andreas‹, spielen in den letzten Jahren so häufig und so plakativ mit Ängsten vor einer Apokalypse biblischen Ausmaßes, dass man sich als Kinogänger schon fragen kann: Möchte uns Hollywood vielleicht irgendetwas sagen? Will the apocalypse also doch be televised? Und tatsächlich holt die Wirklichkeit die Fiktionen der Unterhaltungsindustrie immer wieder ein, sodass man an Zufälle kaum glauben mag. So bemerken viele eine frappierende Ähnlichkeit der Bilder von Menschen auf dem Grenzzaun der spanischen Exklave Melilla, der Menschen von der Einreise nach Europa abhalten soll, mit Szenen aus dem Brad-Pitt-Film ›World War Z‹, in denen die Hirntoten die mehrere hundert Meter hohe Mauer um Jerusalem herum stürmen. Und überfüllte Flüchtlingsboote auf dem Mittelmeer oder riesige Zeltlager haben wir doch in ›2012‹ u. ä. schon einmal gesehen …?«[315]

Kaiser entwickelt in seinem Artikel schließlich eine interessante Analogie bezüglich der Absurdität des moralischen Konfliktes, vor dem europäische Gesellschaften in Kürze stehen werden, denn: Wer die Problematik der afrikanischen und arabischen Jungmänner in der eigentlichen Dimension im Verhältnis zum winzigen Europa erfasst hat, erkennt sofort, dass jeglicher Versuch, das Problem über

Zuwanderung nach Europa zu lösen, nur einen Effekt haben wird: Während das Drama nahezu ungebremst weitergeht, wird *zusätzlich* die europäische Kultur sang- und klanglos untergehen. Selbst wenn morgen alle Klimaziele eingehalten würden, sämtliche europäischen Flotten nicht mehr vor Afrika fischten und sich alle ausbeuterischen Konzerne aus dem Kontinent zurückzögen – kein Programm wäre schnell genug, um die derzeitige demografische Entwicklung aufzuhalten. Bedauerlicherweise hat es auch 80 Jahre nach Ende der Kolonialherrschaft kein afrikanisches Land geschafft, an das Erfolgsmodell Europas anzuknüpfen. Die andauernde Selbstbezichtigung, Europa sei schuld an diesem Misserfolg, hilft erstens nicht weiter, zweites greift sie zu kurz. Industrialisierung, in Verbindung mit Aufklärung und Säkularisation, lässt sich nicht kurzerhand ohne die zugrunde liegenden und über Jahrhunderte gewachsenen Institutionen exportieren. Selbst prinzipiell reiche afrikanische Länder, wie Nigeria, scheitern heute an der Reform ihrer eigenen Gesellschaft. Kleptokratie und Willkürherrschaft sorgen für Armut, die eigentlich gar nicht sein müsste. Doch unabhängig von der »Schuldfrage« – selbst wenn sich Europa sofort verpflichten würde 20, 30 oder gar 40 Millionen afrikanischer Jungmänner aufzunehmen und zu alimentieren, was die europäischen Gesellschaften zerreißen würde – angesichts der geschätzt 300 bis 500 Millionen, die bis 2060 noch kommen wollen, wäre dieses Selbstopfer nur der berühmte Tropfen auf den heißen Stein. Derzeit sind weder Kirchen, noch Sozialverbände, noch Hilfsorganisationen, noch die Politik in der Lage und willens, die Probleme offensiv anzugehen. Um das Problem zu lindern, müsste die Weltgemeinschaft schnellstmöglich Programme auflegen, die das Nicht- oder kaum noch Kinderkriegen direkt honoriert. Von einigen Kampagnen über den Gebrauch von Kondomen abgesehen, gibt es derzeit jedoch kein Programm der UNO, dass die Geburtenreduzierung systematisch anginge.

Der Begriff »Jungmänner-Überschuss« bezieht sich auf den Quotienten der Männer im Verhältnis zur ökonomischen Situation des

Landes, das heißt auf die Frage, wie viele Männer eine adäquate gesellschaftliche Position erringen können. In *Die Wiedergutmacher* schrieb ich dazu:

»Die soziale Währung von Männern ist Macht und ökonomischer Erfolg. Doch eben diese Privilegien werden üblicherweise von den Männern der älteren Semester beansprucht. Der demografische Quotient aus den nachkommenden jungen Männern im Verhältnis zu den älteren Männern, die ihre privilegierten Positionen räumen müssen, bestimmt das Aggressionspotenzial einer Gesellschaft. Wenn auf 1000 junge Männer (zwischen 15 und 19), die ihre soziale Stellung erst noch entwickeln müssen, 1000 alte Männer (zwischen 55 und 59) kommen, die ihre Plätze demnächst freimachen, spricht man von einem Kriegsindex von 1,0. Die Rechnung geht also auf, ohne dass es zu größeren Verteilungskämpfen innerhalb der Jungmänner kommen muss. Gesellschaften mit demografischem Rückgang, wie Europa nach den großen Kriegen, sind daher sozial sehr beruhigt, denn junge Männer haben keine Probleme, adäquate Positionen zu finden. Deutschland hat sogar nur einen Kriegsindex von 0,65; zum Vergleich, in den 1920er-Jahren lag der Index noch bei fast 3,0. Dementsprechend aggressiv und aufgeladen war auch die Stimmung in Europa. Nun gibt es jedoch Länder mit einem so hohen Kriegsindex, Syrien beispielsweise mit 4,0, oder afrikanische Staaten mit Werten zwischen 5,0 und 8,0, dass es zwangsläufig zu sehr aggressiven Verteilungskämpfen kommen muss. Wenn auf 6000 heranwachsende Jungmänner nur 1000 freie Plätze warten, die ihnen ein adäquates Leben ermöglichen, sind Bürgerkriege oder sogar Kriege mit den Nachbarstaaten fast immer die Folge. Friedens- und Gewaltforscher wie Gunnar Heinsohn konnten auch historisch nachweisen, dass Kriege immer in direktem Zusammenhang mit dem Kriegsindex stehen. Gesellschaften im demografischen Rückgang werden zwangsläufig friedlicher, da sie keine Söhne zum Verheizen auf den Schlachtfeldern haben. Wenn aber Mütter 8 Kinder und darunter 4 oder 5 Söhne haben, wie in Afghanistan, können Familien ohne Weiteres bewaffnete Konflikte durchstehen, ohne dass ihre Erblinien gefährdet sind. Natürlich sieht es nach außen immer so aus, als ginge es in den Konflikten um eine Ideologie,

wie beispielsweise bei den Kämpfen zwischen Sunniten und Schiiten, doch junge Männer lassen sich schlichtweg sehr leicht instrumentalisieren, wenn es um Gründe für Gewalt geht. Und wäre es nicht die Religion, sind es eben politische Argumente. In Wirklichkeit geht es jungen Männern darum, sich in bewaffneten Konflikten zu beweisen, ›ein Held zu sein‹, um soziale Stellungen zu behaupten und Konkurrenten zu beseitigen.«[315A]

Kurzum, darwinistisch betrachtet, und Siegmund Freud würde sicher zustimmen, müssen Männer, um legal und anerkannt Sex haben zu dürfen, den Frauen beweisen, dass sie in der Lage sind, die Nachkommenschaft zu versorgen. Dies können sie jedoch nur, wenn sie eine entsprechende gesellschaftliche Stellung erringen, die sie dazu befähigt. Alles andere mündet in Gewalt und Asymmetrie. Im Grunde will sich kein Mann auf Dauer abseits der jeweils gesellschaftlichen Kodizes bewegen, seine Testosteronlage zwingt ihn jedoch dazu, sein Erbmaterial weiterzugeben. Je fragwürdiger und unwahrscheinlicher das Erringen adäquater Positionen in der heimischen Gesellschaft wird, desto höher steigt der Stresslevel und desto eher sind junge Männer bereit, Ideologiemustern zu folgen, die mit Gewalt Lösungen versprechen. Ob diese Muster nun religiös oder politisch sind, ist völlig zweitrangig. Daher sind junge Männer im klassisch kampffähigen Alter auch bereit, in jede Schlacht zu ziehen, die ihnen verspricht, die genannte Problematik zu beseitigen.

Selbstverständlich ist diese Entwicklung mit den Folgen für Europa erschreckend. Reflexe zur Verleugnung der Lage verwundern daher kaum. Wie verbreitet diese Reflexe sind, dokumentiert die legendäre Sendung »*Das Philosophische Quartett – Demographie als Schicksal – Das Drama der Geburtenraten*« von 2006. Der Soziologe und Völkermordspezialist Prof. Dr. Gunnar Heinsohn stellt obigen Sachverhalt drei deutschen Denkern vor, nämlich Rüdiger Safranski, Peter Sloterdijk und Roger Willemsen. Im Verlauf der Sendung richten die drei Persönlichkeiten Fragen an Heinsohn, die letztlich auf Relativierung seiner These abzielen; schlussendlich muss aber anerkannt werden, wie stringent Heinsohns Forschungsergebnisse sind. Gegen Ende der Sendung moderiert Peter Sloterdijk dann die illustre Runde mit folgendem Resümee ab:

»Wir [Europa] werden also mehr oder weniger dazu verurteilt, uns in einer obszönen Rolle wiederzufinden. Nämlich als Beobachter und Voyeure fataler Entwicklungen, die uns immer vor die Alternative stellen, entweder mit schlechtem Gewissen zuzuschauen, oder mit noch schlechterem Gewissen zu intervenieren.«

Bezeichnenderweise kommt Sloterdijk trotz der dargelegten Fakten überhaupt nicht auf den Gedanken, dass Europa unmittelbar selbst betroffen ist. Stattdessen sieht er den Westen in der Rolle des »obszönen Voyeurs«, der die freie Wahl hat zu intervenieren, falls ihn seine moralischen Normen zu sehr quälen. Wenn eine derart fatale Fehleinschätzung von einem so großen Denker kommt, muss man sich nicht mehr wundern, wie ausgeprägt die Leugnungsprozesse der Gesellschaft insgesamt sind. Allerdings muss man Sloterdijk zugutehalten: Obigen Satz hatte er 2006 ausgesprochen. Ob er ihn nach 2015 noch einmal wiederholt hätte, nachdem alle Vorhersagen Heinsohns eingetroffen sind, wage ich zu bezweifeln. Inzwischen sollte jedem klar sein, dass Europa längst zum Akteur wider Willens wurde und kein Beobachter »mit schlechtem Gewissen«. Diese Dimension erfasst im Jahr 2006 in der Talkrunde allerdings nur Gunnar Heinsohn. Auf Sloterdijks Abmoderation, in der er Europa die komfortable Beobachterrolle zuweist, entgegnet Heinsohn:

»Wenn Sie sagen, wir [Europa] treten gar nicht mehr an, dann müssten Sie aber imstande sein, eine Festung zu halten, und ich weiß nicht, ob Europa dies kann.«

Heinsohn gibt sich gegen Ende der Sendung bescheiden und diplomatisch. In Wirklichkeit hatte er kurz zuvor die Antwort auf seine rhetorische Frage längst gegeben:

»Die aufgeklärte Jugend in Europa bereitet sich selbstverständlich darauf vor, in die USA oder Kanada auszuwandern. Es ist ja jeder selbst schuld, wenn er 2030 noch in Europa ist.«

Die letzten Sätze stimmen mich sehr nachdenklich, bei genauerer Betrachtung finde ich sie zynisch. Mit »aufgeklärte Jugend« kann Heinsohn eigentlich nur jene gemeint haben, die a priori zum oberen Viertel der Gesellschaft zählen. Kinder aus besserem Hause, die nach Privatschule, Abitur und Studium im Ausland den Globus wie eine Speisekarte studieren und sich das Land ihrer Wahl aussuchen können. Nicht selten sind es Kinder aus linksgrün-bürgerlichem Milieu, von Journalisten, Politikern und Eliten. Sofern das von dieser Gruppe verursachte Multikulti-Projekt im Chaos mündet, können wenigstens deren Kinder Deutschland verlassen. Ob allerdings jene, die nach 2030 dann immer noch in Deutschland leben, »selbst schuld« sind, wage ich zu bezweifeln. Im Grunde genommen weiß Heinsohn dies auch, denn in anderem Zusammenhang beklagt er eben diesen Prozess, die Abwanderung der deutschen Eliten, bei gleichzeitiger Zuwanderung von Versorgungssuchenden.

KAPITEL 7

Ausblick

Angst

Demografisches Drama in Afrika, Migrations-, Klima- und Coronakrise … Als man dem israelischen Star-Historiker, Zukunftsphilosophen und mehrfach ausgezeichneten Bestsellerautor Yuval Noah Harari die Frage stellt, wie man in Zukunft auf das Jahr 2020 zurückblicken wird, hat er eine bemerkenswert kluge Antwort gegeben. Harari geht auf obige Verwerfungen kaum ein, sondern antwortet sinngemäß, dass man sich an das Jahr 2020 als den Beginn eines neuen Zeitalters totaler Überwachung erinnern wird. Das Jahr 2020 war das erste Jahr, in dem die Menschen freiwillig ihre Freiheit zugunsten einer imaginären Sicherheit durch digitale Kontrolle aufgegeben haben. Dass Harari in seiner dystopischen Zukunftsprognose der Coronakrise besonderes Gewicht beimisst, hat gute Gründe. Auch ich sehe, neben allen anderen Problematiken in diesem Buch, Corona als Brandbeschleuniger auf dem Weg in die Unfreiheit. Natürlich führen Politische Korrektheit, Gendersprache und Cancel Culture zu einem moralischen »Neusprech«, das schlussendlich die Basis für eine totalitäre Gesellschaft bilden wird. Und sicherlich wird die demografische Entwicklung muslimischer Zuwanderer – bei gleichzeitiger Rückbesinnung des Islam auf seine fundamentalen Wurzeln – in ein bis zwei Generationen ein Stresstest für demokratische Gesellschaften werden. Ebenso wird die anthropogene Klimawandel-Ideologie, mit destruktivem Ab- und Umbau von Industrie und Energieversorgung, zu großer Armut und sozialem Unfrieden führen. Doch all diese freiheitsbedrohenden Faktoren verblassen gegen die Corona-Problematik. Der Prozess, den auch Harari als Begründung für diese Entwicklung anführt, ist mehr als logisch.

Bevor ich auf diesen fatalen Mechanismus eingehe, möchte ich wie angekündigt das Thema Angst beleuchten. Es gibt eine lange Indizienkette, die nahelegt, dass die Corona-Angst zusätzlich befeuert wurde, um lang geplante, globale Agenden durchsetzen zu können. Dennoch steht die Frage im Raum, warum Angst-Meme wie Corona- oder Klimakrise in säkularen westlichen Gesellschaften besonders zünden. Und warum sich diese Meme dauerhaft gegen jede noch so evidente Faktenlage immunisieren. Westliche Gesellschaften haben die Sichtbarkeit und Allgegenwärtigkeit des Todes aus dem alltäglichen Leben verbannt und religiöse Sinngewissheiten durch säkulare Erklärungsmodelle ersetzt. Geblieben sind die der Seele inhärenten Urängste, die sich neue Projektionsflächen suchen müssen. Eine analytische Sicht:

»Am Anfang war ein Virus. SARS-CoV-2. Dann folgte die Projektion. Unsere Projektion: Das Virus wird unser aller Beschädiger sein. Wir werden Opfer dieses Virus werden. Der Feind ist gesetzt, weil das Opfer von ihm gesetzt ist, weil das Opfer den Feind bestätigt, weil das Opfer erst den Feind ausmacht. […] Die Angst, die wir haben, ist die Angst vor dieser Projektion. So entsteht das Narrativ, dass wir Opfer eines sehr destruktiven Virus werden. Und nicht Betroffene unserer eigenen Projektionen. Wir haben Angst vor dem weißen Hai, seit er uns als unser Killer vorgeführt wurde. Kein Zoologe vermag nach diesem Film dieses Stigma zu entschärfen.«[316]

Manchmal passieren dem nüchternen, aufgeklärten Menschen Dinge, fast wie aus dem nichts, und geben einen Blick frei auf das Ungeheuer in der Tiefe, den Wolf in den Bergen oder den weißen Hai. Jahrzehnte hielt einen das Leben fern von diesen Schrecken, weil man viel zu abgelenkt war, vor lauter Arbeit, Spaß und Zerstreuung. Ein Freund erzählte mir ein Erlebnis aus einem seiner Sommerurlaube. Er schwamm gemeinsam mit einer Freundin, einer Rettungsschwimmerin, im offenen Meer auf eine kleine Insel hinaus. Die Strecke war anspruchsvoll, aber gut zu bewältigen, beide waren bester Dinge. Auf halbem Wege, als sich die Farbe des Meeres in ein tiefes Blau gewandelt hatte, wurde der Begleiterin meines Freundes jedoch mit einem Mal bewusst, dass es unter ihr viele Hundert Meter in die Tiefe ging. Obgleich die Bewältigung der Schwimmstrecke konditionell ohne Frage möglich gewesen wäre, gelang es meinem Freund nur mit großer Mühe, die aufkommende Panik zu dämpfen. Denn ganz plötzlich war er da, der tiefblaue Abgrund des Todes. Viele Menschen wünschen sich dann, sie hätten den tiefen Abgrund nicht gesehen, oder die Haiflosse, oder die bleckenden Zähne des Wolfs. Denn erst durch den Anblick wurde ihnen wieder bewusst, dass sie sterben müssen. Doch abgesehen von diesen Urängsten werden weltliche Ängste zusätzlich noch geschürt, um Macht auszubauen. Dann gilt:

»Die fast unlösbare Aufgabe besteht darin, weder von der Macht der anderen, noch von der eigenen Ohnmacht sich dumm machen zu lassen.«

Am selben Tag, an dem ich dieses Zitat von Theodor W. Adorno im Buch »Sprachregime« von Michael Esders entdecke, lese ich zwei Artikel der Schweizer Psychoanalytikerin Jeannette Fischer. Darin weist die Analytikerin nach, dass sowohl die »Macht der anderen« als auch die »eigene Ohnmacht« ebenfalls um den Angst-Begriff kreist. Angst macht deshalb »dumm«, weil man im Zustand der Angst weder denken noch fühlen kann. Angst lähmt – im Gegensatz zur Furcht. Auch in physiologischer Hinsicht werden Angst- und Furchtmechanismen unterschieden, da sich die hormonalen Reaktionsketten unterscheiden. Bei kurzfristigem Schreck werden Adrenalin und Noradrenalin ausgestoßen, um den Sympathikus (Teil des vegetativen Nervensystems) anzuregen. Erhöhung des Blutdrucks, Freisetzung von Blutzucker und gesteigerte Atmung werden benötigt, um die beiden reflexhaften Reaktionsmuster, angreifen oder flüchten, bewerkstelligen zu können. Anders die hormonale Lage bei dauerhafter Angst: Der hohe Erregungszustand durch Adrenalin und Noradrenalin wird flankiert durch den Zusatz von Glukokortikoiden. Kortison macht den Körper schmerzunempfindlicher, unterdrückt die körpereigene Immunabwehr, erhöht das Infektionsrisiko und führt zu chronisch hohem Blutzuckerspiegel. Zumeist entsteht eine Stoffwechsellage, in welcher der Körper den hohen Zuckerbedarf über toxische Lebensmittel oder Alkohol zu kompensieren sucht. Da ein zu viel dieser Stresshormone auf Dauer toxisch für den Körper ist, werden Glukokortikoide nur über einen komplexen Schutz-Regelkreis ausgestoßen. Hierbei wird ständig überprüft, wann die Stresssituation vorbei ist, damit die Produktion hoher Kortisol- und Kortison-Mengen wieder auf das Normalmaß zurückgefahren werden kann. Bleibt der Erregungspegel jedoch über Wochen oder Monate bestehen, kommt es zum psychischen und physischen Erschöpfungszustand, neuerdings auch »Burn-out« genannt. In der Folge wird das vegetative Gleichgewicht des Körpers so nachhaltig gestört, dass der Blutdruck andauernd erhöht bleibt. Zusätzlich verkrampfen die Muskeln, der Körper übersäuert, und die Libido schwindet. Schlussendlich stellt sich eine ganze Reihe vegetativer Erkrankungen ein: Kopfschmerzen, Depressionen, Schlafstörungen, Infektanfälligkeit (!) und Konzentrationsschwäche sind die bekanntesten. Bei diesem Prozess werden analytische Denkvorgänge erschwert oder ganz unterdrückt, wobei die Angstschwelle immer weiter steigt. Dauerhaft verängstigte Menschen beginnen sich zunehmend abzukapseln, der soziale Rückzug beginnt. Transtrauma bedingte, negative Kindheitserfahrungen, wie Vereinsamung oder Vernachlässigung im eigenen Familiensystem, werden reaktiviert beziehungsweise durch die eigene Reinszenierung aktiv herbeigeführt. Kurz gesagt:

Menschen in Angst isolieren sich, dämpfen ihre Aufmerksamkeit über Zerstreuung durch digitale Medien und anderweitiges Suchtverhalten und konsumieren übermäßig viel Zucker und Alkohol.

Ein zentraler Ansatz, um chronische Angstzustände effektiv zu behandeln, liegt darin, Menschen aus ihrer Isolationshaft zu befreien. Nur gemeinsam und mit der Hilfe anderer Menschen lassen sich die Monster unter dem Bett hervorziehen. Allein und auf sich gestellt, oder durch »Willenskraft«, lassen sich chronische Angstzustände nicht beenden. Therapeutische Ansätze zur Behandlung von Angst setzen daher auf soziale Interaktionen, vorzugsweise mithilfe von Gruppentherapien. Menschen in einer Gruppe heilen sich effektiv und gegenseitig, oftmals sogar ohne große Intervention des Therapeuten. Normalerweise verfügen Menschen allein durch einen regen sozialen Austausch mit Kollegen, Freunden und Familie über ein natürliches Angst-Antidot. Üblicherweise, bei grundsätzlich gesunder Psyche und in befriedeten Gesellschaften, ist der wichtige soziale Austausch über Arbeit, Vereins- und Familienleben gegeben. Hier bekommt das Ich die so dringend benötigte Spiegelung und Bestätigung, um auf diese Weise seinen größten Feind befrieden zu können: die Einsamkeit. Ein Großteil der Psychotherapie dreht sich daher mehr oder weniger um Fragen der sozialen Verankerung.

Die Hinderung am sozialen Austausch ist somit das stärkste Mittel, um Menschen gefügig zu machen. »Freiheitsentzug« wird nicht deshalb als Strafe empfunden, weil er Menschen daran hindert, allein die Freiheit zu genießen. Robinson Crusoe war so gesehen auch »frei«. Sein Martyrium wurde jedoch erst dadurch erträglich, dass ihm das Schicksal den treuen Freund Freitag an die Seite stellte. Die Effizienz der Strafe des Freiheitsentzugs liegt also im *Sozialentzug*, der Vereitlung sozialer Wärme über den Austausch mit geliebten Menschen. Hinzu kommt, dass Gefängnisse Gewalträume darstellen, in denen der Aufbau einer »Ersatzfamilie« erschwert oder unmöglich ist. Derselbe Mechanismus gilt jedoch auch für den Gewaltraum einer totalitären Gesellschaft. Auch hier werden die Bürger über restriktive Gesetze in Haftung genommen. Wie in einem überdimensionalen Gefängnis regieren Argwohn und Denunziantentum, was die Vereinzelung steigert.

Aus gutem Grund tun Menschen in Angst daher alles, um diesen Zustand wenigstens temporär zu lindern. Ein Versuch ist die rituelle, symbolhafte Handlung, auch »Magisches Denken« genannt:

»Magisches Denken bezeichnet in der Psychologie eine Erscheinungsform der kindlichen Entwicklung, bei der eine Person annimmt, dass ihre Gedanken, Worte oder Handlungen Einfluss auf ursächlich nicht verbundene Ereignisse nehmen, solche hervorrufen oder verhindern können.«[317]

In Bezug auf Corona ist dies eine wichtige Erklärung dafür, warum viele Menschen so willfährig Masken tragen, selbst wenn sie mutterseelenallein auf offener Straße unterwegs sind. Der Psychiater Hans-Joachim Maaz schreibt dazu:

»Der Grund für diese vermeintliche Schutz-Verordnung ist ja eine angenommene Gefahr von außen: durch Viren! So wird jeder Mensch, der verleugnete und verdrängte Ängste- und Bedrohungsgefühle aus ganz individuellen Gründen in sich trägt – verführt sein, endlich die ganze Belastungsenergie zu externalisieren und nun auf eine Virusgefahr zu projizieren. Jetzt endlich kann man einen konkreten Feind benennen gegen die unkonkrete innere Belastung und darf sich einbilden, sich schützen zu können und wirksam gegen einen äußeren Feind kämpfen und auch siegen zu können. Der Kotau für die Maskenpflicht ist wie ein magisches Ritual, das einer Geisterbeschwörung gleicht und dann zwangsläufig zu einer ersehnten Impfpflicht hinführt, die natürlich bei sich ständig wandelnden Viren immer weiter fortgeführt werden muss. Viele werden – zumindest bis es einen Impfstoff geben sollte – die Gesichtsmaske nicht mehr ablegen wollen, die als magisches Schutzschild eine nach außen verlagerte Bedrohung fernhalten soll. […] Das erklärt auch den Hass auf die Kritiker, die die angeblich schützenden Maßnahmen infrage stellen. Die unsäglichen Folgen wahnhafter politischer Entscheidungen dürfen nicht als sehr bedrohliche Lebens-Zerstörung realisiert werden, sondern werden als Rettung vor dem Tod eingeschätzt, ohne noch erkennen zu können, dass es sich nur um einen Phantomkampf handelt, der die inneren Verletzungen in keinster Weise vermindert, aber mit der Externalisierung der verborgenen seelischen Entfremdung zur destruktiven sozialen Realität ausformt.«[318]

Falls die Bedrohung aber als *Ohnmacht* gegenüber der Obrigkeit erlebt wird – was immer entsteht, wenn sich Machtverhältnisse lange und ungleich gestalten –, kommt es zu einem weiteren Mechanismus: der *Identifikation mit dem Aggressor.* Das unterdrückte Opfer wird selbst zum Täter, indem es sich über noch schwächere erhebt – dies sind die Wurzeln von Mittäterschaft und Denunziantentum. Der so entstehende Gewaltraum wächst wie ein Rhizom, genährt von immer größerer Angst, die sich über mannigfaltige Täterschaften verstärkt. Gesunde, erwachsene und analytische Strategien, um den Teufelskreis toxischer Machtstrukturen zu unterbrechen, stehen im Zustand dauerhafter Angst kaum noch zur Verfügung. Dabei greift die Regel: Je länger dieser Zustand anhält, desto schwerer wird es, den Prozess umzukehren. Dies gilt für verängstigte Individuen wie für verängstigte Gesellschaften gleichermaßen.

Von Jens Spahn stammt der Satz: »Bis es einen Impfstoff gibt, werden wir miteinander und aufeinander aufpassen müssen.« Insbesondere die Aufforderung des »Aufeinander-Aufpassens« nehmen verängstige Bürger wörtlich. Über die Auswirkungen schrieb ich bereits im April 2020 den Artikel *»Corona: Die Angst geht um«:*

»Längst hat die Gesellschaft von einem relativ toleranten Zustand in einen Gewaltraum umgeschaltet. Angst bringt immer das denkbar Schlechteste im Menschen zur Blüte. Scheinbar noch lustig anmutende Phänomene, wie das unsolidarische Horten von Klopapier, sind erst der Anfang. Inzwischen greifen Mecklenburger und Schleswig-Holsteiner Bürger zum Telefon, sobald sie ein verdächtiges Auto mit Berliner oder Hamburger Kennzeichen sehen. Hat dieser Mensch etwa die Einreisebeschränkungen missachtet? Trägt der fremde Fahrer die Pest ins Land? Meldungen über Vandalismus machen die Runde:

›Fremde Autos werden mit Steinen beworfen, der Lack zerkratzt, Menschen bei der Polizei angeschwärzt. [...] Hass und Gewalt treffen vor allem Leute mit auswärtigen Kennzeichen. Dass darunter viele Einwohner sind, die einfach nur einen Dienstwagen mit einem Kennzeichen aus einer anderen Stadt fahren, hält Unbelehrbare nicht von den gewalttätigen

Übergriffen ab. Aus Angst, Opfer zu werden, haben sich einige Menschen Schilder in ihre Autos geklebt. ›Rüganer im Dienstwagen‹ oder ›ICH BIN KEIN URLAUBER‹ steht auf den Zetteln, die gut sichtbar im Auto liegen. Eine Hotel-Angestellte, deren Dienstwagen ein Berliner Kennzeichen hat, berichtet in der ›Bild‹-Zeitung: ›Ich wurde zuletzt mehrfach, besonders von Rentnern, am heruntergelassenen Autofenster angepöbelt. Sie riefen: Verpissen Sie sich, scheiß Touristen, ihr bringt uns den Virus hierher!‹‹ [RTL, »Gewalt gegen mutmaßliche Touristen an der Ostsee«]

Menschen, denen man ihre bürgerlichen Freiheitsrechte nimmt, suchen sich Ventile zur Ableitung ihrer Wut. Disziplin und Selbstkasteiung bilden Argwohn und Denunziantentum aus. Welcher Nachbar nimmt sich mehr Freiheitsrechte heraus als man selbst? Wer Angst hat, für den ist Schluss mit lustig. Und wer selbst nichts mehr zu lachen hat, will auch nicht, dass andere noch Spaß haben. So gibt es in Bayern eine neue Verordnung, die zukünftig sogar das Motoradfahren verbietet. Dabei ist Motorradfahren, allein an frischer Luft mit einem Helm auf dem Kopf, bezüglich der Ansteckungsgefahr so ziemlich die unbedenklichste Beschäftigung, die man sich vorstellen kann. Trotzdem soll das Motorradfahren verboten werden, und zwar aufgrund einer bemerkenswerten Argumentation:

›Wir brauchen alle Kräfte im Kampf gegen das Virus. Wir müssen Rettungswesen und die Krankenhäuser so weit wie möglich entlasten [...] Belassen Sie es bei kurzen Fahrten in die Arbeit oder zum Einkaufen.‹ [ntv, »Polizei will Motorrad-Ausflüge während Coronakrise ahnden«]«[319]

Inzwischen hat sich die Corona-Panik verselbstständigt. Corona-Nachrichten sind zu Schlagworten und Slogans geronnen, die sich tagein tagaus auf allen Medienkanälen wiederholen und deren Logik niemand mehr hinterfragt: »Bis zur Impfung sind wir dem Coronavirus schutzlos ausgeliefert!«; »Wir bleiben zu Hause!«; »Wir tragen eine Maske, um uns und andere zu schützen!«; »Solidarische Menschen lassen sich selbstverständlich impfen«. Nie haben Gesellschaften über einen längeren Zeitraum Freiheitsverlust und Entbehrungen ertragen, ohne dass Pathos, Heroismus und

Appelle an den Gemeinsinn zum Tragen gekommen wären. Die psychologischen Sekundärgewinne einer von Pathos beleckten Masse sind jedoch derart süß, dass ab einem gewissen Punkt niemand mehr an neuen Erkenntnissen interessiert ist.

»Natürlich will nach diesem Heldentum und Verzicht am Ende niemand hören: ›Sorry, Leute – wir haben uns geirrt. Das Ganze war ein dummes Missverständnis. Corona ist doch nicht viel mehr als eine saisonale Grippe. Echt blöd, dass ihr jetzt arbeitslos seid und die größte Rezession der Geschichte durchstehen müsst ...‹«[320]

In Kriegs- und Krisenzeiten kommt es zu einem Schulterschluss zwischen Regierung und Bürgern, wobei die unablässige Betonung der Gefahr den Benefit des Heroismus nur noch steigert. Angesichts großer Beschwerlichkeiten und Gefahren den Alltag dennoch bravourös zu meistern fühlt sich toll und lebendig an. Es gibt jedoch weitere Mechanismen, die das Eingeständnis eines Irrtums verstellen:

»Der Zweifelnde sucht das Gespräch, der Gläubige verweigert es. Warum ist das so? Ich vermute, es ist vor allem eines: Angst. Aber es ist gar nicht unbedingt die Angst vor ›Corona‹, auch nicht die vor der eigenen Sterblichkeit. Vielmehr scheint es die Angst zu sein, dass man – so man zu zweifeln beginnt – sich darüber klar werden würde, dass man erfolgreich getäuscht wurde, man sich kolossal geirrt hat. Damit würde man alle seine Wahrnehmungen, alle Erinnerungen, gar sein Weltbild – sein gesamtes ICH infrage stellen. Davor hat unser Unterbewusstsein eine tiefe Grundangst, eine die kaum zu überschätzen ist, und die automatisch Vermeidungsstrategien ablaufen lässt.«[321]

Dieser Mechanismus ist der entscheidende Grund, erst gar keine erweiterte Medienkompetenz entwickeln zu wollen. Die staatlich lancierte Erzählung, alternative Medien würde per se Lügen und dummes Zeug von Verschwörern verbreiten, ist ein hervorragender Schutz davor, das eigene Ich infrage zu stellen. Die innere kognitive Dissonanz zuzulassen würde zunächst einmal Angst erzeugen. In der Verweigerung, dieses Wagnis einzugehen, liegt die »Banalität des Bösen«, die Hannah Arendt beschrieb. Der banal böse Mensch weigert sich ab einem bestimmten Punkt, selbstständig zu denken, und delegiert seinen inneren Konflikt an »die da oben«, die werden es schon wissen. Mit dieser Haltung wird der Mensch zum Soziopath, da er seinem angeborenen inneren Dialog, dem moralischen Abgleich zwischen Gut und Böse, erfolgreich ausweicht. Selbst schlimmste Folgen für die Mitmenschen vermögen nach dieser selbst gewählten Denkblockade kaum noch innere Unruhe auszulösen, wie die Milgram-Experimente eindrucksvoll gezeigt haben. Man selbst trägt schließlich keine Schuld an der Sache, die Verantwortung liegt bei den Wissenschaftlern und Politikern. Und was hätte man schon machen können, als kleines Rad im Getriebe. Menschen können immer dann zu derart banalen Monstern werden, sobald sie diese Abspaltung vollzogen haben.

Außerdem – sollte sich erweisen, dass man bezüglich Corona auf gröbste und vorsätzliche Weise getäuscht wurde, dass man völlig sinnlos Masken getragen, Hände desinfiziert, Kinder verunsichert, Alte alleingelassen und den eignen Job riskiert hat, erzeugt dies im besten Fall große Wut – wobei Wut völlig okay wäre. Man könnte handeln, sich ausagieren, eine Sammelklage planen oder was auch immer.

Viel schlimmer ist jedoch, dass das Psychogramm vieler Babyboomer gerade nicht mit Wut reagiert, sondern mit *Scham.* Derart böse angelogen und missbraucht zu werden, erzeugt sehr viel Scham. Und wie ich weiter oben bereits ausgeführt habe, ist Scham ein zentrales Lebensgefühl für transtraumageschädigte Babyboomer, ein mehr davon muss um jeden Preis vermieden werden. Überhaupt die Möglichkeit in Erwägung zu ziehen, mit Corona schlichtweg belogen worden zu sein, wird daher im weiten Vorfeld abgewehrt. Sofern sich der Angst- und Gewaltraum rund um Corona über Monate oder gar Jahre halten würde, kämen unweigerlich gruppendynamische Prozesse in Gang, die letztendlich immer in einer Denunziationskultur münden. Über diesen Effekt schrieb Hannah Arendt:

»Während der großen Säuberungswellen gibt es überhaupt nur ein Mittel, die eigene Zuverlässigkeit zu beweisen, und das ist die Denunziation seiner Freunde. Und dies wiederum ist, was die totale Herrschaft und die Mitgliedschaft in einer totalitären Bewegung angeht, ein durchaus richtiger Maßstab. Was suspekt ist, ist Freundschaft und jegliche andere menschliche Bindung überhaupt.«[322]

Das Zeitfenster für den Weg zur Besinnung und Gesundung ist nicht beliebig lange offen. Aus diesem Grund sollten Gesellschaften, die am Umschlagpunkt zu einem Angstraum stehen, alle resilienten und besonnenen Kräfte so früh wie möglich bündeln – andernfalls droht eine lange, dunkle Phase von Restriktion und Unterdrückung. *Dieser Zeitpunkt ist genau jetzt.* Sofern sich in der nächsten Zeit keine gewaltfreie, demokratische, beharrliche und vor allem *breite* Bürgerbewegung formiert, kann es zu spät sein. Diese Bewegung sollte sich weder über Angstnarrative wie Coronakrise oder Klimakrise ins Bockshorn jagen noch über Zwangsverortungen wie »links« oder »rechts« spalten lassen. Der fatale Mechanismus einer neuen globalen Ordnung zur »Rettung der Welt« hat bereits begonnen. Über fehlgeleiteten Aktivismus in der Klima- und Pandemieabwehr, im Zusammenspiel mit Digitalisierung und Globalisierung, sind historisch einmalige Instrumente von Restriktion und Kontrolle entstanden. Dies hat zu einer großen Machtkonzentration zugunsten weniger und zu großer Ohnmacht zulasten vieler geführt. Basisdemokratisch legitimierte Macht, die sich über Kontrollinstanzen selbst limitiert und kontrolliert, ist ideologisch motivierter Macht in den Händen weniger gewichen.

Homo hygienicus

In diesem Buch habe ich bereits darauf hingewiesen, dass sich Macht leichter organisieren und erhalten lässt, sofern man über die medialen Schlüsselpositionen verfügt, angsteinflößende Nachrichten zu verbreiten. Die Erzählung über einen *unsichtbaren, zersetzenden Feind,* der jederzeit und überall zuschlagen kann, hat sich besonders bewährt. SARS-CoV-2 kann in einem Arbeitskollegen lauern oder sogar in einem liebsten Angehörigen. Insbesondere das Postulat des »symptomlos Kranken«, der als Superspreader alle anderen gefährdet, führt zum gesellschaftlichen Argwohn und zu einer kompletten Beweislastumkehrung. Oder wie es ein Facebook-Post ausdrückte: *»Haste doch auf der Pressekonferenz gehört. Die Gefährlichkeit des Virus besteht darin, nicht zu erkranken.«* Im Kampf gegen den unsichtbaren Feind sind alle Menschen nicht potenziell gesund, sondern potenziell krank. Jeder Mensch ist ein *noch nicht überprüfter Verdachtsfall und potenzieller Gefährder* und muss über tagesaktuelle Feststellungen oder Impfungen seine Unschuld beweisen. Tut er dies nicht, sind Aussonderung und Restriktion zulässige Notwehrmaßnahmen der Gesellschaft.

»Wenn der Mensch zu seinem eigenen Feind postuliert wird, dann wird das Leben sinnlos. Weil es immer Krieg bedeutet. [...] Da hier [im Kampf gegen COVID] keine Waffen mehr von Nutzen sind, um einen Feind zu bekämpfen, stellen wir uns vor, seine Trockenlegung wäre mit dem Entzug des Menschen vollbracht. [...] Und die einzige Reaktion, die uns bleibt, uns zu schützen ist, die Übertragung auf andere Menschen zu unterbinden? Also dem Menschen den Menschen zu nehmen? Einen Keil zwischen die Menschen zu rammen? Über Wochen hinweg? Monate? Alle und alles stillzulegen? Menschen zu spalten, sie zu polarisieren ist Teil jeder Kriegs- bzw. Herrschaftsrhetorik.«[323]

Die Perfidität im Schüren von Infektionsangst besteht gerade darin, dem Menschen durch die »Schutzmaßnahmen« sein natürliches Beruhigungsmittel gegen Angst zu nehmen: *soziale Nähe.* Hermetischer kann ein Gefängnis kaum sein. Unverkennbar handelt es sich beim »Kampf« gegen das Virus oder »Kampf« gegen das Klima um Kriegsrhetorik. Erst vor dem Hintergrund, dass im Krieg alle Maßnahmen legitim sind, um einen unsichtbaren Feind zu besiegen, werden die bisweilen inhumanen Corona-Schutzgesetze verständlich. Dabei darf man nicht vergessen – in realen Kriegen ist sogar Suizid ein probates Mittel, um nicht in die Hände des Feindes zu geraten. Die dauerhafte Alarmierung der Gesellschaft gegen einen unsichtbaren Feind führt schlussendlich zur Umkehr aller humanen Werte. Nur Distanz, Argwohn, Denunziation und übertriebene Hygiene bieten einen gewissen Schutz vor dem Grauen. So wird aus dem »Homo humanus« der »Homo hygienicus«:

»Der Bildungsphilosoph Matthias Burchardt hat die Transformation zu einem neuen Menschentypus analysiert, der dem ›virologischen Imperativ‹ folgt. Das Gebot ›Liebe deinen Nächsten‹ hat sich seit dem Lockdown zu ›Fürchte deinen Nächsten‹ gewandelt, bedauert Burchardt. Schockbilder, Todesdrohungen und Kurvendiagramme führen den ›Homo hygienicus‹ zu erwünschtem Verhalten. Immaterielle Werte wie Nähe und Menschlichkeit hingegen werden über Bord geworfen. Eine Neugeburt mit dramatischen Folgen für unsere Gesellschaft, warnt Burchardt. ›Kontrolle und Steuerung widersprechen dem Geist der humanistisch aufklärerischen Demokratien. Die Körperlosigkeit und Enträumlichung des sozialen Lebens missachten die leibliche Existenz des Menschen und seine Angewiesenheit auf Nähe und Berührung.‹«[324]

Philosophen wie Matthias Burchardt oder Historiker wie Yuval Noah Harari sind überzeugt davon, dass Corona, vor allen anderen Krisen, zu einem Freiheitsverlust ungeahnten Ausmaßes führen könnte. Zunächst gilt es festzuhalten, dass die heiß diskutierte Frage, ob es sich bei Corona tatsächlich um ein besonders gefährliches Virus oder lediglich um eine weitere Grippe handelt, für den freiheitsbedrohenden Mechanismus keine Rolle mehr spielt. Viele Menschen glauben immer noch, Corona sei eine einmalige Sache und spätestens mit der Herstellung eines Impfstoffs vorbei. Doch nicht allein die Aussagen von Bill Gates machen deutlich, dass der Umgang mit Corona einen neuen globalen Workflow etabliert hat, der sich nicht mehr zurückdrehen lässt. Der Geist, den man mit dem Narrativ globaler Killerviren beschworen hat, will für die nächsten

Jahrzehnte nicht mehr zurück in die Flasche. Der neue Automatismus besteht aus folgenden Komponenten:

- Dem Postulat weiterer gefährlicher Viren (oder deren Mutationen), mit denen die Menschheit in immer kürzeren Abständen konfrontiert werden wird.
- Dem Glauben, mithilfe von PCR-Tests »Infektionen« dieser neuen Viren nachweisen zu können.
- Der Behauptung, es gäbe »symptomlos Kranke«, die als Superspreader jederzeit andere anstecken können.
- Der Etablierung neuer WHO-Pandemierichtlinien, die es erlauben, allein aufgrund von Laborergebnissen Pandemien auszurufen.
- Dem neuen WHO-Axiom, es gäbe keine natürliche Herdenimmunität und allein Massenimpfungen seien gegen Virusepidemien hilfreich.
- Der synchronen, globalen Gleichschaltung (Lock Step) nationaler Maßnahmen zur Pandemieabwehr, koordiniert über die WHO und den IWF.

So sicher wie das Amen in der Kirche werden auf SARS-CoV-2 die Nummer 3, 4 und 5 folgen. Oder MERS 1, 2, oder 3. Freiheraus kündigt der Chefvirologe Christian Drosten der Kanzlerin schon im November 2020 die nächsten Pandemiekandidaten an:

»›Wenn der Rummel jetzt vorbei ist, dann werde ich mit einer kleinen Arbeitsgruppe ein neues Thema aufbauen‹, sagte Drosten im Gespräch mit dem Wirtschaftsmagazin ›Capital‹. Im Zentrum seiner Forschung sollen dann nicht mehr die aktuellen Coronaviren (Sars-Cov2) stehen, sondern die Mers-Viren. Dieser Virenstamm hätte laut dem Charité-Virologen das Potenzial, der ›nächste Pandemiekandidat‹ zu werden.«[325]

Für die WHO, Christian Drosten, Klaus Schwab, Ursula von der Leyen und Bill Gates steht eine Zukunft voller Pandemien fest, allein schon wegen der Klimaerwärmung. So erklärt Dr. Mike Ryan, Leiter des WHO-Notfallprogramms:

»Dies ist ein Weckruf. Wir lernen jetzt, wie wir Dinge besser machen können: Wissenschaft, Logistik, Training und Governance, wie wir besser kommunizieren können. Aber der Planet ist zerbrechlich. [...] Wir leben in einer zunehmend komplexen globalen Gesellschaft. Diese Bedrohungen werden weiter bestehen. Wenn es eine Sache gibt, die wir aus dieser Pandemie mit all den Tragödien und Verlusten mitnehmen müssen, dann ist es, dass wir uns zusammenreißen müssen. [...] Das wahrscheinliche Szenario ist, dass das Virus zu einem weiteren endemischen Virus wird, das eine gewisse Bedrohung bleiben wird.«[326]

Zum angekündigten Endlosreigen zukünftiger Pandemien schreibt die Schweizer Analytikerin Jeannette Fischer:

»Dieses Virus taucht ab, und das nächste wird auftauchen. Die Aufrüstung dagegen hat begonnen, und neue Wirtschaftszweige werden aufleben. Um nun vorgreifende Maßnahmen gegen eine nächste anstehende Pandemie zu erheben, braucht es Applikationen und Impfungen, so die gängigen Annahmen. Alles wird bereitgestellt, ein ganzer Industriezweig aus der Taufe gehoben, eine Art Rüstungsindustrie, verlegt ins Gesundheitswesen. Es werden kriegsvorbereitende Maßnahmen getroffen, um ihn zu verhindern. Zum Schutze aller, die wir potenzielle Opfer eines Angriffes sein werden. Die ganze Rüstungsindustrie ist zu unserem Schutze da. So wird sie legitimiert. Ist ein Krieg je durch seine Vorbereitung verhindert worden? Nein, dazu bräuchte es einen Paradigmenwechsel.«[327]

Mit dem Gewahrwerden von SARS-CoV-2 glaubt man, das Monster aus der Tiefe erkannt zu haben. Die nachfolgende Kriegserklärung ist jedoch keineswegs an ein einzelnes Virus gerichtet, *sie gilt einer ganzen Gattung.* Völlig im mechanistischen Silicon-Valley-Denken verhaftet, hat der Mensch vergessen, dass er selbst ein Holobiont ist. Denn ohne die dauerhafte Anwesenheit von Viren, Bakterien und »Erregern« würde der Organismus sofort sterben. Wovor der Mensch wirklich Angst haben sollte, wäre seine Sterilität. Ohne die vielen Kilos körperfremder Biomasse, bestehend aus Milliarden Mikroben und Viren zwischen und in den Zellen, wäre der Organismus überhaupt nicht lebensfähig. Der menschliche Körper ist mitnichten »steril«. Körperfremde Kleinstlebewesen, eingeschlossen in einen Sack namens Haut, sorgen täglich für ein lebensnotwendiges Sub-Klima im Körperinneren, das der Mensch mit seinen eigenen Zellen gar nicht herstellen kann. Um sich evolutionär adäquat entwickeln zu können, ist der Holobiont auf einen ständigen genetischen Austausch mit Viren angewiesen. Hierbei gilt: *Das Primärziel von Viren ist nicht, Menschen zu töten.* Sofern Viren ausnahmsweise bei jungen Menschen tödlich wirken, handelt es sich bei ihrem Design eher um Startschwierigkeiten, die von der Natur schnell ausgebügelt werden. Mutationen haben zwei Primärziele: bessere Übertragbarkeit und bessere Verträglichkeit. Lässt man das Virus lernen, entwickelt sich schnell Herdenimmunität, wobei Viren in der Regel *weniger* pathogen werden. Wäre dies anders, müsste die Menschheit längst ausgestorben sein. Inzwischen wurde seitens der Pharmaindustrie, die aktiv Filme wie »Contagion« und »Outbreak« unterstützt, ein ganz anderes Narrativ befeuert. Bei dieser Bill-Gates-Erzählung können einzig weltweite wiederholte Impfkampagnen die Menschheit retten. Herdenimmunität auf natürlichem Wege sowie Präventionsmaßnahmen durch gesunde Lebensweise und guten Vitaminstatus wird geleugnet.

Ebenfalls vergessen hat der moderne Mensch, was Altwerden und Sterben bedeutet. Maßgeblich für das, was wir gemeinhin Gesundheit nennen, ist ein Gleichgewichtszustand des offenen, dynamischen Systems des Holobionten. Diese Homöostase wird aufrechterhalten, indem jedwede Entgleisung in Richtung zu viel oder zu wenig über komplexe Regelkreise überwacht wird. Eine wichtige Wächterinstanz ist die sogenannte Immunabwehr, ein komplexes System aus Blutzellen, Botenstoffen, Proteinen und chemischen Substanzen. Diese Immunabwehr achtet darauf, dass tausende Körperzellen, die sich tagtäglich in Krebszellen verwandeln, sofort bekämpft und aufgelöst werden. Dieselbe Körperabwehr achtet auch darauf, dass 99,9 Prozent aller »Keime«, mit denen der Holobiont konfrontiert wird, nicht zum Ausbruch einer Krankheit führen. Warum sterben viele alte Menschen ausgerechnet an Krebs oder Infektionen? Sie sterben nicht daran, weil alte Menschen größeren Triggern ausgesetzt wären, kanzerogene Stoffe toxischer wirken oder Erreger infektiöser. Die Antwort ist banal: *Sie sterben an Krebs oder Infektionen, weil ihre Körperabwehr mit ihnen gealtert ist.* Wenn man sich die Körperabwehr als eine Art Feuerwehr vorstellt, so hätten die Feuerwehrleute alter Menschen Arthritis und die Feuerwehrautos einen Platten. Und wenn es dann mal wieder brennt (Krebs entsteht oder eine Grippewelle naht), kommt die Feuerwehr zu spät und der Brand kann sich unkontrolliert ausbreiten. Das ist der wahre Grund, warum der Löwenanteil der »Corona-Toten« über 82 Jahre alt ist. Ganz offensichtlich hat die Natur gewollt, dass Holobionten sterben. Alte Wesen gehen letztendlich daran zugrunde, weil ihre Feuerwehren den Dienst irgendwann ganz einstellen. Egal, wie laut die Alarmsirenen dröhnen – die alten tauben Feuerwehrmänner bleiben einfach auf ihren Pritschen liegen und die kaputten Feuerwehrautos bleiben in der Garage. Wie man den alten Feuerwehrmännern hilft, möglichst lange fit zu bleiben und motiviert einige Jahre länger zu arbeiten, ist das Tagesgeschäft von ganzheitlicher Medizin und Erfahrungsheilkunde. Mit flächendeckendem Einsatz von Antibiotika, Virostatika, Kortison und Massenimpfungen schickt man die alte Abwehrtruppe jedenfalls noch früher in Rente. Wundern sollte einen dieser Widersinn eigentlich nicht. Ein System, das nur dann Geld verdient, wenn Menschen chronisch krank sind, wird Gesundheit nicht wirklich fördern. So würde allein die ausreichende Versorgung mit Vitamin D3, Vitamin C und weiterer Elemente für wenige Eurocent die alte Feuerwehrtruppe etliche Jahre länger arbeiten lassen. Doch ausgerechnet hier gibt es »Experten-Empfehlungen« seitens der Pharmaindustrie, die »zum Verbraucherschutz« nur lächerlich geringe Tagesdosierungen zulassen. Dabei wird nicht allein die sinnvolle Gabe hoher Vitamin-D-Dosen seitens mächtiger Lobbygruppen verhindert. Nachdem Prof. Winfried Stöcker im Alleingang den vielversprechenden und nahezu nebenwirkungsfreien Corona-Antigen-

Impfstoff entwickelte, wurde er sofort verklagt. Oder: Als sich herausstellt, dass *Ivermectin,* eigentlich ein gut verträgliches Mittel gegen Fadenwürmer, höchst präventive Eigenschaften gegen Corona aufweisen könnte, werden die Forschungen dazu systematisch behindert. Stattdessen wird in den Seniorenheimen der äußerst belastende mRNA-Impfstoff eingesetzt. Nebenbei bemerkt: Eine derartige Impfung bedeutet für den Körper dieselbe Herausforderung wie eine Infektion. Nur wenn genügend Baustoffe für die Kraftwerke der Zellen, die Mitochondrien, vorhanden sind, ist eine derartige Impfung überhaupt sinnvoll. Insbesondere bei einem Mangel an D-Vitaminen können gealterte Abwehrzellen überhaupt nicht adäquat auf eine Impfung reagieren. Alte Menschen sind diesbezüglich derart verarmt, dass eine Impfung kaum zur Immunisierung führen kann. 90-jähige Menschen im Seniorenheim, die jeden Tag dampfgegarte Nahrung essen müssen und höchst selten die Sonne sehen, mit einer mRNA-Impfspritze zu malträtieren, anstatt ihnen Vitamincocktails zu verabreichen, ist dumm und grob fahrlässig.

Bezüglich der naturgewollten Alterungsprozesse kann man sich echauffieren, man kann darüber wütend sein oder man kann sie ganz verleugnen. Dann erklärt man den Viren den Krieg, und wie bei jeder Kriegserklärung wird man immer neue Feinde entdecken. So erwartet der »Biodiversitätsrat« (IPBES) in naher Zukunft eine wahre Virenplage:

»›Ohne Präventionsmaßnahmen treten Pandemien häufiger auf, breiten sich schneller aus, töten mehr Menschen und beeinflussen die Weltwirtschaft mit verheerenderen Auswirkungen als je zuvor.‹ Was klingt wie ein Horror-Szenario könnte nach Angabe der Experten Realität werden. Sie sehen einen fatalen Zusammenhang zwischen Umweltzerstörung und dem Ausbruch von Pandemien. […] In Zukunft werden Krankheitserreger häufiger von Wildtieren auf den Menschen überspringen. Grund dafür sei, dass der Mensch immer stärker in entlegene Gebiete vordringe, die von Wildtieren bewohnt werden. […] In Tieren gibt es schätzungsweise nach Angaben der Wissenschaftler 1,7 Millionen noch nicht entdeckte Viren.

Und zumindest die Hälfte davon sei für den Menschen potenziell eine Bedrohung. Das bedeutet: Mit bis zu 850 000 Viren können sich demzufolge Menschen infizieren.«[328]

Lockdown oder Kontrolle?

Im Krieg gegen »850 000 bedrohliche Viren« wird die Menschheit laut Harari vor zwei Alternativen gestellt, beide Optionen wurden bereits bei SARS-CoV-2 sichtbar: Entweder es drohen immer wieder neue suizidale Lockdowns mit Sozialentzug, Massenarbeitslosigkeit und bitterer Armut – oder die Menschen stimmen ihrer eigenen totalen Überwachung zu, damit »Infektionsketten effektiv nachverfolgt werden können«. Dabei können sich nur sehr wenige ausmalen, wie weitgehend diese Kontrollen im digitalen Zeitalter sein werden. Der »große Bruder« wird sich schlussendlich nicht mit der Überwachung neuer Viren zufriedengeben. Biometrische Daten erlauben die Kontrolle über den kompletten Gesundheitszustand. Raucher, Zucker-, Fleisch- oder Alkoholfreunde werden in einem neuen Gesundheitssystem fleißig Strafpunkte sammeln. »Warn-Apps« sorgen für eine Rundumüberwachung jeder Bewegung und die totale Transparenz aller sozialen Kontakte. Und über die zukünftige digitale Währung lässt sich jederzeit nachverfolgen, wann und wofür Geld ausgegeben wurde. Gerade weil China als großes Vorbild im Umgang mit der Pandemie gepriesen wird, lohnt sich ein Bick darauf, wie dort das »neue Normal« aussieht:

»Die Regierung führt ein umfassendes System zur Bewertung ihrer Bürger ein. Wer von den Kameras mit Gesichtserkennung dabei ertappt wird, dass er bei Rot über die Ampel geht, bekommt Punkte vom Sozialpunktekonto abgezogen. Wer Kunden besonders freundlich bedient, bekommt welche dazu. Wer zu wenige Sozialpunkte auf dem Konto hat, kann sich kein Ticket für einen Flug oder den Schnellzug mehr kaufen und auch keine schöne Wohnung mehr mieten oder gar erwerben. Bezahlt

wird mit den Allround-Apps WeChat oder Alipay, die man sich wie eine Kombination von Facebook, Google, WhatsApp und Amazon vorstellen kann. Da WeChat mit Gesichtserkennung und weiteren biometrischen Merkmalen operiert und eng mit der Regierung zusammenarbeitet, fungiert die App inzwischen sogar als amtlicher Identitätsnachweis. WeChat registriert und speichert alles, was die Teilnehmer mit ihrem Geld machen, und kooperiert mit den Sozialpunktebehörden. Wer den halben Tag Computerspiele spielt oder eine Rechnung nicht bezahlt, hat schlechte Karten.«[329]

Im zukünftigen, globalen Krieg gegen neue Viren werden die Menschen vor die Wahl gestellt: Pest (Lockdown) oder Cholera (Kontrolle)? Laut Harari wird man sich für Cholera entscheiden:

»Interviewer fragt Harari: ›Wo sehen Sie eine totalitäre Tendenz?‹

Zum Beispiel darin, dass China seine Strategie gegen Corona als Erfolg wertet. Es ist also damit zu rechnen, dass das Regime die angewandten Methoden verfeinert, ausweitet und auch in andere Länder überträgt. Eine ständige biometrische Überwachung der Bevölkerung würde es erlauben, auch andere Gefahren als Covid-19 zu entdecken. Etwa die alljährliche Grippe oder Krebserkrankungen. […] Wir sind heute in der Lage, die perfekte Diktatur zu errichten. Es wäre ein autoritäres Regime, wie es dieser Planet noch nicht gesehen hat. Eine Diktatur, die schlimmer wäre als Nazideutschland oder die Sowjetunion unter Josef Stalin, ist heute denkbar. Im 20. Jahrhundert war jedes totalitäre Regime noch durch eine grundlegende technologische Grenze eingeschränkt. Pro Kopf gerechnet, verfügte wahrscheinlich kein Geheimdienst über mehr Mitarbeiter zur Überwachung der Bevölkerung als die ostdeutsche Staatssicherheit. Aber selbst die Stasi hatte nicht genug Personal, um jeden DDR-Bürger rund um die Uhr überwachen zu können. Aber die neuen Technologien des 21. Jahrhunderts machen das nun möglich. Man braucht keinen Spion mehr auf der Straße, der die Menschen überwacht. Stattdessen gibt es Kameras, Mikrofone oder Sensoren. Die Auswertung der Datenmengen kann eine Künstliche Intelligenz übernehmen, die sogar berechnen kann, wie sich ein Überwachter in Zukunft wahrscheinlich verhalten wird. Zum ersten Mal in der Geschichte ist totale Überwachung möglich. Man kann mehr über die Menschen erfahren, als sie selbst über sich wissen. Das ist die eigentliche Gefahr, die die aktuelle Krise mit sich bringt: Dass die digitale Überwachungstechnologie durch die Gesundheitskrise weltweit legitimiert wird – auch in demokratischen Gesellschaften, die sich zuvor der Überwachung widersetzt haben.

Nehmen wir an, die Corona-Lage verschärft sich nun weiter. Oder irgendwann gibt es eine andere gefährliche Pandemie. Dann könnten Regierungen und Bürger vor die Wahl gestellt werden: Entweder man macht einen erneuten Lockdown, die Wirtschaft leidet massiv, und im schlimmsten Fall verlieren Sie so wie Tausende andere Menschen Ihre Arbeit. Oder Sie willigen ein, dass der Staat Sie ab sofort vollständig überwachen darf, um bei einem Kontakt mit einem Infizierten sofort einschreiten zu können. Wie würden Sie sich entscheiden?

Interviewer: ›Wir ahnen – Möglicherweise würden viele Menschen die zweite Option wählen.‹

Es ist sogar sehr wahrscheinlich. Und zwar in Westeuropa genauso wie in China. Das ist bedrohlich! Ich bin in keiner Weise gegen die Verbesserung der Gesundheitsprävention durch Überwachung. Aber sie muss immer ausgewogen und an demokratische Regeln gebunden sein. Wenn die Regierung die Überwachung der Bürger verstärkt, dann müssen folglich die Bürger die Kontrolle der Regierung verschärfen. Alle erhobenen Gesundheitsdaten dürfen also nur jenen Behörden zur Verfügung stehen, die sich der Bekämpfung von Epidemien widmen. Alle anderen dürfen sie weder sehen noch verwenden – sonst ist die Versuchung zu groß, sie auch für andere Zwecke zu nutzen. Die Geschichte der Menschheit hat gezeigt, dass wir Menschen dazu neigen, alles zu tun, was wir tun können.«[330]

Nicht umsonst verweist Harari auf die besondere Rolle Chinas. Noch nie haben westliche Politiker derart unverhohlen die Maßnahmen eines totalitären Regimes gepriesen. Fast neidisch schaut man auf Chinas legendäre Erfolge in der Pandemieabwehr, und nur wenige Stimmen mahnen, dass hier etwas nicht stimmen kann. Ein Grund, warum China im Verdacht steht, die Sache angestoßen zu haben, ist die prompte rigorose Umsetzung einer Überwachungsagenda, die schon lange vor Corona geplant war. Nach Corona konnte China endlich alle neuen technischen Möglichkeiten ausschöpfen, die sich totalitäre Staaten nun einmal wünschen. Dennoch machte Chinas Vorgehen etliche Virologen und Fachleute stutzig. Sollte die Ansteckungsrate von Corona tatsächlich stimmen, ist es nur wenig glaubhaft, dass die Pandemie für China so überaus glimpflich ausgegangen ist. Schließlich soll die Erkrankung nicht auf andere Metropolen übergegriffen haben, und die Todesrate der »Corona-Opfer« ist angesichts der Einwohnerzahl Wuhans geradezu lächerlich gering. In meinem Artikel »Corona: Ein mentaler Virus?« schrieb ich dazu:

»In Wuhan wurden Menschen unter größten Sicherheitsvorkehrungen quasi in Folie eingeschweißt und zwangsweise in ein gigantisches Notkrankenhaus verbracht, das in nur einer Woche aus dem Boden gestampft wurde. Insbesondere Chinas Umgang mit der Krise versetzte die Welt in eine Art Schockstarre und setzte internationale Maßstäbe für das weitere Vorgehen. Dass China die Krankheit inzwischen sang- und klanglos für besiegt erklärte, sein Notkrankenhaus wieder einpackte und kaum noch Neuinfektionen verzeichnet, verwundert nicht nur Virologen. Denn eigentlich verschwinden Pandemien nicht von einem Tag auf den anderen. Erst recht nicht, sobald die Isolationsmaßnahmen wieder gelockert oder aufgehoben werden. Ungeachtet dessen wirkt der drakonische Erstumgang mit Corona im Rest der Welt nach. Mit den dramatischen Bildern aus China im Kopf und befeuert von den Alarmmeldungen der WHO – Szenarien von Millionen Toten werden beschworen – reagieren nahezu alle Politiker mit maximalen Notstandsgesetzen.«[331]

Noch bevor China die Maßstäbe für den Umgang mit Corona setzte, sorgte das mächtige Land dafür, dass der Äthiopier und ehemalige Kommunist Tedros Adhanom Ghebreyesus neuer Chef der WHO wurde. Seit Beginn der Krise lobt Ghebreyesus das rigorose Vorgehen Chinas als richtungsweisend für den Rest der Welt. Überhaupt wird Chinas Einfluss auf supranationale Organisationen vielen Diplomaten langsam unheimlich. »Peking schreibt im Hintergrund systematisch das liberale Betriebssystem der Uno um« titelt die *Neue Zürcher Zeitung* im September 2020:

»›Der Stab der Geschichte ist an unsere Generation übergeben worden‹, sagte Xi, und es klang so, als wollte er sagen, dass China diesen Stab übernommen habe. Seine Rede spiegelte die zunehmend aktivere – Kritiker würden sagen: aggressivere – Rolle, die China in der Uno und in anderen multilateralen Foren spielt. […] Grundsätzlich mache China, was alle anderen Staaten auch machten, sagt ein früherer Missionschef einer westlichen Delegation in Genf: ›China vertritt seine eigenen Interessen.‹ Das Problem aus liberaler, demokratischer Sicht sei jedoch, dass China ganz andere Interessen habe und fundamental andere Werte vertrete als die westlichen Mitgliedsländer. Historisch sei das Uno-System eng verbunden mit einer liberalen Agenda. ›Wir denken immer, das multilaterale System sei zur Umsetzung liberaler Werte wie Freiheit oder Demokratie da. Das ändert sich jetzt‹, summiert der Diplomat. […] Selbst vor persönlichen Einschüchterungsversuchen scheue die chinesische Mission in Genf nicht zurück, sagt ein Vertreter einer Menschenrechts-NGO. So sei es schon vorgekommen, dass Vertreter Chinas unabhängige Experten und OHCHR-Mitarbeiter spätabends zu Hause angerufen hätten. Eigentlich sollten die Experten laut Mandat unabhängig ihrer Arbeit nachgehen können.«[332]

Die Welt nahm die Coronakrise erstmalig über viral gehende Videos aus Wuhan wahr, die zeitgleich mit dem WEF-Treffen in Davos auf Hunderten sozialen Netzwerken gelauncht wurden. Wie man heute weiß, wurden die Filme von Tausenden chinesischer Bots[333] platziert. Die Filme zeigten, wie grandios die Kommunistische Partei Chinas (KPCh) auf das Virus reagierte. Berühmt wurde das Video über den »Falling Man«, ausgerechnet ein chinesischer Staatsbeamter, der auf offener Straße wegen Corona zusammenbricht. Oder das Video über einen wütenden jungen Mann, der an einer Straßensperre sein Auto verlässt und seine Maske absetzt. Sofort eilt ein SWAT-Team herbei, stülpt dem Mann ein Netz über den Kopf und nimmt ihn fest. Danach wird der Ort des Geschehens von Reinigungskräften desinfiziert. Ebensolche Teams waren ohne Unterlass dabei, mit ihren Desinfektionsfahrzeugen die chinesischen Innenstädte zu säubern. Die übertriebene, fast perfekte Inszenierung der Bilder löst im Westen keinerlei Skepsis aus, im Gegenteil. Hier entsteht der Eindruck, Chinas rigorose Maßnahmen sind das Nonplusultra, um eine gefährliche Viruspandemie zu bezwingen. Der Beweis: Schon nach wenigen Wochen veröffentlicht das Land Bilder glücklicher Menschen aus Wuhan, die wieder Poolpartys feierten – von Corona-Kranken keine Spur mehr. Wenigstens einen Teil der Maßnahmen wollte der Westen kopieren: Lockdown, Social Distancing, massenhafte PCR-Tests und Kontaktnachverfolgung. Natürlich war China wesentlich weitergegangen, und viele westliche Politiker bedauerten die rechtlichen Grenzen eines demokratischen Systems. Doch die Totalüberwachung aller Bürger über Gesichtserkennung oder Temperaturmessung an allen öffentlichen Orten traute man sich glücklicherweise (noch) nicht.

Insbesondere wenn man sich ins Gedächtnis ruft, dass sich Chinas Politik seit Jahrtausenden durch langfristige strategische Meisterleistungen auszeichnet, könnte man auf den Gedanken einer genialen Inszenierung kommen. Inzwischen haben viele westliche Länder über wiederholte und viel zu lange Lockdowns derart viele Firmenpleiten produziert, dass chinesische Investoren ganze Industriezweige aufkaufen. Dabei ist insbesondere der wirtschaftlich suizidale Lockdown eine Novität der chinesischen Pandemiebekämpfung. Vor den bahnbrechenden chinesischen Erfolgen galt diese Maßnahme unter westlichen Pandemieexperten eher als umstritten. Doch China, das mit seinen Experten als Allererstes Italien beraten hatte, schwört auf den Lockdown. Man zeigt dem Rest der Welt beeindruckende Grafiken, die belegen, dass auf diese Weise Corona in wenigen Wochen auf null gedrückt werden kann. Allein – keinem westlichen Land gelingt es, an die chinesischen Erfolge anzuknüpfen. Für deutsche Politiker ist klar – China hat als totalitäres Land enorme Vorteile. Der Grund, warum Lockdowns im Westen nicht fruchten, könne einzig daran liegen, dass diese nicht »total« genug waren. Zudem wird die Bundesregierung in ihren Strategiepapieren »*Wie wir COVID-19 unter Kontrolle bekommen*« von Chinakennern beraten, die ebenfalls den harten Lockdown präferieren. Also versucht man, in verschiedenen Stufen immer rigorosere Lockdowns zu verhängen, und wundert sich, dass sich das Virus nicht die Bohne darum schert. Sogar noch im Januar 2021, als eigentlich jedem klar sein sollte, dass dieser Weg ins Verderben führt, schwärmt Christian Dosten im *Focus* von einer »*Zero-Covid-Strategie*«.

»›Ich glaube schon, dass das möglich wäre.‹ Und es wäre für den Virologen absolut erstrebenswert. Experten sind sich allerdings einig, dass es dazu noch deutlich drastischere Maßnahmen in Deutschland bräuchte.«[334]

Auf welche Experten sich Drosten bezieht, wird nicht ganz klar – die vier überaus renommierten Wissenschaftler der westlichen Welt, Eran Bendavid, Christopher Oh, Jay Bhattacharya und John Ioannidis, sind es eher nicht. Diese stellen in ihrer Studie »*Assessing Mandatory Stay-at-Home and Business Closure Effects on the Spread of COVID-19*« nämlich Anfang 2021 erneut fest, dass Lockdowns unnötig und schädlich sind:

»Im Rahmen dieser Analyse gibt es keine Hinweise darauf, dass restriktivere nicht-pharmazeutische Interventionen (›Lockdowns‹) wesentlich dazu beigetragen haben, die Kurve der neuen Fälle in England, Frankreich, Deutschland, Iran, Italien, den Niederlanden, Spanien oder den USA Anfang 2020 zu senken. Vergleicht man die Auswirkungen von NPIs [nonpharmaceutical interventions] auf die Fallwachstumsraten in Ländern, die restriktivere Maßnahmen umgesetzt haben, mit denen, die weniger restriktive Maßnahmen umgesetzt haben, deuten die Belege nicht darauf hin, dass restriktivere NPIs einen zusätzlichen bedeutenden Nutzen gegenüber weniger restriktiven NPIs bieten.«[335]

Als die Studie am 5. Januar 2021 veröffentlicht wird, liegen die westlichen Volkswirtschaften bereits am Boden. Was dies für westliche politische Entscheidungsträger bedeutet, erläutert der Redaktionsleiter des Amerikanischen Instituts für Wirtschaftsforschung, Jeffrey A. Tucker:

»[...] Nachstehend finden Sie eine Darstellung, in der die COVID-19-Todesfälle pro Million in verschiedenen Ländern mit einem Index von staatlichen Maßnahmen zur Pandemiebekämpfung der Universität Oxford verglichen werden. Wenn Lockdowns eine Wirkung hätten, sollte man hier eine gewisse Vorhersagekraft erwarten. Je mehr das gesellschaftliche Leben heruntergefahren wird, desto mehr Leben können gerettet werden. Die Länder, in den ein Lockdown verhängt worden ist, könnten zumindest behaupten, das Leben ihrer Bürger geschützt zu haben. Was man stattdessen sieht, ist: nichts. Es gibt keinen Zusammenhang. Da ist das Virus. Da gibt es Lockdowns. Die beiden scheinen als unabhängige Variablen einander nicht zu beeinflussen. Die politische Klasse hat begonnen, dies zu begreifen. Im tiefsten Inneren ihrer Herzen ahnen sie, dass sie etwas Schreckliches getan haben. Sie machen sich Sorgen, dass sich diese Erkenntnis verbreiten wird. Dann werden sie zur Rechenschaft gezogen, vielleicht nicht sofort, aber irgendwann. Und das ist für sie eine ziemlich erschreckende Vorstellung. So verbringen sie ihre Tage damit, diesen Moment der Wahrheit hinauszuzögern, in der Hoffnung, dass das Chaos, das sie angerichtet haben, irgendwann verschwindet und sie den Schuldzuweisungen entkommen. Das heißt: Sie lügen. Und dann lügen sie noch mehr, um ihre früheren Lügen zu decken.«[336]

Folgt man Tucker, haben sich Politiker wie Merkel, Söder und Spahn derart verrannt, dass sie schlichtweg nicht mehr zugeben können, sich geirrt zu haben. Zur Beglaubigung und Vertuschung des fatalen Kurses bleibt ihnen allenfalls ein »mehr davon«. Und während der Rest der Welt in einer tiefen Rezession versinkt, wächst Chinas Volkswirtschaft um sagenhafte 4,9 Prozent. Dennoch steht China mit seiner Corona-Strategie nicht allein da. Man agiert im Schulterschluss mit globalen Playern aus dem Westen der USA, die ihre Produkte schon lange in China produzieren und die ebenfalls vom Corona-Narrativ profitieren.

Freiheitsverlust

Auf jeden Fall mehren sich im Westen Stimmen, die sich auch hierzulande für eine stärkere Kontrolle und für härtere Maßnahmen aussprechen. Weithin gilt das naive Motto, wer nichts zu verbergen hat, dem kann auch die Beobachtung durch die Obrigkeit nicht schaden. Viele Menschen sind von den Möglichkeiten der totalen, digitalen Überwachung nur wenig beeindruckt. Dies liegt auch daran, dass man sich gedanklich daran gewöhnt hat, totalitäre Staaten seien ein Phänomen der Vergangenheit oder der fernen Zukunft. Wären viele Menschen nicht in einer Schockstarre, müsste es bezüglich des zeitgenössischen Freiheitverlustes eigentlich Massenproteste geben. Doch allgemein wird angenommen, »für eine gewisse Zeit« stünde der Gesundheitsschutz über den Persönlichkeitsrechten. Als die Bundesregierung im Januar 2021 die Bürger sogar noch an eine 15 km Ausgangsleine legt, regt sich nach wochenlangem Medienalarm kaum noch Widerstand. Vielmehr überlegt man, wie sich die groteske Regelung am besten kontrollieren ließe:

»Um den 15-Kilometer-Radius zu überwachen, hat der Präsident des Bayerischen Gemeindetages, Brandl, vorgeschlagen, die Bewegungsprofile von Handys auszulesen. So könne man treffsicher feststellen, wo sich Menschen aufhalten, sagte er im BR. Man müsse eben jetzt entscheiden, was wichtiger sei: der Gesundheitsschutz oder der Datenschutz.«[337]

Im Zuge der Coronakrise änderten sich die Gesetze zunächst nur temporär, und bis Anfang November 2020 funktionierte die deutsche Judikative noch, wenn auch leidlich. Wiederholt wurden überzogene Corona-Maßnahmen übereifriger Politiker gekippt, weil viele Bürger dagegen klagten, schließlich ist Deutschland ein demokratischer Rechtsstaat.

»Entgegen landläufiger Meinung leben wir nicht in einer Demokratie, sondern in einem demokratischen Rechtsstaat. ›Rechtsstaat‹ ist aus gutem Grund das Hauptwort, ›demokratisch‹ nur das Wiewort. Staatskundliche Merkregel: Demokratie ist, wenn zwei Wölfe und ein Schaf darüber

abstimmen, was es zum Abendessen gibt. Rechtsstaat ist, wenn das Schaf das Abendessen überlebt. Weil Rechtsstaat Boss ist, kippte die Justiz auch nach der jüngsten Verbotsorgie zahlreiche Untertanenquälereien schneller, als der Zungenbrecher ›Beherbergungsverbot‹ korrekt ausgesprochen ist. Diesen Vorgang lobten zahlreiche Kommentatoren. Da sehe man, dass man in einem ›funktionierenden Rechtsstaat‹ lebe, war der Tenor.[338]

Doch manche Politiker waren nicht gerade erbaut von den limitierenden Gerichtsurteilen und sannen auf Abhilfe. Nach Merkels Novellierung des Infektionsschutzgesetzes (IsFG), dem »*3. Gesetz zum Schutz der Bevölkerung bei einer epidemischen Lage von nationaler Tragweite*«, sah die Sache mit dem nervigen Rechtsstaat schon bedeutend anders aus:

»Das Paragrafenwerk sieht eine Art exekutiver Generalvollmacht zur Einschränkung von Grundrechten vor (›Durch Artikel 1 Nummer 16 und 17 werden die Grundrechte der Freiheit der Person (Artikel 2 Absatz 2 Satz 2 des Grundgesetzes), der Versammlungsfreiheit (Artikel 8 des Grundgesetzes), der Freizügigkeit (Artikel 11 Absatz 1 des Grundgesetzes) und der Unverletzlichkeit der Wohnung (Artikel 13 Absatz 1 des Grundgesetzes) eingeschränkt‹), die mit einer ›epidemischen Notlage von nationaler Tragweite‹ begründet wird. Was allerdings eine epidemische Notlage von nationaler Tragweite ist, definiert das Gesetz nirgends. Es ist, worauf der Wissenschaftliche Dienst des Bundestages hinweist, ferner keine Befristung des Gesetzes vorgesehen. Dessen Juristen kritisieren auch vage Begriffe wie ›einfache‹, ›stark einschränkende‹ oder ›schwerwiegende‹ Schutzmaßnahmen: ›Die Verwendung dieser Begriffe ist nicht überzeugend, da sie an keiner Stelle im Gesetz definiert werden. Auch die Begründung des Gesetzentwurfs liefert keine Klärung.‹ Die Debatte um das Gesetz geht weit über den Streit hinaus, wie sich das Covid-19-Virus am besten eindämmen lässt. Denn es führt zu einem neuen Gesellschaftsbild: Grundrechte stehen nicht mehr den Bürgern grundsätzlich zu – sondern der Staat gewährt sie unter Vorbehalt. Mit diesem Rechtsverständnis kann eine Regierung bei passender Parlamentsmehrheit fast alles durchsetzen. Etliche mediale Kommentatoren schrieben, die Bundesregierung (und

folgende Kabinette) würden diese Möglichkeit schon nicht missbrauchen. Nach dem bisherigen Verfassungsverständnis sollte ein Bürger aber gerade nicht auf den guten Willen der Herrschenden angewiesen sein, sondern Garantien gegen Rechtswillkür erhalten. Und diese Garantien nennt man normalerweise: Grundrechte.«[339]

So ermöglicht das neue Gesetz dauerhaft:

»Ausgangs- oder Kontaktbeschränkungen im privaten sowie im öffentlichen Raum, Anordnung eines Abstandsgebots im öffentlichen Raum, Verpflichtung zum Tragen einer Mund-Nasen-Bedeckung (Maskenpflicht), Untersagung oder Beschränkung des Betriebs von Einrichtungen, die der Kultur- oder Freizeitgestaltung zuzurechnen sind, Untersagung oder Beschränkung von Freizeit-, Kultur- und ähnlichen Veranstaltungen, Untersagung oder Beschränkung von Sportveranstaltungen, Schließung von Gemeinschaftseinrichtungen im Sinne von § 33 oder ähnlicher Einrichtungen sowie Erteilung von Auflagen für die Fortführung ihres Betriebs, Untersagung oder Beschränkung von Übernachtungsangeboten, Betriebs- oder Gewerbeuntersagungen oder Schließung von Einzel- oder Großhandel oder Beschränkungen und Auflagen für Betriebe, Gewerbe, Einzel- und Großhandel, Untersagung oder Erteilung von Auflagen für das Abhalten von Veranstaltungen, Untersagung sowie dies zwingend erforderlich ist oder Erteilung von Auflagen für das Abhalten von Versammlungen oder religiösen Zusammenkünften, Verbot der Alkoholabgabe oder des Alkoholkonsums auf bestimmten öffentlichen Plätzen oder zu bestimmten Zeiten, Untersagung oder Beschränkung des Betriebs von gastronomischen Einrichtungen, Anordnung der Verarbeitung der Kontaktdaten von Kunden, Gästen oder Veranstaltungsteilnehmern, um nach Auftreten eines Infektionsfalls mögliche Infektionsketten nachverfolgen und unterbrechen zu können, Reisebeschränkungen.«[340]

Im »neuen Normal« werden in Deutschland sogar Obdachlose mit drakonischen Strafen belegt, rodelnde Familienväter vor den Augen ihrer Kinder gedemütigt und »illegale« Kindergeburtstage von der Polizei aufgelöst. In einem Vortrag zu Corona wies das

Professoren-Ehepaar Reiss/Bhakdi bereits im Spätsommer 2020 auf eine Ausarbeitung des Deutschen Bundestages hin. In dem Grundsatzpapier »*Epidemische Lage von nationaler Tragweite – Verfassungsrechtliche Fragestellungen*« geht es um heikle Fragen zu den rechtlichen Konsequenzen, bezüglich der Corona-Sondergesetze. Wann und unter welchen Umständen könnten politische Entscheider zur Verantwortung gezogen werden? Mit der Ausarbeitung des wissenschaftlichen Dienstes des Bundestages stellt sich die Regierung vorsichtshalber und vermutlich in weiser Voraussicht einen Freibrief aus. Nur unter größten Mühen wäre es überhaupt möglich, politische Entscheider zu verklagen. Im Abschnitt »*Folgen der unterlassenen Aufhebung der epidemischen Lage*« ist zu lesen:

»§ 5 und § 5a IfSG knüpfen die Rechtsfolgen an das Bestehen der epidemischen Lage. In § 5 Abs. 1 IfSG wird festgelegt, wann eine epidemische Lage vorliegt. Die einzige darin formulierte Voraussetzung ist ein Beschluss des Deutschen Bundestages. Weitere materielle Voraussetzungen bestehen nach dem Gesetzeswortlaut nicht. Auch der Gesetzesbegründung sind keine konkreten Kriterien zur Definition des Begriffs zu entnehmen. […] Der Deutsche Bundestag ist mithin frei, (jeweils) eigene Kriterien für die Ausrufung der epidemischen Lage zugrunde zu legen. Die in § 5 Abs. 1 S. 2 IfSG angesprochenen »Voraussetzungen für ihre Feststellung«, nach deren Wegfall die epidemische Lage aufzuheben wäre, sind nicht durch weitere Merkmale unterlegt. Der Beschluss des Bundestages ist also maßgebend, unabhängig davon, ob tatsächlich eine epidemische Lage angenommen werden kann. […] Wenn der Bundestag trotz tatsächlich nicht mehr bestehender Voraussetzungen für die Annahme einer epidemischen Lage den Beschluss aufrecht hält (oder auch erstmals gefällt hätte), hat dies keine Auswirkungen auf die in § 5 und § 5a IfSG festgelegten Rechtsfolgen.«

Mit anderen Worten: Der Bundestag kann nach eigenem Ermessen und bei sehr schwammiger Begriffsdefinition Ausnahmesituationen erklären und beliebig lange aufrechterhalten – völlig unabhängig von einer tatsächlichen pandemischen Gefahrensituation. Glücklicherweise grausen sich inzwischen auch einige alteingesessene Politiker vor dieser Selbstermächtigung. Der Bundestagsvizepräsident Wolfgang Kubicki (FDP) fragt in seinem Buch *»Meinungsunfreiheit – Das gefährliche Spiel mit der Demokratie«*:

»Ich weiß bis heute nicht, was momentan das Ziel unserer Corona-Politik ist. Ist es die Infektionszahl? Muss die auf einem bestimmten Level gehalten werden? Ist es die Frage der Hospitalisierung oder die Frage der Todeszahlen? Wir stellen fest, wir haben keine Übersterblichkeit in Deutschland. Die Frage vermittelt die Politik derzeit nicht: Wann ist etwas erreicht, wo wir sagen können, der Normalzustand tritt wieder ein – oder wird es den nie wieder geben? Das Parlament muss sich sein Recht zurückerkämpfen, was es momentan nicht hat, um genau diese Fragen zu debattieren und die gesetzlichen Grundlagen dafür zu schaffen, dass die exekutiven Maßnahmen umgesetzt werden können. Wir dürfen das nicht länger der Bundesregierung und den Landesregierungen überlassen.«

Doch längst bestimmt die Bundesregierung den Kurs, der seitens WHO, UN und IWF vorgegeben wird, und als richtungsweisend gilt der chinesische Weg. Am 29. Oktober 2020 darf das Parlament dennoch »debattieren« – allerdings erst einen Tag *nach* Merkels Gesetzesentwürfen. Der Irrsinn fällt zumindest allen Oppositionsparteien geschlossen auf. Es kommt zu einem Novum. Wie aus einem Munde beschweren sich Christian Lindner (FDP), Katrin Göring-Eckhardt (B90/Grüne), Alexander Gauland (AfD) und Amira Mohamed Ali (Die Linke). Inzwischen kann einfach niemand mehr an den Tatsachen vorbeisehen: Das deutsche Parlament verkommt immer mehr zum Feigenblatt einer autokratischen Regierung. Die augenscheinlich neuen Machtverhältnisse werden von Merkels Getreuen sogar erstaunlich offen kommuniziert. Ralf Brinkhaus (CDU) erklärt:

»Wir sehen nächtlich eines, meine Damen und Herren: Totalitäre, autoritäre Systeme kommen mit Mitteln, die wir nicht einsetzen wollen, besser mit dieser Pandemie zurecht als wir. Und es geht darum, dass wir als offene, plurale Gesellschaft beweisen, dass wir die Pandemie auch in den Griff bekommen.«[341]

Um diesen Beweis zu führen, muss man notgedrungen eben doch gewisse »Mittel« einsetzen. Und man muss eben doch »plurale Debatten« verbieten, denn mit einer autoritären Politik kommt man einfach schneller ans Ziel. Diesen Umstand hatte Robert Habeck bereits in Bezug auf die Klima-Debatte erkannt. Die *FAZ* greift den Gedanken auf und fragt am 16.11.2020 unverhohlen: *»Schützt uns die Demokratie?«*. Mark Siemons verlangt eine neue Debatte nach dem Motto, etwas mehr Diktatur wagen. *»Die hohen Corona-Zahlen im Westen lassen fragen, ob offene Gesellschaften weniger gut auf globale Bedrohungen reagieren können als autoritäre Systeme. Eine Debatte ist fällig, wie sich die Demokratie auf die neue Gefahrenlage einstellen kann.«*

In dieser Frage lässt sich die Bundesregierung nicht zweimal bitten. Inzwischen halten es einige Beobachter sogar für möglich, dass es 2021 überhaupt keine Bundestagswahl geben wird. Die Kanzlerin könnte dem Bundespräsidenten Frank-Walter Steinmeier aus »Pandemie-Schutzgründen« einfach keinen Wahltermin vorschlagen. Proteste seitens einer unabhängigen Presse wären kaum zu erwarten. Für Leitmedien wie der *Spiegel* sind Deutsche, die sich über derartige Selbstermächtigungen beschweren, einfach nur »sehr, sehr dumm«[342].

Die Hybris, Selbstsicherheit und Unverfrorenheit, mit der die Bundesregierung die Vorgaben einer neuen Weltordnung umsetzt, sind vor allem deshalb möglich, weil die politisch-mediale Klasse seit Langem daran gewöhnt ist, souveräne Bürger wie Kinder zu behandeln. Man wagt es, mündigen Bürgern »Spickzettel« in die Hand zu drücken, damit sie sich die Regeln des »neuen Normal« besser merken können. Die regressive Duldsamkeit, mit der eklatante Freiheitsbeschränkungen hingenommen werden, gibt den Entscheidern recht. Die Agenden zur nationalen Dekonstruktion beruhen darauf, dass viele deutsche Bürger aufgrund von Transtrauma in ihrer Ausreifung zum souveränen Erwachsenen gehemmt wurden. Dabei fällt den meisten Politikern und Journalisten der eigene Paternalismus nicht einmal mehr auf. Der Journalist und Autor Alexander Wendt schreibt dazu:

»Unmittelbar nach der Demonstration in Berlin gegen die Corona-Maßnahmen vom 1. August kam Berlins Regierender Bürgermeister Michael Müller in das Studio des Rundfunk Berlin-Brandenburg. Die Wortwahl des Reporters und die des SPD-Politikers gehört zu den Tiefpunkten der politisch-medialen Sprache. Gleichzeitig war der Moment erhellend. ›Braucht es jetzt sonderpädagogische Maßnahmen, um erzieherisch tätig zu werden?‹, fragt der RBB-Journalist.

Er spricht über die Demonstranten, die er offenbar für schwer erziehbare Fälle hält. Müller antwortete mit verkniffenem Mund: ›Bei solchen Leuten haben wir ja schon einiges probiert.‹ Er weist also nicht die Anmaßung zurück, Erwachsene zum Objekt politischer Erziehung zu erklären, sondern bedauert, dass die bisherigen Maßnahmen bei ›solchen Leuten‹ nichts bewirkt hätten.

[...] Was die Leute auf die Straße trieb und noch viel mehr dazu bringt, mit ihnen zu sympathisieren, ist etwas Grundsätzliches: Sie haben es satt, dass Politiker und Medien sie wie Kinder behandeln. Dass sie in Erwachsenen mittlerweile ganz selbstverständlich Erziehungsobjekte sehen. Wer meint, doch, das sei die Aufgabe von Politikern und Gebührenfunkern, der sollte bei zwei Intellektuellen nachschlagen, die zum geistigen Grundbestand zumindest der alten Bundesrepublik gehörten.

›Wer erwachsene Menschen erziehen will‹, schrieb die Philosophin Hannah Arendt, ›will sie in Wahrheit bevormunden und daran hindern, politisch zu handeln.‹

Bei Theodor W. Adorno heißt es:

›Wer innerhalb der Demokratie Erziehungsideale verficht, ist antidemokratisch, auch wenn er seine Wunschvorstellungen im formalen Rahmen der Demokratie propagiert.‹

Beide Sätze würden sich gut als Sinnsprüche über dem Eingang zum Kanzleramt, zum Schloss Bellevue und zu allen öffentlich-rechtlichen Rundfunkanstalten eignen. Noch besser wäre es, wenn jeder Berufspolitiker und Rundfunkintendant darüber einen Besinnungsaufsatz schreiben müsste: ›Warum ich nicht Vorgesetzter der Bürger bin‹.«[343]

Tatsächlich regt sich trotz immer größerer Eigenmächtigkeit der Politik kaum noch Widerstand. Das typisch unterwürfige Reaktionsmuster gibt ein Alltagsdialog wieder, den eine Freundin auf Facebook gepostet hatte:

»Heute im Biergarten im Neuen Garten in Potsdam. Eine Frau tippt mir auf die Schulter.

Sie: ›Sie dürfen Ihren Kaffee hier nicht im Stehen trinken, Sie müssen sich an einen der Tische setzen.‹

Ich: ›Wer sagt das?‹

Sie: ›Das ist eine Corona-Verordnung. Das ist so.‹

Ich: ›Meinen Sie, dass es für das Virus einen Unterschied macht, ob ich hier im Sitzen oder Stehen meinen Kaffee trinke?‹

Sie: ›Sie müssen halt aufpassen. Hier kommt das Ordnungsamt vorbei, und wenn die Sie dabei erwischen, dass Sie Ihren Kaffee im Stehen trinken, kostet das 500,– EUR Strafe.‹

Ich: ›Das wäre ja völlig unsinnig. Und wie in einer Diktatur.‹

Sie: ›Lieber Diktatur und gesund!‹«

Auf der Suche nach den Gründen und bei der Beantwortung der Frage, wann dieser Machtmissbrauch in Deutschland endet, hilft möglicherweise ein anderes Grundsatzpapier, diesmal aus der Feder des Finanzministeriums. Unter Punkt 53 steht klipp und klar, wann dem deutschen Volk das Ende der Corona-Pandemie verkündet wird:

»Die Corona-Pandemie endet, wenn ein Impfstoff für die Bevölkerung zur Verfügung steht. Durch die Förderung der Initiative CEPI und der deutschen Impfstoffentwicklungen wollen wir erreichen, dass ein wirksamer und sicherer Impfstoff zeitnah zur Verfügung steht und auch in Deutschland schnell produziert werden kann.«[344]

Wer sich ein wenig in die Materie eingelesen hat, wird sich kaum noch darüber wundern, wer hinter der »Initiative CEPI« steckt. Auf der Homepage des Bundesministeriums für Bildung und Forschung wird verraten, dass der Bund CEPI mit 90 Millionen

Euro unterstützt und dass CEPI von mehreren staatlichen und »nichtstaatlichen Geldgebern« gegründet wurde, wobei die Bill & Melinda Gates Foundation ein wesentlicher privater Geldgeber ist.

Great Reset

Der von mir bereits erwähnte Visionär Klaus Schwab, Chef des wichtigsten Bündnisses aller Wirtschafts- und Politeliten dieses Planeten, hat in bemerkenswert schneller Weise auf SARS-CoV-2 reagiert. Noch bevor die Welt überhaupt wusste, was die neue Krankheit bedeutet, zog der Transhumanist seine 300-seitige Analyse »COVID-19 – The great reset« aus der Tasche. Für Schwab ist Corona »eine seltene Chance«, »neue Grundlagen für unser Wirtschafts- und Sozialsystem zu schaffen«[345]. In seinem Buch schwärmt Schwab: »Es ist unser entscheidender Moment.« »Viele Dinge werden sich für immer ändern.« »Eine neue Welt wird entstehen.« »Der von COVID-19 ausgelöste gesellschaftliche Umbruch wird Jahre und möglicherweise Generationen dauern.« »Viele von uns überlegen, wann sich die Dinge wieder normalisieren werden. Die kurze Antwort lautet: Niemals.« Erwähnenswert ist, dass das WEF engste Kontakte zu China pflegt und dass Klaus Schwab einer der Ersten war, der Chinas rigorose Corona-Politik über den grünen Klee lobte. Das WEF-Jahrestreffen im Januar 2021 trägt demzufolge auch denselben Titel wie das Buch von Klaus Schwab, »The Great Reset«.

»Wenn man den kurzen Film anschaut, den das Forum zur Einstimmung auf den Großen Neustart veröffentlicht hat, kommt man nicht um das Urteil herum, dass es bei seinem Hauptziel entweder kläglich versagt hat, oder – wahrscheinlicher – den Zustand der Welt nur für seine Mitglieder verbessern will. Die Abbildung des Ist-Zustands besteht aus einer hektischen Abfolge dystopischer Szenerien: Müllhalden, Epidemien, Proteste gegen Ungleichheit, Umweltzerstörung ... Dann wird auf einem alten Computer auf den Reset-Knopf gedrückt, und plötzlich ist alles gut. Bilder

von Fischschwärmen im blauen Ozean, schöne grüne Landschaften, glückliche Babys ... Nach dieser Peinlichkeit von einem Werbefilmchen geht es in dem Video direkt weiter mit dem ganz großen Auftrieb. Dann werben nach Klaus Schwab für den Großen Neustart unter anderem noch der britische Thronfolger, die Chefin des Internationalen Währungsfonds und der Generaldirektor der Vereinten Nationen.«[346]

Rund um Corona stößt man unweigerlich auf Institutionen und Organisationen wie die UN, WHO, die Johns Hopkins University, das RKI, die Gavi-Impfallianz oder CEPI, deren Fäden *immer* im WEF zusammenlaufen und die außerdem *immer* von Bill Gates unterstützt werden. Zudem fällt auf, dass sowohl des WEF als auch Microsoft eine enge Zusammenarbeit mit China präferieren. Wie man sich auch zwischen »Verschwörungstheoretikern« oder »Zufallstheoretikern« positionieren möchte – die Indizienkette, dass nationale politische Entscheidungen massiv seitens dieser Interessengruppen lobbyiert wurden, ist erdrückend. Die Unverfrorenheit, mit der insbesondere Bill Gates hier agiert, ist bemerkenswert. In seinem Essay *»Drei Bedingungen, um die Pandemie zu stoppen«* erklärt der Milliardär, unter welchen Bedingungen die Menschheit zu einem normalen Leben zurückkehren kann. Nämlich erst, wenn das Kartell seiner Firmen eine weltweite Corona-Impfung durchgeführt hat:

»Zwingend findet diese Entwicklung [zur Normalität] aber nicht statt. Um dorthin zu gelangen, braucht die Welt zuerst drei Dinge: die Kapazitäten, Milliarden Impfstoffdosen zu produzieren, die finanziellen Mittel, um sie zu bezahlen, und Systeme, die diese verbreiten können. [...] Heute Morgen haben 16 Pharmaunternehmen mit unserer Stiftung ein wichtiges Abkommen unterzeichnet. Unter anderem haben sich die Unternehmen auf eine Kooperation bei der Impfstoffherstellung geeinigt. Sie wollen die Produktionskapazitäten so schnell wie noch nie erhöhen und dafür sorgen, dass Impfstoffe ehestmöglich überall eingesetzt werden können. [...] Neben den Produktionskapazitäten für die Herstellung brauchen wir aber auch die finanziellen Mittel, um Milliarden Impfstoffdosen für ärmere Länder zu

bezahlen. [...] Auch Deutschland hat unter Kanzlerin Merkel und Entwicklungsminister Gerd Müller besondere Führungsstärke bewiesen. Es braucht jetzt noch ein mehr an Tatkraft und Großzügigkeit, um den Mechanismus der vorgezogenen Markteinführung (Advance Market Commitment) zu unterstützen, mit dem Gavi die Grundvoraussetzungen zur Beendigung der Pandemie schafft. Wenn wir weltweit schlussendlich über die Produktionskapazitäten und finanziellen Mittel verfügen, werden wir unsere Gesundheitssysteme stärken müssen. Damit meine ich die Menschen und Infrastrukturen, die dafür sorgen, dass ein jeder überall geimpft wird.«[347]

Gates schließt mit einem moralischen Appell an die westlichen Länder, genügend Geldmittel bereitzustellen, um auch in den abgelegensten Winkeln der Welt impfen zu können. Dies sei nicht allein aus altruistischen Gründen geboten, sondern schlichtweg aus Eigennutz. Sofern nicht restlos alle Menschen des Planeten registriert und geimpft würden, bestünde die Gefahr einer ständigen Reinfektion. Am 19. Februar 2021 wird endgültig klar, warum Bill Gates die »besondere Führungsstärke« der deutschen Bundeskanzlerin lobt. Auf der Videokonferenz mit den Staats- und Regierungschefs der G7 sagt Angela Merkel den denkwürdigen und historischen Satz: *»Die Pandemie ist erst besiegt, wenn alle Menschen auf der Welt geimpft sind.«* Bislang hatte man derartige Kriegsrhetorik und Totalität nur aus dem Munde von Bill Gates gehört. Dass die Kanzlerin diesen Satz nun wortgleich vor höchsten politischen Gremien wiederholt, ist eine enorme Fürsprache für die weltweite Impfkampagne von Bill Gates. In seinem FAZ-Artikel lässt der Milliardär die Katze aus dem Sack: Bei Corona ginge es um nichts Geringeres als um den Bau einer weltweiten Infrastruktur, mit der man über Kontrolle und Verteilersysteme *auf kommende* Pandemien reagieren könne: *»Mit anderen Worten können wir im Zuge der Ausrottung von COVID-19 auch ein System aufbauen, mit dem jetzt schon die Schäden der nächsten Pandemie begrenzt werden.«*

Obgleich sich Gates etwas kryptisch ausdrückt, ist ziemlich klar, welches »System« ihm dabei vorschwebt. Das neue System, diesmal geframed zur »Pandemieabwehr«, ist eigentlich alter Wein in neuen Schläuchen. Dieselbe Infrastruktur präferiert das Weltwirtschaftsforum seit Jahren, und das WEF wiederum übt maßgeblichen Einfluss auf supranationale Organisationen wie die UN aus. Im WEF vertreten die »Big Five« der US-amerikanischen Technologie-Unternehmen (Google, Amazon, Facebook, Apple und Microsoft, kurz »GAFAM«) ihre Interessen. Mit von der Partie sind außerdem Pharmafirmen wie Pfizer und Gelddienstanbieter wie Visa, MasterCard, PayPal und Co. Naturgemäß verfolgen IT-Unternehmen und Gelddienstleister zwei Kerninteressen:

1. *Abschaffung des Bargeldes*
2. *Verlässliche Identifikation und Kontrolle ihrer Kunden*

Dieselben Anliegen haben aber auch Regierungen, allen voran die US-Regierung und China. Hier würde der globale Zugriff auf *alle Menschen,* und nicht nur auf die eigenen Bürger, enorme strategische Vorteile bieten. In seinem Brandbrief an Ursula von der Leyen schreibt der Vorstandsvorsitzende der Axel Springer SE Mathias Döpfner dazu:

»In China ist das Modell so: Die Daten gehören dem Staat. Kommunistisch-kapitalistische, also staatskapitalistische Konzerne erheben die Daten, überwachen ihre Bürger und übergeben die Ergebnisse an die Kommunistische Partei. Dem Staat. Der macht damit, was er will. Zum Beispiel belohnt er regimetreue Bürgerinnen. Oder er zensiert Künstler. Und macht Regimekritikerinnen mundtot. Oder errichtet Konzentrationslager für Uiguren. In Amerika ist es unvergleichlich besser. Da gehören die Daten kapitalistischen Konzernen. Unternehmen wie Facebook, Amazon oder Apple erheben, sammeln und speichern Daten und nutzen sie zur Optimierung ihres Geschäftsmodells. Sie überwachen und analysieren unser Verhalten, damit wir mehr konsumieren. Zum wirtschaftlichen Vorteil der Plattformen. Das ist wesentlich harmloser als in China. Aber auch nicht so, wie es sein soll. Die Bürger werden zu Marionetten kapitalistischer Monopole.«[348]

Dabei macht die USA auf mich einen gespaltenen Eindruck. Das klassisch-konservative Lager denkt immer noch patriotisch-national – für das globalistische Lager sind Landesgrenzen und primär amerikanische Interessen eher zweitrangig. Bei der Abschaffung des Bargeldes sowie der Identifikation und Kontrolle von Menschen ziehen insbesondere eine demokratisch geführte US-Regierung und Teile der US-Privatwirtschaft an einem Strang. In Bezug auf die geostrategische Ausrichtung laufen seit vielen Jahren Kampagnen über die Vorteile der Bargeldlosigkeit, ebenso lang werden die Vorzüge der biometrischen Identifikation gepriesen. Ob Fingerabdruckscanner oder Face-ID: Zweifelsfreie Identifikation von Personen und Bezahlung sollen eins werden. Aus dem American Express Slogan von 1984, »bezahlen Sie einfach mit Ihrem guten Namen«, macht der Amazon-Go-Laden »nehmen Sie die Ware und verlassen Sie den Laden«. Denn zukünftig haben Sensoren und Kameras ohnehin erfasst, wer, wann, was eingekauft hat. Natürlich lassen sich Produkte desto effizienter vermarkten, je gläserner der Kunde wird. Hierfür sind Analysen des Verhaltens und der Bewegungsprofile unabdingbar. Wer heute ein Google-Smartphone benutzt und nicht umständlich viele Features abschaltet, wird sehr erschrocken darüber sein, was Google über ihn weiß. Inzwischen ist der Monopolist derart mächtig, dass sogar ganze Länder erpresst werden können. Als es zum Streit zwischen Google und Australien kommt, droht Google kurzerhand, den Dienst abzuschalten.

»Australien will Google verpflichten, für journalistische Inhalte Gebühren zu bezahlen. Prompt stellt sich der Tech-Gigant auf die Hinterbeine und droht mit kompletter Abschaltung. Wieder mal zeigt sich: Der Gigant will nur nach seinen eigenen Regeln spielen.«[349]

Kurz gesagt: *Die totale Kontrolle über Geldflüsse und die Bewegung aller Bürger* steht seit jeher ganz oben auf der Wunschliste von Global Playern und Staaten wie den USA und China. Doch obwohl seit 20 Jahren Motivationskampagnen laufen, die die Vorzüge von Bargeldlosigkeit und automatisierter Identifikation preisen, bleiben die

Verbraucher skeptisch. Viele Bürger wissen instinktiv, dass diese Pläne Einbußen ihrer Freiheit und Souveränität bedeuten. Die Sperrigkeit, sich dieser seit Jahrzehnten geplanten Agenda zu beugen, wird im Zuge der »Pandemieabwehr« jedoch vollständig kollabieren. Wer einen Blick auf das neue, humanistische Framing der alten Agenda werfen will, braucht sich nur die Reden auf dem WEF in Davos oder von Bill Gates anzuhören. Bargeldlosigkeit ist nicht einfach nur klasse für den Onlinehandel oder zur totalen Kontrolle der Bürger. Seit Corona gilt Bargeldlosigkeit als wichtiger Beitrag zur Hygiene. Doch nicht nur das. Schon weitaus länger wird behauptet, digitaler Geldverkehr sei besonders fair und human für die Ärmsten der Welt. Die globale Kampagne zur Bargeldabschaffung heißt »Financial Inclusion« (deutsch: finanzielle Inklusion) und gilt allen Ernstes als Entwicklungshilfe zur Armutsbekämpfung.

»Nach Ansicht von Förderern der Financial Inclusion, wie der Weltbank, ist diese zentral, um extreme Armut auszuradieren. In der ›Maya-Erklärung‹ von 2011 verpflichteten sich 70 Mitgliedsnotenbanken der Alliance for Financial Inclusion aus Entwicklungs- und Schwellenländern, die überragende Bedeutung der Financial Inclusion für die Ermächtigung und Verbesserung der Lebensumstände armer Menschen anzuerkennen.«[350]

Unfassbar nett, dass Weltbank, Amazon, Visa, Paypal, Microsoft und Co vordringlich die Ärmsten der Welt in den Blick nehmen. Dass »finanzielle Inklusion« vorher jedoch immer totale Erfassung und Kontrolle voraussetzt, steht allenfalls im Kleingedruckten. Dasselbe moralische Framing gilt auch für die beworbenen Identitäts-, Nutzer- und Bewegungsprofile: Diese würden mitnichten dazu dienen, Konsumenten und Bürger auszuspionieren oder gar zu kontrollieren. Zukünftig sei die weltweite Identifikation aller Menschen wichtig, um den Überblick über die vielen lebenserhaltenden Impfungen zu behalten. Insbesondere in Afrika, wo es die Ärmsten der Armen nicht so mit Papieren und Ausweisen haben, wäre ein subdermales Quanten-Tattoo ein großer Segen für die kleinen armen Kinder. Zudem seien Kontaktnachverfolgung und Bewegungsprofile ein unabdingbarer Beitrag zur Volksgesundheit, schließlich könne man nur so die Infektionsketten aufspüren. Auch dies wiederum nur, um die »Schwachen und Alten« in der Gesellschaft zu schützen. Um diese »altruistischen« Agenden durchzusetzen, haben Milliardäre wie Bill Gates ein weltweites Netzwerk von Firmen zusammengekauft. Allein das Zusammenspiel von Massenimpfungen (Gavi-Impfallianz), Nano-Tattoos und ID2020 könnte zukünftig jeden Menschen auf der Welt registrieren und verwalten. Wikipedia erklärt:

»Gründungsmitglieder [von ID2020] sind Microsoft, Rockefeller Foundation, die Unternehmensberatung Accenture, die Impf-Allianz Gavi sowie Ideo Org, ein Ableger der Designfirma Ideo. Die Allianz kooperiert mit Regierungen, Nichtregierungsorganisationen und privaten Unternehmen. Finanziert wird die Allianz durch Stiftungen, private Unternehmen und Einzelpersonen. 2017 betrugen die Einnahmen 1,46 Millionen Dollar. [...] Der Journalist Thomas Kruchem sagte im Saarländischen Rundfunk: ›ID2020 ziele darauf, jedem Menschen auf der Erde eine digitale Identität zu verpassen, deren Daten in einer Cloud abrufbar seien. Erste Versuche habe es bereits an Kindern in Bangladesh gegeben, denen bei der Impfung gleichzeitig ein ›Marker‹ injiziert worden seien«[351]

»Aber durch ID2020 soll es zur Norm werden, dass Identität teilweise oder ganz von den nationalen Regierungen unabhängig wird. Dadurch werden die ›Weltbürger‹ teilweise von den Regierungen emanzipiert, außer von einer, der US-Regierung. Von dieser Regierung, die den Standpunkt vertritt und auch durchsetzt, sie könne Gesetze erlassen, an die sich weltweit alle zu halten haben, werden sie maximal abhängig. Denn ihre Daten liegen dann in aller Regel auf Servern von US-Unternehmen, insbesondere den beiden führenden Cloud-Diensten von Amazon und Microsoft. Die technischen Standards wurden von diesen und anderen US-Unternehmen bestimmt, und die zentral verwalteten Zugänge zu diesen Identitätsdaten werden von diesen US-Unternehmen kontrolliert. Nichts wird die US-Regierung davon abhalten können, Microsoft oder Amazon oder einem der US-Unternehmen, die die Blockchain-Architektur des Programms bestimmen, den Befehl zu geben, die Daten von Individuen oder

Unternehmen auszulesen oder zu blockieren oder so zu manipulieren, dass die Betroffenen handlungsunfähig werden. Selbst wenn sie es wollten, werden die Regierungen der Heimatländer den Betroffenen nicht helfen können. Sie stehen dann effektiv unter der hoheitlichen Gewalt der US-Regierung, ohne irgendwelche US-Bürgerrechte zu haben. Denn dass es die US-Regierung sein wird, die die Fäden in der Hand halten wird, darüber braucht man sich keine Illusionen zu machen. Die ID2020-Allianz ist eine fast rein US-amerikanische Angelegenheit. Das Startgeld kam von Microsoft und Accenture sowie der Rockefeller Stiftung. Nächste Zugänge waren Mercy Corps, Hyperledger und das UN International Computing Center sowie die Gates-finanzierte Impfallianz Gavi.«[352]

Auch die Softwareentwicklung zur »Corona-App« ist ein wichtiger Schritt in dieselbe Richtung. Inzwischen kooperieren sogar die Konkurrenten Google und Apple, um ihre Betriebssysteme Android und iOS kompatibel zu machen, damit via Bluetooth Nutzerdaten abgeglichen werden können. So kann protokolliert werden, wer sich wann mit wem wie lange getroffen hat – alles zum Schutz vor zukünftigen Killerviren. Als im Sommer 2020 Corona-Kritiker davor warnten, man werde womöglich noch einen digitalen Impfpass einführen, ohne den man weder fliegen noch ins Konzert gehen könne, galten derartige Mahner als wirre »Verschwörungstheoretiker«. Am 18.01.2021 meldet die *Tageschau*:

»Der Pass soll ganz einfach funktionieren: Nach erfolgreicher Impfung wird ein digitales Zertifikat im Smartphone des Nutzers oder der Nutzerin abgespeichert – dort, wo sich jetzt auch schon Kreditkarten oder Flugtickets befinden. Menschen, die kein Smartphone haben, sollen einen fälschungssicheren QR-Code auf Papier erhalten. Die am vergangenen Donnerstag gegründete Initiative aus Unternehmen wie Microsoft, Salesforce und Oracle ist nicht die einzige, die einen digitalen Impfpass entwickeln will. Es ist aber sicherlich die bekannteste.«

Kurzum – alles bisher Gesagte kann man schwerlich ins Reich abstruser Verschwörungstheorien verbannen, da die Pläne zur »digitalen globalen Weltbürgerschaft« offen zugänglich sind. Die Agenda einer weltweiten digitalen Identitätserfassung und damit zur Kontrolle aller Menschen ist nicht konspirativ. Bill Gates, die ID2020-Beteiligten, IWF, Weltbank und WEF sind stolz auf ihre Pläne, sprechen offen darüber, loben Chinas Politik und veröffentlichen entsprechende Bücher und Dossiers. *»From Great Lockdown to Great Transformation«*[353] betitelt die Direktorin des Internationalen Währungsfonds Kristalina Georgiewa dann auch eine Grundsatzrede auf der Homepage des IWF. Wie schon bei der UN und der WHO verwundert es inzwischen kaum noch, dass auch die Leitung des IWF eine kommunistische Vergangenheit hat. Kristalina Georgiewa hat Ökonomie und Soziologie am Institut Karl Marx in Sofia studiert. Inzwischen lassen alle offiziellen Leitpapiere supranationaler Organisationen kaum einen Zweifel daran, dass die Pläne in Richtung »Great Reset« gehen werden. Der Reflex seitens vieler Mainstreammedien, Kritikern dieses Prozesses den Aluhut aufzusetzen und ohne jedes Hintergrundwissen zu behaupten, obige Fakten seien krude »Verschwörungstheorien«, ist ein Armutszeugnis.

Trotzdem greift die nüchterne Analyse, dass hinter all diesen Prozessen ausschließlich Geld- und Machtinteressen superreicher »Kapitalsten« stecken, womöglich zu kurz. Von den 10 reichsten Menschen der Welt kommen 8 aus den USA, darunter Jeff Bezos, Bill Gates, Mark Zuckerberg, Elon Musk, Warren Buffett, Larry Ellison, Steve Ballmer oder ehemals Steve Jobs. Würde es sich bei den neuen Herren der Welt tatsächlich um die Karikatur des bösen Ausbeuters und Kapitalisten handeln, den Karl Marx einst skizzierte – die Welt wäre womöglich sogar besser dran. Hier handelt es sich jedoch um ideologisierte Kapitalisten, was die Sache bedeutend erschwert. Heutige Entscheider werden augenscheinlich nicht nur von Gier angetrieben. Im Zuge der großen Transformation sind zum Teil auch Überzeugungstäter am Werk, die ihrem eigenen humanistischen Framing der letzten zwanzig Jahre auf den Leim gegangen sind. Waren die 1970er-, 1980er- und 1990er-Jahre in gewisser Weise noch ehrlich im Kampf um Öl und Ressourcen, wähnt man sich heute auf humanistischer Mission zur Rettung der Welt. Das wirtschaftliche Machtzentrum im Westen der USA glaubt inzwischen tatsächlich an die Segnungen der Kalifornischen Ideologie. Liest man die globalen Programme des WEF zum »Great Reset«, weiß man wirklich nicht mehr, ob man lachen oder weinen soll – eigentlich kann man sich nur verwundert die Augen reiben: Ausgerechnet der Zusammenschluss milliardenschwerer Wirtschaftskonsortien nimmt Abschied vom kapitalistischen Grundsatz der Gewinnmaximierung. Die mächtigsten Firmen der Welt geben sich in ihrer Programmatik wie lupenreine Sozialisten. Obgleich sich Deutschlands Starphilosoph Richard David Precht inzwischen zu einem willfährigen Unterstützer der Corona-Politik gewandelt hat, äußert er sich 2017 bezüglich der globalen Politik noch skeptisch. Ob Precht seine Einschätzung heute wiederholen würde, ist eine andere Frage:

»Der technische Fortschritt wird ja nicht auf dem Wege der Demokratie erzeugt, indem sich alle Leute zusammensetzen und darüber abstimmen, welchen technischen Fortschritt sie wollen oder nicht wollen und welche Menschheitsprobleme sie gelöst haben wollen und welche für sie gar keine sind. Das findet ja nicht statt, sondern der technische Fortschritt wird von kommerziellen Unternehmen vorangetrieben. Und diese kommerziellen Unternehmen bekommen eine irrsinnige Macht und Kontrolle, natürlich dadurch, dass sie die ganzen Daten der Menschen bekommen. Es entstehen digitale Supermächte, und diesen digitalen Supermächten kann vollkommen egal sein, wer unter ihnen in Deutschland Bundeskanzler ist oder amerikanischer Präsident. Und eine derartige Machtfülle ist grundsätzlich nicht gut, darüber lässt sich schnell Einigkeit erzielen. […] Wenn man sich die exponentielle Entwicklung dieser Unternehmen ansieht, kann man sich vorstellen, wie das in der Zukunft aussieht. Dann bekommen wir eine Art technokratischer Diktatur dieser Mächte, die übrigens alle persönlich »ganz nett« sind und pausenlos davon erzählen, dass sie nichts anderes wollen, als die großen Probleme der Menschheit zu lösen

und der Welt einen Gefallen zu tun. Und jemand, der das bei jedem Vortrag – und ich war bei vielen Vorträgen von Digitalunternehmen – als Erstes hundertmal betonen muss, dass er der Gute ist, dem traue ich nicht.[354]

Zum Lobgesang globaler IT-Firmen pro altruistischer Humanismus schreibt der kritische Autor und Journalist Norbert Häring:

»Der Club der reichsten Menschen und der größten naturzerstörenden Konzerne will den ›Great Reset‹, den Großen Neustart. Statt Armut, Krankheiten, Übervölkerung und Naturzerstörung verheißen uns die Megareichen eine faire Welt in Einklang mit der Natur. Absurd? Ja. Zynisch? Natürlich. Zu ignorieren? Auf keinen Fall.«[355]

Die freie Journalistin Elke Halefeldt ergänzt in ihrem Artikel *»Was der ›Great Reset‹ bedeutet«*:

»Die erste etwas ungewöhnliche Prognose [8 WEF Vorhersagen für die Welt 2030] zeichnete das Bild eines komplett vergesellschafteten Individuums: ›Alle Produkte sind Dienstleistungen geworden. Ich besitze nichts. Ich besitze kein Auto. Ich besitze kein Haus. Ich besitze keine Geräte oder Kleidung.‹ [...] Das häufig fallende Stichwort ›Vierte industrielle Revolution‹ meint die digitale Revolution als Fusion von Technologien, die Künstliche Intelligenz, Robotertechnik, das Internet, autonomes Fahren, 3-D-Druck, Nano- und Biotechnologie hervorbringt. Diese Revolution, so Klaus Schwab in einem Text von 2016, habe das Potenzial, die globalen Einkommens-Niveaus zu erhöhen und die Lebensqualität der Bevölkerungen unter anderem durch neue Produkte und Dienstleistungen überall in der Welt zu verbessern. [...] Unter der Überschrift ›Der Große Neustart muss soziale Gerechtigkeit in den Mittelpunkt stellen‹ fordert der Unternehmer Mark Doumba [auf der Seite des WEF] unter einem Foto mit knienden Black-Lives-Matter-Demonstranten explizit, Kapitalismus und Sozialismus müssten verschmelzen. Reichtum müsse breit verteilt werden, die Koordination zwischen dem privaten und öffentlichen Sektor verbessert werden und die Existenz eines ›weißen Privilegs‹ zugegeben werden. Es gehe darum, Jahrhunderte von angesammelten Vorurteilen gegenüber kolonialisierten Ländern und Minderheitengruppen, besonders schwarzen und braunen

Communities, richtigzustellen. Auch in der Transformation Map sind bereits ›woke‹ Ideen wie die Bekämpfung von systemimmanentem Rassismus integriert. Unter dem Stichwort ›Rassismus und rassistische Ungerechtigkeit‹ stößt man auf der WEF-Website auf aufschlussreiche Beiträge. [...] Es geht im Hintergrund auch um die künftige Umverteilung kulturell-politischer Macht und den politischen Ideen-Kampf für Menschenrechte, Minderheiten, Migranten, die schwarze/nicht-weiße Weltbevölkerung. [...] In Projekten wie ›Beyond Gender Agenda‹ bejahen Microsoft und die Commerzbank das Ziel, ›Diversität und Inklusion‹ zu verankern.«[356]

Kurzum: Gender, Critical-Whiteness-Training, Diversität, Inklusion, Klimakampf, Pandemieschutz, Massenimpfungen, Migration – sämtliche in diesem Buch kritisierten Agenden sind Postulate des Weltwirtschaftsforums zur »Rettung der Welt«. Wüsste man es nicht besser, müsste man diese Pläne als kulturmarxistischen Großangriff auf bürgerliche Werte verorten. Doch laut WEF stehen sozialistische Ideen ganz oben auf der Wunschliste der reichsten Oligarchen der Welt. Wird am Ende doch noch alles gut? Haben superreiche Milliardäre wie Bill Gates ein Einsehen und sind bereit, ihre Milliarden mit dem Rest der Welt zu teilen? Da ich ein wenig von der Struktur der menschlichen Psyche verstehe und nicht mehr an den Weihnachtsmann glaube, bleibe ich wie David Precht skeptisch. Die Frage, ob und wie weit sich die sozialistisch lackierten Great-Reset-Programme schlussendlich umsetzen lassen, ist schwer zu beantworten. Niemand kann sagen, wie viele superreiche Oligarchen tatsächlich von Herzen an die sozialen Programme des WEF glauben oder ob lediglich das Heer zeitgenössischer NGO-Intellektueller befriedet werden soll. Wie ich eingangs bereits schrieb: Angesichts der mächtigen linken Hegemonie in Universitäten und Medien wäre es für Global Player zumindest sehr unklug, neomarxistischen Ideologen zu widersprechen. Kulturmarxisten mit ins Boot zu holen und für die technokratische Agenda einer schönen neuen Welt zu instrumentalisieren, wäre weitaus cleverer. Prof. Dr. Antony P. Mueller, Wirtschaftswissenschaftler der Universität

Erlangen-Nürnberg und Professor an der brasilianischen Bundesuniversität UFS, fast zusammen, was passiert, wenn das WEF »The Great Reset« realisieren würde:

»Mit der Abschaffung der Märkte und der Unterdrückung der individuellen Wahl, die die kollektivistischen Pläne des WEF propagieren, würde ein neues dunkles Zeitalter kommen. Anders als von den Planern vermutet, würde der technologische Fortschritt selbst zum Stillstand kommen. Ohne die menschliche Kreativität, die aus der Denkweise des Individualismus entspringt, ist noch nie ein wirtschaftlicher Fortschritt möglich gewesen. Die neuen Technologien, die die vierte industrielle Revolution hervorbringt, können für die Menschheit von immensem Nutzen sein. Die Technologien an sich sind nicht das Problem, sondern wie sie eingesetzt werden. Eine dystopische Zukunft erwartet uns, wenn die globale Elite des Weltwirtschaftsforums das Sagen hat. Das Ergebnis wäre ein technokratisches Terrorregime, das sich als wohlwollende Weltregierung maskiert. Dennoch gibt es eine Alternative. Wie in den letzten zweihundert Jahren allgemein bewiesen wurde, sind freie Märkte und individuelle Wahlmöglichkeiten die Quellen des technologischen Fortschritts und des wirtschaftlichen Wohlstands. Es gibt keine rationalen Gründe anzunehmen, dass die vierte industrielle Revolution Kollektivismus erfordern würde. Freie Märkte sind der beste Weg, um die Herausforderungen zu bewältigen, die mit den neuen Technologien kommen. Nicht weniger, sondern mehr Kapitalismus ist die Antwort auf die Herausforderungen der Zeit.«[357]

Die alles entscheidende Frage ist: Wie werden Deutschland und Europa auf diesen Großangriff auf die Freiheit und die Souveränität ihrer Bürger reagieren? Wie ernst die Lage ist, zeigt der Umstand, dass sich der Vorstandsvorsitzende der Axel Springer SE veranlasst sieht, einen flehenden Appell an die Präsidentin der EU-Kommission zu richten. In einem offenen Brief an Ursula von der Leyen schreibt Mathias Döpfner:

»Es geht nicht um die globale Pandemie, aber es geht um eine Herausforderung, die womöglich noch größer und noch folgenreicher sein kann

als das Coronavirus. Und es geht um eine Gefahr, die durch Covid-19 noch akuter geworden ist. Es geht darum, dass Technologieplattformen aus Amerika und China im Begriff sind, die Souveränität der Bürger infrage zu stellen, also den Souverän zum Untertan zu machen und damit Demokratie und offene Gesellschaft zu unterminieren. Es geht um Freiheit, Rechtsstaat und Menschenrechte. Es geht um die Idee des modernen Europas. [...] Es geht darum, ob supranationale Megakonzerne über dem Recht, über einer Regierung und der demokratischen Ordnung stehen. Und es geht darum, ob Maschinen den Menschen dienen. Oder die Menschen den Maschinen und ihren übermächtigen Betreibern. Die Entwicklung war lange absehbar. Das Coronavirus und die Folgen seiner Bekämpfung haben alles beschleunigt und verstärkt. Sichtbarer und größer wie unter einem Brennglas. [Döpfner zählt die Verwerfungen auf und kommt zu dem Schluss:] Konkret bedeutet dies, und jetzt wird es sehr konkret: In der EU sollte es Plattformen verboten sein, private (also: persönlichkeitsrelevante und sensible) Daten zu speichern und für kommerzielle Zwecke zu verwenden. Dies muss Gesetz werden. [...] Ich appelliere in großem Ernst an Sie: Verhindern Sie die Überwachung der Menschen, indem Sie die Speicherung aller persönlichen privaten sensiblen Daten verbieten. Beschränken Sie damit die Übermacht monopolistischer Plattformen aus Amerika und China. Ermutigen und ermächtigen Sie die Bürgerinnen und Bürger Europas zu einem selbstbestimmten Leben. Und ermöglichen Sie damit einen Wettbewerb der Ideen, Meinungen und Konzepte in einem Europa der Vielfalt. Pluralismus der Lebensstile, der Meinungen und Ideen hat Europa immer stark gemacht. Überwachung, Kollektivismus und Fremdbestimmung haben uns fast zerstört. Totale Transparenz endet immer totalitär.«[358]

Döpfners Appell hat mich sehr bewegt. Ob er auch Ursula von der Leyen dazu bewegen wird, der Übermacht Chinas und der IT-Giganten zu wiederstehen, darf jedoch getrost bezweifelt werden. Im großen Werbevideo »*The Great Reset: Building Future Resilience to Global Risks*« preist die ehemals glücklose Bundesministerin der Verteidigung den Neustart der Gesellschaftsordnung und unterstützt damit vollumfänglich eben jene Prozesse, die Döpfner anprangert. Die argumentative Klaviatur dazu beherrscht sie virtuos. Zunächst lobt von der Leyen die grandiose globale Kooperation in der Coronakrise und hofft, ebenso wie Bill Gates, dass diese Solidarität auch bei der weltweit geplanten Massenimpfung eingehalten wird. Dann geht sie zur Mahnung über, »die Lektionen« auch für kommende Krisen zu nutzen. Wie für Klaus Schwab ist auch für Ursula von der Leyen Covid-19 ein »großartiger Beschleuniger des Wandels«.

»Die Umwandlung unserer Gesellschaften und Wirtschaft beschleunigt sich täglich. Ich betrachte das sowohl als Chance als auch als Notwendigkeit. Wir wissen zum Beispiel, dass es eine Verbindung zwischen dem Anstieg der Infektionskrankheiten und dem Anstieg der Temperaturen sowie dem Verlust der Natur und Biodiversität gibt. In den letzten Jahren konnten wir beobachten, wie typische Tropenkrankheiten, wie zum Beispiel das Denguefieber, sich plötzlich in Kroatien, Frankreich und Portugal – und sogar in New York ausbreiteten. Wir wissen außerdem: Wenn wir so weitermachen wie bisher, werden bis 2050 weitere rund 500 Millionen Menschen krankheitsüberbringenden Moskitos ausgesetzt sein.«[359]

Um eine globale Agenda wie »The Great Reset« tatsächlich umzusetzen, ist ein weltweites Meinungsmanagement notwendig. Am Anfang des Buches habe ich über die große Geschlossenheit der Leitmedien geschrieben. Egal, welche internationale Zeitung man liest – bezüglich der großen Themen herrscht Einigkeit: Trump war ein Buhmann, allein das anthropogene CO_2 ist für den Klimawandel verantwortlich, SARS-CoV-2 ist eine gefährliche Seuche, und Massenmigration dient dem Segen der Menschheit. Nebenbei bemerkt: Die letzten beiden Postulate widersprechen einander eklatant, doch dies ist bislang noch keinem Mainstream-Journalisten aufgefallen. Die weltweite Einigkeit der Leitmedien ist dabei weniger Zufall, als man glaubt, viele Berichte werden von zentraler Stelle lanciert, unter anderem durch das »Project Syndicate«. Syndicate ist in 156 Ländern aktiv und versorgt 506 Medien mit normierten Texten:

»Das Syndikat verbreitet jährlich weltweit Hunderte von Kommentaren, die von maßgeblichen Publizisten, Wissenschaftlern, Politikern und politischen Aktivisten verfasst worden sind. Das Syndikat finanziert sich aus den Beiträgen seiner Mitglieder in den Industriestaaten und aus Zuwendungen privater Stiftungen, darunter das Open Society Institute von George Soros.«[360]

Der Osteuropa-Experte und Journalist Boris Reitschuster resümiert über »The Great Reset«:

»Was wir aktuell erleben, ist ein Kulturkampf. Ein Kulturkampf von Ideologen, die ich nicht mal als links bezeichnen würde, weil das eine Beleidigung für klassische Linke wäre: Im Schulterschluss mit Großkonzernen, insbesondere, aber nicht nur aus dem Computer- und Internet-Bereich, wollen sie eine schöne neue Welt bauen, einen neuen Menschen schaffen. Profitorientiert. Dazu müssen sie unsere traditionelle Kultur, unsere Werte, insbesondere die Freiheit und die Meinungsfreiheit, ›umbauen‹. In einem ›Great Reset‹. Vorlage China: ›Sozialismus‹ mit Konsumwahn und Milliardären, massiver Armut, Ausbeutung und sozialer Ungerechtigkeit, mit digitaler Überwachung, betreutem Denken und permanenter ›Volkserziehung‹. Sie basteln an unserer Sprache, sie mischen sich in die Zusammensetzung von Vorständen von Firmen ein, sie indoktrinieren schon Kleinkinder. Sie wollen die Gesellschaft wie Ingenieure von oben umbauen, als seien wir Playmobil-Männchen und sie Schöpfer. Und Erzieher. Und Kontrolleure. Im Besitz der Wahrheit. Und deswegen auserwählt zu ›führen‹. Sie sind die geistigen Urneffen Lenins, die mit der Globalisierungselite fremdgehen. Sollte der greise, aber gemäßigte Joe Biden seiner Vize-Präsidentin Kamala Harris Platz machen, einer kampfbereiten Ideologin, wird das den Weg in den Google-Sozialismus noch massiv beschleunigen. Ebenso wie eine Regierungsbeteiligung der Grünen nach der nächsten Bundestagswahl. Einer offiziellen, muss man dazu sagen, denn faktisch bestimmen die Grünen mit ihren Themen und Akzenten schon heute weitgehend die Politik in Deutschland. Wer die ›schöne neue Welt‹ nicht so schön findet, ist sofort Nazi oder im besten Falle ›Rechtspopulist‹.«[361]

»*Die Welt atmet auf*« titelt *Bild,* nachdem Joe Biden als neuer Präsident der USA vereidigt wurde. Auch Ursula von der Leyen zeigt sich sehr »erleichtert, dass Europa mit US-Präsident Joe Biden wieder einen Freund im Weißen Haus hat«. Von der Leyen antwortet auf den offenen Brief von Mathias Döpfner und erklärt, was sie besonders umtreibt:

»Wie Sie bin ich der Meinung, dass wir nicht nur über die großen Verheißungen der Digitalen Welt sprechen sollten, sondern auch über die Probleme, die sie unserer Volkswirtschaft, unserer Gesellschaft und auch unserer Demokratie bereiten. Mir ist das zuletzt erneut klar geworden, als ich die Bilder im Fernsehen sah, wie ein aufgebrachter Mob das US-Kapitol stürmte. Diese Bilder lassen mich nicht in Ruhe. So sieht es also aus, wenn auf Worte Taten folgen. So sieht es aus, wenn die Botschaften, die Online-Plattformen und Soziale Medien verbreiten, zu einer Gefahr für die Demokratie werden. Wir sollten diese Bilder aus den USA als Mahnung begreifen. Denn allem Urvertrauen in unsere europäische Demokratie zum Trotz – wir Europäer sind vor solchen Entwicklungen nicht gefeit. Es sagt sich zwar immer so leicht, dass Demokratie und Werte Teil unserer DNA sind. Und das ist auch richtig. Aber wir müssen unsere Demokratie jeden Tag aufs Neue schützen und unsere Institutionen vor dem zerstörerischen Einfluss von Hassrede, Desinformation, Fake News und der Aufstachelung zu Gewalt bewahren. Denn das Geschäftsmodell von Online-Plattformen hat Auswirkungen – nicht nur auf den freien und fairen Wettbewerb, sondern auch auf unsere Demokratien, unsere Sicherheit und die Qualität unserer Informationen. Deshalb müssen wir diese immense und bislang weitgehend unkontrollierte politische Macht der großen Internetkonzerne demokratisch einhegen. Denn in einer Welt, in der polarisierende Meinungen die beste Chance auf Gehör haben, ist der Weg von abseitigen Verschwörungstheorien zu toten Polizisten nicht weit. Auch das hat der Sturm auf das Kapitol leider gezeigt.«[362]

Geschickt führt von der Leyens Antwort weg von Döpfners Kritik an der Allmacht der Konzerne und wandelt sich zum Appell für mehr Kontrolle und Zensur gegen »Hassrede, Desinformation und

Fake News«. Nach der Wahl von Joe Biden werden mit der *Bildzeitung* und Ursula von der Leyen vor allem die Protagonisten des »Great Reset« aufatmen. Wie auch immer man zur Präsidentschaft von Donald Trump gestanden haben mag – zwei Aspekte sind unstrittig. Zum einen war Trump einer der US-Präsidenten mit den wenigsten militärischen Interventionen überhaupt. Zum anderen stand Trump mit seinem nationalen Alleingang »America-First« sämtlichen »Great Reset«-Plänen im Wege. Trumps Ausstieg aus der WHO und dem IPCC-Klimaabkommen, Organisationen, die die Hauptargumente zum »Great Reset« liefern, war aus Sicht supranationaler Agenden unverzeihlich. Mit Trumps endgültigem Abgang haben inzwischen alle Kräfte in den USA wieder freie Bahn, die im Schulterschluss mit China den »Great Reset« forcieren – auf unabsehbare Zeit. Entsprechend euphorisch lobte Klaus Schwab die Entwicklung in den USA und bekundet gemeinsam mit Ursula von der Leyen die große Vorfreude bezüglich einer Zusammenarbeit mit Joe Biden.

Finanzcrash

Die Grauzone in Richtung »Verschwörungstheorien« sehe ich persönlich dort, wo sich globale Machenschaften nicht mehr über frei zugängliche Pläne und Agenden belegen lassen. Dies gilt für den »Great Reset« offensichtlich nicht, da alle Papiere offen zugänglich sind. Obgleich im Folgenden der Bereich der Mutmaßungen beginnt, möchte ich der Vollständigkeit halber bezüglich der Coronakrise ein weiteres Erklärungsmodel anreißen, dessen implizierte Logik dennoch besticht. Laut Aussagen einer Reihe von Finanzexperten, zu denen u.a. Prof. Max Otte, Dr. Markus Krall, Ernst Wolff, Dirk Müller, Norbert Häring und Florian Homm gehören, ist demokratisch legitimierte Macht aufgrund finanzpolitischer Zugzwänge immer stärker relativiert worden. Treibende Kräfte bei der Umverteilung von demokratischer zu oligarchischer Macht seien insbesondere die

Federal Reserve (US-Notenbank), der IWF (Weltwährungsfond) sowie die EZB (Europäische Zentralbank). Trotz unterschiedlicher Positionen in Bezug auf die Lösungsansätze lässt sich die Kritik vieler Experten auf eine sehr einfache Kernaussage reduzieren:

»Otte bezeichnete den internationalen Finanzmarkt als Bedrohung für die Demokratie. Der Finanzsektor habe die Politik gekapert.«[363]

Viele Beobachter der Finanzwirtschaft sagen den nahen, unweigerlichen Zusammenbruch des globalen Geldsystems voraus. Nachfolgende Unruhen, möglicherweise sogar Bürgerkriege oder nationale Kriege, bedingt durch Massenarbeitslosigkeit und große Armut, würden folgen. Angesichts der immer schneller voranschreitenden Digitalisierung und Automatisierung von Arbeitsprozessen käme es darüber hinaus zu einer massenhaften Freistellung von Arbeitnehmern. Ausgerechnet diese fatale Entwicklung ist ein Hauptbestandteil der Agenda von »The Great Reset«. Klaus Schwab schwärmt seit Jahren für die »Vierte industrielle Revolution«, wie Künstliche Intelligenz und Robotik, in deren Folge es unweigerlich zu Massenarbeitslosigkeit kommen wird.

Die Hauptursache für den drohenden Finanzcrash sehen die Finanzexperten jedoch im überdimensionalen Geldmengenwachstum in Relation zum realen Wirtschaftswachstum und in Kombination mit überzogenen Staatshaushalten. Staaten würden immer mehr sogenanntes »Fiatgeld« (nach lateinisch fiat = »Es sei getan! Es geschehe! Es werde!«) herausgeben, das keinen realen Gegenwert mehr besäße, was schlussendlich zum Platzen der Finanzblase führen würde. Zudem sei die Liberalisierung des Bankensektors insofern problematisch, da sich Großbanken in das unseriöse Geschäft des Derivatehandels verstrickt hätten. Aus diesem Grund würden keine echten Werte mehr gehandelt, stattdessen verkäme der Finanzsektor zu einem überdimensionalen »Wettbüro« mit unkalkulierbaren Risiken. Um die Verwerfungen auf dem Finanzsektor abzufangen, seien Zentralbanken zu immer absurderen und horrenderen Stützkäufen mit immer mehr virtuellem Fiatgeld genötigt. Nullzinspolitik würde das klassische Bankgeschäft aushöhlen, zur krankhaften Lebensverlängerung eigentlich insolventer Firmen führen, das Geld der Sparer auffressen und schließlich die gesamte Währung entwerten. Außerdem gäbe es eine immer stärkere Umverteilung von Steuergeldern zugunsten von Zentralbanken, die wiederum nicht wirklich in staatlicher, sondern in privater Hand seien.

Bekanntermaßen fühle ich mich auf den Feldern Medizin, Psychologie und Kultur wohler, ich kann diese und weitaus komplexere Theorien bezüglich des Finanzsektors kaum auf ihren Wahrheitsgehalt überprüfen. Eines scheint mir aber unstrittig: In den letzten Jahren stand das globale Finanzsystem bereits mehrfach kurz vor dem Kollaps und musste immer wieder gestützt werden. Der Fachjournalist Ernst Wolff schreibt in seinem Vorwort »*Wolff of Wall Street: Ernst Wolff erklärt das globale Finanzsystem*« dazu:

»*Wie groß die Gefahr ist, hat sich zuletzt im März/April 2020 gezeigt. Wegen des Ölpreiseinbruchs infolge der einsetzenden weltweiten Rezession und der dadurch ausgelösten Turbulenzen an den Finanzmärkten musste der Zusammenbruch des globalen Finanzsystems zum dritten Mal seit der Jahrtausendwende verhindert werden. Diese jüngste Rettungsaktion unterschied sich allerdings grundlegend von den beiden vorangegangenen Noteinsätzen, sowohl dem nach der Weltfinanzkrise 2007/08 als auch dem auf dem Höhepunkt der Eurokrise 2012/13. Es wurden nämlich mehrere Rekorde aufgestellt, die einen geschichtlichen Wendepunkt markieren. Noch nie sind Aktienkurse in so kurzer Zeit so stark eingebrochen wie im März 2020. Noch nie haben die Zentralbanken daraufhin so hohe Geldsummen ins System gepumpt, und noch nie haben sich die Aktienmärkte so schnell erholt wie im April 2020. Den meisten Menschen ist das wahre Ausmaß dieser Entwicklung allerdings nicht bewusst geworden, weil ihre Aufmerksamkeit in dieser Zeit fast ausschließlich der Corona-Pandemie galt. Die Extreme an den Finanzmärkten sind für uns alle jedoch von existenzieller Bedeutung. Diejenigen, die vom gegenwärtigen System profitieren, haben durch ihre Maßnahmen zur Rettung des Systems nämlich gezeigt: Sie werden nichts unversucht lassen, um es auch weiterhin aufrechtzuerhalten. Wir übrigen werden dafür einen hohen Preis zahlen müssen: Uns erwarten eine dauerhaft hohe Arbeitslosigkeit, die bisher schärfsten Austeritätsprogramme und eine sich beschleunigende Entwertung des Geldes. Außerdem müssen wir mit einer zunehmenden Massenarmut rechnen, die das Potenzial hat, gewaltige soziale Unruhen bis hin zu Bürgerkriegen auszulösen. Auf jeden Fall werden die Verantwortlichen sich wegen der Zuspitzung sozialer Konflikte nur an der Macht halten können, wenn sie unsere Rechte noch stärker beschneiden, uns noch gründlicher kontrollieren und notfalls mit Gewalt disziplinieren.«*[364]

Der Knackpunkt bezüglich der Coronakrise ist: In Anbetracht eines nahen und unausweichlichen Finanzcrashs könnte sich SARS-CoV-2 für die verantwortlichen Zentralbanken und Regierungen als äußerst »nützliche Pandemie« herausstellen, und zwar aus drei gewichtigen Gründen:

1. Der ohnehin bevorstehende Systemcrash würde dank Corona als unabwendbares, schicksalhaftes Ereignis erscheinen, gegen das man machtlos gewesen sei.
2. Weltweit aufkommende Demonstrationen oder gar Aufstände aufgrund der großen wirtschaftlichen Not der Bürger könnten über restriktive Corona-Sondergesetze wirkungsvoll unterbunden werden.
3. Die unausweichliche Freistellung vieler Bürger, bedingt durch Massenarbeitslosigkeit und Umstrukturierung, wäre über automatisierte Identifikation, Bewegungskontrolle und digitales Geld beherrschbarer.

Der Bestsellerautor und Volkswirt Dr. Markus Krall äußert sich zu diesem Themenkomplex:

»Frage Elsa Mittmannsgruber an Dr. Krall:

›Es gibt das Gerücht, dass Corona nur als Vorwand benutzt wird, um das Finanzsystem nach dem Crash nicht infrage stellen zu müssen. Was sagen Sie dazu?‹

Krall:

›Das ist kein Gerücht. Es hat eine Reihe politischer Maßnahmen der EZB, auch Rettungsmaßnahmen, bereits im Frühjahr gegeben. Das ist den meisten Leuten nur nicht aufgefallen. Und diese Maßnahmen der FED und der EZB vom Frühjahr sind, zeitlich betrachtet, koinzident mit der Corona-Politik. Das heißt: Den Herrschaften ist es gerade recht gekommen, dass sie einen Sündenbock haben, auf den sie in der Außenkommunikation das ganze Problem abwälzen können und nicht zugeben müssen, dass sie uns mit einer falschen Geld- und Wirtschaftspolitik in den letzten zwanzig Jahren in das Desaster geführt haben. Es heißt ja immer, man solle die Krise auch als Chance sehen. Wie aber soll man die richtigen Lehren ziehen, wenn Corona als Sündenbock vorgeschoben wird? Ich glaube, die Lehren werden trotzdem daraus gezogen werden. Und zwar aus dem ganz einfachen Grund, weil uns die Politik seit fast drei Quartalen ohne Unterlass erzählt, dass das unaufhörliche Gelddrucken keine Folgen hat und alles mit gedrucktem Geld zu lösen ist. Das wird aber in die Inflation führen, und zwar sehr plötzlich. Da werden alle auf dem linken Fuß erwischt werden. Und dieses Desaster wird so groß sein, dass die Glaubwürdigkeit der Politik dahin ist. Denn an eines werden sich die Leute erinnern: dass man ihnen gesagt hat, wir können diese Gelddruckmaschine anwerfen, ohne dass es zur Katastrophe kommt.«[365]

Je tiefer man in die globalen Machtverhältnisse der Geldwirtschaft einsteigt, desto mehr relativiert sich auch die Vorstellung, nationale Entscheidungen würden maßgeblich vom Souverän, dem Wähler, getragen. Die Willfährigkeit der Bundesregierung, supranationalen Gremien zu folgen, die wiederum maßgeblich von US-Konzernen finanziert werden, ist angesichts der tatsächlichen Machtverhältnisse wenig rätselhaft. Um nur eine von vielen Abhängigkeiten zu verdeutlichen:

»Jede international tätige Bank ist durch die USA erpressbar, weil der Lizenzentzug für das Dollar- und US-Geschäft dem Ruin gleichkommt. Man denke nur an die Deutsche Bank, die 2016 monatelang mit dem Finanzministerium der USA darüber verhandeln durfte, ob sie nun 14

Milliarden Dollar Strafe bezahlt und daran wahrscheinlich pleitegeht oder mit der Hälfte davonkommt. Wenn man die größten Banken fast jedes Landes auch ohne Gerichtsverhandlung in die Pleite treiben kann, wie es dem US-Finanzministerium offensteht, dann kann man auch Macht über deren Regierungen ausüben.«[366]

»Verschwörungstheoretiker« der gemäßigten Fraktion behaupten, die Corona Pandemie sei real und nicht geplant gewesen. Dennoch würde die globale Krise *im Nachhinein* für die anstehenden Prozesse des Systemcrashs instrumentalisiert und ausgeweitet, um das ohnehin bevorstehende Chaos beherrschbarer zu machen. »Verschwörungstheoretiker« der radikaleren Fraktion behaupten, Corona sei eine von langer Hand geplante Chimäre, die von jeher dazu bestimmt war, eine überdimensionale Blendgranate zu zünden, um den »Großen Reset« voranzutreiben. Zumindest auf die erste Variante möchte ich als Gedankenspiel eingehen, und zwar aus wohlmeinendem Grund.

Tatsächlich bekunden Finanzexperten *aller* Fraktionen, linke wie konservative, dass das bestehende Geldsystem am Ende ist. Und welche Lösungen auch immer für die Neugestaltung vorgeschlagen werden – prinzipiell ist man sich einig, dass die Umbruchphase zu etwas Neuem und hoffentlich Besserem viele Jahre Not und Unruhe bedeuten könnte. Angesichts der hohen Wahrscheinlichkeit drohender Bürgerkriege würde die Notlüge eines drohenden Killervirus die Menschen zu Hause halten und dadurch wenigstens zu weniger Toten und Verletzten auf den Straßen führen. Das Buhgespenst Corona diente somit einem guten Zweck. Ob diese Rechnung aufgeht, ist eine andere Frage. Ich wollte lediglich andenken, dass die etwaige Konzeption einer Corona-Notlüge seitens politstrategischer Think-Tanks angesichts unausweichlich erscheinender Großkrisen sogar gut gemeint sein könnte.

Krisenkult

»Zivilisationen werden nicht ermordet, sondern begehen Selbstmord.«
ARNOLD J. TOYNBEE

Kein Chronist dieser Zeit würde abstreiten, dass die Welt vor einem großen Paradigmenwechsel steht. Sofern der WEF seine kollektivistischen Pläne nach chinesischem Muster durchsetzen kann, kommt dieser Wechsel schnell. Sofern nicht, braucht diese Wandlung etwas mehr Zeit. In beiden Fällen wird der Westen seine Führungsrolle über kurz oder lang verlieren. Kulturmarxistische Kräfte begreifen diesen Verlust als Segen. Aus dieser Perspektive haben westliche, »patriarchale, kolonialistische, kapitalistische« Bestrebungen nichts als Leid in die Welt getragen. In Wirklichkeit ist diese von Selbsthass getragene Sichtweise von Grund auf falsch. Hans Roslings Buch *»Factfulness: Wie wir lernen, die Welt so zu sehen, wie sie wirklich ist«* verdeutlicht die Aneinanderreihung glücklicher Umstände, mit denen der Westen institutionelle Novitäten einführen konnte, die dem Rest der Welt als segenreiches Modell dienten und dienen. Der bekannte britische Historiker Niall Ferguson zählt sie auf:

1. Wettbewerb: Die Vorläufer moderner Großunternehmen basieren auf der politischen Zersplitterung Europas und den konkurrierenden Körperschaften in den einzelnen Königreichen und Republiken.
2. Wissenschaft: Alle wesentlichen Durchbrüche des 17. Jahrhunderts, ob in der Mathematik, Astronomie, Physik, Chemie oder Biologie, gelangen in Westeuropa.
3. Rechtsstaat und repräsentative Regierung: In der englischsprachigen Welt bildete sich ein optimales System gesellschaftlicher und politischer Ordnung heraus, das auf Privateigentum und der Vertretung der Eigentümer in gewählten Legislativen beruhte.
4. Moderne Medizin: Während des 19. und 20. Jahrhunderts

wurden so gut wie alle Durchbrüche im Gesundheitswesen von Westeuropäern oder Nordamerikanern erreicht.

5. Konsumgesellschaft: Die industrielle Revolution fand dort statt, wo sowohl die Produktivität steigernde Techniken verfügbar waren wie auch eine Nachfrage bestand nach mehr, besseren und billigeren Gütern.
6. Arbeitsethik: Die Menschen im Westen waren die Ersten, die extensivere und intensivere Arbeit mit höheren Sparquoten verbanden, was wiederum fortgesetzte Kapitalakkumulation ermöglichte.«[367]

Nur aus der Perspektive westlicher Linksintellektueller wirken derartige Errungenschaften schlecht. Wer sich aus der Dritten Welt in den Westen durchgekämpft hat, versteht diese selbstverachtende Dekadenz nicht. Die aus Somalia stammende Intellektuelle Ayaan Hirsi Ali sagt dazu:

»Ich sage freiheraus, was ich denke: Die westliche Kultur mit ihrer Entdeckung der Freiheit ist allen anderen Kulturen überlegen, in der Vergangenheit und auch in der Gegenwart. Sie hat es zustande gebracht, die Unterdrückung der Frau, den Feudalismus und das Stammesdenken zu überwinden. Sie hat gesellschaftliche Offenheit, politische Freiheit, technische Innovation und wirtschaftlichen Wohlstand geschaffen. Ich leugne nicht, dass andere Kulturen ebenfalls ihr Besonderes und Wertvolles haben – aber die Freiheit der westlichen Kultur ist für alle Menschen von unschätzbarem Wert. Das sage ich als gebürtige Somalierin. Und das hören die linksliberalen Eliten nicht gerne. […] Ich erinnere mich, wie ich meinem Vater, der in den USA und Italien studiert hatte, sagte: Schau dir die Frauen in christlichen Ländern an, sie sind frei zu tun, was immer sie wollen. Schau dir die wissenschaftlichen Errungenschaften an. Schau dir den Wohlstand und die Liberalität an. Und dann schau dir an, was die islamische Kultur erreicht hat. Schau, wie sie mit Frauen umgeht. Man hatte mir beigebracht, dass meine Kultur allen anderen überlegen sei. Aber das war empirisch falsch, und das ließ mir keine Ruhe. Ich ertrug die kognitive Dissonanz nicht länger, und 1992 gelang es mir, nach Europa zu flüchten.«[368]

Die westliche Kultur geht nicht etwa unter, weil die Errungenschaften des Westens prinzipiell falsch gewesen wären oder in eine Sackgasse geführt hätten, sondern an Dekadenzphänomenen, die ihre Ursache in der Struktur der menschlichen Psyche haben. Nach meiner Einschätzung konnte der Westen dank einem wesentlichen Faktor prosperieren: der Trennung von Religion und Staat. Religiöse Sinngewissheiten konnten jedoch *trotz* Aufklärung über einen langen Zeitraum bewahrt und geachtet werden. Das dem Menschen eingeborene Gefühl der Schuldhaftigkeit wurde ungeachtet des Siegeszugs der Naturwissenschaften über Jahrhunderte hinweg rituell abgeleitet. Mit dem Jesuswort *»Gebt dem Kaiser, was des Kaisers ist, und Gott, was Gottes ist«* (Matthäus 22,21) war das Christentum prädestentiert für eine paradoxe Übergangsphase der Säkularisierung, unter *Beibehaltung* religiöser sinnstiftender Kultur. Auf diese Weise konnte der Westen eine Zeit lang beides haben, Wissenschaft *und* seelische Gesundheit.

»In Verbindung mit den sozialen Umwälzungsprozessen der Industrialisierung jedoch, mit dem entstehenden Massenwohlstand und der damit einhergehenden Kaufkraft kommt es zu einer umfassenden Demontage kulturermöglichender, kulturstabilisierender und kulturgenerierender Strukturen. [...] Doch Kultur ist mehr als ein normierendes Symbolsystem. Sie schafft Bedeutung, indem sie den vergänglichen und endlichen, also allen Produkten menschlichen Tuns und letztlich dem Menschen selbst Bedeutung verleiht. Das Symbolsystem Kultur fügt der Welt der Dinge, Tatsachen und Ereignisse eine Sinnebene hinzu. Hier, auf dieser Sinnebene, versucht der Mensch, symbolisch seine Endlichkeit zu überwinden, indem er dem Zufälligen, Chaotischen und Vergänglichen der Natur Regeln, Ordnung und den Anspruch auf Ewigkeit entgegensetzt. In der Kultur transzendiert der Mensch sich selbst. [...] Anders formuliert: Man muss sie [Unendlichkeit] symbolisieren. Dies geschieht unter anderem dadurch, dass heilige Stätten geschaffen werden, also Übergangsräume zwischen der Endlichkeit und dem Unendlichen, dem Vergänglichen und dem Ewigen. Hier, in den heiligen Bezirken, an den Kultstätten, in Kulträumen und

Tempeln wird nicht nur den Göttern gehuldigt, sondern zugleich auch den Normen, Werten und Idealvorstellungen einer Gemeinschaft. Hier wird Kultur zu einem Ensemble symbolischer Formen, zu einem System von Ornamenten, Bildern, Gesten, Zeichen und schließlich Texten. Denn Symbole sind, anders als physische Gegenstände, der Vergänglichkeit enthoben. Das bedeutet, dass Symbole nicht nur Ewigkeit darzustellen vermögen. Sie selbst konstituieren Zeitlosigkeit. Vermittels ihrer Symbole versucht Kultur mithin, sich selbst zu transzendieren und Ewigkeit in der Vergänglichkeit zu schaffen. Dies muss naturgemäß scheitern, doch genau hierin liegt ihre menschliche Würde. Kultur ist Ausdruck der Revolte des Menschen gegen den Tod. Sie sucht Ewigkeit und Ordnung zu schaffen, wo im Grunde nur Chaos, Zufall und Endlichkeit sind. Daher ist Kultur im Wesentlichen Religion und Religion Kultur. Oder anders: Kultur ist, folgt man T. S. Eliot, ›ihrem eigentlichen Wesen nach die fleischgewordene Religion eines Volkes‹. In dem Moment, in dem Kultur ihren religiösen Charakter verliert, verliert sie sich selbst. Es gibt in diesem Sinne keine säkulare Kultur.«[369]

Industrialisierung, Kapitalakkumulation, moderne Medizin und Urbanisierung führten dazu, leibliche Nöte wie Hunger, Kälte und Krankheit so weit aus dem Leben zu verbannen, dass die Erfahrbarkeit von Endlichkeit und Tod immer abstrakter wurde. Zudem wurden Krankheit und Sterben industrialisiert, der Tod wurde zunehmend unsichtbar. Die Bedeutung der Kirchen, als Orte der Angstbefriedung, wurde schwächer. Kulturbildende Elemente und Institutionen lösten sich nach und nach auf. Trotzdem blieb die der Seele immanente Todesangst erhalten. Diese prinzipiell ungreifbare Angst hat sich neue Projektionsflächen gesucht. Schaut man sich die zeitgenössischen, apokalyptischen Narrative an stellt man unweigerlich fest, dass es immer um sehr kleine, unsichtbare Dinge mit großer Wirkung geht. Egal ob Corona- oder Klimakrise – den eigentlichen Feind kann man nicht sehen. Ursächlich für den Weltuntergang sind winzige Strukturen, diesmal von den Hohepriestern der Neuzeit verkündet. Doch auch an die tödliche Wirkung von

Viren oder CO_2-Molekülen muss man glauben. Nur über ausgeklügelte technische Detektoren, mathematische Formeln und wissenschaftliche Theorien lassen sich die Feinde der Neuzeit entlarven. Natürlich braucht auch die säkulare Ersatzkultur Schamanen und Tempel, um die bösen Geister zu bezähmen. Um Armageddon 2.0 aufzuhalten, sind ganze Industrien entstanden, und Klimatologen avancierten zu den Kardinälen der neuen Religion. Doch mit dem Auftauchen des Pandemiekultes hat der Klimakult Konkurrenz bekommen. Verständlicherweise wehren sich die alten Priester gegen ihre drohende Arbeitslosigkeit. Man beeilt sich zu erklären, dass die alten und die neuen Geister gemeinsam bekämpft werden müssen, daher sollte man sich zu einer Ökumene zusammenschließen. Christian Drosten und Hans Joachim Schellnhuber werden zukünftig gemeinsam die Messe lesen. Vollends überflüssig werden Schamanen natürlich dann, wenn eine Kultur einen Paradigmenwechsel erlebt und sich die bösen Geister als Chimären herausstellen, mehr dazu gleich.

Auf jeden Fall behalten beide neuzeitlichen Kulte ihren archaischen Charakter, denn die eigentlichen Gefahren bleiben geisterhaft, flüchtig und verschlagen. Deshalb konnten Corona-Pandemie und Klimakrise in kürzester Zeit neokultische Handlungen entwickeln, die zwar im wissenschaftlichen Gewand daherkommen, in Wahrheit aber klassische Krisenkult-Handlungen sind:

»Ein Krisenkult ist ein Kult, der in einer Krise entsteht. Meist handelt es sich um völlig verzweifelte und irrationale Handlungen. Mit Krisenkulten soll das Unmögliche Realität werden. […] Krisenkulte bringen Hoffnung in einer Zeit der Hoffnungslosigkeit. Die Kulte enden mit katastrophalen Folgen für die bereits Leidgeprüften. Der letzte Funke Hoffnung wird zerschlagen – die betroffenen Ethnien resignieren. […] ›Ich [Weston La Barre] prägte den einfachen Begriff ›Krisenkult‹ sowohl wegen seiner Kürze als auch wegen seiner Unentschlossenheit mit der Absicht, damit einfach die Erkenntnis Malinowskis zu transportieren, dass es ohne Krise keinen Kult geben kann. Das heißt, es muss ein ungelöstes Problem oder

eine Krise geben – chronisch oder akut – das mit gewöhnlichen säkularen Mitteln nicht gelöst wurde, bevor ein Kult entstehen kann.«[370]

Eben dies ist der modernen Gesellschaft bislang nicht gelungen – ausschließlich mit säkularen Mitteln zeitgenössische Krisen zu lösen. Vielleicht ist es allein deshalb nicht gelungen, weil Menschen ganz einfach keine ausschließlich rationalen Wesen sind. Seelische Nöte lassen sich nicht allein mit Logik befrieden. Auch vermeintlich säkulare Gesellschaften laufen Gefahr, in das regressive »magische Denken« zurückzufallen, sobald sie unter Druck geraten. SARS-CoV-2 wird unbemerkt übertagen. CO_2 sieht und riecht man nicht. Allein ein atmender Mensch trägt gleich beide böse Geister in die Welt – also Obacht! Nur wer auf der Hut ist und die unsichtbaren Gefahren mitdenkt, hat eine Chance zu überleben. Ähnlich wie beim zwangsgestörten Detektiv *Monk*, der fortwährend seine Hände desinfiziert und dennoch jeden Gegenstand antippen muss, um nicht verrückt zu werden, stoßen auch neokultische Handlungen an ihre Grenzen. Maskentragen, Hände waschen, Selbstisolation, Impfung, Binnen-I benutzen, Tofu essen, Ökostrom-Abo, E-Auto fahren und Diversitätsbeschwörungen, all das wird am Ende nicht reichen. Nur wenige Menschen verstehen, dass neurotisches, magisches Denken stets inflationär ist, daher muss ständig nachgelegt werden. Im Kampf gegen das Klima entdeckt man plötzlich, dass die einstmals gepriesenen E-Autos aufgrund ihrer Batterien so schwer werden, dass die Feinstaubbelastung sogar noch zunehmen könnte. Der Abrieb von Reifen und Bremsen könnte zu erhöhten Belastungen führen. In Stuttgart diskutiert man deshalb Fahrverbote für E-Autos in den Innerstädten. Blaue OP-Masken gegen SARS-CoV-2 reichen plötzlich nicht mehr, um das Übel abzuwehren; inzwischen müssen es FFP2-Masken sein. Kurz darauf folgt eine Diskussion über Doppelmasken, zwei Masken übereinander sollen noch besser schützen. Danach folgt eine Debatte, dass Bartträger die Gesellschaft in besonderer Weise gefährden. Der *Spiegel* titelt: *»Bartträger Benjamin Maack fragt sich: Schulden wir der Gesellschaft eine Rasur?«*[371]

Der *Spiegel* kommt zu dem Ergebnis, selbstverständlich ja! Was mag danach kommen? Da sich Keime in Haaren besser halten als auf glatter Haut, wäre es konsequent, wenn sich alle Menschen kahlscheren würden, auch Frauen. Nasen-Abstriche zum Nachweis von SARS-CoV-2 werden neuerdings für weniger präzise gehalten als Abstriche aus dem Rektum. Sollten die Schnelltests auf Flughäfen und vor anderen Einrichtungen nicht sicherheitshalber im Analbereich vorgenommen werden?

Früher oder später entwickeln Krisenkulte immer radikalere Lösungen: Um das Böse endgültig abzuwehren, muss schlussendlich alles Bestehende sterben. Nur das reinigende Feuer, ein radikaler Neuanfang – oder im Neusprech: »*The great Reset*« – kann die Menschheit noch retten. Eben dies ist die Grundidee des sozialistischen Neubeginns: ausradieren und neu aufbauen. Wie eingangs geschrieben – mit diesem Ansatz entlarvt sich Sozialismus als kultische Ersatzreligion. Deshalb ist es sicher kein Zufall, dass eine säkulare Gesellschaft ohne Gott, die in einen archaischen Krisenmodus zurückgefallen ist, über Institutionen wie den WEF und im Schulterschluss mit China den sozialistischen Neuanfang preist. Das wohl berühmteste Beispiel selbstzerstörerischer kollektiver Kulthandlungen unter Naturvölkern ist die tragische »*Viehtötung der Xhosa*«.

»Aufgrund der Kolonisierung Südafrikas, dann auch der Errichtung der Burenrepubliken Oranje-Freistaat und Transvaal, kamen die Xhosa in ihren angestammten Lebensgebieten immer weiter unter Bedrängnis, teilweise verloren sie ihre Heimat. Im Zeitraum 1856–1857 opferten die Xhosa den Geistern ihrer Ahnen aufgrund einer Prophezeiung den größten Teil ihres Viehbestandes und vernichteten ihr Korn. Diese Viehtötung der Xhosa führte in der Folge zu einer großen Notlage in der Bevölkerung. Mehrere Zehntausend Xhosa-Angehörige starben und mindestens 50000 verließen ihr Land, um eine neue Existenzgrundlage zu finden.«[372]

Nongqawuse, die Prophetin der Xhosa, war ein junges unschuldiges Mädchen, genau wie Greta Thunberg. Das Kind hatte beim Wasserholen drei Geister am Teich gesehen, die ihr erklärten, das ohnehin geschwächte Vieh müsse restlos getötet werden, dann erst würde neues gesundes Vieh auferstehen. Außerdem würden auch alle verstorbenen Xhosa wiederauferstehen und dabei helfen, die Weißen zu vertreiben. Der Philosoph Gunnar Kaiser weist in seinem Essay »*Die große Selbstzerstörung*« auf Parallelen zur Jetztzeit hin:

»Im derzeitigen globalen Kult laufen wir Gefahr, Zeuge und Opfer einer irrationalen Krisenkulthandlung zu werden. In den Zustand der Verzweiflung wurden wir in den letzten Jahren und Jahrzehnten immer wieder versetzt: Die Welt, wie wir sie kannten, hieß es, wird bald verschwunden sein, es ist kaum noch ein Ausweg möglich, es ist fünf vor zwölf, wir müssen handeln, sonst ist kein Leben auf Erden mehr möglich. Schuld seien die Ausbeutung, die Gier, die freien Märkte, der Kapitalismus, der westliche Lebensstil. Nun zeigen sich die Geister am Teich. Sie versprechen uns: Wenn wir das alles untergehen lassen und opfern – freie Märkte, freies Unternehmertum, Wirtschaftswachstum, liberale und offene Gesellschaften, nationale Souveränität, parlamentarische Demokratie, Bewegungs- und Meinungsfreiheit, Privateigentum und -sphäre und die Autonomie des Menschen – dann werden bald alle Probleme gelöst sein: Umweltverschmutzung, globale Ungerechtigkeit, Klimakrise und Pandemien. Alle werden gleich sein, wenn die Toten auferstehen und erneut eine zentral geplante Kreislaufwirtschaft mit maximaler Kontrolle der Wirtschaft und der Menschen errichten, diesmal noch technokratischer mit staatlich zugeteilten Energiekontingenten und digitalem bedingungslosem Grundeinkommen für jedermann, und diesmal eben im globalen Maßstab. Denn es ist ein globaler Kult, da stehen die Toten global auf und sorgen für Gleichheit in globalem Maßstab.«[373]

Als die Xhosa tatsächlich begannen ihren gesamten Viehbestand zu töten und dazu noch ihr ganzes Korn verbrannten, gab es Mahner, die um Einhalt flehten. Die Kritiker gaben zu bedenken, das Alte könnte im Überlebenskampf noch sehr wertvoll sein. Da aber der Krisenkult bereits bei der Mehrheit der Xhosa gezündet hatte, galten die Besonnenen als abnormale Spielverderber, die der

Gesundung des Volkes im Wege standen. Psychiater wie Hans-Joachim Maaz weisen deshalb mit Nachdruck auf kollektive Phänomene wie die »Normopathie« hin. Irrationales Gedankengut kann nicht mehr als solches erkannt werden, wenn es von einer Mehrheit getragen wird. Anzumahnen, dass Windmühlenparks krank machen und die Blackout-Gefahr erhöhen oder dass Massenimpfungen mit ungeprüften Impfstoffen gesunde Menschen in den Krankenstand versetzen können, gilt heute als abnormal. Dabei fühlt sich die große Mehrheit der Normopathen aufgeklärt und von Fakten gelenkt und kann nicht verstehen, wie man überhaupt anderer Meinung sein kann – außer man ist krank. Deshalb fordern Normopathen, wie der Psychologe Fabian Chmielewski, Zwangstherapien für Klimaskeptiker. Und die Kanzlerin bekundet in Bezug auf »Corona-Leugner«:

»Das ist ja im Grunde ein Angriff auf unsere ganze Lebensweise. [...] Seit der Aufklärung ist Europa den Weg gegangen, sich auf der Basis von Fakten sozusagen ein Weltbild zu verschaffen. Und wenn ein Weltbild plötzlich losgelöst oder antifaktisch ist, dann ist das natürlich mit unserer ganzen Art zu leben sehr schwer vereinbar. [...] Das übliche Argumentieren, das hilft da nicht, deshalb ist das für uns schon eine besondere Herausforderung. Das wird vielleicht auch eine Aufgabe für Psychologen sein. [...] Wie verabschiedet man sich eigentlich aus der Welt der Fakten und gerät in eine Welt, die sozusagen eine andere Sprache spricht und die wir mit unserer faktenbasierten Sprache gar nicht erreichen können?«[374]

Mit dem letzten Satz hat die Kanzlerin tatsächlich ins Schwarze getroffen. Dieser Königsfrage gehen Therapeuten wie Hans-Joachim Maaz ebenso nach wie ich mit diesem Buch.

Apokalyptische Reiter

Der neuzeitliche Krisenkult entstand nicht über Nacht. Seit 50 Jahren ist jeder gebildete Mensch im Westen von drei apokalyptischen

Gewissheiten überzeugt. Im Alltag gelingt es den meisten von uns, diese drei Wahrheiten zu verdrängen. Doch solange ich denken kann, bilden sie einen subkutanen Akkord des Schreckens. Fast alle politischen Entscheidungen vor Corona wurden von diesen drei Grundüberzeugungen befeuert, sie gelten als ebenso fürchterlich wie unumstößlich. Vor den drei apokalyptischen Reitern hatte man mich in der Schule gewarnt. Als Jugendlicher habe ich unzählige Filme über sie gesehen und später, als Erwachsener, habe ich wissenschaftliche Artikel darüber gelesen. Menschen glauben an diese vermeintlichen Tatsachen allein schon deshalb, weil sie mit einer tiefen Urerfahrungen der Seele korrelieren, diese Erfahrung lautet: *Mangel.* Jahrtausende haben sich Menschen hungrig und ängstlich in den Schlaf geweint. Verknappung, Hunger und das Ausgeliefertsein an die Elemente waren nicht die Ausnahme, sondern die Regel. Tief in die menschliche DNA hat sich eine Erfahrung eingebrannt, und diese lautet: *Es ist nicht genug für alle da.* Schlussendlich, und wenn man Pech hat sehr bald, wird es ein Hauen und Stechen geben. Die drei großen Mangel-Narrative lauten:

Energiekrise. Gelernte, vermeintliche Tatsache: Erdöl und Erdgas sind fossile Rohstoffe und daher endlich und rar. Sobald wir Menschen eine Öl- oder Gasquelle ausgeschöpft haben, ist diese unwiederbringlich leer. Derzeit kommen 87 Prozent aller Energie aus fossilen Brennstoffen. Das globale Ölfördermaximum (engl. peak oil) ist in Kürze erreicht, danach geht die Fördermenge rapide bergab. Die fossilen Energieträger werden weit früher erschöpft sein, als die Menschheit sie durch erneuerbare Energien ersetzen kann. Oder – falls fossile Brennstoffe unerwartet länger halten sollten, greift Horrorszenario Nummer zwei:

Klimakrise. Gelernte, vermeintliche Tatsache: Das Verbrennen von Erdöl, Gas und Kohle erhöht das »Schadgas« Kohlendioxid in der Atmosphäre. War dieser menschengemachte Kohlendioxid-Anstieg in den 1970er-Jahren noch für die neue Eiszeit verantwortlich, ist es derzeit die Überhitzung. Heute stellen die Forscher des

IPCC fest: Wenn die Menschen weiter Erdöl und Gas verbrennen, wird die Erde immer heißer. Ernteausfälle, Anstieg des Meeresspiegels, Artensterben und Süßwassermangel sind die Folgen. Der immer kleiner werdende Lebensraum für Mensch und Tier verschärft sich durch Problem Nummer drei:

Überbevölkerung. Gelernte, vermeintliche Tatsache: Die Menschheit wächst immer rasanter und immer schneller. Hatten wir im Jahr 1800 gerade einmal eine Milliarde Menschen, waren es zur Zeit meiner Geburt 1963 bereits über 3 Milliarden und heute sind es erschreckende 7,7 Milliarden, Tendenz stark steigend. In wenigen Jahren wird eine Zahl erreicht, die, befeuert durch Energiemangel und Klimakrise, zwangsläufig in einem apokalyptischen Endzeitszenario enden muss.

Als typisch westdeutscher Babyboomer bin ich mit diesen drei Gewissheiten abends ins Bett gegangen und morgens wieder aufgewacht. Unzählige *Spiegel*- und *Stern*-Cover zeigten mir zeit meines Lebens verdorrte Bäume, verhungerte Rinder oder blanke Knochen in der Wüste. Geradezu erfrischend muteten dagegen die Bilder des Kölner Doms von 1986 an, der zur Abwechslung mal von frischem Wasser umspült wurde. Doch halt – dieses Wasser war natürlich Meerwasser, die Botschaft: Wahlweise würden wir Menschen vertrocknen oder im Meerwasser ertrinken. Das *Spiegel*-Cover des unter Wasser stehenden Doms war untertitelt mit: *»Ozon-Loch, Pol-Schmelze, Treibhaus-Effekt, Forscher warnen: Die Klima-Katastrophe«.*

Obgleich keine einzige der apokalyptischen Vorhersagen der 1970er-, 1980er- und 1990er-Jahre eingetreten ist, weder die Eiszeit, noch das Versiegen des Öls, auch nicht das Waldsterben oder der Meeresspiegelanstieg, haben die Apologeten der Apokalypse niemals in ihren Kassandrarufen nachgelassen. Schon damals gesellte sich zur großen Klimakrise das Weltuntergangsmotiv einer globalen Seuche: AIDS. In den 1980er-Jahren prognostizierten die Epidemiologen eine weltumspannende AIDS-Pandemie, die *alle* Menschen betreffen würde und nicht nur die Randgruppen. Schlussendlich würde ein Drittel der Weltbevölkerung durch AIDS dahingerafft werden – doch auch diese Prognose war falsch.

Als Jugendlicher war ich mir jedenfalls sicher, Gedanken über meine Rente brauchte ich mir nicht zu machen. Ohnehin beeindruckt vom allgegenwärtigen Schrecken des Kalten Krieges, war es eigentlich nur eine marginale Frage, ob mich alsbald der atomare Fallout, HIV oder der Klimakollaps hinwegraffen würde. Um sich auf das nahe Ende vorzubereiten, war ich wie viele meiner Freunde magisch von Endzeitfilmen angezogen. Schaut man sich die lange Wikipedia-Liste der dystopischen Filme an, die von »Metropolis« (Fritz Lang, 1927) über »Jahr 2022 – die überleben wollen« (Richard Fleischer, 1973) bis zur Filmreihe »Die Tribute von Panem« (div. Regisseure, 2012–2015) reicht, wird klar: Mit diesem Filmgenre widmet sich Hollywood einem Archetyp, der für die menschliche Seele mindestens dieselbe Bedeutung hat wie romantische Liebesfilme oder Komödien. Die Endzeitszenarien ähneln einander:

Die fossilen Brennstoffe sind erschöpft. Unvernünftigerweise haben die Menschen so lange Öl und Gas verfeuert, dass sie zur Strafe fortan in einer Gluthölle leben müssen. Felder und Wiesen sind verbrannt, Tiere verhungert, Wälder verheizt. Für wenige Liter Benzin begehen soziopathische Wegelagerer und tribale Warlords Morde. Aufgrund der Überbevölkerung hungern die Menschen und vegetieren im Elend vor sich hin. Nur eine kleine Clique Superreicher hat sich bewaffnet und lebt in Saus und Braus. Als ich vor 40 Jahren das erste Mal den Film »Jahr 2022« (Originaltitel »Soylent Green«) sah, war ich so ergriffen und erschrocken, dass ich tagelang nicht zur Ruhe kam. So würde es zweifellos kommen. Tief beeindruckt hatte mich damals die berühmte Sterbeszene mit dem genialen Edward G. Robinson. Im Film spielt Robinson den väterlichen Freund des Helden, Detective Robert Thorn, gespielt von Charlton Heston. Robinson, der im Film Sol Roth heißt, wählt als alter weiser Mann den Freitod in eigens dafür vorgesehenen

Einrichtungen. Der alte Mann kann das Leben im Jahr 2022 nicht mehr ertragen, da der Kontrast zu seiner Jugendzeit, als die Erde noch grün und intakt war, immer schmerzhafter wird. Der inzwischen totalitäre Staat begrüßt und unterstützt derartige Freitode aus zweierlei Gründen: Zum einen gibt es einen Esser weniger und zum anderen hat man eine weitere Eiweißquelle erschlossen. Das große Geheimnis und der Plot des Films: In geheimen Fabriken werden die Leichname aus den Freitod-Einrichtungen für das streng limitierte Grundnahrungsmittel »Soylent Green« verwendet. Ohne es zu wissen, sind die Menschen zu Kannibalen geworden. Dramaturgischer Höhepunkt des Films ist die Szene, in der sich der Held Robert Thorn in die bewachte Sterbeeinrichtung schleicht, um seinen Freund Sol vom Freitod abzuhalten. Doch es ist zu spät, Sol liegt bereits im Sterben. Robert muss nicht nur mit ansehen, wie sein bester Freund stirbt, was ergreifend genug wäre. Was ihn noch mehr erschüttert als Sols Tod sind die Filme auf einer riesigen Leinwand, die dem Sterbenden den Abschied erleichtern sollen. Im Hintergrund der Sterbehalle laufen wunderschöne Naturfilme; sie zeigen die Erde, wie sie einstmals war: blauer Himmel, sattes Grün, lebendige Flora und Fauna. Mit Tränen in den Augen sieht Robert erstmalig in seinem Leben, was der Menschheit verloren ging. Sämtliche Filmszenen zuvor hatte Richard Fleischer mit Gelbfilter gedreht, schwache Kontraste, Staub und Dreck, überfüllte Straßen, schwitzende Menschen, Bulldozer, Gewalt, Mangel. Plötzlich aber sieht Robert, und mit ihm der Zuschauer des Films, wie die Welt in all ihrer erhabenen Schönheit einmal war. Robert Thorns Schock über das verlorene Paradies trifft tiefenpsychogisch den neuralgischsten Punkt der menschlichen Seele, den Sündenfall. Wir haben es verbockt. Gott hatte uns alles gegeben, was wir brauchten, doch unsere Hybris, Verblendung und Gier haben aus dem Paradies eine Müllhalde gemacht. »*Verflucht sei der Acker um deinetwillen, mit Kummer sollst du dich darauf nähren dein Leben lang. Dornen und Disteln soll er dir tragen, und du sollst das Kraut auf dem Felde essen. Im Schweiße deines Angesichts sollst du dein Brot essen, bis dass du wieder zu Erde werdest, davon du genommen bist.«*[375]

Das einzig Vernünftige, was der von Selbstekel angewiderte Mensch noch tun kann, ist, die Welt von seiner Anwesenheit zu befreien. Wenige Jahre, bevor ich den Endzeitfilm »Jahr 2022« sah, schien sich das nahe Weltenende bereits anzukündigen. 1970 hatten sich meine Eltern ein kleines Eigenheim zusammengespart. Nach anfänglicher Freude über unser neues Heim blieben uns Kindern die Sorgen unserer Eltern nicht verborgen. Zum einen brachte ein Immobilienzins von 11 Prozent die Familienkasse an ihre Grenzen. Erschwerend kam hinzu, dass mein Vater die Zentralheizung des Hauses von Koks auf eine weitaus komfortablere Ölheizung umgestellt hatte. Unmittelbar nach der Umstellung stieg der Ölpreis von 3 Dollar pro Barrel auf über 30 Dollar an – das Öl wurde knapp. Im selben Jahr, in dem Richard Fleischer *Soylent Green* drehte, erließ die Bundesregierung Öl-Notstandsgesetze. Erstmals in der deutschen Geschichte wurde der Autofahrernation über Fahrverbote und Tempolimits klargemacht: Öl ist ein äußerst knappes Gut und schon Mitte der 1980er-Jahre würde es versiegen. Unter dem Schock der Energiekrise beschloss die Bundesregierung den Bau von 40 neuen Atomkraftwerken. Als ich den Film *Jahr 2022* mit 15 Jahren das erst Mal sah, war 2022 noch unendlich weit weg. Wer meine Familienchronik gelesen hat, weiß, dass in meiner religiösen Familie der »nahe Weltuntergang« ohnehin ein allgegenwärtiges Thema war. Als Spezialist für Armageddon war ich als Teenager davon überzeugt, dass es die Menschheit niemals bis ins Jahr 2022 schaffen würde. Und falls doch, würde es noch schlimmer kommen, als im Film dargestellt. In meinem speziellen Fall war der Hang zur Dystopie natürlich besonders stark ausgeprägt. Trotzdem sind aufgrund der genannten drei »Gewissheiten« viele Menschen auch heute noch von ähnlich düsteren Prognosen für unsere Zukunft überzeugt. Doch wie wäre es um unsere inzwischen liebgewonnene dystopische Weltsicht bestellt, wenn sich endgültig herzustellen würde, dass…

… es niemals einen Mangel an fossilen Brennstoffen gegeben hat,

… CO_2 aus physikalischen Gründen doch nicht für den Klimawandel verantwortlich sein kann,

… die Weltbevölkerung in einigen Jahren stark abnimmt?

Zumindest einer der drei apokalyptischen Reiter kommt derzeit ins Straucheln. Das wissenschaftliche Postulat der ›Bevölkerungsexplosion‹, bei der exponentielles Wachstum der Menschheit den Planeten an die Belastungsgrenzen führt, hat sich erledigt.

»Die Wachstumsrate lag damals [1963] bei 2,2 Prozent. Heute ist sie nur noch etwa halb so groß. Die Weltbevölkerung wächst immer langsamer. In absehbarer Zeit wird sie damit aufhören und beginnen zu schrumpfen. Die Frage ist nicht mehr, ob, sondern nur noch, wann. Auch das Wachstum in absoluten Zahlen geht bereits zurück: Die meisten zusätzlichen Menschen kamen um das Jahr 1990 hinzu, damals waren es 90 Millionen in einem Jahr. Diese und viele andere Zahlen kann man sich, sehr anschaulich aufbereitet, auf der Webseite ›Our World in Data‹ ansehen. Sie ist oft sehr hilfreich, wenn man das Bedürfnis hat, seine Vorstellungen von der Welt der Realität anzupassen. Entscheidend ist dies: Die Weltbevölkerung wächst eben nicht exponentiell, es gibt keine ›Bevölkerungsexplosion‹. Heute geborene Kinder haben gute Chancen, das Ende des Wachstums persönlich mitzuerleben.«[376]

»Demnach erreicht die Erdbevölkerung um das Jahr 2064 mit 9,7 Milliarden Menschen ihren Höchststand. Danach wird sie deutlich schrumpfen. Am Ende des Jahrhunderts leben rund 8,8 Milliarden Menschen auf dem Planeten. Das sind etwa zwei Milliarden weniger als voriges Jahr von den Vereinten Nationen vorhergesagt. Die Zahlen stammen vom Institute for Health Metrics and Evaluation (IHME) der University of Washington in Seattle und wurden im Fachblatt ›The Lancet‹ veröffentlicht. Derzeit leben etwa 7,8 Milliarden Menschen auf der Erde. […] Die globale Geburtenrate von etwa 2,37 Kindern pro Frau im Jahr 2017 wird demnach bis 2100 auf einen Wert von 1,66 sinken – und damit deutlich unter die für eine stabile

Bevölkerung erforderliche Marke von 2,1. Selbst in Afrika südlich der Sahara, wo der Wert derzeit bei 4,6 liegt, wird er dann bei 1,7 liegen.«[377]

In der ganzen Welt zünden die Segnungen der westlichen Kultur, Frauenbildung und freier Handel lassen insbesondere in den nicht vom Islam dominierten Regionen Familien schrumpfen. Auch dies führt zu Umkehreffekten, die nicht mehr zurückgenommen werden können. Wenn man den Besteller »*Factfulness – Wie wir lernen, die Welt so zu sehen, wie sie wirklich ist*« von Hans Rosling gelesen hat, bekommt das dystopische Weltbild gleich mehrere Risse. Auch Rosling verweist darauf, dass die Bevölkerungsexplosion ausbleiben wird. Zudem macht er deutlich, dass die klassischen marktwirtschaftlichen Gesetze des allseits verpönten Kapitalismus zur ungeahnten Niveauverbesserung der Lebensumstände für Milliarden Erdenbürger geführt haben. So weigert sich Rosling, von einer »Dritten Welt« zu sprechen, weil sich die Lebensumstände in den letzten 30 Jahren derart verbessert haben, dass diese Bezeichnung veraltet, ignorant und abwertend ist. Allerdings: Bis der Peak der Weltbevölkerung im Jahr 2064 erreicht sein wird, muss die Menschheit noch ihr Bestes an Agrartechnik und Sachverstand aufbieten, damit alle Menschen ohne größere Kriege satt werden – möglich wäre dies aber zweifellos. Bisher waren es vor allem die verpönten »westlichen weißen Männer« mit ihrer Innovationskraft, die zu einer ungeahnten Verbesserung der Lebensumstände beigetragen haben. Ob diese dringend benötigte Innovations- und Ingenieurskraft, die in der Vergangenheit auch und vor allem von Europa ausgegangen ist, bis in das Jahr 2064 reichen wird, ist allerdings fraglich. Wie ich im Kapitel »Youth Bulge« bereits schrieb: Die letzte große Blase der Überbevölkerung wird sich unmittelbar vor der europäischen Haustür auftun, in Afrika. Bei Aufrechterhaltung der linksgrünen Migrationspolitik wird Europa als Modell und Ressource für den Rest der Welt in wenigen Jahren verlorengehen. USA und China werden diesem Prozess mit großer Gelassenheit entgegensehen. Mehr noch, große Migrationsströme von Afrika nach Europa werden seitens politstrategischer Think-Tanks der Supermächte durchaus mit Wohlwollen betrachtet. Hauptsache, Deutschland bleibt moralisch beschäftigt und wendet sich nicht Russland zu, denn dieses Bündnis könnte sich zu einer ernsthaften Konkurrenz für die beiden Supermächte auswachsen. Angesichts einer hypermoralisch gebundenen Babyboomer-Generation braucht man sich diesbezüglich allerdings keine allzu großen Sorgen zu machen.

Doch zurück zu den beiden anderen apokalyptischen Reitern: *Energiekrise* und *Klimakrise* sind ebenfalls keine unangefochtenen Wirklichkeitsmodelle. Seit immer präzisere Raumsonden das Sonnensystem erkunden und dabei ungeheure Methanmengen entdeckt haben, die nicht fossilen Ursprungs sein können, wird die aus den 1950er-Jahren stammende These über den abiotischen Ursprung des Erdöls neu diskutiert.

»Doch ein paar ›Dissidenten‹ der Expertengemeinde behaupten: Die Erdölvorräte sind unbegrenzt, der Erdmantel enthält gigantische Mengen an ›abiogenen‹ Kohlenwasserstoffen: Methan, Hauptbestandteil des Erdgases, sowie Erdöl, die nicht aus abgestorbenem biologischem Material (biogen) entstanden sind, sondern durch chemische Prozesse im Erdmantel. Letztlich stammten sie aus den Urzeiten des Kosmos und seien in Urzeiten in die Erde eingebaut worden. So fanden Astronomen auf anderen Planeten und deren Monden auch riesige Seen aus kaltem flüssigem Methan. Ersonnen hat die Theorie vom abiogenen Energieträger der sowjetische Erdölgeologe Nikolai Kudryawzew (1893–1971) um 1950. Später profilierte sich der US-Astrophysiker Thomas Gold (1920–2004) mit seiner ›Deep Earth Gas Hypothesis‹.«[378]

»Demgegenüber verkündete der Leiter der sowjetischen Forschergruppe, Wladimir Porfirjew: ›Rohöl und natürliches Erdgas haben keine eigentliche Verbindung mit in der Nähe der Erdoberfläche vorkommenden biologischen Substanzen. Es handelt sich um Urstoffe, die aus großen Tiefen hervorbrechen.‹ Seither ist die Theorie vom abiotischen, das heißt durch geologische Prozesse aus Wasser, Wasserstoff sowie Kohlen-

monoxid und Kohlendioxid entstandenen Erdöl in der Welt. Sie wurde von der Fachwelt nicht sonderlich ernst genommen, doch einzelne Forscher verfolgten die Idee weiter. Zu ihnen zählt Wladimir Kutscherow vom Königlich-Schwedischen Institut für Technologie in Stockholm (KTH). Jetzt trat er mit einem Paukenschlag an die Öffentlichkeit: Mit einigen Kollegen will er bewiesen haben, dass fossile Pflanzen und Tiere nicht notwendig sind, um Rohöl und Erdgas entstehen zu lassen. Naturgemäß entbrannte in Fachkreisen über die Studie der KTH-Forscher heftiger Streit. Hauptargument der Gegner der ›sowjetischen Theorie‹ der geologischen Erdöl-Entstehung ist, dass dieses aus wasserunlöslichen, langkettigen Kohlenwasserstoffen besteht, den so genannten Kerogenen. Diese komplexen Moleküle könnten sich aber nicht unter Bedingungen bilden, wie sie im Erdmantel herrschen, insbesondere aus thermodynamischen Gründen. Die Kerogene, halten Verfechter der Sowjet-Theorie dagegen, könnten als Verunreinigung in das abiotisch entstandene Öl gelangen. Sie sollen von Mikroben stammen, die tiefe Klüfte im Erdinneren besiedeln und von den im Öl enthaltenen einfachen Kohlenwasserstoffen leben. Damit würde dessen Entstehung aus organischen Substanzen nur vorgetäuscht. Allerdings konnten Geochemiker der Carnegie Institution in den USA immerhin die einfachen Kohlenwasserstoffe Ethan, Propan und Butan sowie molekularen Wasserstoff im Frühjahr 2009 unter Mantelbedingungen erzeugen – aber eben keine Kerogene. Die Frage ist somit noch nicht entschieden.«[379]

Wieder einmal ist die Debatte offener als gedacht. Fest steht jedenfalls, dass man in Russland einige Jahre auf Kudryawzew gehört hat und dabei immer ergiebigere Öl- und Gasquellen erschloss, vor allem an Orten und in Tiefen, an denen es erdgeschichtlich eigentlich kein Leben gegeben haben kann. Natürlich ist die »sowjetische Theorie« der Super-GAU für alle Klimaalarmisten, deren Hauptargument für die Energiewende nicht allein die Treibhausgasthese, sondern auch die Endlichkeit der Ressource Erdöl ist. Verständlicherweise wird deshalb aus allen Rohren gegen diese russische Theorie geschossen. Und so fragt der *Spiegel* 2012 entsetzt: *»Was, wenn es wahr wäre?«*

»Mit unbegrenztem Öl aus dem Erdkern könnte Deutschland die Energiewende abblasen. Das Ölkraftwerk würde eine Renaissance feiern und Peter Altmaier als erster Ölminister der Bundesrepublik in Bauhelm und Blaumann jeden Monat neue Produktionsrekorde feiern. Der Bohrturm im Vorgarten wäre das neue Statussymbol unter Zahnärzten und Oberstudienräten, Solarzellen wären dagegen ›sooo 2012‹. Die deutschen Autohersteller könnten ihre Pläne für Elektro- und Hybridautos einstampfen. Wegen des Jeep- und SUV-Booms auf deutschen Straßen würde Daimler mit Chrysler die zweite, die wahre ›Hochzeit im Himmel‹ feiern. Und Krauss-Maffei Wegmann hätte durch den Trend zum Privatpanzer ein ganz neues Geschäftsmodell. Außer arabischen Scheichs und Hugo Chávez wäre jeder glücklich. Bliebe nur noch das Problem mit dem Klimawandel. Denn was bringt unendliches Öl, wenn der Treibhauseffekt die Erde dann noch schneller unbewohnbar macht? Also erklären die meisten ›Peak Oil‹-Skeptiker die Erderwärmung gleich zur nächsten Verschwörung. So einfach ist das.«[380]

Und das will freilich niemand, die Energiewende abblasen … Daher gelten Forscher, die die fossile Öltheorie oder die anthropogene Klimakrise anzweifeln, als unwissenschaftlich und von der Ölindustrie bezahlte Verschwörer.

Ich möchte mich an dieser Stelle ausdrücklich nicht positionieren, da ich zum Thema der abiotischen Genese des Erdöls noch zu wenig gelesen habe, um mir ein Urteil zu bilden. Mir geht es hier mehr um ein Gedankenexperiment oder um die *Spiegel*-Headline aufzugreifen: »*Was, wenn es wahr wäre?*« Was, wenn alle apokalyptischen Reiter der Neuzeit Chimären sind? Trugbilder, auf die die Menschheit ihre Urangst des ewigen Mangels projiziert hat? Oder anderes gefragt – ist es wirklich logisch, dass ein Universum, in dem alles auf die Bejahung von Bewusstheit hinausläuft, trotz unendlicher Fülle nur ungenügende Ressourcen für diesen Prozess zur Verfügung stellt? Ein Logos, der sich über den Menschen selbst ansehen will, sorgt am entscheidenden Punkt der Bewusstheitsentwicklung für kleinkarierten Energiemangel und fiese Viren, um diesen

Prozess kurz vor Vollendung abzuwürgen? Oder sind die Gefahren der Neuzeit viel mehr Projektionen des säkularen Menschen, der seine Wurzeln zum nährenden Urgrund und zum Sinn des Lebens verloren hat?

»Sorgt nicht um euer Leben, was ihr essen und trinken werdet; auch nicht um euren Leib, was ihr anziehen werdet. Ist nicht das Leben mehr als die Nahrung und der Leib mehr als die Kleidung? Seht die Vögel unter dem Himmel an: sie säen nicht, sie ernten nicht, sie sammeln nicht in die Scheunen; und euer himmlischer Vater ernährt sie doch. Seid ihr denn nicht viel mehr als sie? Wer ist unter euch, der seines Lebens Länge eine Spanne zusetzen könnte, wie sehr er sich auch darum sorgt? Und warum sorgt ihr euch um die Kleidung? Schaut die Lilien auf dem Feld an, wie sie wachsen: sie arbeiten nicht, auch spinnen sie nicht. Ich sage euch, dass auch Salomo in aller seiner Herrlichkeit nicht gekleidet gewesen ist wie eine von ihnen. Wenn nun Gott das Gras auf dem Feld so kleidet, das doch heute steht und morgen in den Ofen geworfen wird: sollte er das nicht viel mehr für euch tun, ihr Kleingläubigen? Darum sollt ihr nicht sorgen und sagen: Was werden wir essen? Was werden wir trinken? Womit werden wir uns kleiden? Nach dem allen trachten die Heiden. Denn euer himmlischer Vater weiß, dass ihr all dessen bedürft.«[381]

Was, wenn dieser Planet in Wirklichkeit spielend bereits jetzt alle Ressourcen hat, um kurzfristig auch 10 Milliarden Menschen mit Nahrung zu versorgen, ihnen Wärme und Obdach zu geben? Ohne, dass es hierfür nötig wäre, Milliarden Menschen zu knechten, zwangsweise zu impfen und zu kontrollieren. Und ohne ihnen die Würde der eigenen Arbeit zu nehmen, sie von Freunden und Liebsten zu trennen und wie lebende Zombies vor dem Fernseher zu parken? Und all dies nur, weil man fälschlicherweise glaubt, »Energiewenden« und »Pandemiekämpfe« bestreiten zu müssen. Möglicherweise ist der größte Feind des Menschen seine Angst – und die daraus folgenden Abwehrkämpfe gegen imaginierte Drachen.

Schlusswort

Nach diesem umfangreichen Parforceritt durch die regressiven Krisenkulte der Neuzeit wäre ein Vorschlag zur Besserung wünschenswert. Es wird Sie inzwischen jedoch kaum noch verwundern – ich bin Kulturpessimist. In meinem letzten Buch habe ich verraten, dass ich vor vielen Jahren Grünen- und SPD-Wähler war. Helmut Schmidt ist tot. Die SPD wird von Saskia Esken geführt, und die Grünen stehen in vorderster Front bei der willfährigen Umsetzung supranationaler Agenden. Die CDU wäre über die Jahre fast noch zu einer wählbaren Option für mich geworden – doch dann kam Angela Merkel und hat eine CDU hinterlassen, die mit der Bonner Republik nicht mehr viel gemein hat. Ob aus der Corona-Kritiker-Bewegung seriöse, politische Parteien erwachsen, lässt sich zum Zeitpunkt des Entstehens dieses Buches nicht sagen. Der Niedergang der großen Parteien ist jedenfalls symptomatisch für die Dekadenzphänomene der letzten Jahrzehnte. Werte und Orientierungen haben sich um 180 Grad gedreht. Ehemalige Kämpfer für Freiheit, soziale Gerechtigkeit und Ökologie verkommen zu willfährigen Helfern globaler Oligarchen. Grüne Politiker, die vor wenigen Jahren noch gegen Genmais und Gensoja auf einem Acker protestiert haben, werben heute für Genversuche direkt im menschlichen Körper. Universitäten, einstmals Hort der Aufklärung, des streitbaren Diskurses und der Freiheit, verkommen zum weinerlichen »safe space«. Tugendwächter wachen mithilfe von Cancel-Culture und Politischer Korrektheit über den politischen Diskurs und diffamieren jeden Abweichler als rechts, sexistisch und rassistisch. In neidischer Konkurrenz weiteifern verschiedenste

Opfergruppen und heucheln Betroffenheit, um sich die besten Plätze für eine staatliche Alimentierung zu sichern. Kein angehender Akademiker scheint heute mehr zu wissen, dass man Freiheit nicht ein für alle Mal hat, sondern immer wieder mühsam erringen muss. Auch hierzu äußert sich die Freiheitsforscherin Ulrike Ackermann:

»Militante Studentengruppen vertreten zudem ihre klassische antifaschistische Neigung nicht mehr nur auf der Straße, sondern auch im universitären Bereich. Sie sind der Meinung, die Gefahr komme heutzutage nur von rechts. Und rechts ist alles, was jenseits ihrer selbst definierten ideologischen Markierung liegt und nicht dem vorherrschenden linken Mainstream entspricht. Damit wird versucht, eine andere Position sofort zu delegitimieren. [...] Die Prinzipien der Aufklärung sind fundamental für den akademischen Betrieb: Wir müssen sie verteidigen. Selbstkritik, Irrtum, Revision von Positionen, Offenheit der Fragestellungen machen die über Jahrhunderte mühsam durchgesetzte Freiheit der Wissenschaft aus. Sie sind das A und O für unseren gesamten gesellschaftlichen Fortschritt und natürlich für die Entwicklung neuer Ideen, um neuen Herausforderungen überhaupt begegnen zu können.

[Frage an Ulrike Ackermann] Der Missstand, den Sie formulieren, das ist ja eigentlich eine intellektuelle Austrocknung. Was wünschen Sie sich diesbezüglich für die nähere Zukunft?

[Antwort] Ich wünsche mir, dass die gesellschaftliche Mitte geistig befruchtet wird. Es ist immer ein Problem gewesen, dass viele Intellektuelle früher eher links waren. Es fehlten Intellektuelle, die wie etwa Ralf Dahrendorf die Freiheit ins Zentrum stellten, streitlustig waren und neue Ideen entwickelt haben, ohne sich vereinnahmen zu lassen von irgendeinem Lager. Der Intellektuelle mit großem Einfluss ist immer noch Jürgen Habermas. Etwas Vergleichbares auf liberaler Seite haben Sie nicht. Sie finden in Deutschland nirgends prominent besetzte Lehrstühle, wo beispielsweise eine Ideengeschichte der Freiheit gelehrt wird. Sie haben eigentlich keine Tradition der liberalen Köpfe. Offensichtlich ist es vielen um die Freiheit nicht so wichtig. Oder man meint, wir brauchen so etwas nicht.

[Frage an Ulrike Ackermann] Ist es nicht eher so, dass man Freiheit als viel zu selbstverständlich angesehen hat und nicht daran dachte, dass sie auch einmal wieder gefährdet sein könnte?

[Antwort] Das ist ein ganz wichtiger Punkt: Diese Selbstgewissheit, es ginge immer so weiter, und die liberale Demokratie, das liberale Denken und freiheitliche Lebensstile hätten allseits gesiegt, ist leider ein Trugschluss. Die Fragilität unseres Lebensstils und der Angriff auf freiheitliche Prinzipien zeigen: Die Wertschätzung des Individuums, seine Selbstermächtigung aus kollektiven Zwängen müssen wir immer wieder neu verteidigen.«[382]

Nach jahrzehntelanger linksgrüner Hegemonie in Universitäten, Medien und Politik sehe ich derzeit kaum liberale Kräfte, die in der Lage wären, diese Verteidigungslinie zu bilden. Ideologisch motivierte Weichenstellungen in der Migrations- und Klimapolitik haben zudem Fakten geschaffen, die sich nicht mehr zurücknehmen lassen. Naive Weltverbesserer haben sich einseifen lassen von den humanistischen Versprechungen einer WEF-Davos-Clique. Provinzielle Quotenpolitiker werden lobbyiert und beraten von Think-Tank gestählten Wirtschaftsstrategen, Technokaten und Transhumanisten, die ihre Hausaufgaben gemacht haben. So sorgt Deutschland als willfährige Nation dafür, dass supranationale Agenden umgesetzt werden. Wenn Deutschland mit der Umsetzung des »Global Compact for Migration«, dem »Migrations- und Asylpaket der EU«, der »Agenda der Europäischen Wirtschafts- und Währungsunion (EWWU)«, dem »Intergovernmental Panel on Climate Change (IPCC)« und dem »Strategic preparedness and response plan for COVID-19« fertig ist, wird das »neue Normal« nichts mehr von dem Land übrig lassen, das ich geliebt habe. Das deutsche Parlament wird zum Abnickverein supranationaler Programme verkommen, und das großartige deutsche Grundgesetz wird überschrieben durch ein dauerhaftes Krisenmanagement. Erneut hat sich Deutschland zum totalen Krieg entschlossen. Die neuen Feinde, Viren und CO_2-Moleküle, sind unsichtbar und heimtückisch, umso totaler muss der asymmetrische Krieg geführt werden. Und wie in allen Kriegen zählen individuelle Freiheitsrechte wenig. In seinem blinden Kampf setzt Deutschland alle Empfehlungen supranationaler Player um. Im Jahr 2021 leiten innerhalb weniger Wochen gleich zwei neue Gesetze beziehungsweise Grundsatzurteile das »neue Normal« ein, bei dem das deutsche Grundgesetz dauerhaft ausgehebelt wird. Bürgerrechte? Pandemieschutz ist größer. Freiheit? Klimaschutz ist größer.

»Künftig können selbst gravierende Freiheitseinbußen zum Schutz des Klimas verhältnismäßig und verfassungsrechtlich gerechtfertigt sein; gerade deshalb droht dann die Gefahr, erhebliche Freiheitseinbußen hinnehmen zu müssen.«[382A]

Unter dem Vorsitz von Stephan Harbarth, CDU, hat das Bundesverfassungsgericht mit dieser Aussage die besten Voraussetzungen für ein grünes Durchregieren geschaffen. Dirk Maxeiner, Herausgeber der *Achse des Guten,* äußert sich besorgt:

»Dies lässt nun wirklich nichts Gutes ahnen. ‚Gravierendes' sind keine Petitessen oder Lästigkeiten, sondern Robustes, Manifestes: Ausgangssperren, Reiseuntersagungen, Betätigungsverbote, Eigentumsentziehungen. Es geht also um das volle Programm dessen, was wir derzeit unter dem Corona-Regime erleben. Soll der sofortige Grundrechtsentzug jetzt zur Rettung des Weltklimas und einer vermuteten Temperaturentwicklung in 100 Jahren fortgeschrieben werden?«[382B]

Wenn ab Herbst 2021 eine grün-dominierte Politik das Land bestimmt, sind alle Weichen für eine »total gute Regierung" gestellt. Die Agenda ist kein Geheimnis. Klimaschutz, Migrationsbefürwortung und Corona-Schutzmaßnahmen werden maximal ausgebaut. Deutschlands Mittelstand ahnt, was diesem Land blüht, Leistungsträger packen ihre Koffer. In den Foren freier Medien häufen sich Diskussionsbeiträge zu Auswanderungsfragen. Ein hochgebildeter Leser, der sich entschieden hat, nach Holland zu migrieren, schreibt mir eine persönliche Abschiedsmail:

»Ich bin Ihnen dankbar über die Analyse der politischen Verhältnisse

der letzten Jahre und insbesondere der letzten Monate, die mir erst durch Ihr Buch als gelerntem Politikwissenschaftler, Straf- und Verfassungsrechtler und Neuhistoriker richtig bewusst geworden ist. [...] Ich sehe erhebliche Parallelen zu gesellschaftlichen und politischen Entwicklungen der Weimarer Republik, die fast zwangsläufig zu Hitler geführt haben. Meine tiefe Trauer über die Entwicklungen bezieht sich darauf, dass ‚wir' offensichtlich eben doch nichts oder nur sehr wenig gelernt haben aus unserer Geschichte. Ich teile hinsichtlich Deutschlands Ihren Pessimismus, deshalb gehe ich. [...] In den letzten Monaten habe ich im Zusammenhang mit den politischen Entwicklungen in der BRD viel geweint – auch, weil ich das Lebenswerk meines Vaters in Gefahr sehe. Es ist vielleicht das Problem, dass neben Bach, Mozart, Brahms, dem Bauhaus, dem süddeutschen Barock etwas Schreckliches in dieser Kultur vorhanden ist, was sich jetzt nach 75 Jahren wieder Bahn bricht und gegen das vielleicht gar nichts unternommen werden kann [...].«

Für die, die hierbleiben müssen, wird sich die Zeit nicht mehr zurückdrehen lassen. Das alte Westdeutschland, in dem ein Koch wie mein Vater als Alleinernährer ein Einfamilienhaus bauen konnte und Oberinspektor Derrick auf Gangsterjagd ging, ist ein für alle Mal verloren. Auf zukünftige Generationen wartet ein anderes Deutschland. Dieses Land wird unfreier, ärmer, dekadenter, bildungsschwächer und weitaus gefährlicher sein. Die Agenden zu Klimakrise, Coronakrise, Gender und Migration haben Deutschland bis zur Unkenntlichkeit verändert.

Wenn seitens der Akademiker wenig Hoffnung auf Umkehr besteht, könnte diese allenfalls noch von den »hart arbeitende Menschen«[383] kommen. Möglicherweise hat der Philosoph Bazon Brock[384] recht mit seiner Feststellung, dass Akademiker eher dazu neigen, sich totalitären Strukturen anzuschließen, als die sogenannten »einfachen Leute«. Die Erfassung der Wirklichkeit wird gerade nicht durch abstrakte Denkvorgänge erleichtert, sondern dadurch, dass man Kontakt mit der Wirklichkeit hat. Brock weist am Beispiel der Parteimitgliedschaften in der NSDAP nach, dass Akademiker, beispielsweise

Zahnärzte, weit schneller vom Nationalsozialismus begeistert waren als der gemeine Arbeiter. Ich habe mich daher schon oft gefragt, wie gewöhnliche Menschen mit dem »neuen Normal« in den staatlichen Schulen, Kitas, auf öffentlichen Plätzen, Bahnhöfen, Schwimmbädern, Arbeitsämtern, Weihnachtsmärkten, Fanmeilen oder Supermärkten umgehen. Wie ergeht es den vielen Tausend Polizisten, Krankenschwestern, Altenpflegern, Paketzustellern, Lehrern, Ärzten, Sozialarbeitern, Feuerwehrleuten, Rettungssanitätern, Justizbeamten, Arbeitsvermittlern, BAMF-Mitarbeitern, Hartz-IV-Sachbearbeitern, Flüchtlingshelfern und Dolmetschern? Wie gehen diese Menschen mit Migration, Demografiewandel, Maskenzwang, Sonderabgaben und Freiheitsverlust um? Was denkt eine Doppelverdiener-Familie in ihrem bitter erkämpften Eigenheim mit Blick auf die Energiepreise? Sollte man hier die supranationalen Übersteuerungen nicht als Erstes erkennen?

»Es sind die Neu-Ausgebeuteten, die die Pakete des Onlinehandels zustellen, Kranke und Alte pflegen, nachts Büroflure putzen und im Streifendienst Überstunden anhäufen. Sie leiden wie das Heer der Soloselbstständigen unter einem eklatanten Rückgang der Wertschöpfung aus menschlicher Arbeitskraft, dem geringen Ansehen körperlich anstrengender Jobs, niedrigen Löhnen und der steigenden Bedrohung durch Arbeitslosigkeit. Aber sie bekommen auch schmerzlich die Folgen gesinnungsethischer Politikziele zu spüren, die ihr Leben stetig komplizierter und unerschwinglicher machen (Klima, Energie, Migration). Das macht sie nicht nur zu Opfern wirtschaftspolitischer Fehlentscheidungen, sondern zusätzlich noch zu Zielscheiben von gesinnungspolitischem Mobbing und sozialer Ausgrenzung.«[385]

Denn diese »normalen Menschen«, einstmals durchaus das Klientel der SPD, machen sich auf, um jenseits der Mainstream-Medien Informationen zu sammeln. Eben darin sehen die systemkonformen Meinungsmacher die große Gefahr, weil diese Zweifler – allein schon aufgrund ihres Bildungsstandes – allzu leichte Beute für »Populisten« seien. Deshalb will Ursula von der Leyen noch schärfer gegen »Hassrede, Desinformation und Fake News« vorgehen, auf jeden Fall sind seitens der Mainstreammedien noch mehr »Nudging«, »Framing« und »Wording« zu erwarten.

Als Freidenker, Künstler und Therapeut ist es für mich schmerzlich, den kommenden Freiheitsverlust in all seinen Facetten wahrzunehmen. Manchmal beneide ich daher Menschen, die die Dimension des Umbruchs noch nicht erfasst haben. Ihnen bleiben noch eine kurze Zeit der Illusion und der Glaube, wenn die Pandemie erst »besiegt« sei, würde alles wieder so werden wie früher. Und trotzdem – nichts ist ausgemachte Sache und nichts hat ewig bestand. Auch gesellschaftliche Entwicklungen unterliegen dem ewigen Wandel. Wie und wo man persönlich im »neuen Normal« ein authentisches, erfülltes Leben in Gemeinschaft leben kann, wird möglicherweise Gegenstand eines anderen Buchprojektes werden. An dieser Stelle muss ich einen Punkt setzen. Das letzte Wort möchte ich der Schriftstellerin Monika Hausammann überlassen, die auf den Punkt bringt, was ich denke, fühle und erhoffe und kaum auszusprechen wage:

»Die mit jeder Woche totalitärer klingenden Verheißungen politischer Gesundheits- und Glücksorganisatoren entpuppen sich immer deutlicher als die antihumanen Unterdrückungskonzepte, die sie sind und die uns weismachen wollen, das Leben sei etwas, auf dem man sitze wie auf einem Kissen, und das wiederum bedeute Glück. Was für eine zutiefst menschenverachtende Lüge! Leben als Mensch bedeutet wählen, entscheiden, handeln und dadurch innere und äußere Herausforderungen zu meistern. Jeden Tag, Monat für Monat, Jahr um Jahr im Wissen, dass dabei nicht nur die Kraft, sondern auch die Herausforderungen größer werden. Wer will, dass der Mensch sitzt und stillhält, will nicht nur einen schwachen Menschen – er will im Grunde keinen Menschen. Darauf wurden wir 2020 täglich und buchstäblich mit der Nase gestoßen. Und das ist die großartige Kehrseite der aktuellen Entwicklungen: dass sie einen drängt, die Frage danach ehrlich und verbindlich zu beantworten, wie man leben will und als was für eine Person, bevor man stirbt. Ist mir mein schieres Leben so viel wert, dass

ich dafür krieche? Habe ich den Mut, anderen auch dann zu dienen, wenn es verboten ist, oder ziehe ich es vor, mich durch Unkenntnis oder Feigheit aus der Verantwortung und damit aus meinem eigenen Leben herauszureden? Wie aber kann ich mutig sein, wenn ich Angst habe? Heute stelle ich fest, dass die Tatsache, zur wahrhaftigen Beantwortung dieser Fragen gedrängt worden zu sein, mir die größte Freiheit überhaupt beschert. Jene nämlich, freiwillig und abseits politischer Diktate und gesellschaftlicher Umstände loyal, großzügig und gewissenhaft zu handeln und damit zu dienen so gut ich es kann. Als Erlebender, Denkender und Glaubender.«[386]

»Es ist paradox: Seit Jahren zum ersten Mal überwiegt in mir die Hoffnung. Ein Gefühl wie jenes in Kindertagen, wenn Weihnachten näher kam. Je verrückter das alles wird, je schriller plärrend klimatische und gesundheitliche Seuchenzahlen medial hochgejazzt werden und der damit einhergehender Alarmismus auf neue Höhen gepeitscht wird; je länger die Zinsen unten bleiben und je grotesker die offiziellen Zahlen sind, die Auskunft darüber geben, welche Summen mittlerweile nötig sind, um das System hinkend am Laufen zu halten (Anleihekäufe, Hilfsprogramme); je abstruser in ihrem Größenwahn die politischen Richtungsentscheidungen sind und je verbissener und unversöhnlicher man sich in den verschiedenen ›Lagern‹ (wie passend!) gegenübersteht, umso stärker wird dieses Gefühl, das schon Züge von Vorfreude hat. Eine Vorfreude, die weit über die eigene Person und Lebensspanne hinausreicht. Der Grund: Es geht – das ist nicht zu übersehen – einem Kulminationspunkt, einem Ende entgegen. Irgendwann wird Gratisgeld nicht mehr reichen und keine Wirkung mehr haben. Irgendwann wird jeder ideologische Wahn mit der Realität der Knappheit kollidieren. Irgendwann, wenn der Begriff der ›Freiheit‹ schon fast verschwunden sein wird, weil keiner mehr beschreiben kann, was er jenseits infantiler Bedürfnisbefriedigung bedeutet, werden jene außerhalb der ›Lager‹, die nicht schwach werden und die die Freiheit kraftvoll schaffend und erschaffend leben und hoch halten, wieder gesehen und gehört werden. Wo aber ein Ende naht, da naht auch ein Neuanfang.«[387]

Nachtrag

Bezüglich des Corona-Kapitels wird mancher nach der Expertise fragen – welchen Sachverstand mag der Autor für ein komplexes medizinisches Thema mitbringen? Die Aufarbeitung medizinischer Fachartikel und Studien zu Corona kam mir entgegen, da meine erste Lebenshälfte von Medizin und Psychologie dominiert wurde; erst in einer zweiten kamen Literatur und Malerei hinzu. Beide Lebensabschnitte kommen mir für Bücher wie das vorliegende zugute. Da sich die Medien vorwiegend auf meine Qualifikationen der letzten 20 Jahre als Publizist und bildender Künstler beziehen, hier ergänzende Sachinformationen zu meinem ersten Lebensabschnitt:

In den 1980er- und 1990er-Jahren absolvierte ich mehrjährige medizinische Berufsausbildungen, zunächst als Rettungssanitäter der Bundesmarine, danach als Physiotherapeut. Anschließend folgten eine dreijährige Vollzeitausbildung zum großen Heilpraktiker mit einem Stundenvolumen von 3500 Unterrichtsstunden und eine längere Assistenz in einer Praxis für Ganzheitsmedizin. Schließlich eröffnete ich eine Praxis für Naturheilkunde und Psychotherapie in Hamburg-Pöseldorf, begleitet von weiteren Ausbildungen in Transaktionsanalyse und NLP. Ich habe zwar kein klassisches Medizin- oder Psychologiestudium absolviert, als Äquivalent verbrachte ich aber 8 Jahre in qualifizierten medizinischen Fachausbildungen. Schließlich gab ich mein Wissen als Privatdozent für Alternativmedizin weiter und unterrichtete die Fächer Labordiagnostik, Innere Medizin, Anatomie und Augenheilkunde. Als ehemals ganzheitlich orientierter Therapeut und Naturmediziner ist mir die kritische Aufarbeitung der einseitigen Corona-Politik ein Anliegen.

Bibliografie

Abdel-Samad, Hamed: Der islamische Faschismus. Eine Analyse. Droemer, 2015

Abdel-Samad, Hamed: Mohamed. Eine Abrechnung. Droemer, 2017

Abdel-Samad, Hamed: Integration. Ein Protokoll des Scheiterns. Droemer, 2019

Alexander, Robin: Die Getriebenen. Merkel und die Flüchtlingspolitik. Report aus dem Innern der Macht. Siedler, 2017

Arvay, Clemens G.: Wir können es besser. Wie Umweltzerstörung die Corona-Pandemie auslöste und warum ökologische Medizin unsere Rettung ist. Quadriga, 2020

Baring, Gabriele: Die Deutschen und ihre verletzte Identität. Europa Verlag, 2017

Berenson, Alex: Nicht gemeldete Wahrheiten über COVID-19 und Lockdowns. Teil 2: Update und Untersuchung von Lockdowns als Strategie. Kindle, 2020

Bhakdi, Sucharit: Corona Fehlalarm? Zahlen, Daten und Hintergründe. Zwischen Panikmache und Wissenschaft. Goldegg, 2020

Bly, Robert: Die kindliche Gesellschaft. Kindler, 1997

Bly, Robert: Eisenhans. Ein Buch über Männer. Rowohlt, 2005

Bode, Sabine: Die vergessene Generation. Die Kriegskinder brechen ihr Schweigen. Klett-Cotta, 2015

Bode, Sabine: Kriegsenkel. Die Erben der vergessenen Generation. Klett-Cotta, 2017

Bode, Sabine: Nachkriegskinder: Die 1950er Jahrgänge und ihre Soldatenväter. Klett-Cotta, 2016

Bradshaw, John: Das Kind in uns. Wie finde ich zu mir selbst. Droemer Knaur, 2000
Bradshaw, John: Wenn Scham krank macht. Verstehen und überwinden von Schamgefühlen. Knaur MensSana, 2006
Broder, Henryk M.: Wer, wenn nicht ich. Achgut, 2020
Cameron, Julia: Der Weg des Künstlers. Ein spiritueller Pfad zur Aktivierung unserer Kreativität. Knaur MensSana, 2009
Cameron, Julia: Der Weg zum kreativen Selbst. Sieben Pfade zur Entdeckung des inneren Künstlers. Droemer Knaur, 2001
Cameron, Julia: Inspirationen für ein schöpferisches Leben. Spirituelle Wege zu mehr Kreativität. Knaur, 2005
Campbell, Joseph: Der Heros in tausend Gestalten. Insel, 1999
Chesterton, Gilbert Keith: Orthodoxie. Eine Handreichung für die Ungläubigen. Eichborn, 2001
Drewermann, Eugen: Wozu Religion? Sinnfindung in Zeiten der Gier nach Macht und Geld. Herder, 2003
Eldredge, John: Der ungezähmte Mann. Auf dem Weg zu einer neuen Männlichkeit. Brunnen, 2020
Eisenstein, Charles: Klima. Eine neue Perspektive. Europa, 2019
Esders, Michael: Sprachregime. Die Macht der politischen Wahrheitssysteme, Manuscriptum, 2020
Ferenczi, Sándor: Schriften zur Psychoanalyse. Band I. Fischer 2015
Frankfurt, Harry G.: Bullshit. Suhrkamp, 2014
Ganser, Daniele: Illegale Kriege. Wie die NATO-Länder die UNO sabotieren. Eine Chronik von Kuba bis Syrien. Orell Füssli, 2016
Grau, Alexander: Hypermoral. Die neue Lust an der Empörung. Claudius, 2017
Grau, Alexander: Politischer Kitsch. Eine deutsche Spezialität. Claudius, 2019
Grau, Alexander: Kulturpessimismus. Ein Plädoyer. Klampen, 2018
Häring, Norbert: Schönes neues Geld. PayPal, WeChat, Amazon Go – Uns droht eine totalitäre Weltwährung. Campus, 2018

Hasters, Alice: Was weiße Menschen nicht über Rassismus hören wollen aber wissen sollten. hanserblau, 2019
Henkel, Hans-Olaf, und Starbatty, Joachim: Deutschland gehört auf die Couch! Warum Angela Merkel die Welt rettet und unser Land ruiniert. Europa Verlag, 2016
Hofmann, Burkhard: Und Gott schuf die Angst. Ein Psychogramm der arabischen Seele. Droemer, 2018
Huntington, Samuel P.: Kampf der Kulturen – Die Neugestaltung der Weltpolitik im 21. Jahrhundert. Goldmann TB, 2002
Hurrelmann, Klaus: Jungen als Bildungsverlierer. Brauchen wir eine Männerquote in Kitas und Schulen? Beltz, 2012
Huxley, Aldous: Schöne Neue Welt - Ein Roman der Zukunft. Fischer Klassik, 2014
Kaiser, Benjamin: Kulturmarxismus. Seuse, 2018
Kelle, Birgit: Noch Normal? Das lässt sich gendern! Gender-Politik ist das Problem, nicht die Lösung. FBV, 2020
Le Bon, Gustave: Psychologie der Massen. Nikol, 2009
Maaz, Hans-Joachim: Das falsche Leben. Ursachen und Folgen unserer normopathischen Gesellschaft. C.H. Beck, 2019
Maaz, Hans-Joachim: Das gespaltene Land. Ein Psychogramm. C.H. Beck, 2020
Mansour, Ahmad: Generation Allah. Warum wir im Kampf gegen religiösen Extremismus umdenken müssen. Fischer, 2017
Mansour, Ahmad: Klartext zur Integration. Gegen falsche Toleranz und Panikmache. Fischer, 2018
Marquart, Andreas: Crashkurs Geld. Wie Sie vermeintliche Experten und Besserwisser aus dem Konzept bringen und die Hintergründe verstehen. FBV, 2019
Matussek, Matthias: White Rabbit. Oder der Abschied vom gesunden Menschenverstand. FBV, 2018
Meschnig, Alexander: Deutscher Herbst 2015. Essays zur politischen Entgrenzung. Manuscriptum, 2018

Monbourquette, Jean: Umarme deinen Schatten. Negative Energien in positive verwandeln. Herder, 1997
Murray, Douglas: Der Selbstmord Europas. Immigration, Identität, Islam. FBV, 2018
Murray, Douglas: Wahnsinn der Massen. Wie Meinungsmache und Hysterie unsere Gesellschaft vergiften. FBV, 2019
Orwell, George: 1984. Ullstein Buch, 1981
Peterson, Jordan B.: 12 Rules For Life. Ordnung und Struktur in einer chaotischen Welt. Goldmann, 2019
Polleit, Thorsten: Ludwig von Mises. Leben und Werk für Einsteiger. FBV, 2013
Rosling, Hans: Factfulness. Wie wir lernen, die Welt so zu sehen, wie sie wirklich ist. Ullstein, 2019
Sarrazin, Thilo: Wunschdenken. Europa, Währung, Bildung, Einwanderung – warum Politik so häufig scheitert. Deutsche Verlags-Anstalt, 2016
Sarrazin, Thilo: Feindliche Übernahme. Wie der Islam den Fortschritt behindert und die Gesellschaft bedroht. FBV, 2018
Schafarewitsch, Igor: Der Todestrieb in der Geschichte. Erscheinungsformen des Sozialismus. Lichtschlag, 2016
Schreiber, Constantin: Inside Islam. Was in Deutschlands Moscheen gepredigt wird. Econ, 2017
Schreiber, Constantin: Kinder des Koran. Was muslimische Schüler lernen. Econ, 2019
Schreyer, Paul: Chronik einer angekündigten Krise. Wie ein Virus die Welt verändern konnte. Westend, 2020
Schulze-Eisentraut, Harald und Ulfig, Alexander: Gender Studies – Wissenschaft oder Ideologie? Deutscher Wissenschaftsverlag, 2019
Schwab, Klaus: COVID-19. Der Grosse Umbruch. Forum Publishing, 2020
Scruton, Roger: Von der Idee, konservativ zu sein. Eine Anleitung für Gegenwart und Zukunft. FBV, 2019

Sieferle, Rolf Peter: Finis Germania. Antaios, 2017

Sieferle, Rolf Peter: Das Migrationsproblem. Über die Unvereinbarkeit von Sozialstaat und Masseneinwanderung. Manuscriptum, 2017

Stegemann, Bernd: Die Moralfalle. Für eine Befreiung linker Politik. Matthes & Seitz, 2018

Sünner, Rüdiger: Zeige deine Wunde. Kunst und Spiritualität bei Joseph Beuys. Europa Verlag, 2015

Süss, Joachim: Die entschlossene Generation. Kriegsenkel verändern Deutschland. Europa Verlag, 2017

Tolle, Eckhart: Jetzt! Die Kraft der Gegenwart. Kamphausen, 2010

Unger, Raymond: Die Wiedergutmacher. Das Nachkriegstrauma und die Flüchtlingsdebatte. Europa Verlag, 2018

Unger, Raymond: Die Heimat der Wölfe. Ein Kriegsenkel auf den Spuren seiner Familie. Eine Familienchronik. Europa Verlag, 2016

Unger, Raymond: Die Heldenreise des Künstlers. Kunst als Abenteuer der Selbstbegegnung. CreateSpace Publishing, 2013

Vahlefeld, Markus: Macht hoch die Tür. Das System Merkel und die Spaltung Deutschlands. Epubli, 2018

Weimer, Wolfram: Das konservative Manifest. Zehn Gebote der neuen Bürgerlichkeit. Plassen, 2018

Wolff, Ernst: Wolff of Wall Street. Ernst Wolff erklärt das globale Finanzsystem. Promedia, 2020

Zillmer, Hans-Joachim: Der Energie-Irrtum. Warum Erdgas und Erdöl unerschöpflich sind. Herbig, 2017

Anmerkungen

1 Zeitung Demokratischer Widerstand: »Die Zensurwelle – Wer das freie Wort angreift, hat Angst«, Milosz Matuschek, 21.11.2020

2 Wikipedia, Edward Bernays

3 Tichys Einblick: »Corona: Horror oder Hoax?«, Raymond Unger, 21.03.2020

4 Max Otte: »Great Reset ist da! - Max Otte im Gespräch«, Gunnar Kaiser, 16.01.2021

5 National Geographic: »Dunning-Kruger-Effekt: Warum sich Halbwissende für besonders klug halten«, 05.06.2020

6 Spiegel: »Sollen sie nur pöbeln«, Stefan Kuzmany, 18.11.2020

7 Paul Schreyer: »Chronik einer angekündigten Krise - Wie ein Virus die Welt verändern konnte«, Westend Verlag

8 Zeit: »Die digitalen linken Spießer«, Jan Freyn, 18.07.2020

9 Ntv: »Ostdeutsche sensibler bei Veränderungen«, Hans-Joachim Maaz, 28.09.2020

10 Achgut.com: »Die Propagandisten des permanenten Ausnahme-Zustands«, Norbert Bolz, 07.12.2020

11 NZZ: »Der autoritäre Charakter ist zurück: warum es ein neues (und anderes) 68 braucht«, Alexander Grau, 05.10.2020

11A Raymond Unger: »Die Wiedergutmacher - Das Nachkriegstrauma und die Flüchtlingsdebatte«, Europa Verlag 2018, S. 42ff.

12 Raymond Unger: »Die Wiedergutmacher - Das Nachkriegstrauma und die Flüchtlingsdebatte«, Europa Verlag 2018. S. 55ff.

13 John Bradshaw: »Wenn Scham krank macht - Ein Ratgeber zur Überwindung von Schamgefühlen«, Knaur Verlag 1993, S. 36f.

14 John Bradshaw: »Wenn Scham krank macht - Ein Ratgeber zur Überwindung von Schamgefühlen«, Knaur Verlag 1993, S. 91

15 John Bradshaw: »Wenn Scham krank macht - Ein Ratgeber zur Überwindung von Schamgefühlen«, Knaur Verlag 1993, S. 161

15A John Bradshaw: »Wenn Scham krank macht - Ein Ratgeber zur Überwindung von Schamgefühlen«, Knaur Verlag 1993, S. 179ff.

16 NZZ, »Der Nationalismus des verweigerten Nationalismus – warum es sich gut anfühlt, deutsch zu sein«, Hans-Georg Moeller, 27.8.2019

17 Raymond Unger: »Die Wiedergutmacher - Das Nachkriegstrauma und die Flüchtlingsdebatte«, Europa Verlag 2018, S. 153f.
18 Jüdische Allgemeine, »Ich bin wegen Auschwitz in die Politik gegangen«, Heiko Maas, 15.03.2018
19 NZZ, »Der Nationalismus des verweigerten Nationalismus – warum es sich gut anfühlt, deutsch zu sein«, Hans-Georg Moeller, 27.8.2019
20 Deutschlandfunk, »Schamgefühl als Moralkeule«, Christian Schüle, 19.09.2019
21 FAZ, Christian Pfeiffer, »Dominanz der Männer gefährdet das Überleben der Menschheit«, 04.11.2019
22 Publico, »Vergebung und Unverzeihlichkeit im Zeitalter Angela Merkels«, Alexander Wendt, 14.02.2020
23 RP-Online, »Esken und Walter-Borjans fordern Rücktritt Kemmerichs«, 07.02.2020
24 hubertus-knabe.de, »Wie Thüringen Deutschland verändern wird«, 23.02.2020
25 Zeit, »Kein Betriebsunfall, eine Zäsur«, Martin Machowecz, 22.02.2020
26 Tweet Katja Kipping, 21.02.2020
27 Tagesschau, »Erleichterung und ein neuer Aufreger«, 04.03.2020
28 Spiegel, »Ramelow ist jetzt kein Linker mehr«, Sebastian Fischer 04.03.2020
29 Welt, »Thüringen war kein Unfall. Thüringen war der Anfang«, Robin Alexander, 09.02.2020
30 Tagesschau: »Merkels Rede in Davos – Klimaschutz: ›eine Frage des Überlebens‹«, 23.01.2020
31 Videobotschaft des Bayerischen Ministerpräsidenten Markus Söder, 11.07.2020
32 Wikipedia, Weltwirtschaftsforum (World Economic Forum, kurz WEF)
33 Heise.de, »Die kalifornische Ideologie«, Richard Barbrook, Andy Cameron, 05.02.1997
34 Dasfilter.com, »Kritik der Kalifornischen Ideologie I«, Timo Daum, 01.06.2015
35 Paul Schreyer: »Chronik einer angekündigten Krise - Wie ein Virus die Welt verändern konnte«, Westend Verlag 2020, Ausgabe Kindle, S. 9
36 Russisches Original 1975, Ullstein Verlag 1980, Neuauflage: Lichtschlag Verlag 2016
37 Igor R. Schafarewitsch: »Der Todestrieb in der Geschichte: Erscheinungsformen des Sozialismus«, Lichtschlag 2016, S. 218
38 Der Tagesspiegel, »Es geht nicht nur um ein Virus«, Richard Friebe, 24.02.2020
39 Wikipedia, »Diskrimination«
40 Achgut.com, »Warum Diskriminierung unvermeidlich ist«, Gerd Habermann, 03.07.2020

41 Smart Investor, »Revolution durch Überredung« Prof. Dr. Antony P. Mueller, Januar 2020

42 Smart Investor, »Revolution durch Überredung« Prof. Dr. Antony P. Mueller, Januar 2020

43 Zeitschrift Tumult, »Rettet den gesunden Menschenverstand«, Eva Rex, Januar 2020

44 Alex Berenson: »Nicht gemeldete Wahrheiten über Covid-19 und Lockdowns, Teil 1. Einführung: Todeszahlen und Schätzungen« (German Edition), Kindle-Version, Einführung, S. 1

44A Alex Berenson: »Nicht gemeldete Wahrheiten über Covid-19 und Lockdowns, Teil 1. Einführung: Todeszahlen und Schätzungen« (German Edition), Kindle-Version, Position 107 von 487

45 Euronews, »Coronavirus in Deutschland - Sterberate steigt, RKI erwartet zweite Welle«, 05.05.2020

46 CDC, »Weekly Updates by Select Demographic and Geographic Characteristics«, 02.09.2020

47 Kaisertv.de, »Wurden wir alle veräppelt?«, Gunnar Kaiser, 02.09.2020

48 Zeit, »Der heimliche WHO-Chef heißt Bill Gates«, Jakob Simmank, 04.04.2017

49 Rubikon, »Der gekaufte Planet«, Harald Wiesendanger

50 Z.B. die »Gavi-Impfallianz« der Bill & Melinda Gates Foundation

51 Neue Westfälische, »Schäuble: ›Die Corona-Krise ist eine große Chance‹«, 20.08.2020

52 Spiegel, »Die Gerüchte-Pandemie«, Katherine Rydlink, Nina Weber, 29.01.2020

53 Bundesministeriums des Innern, Szenarienpapier »Wie wir COVID-19 unter Kontrolle bekommen«, 28.04.2020

54 Tweet, Otto Kolbl [Kölbl], 17.08.2020

55 Paul Schreyer: »Chronik einer angekündigten Krise - Wie ein Virus die Welt verändern konnte«, Westend Verlag 2020, Ausgabe Kindle, S. 105f.

56 Aier.org, »WHO Deletes Naturally Acquired Immunity from Its Website«, Jeffrey A. Tucker, 23.12.2020

57 Rubikon, »Der gekaufte Planet«, Harald Wiesendanger

58 NZZ, »Kollabierte Kommunikation - Was, wenn am Ende ›die Covidioten‹ recht haben?«, Milosz Matuschek, 01.09.2020

59 Peds-ansichten.de, »Das böse Spiel mit den Bildern aus Norditalien«, 18.04.2020, Christian Reichhoff

60 ARD/Bayerischer Rundfunk, »Trauer in Corona-Zeiten - Mehr Anzeigen und Feuerbestattungen«, 30.04.2020

61 Prof. Dr. Sucharit Bhakdi: »Corona Fehlalarm? – Daten, Fakten, Hintergründe«, Goldegg Verlag 2020, Ausgabe Kindle, S. 23

62 Tichys Einblick, »Kriegskinder in Corona-Gefangenschaft«, Raymond Unger, 17.06.2020

63 Prof. Dr. Sucharit Bhakdi: »Corona Fehlalarm? – Daten, Fakten, Hintergründe«, Goldegg Verlag 2020, Ausgabe Kindle, S. 21f.
64 Achgut.com, »Sterben Coronapatienten auch an falscher Beatmungstechnik?«
65 x-ray.blog, »Corona – ein mentaler Virus?«, Raymond Unger, 05.04.2020
66 Wikipedia, Nocebo-Effekt
67 NZZ, »Ein Antidepressivum könnte gemäss einer Studie Covid-19-Patienten vor schwerem Krankheitsverlauf schützen – aber anders, als man denken würde«, 17.11.2020
68 Rubikon, »Die Medikamenten-Tragödie«, Torsten Engelbrecht, Dr. Claus Köhnlein
69 Rubikon, »Die Medikamenten-Tragödie«, Torsten Engelbrecht, Dr. Claus Köhnlein
70 https://www.corodok.de, »Cycling und Recycling der SARS-CoV-PCR«, 07.09.2020
71 Frau Prof. Dr. Ulrike Kämmerer, Virologin und Immunbiologin Universität Würzburg, Livestream »Stiftung Corona-Ausschuss«, 24.07.2020
72 https://www.corodok.de, »Cycling und Recycling der SARS-CoV-PCR«, 07.09.2020
73 Heise.de, »Was sagen die PCR-Tests für den Coronavirus aus?«, Florian Rötzer, 03.09.2020
74 new swiss journal, »Schweizer Professor erklärt, warum bei Corona alle falsch lagen und immer noch falsch liegen«, Professor Dr. Beda M. Stadler, Juni 2020
75 Merkur.de, »Vorfall in bayerischer Klinik: Von 60-Positiv-Ergebnissen doch 58 negativ - Labor-Chefin nennt Gründe«, 07.11.2020
76 Salto.bz, »PCR-Test nicht zuverlässig«, 19.11.2020
77 Achgut.com, »Bericht zur Coronalage 23.06.2020 - Rinderwahn«, Dr. Gunter Frank
78 Correctiv, »PCR-Test auf SARS-CoV-2: Warum in der Praxis falsch-positive Ergebnisse selten sind«, 09.09.2020
79 ARD Hauptstadtstudio, Jens Spahn, 14.06.2020
80 OVALmedia, »Narrative #3 – Livestream mit Prof. Dr. Dr. Martin Haditsch«, 25.05.2020
81 Wikipedia, Seltene Krankheiten
82 multipolar-magazin.de, »Warum die Pandemie nicht endet«, Klaus Pfaffelmoser, 24.05.2020
83 www.wodarg.com
84 ntv, »Merkel will ›brachial‹ durchgreifen«, 29.09.2020
85 rbb24, »Grenzwert für Neuinfektionen erstmals für ganz Berlin überschritten«, 08.10.20
86 https://www.helios-gesundheit.de/qualitaet/auslastung/
87 helios-health.com, »Covid 20 - ein Blogbeitrag von Francesco De Meo«

88 Berliner Kurier, »Corona tötet nicht mehr Menschen als Grippe oder Hitzewelle«, 01.10.2020
89 https://www.ndr.de/nachrichten/hamburg/thesenpapier104.pdf
90 ZDF Heute, 23.11.2020
91 https://cormandrostenreview.com/report/
92 Bundesministerium des Innern für Bau und Heimat, Referat KM4, »Coronakrise 2020 aus Sicht des Schutzes Kritischer Infrastrukturen«
92A Achgut.com: »Das Corona-Papier - Wissenschaftler korrigieren Seehofer«, 11.05.2020
93 Welt, »Innenministerium spannte Wissenschaftler für Rechtfertigung von Corona-Maßnahmen ein«, 07.02.2021
94 rbb24.de, »Wo sich Berliner an Weihnachten wie treffen dürfen«, 28.11.2020
95 Begründung aus der Verfassungsbeschwerde, Dr. Pieter Schleiter, Richter am Landgericht Berlin
96 BZ, »Die Intensivstationen waren auch vor Corona schon am Limit«, 06.12.2020
97 Frische Sicht, »Leserbrief: Ich... Berlin... Coronastation«, 30.12.2020
98 Heise.de, »Corona-Lockdown: Droht tatsächlich eine akute nationale Gesundheitsnotlage?«, Christof Kuhbandner, 29.10.2020
99 Focus, »Restaurants sind voll, Corona-Zahlen sinken rapide: Experten staunen über ›Wunder von Madrid‹«, 14.11.2020
100 Roche.de, SARS-CoV-2 Rapid Antigen Test
101 https://gbdeclaration.org
102 Weltwoche, »Testen, bis man krank ist«, 14.10.2020
103 Welt, »ARD und ZDF wehren sich gegen ›Tunnelblick‹-These«, 18.08.2020
103A taz, »Mit Grundgesetz gegen den Verstand«, 31.03.2020
104 Achgut.com, »Coronapolitik - Die Daten werden zur Provokation«, Dirk Maxeiner, 25.11.2020
105 Welt, »Söder warnt vor einer ›Corona-RAF‹, Jacques Schuster, 10.01.2021
106 Welt, »21 Prozent der ›Querdenker‹ wählten die Grünen«, 05.12.2020
107 Focus, »Corona-Protest: Linksextreme nutzen Demos für gezielte Angriffe auf Andersdenkende«, 27.05.2020
108 Paul Schreyer: »Chronik einer angekündigten Krise - Wie ein Virus die Welt verändern konnte«, Westend Verlag 2020, Ausgabe Kindle, S. 11
109 Finanznachrichten, »Regierungsberater warnt vor hohem Potenzial bei Corona-Protest«, 09.08.2020
110 Zeit, »Politischer Geschmack rechtfertigt keine Demo-Absage«, 27.08.2020
111 BILD-TV, »Corona-Demo in Berlin - Eine Handvoll Polizisten beschützte den Reichstag vor dem wütenden Mob«, 29.08.2020
112 Wikipedia »Gesslerhut«

113 Focus, »Bundestag erklärt seine irritierende Masken-Empfehlung – und rudert zurück«, 09.09.2020

114 Reitschuster.de, »Kotau für die Maskenpflicht«, Hans-Joachim Maaz, 12.05.2020

115 Deutsche Apothekerzeitung, »Hauptsache Maske!?«, Prof. Dr. Markus Veit, 13.08.2020

116 Haller Kreisblatt, »Mundschutz in der Kita? Erzieherin ärgert sich über zu wenig Corona-Schutz«, Melanie Wigger, 08.05.2020

117 Neue Westfälische, »Gesundheitsämter: Kinder sollen bei Corona-Verdacht getrennt von Familie isoliert werden«, 05.08.2020

118 NZZ, »Rektorin einer Berliner Grundschule schlägt Alarm: Die Bedingungen nach den Corona-Schliessungen seien ›absolut furchtbar‹«, 13.10.2020

119 Rubikon, »Angriff auf die Seele«, 21.08.2020

120 Facebook, Post: »Schutzlos ausgeliefert«, Stiftung Auswege, Dr. Harald Wiesendanger

121 new swiss journal, »Schweizer Professor erklärt, warum bei Corona alle falsch lagen und immer noch falsch liegen«, Professor Dr. Beda M. Stadler, Juni 2020

122 new swiss journal, »Schweizer Professor erklärt, warum bei Corona alle falsch lagen und immer noch falsch liegen«, Professor Dr. Beda M. Stadler, Juni 2020

123 Frankfurter Rundschau, »Coronavirus: Kinder haben häufiger Antikörper – Schon vor einer Infektion mit Covid-19«, 12.11.2020

124 https://www.winfried-stoecker.de/

125 healthcare-in-europe.com, »Der Impfpass der Zukunft geht unter die Haut«, 20.12.2019

126 Stern Nr. 53, 23.12.2020

127 Stern, »Steinmeier: Mit Beginn der Impfung wird Licht am Ende des Tunnels heller«, 21.12.2020

128 ntv, »Zwei Drittel wollen sich impfen lassen«, 25.12.2020

129 YouTube, Precht Archiv, »Richard David Precht im Home-Office über die Pandemie, Demos«, 13.11.2020; Repost: Gunnar Kaiser Unchained, »Als Staatsbürger haben wir zu funktionieren - Richard David Precht«, 26.12.2020

130 YouTube, »Radio München«, »mRNA-Impfung: Wo sind die validen Studien?« Stefan Hockertz, 28.11.2020

131 Wochenblick, »Französischer Experte warnt eindringlich vor Corona-Impfung von Pfizer!«, 19.12.2020

132 Welt, »Das sind die Risiken der neuen Impfstoffe«, 19.12.2020

133 Augsburger Allgemeine, »Nach Corona-Impfung: Paul-Ehrlich-Institut prüft Todesfälle«, 15.01.2021

134 Frankfurter Allgemeine, »Warum so viele Pflegekräfte die Impfungen scheuen«, Britta Beeger, Julia Löhr, 06.01.2021

135 Spiegel, »Querdenker in Weiß«, Alexander Neubacher, 09.01.2021
136 Schwarzwälder Bote, »Eierlikör und 1000-Euro-Bonus für Impfbereitschaft der Mitarbeiter«, 13.01.2021
137 Der Tagesspiegel, »Hälfte der Personen nimmt Impftermin nicht wahr«, 17.02.2021
138 Bild, »Häufung leichter Nebenwirkungen bei AstraZeneca-Impfstoff«, 14.02.2021
139 NZZ, »Impfstau in Deutschland: ›Eine Ineffizienz zum Haareraufen‹«, 25.02.2021
139A Cicero: »Zu Risiken und Nebenwirkungen befragen Sie die Zukunft!«, 29.04.2021
140 Bild, »Impfen lassen – oder auf Beatmung verzichten!«, 19.12.2020
141 Welt, »Wie gefährlich ist das veränderte Virus in England?«, 15.12.2020
142 Stuttgarter Nachrichten, »Virologe Streeck: Inzidenzwert vermittelt völlig falsches Bild«, 13.01.2021
143 DIVI Datenstand 07.01.2021
144 Welt, »Das Leopoldina-Desaster«, 11.12.2020
145 Gunnar Kaiser, Telegram Post, 27.12.2020
146 Focus, »Bis Merkel abtritt, gibt es keine Rückkehr zu Grundrechten – trotz Impfung«, 22.01.2021
147 Carlos A. Gebauer, Repost Monika Hausammann, Facebook, 23.01.2021
148 Welt, Newsletter vom 05.02.2021, Ulf Poschardt
149 Unser Mitteleuropa, »Italien: Covid-Geimpfte sollen ›rosa Primel‹-Abzeichen tragen«, 17.12.2020
150 Heise.de, »Maskenpflicht: Gift im Gesicht«, 16.02.2021
150A Tweet, Michael Kretschmer, Ministerpräsident des Freistaates Sachsen, 05.05.2020
151 CDC, »V-safe Active Surveillance for COVID-19 Vaccines«, 19.12.2020
152 www.scientificamerican.com, »The Risks of Rushing a COVID-19 Vaccine«, William Haseltine, 22.07.2020
153 Welt, »Dann wäre klar gewesen, was wirklich in Deutschland geschieht«, 29.01.2021
154 Tichys Einblick, »Kriegskinder in Corona-Gefangenschaft«, Raymond Unger, 17.06.2020
155 Facebook Post, Gunnar Kaiser, 18.01.2021
155A Welt: »Ehemaliger Charité-Chefvirologe fordert Umdenken der Bundesregierung«, 13.04.2021
156 netzwerkkritischerichterundstaatsanwälte.de
157 Urteilsbegründung 6 OWi-523 Js 202518/20, Zitiert aus Achgut.com, »Vorbildlicher Akt richterlicher Souveränität: Lockdown gecrashed«, Carlos A. Gebauer, 21.01.2021
158 Twitter, Gabriele Uhlmann, Tweet vom 14. Juni 2020
159 Wikipedia, Intersektionalität

160 Hessisches Ministerium für Soziales und Integration, »Veronica King aus Kassel erhält ersten Hessischen Preis für Lesbische Sichtbarkeit 2020«, 14.10.2020

161 »Noch Normal? Das lässt sich gendern!« Birgit Kelle, FinanzBuch Verlag 2020

161A Robert Bly: »Eisenhans«, Kindler 1991, S. 42f.

162 Gilbert Keith Chesterton: »Orthodoxie: Eine Handreichung für die Ungläubigen«, fe-verlag, 2015, S. 73

163 »Gender Studies - Wissenschaft oder Ideologie?« Alexander Ulfig, Harald Schulze-Eisentraut, Deutscher Wissenschaftsverlag 2019, S. 73

164 gender-glossar.de, »Performativität«, Melanie Schmidt

165 Achgut.com, »Piesches Nische«, Claudio Casula, 17.07.2020

166 Spiegel, »Was ist weiblich, was männlich?«, 11.01.2018

166A »Gender Studies - Wissenschaft oder Ideologie?« Alexander Ulfig, Harald Schulze-Eisentraut, Deutscher Wissenschaftsverlag 2019, S. 24

167 Wikipedia: Intellektualisierung

168 »Gender Studies - Wissenschaft oder Ideologie?« Alexander Ulfig, Harald Schulze-Eisentraut, Deutscher Wissenschaftsverlag 2019, S. 24f.

169 Deutscher Bundestag, Drucksache 19/8716 und 19/8199

170 tagesschau.de, »Nur wenige wollen ›divers‹ sein«, 09.05.2019

171 NZZ, »Freiheitsforscherin Ulrike Ackermann: ›Die Prinzipien der Aufklärung sind fundamental. Wir müssen sie verteidigen‹«, 08.02.2021

172 »Gender Studies - Wissenschaft oder Ideologie?« Alexander Ulfig, Harald Schulze-Eisentraut, Deutscher Wissenschaftsverlag 2019, S. 10f.

173 Person of color

174 Heinrich-Böll-Stiftung, Profil Peggy Piesche, https://www.gwi-boell.de/de/person/peggy-piesche

175 Weltwoche, »Eine Frage der Moral«, Eugen Sorg, 12.08.2020

176 Alice Hasters: »Was weiße Menschen nicht über Rassismus hören wollen. Aber wissen sollten« hanserblau im Carl Hanser Verlag

177 Tagesspiegel, »Stellt euch endlich eurem Problem, liebe Weiße!«, Alice Hasters

178 NZZ, »Die westliche Kultur mit ihrer Entdeckung der Freiheit ist allen anderen Kulturen überlegen«, Interview mit Ayaan Hirsi Ali, 24.11.2020

179 Cicero, »Lob der alten weißen Männer«, 02.12.2020

180 Weltwoche, »Eine Frage der Moral«, Eugen Sorg, 12.08.2020

181 Frank-Walter Steinmeier, 16.06.2020

182 Achgut.com, »Bastelanleitung zum ›Antirassismus‹«, Oliver Zimski, 25.07.2020

183 The European, »Aus Prinzip Hoffnung«, Sören Musyal, 24.7.2017

184 Deutschlandfunk, »Weißsein als Privileg«, Millay Hyatt, 03.05.2015

185 ZDF, Instangram, 25.07.2020

186 Tagesspiegel, Instagram, 28.07.2020

187 Tagesspiegel, »Stellt euch endlich eurem Problem, liebe Weiße!«, Alice Hasters
188 Deutschlandfunk, »Weißsein als Privileg«, Millay Hyatt, 03.05.2015
189 *taz,* »Gefährliche Wendung«, Levent Tezcan, 28.07.2020
190 Twitter, »Schwulemiker«, 09.01.2021
191 »Wahnsinn der Massen - Wie Meinungsmache und Hysterie unsere Gesellschaft vergiften«, Douglas Murray, FinanzBuch Verlag 2019
192 »Die Wiedergutmacher«, Raymond Unger, Europa Verlag 2018, S. 210
193 Wikipedia: PoC
194 Raymond Unger, »Die Wiedergutmacher - Das Nachkriegstrauma und die Flüchtlingsdebatte« Europa Verlag 2018. S. 210
195 Hans-Joachim Maaz, »Das falsche Leben - Ursachen und Folgen unserer normopathischen Gesellschaft«, C.H. Beck Verlag 2019
196 Cicero, Kulturelite und Populismus: »Die kosmopolitischen Milieus haben die größte Klappe« Interview mit Cornelia Koppetsch, 2019
197 Wikipedia, Cancel Culture
198 Wikipedia, Deplatforming
199 Raymond Unger, »Die Wiedergutmacher - Das Nachkriegstrauma und die Flüchtlingsdebatte« Europa Verlag 2018, S. 121
200 Ready-made (handelsübliches Urinal), 1917
201 Süddeutsche Zeitung, »Toleranz für die Intoleranz?« Philipp Bovermann, Felix Stephan, 06.09.2020
202 Publico, »Heucheln für Anfänger und Fortgeschrittene«, Alexander Wendt, 16.09.2020
203 ntv, »Ein Aufschrei namens ›Cancel Culture‹«, Interview mit Gunnar Kaiser
204 Publico, »Heucheln für Anfänger und Fortgeschrittene«, Alexander Wendt, 16.09.2020
204A Achgut.com: »Warum im Kriegszustand?«, Redaktion zitiert Dietrich Brüggemann
205 Wikipedia: Eva Elisabeth Wehling
206 Framingmanual – Unser gemeinsamer, freier Rundfunk ARD
207 Spiegel, »›Lügenpresse‹ ist Unwort des Jahres«, 13.01.2015
208 Topos eines per se guten »Naturmenschen« (Jacques Rousseau)
209 Wikipedia: »Die um 1990 geborene Generation, die oft als extrem sensibel, emotional hochverletzlich, psychisch fragil und wenig resilient wahrgenommen wird.«
210 ARD, »Gösta«
211 ADAC Motorwelt Nr. 2, Sommer 2020
212 Süddeutsche Zeitung, »Pöbeln für die Männlichkeit«,
213 Das Bundesministeriums für Familie, Senioren, Frauen und Familie: »Jungen und Männer im Spagat: Zwischen Rollbildern und Alltagspraxis« 2014
214 »Gender Studies – Wissenschaft oder Ideologie?« Beitrag von Wolfgang Tischner, Deutscher Wissenschaftsverlag 2019, S. 141

215 Jungen als Bildungsverlierer, Beltz Juventa Verlag 2012
216 Jungen als Bildungsverlierer, Beltz Juventa Verlag 2012, Katja Irle, S. 17
217 ze.tt, »Diese Männer sprechen über ihre Eigenschaften, die als unmännlich gelten«, 30.03.2019
218 Videobotschaft des Bayerischen Ministerpräsidenten Markus Söder, 11.07.2020
219 Edition F, »Katrin Göring-Eckardt - Wenn wir die Klimakrise nicht lösen, brauchen wir über viele andere Probleme bald nicht mehr sprechen«, 27.08.2018
220 Roger Hallam, Gründer der Klimaschutzbewegung »Extinktion Rebellion«
221 Stern, »Warum wir ohne Verbote nicht mehr auskommen werden.« Walter Wüllenweber, 27.07.2019
222 Charles Eisenstein: »Klima - Eine neue Perspektive«, Europa Verlag 2019, Kapitel 2, Fundamentalismus
223 NZZ, »Von wegen nur Umweltschutz: In Wahrheit kämpfen die führenden deutschen Klimaaktivistinnen gegen Kapitalismus und Marktwirtschaft«, Anna Schneider, 8.11.2019
224 Süddeutsche Zeitung, »Kerngeschäft der Grünen ist Angstmacherei«, Markus Blume, 07.01.2019
225 https://extinctionrebellion.de/
226 Spiegel, »Merkels Zitteranfälle - Baerbock erklärt Kanzlerin zum Klimaopfer«, 28.06.2019
227 YouTuber und Influencer »Rezo«, »Die Zerstörung der CDU«
228 »Kinderfrei statt kinderlos - Ein Manifest« Büchner Verlag 2019
229 Focus, »Keine Kinder der Umwelt zuliebe!« 09.03.2019
230 achgut.com, »Die Greta-Apokalypse kennt keine Erlösung«, Alexander Meschnig, 21.09.2019
231 »Szenen aus dem Herzen - Unser Leben für das Klima« Fischer Verlag 2019
232 achgut.com, »Die Thunberg-Ernmans - Eine unendlich traurige Familiengeschichte«, Ulrike Stockmann, 08.05.2019
233 Focus, »Greta Thunberg und die erstaunlich lukrativen Geschäfte ihrer Hintermänner«, 18.08.2019
234 Spiegel, »Der Überzeugungstäter«, 30.09.2009
235 »Propaganda: Die Kunst der Public Relations«, Edward Bernays, orange-press, 2011
236 Videobotschaft des Bayerischen Ministerpräsidenten Markus Söder, 11.07.2020
237 clintel.nl, »European Climate Declaration«, 26.09.2019
238 Spiegel, »Die 97-Prozent-Falle«, 23.09.2014
239 Weltwoche, »Der 97-Prozent-Mythos«, Alex Baur, 30.03.2019
240 Tweet Barack Obama, 16.05.2013
241 »The First Global Revolution«, A Report by the Council of the Club of Rome, Alexander King & Bertrand Schneider, 1991

242 IPCC, Climate Change 2001, Working Group I: The Scientific Basis, Contr.Wok.Gr.I, 3rd Ass.Rep.IPCC, Ch.7.2.1.
243 »Stellungnahme der Deutschen Meteorologischen Gesellschaft zu den Grundlagen des Treibhauseffektes«, Prof. Dr. H. Fischer, Prof. Dr. H. Graßl, Prof. Dr. H. Quenzel, Dr. P. Köpke, 1999
244 Wikipedia, Dansgaard-Oeschger-Ereignisse
245 Welt, »Als uns vor 30 Jahren eine neue Eiszeit drohte«, Ulli Kulke, 10.12.2009
246 Wikipedia, »Klimaleugner«, »Leugnung der menschengemachten globalen Erwärmung«
247 Wikipedia, »Klimaleugner«, »Leugnung der menschengemachten globalen Erwärmung«
248 Deutschlandfunk Kultur, »Schamgefühl als Moralkeule«, Christian Schüle, 19.09.2019
249 ntv, »Experte fordert Bauscham«, 18.09.2019
250 Psychotherapeuten Journal, »Die Verleugnung der Apokalypse – der Umgang mit der Klimakrise aus der Perspektive der Existenziellen Psychotherapie«, Fabian Chmielewski, 13.09.2019
251 Welt, »Die teuren Geburtsfehler der Energiewende«, 26.09.2019
252 Die Weltwoche, »Das 4600-Milliarden-Fiasko«, Fritz Vahrenholt, 15.05.2019
253 Die Weltwoche, »Das 4600-Milliarden-Fiasko«, Fritz Vahrenholt, 15.05.2019
254 Die Weltwoche, »Das 4600-Milliarden-Fiasko«, Fritz Vahrenholt, 15.05.2019
255 Welt, »Die teuren Geburtsfehler der Energiewende«, 26.09.2019
256 Wikipedia, »Erneuerbare-Energien-Gesetz«
257 Deutschlandfunk, »Ich bin leidenschaftliche Europäerin«, 21.01.2018
258 FAZ, »Chaotische Zustände im deutschen Stromnetz«, 02.07.2019
259 Welt, »Die Gefahr eines Blackouts ist da«, 09.03.2020
260 Wikipedia, Kohlenstoffdioxid in der Erdatmosphäre
261 Tichys Einblick, »Die Folgen von Corona: Einwanderung und Kleinstaaterei gleichzeitig«, Roland Tichy, 09.04.2020
262 Tichys Einblick, »Asylbewerber erhalten bis auf Weiteres keine ablehnenden Bescheide«, Alexander Wallasch, 08.04.2020
263 Facebook, Post Raymond Unger, 24.03.2020
264 x-ray.blog, »Corona - Die Angst geht um«, Raymond Unger, 11.04.2020
265 Deutsche Welle, »Maas wünscht Annäherung zwischen EU und Türkei«, 18.01.2021
266 Spiegel, »Die politische Linke sollte ihr Schweigen beenden«, Kevin Kühnert, 21.10.2020
267 Spiegel, »Stille. Und Verniedlichungsrassismus«, Sascha Lobo, 21.10.2020
268 Focus, »Blinder Fleck: Vorsichtig robbt sich die politische Linke an Islamkritik heran«, Ulrich Reitz, 02.11.2020

269 Zeit, »Der Islamismus hasst alles, was Linken heilig ist«, Alan Posener 30.10.2020
270 Katrin Göring-Eckardt, »Menschen bei Maischberger«, 24.12.2015
271 Wolfgang Schäuble, »Zeit«, 23.06.2016
272 Katrin Göring-Eckardt, EKD-Synode, 08.11.2015
273 Martin Schulz, Hochschule Heidelberg, 2016
274 Originalvideo der Rede Nassers auf Youtube.
275 Zeit: »Die Demokratie ist nur der Zug, auf den wir aufsteigen«, Özlem Topçu, 6. August 2015
276 Welt, »Warum Syrer nie mehr Deutschland verlassen werden«, Gunnar Heinsohn, 16.10.2016
277 ARD Nachtmagazin, 19.04.2016
278 Constantin Schreiber, »Kinder des Koran - Was muslimische Schüler lernen« Econ 2019
279 Bundesamt für Migration und Flüchtlinge, Broschüre: »Muslimisches Leben in Deutschland«, 2009
280 Cicero, »Es riecht nach Russland«
281 Berliner Kurier. »SPD: Sauerei! Kein Schweinefleisch im Jugendknast« 20.06.12
282 Abkürzung für Lesbian, Gay, Bisexual und Transgender
283 Welt, »Schulen brechen LGBT-Kurse nach Protesten von muslimischen Eltern ab«, 22.03.2019
284 Hans-Joachim Maaz, »Das falsche Leben - Ursachen und Folgen unserer normopathischen Gesellschaft«, C.H.Beck 2019
285 ntv, »Wagenknecht rechnet mit der Linken ab«, 06.04.2019
286 Welt, »Experten sehen Antisemitismus bei Muslimen als Folge von Islamfeindlichkeit« 01.04.2019
287 »Das Dschihadsystem«, Manfred Kleine-Hartlage, Resch 2010
288 Oliver Roy, »Ihr liebt das Leben, wir lieben den Tod – Der Dschihad und die Wurzeln des Terrors«, Siedler Verlag 2017
289 Brüderliche Gemeinschaft aller Muslime
290 Überlieferungen von Aussprüchen und Handlungen des Propheten Mohammed
291 Übersetzung nach Rudi Paret
292 Cicero, Laila Mirzo, »Islamisierung ist keine Frage des Ob, sondern eine Frage des Wann«, 12.09.2018
293 Abdel-Hakim Ourghi, »Reform des Islam: 40 Thesen« Claudius Verlag 2017
294 http://saekulare-muslime.org/
295 Raymond Unger, »Die Wiedergutmacher«, Europa Verlag 2018, S. 259f.
296 Abdel-Hakim Ourghi, »Reform des Islam: 40 Thesen« Claudius Verlag 2017
297 Deutschlandfunk, »Die liberalen Muslime sind leider eine kleine Minderheit« 09.01.2019

298 Cicero, Bassam Tibi, »Ich kapituliere« 26.05.2016

299 Libanesisch-deutscher Regisseur, Drehbuchautor und Fernsehjournalist

299A Achgut.com, »Und Gott schuf die Angst – Ein Psychogramm der arabischen Seele«, Raymond Unger, 18.12.2019

300 Frankfurter Allgemeine, »Das ist ein Täuschungsmanöver«, 18.01.2019

301 Wikipedia, »Hasan al-Bannā«

302 Konrad-Adenauer-Stiftung, https://www.kas.de/web/islamismus/die-muslimbruderschaft-in-deutschland

303 Berliner Morgenpost, »Warum Erdogans Handzeichen problematisch ist« 28.09.2018

304 Constantin Schreiber, »Inside Islam: Was in Deutschlands Moscheen gepredigt wird«, Econ 28.03.2017

305 Grundsatzpapier, »Initiative an der Basis«, 07.04.2019

306 Hamed Abdel-Samad, »Was ist Scharia?«, 01.04.2019, Tichys Einblick

307 Focus, »Steht für Muslime die Scharia über dem Grundgesetz? Experte bricht mit Vorurteil«, 13.03.2018

308 Bild, »Brinkhaus kann sich Muslim als CDU-Kanzler vorstellen«, 06.03.2019

309 Dushan Wegner, »CDU, Partei der Islamisierung«, 07.03.2019

310 Laila Mirzo: »Nur ein schlechter Muslim ist ein guter Muslim: Über die Unvereinbarkeit des Islam mit unserer Kultur« (riva PREMIUM)

311 Welt, »So rasant wird Deutschland zur Migrationsgesellschaft«, 24.08.2017

312 Berliner Morgenpost, »Eine unbequeme Wahrheit über Integration an Berlins Schulen«, über das Buch: »Die Macht der Moschee – Scheitert die Integration am Islam?« 12.04.2018

313 Bild, »Jeder vierte junge Mann in Chemnitz ist Ausländer«, Tom Rosin, 25.09.2018

314 Herausgeber Jakob Augstein: »Wir sind eine linke Zeitung.«

315 Freitag, »The Walking Dead und die Flüchtlingskrise«, Gunnar Kaiser, 25.10.2015

315A Raymond Unger: »Die Wiedergutmacher - Das Nachkriegstrauma und die Flüchtlingsdebatte«, Europa Verlag 2018, S. 310f.

316 Multipolar, »Das Virus und unsere Projektion«, Jeannette Fischer, 12.06.2020

317 Wikipedia, Magisches Denken

318 Reitschuster.de, »Kotau für die Maskenpflicht«, Hans-Joachim Maaz, 12.05.2020

319 http://x-ray.blog/die-angst-geht-um/

320 Tichys Einblick, »Kriegskinder in Corona-Gefangenschaft«, Raymond Unger, 17.06.2020

321 Rubikon, »Am Ende gewinnen die Emotionen«, Christian Reichhoff, 08.09.2020

322 »Elemente und Ursprünge totaler Herrschaft«, Hannah Arendt

323 Multipolar, »Das Virus und unsere Projektion«, Jeannette Fischer, 12.06.2020

324 WDR, »Der Homo Hygienicus – Matthias Burchardt«, 16.10.2020

325 RND, »Drosten: Mers-Virus könnte ›nächster Kandidat‹ für eine Pandemie sein«, 23.11.2020

326 The Guardian, »WHO warns Covid-19 pandemic is ›not necessarily the big one‹«, 29.12.2020

327 Multipolar, »Das Virus und unsere Projektion«, Jeannette Fischer, 12.06.2020

328 Merkur.de, »Corona nur der Anfang? Experten mit düsterer Prognose«, 04.11.2020

329 Schönes neues Geld, Norbert Häring, 2018, Campus Verlag

330 T-Online, »Im schlimmsten Fall kollabiert unsere Weltordnung«, Interview mit Yuval Noah Harari, 23.10.2020

331 »Corona: Ein mentaler Virus?«, Raymond Unger, http://x-ray.blog/corona- mentaler-virus/

332 NZZ, »Wie China versucht, die Uno nach seinen Vorstellungen umzuformen«, 23.09.2020

333 Ein Computerprogramm, das weitgehend automatisch sich wiederholende Aufgaben abarbeitet. (Wikipedia, Bot)

334 Focus, »Drosten: ›Habe schlimme Befürchtungen, was im Frühjahr und Sommer passieren könnte‹«, 22.01.2021

335 »Assessing Mandatory Stay-at-Home and Business Closure Effects on the Spread of COVID-19«, Eran Bendavid, Christopher Oh, Jay Bhattacharya, John Ioannidis

336 Ludwig von Mises Institut Deutschland, »Die mangelnde Empathie der politischen Klasse«, Jeffrey Tucker, 12.08.2020. Original: American Institute for Economic Research, »The Bloodless Political Class and Its Lack of Empathy«, 27.7.2020

337 BR24, »15-km-Radius: Brandl will Handy-Daten auslesen lassen«, 11.01.2020

338 Achgut.com, »Merkel und ihren apokalyptischen Reitern geht der Gaul durch«, Robert von Loewenstern, 28.10.2020

339 Publico, »Die dünne rote Linie«, Alexander Wendt, 18.11.2020

340 Wikipedia, »Gesetz zum Schutz der Bevölkerung bei einer epidemischen Lage von nationaler Tragweite«

341 Bundestagsdebatte, 29.10.2020, Ralf Brinkhaus

342 Spiegel, »Sollen sie nur pöbeln«, Stefan Kuzmany, 18.11.2020

343 Tichys Einblick, »Die Botschaft der Berlin-Demonstration: Ihr seid nicht Erzieher der Bürger«, Alexander Wendt, 06.08.2020

344 Finanzministerium, »Corona-Folgen bekämpfen, Wohlstand sichern, Zukunftsfähigkeit stärken - Ergebnis Koalitionsausschuss« 03.06.2020

345 Handelszeitung.ch, »Klaus Schwab fordert einen ›grossen Neustart‹«, 15.06.2020

346 norberthaering.de, »Great Reset: Das Weltwirtschaftsforum plant den Großen Neustart, um ihn zu verhindern«, 08.07.2020
347 FAZ, »Drei Bedingungen, um die Pandemie zu stoppen«, Bill Gates, 30.09.2020
348 Welt, »Totale Transparenz endet immer totalitär«, Mathias Döpfner, 26.01.2021
349 Welt, »Erpressung à la Google«, 22.01.2021
350 Wikipedia, Financial Inclusion
351 Wikipedia, ID2020
352 https://norberthaering.de, »ID2020, Known-Traveller und Kontaktverfolgung durch Google und Apple - US-Konzerne werden zur Weltpassbehörde«, 16.04.2020
353 imf.org, »From Great Lockdown to Great Transformation«, 09.06.2020
354 DLF, Kulturfragen, »Zukunft der Arbeit – Wir dekorieren auf der Titanic die Liegestühle um« 2017
355 norberthaering.de, »Great Reset: Das Weltwirtschaftsforum plant den Großen Neustart, um ihn zu verhindern«, 08.07.2020
356 Tichys Einblick, »Was der ›Great Reset‹ bedeutet«, Elke Halefeldt, 20.11.2020
357 Misesde.org, »Freie Märkte statt Great Reset«, 23.11.2020
358 Welt, »Totale Transparenz endet immer totalitär«, Mathias Döpfner, 26.01.2021
359 www.weforum.org, »The Great Reset: Building Future Resilience to Global Risks«, Beatrice Di Caro, 17.11..2020
360 Wikipedia, Project Syndicate
361 Reitschuster.de, »Great Reset: Stalins Geist ist lebendig«, 10.01.2021
362 Welt, »Wir müssen die Macht der Internetkonzerne demokratisch einhegen«, 28.01.2021
363 Wikipedia, Max Otte
364 »Wolff of Wall Street: Ernst Wolff erklärt das globale Finanzsystem«, Ernst Wolff, Promedia Verlag
365 Wochenblick, »Corona als Sündenbock: Zentralbanken haben uns ins Desaster geführt«, 14.11.2020
366 Schönes neues Geld, Norbert Häring, 2018, Campus Verlag
367 Die Presse, »Untergang der Weltreiche: Wir sind als Nächstes dran«, 28.01.2012
368 NZZ, »Die westliche Kultur mit ihrer Entdeckung der Freiheit ist allen anderen Kulturen überlegen«, Interview mit Ayaan Hirsi Ali, 24.11.2020
369 »Kulturpessimismus - Ein Plädoyer«, Alexander Grau, Klampen Verlag 2018
370 Wikipedia, Krisenkult
371 Spiegel, »Bitte nicht den Bart!«, 31.01.2021
372 Wikipedia, Xhosa (Volk)

373 YouTube, »Die große Selbstzerstörung«, Gunnar Kaiser, 13.12.2020

374 *ntv,* »Angriff auf unsere Lebensweise - Merkel stellt sich klar gegen Corona-Leugner«, 15.12.2020

375 Bibel, 1. Mose 3

376 Spiegel, »Die Bevölkerungsexplosion fällt aus«, Christian Stöcker, 23.06.2020

377 Spiegel, »Das Ende des Wachstums«, 15.07.2020

378 Welt, »Erdöl auf ewig?«, 22.08.2009

379 Focus, »Neue Mythen um das Ende des Öls«, 14.02.2016

380 Spiegel, »Und ewig strömt das Öl«, 28.10.2012

381 Matthäus 6, 25–32

382 NZZ, »Freiheitsforscherin Ulrike Ackermann: ›Die Prinzipien der Aufklärung sind fundamental. Wir müssen sie verteidigen‹«, 08.02.2021

382A Pressemitteilung Bundesverfassungsgericht, Beschluß vom 24. März 2021

382B Achse des Guten: »Bundesverfassungs-Gericht: Grundrechte jetzt nur noch unter Klima-Vorbehalt«, Dirk Maxeiner, 29.04.2021

383 Martin Schulz

384 Professor für Ästhetik, Philosoph und Kunsttheoretiker.

385 Achgut, »Von Herren und Dienern. Klassenkampf 2021«, Fabian Nicolay, 20.01.2021

386 hayek-verein-dresden.de, »Auf ein Neues!«, Monika Hausammann, 31.12.2020

387 Frankjordanblog.wordpress.com, »Antizyklisch: Jetzt hoffen«, Monika Hausammann, alias Frank Jordan, 17.09.2020